U0865185

HR Legal
Counsel

HR全流程法律顾问

最新企业人力资源速查速用全书

（增订第四版）

董润青　杨　杰　潘丽娜◎主编

法律出版社
LAW PRESS·CHINA
北京

图书在版编目(CIP)数据

HR全流程法律顾问：最新企业人力资源速查速用全书：增订第四版 / 董润青，杨杰，潘丽娜主编. -- 4版. -- 北京：法律出版社，2024
ISBN 978-7-5197-8819-3

Ⅰ. ①H… Ⅱ. ①董… ②杨… ③潘… Ⅲ. ①企业管理－人力资源管理 Ⅳ. ①F272.92

中国国家版本馆CIP数据核字(2024)第036795号

HR全流程法律顾问：
最新企业人力资源速查速用全书(增订第四版)
HR QUANLIUCHENG FALÜ GUWEN:
ZUIXIN QIYE RENLI ZIYUAN SUCHA SUYONG QUANSHU
(ZENGDING DI-SI BAN)

董润青 杨 杰 潘丽娜 主编

责任编辑 翁潇潇
装帧设计 李 瞻

出版发行 法律出版社
编辑统筹 法规出版分社
责任校对 冯高琼
责任印制 耿润瑜
经 销 新华书店

开本 787毫米×1092毫米 1/16
印张 42.75 字数 1036千
版本 2024年4月第4版
印次 2024年4月第1次印刷
印刷 三河市兴达印务有限公司

地址：北京市丰台区莲花池西里7号(100073)
网址：www.lawpress.com.cn
投稿邮箱：info@lawpress.com.cn
举报盗版邮箱：jbwq@lawpress.com.cn

销售电话：010-83938349
客服电话：010-83938350
咨询电话：010-63939796
版权所有·侵权必究

书号：ISBN 978-7-5197-8819-3
定价：118.00元

凡购买本社图书，如有印装错误，我社负责退换。电话：010-83938349

编辑委员会

主　　编： 董润青（保华所）

杨　杰（保华所）

潘丽娜（保华所）

监　　制： 董保华（保华所）

其他编委会成员（排名不分先后）

保华所： 丁在锋　陆佳亮　董　寅　于海红

李尔菲　蒋素梅　奚沁赟　林　歌

丁　杰　江　晨　郭艳萍　金珈仪

写作顾问： 徐　阳　谭　蔚

审　　稿： 郭旭瑾（保华所）　高暄琪（保华所）

技术支持： 卢　妍

使用说明

亲爱的读者:

您好！首先,很高兴您明智地选择了这本具有神奇功能的工具书,之所以神奇,那是因为我们打破了传统纸质书籍不可更新和拓展的弊端,而将互联网信息与纸质内容无缝连接,让您实时、动态地获取更新、更全的人力资源法律知识。

本书通过以下途径实现互联网信息功能:

法规扫码拓展功能

在每个关键词解析处,您会发现标有“法律依据”的二维码,请不要奇怪,拿起您的手机用微信扫一扫,手机中会立马跳出与该内容相关的法律依据,方便您更深刻地理解文中内容。

表单扫码拓展功能

全书配有14个实时更新的线上速查表单(详见附录二),您可以在对应关键词章节中用手机微信扫一扫,即可跳转至线上表单,查询更新的全国各地人力资源相关数据。

读者微信交流功能

关注我们的公众号“HR全流程法律顾问”,您不但可以接收到更多、更新、更全的人力资源信息,还可以参与到我们的各类产品回馈与专业平台交流活动,让您时刻感觉到,我们就是您身边的HR法律顾问。

前言 Foreword

自2008年《劳动合同法》施行以来，至今已逾15年，我们见证了劳动法这个曾经的冷门版块逐渐发展成熟，更是逐渐变为企业运营管理过程中必不可少的“刚需”版块。疫情之后，劳动争议逐年提升，劳动法相关的事项也逐渐变得复杂，灵活用工、股权激励以及最高人民法院与各个地方高级人民法院针对许多新型问题的指导案例不断地影响着劳动法的司法实践。

本书写作之初，正是为了解决当时很多劳动法工具书存在的问题，从解析、案例分析、法条分析、表单查询等多个角度出发，真正做到为读者提供较为准确的指导，改变读者往日对于劳动法工具书的看法。可以说，本书是《劳动合同法》施行以来劳动法实务书籍中兼具新意与心意之作，浓缩了《劳动合同法》施行15年来在实践中的写照。本书第三版首先提出了线上线下相互结合的创作理念，至少在劳动法这个领域内开创了科技赋能传统写作的先河。如今本书第四版问世，在沿袭了第三版优点的基础上，在内容的覆盖面上更有提升，线上支持变得更为强大。在数据库的强大支撑下，线下书籍的内容完整性以及阅读的便捷性亦全面提升。借助互联网技术，这本书的意义已经超越了一本普通的书籍，而趋向于一个更为庞大的知识体系。

本次创作主要由上海保华律师事务所的各位同仁负责，创作之初步正值疫情解封，每个作者身心均有压力，本人作为监制，实能体会其中的不易。此次创作虽有第三版打下的强大基础，但面对新时代中层出不穷的新主题和新问题，创作之路仍然有诸多坎坷，本人对于所有编委会成员克服各种困难，历经近一年的付出深感欣慰，特此表达诚挚的谢意。

虽然本书作为一本HR法律类工具书已经最大限度做到严密准确，但是由于劳动法实务领域的问题非常繁琐，新问题不断产生，而相关法律法规又会随着社会的发展而更新，司法实践更是处于改进与变化之中，因此，日后书中定会存在一些不足之处，恳请各位读者给予指正。

董保华

2024年2月

目录 Contents

第一篇　劳动关系的建立

第二篇　劳动关系的履行

第三篇　用工管理与民主管理

第四篇　劳动保护

第六篇　劳动争端

第九篇 HR 与知识产权

第十篇 HR 与税费

第一篇

Chapter 1 劳动关系的建立

No. 1 劳动合同

劳动合同是劳动者与用人单位确立劳动关系、明确双方权利和义务的协议，是存在劳动关系的书面证明之一。根据《劳动合同法》第 17 条的规定，劳动合同应当具备以下内容：用人单位的名称、住所和法定代表人或者主要负责人；劳动者的姓名、住址和居民身份证或者其他有效身份证件号码；劳动合同期限；工作内容和工作地点；工作时间和休息休假；劳动报酬；社会保险；劳动保护、劳动条件和职业危害防护等。劳动合同可以约定试用期，同一用人单位与同一劳动者只能约定一次试用期。

按照劳动合同的期限进行划分，劳动合同可分为固定期限劳动合同、无固定期限劳动合同和以完成一定工作任务为期限的劳动合同。与全日制劳动合同相对的有非全日制劳动合同，具体请见“灵活用工”关键词项下的“非全日制用工”一词。与用人单位和劳动者个人签订的劳动合同相对的有用人单位与工会签订的集体合同，具体请见“集体协商”关键词项下的“集体合同”一词。

劳动合同关键词中涉及的二级关键词	
1.1	固定期限劳动合同
1.2	无固定期限劳动合同
1.3	以完成一定工作任务为期限的劳动合同

1.1 固定期限劳动合同

解析

根据《劳动合同法》第 13 条的规定，固定期限劳动合同，是指用人单位与劳动者约定合同终止时间的劳动合同。固定期限劳动合同的期限一般不受限制，由用人单位和劳动者通过协商确定。对于特殊工种的劳动合同期限，法律法规存在限制性的规定。例如，《劳动部关于贯彻执行〈中华人民共和国劳动法〉若干问题的意见》第 21 条规定，从事矿山井下以及在其他有害身体健康的工种、岗位工作的农民工，实行定期轮换制度，合同期限最长不超过 8 年。

法律依据

在过去《劳动法》的框架下，劳动合同期满终止，用人单位无须支付经济补偿金，劳动合同期限短期化甚至一年一签的现象十分普遍。但是，在《劳动合同法》公布实施后，劳动合同期满终止，用人单位也需支付经济补偿金，并且连续两次签订固定期限劳动合同后，用人单位存在被强制签订无固定期限劳动合同的风险，因此，一味地缩短劳动合同的期限未必对用人单位有利。此时，用人单位如何把握第一次固定期限劳动合同的期限成了实务中的关键问题。如果期限过长（如设定为 5 年或更长），那么可能会造成在此期间用人单位与劳动者解除劳动关系的困难；如果期限过短(如设定为 1 年),用人单位又会很快面临是否需要签订第二次固定期限劳动合同的问题,可谓两难。一般情况下,用人单位应在综合考虑自身状况、劳动者能力和工作岗位的要求等各方面的因素后,确定劳动合同的期限。

1.2　无固定期限劳动合同

解析

根据《劳动合同法》第 14 条的规定,无固定期限劳动合同是指用人单位与劳动者约定无确定终止时间的劳动合同。无固定期限劳动合同与固定期限劳动合同的主要差别即有无确定的合同终止时间。正是因为这个最本质的差异,对于无固定期限劳动合同,如果合同双方认为合同内容需要调整而协商不成,用人单位将难以通过到期终止的方式与劳动者结束劳动关系,只能继续履行原合同。因此,无固定期限合同的内容一旦确定,单方调整的难度就会较大,实质上会形成一种稳定的劳动关系。

法律依据

根据《劳动合同法》的相关规定,无固定期限劳动合同的订立可以分为以下三种方式。

1. 协商订立,是指劳动者与用人单位就劳动合同期限进行平等协商,双方同意订立无固定期限劳动合同。

2. 推定订立,是指在用人单位自用工之日起满 1 年不与劳动者订立书面劳动合同的情况下,法律规定将此种事实视为双方已经建立了无固定期限的劳动合同关系,适用无固定期限劳动合同的相关规定。

3. 强制订立,是指在某些法定情形下,劳动者提出或者同意续订、订立劳动合同的,除劳动者提出订立固定期限劳动合同外,用人单位应当与劳动者订立无固定期限劳动合同。强制订立的法定情形主要如下:

(1)劳动者在该用人单位连续工作满 10 年的;

(2)用人单位初次实行劳动合同制度或者国有企业改制重新订立劳动合同时,劳动者在该用人单位连续工作满 10 年且距法定退休年龄不足 10 年的;

(3)连续订立两次固定期限劳动合同,且劳动者没有过失性辞退情形和医疗期满解除、不能胜任解除情形,续订劳动合同的。

问题导引

Q1: 两次签订固定期限劳动合同后,用人单位不同意续签劳动合同的情况下,劳动者是否可以强制要求签订无固定期限劳动合同?用人单位是否可以终止原固定期限劳动合同?

A: 上述问题实质上是对《劳动合同法》第 14 条第 2 款第 3 项的理解问题。因为《劳动合同法》第 14 条第 2 款第 3 项与前两项规定相比,多了“续订劳动合同的”表述,因此,《劳动合同法》第 14 条第 2 款第 3 项的适用是否以双方均同意续签为前提,具有争议。目前,司法实践中存在以下两种不同的观点。

第一种观点认为,《劳动合同法》第14条第2款第3项与前两项规定相同,均属于强制订立无固定期限劳动合同的情形,劳动者符合该项规定的条件,并且向用人单位提出续签劳动合同的,只要劳动者没有明确提出要求订立固定期限劳动合同,用人单位就应当与之签订无固定期限劳动合同,而无须再以双方达成续签劳动合同的合意为前提条件,并且在原固定期限劳动合同到期时,用人单位不可单方终止劳动合同。该观点为多数派观点,北京市、天津市、江苏省和浙江省均持此观点,如《北京市高级人民法院、北京市劳动争议仲裁委员会关于劳动争议案件法律适用问题研讨会会议纪要(二)》第34条规定:"根据《劳动合同法》第十四条第二款第三项规定,劳动者有权选择订立固定期限劳动合同或者终止劳动合同,用人单位无权选择订立固定期限劳动合同或者终止劳动合同。上述情形下,劳动者提出或者同意续订、订立无固定期限劳动合同,用人单位应当与劳动者订立无固定期限劳动合同。"

第二种观点认为,《劳动合同法》第14条第2款第3项的适用必须以劳动者与用人单位双方均同意续签劳动合同为前提。在原固定期限劳动合同到期时,用人单位可以单方终止劳动合同。该观点为少数派观点,上海市等少数地区持此观点,如《上海市高级人民法院关于适用〈劳动合同法〉若干问题的意见》第4条规定:"……《劳动合同法》第十四条第二款第(三)项的规定,应当是指劳动者已经与用人单位连续订立二次固定期限劳动合同后,与劳动者第三次续订合同时,劳动者提出签订无固定期限劳动合同的情形。"

北京案例与导引

[案例1]

2016年12月10日,闫某入职北京A公司,签订期限至2017年6月18日的劳动合同,到期后经协商终止。2017年6月19日,闫某入职B公司,同日签署期限至2018年6月18日的劳动合同,到期后协商终止。2018年6月19日,闫某再次与A公司签订期限至2019年6月18日的劳动合同,到期后又协商终止。2019年6月19日,闫某再次与B公司签订期限至2020年6月18日的劳动合同。各劳动合同中,闫某的工作内容、工作岗位、工资标准均不变。两家公司均使用某集团的办公系统,闫某的工作地点相同。2020年5月6日,B公司通知闫某合同到期不再续签,闫某于2020年5月25日、6月5日向B公司申请签订无固定期限劳动合同,但B公司未给予答复,故闫某提起仲裁,要求B公司支付违法终止劳动合同赔偿金。

[法院观点]

闫某的工作地点、工作内容、工资标准均未变化,A公司、B公司与闫某连续交替用工,闫某接受的管理相同,使用的办公系统相同,合同内容也没有变化,这足以说明两家公司用工存在关联性。劳动者没有《劳动合同法》第39条和第40条第1项、第2项规定的情形,劳动者提出或者同意续订、订立劳动合同的,除劳动者提出订立固定期限劳动合同外,用人单位与劳动者应当订立无固定期限劳动合同。闫某与A公司、B公司共已订立两次以上固定期限劳动合同,自2020年6月18日闫某与B公司劳动合同到期后,B公司应当与闫某签订无固定期限劳动合同。B公司通知闫某合同到期不再续签,违反了《劳动合同法》第14条第2款第3项之规定,构成违法终止劳动合同,应支付闫某违法终止劳动合同赔偿金。

(2021)京 02 民终 4631 号

上海案例与导引

[案例 2]

陈某与上海 A 公司连续签订过两次固定期限劳动合同,在第二次劳动合同到期前 1 个月,A 公司向陈某发出不再续签劳动合同的通知,告知陈某劳动合同到期终止。陈某在双方劳动关系终止后提起仲裁,要求与 A 公司恢复劳动关系并签订无固定期限劳动合同。

[法院观点]

陈某认为,在劳动者已经与用人单位连续订立两次固定期限劳动合同后,劳动者无法定的可以不续签的情形,只要劳动者提出签订无固定期限劳动合同,用人单位就应当签订无固定期限劳动合同。然而,《劳动合同法》第 14 条明确规定了"用人单位与劳动者协商一致,可以订立无固定期限劳动合同"。因此,订立无固定期限劳动合同的前提是用人单位与劳动者协商一致。劳动者提出签订无固定期限劳动合同应该符合《劳动合同法》第 14 条第 2 款规定的三类情形,其中关于第 14 条第 2 款第 3 项所规定的情形,是指劳动者已经与用人单位连续订立两次固定期限劳动合同后,与用人单位协商一致第三次续订合同时,劳动者提出签订无固定期限劳动合同的情形。A 公司以书面形式向陈某发出不再续签劳动合同的通知,因此,双方虽然已连续签订两次固定期限劳动合同,但并无第三次续签劳动合同的合意,无法适用《劳动合同法》第 14 条第 2 款第 3 项所规定的情形。故法院驳回陈某的诉讼请求,并无不当。

(2020)沪民申 2002 号

Q2: 符合订立无固定期限劳动合同的条件,但订立了固定期限劳动合同的,该固定期限劳动合同到期是否可以终止?

A: 根据《劳动合同法》第 14 条第 2 款的规定,将"劳动者提出订立固定期限劳动合同"作为符合订立无固定期限劳动合同的条件但未订立的除外情形。

《劳动合同法实施条例》第 11 条规定:"除劳动者与用人单位协商一致的情形外,劳动者依照劳动合同法第十四条第二款的规定,提出订立无固定期限劳动合同的,用人单位应当与其订立无固定期限劳动合同……"显然,双方协商一致订立固定期限劳动合同,也是一种除外情形。

但是,这种除外情形下订立的固定期限劳动合同能否到期终止呢?全国性法律法规对此并无明确规定,在各地的司法实践中,目前有以下三种不同的处理方式。

第一种是明确规定可以到期终止。比如,《上海市高级人民法院关于适用〈劳动合同法〉若干问题的意见》第 4 条第 2 款规定:"劳动者符合签订无固定期限劳动合同的条件,但与用人单位签订固定期限劳动合同的,根据《劳动合同法》第十四条及《实施条例》第十一条的规定,该固定期限劳动合同对双方当事人具有约束力。合同期满时,该合同自然终止。"

第二种是没有直接规定是否可以到期终止，而是规定不可在履行固定期限劳动合同的过程中请求订立无固定期限劳动合同。既然劳动者在该固定期限劳动合同履行期间没有请求重新签订无固定期限劳动合同的权利，那么可以推论，该固定期限劳动合同可以履行至期满终止。

第三种是没有直接规定是否可以到期终止，而是规定在最后一次固定期限劳动合同到期时，应认定符合连续订立两次固定期限劳动合同的条件，排除法定情形外，劳动者提出或者同意续订、订立无固定期限劳动合同的，用人单位应当与劳动者订立无固定期限劳动合同。比如，《北京市高级人民法院、北京市劳动争议仲裁委员会关于劳动争议案件法律适用问题研讨会会议纪要(二)》第 35 条规定："在用人单位与劳动者连续订立二次固定期限劳动合同后，劳动者与用人单位再次订立固定期限劳动合同的，适用《劳动合同法》第十四条规定。在最后一次固定期限劳动合同到期时，应认定符合连续订立二次固定期限劳动合同的条件，排除法定情形外，劳动者提出或者同意续订、订立无固定期限劳动合同，用人单位应当与劳动者订立无固定期限劳动合同。"既然在固定期限劳动合同到期且劳动者提出续签无固定期限劳动合同的情况下，用人单位有订立无固定期限劳动合同的法定义务，那么可以推论，用人单位是无权单方终止劳动合同的。

Q3： 用人单位有哪些行为会被认定为规避签订无固定期限劳动合同？有何后果？

A： 对于用人单位来说，签订无固定期限劳动合同往往意味着用工成本和风险的增加。因此在实践中，部分用人单位为了避免签订无固定期限劳动合同，会采取一些规避法律的行为。针对这种规避签订无固定期限劳动合同的行为，中国部分地区的地方性法规对此作了明确的规定，认定规避行为无效。

例如，《北京市高级人民法院、北京市劳动争议仲裁委员会关于劳动争议案件法律适用问题研讨会会议纪要(二)》第 37 条规定："用人单位存在规避《劳动合同法》第十四条规定的下列行为，劳动者订立固定期限劳动合同和工作年限的次数仍应连续计算：(一)为减少计算劳动者的工龄，迫使劳动者与其解除或终止劳动合同后重新与其签订劳动合同的；(二)通过设立关联用人单位，在与劳动者签订合同时交替变换用人单位名称的；(三)仅就劳动合同的终止期限进行变更，用人单位无法做出合理解释的；(四)采取注销原单位、设立新单位的方式，将劳动者重新招用到新单位，且单位经营内容与劳动者的工作地点、工作内容均没有实质性变化的；(五)其他明显违反诚信和公平原则的规避行为。"

北京案例与导引

[案例 3]

毛某与北京 A 公司签订期限为 2008 年 3 月 3 日至 2009 年 8 月 31 日的劳动合同，实际在 B 公司工作。2009 年 4 月 1 日，毛某与 A 公司签订解除劳动合同协议书，称自愿与 A 公司终止劳动关系。2009 年 8 月 11 日，毛某与 A 公司又签订劳动合同，期限为 2009 年 10 月 1 日至 2011 年 9 月 30 日，之后又续签一次劳动合同至 2014 年 9 月 30 日。2014 年 8 月 7 日，毛某向 A 公司提交辞职申请书，称由于个人原因提出离职申请。同日，毛某与某人力资源管理有限公司签订派遣员工劳动合同书,毛某被派往A公司工作。2014年10月20日,毛某与B公司签订非全日制从业人员劳动合同书,自2016年12月1日起,毛某又与B公司连续三次签订固定期限劳动合同。2020年10月29日,B公司通知毛某,劳动合同于2020年11月30日到期终止。A公司是B公司的独资法人股东,持股比例100%。2020年11月3日,毛某提起仲裁,认为其于2008年3月3日至2020年11月30日一直在为B公司工作,双方劳动合同到期后,B公司由于自身原因不再与其续签劳动合同,故要求B公司支付终止劳动合同经济补偿金。

[法院观点]

A公司及其全资子公司B公司,通过采用让劳动者在劳动合同期限内签订自愿离职申请,重新签订劳动合同,采用劳务派遣方式用工,采用关联企业签订劳动合同,变换劳动合同性质名称,签订两次及以上固定期限劳动合同后不依法签订无固定期限劳动合同,签订劳动合同起始、终止日期不接续等多种方式,规避签订无固定期限劳动合同和连续计算劳动者工作年限,严重侵害了劳动者的合法权益。根据《最高人民法院关于审理劳动争议案件适用法律问题的解释(一)》第46条的规定,上述情形属于"劳动者非因本人原因从原用人单位被安排到新用人单位工作",故对于毛某要求在计算经济补偿金时连续计算工作年限的主张,法院予以支持。

(2022)京02民终3386号

1.3 以完成一定工作任务为期限的劳动合同

解析

根据《劳动合同法》第15条的规定,以完成一定工作任务为期限的劳动合同是指用人单位与劳动者约定以某项工作的完成为合同期限的劳动合同。以完成一定工作任务为期限的劳动合同,其存续期间处于相对封闭的状态,有起始期和终止期,但该期间的长度并不确定,因此,其不同于固定期限劳动合同。同时,根据《劳动合同法》第19条第3款的规定,以完成一定工作任务为期限的劳动合同不得约定试用期。以完成一定工作任务为期限的劳动合同在实践中的运用不是很广泛,劳动法领域对这一块的规定也比较少。

法律依据

以完成一定工作任务为期限的劳动合同的主要特征如下:(1)完成一定工作仅是衡量合同长度的方式,并非合同目的,也不以交付工作成果为合同标的;(2)用人单位支付的报酬是劳动者提供劳动的对价,而不是劳动成果的对价,劳动者取得劳动报酬不以交付劳动成果为前提条件,只需按约定付出劳动即可;(3)劳动者主要利用用人单位提供的劳动条件完成约定的工作任务,设备、技术和资料均由用人单位提供,劳动者提供的劳动不能由他人代为履行。

在某些情况下,签订以完成一定工作任务为期限的劳动合同对用人单位较为有利。例如,某用人单位承包了一个工程建设项目,因为无法准确预估工程的完工日期,如果该用人单位和劳动者签订固定期限劳动合同,那么在工程提前完工的情况下,该用人单位将无法与劳动者提前解除劳动合同,在工程延期完工的情况下,该用人单位又面临着和劳动者续签劳动合同的问题。因此，这种情况下，用人单位最好与劳动者签订以完成一定工作任务为期限的劳动合同。

用人单位在签订以完成一定工作任务为期限的劳动合同时应注意：(1)只有在任务完成的标准明确，但预期完成时间不明确的情况下，才适合签订这种劳动合同；(2)在合同履行期间，用人单位仍需为劳动者缴纳各种社会保险；(3)工资仍需按月发放。

No. 2 事实劳动关系

以是否签订书面劳动合同为判断标准,劳动关系可划分为事实劳动关系和劳动合同关系。事实劳动关系与劳动合同关系相比,缺少了书面合同这一劳动关系形式要件。为了加强推行劳动合同书面化,《劳动合同法》加重了用人单位在事实劳动关系中的法律责任,作出了惩罚性的规定,以此迫使用人单位签订标准化的书面合同。这些规定完全改变了原有的事实劳动关系处理模式,增加了用人单位的用工风险。因此,如何防范产生事实劳动关系成了用人单位在用工管理中需要慎重对待的问题。

另外,根据《劳动合同法》第 82 条的规定,用人单位自用工之日起超过 1 个月不满 1 年未与劳动者订立书面劳动合同的,应当向劳动者每月支付二倍的工资。实践中,各种主客观原因导致劳动合同超过上述 1 个月的宽限期而未签订的情况屡有发生,因此,在《劳动合同法》实施后,二倍工资的支付问题成了事实劳动关系所导致的法律风险中最引人关注的焦点之一。

事实劳动关系关键词中涉及的二级关键词	
2.1	事实劳动关系
2.2	二倍工资

2.1 事实劳动关系

解析

事实劳动关系,是指劳动者与用人单位之间已形成劳动关系,但未签订书面劳动合同的客观状态。在实务中,事实劳动关系的形成主要有以下几种情况:一是劳动者与用人单位自始即未签订书面劳动合同;二是劳动者与用人单位签订的书面劳动合同期满后未再续签,但劳动者继续在原用人单位工作;三是原有的书面劳动合同后来被确定为无效。

法律依据

事实劳动关系的出现与《劳动法》将订立书面劳动合同作为用人单位法定义务的规定有密切联系。因为《劳动法》推行的是书面劳动合同制度,针对事实劳动关系的法律效力问题,曾经有一种观点认为事实劳动关系不符合《劳动法》规定的形式,应当按无效处理。但是,如果认定事实劳动关系无效,就会导致事实劳动关系中的劳动者无法适用各项劳动标准和享受劳动法律保护,因此该观点最终没有为立法者所采纳。对事实劳动关系中的劳动者权益进行保护在现下已经成为共识。《劳动合同法》进一步对事实劳动关系问题进行了专门规制,但与《劳动法》原先的“平等保护”“适度从高保护”的立法思路不同,而是采取了“超标保护”的做法,将事实劳动关系视为一种需要处罚的违法状态,主要体现在以下几个方面。

1. 事实劳动关系满 1 年后,存在被视为无固定期限劳动合同的法律风险。按照《劳动合同法》第 14 条第 3 款的规定，用人单位自用工之日起满 1 年不与劳动者订立书面劳动合同的，视为用人单位与劳动者已订立无固定期限劳动合同。在标准劳动关系中，劳动者签订无固定期限劳动合同需要满足工龄满 10 年或者连续签订两次固定期限劳动合同的条件，而事实劳动关系只需要维持 1 年就转化成了无固定期限劳动合同，其转化门槛大大降低。

2. 事实劳动关系期间存在支付二倍工资的法律风险。如上文所述，根据《劳动合同法》的规定，事实劳动关系超过 1 个月不满 1 年的，用人单位应当支付劳动者二倍的工资。并且，因为在事实劳动关系中双方之间没有签订书面的劳动合同，关于劳动者的工资待遇往往仅有口头的约定，因此就二倍工资的支付问题发生纠纷时，用人单位和劳动者双方往往各执一词，就二倍工资的支付标准产生争议。对此，《劳动合同法》第 11 条作了规定，事实劳动关系期间劳动者待遇约定不清时，应当按用人单位或行业集体合同执行，在没有单位或行业集体合同时，按照"同工同酬"原则比照其他劳动者的待遇予以确定。

问题导引

Q1： 认定事实劳动关系的标准有哪些？

A： 在处理有关事实劳动关系的纠纷中，是否存在劳动关系是当事人双方及法官首先需要解决的一个问题。目前，司法实践中，在认定劳动关系时，通常都以《劳动和社会保障部关于确立劳动关系有关事项的通知》中确立的三个标准为依据，即用人单位和劳动者符合法律、法规规定的主体资格；用人单位依法制定的各项劳动规章制度适用于劳动者，劳动者受用人单位的劳动管理，从事用人单位安排的有报酬的劳动；劳动者提供的劳动是用人单位业务的组成部分。同时满足以上三个要件的，一般会被认定为双方之间存在劳动关系。

审查用人单位和劳动者之间是否存在管理和被管理的关系，可从以下几个方面着手：(1)入职资料，劳动者填写的用人单位招工招聘入职登记表、报名表等招聘记录。(2)员工身份资料，员工花名册、暂住证、居住证以及用人单位向劳动者发放的工作证、服务证、出入证等能够证明身份的证件。(3)考勤记录，考勤记录的形式多样，有电子考勤或考勤卡、考勤表。(4)工作记录，包括用人单位向劳动者发出的工作指令以及劳动者在提供劳动的过程中形成的文件，如商务合同、订单、送货单、电子邮件等。(5)劳动者是否接受用人单位的劳动纪律和规章制度约束，通常表现为用人单位对劳动者进行奖惩、考核等。

判断劳动关系是否存在的另外一个重要方面是用人单位是否向劳动者支付劳动报酬及福利待遇。劳动者为用人单位提供劳动，相应地享有获取劳动报酬以及福利的权利，包括以下几个方面：(1)工资，工资支付记录是劳动者和用人单位之间存在劳动关系认定的重要证据，主要表现为银行转账支付凭据、工资条、欠条等。(2)劳动保护方面的费用或物品，包括用人单位发放给劳动者的工作服、解毒剂、清凉饮料费用等。(3)福利，包括住房补贴、交通补贴、伙食补贴等。

另外，可以体现与劳动关系密切相关的其他社会关系的证据也可以证明劳动关系的存在，主要包括用人单位为劳动者办理社会保险的记录、用人单位为劳动者缴纳住房公积金的记录、用人单位为劳动者办理团体意外保险(这种情况较多出现在建筑工程领域)的记录。

北京案例与导引

[案例1]

田某于2021年7月16日入职北京A公司,工作内容为马术课会员卡销售。2021年7月至2021年10月,田某的工资构成为5000元基本工资加上业绩提成,2021年11月起取消基本工资,只发放业绩提成。A公司在马场为田某提供住宿,直至2022年4月20日,田某以拖欠工资为由口头向A公司提出解除劳动关系。随后双方因确认劳动关系、欠付工资、解除劳动关系经济补偿金等问题发生争议,A公司辩称其与田某为合作关系。

[法院观点]

劳动关系是指劳动者加入用人单位成为其成员,在用人单位的管理下从事用人安排的、有报酬的劳动所形成的社会关系。劳动关系区别于一般民事法律关系的基本特征是劳动者对用人单位的经济从属性及人身依附性。本案中,田某为A公司销售会员卡,A公司为田某提供住宿场所及餐食,田某前期薪资构成为5000元底薪加提成,以上情形均表明田某对A公司具有经济从属性及人身依附性,双方关系符合劳动关系法律特征。2021年11月1日起,田某不再继续向A公司要求底薪,而是提取高额售卡提成,但是田某销售会员卡是为了A公司的经营利益,田某取得的收益本质上仍属付出劳动的报酬,田某未成立自己的经营实体,其销售行为并非为了一个独立于A公司外的其他经济实体的利益,故其与A公司之间并非合作关系,2021年11月之后双方也仍属劳动关系。

(2022)京03民终14346号

上海案例与导引

[案例2]

2020年7月5日,王某进入上海A公司处从事线切割工作,双方约定王某月工资为7500元,每月工作26天,每天工作11小时,A公司自2020年7月起对王某实行考勤。2021年3月31日,A公司、王某签订期限自2021年4月1日至2021年7月30日的劳动合同。随后双方发生争议,A公司认为其与王某在2020年7月5日至2021年3月30日属劳务合作关系,不存在劳动关系,在此期间,双方没有建立劳动关系的合意,王某不受A公司的管理和约束,亦不是A公司主要的业务组成人员,A公司每月支付给王某的报酬远高于上海2020年至2021年同工种标准,且金额浮动较大,与一般劳动者领取的工资在性质上并不相同。

[法院观点]

判断劳动者与用人单位之间是否构成劳动关系,应从劳动者与用人单位之间是否存在人身从属性及经济从属性等方面进行综合衡量判断。2020年7月5日至2021年3月31日,A公司对王某实行考勤管理,王某从事线切割工作,系A公司的业务组成部分,A公司按月向王某支付劳动报酬,A公司与王某之间符合劳动关系成立的构成要件,故A公司关于其与王某在该期间为劳务关系而非劳动关系的主张,法院难以支持。

(2022)沪02民终7386号

Q2: 未订立书面劳动合同,但双方签署的其他有效书面文件的内容已经具备了劳动合同的各项要件,是否认为存在劳动合同?

A: 对于用人单位和劳动者之间签署的其他有效书面文件是否可以被视为书面劳动合同,《劳动合同法》及相关法律规定均未作出明确规定。但是,从各地的司法实践来看,法院倾向于认为《劳动合同法》第82条关于用人单位未与劳动者订立书面劳动合同的,应当向劳动者每月支付二倍工资的规定,是对用人单位违反法律规定的惩罚。若用人单位与劳动者未订立书面劳动合同,但双方之间签署的其他有效书面文件的内容已经具备了劳动合同的各项要件,明确了双方的劳动关系和权利义务,具有了书面劳动合同的性质,则该文件应被视为双方的书面劳动合同。当然,何种"书面文件"可以被视为"劳动合同",则需要根据个案具体分析。

北京案例与导引

[案例3]

单某于2011年6月30日入职北京A公司,担任人力行政部员工,A公司未与单某签订劳动合同,但单某持有的员工录用审批表中载明了单某的姓名、性别、部门、工作地点、聘用期限、待遇等内容,并有人力资源部负责人、总经理以及法定代表人的签字。2011年8月17日,单某提出辞职。单某向法院起诉,提出要求A公司支付未签订劳动合同的二倍工资差额等诉讼请求。

[法院观点]

由于双方均认可填有员工录用审批表且该表为单某持有和提出的,所以,该争议的实质就演化为该员工录用审批表能否被视为双方的书面劳动合同。对此,法院认为应结合《劳动合同法》未签订书面劳动合同予以双倍工资惩罚的立法目的予以分析。首先,《劳动合同法》第82条针对实践中劳动合同签订率低以及《劳动法》第16条第2款仅规定"建立劳动关系应当订立劳动合同"而没有规定违法后果的立法缺陷,增设了二倍工资的惩则,该第二倍差额的性质并非劳动者的劳动所得,而是对用人单位违反法律规定的一种惩戒。二倍工资的立法目的在于提高书面劳动合同的签订率,明晰劳动关系中的权利义务,而非劳动者可以从中谋取超出劳动报酬的额外利益。其次,结合单某持有的员工录用审批表分析,该表已基本实现了书面劳动合同的功能。该表中明确约定了单某的工作部门、工作地点、聘用期限、试用期、工资待遇等,并附有A公司法定代表人的签字,该表内容已经具备劳动合同的要件,既明确了双方的劳动关系,又固定了双方的权利义务,实现了书面劳动合同的功能。因此,法院不支持单某要求A公司支付未签订劳动合同的二倍工资差额的诉讼请求。

《最高人民法院公报》2013年第12期

上海案例与导引

[案例 4]

包某于 2021 年 11 月 17 日进入上海 A 公司，A 公司未与其签订劳动合同，但曾向其送达录用通知书，该录用通知书载明了岗位信息、合同年限、工资、工作地址、入职时间、入职资料等信息。随后因 A 公司认为包某长时间未回复客户信息，未响应工作，且经指出工作问题后其仍未予改正，便于 2022 年 6 月 1 日解除双方劳动关系。包某提起仲裁，要求公司支付违法解除赔偿金、未签订劳动合同二倍工资差额、未休年假折算工资等。

[法院观点]

A 公司在包某入职后未与其签订书面劳动合同，但双倍工资的立法目的在于提高书面劳动合同的签订率，明晰劳动关系中的权利义务，而非劳动者可以从中谋取超出劳动报酬的额外利益。结合包某持有的录用通知书分析，该通知书已基本实现了书面劳动合同的功能，其中明确规定了包某的工作岗位、工作地点、工资待遇、聘用期限、试用期等内容，其内容已具备劳动合同的相关要件，既明确了双方的劳动关系，又固定了双方的权利义务，具有劳动合同的性质，且 A 公司已按照录用通知书的相关内容予以实际履行，实现了书面劳动合同的功能。因此，A 公司要求不支付包某未签订劳动合同的双倍工资差额，法院予以支持。

(2022)沪 0104 民初 21330 号

2.2 二倍工资

解析

法律依据

根据《劳动合同法》第 82 条、《劳动合同法实施条例》第 5 ~ 7 条的规定，用人单位自用工之日起超过 1 个月不满 1 年未与劳动者订立书面劳动合同的，应当自用工之日起满 1 个月的次日起向劳动者支付二倍工资；用人单位自用工之日起满 1 年未与劳动者订立书面劳动合同的，除了自用工之日起满 1 年的当日视为已与劳动者订立无固定期限劳动合同外，还需要向劳动者支付自用工之日起满 1 个月的次日至满 1 年的前一日的二倍工资。因此，二倍工资的支付问题成了事实劳动关系纠纷中无法绕开的一个话题。并且，劳动者追索未订立劳动合同二倍工资争议已经与追索加班费争议、用人单位解除劳动合同的经济补偿金或赔偿金争议一起成为劳动争议的三种主要类型。

但是，由于《劳动合同法》及《劳动合同法实施条例》中对二倍工资的规定过于简单，所以劳动争议在司法实践中就以下几个问题产生了较大的争议：(1)二倍工资差额的标准应以正常工作时间工资为基数，还是以应得工资即正常工作时间工资与加班工资之和为基数？(2)非用人单位原因导致无法订立书面劳动合同时，用人单位是否仍需支付二倍工资？(3)追索二倍工资的仲裁时效应适用一般仲裁时效还是劳动报酬追索特殊仲裁时效？仲裁时效应从何时起算？接下来我们就对相关问题逐一进行分析。

问题导引

Q3： 二倍工资差额的标准和基数如何界定？

A： 对二倍工资差额标准的界定之争主要集中在应以“正常工作时间工资”为基数还是应以“应得工资”为基数这个问题上。该争议主要源于对二倍工资差额性质的认识不一，持正常工作时间工资基数论者认为，工资即劳动报酬，系劳动者付出劳动而获得的对价，必须以其实际付出的劳动为前提，第一倍工资毫无疑问符合劳动报酬的特征，而未订立书面劳动合同的二倍工资差额是《劳动合同法》规定的用人单位应承担的法律责任，不具有劳动对价的性质，实际上属于法定的赔偿金，故与劳动者每月应得收入没有对应关系，只需按双方约定的正常工作时间工资计算即可。持应得工资基数论者认为，《劳动合同法》第 82 条第 1 款只规定了“应当向劳动者每月支付二倍的工资”，并未区分正常工作时间工资与加班工资及奖金等，而根据《国家统计局关于工资总额组成的规定》第 4 条的规定，工资总额包括计时工资、计件工资、奖金、津贴和补贴、加班加点工资及特殊情况下支付的工资六个部分，故应将劳动者当月应得的全部工资作为计算未订立书面劳动合同二倍工资差额的基数。

与上述两种意见相对应，中国各地的司法观点基本分为以下两种。

第一种观点认为，应将正常工作时间工资作为二倍工资差额的计算基数，如上海市、广州市、浙江省。

《上海市高级人民法院关于审理劳动争议案件若干问题的解答》(2010 年)第 3 条规定，关于双倍工资计算基数的确定，双方劳动合同对月工资有约定的按照约定；没有约定或约定不明的应按《劳动合同法》第 18 条规定来确定正常工作时间的月工资，并以确定的工资数额为双倍工资的计算基数；仍无法确定的，可按劳动者实际获得的月收入扣除加班工资、非常规性奖金、福利性、风险性等项目后的正常工作时间确定月工资。

《广州市中级人民法院关于劳动争议案件的参考意见》第 18 条规定：“用人单位未按法规规定签订书面劳动合同而每月支付二倍工资的，以标准工资作为计算基数。”《广州市劳动争议仲裁委员会、广州市中级人民法院关于劳动争议案件研讨会会议纪要》第 21 条作了更细化的规定：“用人单位自用工之日起超过一个月不满一年未与劳动者订立书面劳动合同的，应当向劳动者每月支付双倍工资，具体计算方式为：1. 对于双固定用工模式的，满一个月的双倍工资差额，可按照每月固定薪酬计算；不足一个月的，可按月固定工资数额 ÷ 月固定工作天数 × 未签订书面劳动合同天数中的实际工作天数计算。2. 对于一般用工模式的，满一个月的双倍工资差额，按劳动者标准工时下的正常工资(即标准工资)作为计算基数；不足一个月的，可按上述月标准工资 ÷ 21.75 天 × 未签订书面劳动合同天数中的实际工作天数计算。”

《浙江省劳动争议仲裁委员会关于劳动争议案件处理若干问题的指导意见(试行)》第 38 条规定：“加班工资和依据《劳动合同法》第八十二条规定加付的一倍工资的计算以职工所在的岗位(职位)相对应的标准工资为基数。前款标准工资难以确定的，按以下方式确定计算基数：(1)劳动合同有约定的，按劳动合同约定的工资为基数；(2)劳动合同没有约定的，实行岗位技能工资制的单位，以职工本人的岗位工资与技能工资之和为基数；(3)岗位、技能工资难以确定的，以上月职工正常工作情况下的工资为基数，同时应扣除绩效、奖金和物价补贴；难以区分工资、奖金、物贴等项目的，以职工上月实得工资的 70% 为基数。上述计发基数低于当地最低工资标准的，按当地最低工资标准为计发基数。”

第二种观点认为，应将应得工资标准作为二倍工资差额的计算基数，如北京市。

《北京市高级人民法院、北京市劳动争议仲裁委员会关于劳动争议案件法律适用问题研讨会会议纪要》第 28 条规定：“劳动合同期满后，劳动者仍在用人单位工作，用人单位未与劳动者订立书面劳动合同的，用人单位应当自劳动合同期满的次日起至满一年的前一日，向劳动者每月支付两倍的工资。两倍工资的计算基数应以相对应的月份的应得工资为准。”《北京市高级人民法院、北京市劳动人事争议仲裁委员会关于审理劳动争议案件法律适用问题的解答》第 21 条第 3 款作了更细化的规定：“计算‘二倍工资’的工资标准时，因基本工资、岗位工资、职务工资、工龄工资、级别工资等按月支付的工资组成项目具有连续性、稳定性特征，金额相对固定，属于劳动者正常劳动的应得工资，应作为未订立劳动合同二倍工资差额的计算基数，不固定发放的提成工资、奖金等一般不作为未订立劳动合同二倍工资差额的计算基数。”

Q4： 非用人单位原因导致无法订立书面劳动合同时，用人单位是否仍需支付二倍工资？

A： 在现实生活中，可能会出现劳动者拒绝签订书面劳动合同或其他非用人单位可控制的原因（不可抗力，劳动者被依法限制人身自由，劳动者因工伤、生育、患病等原因不能正常工作），导致用人单位未能在法定期间与劳动者订立书面劳动合同，此时若仍要求用人单位承担未订立书面劳动合同的二倍工资，则对用人单位显失公平。

对此，地方司法口径或司法判例一般认为，用人单位在无过错（过错指故意或疏忽）的情况下不应承担未订立书面劳动合同的二倍工资。比如，《上海市高级人民法院关于适用〈劳动合同法〉若干问题的意见》第 2 条规定：“……如用人单位已尽到诚信义务，因不可抗力、意外情况或者劳动者拒绝签订等用人单位以外的原因，造成劳动合同未签订的，不属于《中华人民共和国劳动合同法实施条例》（以下简称‘《实施条例》’）第六条所称的用人单位‘未与劳动者订立书面劳动合同’的情况……”

上海案例与导引

［案例 5］

王某于 2019 年 6 月 1 日进入上海 A 公司担任总经理，2019 年 10 月 12 日离职，双方未签订书面劳动合同。王某与 A 公司法定代表人姜某的微信聊天记录显示，2019 年 6 月 24 日，姜某就 A 公司员工签订书面劳动合同进行布置，王某表示，月底大家各岗位都签掉；2019 年 7 月 1 日，姜某通过微信向王某发送空白劳动合同文本。2019 年 12 月 18 日，王某提起仲裁，要求 A 公司支付 2019 年 7 月 1 日至 2019 年 10 月 12 日未签订书面劳动合同二倍工资差额。

［法院观点］

劳动者已经实际为用人单位工作，用人单位超过 1 个月未与劳动者订立书面劳动合同的，是否需要支付劳动者双倍的工资,应当考虑用人单位是否履行诚实磋商的义务以及是否存在劳动者拒绝订立书面劳动合同等情况。用人单位已尽到诚信义务,劳动者拒绝签订书面劳动合同等用人单位以外的原因造成未订立书面劳动合同的,不属于用人单位未与劳动者订立书面劳动合同的情况。王某担任总经理,A公司法定代表人明确要求王某负责与公司员工签订书面劳动合同事宜,王某回复称,月底大家各岗位都签掉,表明王某知晓负有代表A公司与包括自己在内的员工签订书面劳动合同的职责,A公司不存在故意不与王某签订书面劳动合同的事实;此外,A公司法定代表人通过微信发送给王某劳动合同空白文本,王某未予回复,亦未提出异议,表明A公司已经履行诚实磋商的义务,但王某拒绝签订书面劳动合同。故未签订书面劳动合同的责任在于王某,王某要求A公司支付未签订书面劳动合同二倍工资差额的请求,法院不予支持。

(2020)沪0114民初11189号

Q5: 追索二倍工资的仲裁时效应适用一般仲裁时效还是劳动报酬追索特殊仲裁时效?仲裁时效应从何时起算?

A: 劳动争议申请仲裁时效具有消灭时效的性质,根据消灭时效制度的一般原则,其起算时间为权利人知道或者应当知道其权利被侵害之日。《劳动争议调解仲裁法》基本上沿用了这一原则,根据该法第27条第1款的规定,劳动争议申请仲裁的时效期间为1年,从当事人知道或者应当知道其权利被侵害之日起计算,此为劳动争议仲裁的一般时效。但是,考虑到劳动者在劳动关系存续期间与用人单位发生冲突将导致劳动者承担较高的失业风险,为了倾斜保障劳动者的生存权,该条第4款又规定,劳动关系存续期间因拖欠劳动报酬发生争议的,劳动者申请仲裁不受一般仲裁时效期间的限制,但劳动关系终止的,应当自劳动关系终止之日起1年内提出,此为追索劳动报酬特殊仲裁时效。

追索二倍工资差额的仲裁时效应适用一般仲裁时效还是追索劳动报酬特殊仲裁时效,关键在于对二倍工资差额的定性。二倍工资差额是用人单位应承担的法律责任,不具有劳动对价的性质,故其并非劳动报酬,理论上不应适用追索劳动报酬特殊仲裁时效。关于该时效起算时间的问题,理论上和实务上存在以下两种不同的观点。

第一种观点认为,根据《劳动合同法》第82条第1款的规定,二倍工资差额仲裁时效应从建立劳动关系满1个月后的每一个工资支付周期期满之日起算,其理由是:既然支付二倍工资差额的性质为法律责任,即应从权利人知道或应当知道其权利被侵害之日起计算,而在每一个工资支付周期期满时,劳动者即应知晓其依法获得二倍工资差额的权利已被侵害,故时效应从此时起算。北京市、上海市、天津市等地持此观点。

《北京市高级人民法院、北京市劳动争议仲裁委员会关于劳动争议案件法律适用问题研讨会会议纪要(二)》第28条规定:"……二倍工资中属于劳动者正常工作时间劳动报酬的部分,适用《调解仲裁法》二十七条第四款的规定;增加一倍的工资属于惩罚性赔偿的部分,不属于劳动报酬,适用《调解仲裁法》二十七条第一款的规定,即一年的仲裁时效。二倍工资适用时效的计算方法为:在劳动者主张二倍工资时,因未签劳动合同行为处于持续状态,故时效可从其主张权利之日起向前计算一年,据此实际给付的二倍工资不超过十二个月,二倍工资按未订立劳动合同所对应时间用人单位应当正常支付的工资为标准计算。"

《上海市高级人民法院关于审理劳动争议案件若干问题的解答》(2010)第 2 条规定:"我们认为,鉴于双倍工资的上述性质,双倍工资中属于双方约定的劳动报酬的部分,劳动者申请仲裁的时效应适用《劳动争议调解仲裁法》第 27 条第 2 至第 4 款的规定,而对双方约定的劳动报酬以外属于法定责任的部分,劳动者申请仲裁的时效应适应《劳动争议调解仲裁法》第 27 条第 1 款至第 3 款的规定,即从未签订书面劳动合同的第二个月起按月分别计算仲裁时效。"

《天津法院劳动争议案件审理指南》第 14 条规定:"……本条及第 12 条规定的二倍工资的性质不属于劳动报酬,应当将其作为一个整体按照《中华人民共和国劳动争议调解仲裁法》第二十七条第一款的规定计算仲裁时效。"

第二种观点认为,二倍工资差额仲裁时效应从建立劳动关系满 1 年之日起计算,其理由是:第一,用人单位未依法与劳动者订立书面劳动合同的侵权行为一直持续至建立劳动关系满 1 年之日,而持续性侵权行为的消灭时效应从该侵权行为终了之日起算。第二,要求劳动者在劳动关系存续期间即通过仲裁或司法途径向用人单位主张未订立书面劳动合同的二倍工资差额,必将导致劳动者承担较高的失业风险,这种做法不合情理。浙江省等地持此观点。

《浙江省高级人民法院民一庭关于审理劳动争议纠纷案件若干疑难问题的解答》第 4 条规定:"《劳动合同法》第八十二条所称的'二倍工资'中加付的一倍工资并不属于劳动报酬,劳动者申请仲裁的时效为一年。用人单位自用工之日起超过一个月未与劳动者订立书面劳动合同,劳动者要求用人单位支付二倍工资的,仲裁时效应从用人单位与其补订劳动合同之日或者视为双方已订立无固定期限劳动合同之日起计算。"

上海案例与导引

[案例 6]

李某入职上海 A 公司后签订多份劳动合同,最后一份劳动合同期限为 2016 年 1 月 1 日至 2018 年 12 月 31 日,随后双方发生争议,A 公司于 2020 年 6 月 3 日单方解除了劳动合同。2020 年 7 月 10 日,李某申请仲裁,要求 A 公司支付 2019 年 1 月 1 日至 2020 年 7 月 10 日未续签劳动合同二倍工资。A 公司辩称,根据《劳动合同法》的规定,双倍工资的计算期间应当为 2019 年 2 月 1 日至 2019 年 12 月 31 日。根据《劳动争议调解仲裁法》的规定,仲裁时效为 1 年,李某于 2020 年 7 月 10 日提起仲裁,故其主张未签订劳动合同二倍工资差额的诉请部分超过仲裁时效。

[法院观点]

李某于 2020 年 7 月 10 日申请仲裁,且本案中未提供证据证明存在时效中断或中止的情形,故李某丧失了通过仲裁或民事诉讼途径所要求 2019 年 2 月 1 日至 2019 年 7 月 10 日未签合同双倍工资的胜诉权。根据法律规定,2020 年 1 月 1 日起已视为双方订立无固定期限劳动合同,对于李某主张 2020 年 1 月 1 日起至 2020 年 6 月 3 日未订立劳动合同二倍工资差额的诉请,不予支持。故法院认定,双倍工资的计算期间应当为 2019 年 7 月 11 日至 2019 年 12 月 31 日。

(2022)沪 02 民终 522 号

No. 3 就业

就业是指符合法定劳动年龄且具有劳动愿望和劳动能力的人,通过一定方式与生产资料相结合,从事劳动,实现劳动过程,从而获得劳动报酬或收入的活动。

就业关键词中涉及的二级关键词	
3.1	就业权利
3.2	就业管理
3.3	就业歧视
3.4	招工(招用、招录、录用)
3.5	外国人就业(就业证、就业许可)
3.6	中国台港澳地区人员就业

3.1 就业权利

解析

就业权利,是指具有劳动愿望和劳动能力的人在法定劳动年龄内享有的参加社会劳动,实现劳动过程,并在劳动过程中得到基本保障、获得劳动报酬的权利。行使就业权利是实现《宪法》赋予中国公民的劳动权这一基本权利的方式,只有通过就业,劳动权才能真正得到实现。

法律依据

就业权利涵盖自获得劳动机会至劳动过程中乃至劳动关系解除后的全部过程,主要包括平等就业权、自主择业权、取得劳动报酬的权利、休息休假的权利、获得安全卫生保护的权利、享受社会保险和福利的权利、依法提请劳动争议处理的权利,以及其他劳动权利和经济权利等。

平等就业权,是指包括妇女、残疾人、少数民族、农村人口、传染病病原携带者等特殊人群在内的一切劳动者在就业方面一律平等。

自主择业权,是指劳动者根据自己的意愿自主选择职业的权利,包括是否就业、就职何种职业、选择哪家用人单位以及合法解除劳动合同等权利。

取得劳动报酬的权利,是指劳动者享有通过劳动获取合法收入的权利,包括与用人单位在签订劳动合同时协商工资的权利、请求用人单位按时且足额支付工资的权利,以及独立支配工资的权利。国家通过建立最低工资保障、同工同酬等制度来保障劳动者取得劳动报酬的权利。

休息休假的权利是宪法赋予劳动者的基本权利,国家通过建立休假制度和加班工资制度、发展劳动者休息和休养的设施等方式来保障劳动者休息休假的权利。

获得安全卫生保护的权利,是指劳动者在从事劳动过程中应享有得到生命安全和身体健康基本保障的权利,该权利通过劳动安全卫生制度、职业病制度等得到保障。

享受社会保险和福利的权利,是指劳动者有权享受国家举办的各种福利事业,在暂时或永久丧失劳动能力或失业时,可以从国家和社会获得物质帮助。国家通过建立和完善社会保险制度来保障劳动者这一基本权利。

依法提请劳动争议处理的权利,是指劳动者在与用人单位发生劳动争议时,有权依据法定程序向有权机关提请解决劳动争议。我国的劳动争议解决制度遵循劳动仲裁前置和一裁二审的基本原则。

3.2 就业管理

解析

就业管理,是指国家通过一系列制度建设和基础设施建设对劳动者就业进行管理,包括为劳动者提供职业培训、就业信息等就业服务,管理单位招工行为,建立公共就业服务体系,建立就业援助制度,管理职业中介服务,建立健全就业和失业登记制度等。

法律依据

公共就业服务机构是就业管理中的重要元素,由县级以上人民政府设立,为劳动者和用人单位提供就业服务,并承担劳动行政保障部门的部分工作。公共就业服务机构提供的服务包括就业政策法规咨询、职业信息发布、职业指导和职业介绍、对就业困难人员实施就业援助、办理就业登记和失业登记以及提供其他公共就业服务。公共就业服务机构具有公益性,不得从事经营性活动,不得向劳动者收取费用,为用人单位提供服务也应严格控制服务收费,具体收费项目由省级劳动保障行政部门规定。

就业管理中的另一重要元素是职业中介机构,即由法人、其他组织和公民个人举办的,为用人单位招用人员和劳动者求职提供中介服务以及其他相关服务的经营性组织。设立职业中介机构应当经劳动保障行政部门批准,取得职业中介许可证,并凭职业中介许可证办理工商登记。

辨析

公共就业服务机构和职业中介机构均有为劳动者和用人单位提供职业中介服务的功能,但二者在性质、功能等方面具有较大差异,主要体现在以下方面:首先,公共就业服务机构由政府设立,具有公益性,不得开展经营性活动,也不能向劳动者收取费用;职业中介机构则是由法人、其他组织和公民个人举办的,是经营性组织,但也可以提供公益性就业服务并就此获取补贴。其次,公共就业服务机构除提供职业介绍服务之外,还可以承担劳动保障行政部门的部分工作,而职业中介机构不能承担劳动保障行政部门的工作。

3.3 就业歧视

解析

劳动者依法享有平等就业的权利,劳动者不应因民族、种族、性别等不同而在就业方面受到歧视。尽管法律明确规定和保护劳动者的平等就业权,但就业歧视仍然是我国就业市场中存在的一个问题,通常表现为户籍歧视、年龄歧视、性别歧视、院校歧视及传染病病原携带者歧视等。

法律依据

问题导引

Q1: 招聘广告或聘用简章中的限制条件是否均构成就业歧视?

A: 实践中,用人单位有时会在聘用简章或招聘广告中描述岗位条件,尤其是一些禁止性条件。2022 年修订的《就业服务与就业管理规定》第 20 条规定:"用人单位发布的招用人员简章或招聘广告,不得包含歧视性内容。"招聘广告或聘用简章中如果包含法律法规明确规定的不得歧视的情形,如对性别、身高、民族、传染病病原(乙肝)携带者的歧视,就会面临被认定为就业歧视的风险。但是,用人单位根据本单位需求在招聘过程中列出合理限制条件是用人单位自主选择劳动者的体现,不构成就业歧视。

Q2: 用人单位存在就业歧视时可能有何种后果?

A: 根据《就业促进法》第 62 条的规定,用人单位实施就业歧视的,劳动者可以向人民法院提起诉讼,但是相关法律在就业歧视相关程序等方面并未作出明确规定。从该规定来看,就业歧视纠纷似乎不属于劳动争议,劳动者可以直接向人民法院提起诉讼,无须经过劳动仲裁前置的程序。尽管如此,各地法院仍然对此有不同的解读,如山东省高级人民法院在《2008 年民事审判工作会议纪要》中明确提到,劳动者平等就业权受侵害的,应当向劳动争议仲裁委员会申请仲裁,不服仲裁裁决的,可以向人民法院起诉。

司法实践中,各地法院对于涉及就业歧视的纠纷存在不同的解读,一些法院将就业歧视归为劳动争议,从而适用劳动仲裁前置的程序;另一些法院将就业歧视归为侵犯人格权纠纷,从而不适用劳动仲裁前置的程序。从司法案例来看,如果劳动者的仲裁或诉讼请求是基于双倍工资、经济补偿金等劳动法项下的权利,那么法院更倾向于适用劳动仲裁前置;若劳动者的诉讼请求是民法项下的精神损害赔偿等,则法院更倾向于将争议定性为人格权纠纷,从而不适用劳动仲裁前置程序。

浙江案例与导引

[案例1]

闫某通过招聘软件就A公司发布的"董事长助理""法务专员"两个岗位分别投递了求职简历,其中户口所在地填写为"河南南阳"。招聘软件显示闫某投递的"董事长助理"岗位在2019年7月4日14时28分被查看,14时28分给出岗位不合适的结论,"不合适原因:河南人";"法务专员"岗位在同日14时28分被查看,14时29分给出岗位不合适的结论,"不合适原因:河南人"。闫某认为,A公司以其系河南人为由拒绝予以录用,属于就业地域歧视,侵害了其平等就业权利。闫某起诉,要求A公司向闫某口头道歉、登报道歉、支付精神抚慰金。

[法院观点]

用人单位无正当理由,基于劳动者的性别、户籍、外貌等与工作内在要求没有必然联系的先天形成的因素,而非学历、工作经验等与工作内在要求密切相关的后天获取的因素对劳动者进行差别对待的,应当认定构成就业歧视。本案中,闫某通过招聘平台向A公司投递简历,A公司在查看闫某简历后快速给出不合适的结论,并注明"不合适原因:河南人",该表意清晰,系以闫某的籍贯为由拒绝给予其就业机会。A公司未能合理解释籍贯与闫某应聘的岗位内容之间的内在联系,故籍贯因素系与案涉工作岗位无关的因素,A公司以该与工作内在要求没有必然联系的因素对闫某应聘进行不合理的限制,拒绝给予其就业机会,客观上已经构成就业歧视。故法院判决A公司赔偿闫某精神抚慰金9000元,向闫某进行口头道歉并在国家级媒体《法制日报》登报道歉。

(2020)浙01民终736号

实务小贴士

对用人单位而言,为避免招聘广告或聘用简章引发关于就业歧视的纠纷,应当合理地确定招聘条件,结合岗位特点和要求来考虑招聘条件,保证招聘条件的正当性和合理性。此外,用人单位应当尽量减少招聘广告或聘用简章中的刚性条件,在设置和表达招聘条件时可以采用"优先"等措辞。

3.4 招工(招用、招录、录用)

解析

用人单位可以通过中介机构、发布招聘信息、参加招聘会等合法途径招用劳动者。用人单位在招用人员时,应当履行如实告知、对劳动者个人资料予以保密等义务。

法律依据

对于招聘环节中的平等就业问题,《关于进一步规范招聘行为促进妇女就业的通知》《妇女权益保障法》对保障妇女平等就业作出了明确规定,要求用人单位在招聘过程中不得限定性别或性别优先,不得以性别为由限制妇女求职就业、拒绝录用妇女,不得询问妇女婚育情况，不得将妊娠测试作为入职体检项目，不得将限制结婚、生育或者婚姻、生育状况作为录用条件，不得差别化地提高对妇女的录用标准。此外，2023 年 3 月 1 日起施行的《上海市就业促进条例》为防止招聘过程中可能存在的隐性歧视，还规定了用人单位在招用人员时不得查询劳动者的诊疗记录、医学检测报告、违法犯罪记录等信息，不得要求劳动者提供与履行劳动合同无关的信息。

问题导引

Q3： 用人单位招用劳动者时能否要求劳动者参加体检？

A： 对用人单位而言，用人单位有权全面了解拟录用人员的身体健康状况，入职人员按用人单位的要求进行体检，是对用人单位了解其自身身体健康状况行为的认可，不存在侵犯劳动者隐私权的行为。但是，如果劳动者体检结果显示其为乙肝表面抗原携带者，用人单位不得因此拒绝聘用该劳动者，否则构成就业歧视。当然，目前实践中越来越多的体检项目逐渐被体检机构列为非体检项目，如怀孕情况等，2023 年 1 月 1 日起实施的《妇女权益保障法》第 43 条也规定不得将妊娠测试作为入职体检项目。此外，有一些地区开始对用人单位在招用过程中要求劳动者体检的行为予以规定。例如，2023 年 3 月 1 日起实施的《上海市就业促进条例》第 31 条规定，用人单位在招用人员时不得查询劳动者的诊疗记录、医学检测报告等信息，不得要求劳动者提供与履行劳动合同无关的信息。对此条款有不同的理解方式：一种理解认为用人单位应当有相应的知情权，故该条款仅指用人单位不得向医疗机构等查询劳动者的体检结果，但仍可以向劳动者询问或要求劳动者提供体检报告。另一种理解则较为严格，认为体检报告可能被认为是与履行劳动合同无关的信息，用人单位不得查询，也不得向劳动者询问或要求劳动者提供体检报告。由于该条款目前存在多种理解方式，笔者建议用人单位关注当地实际操作中的口径，并及时进行相应的调整。

四川案例与导引

［案例 2］

邓某应聘 A 公司的环安经理一职，A 公司向邓某发送录用通知书，其中要求邓某进行入职体检。职业健康体检结论载明，“对本次体检的职业危害因素无职业禁忌证，可以从事本次体检的职业危害因素作业”。A 公司以体检不合格为由向邓某发送了不予录用通知书。庭审中，A 公司陈述“报告显示原告的心脏肝脏有异常，我司认为不适合我司工作要求”。邓某起诉，要求 A 公司对缔约过失行为进行赔偿。

［法院观点］

庭审中，A 公司未提交证据或者依据证明邓某体检不合格或其身体状况不适合环安经理的岗位，加之体检中心出具的职业健康体检报告中的职业健康体检结论载明“对本次体检的职业危害因素无职业禁忌证，可以从事本次体检的职业危害因素作业”，综合该体检中心系 A 公司指定等因素，法院对 A 公司关于邓某不适合该岗位的抗辩意见不予支持。A 公司在已经确定录用的情况下单方面拒绝邓某入职，导致双方未能订立劳动合同，故邓某主张A公司存在缔约过失的意见，法院予以采信，并判决A公司向邓某赔偿损失20,000元。

(2019)川0132民初2338号

Q4： 用人单位招用劳动者时，双方有哪些告知义务？

A： 根据《劳动合同法》第8条与《就业服务与就业管理规定》第12条的规定，用人单位应当如实告知劳动者工作内容、工作条件、工作地点、职业危害、安全生产状况、劳动报酬，以及劳动者要求了解的其他情况；用人单位有权了解劳动者与劳动合同直接相关的基本情况，劳动者应当如实说明。一般认为，用人单位与劳动者承担的先合同义务的性质是不一样的，用人单位的如实告知义务是法定义务，不管劳动者是否提出告知有关情况的要求，用人单位都必须如实履行告知义务，若违反则可能被认定为欺诈，从而导致合同无效；对于劳动者来说，该义务是任意的，如果用人单位不主张该权利，劳动者就没有必要告知，且这种情况下只能认定用人单位放弃了自己的权利，不能认定劳动者有欺诈行为。

北京案例与导引

[案例3]

李某入职A公司时填写应聘登记表，在教育培训经历栏中写明就读学校为B学院，学历为本科。A公司主张B学院系民办高校，不能实施学历教育，李某所获得的毕业证书不是国家承认的学历文凭，故以李某入职时伪造学历，提供虚假材料，通过欺诈手段与A公司订立劳动合同，属于劳动合同无效情形为由，解除劳动关系。李某提起仲裁，要求A公司支付违法解除劳动关系赔偿金。

[法院观点]

李某的毕业证书系B学院颁发的，虽然该毕业证书不具备国家承认的学历证书性质，但是其提供了真实的毕业证书，因此并不存在欺骗和隐瞒其真实教育经历的情况；且李某通过了试用期考核，这说明李某的工作能力符合A公司的录用条件。法院判决A公司向李某支付违法解除劳动关系赔偿金。

(2021)京01民终2230号

上海案例与导引

[案例4]

王某在入职B公司前曾因殴打他人被派出所罚款500元。王某入职B公司前曾向B公司提供政审表一份，该表载明“政审内容：有无违法犯罪行为，受过何种处罚情况：无违法犯罪记录”，并加盖派出所印章。劳动合同履行过程中，B公司通知王某提供个人无犯罪记录证明，王某未告知B公司曾受行政处罚的情况。

B公司认为,王某上述行为构成欺诈,故B公司以王某几次刻意隐瞒及欺骗其于本公司工作前无行政违法事项为由终止双方劳动关系。王某申请仲裁,要求B公司支付其违法解除劳动合同赔偿金。

[法院观点]

王某入职B公司担任保安一职,B公司对王某进行了政审,政审内容为有无违法犯罪记录,从字面理解应为刑事违法犯罪,并不包括行政罚款行为。对于B公司提供的政审表,公安机关在无违法犯罪记录的证明上加盖了公章,这也可表明王某不存在违法犯罪行为。王某因打架而受到罚款处理属较轻处罚。虽其未如实告知B公司确有欠妥之处,但该行为不属故意欺诈,故B公司要求确认其与王某签订的劳动合同无效的意见,法院不予采纳。另根据B公司与王某签订的劳动合同,王某未如实告知不属B公司可单方解除劳动合同的情形,故B公司与王某解除劳动合同属违法,应支付违法解除劳动合同赔偿金。

(2022)沪02民终261号

3.5　外国人就业(就业证、就业许可)

解析

外国人在中国就业,是指不具有中国国籍且没有取得中国定居权的外国人在中国依法从事劳动并获取劳动报酬的行为,不包括外国驻华使、领馆和联合国驻华代表机构、其他国际组织中享有外交特权与豁免的人员。外国人在中国境内就业,应当取得外国人就业许可证书、外国人就业证等外国人居留证件。此外,外国人因到境内合作方完成某项技术、科研、管理、指导等工作,因到境内体育机构进行试训,因拍摄影片,因时装表演,因从事涉外营业性演出或人力资源和社会保障部门认定的其他事由入境,且在境内停留不超过90日的,属于外国人入境完成短期工作任务。其中,入境进行短期营业性演出的团体、个人应持有文化主管部门出具的批准文书及中国短期工作证明;入境完成其他短期工作任务的,应当持有人力资源和社会保障部门颁发的外国人就业许可证书及中国短期工作证明。

法律依据

问题导引

Q5: 用人单位是否能够与外籍人士约定解除/终止劳动合同的条件?

A: 根据《外国人在中国就业管理规定》第21条的规定,用人单位支付所聘用外国人的工资不得低于当地最低工资标准。同时,《外国人在中国就业管理规定》第22条规定,在中国就业的外国人的工作时间、休息、休假、劳动安全卫生以及社会保险按国家有关规定执行。对于上述五项内容之外的事项(包括劳动合同解除/终止条件),双方是否能够自行约定,实践中各地理解并不统一。

上海地区的观点为支持双方的约定。《上海市高级人民法院关于审理劳动争议案件若干问题的解答》中明确规定：原劳动部、公安部、外交部、原对外贸易经济合作部等四部门颁布的《外国人在中国就业管理规定》(劳部发〔1996〕29 号)第 22 条、第 23 条规定的最低工资、工作时间、休息休假、劳动安全卫生、社会保险等方面的劳动标准，当事人要求适用的，劳动争议处理机构可予支持；当事人之间在上述规定之外约定或履行的其他劳动权利义务，劳动争议处理机构可按当事人的书面劳动合同、单项协议、其他协议形式以及实际履行的内容予以确定；当事人在上述所列的依据之外，提出适用有关劳动标准和劳动待遇要求的，劳动争议处理机构不予支持。

根据以上规定基本可以对上述问题作出解答，由于劳动合同的解除终止条件本身不属于《外国人在中国就业管理规定》中所提及的五个领域(最低工资、工作时间、休息休假、劳动安全卫生和社会保险)，所以用人单位和外籍人士可以在劳动合同或者其他协议中对其进行约定，上海的司法实践也基本是这种思路。

除上海地区以外，其他地方的观点大多不支持用人单位与外籍劳动者双方在《劳动法》与《劳动合同法》的规定范畴之外另行约定解除或终止劳动合同的条件。

上海案例与导引

[案例 5]

A 公司与外籍员工 P 在劳动合同中约定：公司与雇员不论因何“解除或中止”劳动合同，公司均无须向雇员支付任何经济补偿(对于“中止”，合同原文表述如此，合同为中英对照版本，前述“解除或中止”对应使用的英文单词为“termination”)。A 公司在劳动合同到期后决定不再与 P 续签劳动合同且不支付经济补偿金。P 申请劳动仲裁要求 A 公司依据《劳动合同法》支付终止不续签劳动合同的经济补偿金。

[法院观点]

上海市高级人民法院认为，对双方劳动合同的条款中“termination”的含义不应狭隘地按照中文原文进行理解，应结合全文将其理解为“解除和终止”，故双方对终止劳动合同无须支付经济补偿的安排已作约定，A 公司无须向 P 支付任何经济补偿。

(2019)沪民再 6 号

广东案例与导引

[案例 6]

外籍员工 C 与 A 公司签订的劳动合同约定，“任何一方可终止合同，但必须提前一个月书面通知对方或赔偿对方一个月的工资”，之后 A 公司依据该条款向 C 发出了解除劳动合同通知书。C 起诉至法院，请求 A 公司向 C 支付违法解除劳动合同赔偿金。

[法院观点]

再审法院认为，用人单位非在法律、行政法规规定的情形下，不可与劳动者解除或终止劳动合同，也不可与劳动者在劳动合同中约定在非法律、行政法规规定的其他情形下，用人单位可解除或终止劳动合同。A 公司与 C 在劳动合同中的“签署合同的任一方可因以下事由终止本合同:a 签署合同的任一方可终止合同,但必须提前一个月书面通知对方或赔偿对方 1 个月的工资”的约定违反法律、行政法规的强制性,应属无效。A 公司根据该无效条款解除与 C 的劳动合同构成违法,故法院判决 A 公司支付违法解除劳动合同赔偿金。

(2018)粤民再 267 号

Q6: 用人单位与外籍劳动者在用于办理就业手续的备案劳动合同之外另行签订劳动合同的效力如何认定?

A: 用人单位聘用外籍劳动者需要签订劳动合同并办理就业手续,但是,用人单位与外籍劳动者在备案用劳动合同之外另行签订劳动合同的,不能直接认定备案用劳动合同的效力高于另行签订的劳动合同的效力,仍然要从合同具体约定、双方履行情况来综合判断,探寻当事人的真实意思。在备案用劳动合同与另行签订的劳动合同并未发生冲突时,应认为两份合同均是同等有效的合同。在两份合同存在冲突时,如果一份合同中有“以本合同为准”的类似表述,那么该份合同的效力更高;无法区分效力高低的,原则上以后签订的合同内容为准。

Q7: 外籍劳动者就业证到期未续办,用人单位终止劳动关系的,是否属于违法解除/终止?

A: 外籍劳动者的劳动合同期限未届满,但就业证到期的情况下,用人单位可能会拒绝为劳动者续办就业证,并以就业证到期为由终止双方的劳动关系。对于这种情况导致的法律后果,司法实践中存在两种观点:第一种观点认为,为外籍劳动者办理就业证是用人单位的法定义务,如果用人单位拒绝履行续办就业证的义务,应当认定是用人单位违法解除劳动合同,用人单位应当支付违法解除劳动合同赔偿金,北京地区持这种观点。第二种观点认为,法律并未规定用人单位有强制为外国人续办就业证的义务,因此,外国人就业证到期的,用人单位终止劳动关系属于合法终止,上海地区持这种观点。

北京案例与导引

[案例 7]

外籍员工唐某担任 A 公司财务总监,签订了无固定期限劳动合同。A 公司为唐某办理外国人就业证,并每年办理延期手续。2016 年 11 月,唐某要求 A 公司为其办理外国人就业证延期手续。A 公司通知唐某,其劳动合同于外国人就业证到期日终止。唐某起诉至法院,请求 A 公司向其支付违法解除劳动合同赔偿金。

[法院观点]

A 公司与唐某的劳动合同终止的根本原因是 A 公司未依法为唐某申请办理外国人就业证的延期审批手续,故系 A 公司责任导致双方不能继续履行所签订的劳动合同,法院认定 A 公司与唐某终止劳动合同的行为违法,应当向唐某支付赔偿金。

(2018)京 02 民终 1661 号

上海案例与导引

[案例 8]

外籍员工邵某与 A 公司签订了无固定期限劳动合同。2021 年 3 月 2 日,A 公司通知邵某,其外国人就业证于 2021 年 4 月 2 日期满,公司不再续展,因此双方劳动合同同时终止。邵某起诉至法院,请求恢复双方劳动关系。

[法院观点]

我国法律法规并未明确规定用人单位有强制为外国人续展外国人就业证的义务,因此双方之间的劳动关系期限受到外国人就业证期限的限制,邵某的外国人就业证于 2021 年 4 月 2 日到期,那么根据法律规定,双方劳动合同的有效期限至 2021 年 4 月 2 日届满,因此,公司终止劳动合同符合法律规定。

(2022)沪 01 民终 1965 号

3.6　中国台港澳地区人员就业

解析

中国台港澳地区人员在中国大陆(内地)地区就业也曾经一度受到不同于普通劳动关系的管理和要求,即与大陆(内地)用人单位建立劳动关系,或在大陆(内地)地区从事个体经营,或与台港澳地区用人单位建立劳动关系并受其派遣到大陆(内地)地区 1 年内在同一用人单位累计工作 3 个月以上的,应当取得台港澳人员就业证,并由用人单位办理聘雇台港澳人员登记备案手续。

法律依据

2018 年 7 月 28 日,《国务院关于取消一批行政许可等事项的决定》生效,明确取消了中国台港澳人员在中国大陆(内地)地区就业的行政许可,并要求人力资源社会保障部通过在中国台港澳人员就业服务、社会保障、失业登记、劳动权益保护等方面出台配套政策措施等方式,加强事中事后监管。2018 年 8 月 23 日,人力资源社会保障部发布《关于香港澳门台湾居民在内地(大陆)就业有关事项的通知》,明确了自 2018 年 7 月 28 日起,中国台港澳人员在中国大陆(内地)地区就业不再需要办理台港澳人员就业证。在中国大陆(内地)地区求职、就业的中国台港澳人员,可使用台港澳居民居住证、港澳居民来往内地通行证、台湾居民来往大陆通行证等有效身份证件办理人力资源社会保障各项业务。

问题导引

Q8: 中国台港澳员工未办理就业证,应如何认定劳动关系?

A: 根据《关于香港澳门台湾居民在内地(大陆)就业有关事项的通知》,自 2018 年 7 月 28 日起,中国台港澳人员在大陆(内地)地区就业不再需要办理台港澳人员就业证。因此,对于劳动关系的认定应当以2018年7月28日为分界线，在此之前的中国台港澳人员未依法办理台港澳人员就业证的，应认定双方不存在劳动关系；之后则与我国大陆（内地）地区劳动者的认定方式相同。

北京案例与导引

［案例9］

徐某为我国香港地区居民，与A公司签订了期限自2010年1月5日至2025年1月5日的劳动合同书，A公司为徐某缴纳了2017年8月至2021年2月的社会保险。徐某在A公司工作期间未办理过台港澳人员就业证。

徐某起诉，请求确认其与A公司自2013年1月1日至2018年12月31日存在劳动关系。

［法院观点］

2018年7月28日前，我国台港澳居民在大陆（内地）就业实行就业许可制度，未取得台港澳人员就业证的，因其主体不适格，其与用人单位之间的关系不能被认定为劳动关系。本案中，徐某为我国香港地区居民，2018年7月28日前，其未办理台港澳人员就业证，故不能确认其与A公司之间存在劳动关系。2018年7月28日至2018年12月31日，A公司为徐某缴纳社会保险，并为徐某代缴工资薪金个人所得税，且A公司认可上述期间与徐某存在劳动关系，故法院确认徐某与A公司于2018年7月28日至2018年12月31日存在劳动关系。

（2021）京03民终13107号

No. 4　劳务关系及特殊劳动关系

在现实的用工关系中，除了《劳动合同法》中规定的标准劳动用工关系之外，还存在另外两种用工关系：一种是主要受民事法律调整的劳务关系，如用人单位与退休人员以及在校学生之间的用工关系；另一种是特殊劳动关系，在这种用工关系中，劳动者一方面在一个用人单位从事有偿劳动、接受管理，另一方面与另一个用人单位存有劳动合同关系或不符合劳动法律规定的主体条件，如用人单位与协议保留社会保险关系人员之间的用工关系。这两种用工关系与标准劳动用工关系相比，在法律适用方面有明显的不同，用人单位很容易在用工管理上产生疏忽，导致用工风险，本章主要针对这两种用工关系分别进行详细的论述。

劳务关系及特殊劳动关系关键词中涉及的二级关键词	
4.1	劳务关系
4.2	特殊劳动关系

4.1　劳务关系

解析

劳务关系，是指提供劳务一方为接受劳务一方提供劳务服务，由接受劳务一方按照约定支付报酬而建立的一种民事权利义务关系。劳务关系具有以下特征：(1)双方当事人没有隶属性。雇用人和受雇人之间是一种劳务与报酬的交换，虽然有一定的管理与被管理的关系，但并非隶属关系，没有人身依附性。(2)以当事人意思表示为主导。劳务关系是一种私法上的关系，强调当事人双方的意思自治，只要当事人的约定不违反法律的强制性规定，不违反公序良俗，国家就不干预，双方权利义务的调整主要参照民事法律规范。(3)劳务服务一般具有临时性。双方并没有保持长期稳定关系的主观意图。

法律依据

辨析

从劳动关系与劳务关系的特征可以看出，劳动关系与劳务关系存在以下差异。

一、对双方主体的要求不同

劳动关系中的用工主体主要指企业、个人经济组织、民办非企业单位等组织，同时包括与劳动者建立劳动关系的国家机关、事业组织、社会团体；劳务关系中的用工主体范围则相当广泛，可以是自然人、法人或其他组织。在劳动关系中，劳动者必须具有劳动权利能力和劳动行为能力，一般要在16周岁以上(特定情形除外)，国家规定的退休年龄以下。劳务关系对雇工的年龄要求宽泛，理论上没有最高年龄限制。

二、主体地位不同

劳动关系中的主体双方具有隶属关系,劳动者是用人单位的成员,遵守单位的规章制度,服从用人单位的领导与安排。而劳务关系中的双方是平等的民事主体,不具有身份上的隶属性和依附性。虽然雇主与受雇人之间也存在一定的管理与被管理关系,但是更偏重于雇主对受雇人在提供劳务时的安排和督促。

三、合同当事人双方的权利义务不同

劳务关系双方的权利义务充分体现意思自治原则,主要根据双方签订的劳务合同确定,内容广泛且有较大的自由协商余地。劳动关系的双方权利义务除由双方签订的劳动合同确定外,劳动法律法规还以强制的形式作出规定,如工作时间、解除合同的条件及程序、用人单位为劳动者缴纳社会保险等。

四、工作的连续性不同

劳动关系的双方一般有保持长期、持续、稳定工作关系的主观意图,具有相对的稳定性;劳务关系的双方稳定性较差,受雇人提供的劳务一般具有临时性。

列举

日常用工过程中常见的劳务关系种类包括在校实习生、退休返聘人员等。

一、在校实习生

(一)实习的法律性质

《关于贯彻执行〈中华人民共和国劳动法〉若干问题的意见》第 12 条规定:“在校生利用业余时间勤工助学,不视为就业,未建立劳动关系,可以不签订劳动合同。”因此,在以往的司法实务中比较倾向于认为在校实习生与用人单位之间的用工关系不是劳动关系,而是一种劳务关系。但是,2007 年广州《新快报》派记者“卧底”洋快餐企业,打探包括“麦当劳”“肯德基”等国际知名餐饮企业聘用在校实习生存在的问题,掀起了社会上对在校实习生身份属性的大讨论。

就当前的市场形势与实际情况而言,法律强制认定雇主与在校学生建立劳动关系尚不具备市场基础,主要理由如下:(1)在校学生的勤工俭学或实习行为从性质上而言更符合劳务关系的特征,如一般学生在外兼职是临时性的,不少学生并没有“在此久居”的打算,不少学生受制于课业,根本无法从事全日制的工作;(2)当前在校学生的档案管理制度使雇主在办理劳动关系所需的就业手续以及社保缴纳方面都存在障碍;(3)如果将学生在外勤工俭学或实习认定为劳动关系,那么众多学生将丧失自身的“成本”优势,雇主雇用学生的意愿下降,反而会最终导致学生“无工可勤”。

(二)实习的法律分类

针对全日制学历教育的中职学校、高职专科学校、高职本科学校(以下统称职业学校)的在校生实习,教育部等八部门于 2021 年 12 月 31 日联合出台了《职业学校学生实习管理规定》(以下简称《实习管理规定》)。根据《实习管理规定》的规定,实习分为认识实习和岗位实习两种类型。认识实习是指学生由职业学校组织到实习单位参观、观摩和体验,形成对实习单位和相关岗位的初步认识的活动。岗位实习是指具备一定实践岗位工作能力的学生,在专业人员指导下,辅助或相对独立参与实际工作的活动。其中,认识实习由职业学校安排,学生不得自行选择,岗位实习可以由学生自行选择实习单位。学生参加岗位实习前,职业学校、实习单位、学生三方应签订实习协议,未签订实习协议的,不得安排学生实习。此外,针对实习单位,《实习管理规定》有以下限制性的规定。

1. 绝对限制。实习单位不得有以下情形:

(1)安排、接收一年级在校学生进行岗位实习;

(2)安排、接收未满16周岁的学生进行岗位实习;

(3)安排未成年学生从事《未成年工特殊保护规定》中禁忌从事的劳动;

(4)安排实习的女学生从事《女职工劳动保护特别规定》中禁忌从事的劳动;

(5)安排学生到酒吧、夜总会、歌厅、洗浴中心、电子游戏厅、网吧等营业性娱乐场所实习;

(6)通过中介机构或有偿代理组织、安排和管理学生实习工作;

(7)安排学生从事Ⅲ级强度及以上体力劳动或其他有害身心健康的实习。

2. 相对限制。除相关专业和实习岗位有特殊要求,并事先报上级主管部门备案的实习安排外,实习单位不得有以下情形:

(1)安排学生从事高空、井下、放射性、有毒、易燃易爆,以及其他具有较高安全风险的实习;

(2)安排学生在休息日、法定节假日实习;

(3)安排学生加班和上夜班。

3. 报酬限制

接收学生岗位实习的实习单位,应当参考本单位相同岗位的报酬标准和岗位实习学生的工作量、工作强度、工作时间等因素,给予适当的实习报酬。在实习岗位相对独立参与实际工作、初步具备实践岗位独立工作能力的学生,原则上应不低于本单位相同岗位工资标准的80%或最低档工资标准,并按照实习协议约定,以货币形式及时、足额、直接支付给学生,原则上支付周期不得超过1个月,不得以物品或代金券等代替货币支付或经过第三方转发。

二、退休返聘人员

劳动者达到退休年龄之后仍继续从事劳动的,其与用人单位之间究竟属于何种关系,是劳动司法实践中的一个难点问题。实务中各地做法不一,主要有以下三种观点:第一种观点认为,应视达到法定退休年龄人员是否享受基本养老保险待遇而分别认定为劳务关系或劳动关系。第二种观点认为,达到法定退休年龄的人员不是劳动法意义上的劳动者,其不能享受劳动法中规定的全部权利,达到法定退休年龄的人员继续从事劳动的,其与用人单位的关系更符合劳务关系的特征,双方的关系按劳务关系处理为宜。第三种观点认为,达到法定退休年龄的人员与用人单位之间的关系属于特殊劳动关系,工作时间、劳动保护和最低工资应当参照劳动标准执行,其他方面的劳动权利义务可以由双方协商确定,《上海市劳动和社会保障局关于特殊劳动关系有关问题的通知》对此作出了明确的规定。(具体请见"劳务关系及特殊劳动关系"关键词项下的"特殊劳动关系"一词)

此外,在最高人民法院的司法解释层面,从《最高人民法院关于审理劳动争议案件适用法律问题的解释(一)》和《最高人民法院民一庭关于达到或者超过法定退休年龄的劳动者(含农民工)与用人单位之间劳动关系终止的确定标准问题的答复》的相关内容来看,最高人民法院比较倾向于上述第一种观点,即以劳动者是否享受养老保险待遇或者领取退休金为标准来判断属于劳务关系还是劳动关系。《最高人民法院关于审理劳动争议案件适用法律问题的解释(一)》第32 条第 1 款规定:“用人单位与其招用的已经依法享受养老保险待遇或者领取退休金的人员发生用工争议而提起诉讼的,人民法院应当按劳务关系处理。”《最高人民法院民一庭关于达到或者超过法定退休年龄的劳动者(含农民工)与用人单位之间劳动关系终止的确定标准问题的答复》中进一步明确规定:“对于达到或者超过法定退休年龄的劳动者(含农民工)与用人单位之间劳动合同关系的终止,应当以劳动者是否享受养老保险待遇或者领取退休金为标准。”

问题导引

Q1: 用人单位在明知求职者系在校学生的情况下,仍与之订立劳动合同并向其发放劳动报酬的,该劳动合同是否有效?

A: 在相关司法判例中,法院认为对于上述问题,首先需要明确在校实习生是否具备劳动关系的主体资格。对此一般有两种观点:第一种观点认为,在校学生一律不具备建立劳动关系的主体资格,其与企业签订的劳动合同只能按照劳务合同处理,依据为《关于贯彻执行〈中华人民共和国劳动法〉若干问题的意见》第 12 条。第二种观点认为,《关于贯彻执行〈中华人民共和国劳动法〉若干问题的意见》第 12 条的规定仅适用于在校学生勤工助学的行为,并不能由此否定在校生的劳动权利,进而推导出在校生一律不具备劳动关系主体资格的结论。

持上述第二种观点的省市或司法机构在认定劳动合同是否有效时还需要考虑以下因素:首先,考量在校生的上述行为是否属于《关于贯彻执行〈中华人民共和国劳动法〉若干问题的意见》第 12 条规定的情形。该条规定针对的在校生仍以在校学习为主,不以就业为目的,仅是利用业余时间工作赚取学费、生活费。勤工助学和实习时,学生与用人单位未建立劳动关系,可以不签订劳动合同,不需要明确岗位、报酬、福利待遇等。但是,如果在校生明确向用人单位表达了求职就业愿望,双方签订了劳动合同,其后在校生亦按照劳动合同内容付出劳动,用人单位向在校生支付劳动报酬,并对其进行管理,这就完全符合劳动关系的本质特征了。其次,需要考量在校生是否存在欺诈、隐瞒事实等情形。如果用人单位明知求职者系在校生,双方在此基础上就应聘、录用达成一致意见,签订劳动合同,那么劳动合同的签订就是双方真实意思的表示,不存在欺诈、隐瞒事实或胁迫等情形,并没有违反法律、行政法规的规定。此时,司法判例比较倾向于认为用人单位与在校生之间建立的是劳动关系。

北京案例与导引

［案例 1］

2018 年 5 月 2 日至 2019 年 6 月 30 日，胡某在大学读书期间，经学校老师安排到北京 A 公司处实习，双方签订 2018 年 5 月 2 日至 2018 年 7 月 31 日试用期劳动合同，之后又签订 2018 年 8 月 1 日至 2019 年 7 月 31 日正式劳动合同。2018 年 5 月至 2019 年 7 月，公司每月均为胡某发放工资，2018 年 8 月至 2019 年 7 月，公司每月均为胡某缴纳社会保险。2019 年 6 月 30 日，胡某取得毕业证，其后胡某于 2021 年 3 月 25 日离职，提起仲裁要求确认 2018 年 5 月 2 日至 2019 年 6 月 30 日与 A 公司之间存在劳动关系，获得了仲裁支持。A 公司认为，胡某在 2019 年 6 月 30 日前仍为学生并未毕业，双方之间不存在劳动关系，故提起诉讼。

［法院观点］

双方对协商一致签订的试用期劳动合同的真实性均予认可，法院不持异议。因 A 公司认可于 2018 年 8 月与胡某签订期限至 2019 年 7 月 31 日的正式劳动合同，且根据已查明的事实，A 公司在此期间为胡某缴纳社会保险、发放工资，故法院确认双方自 2018 年 5 月 2 日至 2019 年 6 月 30 日存在劳动关系。A 公司虽抗辩胡某作为在校生不能与其建立劳动关系，但根据 A 公司提交的考勤记录及补贴款项明细，双方已形成稳定的用工关系，故对 A 公司的诉讼请求，法院不予支持。

（2021）京 0101 民初 21367 号

上海案例与导引

［案例 2］

周某与上海 A 公司签订有 2018 年 11 月 30 日至 2021 年 6 月 20 日的劳动合同书。周某在入职登记表中填写，其自 2012 年至 2016 年在某大学就读本科，2016 年至 2018 年在某培训机构担任教师。周某向 A 公司隐瞒了其自 2017 年 9 月起就读于某高校 4 年制本科，仍属于在校大学生的事实。之后因工伤认定问题，A 公司提起仲裁要求确认双方签订的劳动合同无效，仲裁结果认定周某不具有与用人单位建立劳动关系的主体资格，周某不服，提起诉讼。

［法院观点］

周某本人在 2018 年 11 月 30 日填写的入职登记表中载明，周某自 2012 年至 2016 年在某大学就读本科，2016 年至 2018 年在上海某培训机构担任教师。周某自 2017 年 9 月起就读于上海某高校本科，应于 2021 年 6 月毕业，仍属于在校大学生。鉴于从事有收入劳动的在校学生并不属于建立劳动关系范围的人员，故周某要求确认其与 A 公司签订的劳动合同有效，法院不予支持。

（2021）沪 01 民终 767 号

Q2： 内部承包关系是劳动关系还是劳务关系？

A： 内部承包，是指企业作为发包方与其内部的生产职能部门、分支机构、职工之间为实现一定的经济目的，就特定的生产资料及相关的经营管理权达成的双方权利义务的约定。内部承包主要具有以下特征：(1)承包人是企业的内部成员，双方存在管理与被管理的关系；(2)承包方遵守企业的规章制度；(3)承包人承包经营的资产为企业所有；(4)承包人独立核算，自负盈亏。企业经营机制的转变并未改变双方之间的劳动关系，也未改变承包者的劳动者身份。

内部承包关系是一种劳务关系，但之所以称为“内部”，是因为存在劳动者身份与承包人身份竞合的情况，即劳动关系与劳务关系共存。这就为企业的管理带来了难度，企业需牢牢树立区分对待的理念。首先，企业不能以承包关系替代劳动关系，比如，不能认为已经签订了承包合同而不续签劳动合同，否则容易产生事实劳动关系的法律风险；其次，在履行中，要分清用工管理与承包商管理的区别，前者有劳动法律的底线性规定约束，后者则完全可以根据协议约定，比如劳动者正常出勤工作，企业必须支付最低工资，但对于承包人，企业完全可以让其在领取最低工资之余自负盈亏；最后，劳动关系解除时，需遵守劳动法律的相关规定，不得任意解除，而承包关系可以依据协议的约定解除，或者依据民法的规定解除，同时需要注意，承包关系的解除并不必然导致劳动关系的解除，反之亦然。

北京案例与导引

[案例3]

2010年3月21日，A公司与田某签订了期限为2010年3月21日至2013年3月21日的劳动合同书，该合同书记载田某担任A公司喷油车间喷油工。2015年1月29日，甲方A公司与乙方田某就油房工作签订了期限为2015年4月1日至2016年3月31日的油房承包合同，约定乙方组织油房所需要的熟练工人按甲方要求完成油房工作任务，甲方按时支付乙方每月承包费1万元。2016年4月15日，双方再次签订期限为2016年4月1日至2016年6月30日的油房承包合同，并将计费方案约定为每月保底费5000元加按完成喷油面积计算的计件费用。2016年5月31日，田某以A公司拖欠工资为由提出解除劳动合同。田某起诉要求A公司支付解除劳动合同经济补偿69,090元。

[法院观点]

本案中的油房承包合同条款表明，田某进行油房工作时所用的原材料是由A公司提供的，田某需要按照A公司的要求完成工作任务，需要服从A公司管理人员的统一指挥、调配和检查，并遵守A公司制定的各项规章制度，并且特别规定，田某应当随叫随到，不到的话A公司有权对其进行处罚，若无事，田某还需要服从A公司的其他安排。以上条款均表明，田某与A公司之间存在一种支配与服从、管理和被管理的从属关系，此明显区别于平等民事主体之间签订的承包合同。

虽然双方在第一份油房承包合同中约定，A公司需每月支付田某承包费1万元，在第二份油房承包合同中双方又约定，田某每月保底费为5000元另加计件费，但以上内容均属于田某具体劳动报酬的计算标准与计算方法，并且第一份油房承包合同中涉及伙食、房补、工龄等原本应当在劳动合同中加以约定的事项，故双方签订的油房承包合同虽然表述记载有承包的字样，但是具有劳动合同的性质。因A公司与田某均具备法律法规规定的劳动关系的主体资格，A公司制定的各项规章制度适用于田某，同时田某需要接受A公司的劳动管理，从事A公司安排的有报酬的劳动，并且该项劳动属于A公司的业务组成部分，所以法院据此认定，双方在履行油房承包合同期间依然存在劳动关系，判决A公司支付田某解除劳动合同经济补偿55,250元。

(2017)京02民终1216号

Q3：用人单位与其招用的已达退休年龄但未享受养老保险待遇或领取退休金的人员发生用工争议的，双方之间是劳动关系还是劳务关系？

A： 根据《最高人民法院关于审理劳动争议案件适用法律问题的解释(一)》第32条第1款的规定，用人单位与其招用的已经依法享受养老保险待遇或者领取退休金的人员发生用工争议而提起诉讼的，人民法院应当按劳务关系处理。已达法定退休年龄，未依法享受养老保险待遇或领取退休金的人员的用工是否与用人单位形成劳动关系，法律法规对此无明文规定，且争议较大。从司法实践来看，法院倾向于认为，用人单位与其招用的已达退休年龄但未享受养老保险待遇或领取退休金的人员发生用工争议，双方之间用工情形符合劳动关系特征的，应按劳动关系特殊情形处理。但是也有法院认为，根据《劳动合同法实施条例》第21条的规定，已达到法定退休年龄的人员不能再成为劳动关系的主体。

江苏案例与导引

[案例4]

罗某于1960年2月22日出生，2016年11月，罗某由A物业公司招用从事保洁员工作，属于达法定退休年龄后未享受养老保险待遇或领取退休金的人员。2017年3月2日，罗某驾车从工作地驶出回家，与另一车辆发生碰撞事故，罗某经医院抢救无效死亡。罗某继承人与A公司因确认罗某的劳动关系而发生争议。

[法院观点]

《最高人民法院关于审理劳动争议案件适用法律若干问题的解释(三)》(已失效)第7条规定："用人单位与其招用的已经依法享受养老保险待遇或领取退休金的人员发生用工争议，向人民法院提起诉讼的，人民法院应当按劳务关系处理。"据此规定，认定劳动关系还是劳务关系的关键是看劳动者是否享受基本养老保险待遇或领取退休金，并非单单看是否达到退休年龄。是否构成劳动关系，主要审查主体资格、从属关系和劳动性质等要素，本案中，A公司的用工情形符合劳动关系的法律特征，故法院认定双方存在劳动关系，符合法律规定。

(2018)苏08民终1085号

4.2 特殊劳动关系

解析

特殊劳动关系并非一种学理上的概念,而是对劳动人事管理实践中出现的一种特殊用工现象的承认。这种用工关系主要出现在上海市的一些地方规定中。根据《上海市劳动和社会保障局关于特殊劳动关系有关问题的通知》第 1 条的规定,特殊劳动关系是属于现行劳动法律调整的标准劳动关系和民事法律调整的民事劳务关系以外的一种用工关系,一方面劳动者在一个用人单位从事有偿劳动、接受管理,另一方面劳动者与另一个用人单位存有劳动合同关系或不符合劳动法律规定的主体条件。

法律依据

根据《上海市劳动和社会保障局关于特殊劳动关系有关问题的通知》第 2 条的规定,特殊劳动关系的主体主要有以下几种:一是协议保留社会保险关系人员;二是企业内部退养人员;三是停薪留职人员;四是专业劳务公司输出人员;五是退休人员;六是未经批准使用的外来从业人员;七是符合相关规定的其他人员。但是,根据《最高人民法院关于审理劳动争议案件适用法律问题的解释(一)》第 32 条第 2 款的规定,企业停薪留职人员、未达到法定退休年龄的内退人员、下岗待岗人员以及企业经营性停产放长假人员被界定为劳动关系的主体。所以,目前特殊劳动关系的主体主要是协议保留社会保险关系人员。前述人员的具体归纳如表 4 - 1 所示。

根据《上海市劳动和社会保障局关于特殊劳动关系有关问题的通知》第 3 条的规定,用人单位与劳动者构成特殊劳动关系,应当参照执行以下三方面的劳动标准:(1)工作时间,即必须执行法定的劳动日、周工时制度和休息日制度及延长工作时间制度;(2)劳动保护,即必须执行法定的劳动安全卫生标准及发生工伤、职业病劳动者应当享受的待遇;(3)最低工资,即必须执行上海市企业职工最低工资规定。

表 4 - 1　特殊劳动关系及相关用工关系法律调整机制比较

用工关系类型	用工关系法律定位	法律依据
协议保留社会保险关系人员	特殊劳动关系	《上海市劳动和社会保障局关于特殊劳动关系有关问题的通知》
未达到法定退休年龄的内退人员	劳动关系	《最高人民法院关于审理劳动争议案件适用法律问题的解释(一)》
停薪留职人员	劳动关系	《最高人民法院关于审理劳动争议案件适用法律问题的解释(一)》
下岗待岗人员	劳动关系	《最高人民法院关于审理劳动争议案件适用法律问题的解释(一)》
企业经营性停产放长假人员	劳动关系	《最高人民法院关于审理劳动争议案件适用法律问题的解释(一)》
已依法享受养老保险待遇或领取退休金的退休人员	劳务关系	《最高人民法院关于审理劳动争议案件适用法律问题的解释(一)》

No. 5 劳务派遣

劳务派遣，是指派遣单位根据实际用工单位的需要，将与自身存在劳动关系的劳动者派遣到实际用工单位工作，由实际用工单位向派遣单位支付有关费用的一种用工形式。有人形象地称为"有关系没劳动，有劳动没关系"，具体而言，劳务派遣单位与劳动者存在劳动关系，是劳动者的用人单位，而实际使用劳动者的单位与劳动者不存在劳动关系，是劳动者的用工单位。

我国劳务派遣出现于20世纪七八十年代，当时主要是为了解决外国企业在中国设立的代表处的用工问题。随着我国经济的发展，这种用工方式也普遍为其他用人单位所采用。但劳务派遣的立法长期滞后于劳务派遣的发展，2008年1月1日起施行的《劳动合同法》第五章第二节专门对劳务派遣进行了法律规范，这才结束了劳务派遣没有法律规定的尴尬，劳务派遣这种用工形式也首次在法律上得到了承认。《劳动合同法》的规定本来旨在规范劳务派遣，但是自《劳动合同法》实施后，用工单位为保持用工的灵活性，纷纷采用劳务派遣用工模式，于是我国的劳务派遣市场很快便进入了急剧膨胀的状态，劳务派遣用工规模迅速增加。与此同时，一些不法劳务派遣单位和用工单位违法经营、非法用工、侵害劳动者权益的情况时有发生。从实际情形来看，主要存在以下问题：劳务派遣行业发展无序，雇主责任不明确，逃避法律责任的情况较多；被派遣劳动者很难得到同工同酬的待遇，劳动权益维护困难；相关法律法规不完善。

针对上述实务中的问题，国家于2012年12月28日对《劳动合同法》进行了修正，又于2014年1月24日颁布《劳务派遣暂行规定》，两份文件针对劳务派遣的修改主要体现在以下五个方面。

第一，规范劳务派遣经营行为，提高劳务派遣准入门槛。劳务派遣单位的注册资本由原来的50万元大幅提高到200万元；经营劳务派遣业务必须获得劳动行政部门的行政许可。

第二，对使用范围作出了明确规定，对工作岗位的"三性"在法律上作了清楚的解释，明确指出"临时性"工作岗位是指存续时间不超过6个月的岗位；"辅助性"工作岗位是指为主营业务岗位提供服务的非主营业务岗位；"替代性"工作岗位是指用工单位的劳动者因脱产学习、休假等原因无法工作的一定期间内，可以由其他劳动者替代工作的岗位。

第三，强调同工同酬。2012年修正后的《劳动合同法》第63条第1款规定："被派遣劳动者享有与用工单位的劳动者同工同酬的权利。用工单位应当按照同工同酬原则，对被派遣劳动者与本单位同类岗位的劳动者实行相同的劳动报酬分配办法。用工单位无同类岗位劳动者的，参照用工单位所在地相同或者相近岗位劳动者的劳动报酬确定。"《劳务派遣暂行规定》第9条则进一步指出："用工单位应当按照劳动合同法第六十二条规定，向被派遣劳动者提供与工作岗位相关的福利待遇，不得歧视被派遣劳动者。"

第四，规定劳务派遣用工比例。《劳务派遣暂行规定》第4条第1款明确规定："用工单位应当严格控制劳务派遣用工数量，使用的被派遣劳动者数量不得超过其用工总量的10%。"第28

条第 1 款规定,用工单位在《劳务派遣暂行规定》施行前使用被派遣劳动者数量超过其用工总量 10% 的,应当制定调整用工方案,于《劳务派遣暂行规定》施行之日(2014 年 3 月 1 日)起 2 年内降至规定比例。但是,《全国人民代表大会常务委员会关于修改〈中华人民共和国劳动合同法〉的决定》公布前已依法订立的劳动合同和劳务派遣协议期限届满日期在《劳务派遣暂行规定》施行之日起 2 年后的,可以依法继续履行至期限届满。

第五,加大违法处罚力度,一方面加大了对违法经营劳务派遣业务行为的处罚力度,另一方面加大了对劳务派遣单位、用工单位违反劳务派遣规定超范围使用劳务派遣的处罚力度。

劳务派遣关键词中涉及的二级关键词	
5.1	“三性”(临时性、辅助性、替代性)
5.2	同工同酬
5.3	连带责任
5.4	劳务派遣协议
5.5	退回
5.6	其他关系

5.1 “三性”(临时性、辅助性、替代性)

解析

2012 年修正后的《劳动合同法》及 2014 年 1 月颁布的《劳务派遣暂行规定》明确了劳务派遣岗位“三性”的具体认定标准,使原则性规定具体化,成为可量化衡量的标准,以保障劳务派遣用工只能作为用工单位用工的补充形式。

首先,《劳务派遣暂行规定》第 3 条第 2 款规定,临时性工作岗位是指存续时间不超过 6 个月的岗位,以防止劳务派遣用工的泛滥。临时性工作岗位一般是指季节性生产经营、销售旺季或临时性订单大量增加等情形下需要临时聘用人员的工作岗位。采用劳务派遣用工形式可以利用劳务派遣单位储备劳动力资源多、劳动力信息灵通的优势,在较短时间内招聘到符合要求的人员以满足需求。劳务派遣在促进劳动者就业、满足用工单位弹性用工需求等方面发挥积极作用。

实践中可从以下几个方面认定是否违反“临时性工作岗位”的要求:(1)临时性工作岗位指用工单位生产经营活动中的非常设性岗位、季节性岗位或应急性岗位,与用工单位稳定、持续生产经营活动相关联的岗位不应被认定为临时性工作岗位;(2)《劳务派遣暂行规定》中的“不超过 6 个月”是指岗位的存续时间“不超过 6 个月”,而非岗位的用工时间“不超过 6 个月”,将常设性岗位分解为几个不超过 6 个月的时间段分别进行劳务派遣显然是违反劳务派遣“临时性工作岗位”的规定的;(3)岗位存续时间“不超过 6 个月”是指岗位连续存续的时间“不超过 6 个月”,而非岗位累计存续的时间“不超过 6 个月”。

其次,《劳务派遣暂行规定》第 3 条第 2 款规定了“辅助性工作岗位”是企业非主营业务岗位,这排除了用劳务派遣用工替代常规用工的可能。“辅助性工作岗位”在不同行业、不同单位差别较大,在实际操作中如何界定“辅助性工作岗位”具有一定难度。《劳务派遣暂行规定》第 3

条第3款规定："用工单位决定使用被派遣劳动者的辅助性岗位，应当经职工代表大会或者全体职工讨论，提出方案和意见，与工会或者职工代表平等协商确定，并在用工单位内公示。"由此可见，辅助性工作岗位的认定不仅要求实体认定上合法，还要求程序认定上合法，否则均将违反劳务派遣"辅助性工作岗位"的规定。

实践中可从以下几个方面认定是否违反"辅助性工作岗位"的要求：(1)主营业务岗位、非主营业务岗位是相对的概念，应根据用工单位的行业特点而定。例如，保安岗位在许多企业中属于非主营业务岗位，但在保安公司中属于主营业务岗位。(2)在实体认定上，非主营业务岗位的认定应结合用工单位的行业特点，符合正常人一般的常识性判断，否则在司法实践中，用工单位某些已经被认定为非主营业务的岗位也存在被裁审机构通过行使自由裁量权认定为主营业务岗位的法律风险，从而违反劳务派遣"辅助性工作岗位"的要求。(3)在程序上，非主营业务岗位的认定程序如规章制度制定及修改的程序一般经过民主协商程序和公示程序后才是合法有效的，即非主营业务岗位的范围应经过用工单位职工代表大会或者全体职工的讨论，并且与工会或者职工代表平等协商确定。此外，非主营业务岗位的范围确定后，应当告知本单位全体职工。用工单位应该保留好民主协商及公示的相关证据，避免劳动争议发生时因证据不足而被认定为程序违法，从而违反劳务派遣"辅助性工作岗位"的要求。

最后，关于"替代性工作岗位"2012年修正的《劳动合同法》第66条以及《劳务派遣暂行规定》第3条第2款均明确了替代性工作岗位的定义：替代性工作岗位，是指用工单位的劳动者因脱产学习、休假等原因无法工作的一定期间内，可以由其他劳动者替代工作的岗位，这使得替代性工作岗位的认定也变得具有可操作性。

在实践中，可从以下几个方面认定是否违反"替代性工作岗位"的要求：(1)替代性工作岗位属于用工单位的常设性岗位，而非临时性岗位；(2)该常设性岗位在使用劳务派遣员工之前已经有劳动合同制员工在该岗位正常工作；(3)该常设性岗位的劳动合同制员工出现了脱产学习、休假等无法正常工作之客观原因，而需要使用劳务派遣员工代替其进行一定期间的工作；(4)该常设性岗位的劳动合同制员工脱产学习、休假等原因消失之日，用工单位使用劳务派遣员工的期限届满，劳务派遣员工退回劳务派遣单位，劳动合同制员工返回该岗位正常工作。

至于临时性、辅助性、替代性是同时具备，还是只具备其中之一就可以采用劳务派遣的方式，从法律的规定以及官方公开表态的信息来看，实际上只要具有"三性"中的"一性"便可使用劳务派遣用工。

问题导引

Q1： 用工单位违反"三性"用工有何法律后果？

A： 违反"三性"的法律后果以行政处罚为主。《劳动合同法》第92条第2款规定："劳务派遣单位、用工单位违反本法有关劳务派遣规定的，由劳动行政部门责令限期改正；逾期不改正的，以每人五千元以上一万元以下的标准处以罚款，对劳务派遣单位，吊销其劳务派遣业务经营许可证。用工单位给被派遣劳动者造成损害的，劳务派遣单位与用工单位承担连带赔偿责任。"因此，用工单位违反“三性”用工的，首先由劳动行政部门责令限期改正，逾期不改正的，会以每人 5000 元以上 1 万元以下的标准被处以行政罚款。

在部分地方规定及司法案件中，违反“三性”的情况还会直接导致企业在劳动争议中处于不利地位，如在认定事实劳动关系的案件中，企业违规使用违反“三性”的派遣人员可能直接导致原本的用工单位被认定为直接与劳动者建立劳动关系。如《重庆市职工权益保障条例》及《辽宁省职工劳动权益保障条例》均规定，在非临时性、辅助性、替代性岗位使用被派遣职工的，视为用工单位与被派遣职工直接建立劳动关系。还有其他观点认为，劳务派遣用工不符合“三性”的，不应导致派遣无效，更不能视为用工单位与派遣员工建立劳动关系。派遣单位、用工单位违反上述规定的，由人力资源社会保障行政部门责令其限期整改。如《上海市人力资源和社会保障局、上海市高级人民法院关于劳务派遣适用法律若干问题的会议纪要》以及《广东省高级人民法院、广东省劳动人事争议仲裁委员会关于劳动人事争议仲裁与诉讼衔接若干意见》均有相关规定。

山东案例与导引

[案例 1]

谢某自称其于 2013 年 7 月入职 L 公司工作，L 公司未与其订立劳动合同，而是让其先后与 B 公司、S 公司和 J 公司签订劳动合同。J 公司由于合同到期，于 2019 年 8 月 31 日终止了劳动合同，并向谢某支付了终止劳动合同经济补偿金。谢某认为 L 公司在主要岗位、工种长期大量使用派遣工，且远超 10% 的比例，违反劳务派遣关于“三性”及“比例”的法律规定，故申请劳动仲裁，要求确认其与 L 公司存在事实劳动关系。

[法院观点]

本案中，谢某自认与 B 公司、S 公司、J 公司签订劳动合同，谢某作为完全民事行为能力人，应当明知其与劳务派遣单位签订劳动合同的法律后果，且谢某在相关劳务派遣单位参加社会保险，并收到了 J 公司支付的终止劳动合同经济补偿金。据此，法院认定谢某与 L 公司不存在劳动关系。根据《劳动合同法》第 92 条的规定，谢某主张的 L 公司在主营业务上使用劳务派遣用工、用工人员超出规定比例、案外人不具备劳务派遣资质等问题，均属于劳动行政部门的管理范围，并无明确法律规定这些问题会导致合同无效。综上所述，法院判决谢某与 L 公司之间属于劳务派遣用工关系，不存在事实劳动关系。

(2021) 鲁民申 1789 号

重庆案例与导引

[案例 2]

A 公司与 B 公司之间存在劳务派遣合作的约定，A 公司委派黄某至 B 公司工作。黄某于 2011 年 8 月 1 日起在 B 公司工作，岗位为汽车零部件液压工。2012 年 9 月 3 日起，A 公司为黄某参加了工伤保险。黄某未与A公司和B公司签订劳动合同。2013年9月12日，黄某在工作期间受伤。2015年6月5日，黄某向区劳动人事争议仲裁委员会提出申请，要求确认其与A公司自2011年8月8日至2015年6月5日存在劳动关系。该委员会于2015年8月20日作出裁决，裁决黄某和A公司在2011年11月至2013年10月18日存在事实劳动关系。A公司不服该裁决结果，遂起诉至法院。

［法院观点］

本案中，黄某未与A公司及B公司签订劳动合同，黄某于2011年8月1日到B公司从事汽车零部件液压工作，黄某的工作内容属于B公司的主营业务范围，这不符合法律规定的劳务派遣用工辅助性的要求，且黄某在B公司工作已达两年以上，说明黄某的工作岗位不属于临时性的工作岗位，此外，B公司未举证证明其安排黄某在替代性工作岗位上工作，因此B公司对黄某的用工形式不符合使用劳务派遣员工的情形，根据A公司的诉讼请求，法院确认黄某与B公司在2011年11月至2013年10月18日存在劳动关系，A公司与黄某在2011年11月至2013年10月18日不存在劳动关系。

（2016）渝0107民初20645号

5.2 同工同酬

解析

同工同酬是劳动法的基本原则之一，是同工同权的必然要求。2012年修正前的《劳动合同法》第63条规定："被派遣劳动者享有与用工单位的劳动者同工同酬的权利。用工单位无同类岗位劳动者的，参照用工单位所在地相同或者相近岗位劳动者的劳动报酬确定。"除此原则性规定之外，对于劳动者同工同酬的这一重要基本权利却一直没有作细化性的规定，这致使同工同酬原则在实践中无法操作。事实上，在当前劳动力市场化的大背景下，并不存在100%的"同工同酬"，即便是类似的工作岗位，由于从事该工作的劳动者的年资、业绩表现等不同，他们的待遇就可能有所不同，这也符合市场的发展规律和评判体系。所以《全国人民代表大会常务委员会关于修改〈中华人民共和国劳动合同法〉的决定》和《劳务派遣暂行规定》为了使"同工同酬"的原则更具可行性，针对同工同酬的内容进行了修改，主要体现在以下两方面。

第一，细化了同工同酬的标准，丰富了同工同酬的含义，使同工同酬原则更容易操作。2012年修正后的《劳动合同法》第63条第1款规定："……用工单位应当按照同工同酬原则，对被派遣劳动者与本单位同类岗位的劳动者实行相同的劳动报酬分配办法。用工单位无同类岗位劳动者的，参照用工单位所在地相同或者相近岗位劳动者的劳动报酬确定。"这就明确了同工同酬的标准。"同工"是指同类岗位的劳动者，不得因为身份的不同（如正式工与派遣工之分）而有所区别；"同酬"是指实行相同的劳动报酬分配办法，而不是之前被曲解的相同工资数额。那么对于劳务派遣员工的福利待遇该如何处理呢？《劳务派遣暂行规定》第9条给出了答案："用工单位应当按照劳动合同法第六十二条规定，向被派遣劳动者提供与工作岗位相关的福利待遇，不得歧视被派遣劳动者。”从该条文字面意思出发进行理解,不仅仅是工资纳入了同酬的范围,福利待遇也需要执行同样的分配办法和标准。《全国人民代表大会常务委员会关于修改〈中华人民共和国劳动合同法〉的决定》还延续了2007年公布的《劳动合同法》的补充性规定,在用工单位无同类岗位劳动者的情况下,被派遣劳动者的劳动报酬需参照用工单位所在地相同或者相近岗位劳动者的劳动报酬确定,但是此项规定由于缺乏行业统一标准,所以在实践中可操作性仍不强。

第二,加强了同工同酬的保障力度。2012年修正后的《劳动合同法》第63条第2款规定:“劳务派遣单位与被派遣劳动者订立的劳动合同和与用工单位订立的劳务派遣协议,载明或者约定的向被派遣劳动者支付的劳动报酬应当符合前款规定。”这是对被派遣劳动者同工同酬权利的保障,根据此规定,争取同工同酬权利将不仅仅是被派遣劳动者一方的责任,劳务派遣单位也有责任保障被派遣劳动者获得同工同酬的权利,如果被派遣劳动者主张同工同酬,劳务派遣单位将会和用工单位一并承担连带责任,这将迫使劳务派遣单位主动为被派遣劳动者争取同工同酬的权利。与被派遣劳动者相比,劳务派遣单位在与用工单位的交涉中更有话语权,因此被派遣劳动者同工同酬权利的实现也将变得更有可能。

问题导引

Q2: 司法实践中如何理解同工同酬?

A: 同工同酬是我国工资分配的一项法定基本原则,但由于不同劳动者的年龄、工作经验、技术水平等综合方面不可能相同,所以不可能做到同岗位员工工资报酬的绝对相同。所以,劳务派遣关系下要求用工单位“对被派遣劳动者与本单位同类岗位的劳动者实行相同的劳动报酬分配办法”,而非要求劳动报酬绝对相同,司法实践中也基本都持这样的观点。

新疆案例与导引

[案例3]

段某通过劳务派遣为A公司工作,段某认为,A公司的正式职工享有安全绩效奖金和省外津贴,而劳务派遣人员未享受,故要求A公司按同工同酬原则向其发放安全绩效奖金和省外津贴。

[法院观点]

同工同酬,是指用工单位对于技术和劳动熟练程度相同的劳动者在从事同种工作时,不论性别、年龄、民族、区域等差别,只要提供相同的劳动量,就获得相同的劳动报酬。我国对工资分配实行同工同酬是法定基本原则,由于劳动者存在个体差异,综合考虑劳动者的个人劳动能力,包括其工作经验、工作技能、工作态度、工作成果等特殊因素,允许用工单位在发放劳动报酬方面有所差别,故不能简单地以不同劳动者是否在相同的岗位做相同的工作为同工的标准,也不宜认定同酬为工资的绝对相同,用工单位有权针对不同的劳动者确定不同的工资水平。本案中,段某的具体薪酬问题应当依据其与劳务派遣单位签订的劳动合同的约定处理。段某与劳务派遣单位签订的劳动合同及A公司与劳务派遣单位签订的劳务派遣协议对段某的薪酬均无具体约定,A公司作为用工单位,有权根据本企业的生产经营效益确定劳务派遣人员工资分配办法。A公司及其上级单位下发的诸多文件内容均明确安全生产奖金、津贴福利的适用范围是本单位一定时间内在册正式职工,安全生产奖金及津贴的发放标准根据一定时间内在册正式职工岗位不同亦有所差别,并非人人发放,且A公司自2017年10月起向劳务派遣公司支付段某劳务费后,段某未就没有向其发放省外津贴、安全绩效奖金及报销探亲假路费向A公司提出异议,故段某主张A公司应按照在册正式职工标准同工同酬向其补发安全绩效奖金、省外津贴的再审申请理由,没有事实依据和合同依据,法院不予支持。

(2022)新民申1390号

实务小贴士

2012年修正后的《劳动合同法》使同工同酬原则得以细化,同工同酬的标准更加具备可操作性,用工单位尤其是之前在直接建立劳动关系的劳动者和被派遣劳动者之间实行不同劳动报酬分配方案的用工单位需要特别注意,及时调整不合理的薪酬方案,以免招致不必要的风险。另外,由于修正后的法律规定需要在同岗位实行相同的劳动报酬分配方法,所以用工单位需要进一步完善自身的岗位设置和薪酬制度,尽量不要采用原先的宽泛岗位设置的办法,以免因是否为同岗位的问题而产生不必要的争议。

5.3 连带责任

解析

2012年修正前的《劳动合同法》第92条规定,劳务派遣单位的违法行为给被派遣劳动者造成损害的,劳务派遣单位与用工单位承担连带赔偿责任。根据该规定,即使在用工单位无过错的情况下,用工单位也需要和劳务派遣单位一并承担连带赔偿责任,当时做此制度设计主要是考虑到在劳务派遣准入门槛较低的情况下,如何更好地保障被派遣劳动者的权益。2013年7月1日生效的《劳动合同法》提高了劳务派遣的准入门槛,大大提高了劳务派遣单位的风险承担能力和责任承担能力,因此不分情况地一概要求用工单位承担连带赔偿责任便有所不公。2012年修正后的《劳动合同法》第92条第2款规定:"……用工单位给被派遣劳动者造成损害的,劳务派遣单位与用工单位承担连带赔偿责任。"根据该规定,在用工单位没有给被派遣劳动者造成损害时,用工单位是不需要和劳务派遣单位承担连带赔偿责任的,从而减轻了用工单位的连带赔偿责任。

5.4 劳务派遣协议

解析

根据《劳动合同法》第 59 条第 1 款的规定,劳务派遣单位派遣劳动者应当与接受以劳务派遣形式用工的单位订立劳务派遣协议。劳务派遣协议应当约定派遣岗位和人员数量、派遣期限、劳动报酬和社会保险费的数额与支付方式以及违反协议的责任。用工单位在与劳务派遣单位签订劳务派遣协议时,需要注意以下几个方面。

1. 劳务派遣协议的签订主体。劳务派遣协议的签订主体仅为劳务派遣单位和用工单位,而不包括被派遣劳动者。但是,根据《劳动合同法》第 60 条的规定,劳务派遣单位有义务向被派遣劳动者告知劳务派遣协议的内容。

2. 劳务派遣协议的内容。劳务派遣协议的内容可以细分为必备条款和可约定条款。

(1)劳务派遣协议的必备条款内容。根据《劳动合同法》第 59 条第 1 款的规定,劳务派遣协议中的法定必备条款为派遣的工作岗位名称和岗位性质,工作地点,派遣人员数量和派遣期限,按照同工同酬原则确定的劳动报酬数额和支付方式,社会保险费的数额和支付方式。

(2)劳务派遣的可约定条款内容。劳务派遣协议属于民事合同,除了需要约定必备条款外,双方还可以约定其他内容,主要包括被派遣劳动者的派遣报到手续、福利、管理、退回,派遣服务费用的结算与支付,派遣协议的生效、变更、终止和解除,保密内容,争议解决方式等。

问题导引

Q3: 劳务派遣单位未按劳务派遣协议约定为被派遣劳动者缴纳社保,用工单位是否有权要求劳务派遣单位返还社保费用?

A: 在劳务派遣关系中,用工单位与被派遣劳动者之间不存在劳动关系,但是因为被派遣劳动者实际为用工单位工作,所以用工单位为被派遣劳动者缴纳的社保费用一般会通过劳务派遣协议约定由用工单位先支付给劳务派遣单位,再由劳务派遣单位作为用人单位为劳动者缴纳。在实务中,存在用工单位将该笔社保费用支付给劳务派遣单位后,劳务派遣单位未为被派遣劳动者缴纳的情况。此时,用工单位是否有权要求劳务派遣单位返还这部分费用成了实务上的争议焦点。因为用工单位和劳务派遣单位之间的法律关系属于民事上的合同关系,所以遇到这种情况时,首先应该看劳务派遣协议中是否对此有约定,如果有约定,应该根据约定来处理。如果没有约定,从侵权的法理来讲,因为这部分社保费用未缴纳而受害的当事人并不是用工单位,而是被派遣劳动者,所以由被派遣劳动者出面向劳务派遣单位主张这部分权利更为合适。基于上述理由,在司法实务中,用工单位直接向劳务派遣单位主张这部分权利的,存在不被法院认可的风险。

上海案例与导引

［案例4］

2009年3月16日,A公司与B劳务派遣公司签订了劳务派遣协议,约定B公司派遣劳务人员至A公司工作,合同期限至2011年3月15日。2011年3月16日,A公司与B公司又签订了一份劳务派遣协议,约定合同期限自2011年3月16日至2013年3月15日,该劳务派遣协议约定,B公司与劳务派遣人员签订劳动合同,建立劳动关系。该协议第3条第1款约定,由B公司按上海市相关规定缴纳被派遣人员的外来从业人员综合保险费。该协议第9条约定,A公司按每人每月80元支付给B公司管理服务费。该协议第11条约定,A公司未将劳务人员工资(劳务费)、管理服务费通过银行划入B公司指定的账户,导致B公司不能在规定(约定)时间内发放工资(劳务费)和缴纳外来从业人员综合保险费的,由A公司承担责任;A公司在约定时间内将劳务人员工资(劳务费)、管理服务费通过银行划入B公司指定的账户,B公司未在规定(约定)时间内发放劳务人员工资(劳务费)的,由B公司承担责任。2009年3月至2011年8月,A公司按B公司的要求,每月将劳务人员的劳务费、B公司的管理服务费及劳务人员的社保费均划至B公司指定账户。在此期间,B公司对劳务人员的社保费存在漏缴事实,双方因此产生争执。2011年9月至11月,A公司未再支付任何费用给B公司,其自行向劳务人员支付工资,并代为缴纳社保费。2011年10月18日,A公司与案外人上海C人力资源有限公司签订新的劳务派遣协议。2011年11月16日,B公司为派遣至A公司的240名劳务员工办理了退保手续,不再为该240名劳务员工缴纳社保费。A公司向法院起诉,要求B公司返还漏缴的社保费。

［法院观点］

法院经审理后认为,A公司要求B公司返还社保费用没有事实和法律依据,理由如下:(1)涉案劳务派遣协议书约定B公司为A公司提供劳务,并代A公司向社保部门支付劳务员工的社会保险金。B公司提供的劳务员工系与B公司签订相应的劳动合同,与B公司建立劳动关系。因此,B公司未为劳务员工支付社保费,是B公司侵犯了劳务员工的合法利益,理应由劳务员工自行向B公司主张权利。A公司既非劳务员工的管理者,也非劳务员工的委托人,其无权代表劳务员工主张权利。(2)A公司主张返还的涉案社保费即B公司提供给其劳务员工的社保费,该笔费用理应交付给B公司。A公司未提供证据证明其已将B公司漏缴的社保费向社保部门进行了补缴,故其未重复支付过社保费,其无权要求B公司返还应强制缴付而尚未缴付给社保部门的劳务员工社保费。法院依此驳回了A公司的请求。

(2012)沪一中民四(商)终字第722号

5.5 退回

解析

劳务派遣法律关系中,用工单位与被派遣劳动者之间不存在劳动关系,因此用工单位无法像处理直接雇用的劳动者那样与被派遣劳动者解除劳动合同,只能依法或依约将被派遣劳动者退回劳务派遣单位。根据《劳动合同法》第 65 条第 2 款的规定,被派遣劳动者有下列情形的,用工单位可以将被派遣劳动者退回劳务派遣单位:

(1)在试用期间被证明不符合录用条件的;

(2)严重违反用人单位的规章制度的;

(3)严重失职,营私舞弊,给用人单位造成重大损害的;

(4)劳动者同时与其他用人单位建立劳动关系,对完成用人单位的工作任务造成严重影响,或者经用人单位提出,拒不改正的;

(5)以欺诈、胁迫的手段或者乘人之危,使用人单位在违背真实意思的情况下订立或者变更劳动合同,致使劳动合同无效的;

(6)被依法追究刑事责任的;

(7)患病或者非因工负伤,在规定的医疗期满后不能从事原工作,也不能从事由用人单位另行安排的工作的;

(8)不能胜任工作,经过培训或者调整工作岗位,仍不能胜任工作的。

此外,根据《劳务派遣暂行规定》第 12 条的规定,存在以下情形的,用工单位也可以将被派遣劳动者退回劳务派遣单位:

(1)用工单位有《劳动合同法》第 40 条第 3 项规定情形的,即劳动合同订立时所依据的客观情况发生重大变化,致使劳动合同无法履行,经用人单位与劳动者协商,未能就变更劳动合同内容达成协议的;

(2)用工单位有《劳动合同法》第 41 条规定情形的,即用人单位符合经济性裁员的条件的;

(3)用工单位被依法宣告破产、吊销营业执照、责令关闭、撤销、决定提前解散或者经营期限届满不再继续经营的;

(4)劳务派遣协议期满终止的。

除上述法定情形外,用工单位与劳务派遣单位在劳务派遣协议中有约定其他退回情形的,用工单位也可以根据双方的约定将被派遣劳动者退回劳务派遣单位,但是不得与《劳务派遣暂行规定》第 13 条所述的"不得退回"的情形相冲突,该条规定:"被派遣劳动者有劳动合同法第四十二条规定情形的,在派遣期限届满前,用工单位不得依据本规定第十二条第一款第一项规定将被派遣劳动者退回劳务派遣单位;派遣期限届满的,应当延续至相应情形消失时方可退回。"

问题导引

Q4: 被派遣劳动者被用工单位退回劳务派遣单位后,劳务派遣单位可以与被派遣劳动者解除劳动合同吗?

A: 劳务派遣单位作为劳务派遣关系中的用人单位,可以依据《劳动合同法》的相关规定行使用人单位的权利,但是,在被派遣劳动者被用工单位退回的情况下,劳务派遣单位是否可以直接解除与被派遣劳动者的劳动合同呢?

《劳动合同法》第65条第2款对此有明确规定:“被派遣劳动者有本法第三十九条和第四十条第一项、第二项规定情形的,用工单位可以将劳动者退回劳务派遣单位,劳务派遣单位依照本法有关规定,可以与劳动者解除劳动合同。”

《劳务派遣暂行规定》第12条在《劳动合同法》的基础上扩充了三种用工单位可以将被派遣劳动者退回劳务派遣单位的情形:(1)用工单位有《劳动合同法》第40条第3项、第41条规定情形的;(2)用工单位被依法宣告破产、吊销营业执照、责令关闭、撤销、决定提前解散或者经营期限届满不再继续经营的;(3)劳务派遣协议期满终止的。需要注意的是,用工单位依据《劳务派遣暂行规定》第12条退回被派遣劳动者后,劳务派遣单位不可直接解除劳动合同,被派遣劳动者退回后在无工作期间,劳务派遣单位应当按照不低于所在地人民政府规定的最低工资标准,向其按月支付报酬。但是,在满足一定条件的情况下,即使用工单位依据《劳务派遣暂行规定》第12条退回被派遣劳动者,劳务派遣单位亦可解除劳动合同,这主要体现在《劳务派遣暂行规定》第15条的规定:“被派遣劳动者因本规定第十二条规定被用工单位退回,劳务派遣单位重新派遣时维持或者提高劳动合同约定条件,被派遣劳动者不同意的,劳务派遣单位可以解除劳动合同。被派遣劳动者因本规定第十二条规定被用工单位退回,劳务派遣单位重新派遣时降低劳动合同约定条件,被派遣劳动者不同意的,劳务派遣单位不得解除劳动合同。但被派遣劳动者提出解除劳动合同的除外。”

Q5: 被派遣劳动者被用工单位退回并被劳务派遣单位解除劳动合同的,若解除行为违法,劳动者主张与用人单位恢复劳动关系时可否要求恢复与用工单位的派遣用工关系?

A: 该问题争议较大,有两种不同观点。

观点一:不支持被派遣劳动者与用工单位恢复派遣用工关系。用工单位与被派遣劳动者之间的关系属于“用工关系”,不属于“劳动关系”。被派遣劳动者为用工单位提供劳动,是出于用人单位和用工单位的民事合同即劳务派遣协议的约定。用工单位将被派遣劳动者退回用人单位,正是基于双方的民事合同关系,而退回后是否解除被派遣劳动者的劳动合同的权限在用人单位。因此,劳务派遣下不应支持被派遣劳动者恢复与用工单位的用工关系。这也体现了劳务派遣用工方式的灵活性。如《广州市劳动人事争议仲裁委员会、广州市中级人民法院关于劳动人事争议仲裁与诉讼衔接若干问题的意见综述》(穗劳人仲委〔2019〕5号)第6条规定:“在劳务派遣过程中,劳动者被用工单位违法退回后,要求恢复与用工单位的用工关系的,不予支持。劳动者被违法退回后的待岗期间,用人单位与用工单位应按照劳动者被退回前的工资标准共同向劳动者支付工资。”

观点二:支持被派遣劳动者恢复与用工单位的派遣用工关系。该观点认为劳务派遣单位、被派遣劳动者、用工单位之间是一种特殊的劳动关系,劳务派遣关系的建立和履行均离不开三方主体,应当把用工单位和劳务派遣单位实质视为一体。若员工被违法退工却不能依据《劳动合同法》第 48 条的规定要求继续履行劳动合同中关于派遣的约定,则有损害劳动者的权益,违背立法目的。

5.6 其他关系

解析

实践中,用人单位的用人模式多样,远远不止直接用人或者劳务派遣,特别是在直接用人成本高、风险大、用人僵化,劳务派遣近年来又被施加越来越多限制的情况下(比如"三性"规定从原则性规定变化成强制性规定,且明确细化了"三性"的定义),不少用人单位试图以劳务外包、企业借调等形式保持用人的灵活性。这些用人模式之间非常容易混淆,即使是司法部门对这些用人模式的区别也存在认识上的争议。

辨析

- 劳务派遣与劳务外包、企业借调、人事代理的区别

1. 劳务派遣与劳务外包的区别

劳务外包,是指发包企业根据企业自身的经营需要,把某项业务发包给承包企业,由承包企业组织人员按照发包企业的标准生产或提供服务的行为。劳务派遣与劳务外包相比具有如下区别:(1)受法律规制的程度不同。劳务派遣被限定在"三性"工作岗位中,劳动报酬标准及支付方式等都受到《劳动法》《劳动合同法》的严格约束,所受法律规制更多;劳务外包所受法律规制少,对工作岗位无限制,更具灵活性。(2)承担责任的方式不同。劳务外包的发包单位将劳务发包出去后,承包方需要按照发包方的标准和要求将工作成果交给劳务发包方或按照发包方的要求提供服务,劳务承包方与其内部员工之间的纠纷与劳务发包方无关;在劳务派遣中,劳务派遣单位和用工单位可能需要承担连带责任。

2. 劳务派遣与企业借调的区别

企业借调一般是指用人单位将劳动者在一定期间内调至其他用人单位工作,劳动者在调入期间接受其他用人单位的直接管理并提供劳动的法律关系,通常见于关联企业。劳务派遣与企业借调相比具有如下区别:(1)企业借调受到的法律规制少,劳务派遣受到的法律规制多。企业借调更多的是借出单位与借入单位在征得职工同意后三方约定相关权利义务的用工方式,但是劳务派遣作为一种法律规定的补充性用工制度,受到严格的法律规制,劳务派遣在《劳动合同法》中属于特别规定。(2)企业借调无工作岗位和时间的限定,更多的由借出单位、借入单位和劳动者三方协商;劳务派遣的岗位被严格限定在"临时性""辅助性""替代性"的岗位上,不属于该"三性"之一的岗位均不得实施劳务派遣,如果实施劳务派遣,则会受到劳动行政部门的处罚,但借调无此限定。(3)借调关系中,借出方一般不以营利为目的,而劳务派遣关系中的派遣单位以赚取派遣服务费(或称管理费)为目的的实施派遣行为。

3. 劳务派遣与人事代理的区别

人事代理一般是指经政府人事部门许可，取得人事代理资格的人才市场中介服务机构在核定的业务范围内受用人单位和个人委托，依据代理合同，代理有关人事业务。劳务派遣与人事代理相比具有如下区别：(1)人事代理与劳务派遣的法律关系不同。人事代理机构与劳动者之间不存在劳动关系，和用人单位间是委托关系，人事代理机构通过与用人单位签订代理协议的方式代为处理劳动者的人事业务，用人单位按照人事代理协议的约定支付给人事代理机构人事代理费用，若人事代理中的实际用人单位与劳动者发生纠纷，一般与人事代理机构无关；劳务派遣单位与劳动者之间是劳动关系，劳动者与用工单位发生纠纷，劳务派遣单位需要承担用人单位的法律责任。(2)劳务派遣与人事代理的内容不同。劳务派遣的内容主要是关于劳动权利义务方面的，主要受《劳动法》《劳动合同法》等法律调整；人事代理的主要内容是关于人事代理服务的，受民事法律关系调整。

No. 6 劳务外包

劳务外包，是指发包单位根据单位自身的经营需要，将业务发包给承包单位，由承包单位组织人员按照发包单位的要求完成相应的作业或工作内容，其主要特征在于：发包单位与承包单位基于外包合同形成民事上的契约关系；发包单位和承包单位约定将发包单位一定的工作交付给承包单位完成，由发包单位支付给承包单位一定的费用；承包单位与所雇用的劳动者建立劳动关系并对劳动者进行管理和支配；发包单位不能直接管理与支配承包单位的劳动者。

解析

法律依据

劳务派遣与劳务外包均涉及三方主体，形式相似，但存在本质区别，主要表现在以下几个方面。

1. 主体方面。经营劳务派遣业务需要一定的资质，取得劳务派遣经营许可证后方可经营劳务派遣业务；在劳务外包关系中，外包的项目不涉及国家规定的特许内容，无须办理行政许可，没有特别的资质要求。

2. 岗位要求方面。劳务派遣用工只能在临时性、辅助性或者替代性岗位上实施；劳务外包对岗位没有特殊限定。

3. 法律关系方面。劳务派遣单位与用工单位之间系劳务派遣合同关系，劳务派遣单位与被派遣劳动者之间系劳动合同关系，用工单位与被派遣劳动者之间系实际用工关系；劳务外包的发包单位与承包单位之间系外包合同关系，承包单位与劳动者系劳动合同关系，发包单位仅是劳动者的服务对象。

4. 支配与管理方面。用工单位直接对被派遣劳动者日常劳动进行指挥管理，被派遣劳动者受用工单位的规章制度管理；劳务外包的发包单位不参与对劳动者的指挥管理，由承包单位直接对劳动者进行指挥管理。

5. 费用结算方面。在劳务派遣中，用工单位根据劳务派遣单位派遣的劳动者数量、工资福利费用、劳务派遣公司的管理费等向劳务派遣单位支付服务费；在劳务外包关系中，发包单位根据外包业务的完成情况向承包单位支付外包费用，与承包单位使用的劳动者工资福利等没有直接关系。

6. 法律适用方面。劳务派遣主要适用《劳动合同法》《劳务派遣暂行规定》等劳动法律规范；劳务外包主要适用《民法典》等民事法律规范。

问题导引

Q1： 如何认定名为劳务外包实为劳务派遣（“假外包，真派遣”）？

A： 劳务外包和劳务派遣在形式上存在一定的相似性，如何认定名为劳务外包实为劳务派遣呢？全国性法律法规对此没有统一的规定，部分地方性法规对此作了规定。例如，《江苏省劳动合同条例》第36条第3款规定："企业将其业务发包给其他单位，但承包单位的劳动者在企业的生产经营场所使用企业的设施设备、按照企业的安排提供劳动，或者以企业的名义提供劳动，以及其他名为劳务外包实为劳务派遣的，其劳动者的人数纳入前款规定的比例计算。"

又如，《上海市人力资源和社会保障局、上海市高级人民法院关于劳务派遣适用法律若干问题的会议纪要》第11条规定："人力资源服务外包属于市场转型中出现的新情况，派遣用工转为人力资源服务外包过程中涉及法律关系变化、管理权调整等，比较复杂。案件处理中涉及派遣用工与人力资源服务外包的区分问题时，要结合规章制度的适用、用人单位所行使指挥管理权的强弱程度等因素综合作出判断。发包单位基于消防、安全生产、产品服务质量、工作场所秩序等方面管理需要而对承包单位的劳动者行使部分指挥管理权的，劳动争议处理机构要根据案件事实谨慎处理，不可简单判定法律关系已发生改变。在人力资源服务外包中，发包单位和承包单位可通过协议方式合理确定具体的管理界限。在外包协议未被判定为无效的情况下，发包单位对承包单位的劳动者部分越权指挥且未对法律关系改变起决定性作用的，应当进行整改；劳动者以此为由要求按劳务派遣处理或确认与发包单位存在劳动关系的，缺乏法律依据，不予支持。"

广东案例与导引

［案例1］

南京A公司与深圳B公司签有《外包服务合作框架协议》，颜某与南京A公司签订劳动合同，并被派至深圳B公司从事项目工作，其后发生纠纷，颜某认为三方之间为"假外包、真派遣"，要求确认三方之间系劳务派遣关系，B公司为其用工单位。

［法院观点］

颜某与南京A公司之间的劳动合同关系合法有效，双方均应依约依法全面履行。南京A公司基于其与深圳B公司之间的项目合作关系，安排颜某在深圳B公司的项目部门工作，颜某据此主张南京A公司与深圳B公司之间系劳务派遣关系，对此法院认为：首先，从工商商户的经营范围上看，南京A公司属科技信息类，无劳务派遣的经营业务和资质。其次，从颜某与南京A公司之间劳动合同的条款上看，并无与劳务派遣相关的内容。再次，从三方各自履行合同的实际情况上看，颜某的劳动报酬及福利待遇均系由南京A公司支付，深圳B公司并未向颜某直接支付过相关款项。最后，颜某在完成南京A公司指派的工作任务的过程中虽有接受深圳B公司人员的相关工作安排，亦需打卡出入深圳B公司，但南京A公司与深圳B公司主张此为双方履行合作项目协议的需要，不悖于常情常理。基于上述考量，法院对于颜某所主张的劳务派遣关系不予采纳，其诉请深圳B公司对南京A公司的给付义务承担连带责任，依据不足，法院不予支持。

（2020）粤03民终25714号

Q2： 承包单位对服务人员的直接管理如何体现?

A： 承包单位作为服务人员的用人单位,其直接管理主要体现在以下四个方面。

1. 定员。决定从事工作任务的具体人员。在派遣情况下,由用工单位自主安排派遣员工从事工作;在外包情况下,这些人员由承包单位根据发包单位工作项目的要求具体安排。

2. 定责。决定劳动者的职责范围和职责明细。在派遣情况下,由用工单位自主决定派遣员工的岗位职责;在外包情况下,发包单位只是对人力资源服务外包项目提出要求,项目中具体的人员分工、相互间的职责划分和职责明细一般由承包单位自主决定。

3. 定额。决定劳动者的工作量或者工作时间。在派遣情况下,由用工单位对派遣员工进行定额;在外包情况下,发包单位一般只对服务项目要完成的进度提出整体要求,由承包单位以此为基础进行具体安排,包括每个劳动者的劳动时间、劳动定额、加班管理等。

4. 考核。对劳动者劳动给付的接收和考核。劳动关系中,劳动者劳动给付义务的完成一般以劳动过程而非劳动成果来实现;用人单位对劳动者的劳动过程实施现场管理,就是对劳动者劳动给付的动态接收过程。在派遣情况下,由用工单位直接接收具体劳动者的劳动给付。在外包情况下,发包单位的接收和考核对象变成了整体外包服务项目,而不是具体劳动者的劳动给付,后者由承包单位具体实施,并将此作为确定劳动者绩效待遇奖励、晋升的依据。

实务小贴士

对于承包单位对劳动者的直接管理,上述“定员”“定责”“定额”“考核”具体可以细化为劳动用工中所涉及的工作岗位的数量确定、人员名单的确定、岗位职责的确定、工作时间的安排、工时制度的约定、工作任务分配、劳动定额确定、工资发放、加班管理、休息休假管理、考勤统计、绩效考核、员工手册的发放、待遇奖励、职位晋升、违纪处理、发放通知、安排参加公司例会、安排文体旅游活动等,这些内容的实施均涉及对服务人员的直接管理,不应由发包单位直接行使,只能由承包单位进行。

Q3： 发包单位对服务人员的间接管理如何体现?

A： 外包情况下,由承包单位对服务人员行使指挥管理权,但并不绝对排斥发包单位对服务人员行使任何的指挥管理权。如《关于劳务派遣适用法律若干问题的会议纪要》第 11 条明确规定,发包单位可以基于消防、安全生产、产品服务质量、工作场所秩序等方面管理需要而对承包单位的劳动者行使部分指挥管理权。根据外包具体业务内容的不同,发包单位指挥管理权的强弱不同。发包单位和承包单位可以通过协议来合理界定各自的管理权限。除上述部分管理内容外,发包单位对服务人员的管理都应当是间接管理。

实务小贴士

发包单位对劳动者的间接管理主要有以下几种实现途径:(1)监督。由承包公司对员工直接进行管理,发包公司对外包员工服务行为进行监督,发包公司向承包公司就员工表现提出意见、服务评估、更换建议。(2)管理团队。若发包公司希望提高承包公司管理水平,可以要求承包公司选择发包公司信任的管理团队负责管理,由承包公司与管理团队所属公司签订管理协议。(3)借调。发包公司向承包公司借出管理人员,由借出管理人员对承包公司员工进行管理,发包公司、承包公司、借调员工三方签订借调合同。

Q4: 发包单位和承包单位之间的服务费按什么标准确定?

A: 劳务派遣用工中,计酬的标的物是"人"。外包则不同,发包单位不仅将事发包,同时不监管劳动过程,只按劳动成果计费,计酬标的物是"事"。所以,对于公司之间的费用结算,按照实际产量和使用频次定价,要注意避免之前劳务派遣用工中的"人头费+服务费"式的结算方式,否则可能会被认定为"假外包、真派遣"。

Q5: 承包单位的资质如何审查?

A: 对承包单位的资质审查主要是对承包单位营业执照的审查。劳务派遣单位的营业执照均会在经营范围中注明劳务派遣。外包关系中,承包单位与劳务派遣单位的营业执照完全不同。承包单位的营业执照并非千篇一律,根据所要承接的业务不同,承包单位的经营范围也发生变化,发包单位可以根据不同的外包业务需要寻找经营范围中有相应资质的承包单位。例如,某保安服务公司的营业执照中载明"门卫、巡逻、守护、随身护卫、安全检查"等与保安服务有关的经营资质,公司可将保安岗位外包给该公司,让其提供安保工作。又如,某餐饮公司的经营范围有"提供餐饮管理服务",某保洁公司的经营范围有"保洁服务",某租车服务公司的经营范围有"大小客车租赁服务、汽车租赁"等。营业执照经营范围与承包单位承接的工作岗位或服务内容应当做到一一对应,内容与资质不匹配的将引发假外包的风险。

除审核营业执照外,发包单位还可以审核承包单位所具备的一些特殊资质,主要包括两类:一是行政许可,如保安公司提供安保服务就需要经公安部门审核并取得许可证书;二是服务资质,包括单位的行业认证级别、行业的排名获奖受罚情况、单位的其他客户情况等。这些特殊资质有该行业的特殊性,无法一一列明,发包单位在选择承包单位时可以咨询具体业务部门,以了解行业内是否存在类似的特殊许可。

No. 7 灵活用工

“灵活用工”并非特指某一类具体用工模式,而是对用人单位用工需求的概况描述。具体来说,灵活用工是指用人单位根据自身需求,按照工作周期或季节性安排等因素,灵活雇佣员工,灵活安排工作时间和地点的用工模式,以此达到降低用人单位用工成本的目的。常见的灵活用工模式包括非全日制用工、平台用工和共享用工。非全日制用工和共享用工本身也是劳动关系的一类,但不同于全日制的标准劳动用工关系;平台用工又可进一步分为多种用工模式,既包括受劳动法律调整的劳动关系,也包括受民事法律调整的劳务关系。本关键词主要对这三类灵活用工模式分别进行详细的论述。

灵活用工关键词中涉及的二级关键词	
7.1	非全日制用工
7.2	平台用工
7.3	共享用工

7.1 非全日制用工

解析

相对于全日制用工形式,在用工管理上还存在非全日制用工形式。为了规范这一新型用工形式,《劳动合同法》单列了一节对此进行规定,这在劳动合同立法上可谓一个重大的突破。根据《劳动合同法》第 68 条的规定,非全日制用工是指以小时计酬为主,劳动者在同一用人单位一般平均每日工作时间不超过 4 小时,每周工作时间累计不超过 24 小时的用工形式。根据相关法律的规定,非全日制用工主要有以下特征。

法律依据

1. 劳动者与用人单位之间建立的是劳动关系,所签订的合同为劳动合同,在用人单位和劳动者的主体要求上与全日制劳动合同完全一致。因此,一些不属于劳动关系主体所从事的按小时计酬的劳动不被认为属于非全日制用工。比如,家庭雇主不属于劳动法规定的用人单位,所以家政服务及家教服务中的小时工与家庭雇主之间的关系不是劳动关系,不属于劳动法范畴内的非全日制用工。

2. 用人单位与劳动者可以订立口头协议,也可以订立书面协议,《劳动合同法》没有强制订立书面合同的规定,相应的劳动合同内容也较为宽松,没有规定任何必备条款,只是作了一些反向限制,规定不得约定试用期。相比于全日制劳动合同严格的书面化要求,非全日制用工体现了较强的灵活性。

3. 设定最高工作时间,即劳动者在同一用人单位一般平均每日工作时间不超过 4 小时,每周工作时间累计不超过 24 小时。

4. 工资报酬实行底线控制，以小时计酬为主，即小时计酬标准不得低于用人单位所在地人民政府规定的最低小时工资标准。

5. 相比于全日制劳动合同，工资支付周期也进行了法定的缩短，即劳动者报酬结算周期最长不得超过 15 日。

6. 劳动者可以与一个或者一个以上用人单位订立劳动合同，但是后订立的劳动合同不得影响先订立的劳动合同的履行。

7. 关于社会保险的缴纳，根据《社会保险法》的规定，从事非全日制工作的劳动者应当参照个体工商户的参保办法参加基本养老保险，可以个人身份参加基本医疗保险，单位只负责缴纳工伤保险。但是实践中，由于各地多不允许将社保拆分开来缴纳，故只缴纳工伤保险的做法在实践中较为困难，应以当地社保部门的要求为准。

8. 劳动者与用人单位双方任何一方均可随时通知对方终止用工，而且此时用人单位不需要向劳动者支付经济补偿金。此处的"随时终止"既包括劳动合同到期终止，也包括劳动合同未到期解除。

问题导引

Q1： 非全日制用工形式下，劳动者在休息日或者法定节假日工作，用人单位是否需要支付加班工资？

A： 非全日制用工是有别于全日制标准工时制度的一种用工形式，需要安排休息日、法定节假日工作的情况也较为普遍，因此采取非全日制用工形式的劳动者在休息日、法定节假日工作的情况下，用人单位是否要按照加班处理并支付加班费成为实务关注的问题。

关于非全日制用工是否适用加班工资规定，一种观点认为，劳动者工作时间超过法定标准的，应参照全日制劳动关系的规定，劳动者有权获得加班工资。另一种观点认为，非全日制用工属于灵活用工方式，非全日制用工的计酬方式、工作时间、终止用工的方式及补偿等均与全日制用工形式不同，与全日制用工相关法律规定所保护的劳动者权益不同，在双方没有明确约定的情况下，用人单位不应当支付加班工资。对此，各地有不同的规定。

《湖北省高级人民法院民事审判工作座谈会会议纪要》(2013 年)第 24 条规定："考虑到非全日制用工和不定时工作制的特殊性，原则上非全日制用工和不定时工作制不宜认定存在加班费，但双方当事人在劳动合同中对支付加班费有约定的，依照当事人的约定处理。"

《江苏省高级人民法院劳动争议案件审理指南》第 3 条第 5 项规定："经协商一致，劳动者从事非全日制工作的，无论是法定休息日，还是法定节假日工作的，均不认定是加班。"

《北京市工资支付规定》第 18 条第 2 款规定："用人单位招用非全日制工作的劳动者，可以不执行本规定第十四条的规定，但用人单位安排其在法定休假日工作的，其小时工资不得低于本市规定的非全日制从业人员法定休假日小时最低工资标准。"

《天津市工资支付规定》第 21 条规定："实行日薪制和非全日制用工小时工资制的劳动者，若周六、周日提供了劳动，视为正常工作，不享受加班工资待遇。若在法定休假日提供了劳动，则用人单位应按规定支付加班工资。”

重庆案例与导引

[案例 1]

向某到某医院从事护工工作,双方签订了《非全日制用工劳动合同书》,约定该医院按非全日制用工形式聘用向某并特别约定若特殊原因致使向某在节假日不能休息,则医院根据实际上班时间按合同约定标准按时计发工资报酬,其后双方发生争议。仲裁裁决,双方从 2010 年 6 月 14 日至 2015 年 9 月 30 日存在非全日制用工关系,该医院支付给向某加班工资 9360 元。该医院认为,其已经按照合同约定就向某实际工作时间支付了劳动报酬,向某要求该医院支付加班工资无事实和法律依据,故提起诉讼。

[法院观点]

由于双方系非全日制用工关系,非全日制用工在用工方式上具有灵活性,用人单位可以和劳动者协商确定工作时间、工作内容、劳动报酬等合同内容。医院以合同约定的工资标准按照实际工作时间支付工资,并不违反法律规定。根据《劳动法》的规定,参照《工资支付暂行规定》第 13 条,安排劳动者在法定标准工作时间以外工作的,应按一定比例加付加班工资。本案中,向某主张平均日工作时间超过 4 小时,应按法律规定的加班工资标准支付工资报酬,但《国务院关于职工工作时间的规定》规定的标准工作时间为每日 8 小时,每周 40 小时。因此这里的 4 小时并非标准工作时间,超过 4 小时也并非超过“法定标准工作时间”,故不能以平均日工作时间超过 4 小时为由要求加付“加班工资”。综上所述,双方当事人系非全日制用工关系,医院已经按照实际工作时间按照合同约定的标准支付了工资,医院的诉讼请求应予支持。法院判决某医院不向向某支付加班工资。

重庆市高级人民法院 2017 年公布的典型案例

Q2: 劳动者如果因为工作原因导致工作时间超过法定的上限标准,是否会被认定为全日制用工?

A: 关于上述问题,《劳动合同法》等全国性法律法规未作规定,这为地方立法留出了空间。根据《北京市非全日制就业管理若干问题的通知》第 1 条的规定,劳动者在同一用人单位每日工作时间超过 4 小时的视为全日制从业人员。但是从后来颁布的《劳动合同法》第 68 条的规定来看,对于非全日制用工的认定标准仅是平均每日工作时间不超过 4 小时,而非对每日的工作时间进行严格限制,但是对于每周工作总小时数有 24 小时的限制。《江苏省高级人民法院劳动争议案件审理指南》(2010 年)认为:“非全日制不能简单以工作时间来判断是否属于加班,现时应当将工作时间看作是否属于非全日制的重要判断标准。因此,经协商一致,劳动者从事非全日制工作的,无论是法定休息日,还是法定节假日工作的,均不认定是加班。对于每周超过 24 小时的非全日制用工,不是支付加班费的问题,而是认定为非全日制用工不成立,认定为全日制用工,按全日制用工适用《劳动法》《劳动合同法》的有关权利和义务。"

其实非全日制工作时间超出上限在实际生活中存在多种可能,如在整个工作期间的工作时间一直超出上限、个别工作日的工作时间超出上限但大部分工作日的工作时间不超出上限等。对此若不加区别,统一将其视为全日制用工,则不利于非全日制用工的正常发展,也未必利于劳动者权益的保护。其实立法者可以对非全日制工作超时情况予以区分,分别采取视为全日制从业人员或支付加班工资等处理方式。

北京案例与导引

[案例2]

杨某于2011年9月16日入职某公司。工作期间,双方先后连续订立六次非全日制劳动合同。2021年3月19日,杨某以未为其缴纳社会保险费为由,向某公司发出书面通知解除劳动关系。2021年3月25日,杨某提出仲裁申请,要求某公司支付解除劳动合同经济补偿金。某公司主张,杨某属于非全日制用工,不同意支付解除劳动合同经济补偿金。

[裁审观点]

本案争议的焦点在于,某公司与杨某的用工形式应如何认定?本案中,第一,某公司对杨某并非按照小时计酬,而是根据业绩提成计算工资;第二,杨某在职期间在工作地点随时待命,其提交的证据亦显示其每天工作时长为11小时左右,每周工作至少6天,这明显超过非全日制用工对用工时长的限制;第三,某公司系按月向杨某发放工资,结算支付周期已超过15日。综上,虽然双方签订了非全日制劳动合同,但双方的劳动关系形式以及报酬结算方式不符合非全日制用工的特点,应认定双方属于全日制劳动关系。

北京市发布2022年度劳动人事争议仲裁典型案例

上海案例与导引

[案例3]

胡某为上海某公司员工,双方未签订劳动合同,胡某离职后双方就劳动报酬、加班费等事宜发生争议,争议焦点在于:双方用工关系为全日制用工还是非全日制用工?

[法院观点]

法院认为,虽然胡某与公司之间以小时计酬,但胡某工作期间的每日工作时长基本达到或超过8小时,每周工作时间累计超过24小时,且劳动报酬结算周期为1个月,这不符合劳动法上关于非全日制用工的规定,应当按照全日制用工的标准认定胡某的劳动报酬。

(2021)沪02民终1042号

7.2 平台用工

解析

在互联网经济蓬勃发展的背景下,现代社会用工形态出现了新的发展。近年来,网络技术的发达催生了大量新兴职业,如直播主持人、网约车司机、网络家教、网络写手、网络买手等。此类新兴职业从业人员被称为“新就业形态劳动者”,即在线上接受互联网平台根据用户需求发布的配送、出行、运输、家政服务等工作任务,按照平台要求提供平台网约服务,并获取劳动报酬。在新就业形态下,形成了从业者—互联网平台—用户的三方合作关系。

法律依据

针对这种新就业形态,《劳动合同法》等劳动领域的立法稍显缺失,没有对该种业态的用工模式进行专门规制,新就业形态劳动者与互联网平台之间所构成的法律关系没有明确界定,客观上容易形成法律上的模糊地带。2016 年 7 月 27 日出台的《网络预约出租汽车经营服务管理暂行办法》首次明确了网约车的合法地位,允许网约车平台公司“与驾驶员签订多种形式的劳动合同或者协议”,但未对网约车公司和司机的关系进行详细阐述,而是双方自行选择法律关系,可以签订劳动合同,也可以签订其他类型协议,建立非劳动关系。

部分省市也相继出台了互联网平台用工相关的文件,允许双方自行选择所建立的法律关系。《广东省高级人民法院、广东省劳动人事争议仲裁委员会关于劳动人事争议仲裁与诉讼衔接若干意见》(粤高法发〔2018〕2 号)第 1 条规定:“出租汽车(巡游车和网约车)驾驶员与经营者订立劳动合同并按劳动合同履行的,认定为劳动关系;双方订立承包、租赁、联营等合同,并建立营运风险共担、利益共享分配机制的,按双方约定执行……”第 2 条规定:“网络平台经营者与相关从业人员之间的用工关系性质,原则上按约定处理。如双方属于自负盈亏的承包关系或已订立经营合同、投资合同等,建立了风险共担、利益共享的分配机制的,不应认定双方存在劳动关系……”《重庆市高级人民法院关于劳动争议案件法律适用问题 8 个意见》(2018)第 8 条规定:“外卖平台公司与外卖人员之间既有可能存在劳动关系,也有可能不存在劳动关系,应当根据劳动关系的认定标准,并结合具体案情进行认定。”《江苏省劳动人事争议疑难问题研讨会纪要》(2017 年 7 月 3 日)规定:“对于发挥联系中介作用的网络平台,劳动者通过网络平台与企业建立工作联系关系,企业通过网络平台提供服务信息,并通过网络平台收取管理费或信息费用的,双方不宜作为劳动关系处理。如果劳动者未与互联网平台企业订立劳动合同,而是签订了承包合同、委托协议等,一般应从其约定来认定双方的法律关系。如果双方关系符合《劳动和社会保障部关于确立劳动关系有关事项的通知》(劳社部发〔2005〕12 号)的要求,应认定双方存在劳动关系。”

上述这些规定都是在用工关系认定标准“劳动二分法”的基础上建立的,所谓“劳动二分法”,即依据互联网平台对从业者是“弱管理”还是“强管理”,两者之间是平等关系还是从属关系等,将提供劳动的主体区分为“劳动者”或“民事主体”两类。“二分法”的主要判断依据是原劳动和社会保障部于 2005 年发布的《关于确立劳动关系有关事项的通知》,在双方没有签订劳动合同时,判断某类平台用工是否实质构成劳动关系,具体考虑以下要素:(1)用人单位和劳动者符合法律、法规规定的主体资格(建立劳动关系的双方主体适格);(2)用人单位依法制定的各项劳动规章制度适用于劳动者,劳动者受用人单位的劳动管理(人身从属性),劳动者从事用人单位安排的有报酬的劳动(经济从属性);(3)劳动者提供的劳动是用人单位业务的组成部分(业务从属性)。如果同时满足以上因素,那么双方用工关系属于劳动关系,否则将被认定为劳务关系。

但是随着新就业形态的进一步发展,互联网平台的用工形式日趋新颖和多样,用工关系在法律界定上面临新的挑战。北京市第一中级人民法院在2021年《新就业形态下平台用工关系法律性质的界定规则》一文中指出,用工关系界定的难点主要体现在以下几点。

1. 用工关系的法律性质难以认定。与传统劳动关系中的用工相比,平台从业人员在工作时间上具有更多的灵活性和自主性。他们对是否接单、接哪个单、何时接单、何时休息等有一定的自主权,用工时间更为灵活,而且平台从业人员收入与上线时间等高度挂钩,甚至一些从业人员的收入构成中没有基本工资的部分。平台对于从业人员的管理也有别于传统的考勤、绩效考核等方式,更多是通过平台系统的评价机制等算法逻辑来实现。

2. 实际用工主体难以认定。新业态下,许多平台不愿意与从业人员签订劳动合同,而是订立承揽协议、合作协议等,或者直接让平台上的商户与从业人员订立合同,或是将配送服务外包给第三方公司,通过第三方公司招募从业人员,又或是让从业人员注册为个体工商户,平台甚至会设立若干关联公司,分别负责合同订立、劳动工具提供、报酬发放、押金收取等环节,此外,层层转包的现象也时有发生。这就导致究竟是哪一个或哪几个主体在对从业人员进行用工并不容易确定,一旦发生纠纷,往往难以判断谁是真正的用工主体。

3. 承担侵权责任的主体存在争议。依据《民法典》第1191条至第1193条等条款的规定,如果平台等主体与从业人员之间建立不同的法律关系,从业人员致第三人损害的侵权责任承担主体也就有所不同。以骑手致第三人损害的道路交通事故责任纠纷为例,当受害人提出要求骑手、平台和外包公司承担赔偿责任时,各地法院裁判结果差异较大,既有判决劳务外包公司承担赔偿责任的,又有判决从业人员和外包公司按照责任比例承担赔偿责任的,还有判决从业人员和外包公司承担连带责任的,甚至有判决骑手独自承担赔偿责任的。

基于上述挑战,"劳动二分法"已难以解决新形势下涌现的新问题,用工关系界定标准开始向"劳动三分法"迈进,在原来"劳动关系—民事关系"的非此即彼模式中,加入"类劳动关系"作为缓冲地带,调整为"劳动关系—类劳动关系—民事关系"模式。2021年7月7日召开的国务院常务会议提出,要"适应新就业形态,推动建立多种形式、有利于保障劳动者权益的劳动关系"。2021年7月16日,人力资源和社会保障部等八部委联合颁布《关于维护新就业形态劳动者劳动保障权益的指导意见》,提出了"不完全符合确立劳动关系情形"的概念。根据该指导意见,"符合确立劳动关系情形的,企业应当依法与劳动者订立劳动合同。不完全符合确立劳动关系情形但企业对劳动者进行劳动管理(以下简称不完全符合确立劳动关系情形)的,指导企业与劳动者订立书面协议,合理确定企业与劳动者的权利义务。个人依托平台自主开展经营活动、从事自由职业等,按照民事法律调整双方的权利义务"。

对于"不完全符合确立劳动关系情形"(类劳动关系)这一用工类型,人力资源和社会保障部在《新就业形态劳动者劳动合同和书面协议订立指引(试行)》中主要通过用工事实和劳动关系程度进行判断，具体包括“新就业形态劳动者对工作时间及工作量的自主决定程度、劳动过程受管理控制程度、是否需要遵守有关工作规则和劳动纪律及奖惩办法、工作的持续性、能否决定或者改变交易价格”等因素，如果某一用工形式符合确立劳动关系的情形，那么应订立劳动合同，如果不完全符合确立劳动关系的情形，可订立其他书面协议。此处的书面协议与一般民事关系中完全有赖于双方意思自治的协议也有区别。平台企业与不完全符合确立劳动关系情形的从业者订立书面协议时，内容应包括平台企业和劳动者的基本信息、订单推送与确认、报酬、服务时间与休息、职业保障以及协议的变更、解除和违约责任、争议解决等事项。平台企业委托经营性人力资源服务机构为不完全符合确立劳动关系情形的从业者提供人力资源管理服务的，可以订立三方书面协议，但该三方协议不改变平台企业应当承担的用工主体责任。至于“类劳动关系”中的双方权利义务如何合理确定，还有待国家及各地司法实践进一步探索。

问题导引

Q3： 依托互联网产生的平台用工的本质是劳动关系还是劳务关系？如何区分？

A： 平台及相关用工主体与从业人员之间的用工关系有多种模式，常见的用工类型包括自营型、劳务派遣型、外包型、商户负责配送型、个体工商户型、共享用工型和众包型等。虽然平台用工模式多样，但从用工实质来看，平台从业人员的用工模式主要集中在劳动关系和劳务关系上，用工主体通常为平台或者入驻平台的商户。如果从业者与用工方确为平等主体间的合作关系，那么可被解读为劳务关系；但如果双方间的“合作”实际上已经符合了一方对于另一方的劳动用工管理的特征，则实践中有可能被认定为劳动关系。

上海市第一中级人民法院在 2019 年发布《确认劳动关系纠纷案件的审理思路和裁判要点》，提及涉互联网平台用工的法律关系需要把握以下原则：(1) 双方对权利义务的约定能否体现建立劳动关系的合意；(2) 个人劳动所得是否为该互联网企业正常自主决定的劳动报酬而非参与利润分配的结果，即个人是为该企业营业目的而非为自己营业目的而劳动；(3) 根据个人是否需要到该互联网企业办公场所上班，对工作场所及工作时间可否自行支配，是否需服从该企业包括考勤制度、用工管理制度等情况来判断双方的法律关系是否具备人身从属性特征。

典型案例与导引

[案例 4]

刘某于 2020 年 6 月 14 日与 A 信息技术公司订立为期 1 年的《车辆管理协议》，约定双方建立合作关系；刘某自备车辆提供货物运输服务，须由本人通过公司平台接受公司派单并驾驶车辆，每日至少完成 4 单，多接订单给予加单奖励；A 信息技术公司通过平台与客户结算货物运输费，每月向刘某支付包月运输服务费 6000 元及奖励金，油费、过路费、停车费等另行报销。刘某从事运输工作期间，每日在公司平台签到并接受平台派单，跑单时长均在 8 小时以上。A

信息技术公司通过平台对刘某的订单完成情况进行全程跟踪，刘某每日接单量超过4单时按照每单70元进行加单奖励，出现接单量不足4单、无故拒单、运输超时、货物损毁等情形时，按照A信息技术公司制定的费用结算办法扣减部分服务费。

2021年3月2日，双方订立《车辆管理终止协议》，载明A信息技术公司因调整运营规划，与刘某协商一致提前终止合作关系。刘某认为其与A信息技术公司之间实际上已构成劳动关系，终止合作的实际法律后果是劳动关系解除，要求A信息技术公司支付经济补偿。A信息技术公司以双方书面约定建立合作关系为由否认存在劳动关系，拒绝支付经济补偿。

[仲裁观点]

本案的争议焦点是，刘某与A信息技术公司之间是否符合确立劳动关系的情形？

《关于维护新就业形态劳动者劳动保障权益的指导意见》(人社部发〔2021〕56号)第18条规定，根据用工事实认定企业和劳动者的关系，可见认定劳动关系应当坚持事实优先原则。在新就业形态下，由于平台企业生产经营方式发生较大变化，劳动管理的体现形式也相应具有许多新的特点。当前，认定新就业形态劳动者与平台企业之间是否存在劳动关系，应当对照劳动管理的相关要素，综合考量人格从属性、经济从属性、组织从属性的有无及强弱。从人格从属性看，主要体现为平台企业的工作规则、劳动纪律、奖惩办法等是否适用于劳动者，平台企业是否可通过制定规则、设定算法等对劳动者的劳动过程进行管理控制；劳动者是否须按照平台指令完成工作任务，能否自主决定工作时间、工作量等。从经济从属性看，主要体现为平台企业是否掌握劳动者从业所必需的数据信息等重要生产资料，是否允许劳动者商定服务价格；劳动者通过平台获得的报酬是否构成其重要收入来源等。从组织从属性看，主要体现在劳动者是否被纳入平台企业的组织体系当中，成为企业生产经营组织的有机部分，并以平台名义对外提供服务等。

本案中，虽然双方订立《车辆管理协议》约定双方为合作关系，但仍应根据用工事实认定双方之间的法律关系性质。A信息技术公司要求刘某本人驾驶车辆，通过平台向刘某发送工作指令，监控刘某工作情况，并依据公司规章制度对刘某进行奖惩；刘某须遵守A信息技术公司规定的工作时间、工作量等要求，这体现了较强的人格从属性。A信息技术公司占有用户需求数据信息，单方制定服务费用结算标准；刘某从业行为具有较强持续性和稳定性，其通过平台获得的服务费用构成其稳定收入来源，这体现了明显的经济从属性。A信息技术公司将刘某纳入其组织体系进行管理，刘某是其稳定成员，并以平台名义对外提供服务，从事的货物运输业务属于A信息技术公司业务的组成部分，这体现了较强的组织从属性。综上，A信息技术公司对刘某存在明显的劳动管理行为，符合确立劳动关系的情形，应当认定双方之间存在劳动关系。A信息技术公司与刘某订立《车辆管理终止协议》，实际上构成了劳动关系的解除，因此，A信息技术公司应向刘某支付经济补偿。

人力资源和社会保障部、最高人民法院联合发布新就业形态劳动争议典型案例1

(人社部函〔2023〕36号)

典型案例与导引

[案例 5]

2020 年 8 月 11 日,田某通过 X 代驾司机端 App 注册成为 Y 公司所运营之代驾平台的司机。田某的工作时间、工作地点均不固定,获得的劳动报酬取决于接单量,完成送单后由顾客支付费用,Y 公司从中收取一定费用。双方签署的信息服务协议约定:甲方(Y 公司)不实际提供代驾服务,也不代理平台任何一方用户,仅充当乙方(田某)与代驾服务使用者之间的中间人。甲方不是代驾服务的一方主体,并且与乙方不存在任何劳动、劳务、雇佣关系。

田某自述,其于 2021 年 6 月 2 日接单途中发生事故,要求确认与 Y 公司存在劳动关系,并要求 Y 公司承担此次事故产生的医疗费、住院伙食补助、护理费、交通费、残疾器具辅助费等费用。

[法院观点]

田某与 Y 公司虽均符合法律、法规规定的主体资格,但是依据查明的事实,田某通过在 X 代驾平台注册司机端的方式进行代驾服务,其与 Y 公司缺乏建立劳动关系的合意。Y 公司为田某提供代驾信息,田某可自主决定是否接单提供代驾服务。田某收取的代驾费可自主领取,Y 公司仅是在田某领取时扣除一定的费用,该行为不能认定为 Y 公司发放工资的行为。田某作为代驾司机,其需要遵守的是代驾平台的规则,而不是 Y 公司的管理制度。因双方之间不具备劳动关系人身及财产属性,不符合劳动关系的构成特征。法院认定双方不属于劳动关系,田某基于劳动关系的其他请求,法院均不予支持。

(2022)京 01 民终 8187 号

问题导引

Q4: 外卖行业、快递行业用工是劳动关系还是劳务关系?如何区分?

A: 外卖行业是平台用工中较为常见的行业,一般存在三种用工模式:商家招聘外卖员专门为其配送外卖订单;由外卖平台管理的外卖员为入驻商家配送;外卖平台与第三方签订协议,由第三方派遣外卖员进行配送。第三种模式中的外卖员往往与第三方存在劳动关系,前两种模式则易发生争议。快递行业的用工特点与外卖行业有一定的相似性。

上海市第一中级人民法院在 2019 年发布的《确认劳动关系纠纷案件的审理思路和裁判要点》中认为,对于涉外卖行业用工的法律关系应关注如下要点:(1)外卖员能否获得相对稳定的报酬,审查收入是否因外卖数量计件或提成而造成不稳定;(2)配送所需的劳动工具、工作服等是否由商家或平台提供;(3)外卖员是否接受商家或平台的日常管理和考核考评;(4)外卖工作地点、时间、服务要求等是否需服从商家或平台的指挥安排,外卖员能否自主决定变更。

典型案例与导引

［案例6］

徐某于2019年7月5日从B科技公司餐饮外卖平台众包骑手入口注册成为网约配送员，并在线订立了《网约配送协议》，该协议载明：徐某同意按照平台发送的配送信息自主选择接受服务订单，接单后及时完成配送，服务费按照平台统一标准按单结算。从事餐饮外卖配送业务期间，B科技公司未对徐某上线接单时间提出要求，徐某每周实际上线接单天数为3天至6天不等，每天上线接单时长为2小时至5小时不等。平台按照算法规则向一定区域内不特定的多名配送员发送订单信息，徐某通过抢单获得配送机会，平台向其按单结算服务费。出现配送超时、客户差评等情形时，平台核实情况后按照统一标准扣减服务费。

2020年1月4日，徐某向平台客服提出订立劳动合同、缴纳社会保险费等要求，被平台客服拒绝，遂申请仲裁，请求确认双方存在劳动关系，并要求B科技公司支付解除劳动合同经济补偿。

［法院观点］

本案的争议焦点是，徐某与B科技公司之间是否符合确立劳动关系的情形？

根据《关于发布智能制造工程技术人员等职业信息的通知》（人社厅发〔2020〕17号）的相关规定，网约配送员是指通过移动互联网平台等，从事接收、验视客户订单，根据订单需求，按照平台智能规划路线，在一定时间内将订单物品递送至指定地点的服务人员。《关于维护新就业形态劳动者劳动保障权益的指导意见》（人社部发〔2021〕56号）根据平台不同用工形式，在劳动关系情形外，还明确了不完全符合确立劳动关系的情形及相应劳动者的基本权益。

本案中，徐某在B科技公司餐饮外卖平台上注册成为网约配送员，其与B科技公司均具备建立劳动关系的主体资格。认定徐某与B科技公司之间是否符合确立劳动关系的情形，需要查明B科技公司是否对徐某进行了较强程度的劳动管理。从用工事实看，徐某须遵守B科技公司制定的餐饮外卖平台配送服务规则，其订单完成时间、客户评价等均作为平台结算服务费的依据，但平台对其上线接单时间、接单量均无要求，徐某能够完全自主决定工作时间及工作量，因此，双方之间人格从属性较标准劳动关系有所弱化。B科技公司掌握徐某从事网约配送业务所必需的数据信息，制定餐饮外卖平台配送服务费结算标准和办法，徐某通过平台获得收入，双方之间具有一定的经济从属性。虽然徐某依托平台从事餐饮外卖配送业务，但B科技公司并未将其纳入平台配送业务组织体系进行管理，未按照传统劳动管理方式要求其承担组织成员义务，因此，双方之间的组织从属性较弱。综上，虽然B科技公司通过平台对徐某进行一定的劳动管理，但其程度不足以认定劳动关系。因此，法院驳回徐某要求确认劳动关系等仲裁请求。

人力资源和社会保障部、最高人民法院联合发布新就业形态劳动争议典型案例2
（人社部函〔2023〕36号）

[案例 7]

C 货运代理公司承包经营某外卖平台配送站点,负责该站点网约配送业务。2019 年 5 月 27 日,C 货运代理公司与 D 劳务公司订立《配送业务承包协议》,约定由 D 劳务公司负责站点的配送员招募和管理工作。何某于 2019 年 7 月 28 日进入某外卖平台站点工作,并与 D 劳务公司订立了为期 1 年的《外卖配送服务协议》,该协议约定:何某同意在某外卖平台注册为网约配送员,并进入 C 货运代理公司承包的配送站点从事配送业务;何某须遵守 C 货运代理公司制定的站点工作制度,每周经提前申请可休息 1 天,每天至少在线接单 8 小时;何某与 D 劳务公司之间为劳务合作关系,D 劳务公司根据订单完成量向何某按月结算劳务报酬。从事配送工作期间,何某按照 C 货运代理公司制定的《配送员管理规则》,每天 8:30 到站点开早会,每周工作 6 天至 7 天,每天在线接单时长为 8 小时至 11 小时不等。何某请假时,均须通过站长向 C 货运代理公司提出申请。C 货运代理公司按照何某订单完成量向何某按月支付服务费,出现高峰时段不服从平台调配、无故拒接平台派单、超时配送、客户差评等情形时,C 货运代理公司均按一定比例扣减服务费,而 D 劳务公司未对包含何某在内的站点配送员进行管理。

2019 年 11 月 3 日,何某在执行配送任务途中摔倒受伤,其要求 C 货运代理公司、D 劳务公司按照工伤保险待遇标准向其赔偿各项治疗费用,C 货运代理公司以未与何某订立任何协议为由拒绝承担责任,D 劳务公司以与何某之间系劳务合作关系为由拒绝支付工伤保险待遇。2019 年 12 月 19 日,何某以 C 货运代理公司、D 劳务公司为共同被申请人申请劳动仲裁,请求确认何某与 C 货运代理公司、D 劳务公司存在劳动关系。

[法院观点]

本案的争议焦点是,何某是否与两家公司存在劳动关系?与哪家公司存在劳动关系?

本案中,从 C 货运代理公司与 D 劳务公司订立的《配送业务承包协议》内容看,C 货运代理公司将配送员招募和管理工作外包给 D 劳务公司,应当由 D 劳务公司负责具体的用工组织和管理工作。但从本案用工事实看,D 劳务公司并未对何某等站点配送员进行管理,其与 C 货运代理公司之间的《配送业务承包协议》并未实际履行;C 货运代理公司虽然未与何某订立书面协议,却对其进行了劳动管理。因此,应当根据 C 货运代理公司对何某的劳动管理程度,认定双方之间是否存在劳动关系。何某须遵守 C 货运代理公司制定的《配送员管理规则》,按时到站点考勤;C 货运代理公司对何某执行配送任务的情况进行监督,通过扣减服务费等方式对何某的工作时间、接单行为、服务质量等进行管理,双方之间存在较强的人格从属性。C 货运代理公司根据单方制定的服务费结算办法向何某按月结算服务费,双方之间存在明显的经济从属性。何某虽以平台名义从事配送任务,但 C 货运代理公司将其纳入站点的配送组织体系进行管理,双方之间存在较强的组织从属性。

综上,C 货运代理公司对何某进行了较强程度的劳动管理,应当认定双方之间存在劳动关系。

人力资源和社会保障部、最高人民法院联合发布新就业形态劳动争议典型案例 3

(人社部函〔2023〕36 号)

上海案例与导引

[案例8]

李某于C公司从事快递员工作，内容包括快递件的分拣、收货、送货等，双方未签订劳动合同。工作场所张贴有C公司的名称及外派员工作规范并设置考勤机。李某的劳动报酬为收件和派件按件计酬，但需扣除李某每月租赁公司交通工具的费用及盒饭费用，若李某工作中丢失快递件，则C公司对其处以罚款。李某在工作期间受伤后申请劳动仲裁，要求确认其与C公司存在劳动关系，并要求C公司支付未签订劳动合同的双倍工资差额。

[法院观点]

法院认为，构成何种用工关系，需要根据双方实际履行情况进行分析：一是在工资报酬方面，李某无固定的薪资及福利待遇，若无取件则无报酬，且系直接从收取的快递费中扣除部分费用，并非由C公司支付全部报酬；二是劳动工具（运输车辆）系李某租用，并非由C公司提供；三是C公司更注重李某能否及时将快递送至指定地点，即工作结果而非过程；四是李某对工作安排、工作路线具有很强的自主性（收派件任务按时完成即可），无须听从C公司调遣；五是虽然C公司处设有考勤机，但考勤结果与李某报酬没有任何关联，李某有事离开数月也无须请假，可见李某无须遵守C公司的考勤、请假制度；六是李某的收入完全取决于其收派件数，自担经营风险（运输风险、丢件风险等）。

综上，法院认为从劳动关系的形成过程来看，并不能认定C公司对李某进行管理控制，也不能认定李某对C公司形成了从属性，所以双方不形成劳动关系。

(2016)沪01民终1149号

（注：该案例为上海市第一中级人民法院在《确认劳动关系纠纷案件的审理思路和裁判要点》中的援引案例）

重庆案例与导引

[案例9]

重庆某公司系某外卖平台在重庆市某县的合作商，主要负责该外卖平台在某县片区的营销运营和骑手管理工作。2020年5月，陈某通过扫描重庆某公司提供的二维码，考核、注册成为某外卖平台的骑手，并领取了某外卖平台的工作制服和保温箱等相关装备，但未与该公司签订劳动合同。陈某在注册成为某外卖平台的骑手之后，按照该公司在某外卖平台制定发布的排班轮次和上下班时间开展工作。2020年10月13日，陈某在上班期间驾驶车辆发生侧翻，与道路中间隔离护栏碰撞，陈某受伤住院。其后陈某诉至法院，请求确认其与重庆某公司之间存在劳动关系。

[法院观点]

法院认为，重庆某公司对骑手通过考勤、要求统一着装、使用统一标识和文明礼貌用语等进行规范管理，陈某从事的外卖送货工作是该公司的经营业务范围，且陈某从事外卖派送服务的劳动成果最终由重庆某公司获得，陈某的劳动报酬也是由重庆某公司支付。陈某与重庆某公司之间存在经济和人身上的从属性，符合劳动关系的一般特征，应当认定双方之间成立劳动关系。

(2021)渝04民终1554号

问题导引

Q5: 网络主播与平台之间是否构成劳动关系？

A: 网络主播和互联网平台之间一般会签订主播经纪合同，约定双方开展网络直播活动的权利义务关系。关于这种新型的权利义务关系是否属于劳动关系，在目前的司法实务中一般认为：劳动关系是双方当事人通过合意，由劳动者一方提供劳动，用人单位一方给付报酬的具有经济人身从属性的权利义务关系。劳动关系的核心是劳动的地点、内容、方式、过程以及在即便无工作但劳动关系存续的情况下，也需要受到用人单位的约束，约束的方式既包括规章制度，又包括具体的管理行为。主播经纪合同系双方就开展演艺活动、提供经济服务等民事活动的权利义务约定，并非劳动权利义务的约定，通常认为其不符合劳动关系的特征。但是，网络公司亦需承担对“合作关系”的举证责任，以证明双方的“合作”过程完全符合其合作协议中规定的各项条款，否则仍将面临被认定为劳动关系的风险。

典型案例与导引

[案例10]

李某于2018年11月29日与E文化传播公司订立为期2年的《艺人独家合作协议》，该协议约定：李某聘请E文化传播公司为其经纪人，E文化传播公司为李某提供网络主播培训及推广宣传，将其培养成知名的网络主播；在合同期内，E文化传播公司为李某提供整套直播设备和直播室，负责安排李某的全部直播工作及直播之外的商业或非商业公众活动，全权代理李某涉及直播、出版、演出、广告、录音、录像等与演艺有关的商业或非商业公众活动，可在征得李某同意后作为其委托代理人签署有关合同；李某有权参与E文化传播公司安排的商业活动的策划过程，了解直播收支情况，并对个人形象定位等事项提出建议，但经双方协商一致，李某必须严格遵守相关约定；李某直播内容和时间均由其自行确定，其每月获得各直播平台后台礼物累计价值5000元的，可得基本收入2600元，超过5000元的部分由E文化传播公司和李某进行四六分成，超过9000元的部分进行三七分成，超过12,000元的部分进行二八分成。从事直播活动后，李某按照E文化传播公司的要求入驻2家直播平台，双方均严格履行协议约定的权利义务。李某每天直播时长、每月直播天数均不固定，月收入均未超过3500元。

2019 年 3 月 31 日，李某因直播收入较低，单方解除《艺人独家合作协议》，请求确认其与 E 文化传播公司之间存在劳动关系，并以 E 文化传播公司未缴纳社会保险费为由要求 E 文化传播公司向其支付解除劳动合同经济补偿。E 文化传播公司以双方之间不存在劳动关系为由拒绝支付。

［法院观点］

本案的争议焦点是，E 文化传播公司对李某的管理是否属于劳动管理？

在传统演艺领域，企业以经纪人身份与艺人订立的合同通常兼具委托合同、中介合同、行纪合同等性质，并因合同约定产生企业对艺人的“管理”行为，但此类“管理”与劳动管理存在明显差异：从“管理”的主要目的看，企业除安排艺人从事演艺活动为其创造经济收益之外，还要对艺人进行培训、包装、宣传、推广等，使之获得相对独立的公众知名度和市场价值；而在劳动关系中，企业通过劳动管理组织劳动者进行生产经营活动，并不以提升劳动者独立的公众知名度和市场价值为目的。从“管理”事项的确定看，企业对艺人的管理内容和程度通常由双方自主协商约定，艺人还可以就自身形象设计、发展规划和收益分红等事项与企业进行协商；而在订立劳动合同时，单个劳动者与企业之间进行个性化协商的空间一般比较有限，劳动纪律、报酬标准、奖惩办法等规章制度通常由企业统一制定并普遍适用于企业内部的劳动者。此外，从劳动成果分配方式看，企业作为经纪人，一般以约定的分成方式获取艺人创造的经济收益；而在劳动关系中，企业直接占有劳动者的劳动成果，按照统一标准向劳动者支付报酬及福利，不以约定分成为主要分配方式。综上，企业作为经纪人，其与艺人之间的法律关系体现出平等协商的特点，存在劳动关系的用人单位与劳动者之间则体现出较强的从属性特征，可据此对两种法律关系予以区分。

本案中，通过《艺人独家合作协议》的内容及履行情况可以看出，E 文化传播公司作为李某的经纪人，虽然也安排李某从事为其创造直接经济收益的直播活动，但其主要目的是通过培训、包装、宣传、推广等手段使李某成为知名的网络主播；李某的直播时间及内容由其自主决定，其他相关活动要求等由双方协商确定，李某对其个人包装、活动参与等事项有协商权，对其创造的经济收益有知情权；双方以李某创造的经济收益为衡量标准，约定了“阶梯式”的收益分成方式。因此，双方之间的法律关系体现出平等协商的特点，并未体现出《关于确立劳动关系有关事项的通知》（劳社部发〔2005〕12 号）规定的劳动管理及从属性特征，应当认定为民事关系。李某提出确认劳动关系并支付解除劳动合同经济补偿的诉求，与事实不符，法院不予支持。

人力资源和社会保障部、最高人民法院联合发布新就业形态劳动争议典型案例 5

（人社部函〔2023〕36 号）

上海案例与导引

[**案例 11**]

王某在 B 公司担任网络主播,双方未签订劳动合同。王某的主要工作是在 B 公司指定的互联网平台上进行直播活动,B 公司为其提供策划、包装、宣传等。王某在直播活动中获得的打赏与 B 公司按比例分成。其后王某以公司未按规定为其缴纳社保为由申请仲裁,要求确认其担任主播期间与 B 公司存在劳动关系。B 公司则主张双方系合作关系。

[**法院观点**]

法院认为,王某请求确认双方之间存在劳动关系,而 B 公司辩称双方系合作关系而非劳动关系。合作关系与劳动关系的区别主要在于两点:一是合作关系中的经营风险一般各自负担,而劳动关系中的经营风险由用人单位负担;二是合作关系中双方各自独立,不具有从属性,而劳动关系中劳动者需服从单位指挥管理。王某主要从网络直播活动中获取收益,该收益与 B 公司按三七开分配,经营风险各自负担,且王某无须遵守 B 公司的规章制度,双方之间不符合劳动关系特征。法院据此判定双方之间不存在劳动关系。

(2018)沪 0115 民初 7192 号

(注:该案例为上海市第一中级人民法院在《确认劳动关系纠纷案件的审理思路和裁判要点》中的援引案例)

广东案例与导引

[**案例 12**]

范某于 2021 年 6 月加入 W 公司,双方签署《网络主播合作经营协议》,约定"直播平台礼物分成:范某 70%,W 公司 30%。范某应严格遵守直播平台的规定,积极配合 W 公司;每月真唱歌曲数最低为 300 首,按照每月直播 26 天计算,即每天需真唱 12 首;范某保证每月直播有效天数≥26 天且每月直播有效时长≥200 小时"等内容。W 公司承诺第一个月保底工资为 5000 元,已支付范某工资 1000 元。范某要求确认双方存在劳动关系。

[**法院观点**]

法院认为,劳动关系是双方当事人通过合意,由劳动者一方提供劳动,用人单位一方给付报酬所形成的具有经济人身从属性的权利义务关系。其核心是劳动的地点、内容、方式、过程以及在即便无工作但劳动关系仍存续的情况下,也需受到用人单位的约束,约束的方式既包括规章制度,又包括具体的管理行为,它与其他法律关系最核心的区别就在于此。

首先,从管理方式上看,W 公司对范某进行劳动管理。案涉《网络主播合作经营协议》约定:W 公司对范某一切的商演活动相关的活动流程、时间等拥有最终决定权;范某不遵守直播平台和公司规章制度的,将按直播平台制度和公司规章制度进行罚款并扣除所有收益;范某在 W 公司提供的场所直播,每月真唱歌曲数最低为 300 首,保证每月直播有效天数≥26 天且每月直播有效时长≥200 小时。故从上述约定可以看出 W 公司对范某的直播地点、直播内容、直播时长等都有要求，并且范某必须遵守W公司的各项具体管理制度，W公司对范某实施了劳动法意义上的管理行为。

其次，从收入分配上看，W公司向范某支付了劳动报酬。双方签订的《网络主播合作经营协议》约定收益分配方式为范某70%，除此之外的均归W公司所有。在该协议期限内，范某未经W公司书面同意擅自在第三方平台直播，擅自与第三方达成该协议内容相关的约定，范某在其他直播平台或第三方公司的收入归W公司所有。综上，范某获取的报酬来源于W公司。

最后，从工作内容上看，范某从事的网络直播活动系W公司业务的组成部分。W公司的经营范围经工商登记信息显示为网络直播及相关领域内的技术开发等。范某的工作内容是通过文艺表演引导客人进入直播间，W公司在直播过程中获取相应的收入。另外，协议期内及协议期满后，W公司可以任何方式使用直播方成果并享有相应的收益；W公司有权使用范某的名称、肖像进行W公司平台的各类宣传、商演。故可以认定范某从事直播活动系履行职务行为。

因此，范某与W公司之间符合劳动关系的法律特征，法院确认范某与W公司之间存在劳动关系。

(2022)粤16民终1845号

Q6：“不完全符合确立劳动关系情形”劳动者可以获得哪些劳动保障待遇？

A：“不完全符合确立劳动关系情形”劳动者与互联网平台企业间的人格从属性较弱、经济从属性较强，基于该特点，结合人力资源和社会保障部等八部委联合发布的《关于维护新就业形态劳动者劳动保障权益的指导意见》（人社部发〔2021〕56号）的规定，“不完全符合确立劳动关系情形”劳动者可享有以下劳动保障。

1. 公平就业保障，平台企业招用此类劳动者时不得违法设置性别、民族、年龄等歧视性条件，不得以缴纳保证金、押金或者其他名义向劳动者收取财物，不得违法限制劳动者在多平台就业。

2. 最低工资保障，平台企业向提供正常劳动的此类劳动者支付的劳动报酬不得低于当地最低工资标准，按时足额支付，不得克扣或者无故拖欠。

3. 休息权利保障，平台企业应合理确定此类劳动者的休息办法，在法定节假日支付高于正常工作时间劳动报酬的合理报酬。

4. 劳动安全卫生保障，平台企业应建立健全安全生产规章制度和操作规程，配备必要的劳动安全卫生设施和劳动防护用品。

5. 社会保险保障，各地应逐步放开灵活就业人员在就业地参加基本养老、基本医疗保险的户籍限制，组织未参加职工基本养老、职工基本医疗保险的灵活就业人员，按规定参加城乡居民基本养老、城乡居民基本医疗保险，做到应保尽保。

6. 职业伤害保障，以出行、外卖、即时配送、同城货运等行业的平台企业为重点，建立健全职业伤害保障管理服务规范和运行机制，鼓励平台企业通过购买人身意外、雇主责任等商业保险，提升平台灵活就业人员保障水平。

7.3 共享用工

解析

法律依据

共享用工是2020年新冠疫情催生的一种新的用工模式。共享用工是企业之间进行用工余缺调剂合作的一种有效方式,是“员工富余企业”与劳动者协商一致,在一定期限内将劳动者调剂到“缺工企业”工作,不改变“员工富余企业”与劳动者之间劳动关系的合作用工模式。共享用工对企业之间开展进行用工余缺调剂合作,解决用工余缺矛盾,提升人力资源配置效率和稳就业发挥了积极作用。

共享用工与过去常见的人员借调相比,主要区别在于借调一般发生在关联公司之间或有紧密业务往来的企业之间,而共享用工的企业之间并不一定存在紧密的联系。

共享用工期间,“员工富余企业”与劳动者之间的劳动关系不变,依旧依法履行用人单位对劳动者的义务。“员工富余企业”与“缺工企业”之间是民事合同关系。“缺工企业”与劳动者之间是劳动力使用关系,缺工企业按照协议约定履行保护劳动者权益的义务,但双方不存在劳动关系,也不构成双重劳动关系。

共享用工期限不应超过劳动者与原企业订立的劳动合同剩余期限。要指导缺工企业如实告知劳动者工作内容、工作条件、工作地点、职业危害、安全生产状况、劳动报酬、企业规章制度以及劳动者需要了解的其他情况。缺工企业不得将在本单位工作的被派遣劳动者以共享用工的名义安排到其他单位工作。

缺工企业应合理安排劳动者的工作时间和工作任务,保障劳动者的休息休假权利,提供符合国家规定的劳动安全卫生条件和必要的劳动防护用品,及时将劳动者的劳动报酬结算给原企业。原企业按时足额支付劳动者劳动报酬和为劳动者缴纳社会保险费,并不得克扣劳动者的劳动报酬,不得以任何名目从中收取费用。

劳动者在缺工企业工作期间,缺工企业未按照约定履行保护劳动者权益的义务的,劳动者可以回原企业,原企业不得拒绝。劳动者不适应缺工企业工作的,可以与原企业、缺工企业协商回原企业。劳动者严重违反缺工企业规章制度、不能胜任工作以及符合合作协议中约定的可以退回劳动者情形的,缺工企业可以将劳动者退回原企业。

问题导引

Q7: “共享用工”模式与劳务派遣有什么区别?

A: 第一,在劳动关系方面,共享用工与劳务派遣类似,员工与“员工富余企业”建立劳动关系,但在“缺工企业”提供劳动,即用工单位与用人单位相互分离,呈现“有关系没劳动,有劳动没关系”的特殊形态。

第二,在劳动时间方面,共享用工模式下,共享用工的劳动可以在“员工富余企业”和“缺工企业”之间灵活调动,派出劳动者的劳动可以在“员工富余企业”和“缺工企业”之间共享。劳务派遣员工基本都是在为用工单位提供劳动,这是共享用工与劳务派遣的最大区别。

第三，在行政许可方面，经营劳务派遣业务需要事先取得劳务派遣行政许可，而共享用工中，“员工富余企业”无须得到政府的行政许可。

Q8：“共享用工”具有哪些优势？

A：“共享用工”模式能够有效解决劳动力配置问题，且可以实现多方共赢。

第一，对于“员工富余企业”，不但可以帮助劳动力闲置企业稳定员工队伍，避免裁员潮，而且解决了他们的用工闲置成本问题。

第二，对于“缺工企业”，一是可以解决劳动力短缺企业特殊时期的“用工难”问题，得以保证正常的市场供应。二是可以直接使用成熟的劳动力，降低了招聘、培训等成本。三是无须与员工建立劳动关系，在“用工难”解决之后，可以将员工退回原单位，避免产生劳动力闲置成本。

第三，对于共享用工劳动者，不仅解决了就业问题，保证了工资收入，而且社会保险、职业能力提升等合法权益可以得到持续保障。

Q9：如何保护共享用工劳动者的合法权益？

A：“员工富余企业”应当依法履行劳动合同，按时足额支付共享用工劳动者的劳动报酬，为其缴纳社会保险费，否则，共享用工劳动者可以依据《劳动合同法》第38条的规定被迫解除劳动合同，并要求“员工富余企业”支付解除劳动合同经济补偿。因此，“员工富余企业”不能以“缺工企业”未及时足额支付劳动报酬为由拒绝支付共享用工劳动者的劳动报酬。

“缺工企业”应当及时足额与“员工富余企业”结算劳动报酬等相关费用，完善对劳动者的管理制度，建立完善的考勤制度，依法合理安排工作时间，保障劳动者的休息休假权利，否则，“员工富余企业”可依据双方之间的协议追究“缺工企业”的违约责任。

Q10：共享用工期间，劳动者发生工伤怎么办？

A：劳动者在缺工企业工作期间发生工伤事故的，由原企业承担工伤保险责任，补偿办法可与缺工企业约定。

“员工富余企业”依据“缺工企业”所在行业风险类别为共享用工劳动者缴纳工伤保险费。若劳动者在共享用工期间发生工伤事故，基金支付部分由“员工富余企业”负责申报，“缺工企业”协助“员工富余企业”完成工伤申请等工作；企业承担部分按照协议约定的责任划分和补偿办法进行补偿。

实务小贴士

为维护共享用工三方主体的权益，建议“员工富余企业”“缺工企业”和共享用工劳动者三方签订《共享用工合作协议》，根据《劳动法》《劳动合同法》等法律法规的规定及《人力资源和社会保障部办公厅关于做好共享用工指导和服务的通知》（人社厅发〔2020〕98号）的要求，就三方的权利义务，协议的履行、变更、解除和终止，争议处理和违约责任，其他事项等内容进行约定。

第二篇

Chapter 2 劳动关系的履行

No. 8　工资

所谓工资，通常是指用人单位依据国家有关规定或劳动合同的约定，以货币形式直接支付给本单位劳动者的劳动报酬。工资在不同的语境下往往会存在不同的内涵与外延，如工资总额、平均工资、最低工资、加班工资等。只有在法律层面上明确上述工资概念的内涵和外延，才能帮助用人单位和劳动者充分把握上述工资概念在不同情形下的适用标准。

工资关键词中涉及的二级关键词	
8.1	工资总额
8.2	平均工资
8.3	最低工资
8.4	加班工资
8.5	假期工资
8.6	事实劳动关系工资
8.7	试用期工资
8.8	劳务派遣工资
8.9	无效合同工资
8.10	津贴、补贴
8.11	及时足额支付工资
8.12	调整劳动报酬
8.13	克扣、拖欠工资

8.1　工资总额

解析

法律依据

工资总额，是指各用人单位在一定时期内直接支付给本单位全部职工的劳动报酬总额。有关"工资总额"范围界定的全国性规定首次出现于国家统计局在1990年颁布的《关于工资总额组成的规定》中，该规定指出工资总额由六个部分组成，分别是计时工资、计件工资、奖金、津贴和补贴、加班加点工资以及特殊情况下支付的工资。

同时，根据《关于工资总额组成的规定》第11条和《国家统计局〈关于工资总额组成的规定〉若干具体范围的解释》第4条的规定以及国家统计局2022年度工资总额统计解答，下列各项不列入工资总额的范围：

（1）根据国务院发布的有关规定颁发的发明创造奖、自然科学奖、科学技术进步奖和支付的合理化建议和技术改进奖以及支付给运动员、教练员的奖金；

(2)有关劳动保险和职工福利方面的各项费用,具体包括职工死亡丧葬费及抚恤费、医疗卫生或公费医疗费用、职工生活困难补助费、集体福利事业补贴、工会文教费、集体福利费、探亲路费、冬季取暖补贴、洗理费等;

(3)有关离休、退休、退职人员待遇的各项支出;

(4)劳动保护的各项支出,具体包括工作服、手套等劳保用品,解毒剂、清凉饮料,以及按照1963 年 7 月 19 日原劳动部等七单位规定的范围对接触有毒物质、砂尘作业、放射线作业和潜水、沉箱作业、高温作业五类工种所享受的由劳动保护费开支的保健食品待遇;

(5)稿费、讲课费及其他专门工作报酬;

(6)出差伙食补助费、误餐补助、调动工作的旅费和安家费;

(7)对自带工具、牲畜来企业工作职工所支付的工具、牲畜等的补偿费用;

(8)实行租赁经营单位的承租人的风险性补偿收入;

(9)对购买本企业股票和债券的职工所支付的股息(包括股金分红)和利息;

(10)劳动合同制职工解除劳动合同时由企业支付的医疗补助费、生活补助费等;

(11)因录用临时工而在工资以外向提供劳动力单位支付的手续费或管理费;

(12)支付给家庭工人的加工费和按加工订货办法支付给承包单位的发包费用;

(13)支付给参加企业劳动的在校学生的补贴;

(14)计划生育独生子女补贴;

(15)由社保部门发放的工伤补助金;

(16)单位为职工缴纳的补充养老保险(企业年金、职业年金)和补充医疗保险;

(17)发放给本单位从业人员的各种股权激励、股票期权收入、入股分红。

工资总额的范围是认定社会保险缴费基数的依据,凡是国家统计局有关文件没有明确规定的不作为工资收入统计的项目,均应作为社会保险缴费基数。

8.2 平均工资

解析

平均工资的概念多用于计算月平均工资,以此确定向劳动者支付的各类待遇。根据统计的主体不同,平均工资主要分为三类,包括职工月平均工资、用人单位上年度职工月平均工资以及统筹地区上年度职工月平均工资。三者适用的情形并不相同,用人单位需要确认具体情形予以适用。

法律依据

职工月平均工资,是指劳动者在劳动合同解除或者终止前 12 个月的平均应发工资,工作不满 12 个月的,按照实际工作的月数计算。职工月平均工资是计算用人单位与劳动者解除劳动关系时的经济补偿金的基数,也是折算劳动者未休年休假工资的基数。

用人单位上年度职工月平均工资,是指用人单位上年度每月向社会保险费征收机构申报的工资总额平均数除以其每月参保职工的平均数得到的数字。该数据可以反映用人单位的缴费情况，也是社会保险机构计发女职工生育津贴的依据。

统筹地区上年度职工月平均工资的数据通常由所在地区的统计局发布，该数据是工伤保险基金核算工伤保险待遇、用人单位支付劳动者生活护理费的参考依据。劳动者月平均工资高于本地区上年度职工月平均工资的三倍时，计算经济补偿金、赔偿金的基数也以本地区上年度职工月平均工资三倍封顶。

用人单位向劳动者支付涉及参照平均工资的各类费用时，需要首先确认参照标准，以避免用人单位因未足额支付相关费用而承担相应的法律责任。

8.3 最低工资

解析

根据《最低工资规定》，最低工资是指劳动者在法定工作时间或依法签订的劳动合同约定的工作时间内提供了正常劳动的前提下，用人单位依法应支付的最低劳动报酬。

法律依据

最低工资标准有“月最低工资标准”和“小时最低工资标准”两种形式，前者适用于全日制就业劳动者，后者适用于非全日制就业劳动者。

全国最低工资标准速查表单

问题导引

Q1： 最低工资是否包含加班工资？

A： 根据最低工资的含义，最低工资所对应的工作时间是“法定工作时间或依法签订的劳动合同约定的工作时间”。这里的“工作时间”不包括加班加点时间，因此法律也明确规定加班工资不作为最低工资的组成部分。

Q2： 如何理解劳动者“提供了正常劳动”？

A： “正常劳动”是指劳动者按依法签订的劳动合同约定，在法定工作时间或劳动合同约定的工作时间内从事的劳动，其具有四层含义。

首先，“正常劳动”是与“特殊劳动”相对的，因此中班、夜班、高温、低温、井下、有毒有害等特殊工作环境、条件下的津贴不能作为最低工资的组成部分。

其次，“正常劳动”是劳动者依法提供的劳动，对于劳动者依法享受的年休假、探亲假、婚丧假、生育（产）假、节育手术假等国家规定的假期，以及在法定工作时间内依法参加社会活动的期间，也均应视为提供了正常劳动。

再次，劳动者提供的劳动应当符合法律规定以及劳动合同的约定，劳动者自身或非自身原因导致其无法提供正常劳动的，如劳动者在病假、事假、待工期间的工资待遇，或用人单位因生产经营发生困难，按有关规定经批准或者裁定而关闭、整顿或者进入破产程序时劳动者的工资待遇，不完全适用最低工资的相关规定，如在不少地区，病假工资的最低标准是最低工资的80%。

最后，支付最低工资报酬的前提是劳动者提供了正常劳动，而并不要求劳动者完成劳动定额。提供正常劳动侧重于劳动的状态，而完成劳动定额更加侧重于劳动结果。原劳动部曾规定，在劳动合同中约定此种情况下用人单位可低于最低工资标准支付劳动者工资的条款不具有法律效力。因此，劳动者未完成劳动定额但提供了正常劳动的，也应当适用最低工资标准。

Q3： 最低工资是否包含社会保险和住房公积金的个人缴费部分？

A： 《最低工资标准》第12条中明确规定，“在劳动者提供正常劳动的情况下，用人单位应支付给劳动者的工资在剔除下列各项以后，不得低于当地最低工资标准：……（三）法律、法规和国家规定的劳动者福利待遇等”。

参照《关于工资总额组成的规定》的规定，由用人单位缴纳的劳动者社会保险费和住房公积金理论上不应列入工资范畴，因此这部分福利待遇自然不作为最低工资的组成部分，但各地对于最低工资标准是否扣除劳动者个人缴纳的社会保险费、住房公积金以及其他项目有不同规定，具体见表8－1。

表8－1　我国部分城市最低工资标准的有关规定

地区	扣除项目
北京	除全国法定扣除项目外，还应当扣除社会保险费和住房公积金的个人缴纳部分
上海	除全国法定扣除项目外，还应当扣除社会保险费和住房公积金的个人缴纳部分，以及上下班交通费补贴、伙食补贴、住房补贴
广东	最低工资不包括加班加点工资，夜餐费，国家、省规定的保险、福利费用，高温、高空、有毒有害、井下以及特别繁重等特殊工种岗位津贴

因此，用人单位需要确认所在地最低工资标准是否对个人缴纳的社会保险费及住房公积金作任何扣除。

此外，原劳动部进一步规定，用人单位以货币形式支付给劳动者的住房和伙食补贴不是最低工资的组成部分。

Q4： 用人单位异地用工时，若用人单位注册地与劳动合同履行地存在不同，最低工资标准应当如何处理？

A： 按照《劳动合同法实施条例》的规定，此时最低工资标准应当按照劳动合同履行地的规定执行；若用人单位注册地的标准高于劳动合同履行地的标准，并且用人单位与劳动者约定按照用人单位注册地相关标准，最低工资标准可以按照用人单位注册地的规定执行。

但是，也有部分地区明确规定，劳动合同履行地与用人单位所在地的当地最低工资标准不一致的，必须按照“有利于劳动者”的原则确定劳动者适用的最低工资标准，如江苏、安徽等地。

另外，司法实践中，由于仲裁属地化，所以时常会出现争议纠纷在何地申请仲裁就适用何地标准的情况。

Q5： 若用人单位违反最低工资相关规定，将承担怎样的法律责任？

A： 用人单位应当依据最低工资规定履行相应义务，包括告知义务以及支付义务。告知义务是指用人单位应在最低工资标准发布后10日内将该标准向本单位全体劳动者公示。支付义务是指在劳动者依照要求提供了正常劳动的情况下，用人单位应支付劳动者工资，不得低于当地最低工资标准。

用人单位违反告知义务的，劳动行政部门将责令用人单位限期改正。用人单位违反支付义务的，劳动行政部门将责令其限期补发所欠劳动者工资，并可能要求其支付赔偿金。

劳动者工资如果低于当地最低工资标准，用人单位应当补发所欠工资，但以何种标准补足，司法实践中存在不同的处理方法。比较常见的做法是以最低工资为标准，《劳动合同法》第85条规定："用人单位有下列情形之一的，由劳动行政部门责令限期支付劳动报酬、加班费或者经济补偿；劳动报酬低于当地最低工资标准的，应当支付其差额部分；逾期不支付的，责令用人单位按应付金额百分之五十以上百分之一百以下的标准向劳动者加付赔偿金：……（二）低于当地最低工资标准支付劳动者工资的……"另一种处理方法是以同类工资为标准，如《安徽省高级人民法院关于审理劳动争议案件若干问题的意见》第24条规定："劳动合同中约定劳动者的报酬低于当地企业职工最低工资标准的，该约定条款无效。由此产生的纠纷，人民法院可以根据用人单位相同工种和资历的其他劳动者的工资确定应得工资……"

上述提到的两种补足标准，第一种补发工资标准更具有可操作性和可行性，大多数地区采取此种补发工资标准。第二种补足标准能体现公平原则，从而可以在一定程度上反映劳动者实际的应得工资，但实际操作中有一定难度：一方面，用人单位很难找到与劳动者资历完全相同的同工种劳动者；另一方面，即使存在这种劳动者，工资衡量标准也并非完全一致，需要结合劳动者出勤情况、绩效等因素进行考量，因此很难有明确统一的工资标准。一般情况下，用人单位所支付工资低于最低工资标准的劳动者普遍从事或处于专业性不强、替代性高的工种或岗位，就现有形势，此类劳动者正常工作时间的工资水平一般与最低工资标准相差不大。

8.4 加班工资

解析

加班，也称延长工作时间，是指用人单位在劳动者完成劳动定额或规定的工作任务后，根据实际需要，安排劳动者在法定标准工作时间以外进行工作。加班工资或延长工作时间工资，即用人单位依据法律规定和劳动合同约定，向劳动者支付的延长工作时间的劳动报酬。

法律依据

问题导引

Q6：实行标准工时制、综合计算工时制、不定时工作制以及计件工时制的用人单位分别应当如何支付加班工资？

A： 相关工时制度含义，详见“工作时间”关键词项下的“标准工时制”“综合计算工时制”“不定时工作制”等词。

1. 标准工时制

在标准工时制下，用人单位安排劳动者加班，必须按照《劳动法》的规定支付高于正常工作时间工资的报酬：(1)安排劳动者延长工作时间的，按照不低于工资的 150% 的标准支付加班工资；(2)安排劳动者在休息日工作，又不能安排补休的，按照不低于工资的 200% 的标准支付加班工资；(3)安排劳动者在法定休假日工作的，按照不低于工资的 300% 的标准支付加班工资。

2. 综合计算工时制

实行综合计算工时制的劳动者不区分工作日和休息日，在综合计算工作时间内提供的劳动均属于正常工作，不视为加班。对于其综合计算工作时间超过法定标准工作时间的部分，应视为加班，按照不低于工资的 150% 的标准支付劳动者的加班工资。在法定休假日安排劳动者工作的，按照不低于工资的 300% 的标准支付劳动者加班工资。

3. 不定时工作制

国家层面规定，实行不定时工作制的劳动者不执行加班工资的有关规定。部分地区为了保护劳动者的休息权，要求用人单位在特殊情况下向实行不定时工作制的劳动者支付加班工资，如上海、深圳、天津、武汉等地规定，用人单位在法定休假日安排实行不定时工作制的劳动者工作的，按照不低于工资的 300% 的标准支付加班工资。但大部分地区，包括北京、江苏、广东（不含深圳）等地，仍然依照国家规定执行，即法定休假日工作的，用人单位也无须按照工资的 300% 的标准支付加班工资。

4. 计件工时制

计件工时制实际上是标准工时制的特殊转化形式，即工作时间参照标准工时制，实行计件工时制的劳动者由用人单位安排加班的，根据标准工时制的加班工资支付原则，分别按照劳动者法定工作时间计件单价的 150%、200%、300% 支付其工资。但计件工时制下的“加班”应当如何界定，是以完成劳动定额为标准还是以超出法定工作时间为标准？国家法律法规并未对此作出明确规定。因此，用人单位需要根据所在地的地方性规定审核所实施的计件工时制，在确定计件单价和具体实施时考虑加班因素，依法支付加班工资。各地实践中，计件工时制下的加班待遇主要分为以下两类。

其一，加班以完成劳动定额为限。如果劳动者无法完成劳动定额，就不应获得加班工资。原劳动部《工资支付暂行规定》提到，实行计件工资的劳动者，在完成计件定额任务后，又被用人单位安排延长工作时间的，应分别按照不低于其本人法定工作时间计件单价的 150%、200%、300% 支付加班工资。北京、上海及广东均持此观点。

其二，加班以超过法定工作时间为限。有观点认为，计件工时制只是一种按工作量计酬的工资制度，实行计件工时制的劳动者应当和其他劳动者执行同样的工作时间，只要劳动者超时工作，无论其是否完成劳动定额，都应支付加班工资。实践中也存在用人单位和劳动者没有约定定额任务的情况，此时是否支付加班工资，需参考双方对于工作时间的约定。

Q7： 加班工资计算基数应当如何确定？

A： 所谓加班工资计算基数，是指用人单位计算劳动者加班工资时所采用的工资标准。《工资支付暂行规定》第13条规定，加班工资的计算基数应为劳动者本人小时工资标准。原劳动部《对〈工资支付暂行规定〉有关问题的补充规定》第2条进一步明确，加班工资基数应以劳动合同确定的正常工作时间工资标准为准，劳动者日工资可统一按劳动者本人的月工资标准除以每月制度工作天数进行折算。

除了上述规定外，部分地区还对加班工资基数出台了一些细化规定，具体统计如表8－2所示。

表8－2　部分地区对加班工资计算的规定

地区	加班工资计算基数
上海	加班工资的计算基数为劳动者所在岗位相对应的正常出勤月工资，不包括年终奖，上下班交通补贴、工作餐补贴、住房补贴，中夜班津贴、夏季高温津贴、加班工资等特殊情况下支付的工资。 加班工资的计算基数按以下原则确定： (1)劳动合同对劳动者月工资有明确约定的，按劳动合同约定的劳动者所在岗位相对应的月工资确定；实际履行与劳动合同约定不一致的，按实际履行的劳动者所在岗位相对应的月工资确定。 (2)劳动合同对劳动者月工资未明确约定，集体合同(工资专项集体合同)对岗位相对应的月工资有约定的，按集体合同(工资专项集体合同)约定的与劳动者岗位相对应的月工资确定。 (3)劳动合同、集体合同(工资专项集体合同)对劳动者月工资均无约定的，按劳动者正常出勤月依照《上海市企业工资支付办法》(2016修订)第2条规定的工资(不包括加班工资)的70%确定。 加班工资计算基数不得低于上海市规定的最低工资标准
北京	劳动者加班费计算基数，应当按照法定工作时间内劳动者提供正常劳动应得工资确定，劳动者每月加班费不计到下月加班费计算基数中。 劳动合同没有明确约定工资数额，或者合同约定不明确时，应当以实际发放的工资为计算基数。用人单位按月直接支付给职工的工资、奖金、津贴、补贴等属于"工资总额"组成部分的项目都属于实际发放的工资。加班费计算基数应包括"基本工资""岗位津贴"等所有工资项目。不能将"基本工资""岗位工资"或"职务工资"单独一项作为计算基数。在以实际发放的工资为加班费计算基数时，加班费(前月)、伙食补助等应当扣除，不能列入计算基数范围。 劳动者的"当月奖金"具有"劳动者正常工作时间工资报酬"性质的，属于工资组成部分；用人单位不按月、按季发放的奖金，根据实际情况判断可以不作为加班费计算基数。 实行综合计算工时工作制的用人单位，当综合计算周期为季度或年度时，应将综合周期内的月平均工资作为加班费计算基数
广州	双方当事人约定加班工资基数的，按照约定处理；劳动合同没有约定加班工资计算基数但约定标准工资的，劳动合同约定的标准工资作为加班工资计算基数。

续表

地区	加班工资计算基数
	劳动合同没有约定标准工资但实发工资列明工资构成的,可将实发工资中标准(基本)工资作为加班工资的计算基数,其中不得将加班工资重复算入加班工资计算基数内,且加班工资的计算基数不得低于当地最低工资标准。 劳动合同没有约定标准工资且实发工资中未明确具体工资构成的,若双方当事人对此长期未提出异议,可以参照当地同行业工资收入水平和双方当事人劳动惯例确定加班工资计算基数,但该加班工资计算基数不得低于当地最低工资标准
深圳	劳动者的加班工资计算基数应为正常工作时间工资;用人单位与劳动者约定奖金、津贴、补贴等项目不属于正常工作时间工资的,从其约定。但约定的正常工作时间工资低于当地最低工资标准的除外。 正常工作时间工资,是指员工在正常工作时间内为用人单位提供正常劳动应得的劳动报酬。正常工作时间工资不包括加班工资,中班、夜班、高温、低温、井下、有毒有害等特殊工作条件下的补助以及按照规定不属于工资的其他费用
山东	计算加班工资的基数,按照劳动者上一月份提供正常劳动所得实际工资扣除该月加班工资后的数额确定。 劳动者上一月份没有提供正常劳动的,按照向前顺推至其提供正常劳动月份所得实际工资扣除该月加班工资后的数额确定

Q8: 加班工资计算基数是否可以由用人单位和劳动者共同约定?

A: 国家法律法规并未对加班工资计算基数是否可以由用人单位和劳动者共同约定予以明确规定,但各地的地方法规及司法实践普遍允许这种约定,如上海、深圳等地制定的工资支付条例均明确规定劳动关系双方可以在劳动合同中约定加班工资的计算基数,只是对于约定标准的限定会有所不同,如上海规定不得低于岗位工资;有的地方对加班工资基数无特别限定,或仅以最低工资为限定,如江苏,具体统计如表 8-3 所示。

表 8-3 部分地区用人单位与劳动者约定加班工资计算基数的相关规定

地区	加班工资计算基数/实发工资包含加班工资
上海	加班工资计算基数不得低于劳动合同约定的劳动者本人所在岗位(职位)相对应的工资标准。集体合同确定的标准高于劳动合同的,按集体合同标准确定
北京	用人单位与劳动者在劳动合同中约定了工资标准,但又约定以北京市最低工资标准或低于劳动合同约定的工资标准为加班工资基数,劳动者主张以劳动合同约定的工资标准为加班工资基数的,应予支持。 劳动者正常提供劳动的情况下,双方实际发放的工资标准高于原约定工资标准的,可以视为双方变更了合同约定的工资标准,以实际发放的工资标准为加班费计算基数。实际发放的工资标准低于合同约定的工资标准,能够认定为双方变更了合同约定的工资标准的,以实际发放的工资标准为加班费的计算基数
广州	劳动者加班工资计算基数为正常工作时间工资。用人单位与劳动者约定奖金、津贴、补贴等项目不属于正常工作时间工资的,从其约定

续表

地区	加班工资计算基数/实发工资包含加班工资
深圳	双方在劳动合同中约定了计发加班工资基数标准或从工资表中可看出计发加班工资基数标准，而用人单位也确实按照该标准计发了劳动者加班工资，并据此制作工资表，该工资表亦经劳动者签名确认的，只要双方的约定不低于最低工资标准，即可认定双方已约定以该计发加班工资基数标准为加班工资的计算基数
江苏	对于企业高级管理人员主张加班工资引发的争议，要充分尊重双方的意思自治，如果约定的薪酬较高且明确不再另行支付加班工资，对企业高级管理人员主张加班工资的请求应当不予支持。 用人单位实际支付劳动者的工资未明确区分正常工作时间工资和加班工资，但用人单位有证据证明已支付的工资包含正常工作时间工资和加班工资的，可以认定用人单位已支付的工资包含加班工资。但折算后的正常工作时间工资低于当地最低工资标准或者计件工资中的劳动定额明显不合理的除外

实务小贴士

为避免发生加班工资争议特别是群体性加班工资争议，建议用人单位在劳动合同中约定正常工作时间工资的具体数额。

在深圳的用人单位需要特别注意《深圳市中级人民法院关于审理劳动争议案件的裁判指引》第61条的规定，除了约定劳动者加班工资基数为正常工作时间工资外，还应明确约定用人单位支付给劳动者的奖金、津贴、补贴等不属于正常工作时间工资的项目，因此不计入加班工资的计算基数。用人单位应尽量避免一切可能产生的争议，以最大限度地保护自身的合法权益。

问题导引

Q9： 用人单位与劳动者约定用人单位已付工资中已经包括加班工资的，该约定是否有效？

A： 部分地区在一定条件下允许用人单位与劳动者（尤其是高薪劳动者）约定正常合同工资中包含了加班工资，如北京、广东等地。在这些地区，如果用人单位有证据证明已支付的工资包含正常工作时间工资和加班工资，可以认定用人单位已支付的工资包含加班工资。但折算后的正常工作时间工资低于当地最低工资标准的除外。但仍然有较多地区的司法实践中并不认可此类约定的效力，具体如表8－4所示。

表8－4　部分地区用人单位与劳动者约定包干工资的相关规定

地区	能否约定实发工资包含加班工资
上海	不允许约定。 工资系打包支付，或双方形式上约定的“正常工作时间工资”标准明显不合常理，或有证据可以证明用人单位恶意将本应计入正常工作时间工资的项目归入非常规性奖金、福利性、风险性等项目中，以达到减少正常工作时间工资数额计算目的的，加班工资的计算基数可参考实际收入×70%的标准进行适当调整

续表

地区	能否约定实发工资包含加班工资
北京	允许约定。 用人单位与劳动者虽然未书面约定实际支付的工资是否包含加班工资，但用人单位有证据证明已支付的工资包含正常工作时间工资和加班工资的，可以认定用人单位已支付的工资包含加班工资。但折算后的正常工作时间工资低于当地最低工资标准的除外
广州	允许约定。 用人单位与劳动者虽然未书面约定实际支付的工资是否包含加班工资，但用人单位有证据证明已支付的工资包含正常工作时间工资和加班工资的，可以认定用人单位已支付的工资包含加班工资。但折算后的正常工作时间工资低于当地最低工资标准的除外
深圳	允许约定。 劳动者与用人单位在签订劳动合同时约定的工资中注明“已包含加班工资”或虽未书面约定实际支付的工资是否包含加班工资，但用人单位有证据证明已支付的工资包含了正常工作时间工资和加班工资的，劳动者的时薪=约定工资÷（21.75天×8小时+约定包含在工资中的平时加班时间小时数×150%+约定包含在工资中的休息日加班时间小时数×200%+约定包含在工资中的法定节假日加班时间小时数×300%）。 若按上述方法计算出的劳动者的时薪低于法定最低工资标准，则该约定为无效。劳动者的工资应以最低工资标准为基本工资，超过法定工作时间为加班时间，加班工资以最低工资标准按法律规定标准计算

广东案例与导引

［案例1］

叶某系某酒店员工，双方在《劳动合同补充协议》第4条约定，“乙方若为厨师、副经理级以上等职务，因其实行职责工资，故乙方的超时工作及节假日值均已在本人岗位工资中体现，不再另外计算加班”。离职后，叶某要求某酒店支付2017年9月1日至2020年4月30日平常加班费用113,544元。

［法院观点］

法院认为，因双方在合同中已经明确约定了加班工资、加班工资的计算基数以及加班工资已包含在岗位工资中等，根据工资表，叶某的工资结构中也明确包含了加班工资以及岗位津贴等。经核算，双方的约定并不低于最低工资标准，可以认定某酒店已支付的工资中包含了加班工资，遂判决驳回叶某的加班费诉请。

（2021）粤03民终23689号

典型案例与导引

［案例 2］

周某于2020年7月入职某汽车服务公司，双方订立的劳动合同约定月工资为4000元（含加班费）。2021年2月，周某因个人原因提出解除劳动合同，并认为即使按照当地最低工资标准认定其法定标准工作时间工资，某汽车服务公司亦未足额支付加班费，要求支付差额。某汽车服务公司认可周某加班事实，但以劳动合同中约定的月工资中已含加班费为由拒绝支付。周某向劳动人事仲裁委员会申请仲裁。

［仲裁观点］

仲裁委员会认为，根据周某实际工作时间折算，即使按照当地最低工资标准认定周某法定标准工作时间工资，并以此为基数核算加班费，也超出了4000元的约定工资，这表明某汽车服务公司未依法足额支付周某加班费。故仲裁委员会依法裁决某汽车服务公司支付周某加班费差额。

2020年人力资源和社会保障部、最高人民法院联合发布超时加班劳动人事争议典型案例4

Q10： 加班工资争议中，如何分配举证责任？

A： 根据《最高人民法院关于审理劳动争议案件适用法律问题的解释（一）》第42条的规定，劳动者主张加班费的，应当就加班事实的存在承担举证责任。但劳动者有证据证明用人单位掌握加班事实存在的证据，用人单位不提供的，由用人单位承担不利后果。

典型案例与导引

［案例 3］

林某于2020年1月入职某教育咨询公司，月工资为6000元。2020年7月，林某因个人原因提出解除劳动合同，并向劳动人事争议仲裁委员会申请仲裁。林某主张其工作期间每周工作6天，并提交了某打卡App打卡记录（记录显示林某及某教育咨询公司均实名认证，林某每周一至周六打卡；每天打卡两次，第一次打卡时间为早9时左右，第二次打卡时间为下午6时左右；打卡地点均为某教育咨询公司所在位置，存在个别日期未打卡情形）、工资支付记录打印件（该打印件显示曾因事假扣发工资，扣发日期及天数与打卡记录一致，未显示加班费支付情况）。某教育咨询公司不认可上述证据的真实性，主张林某每周工作5天，但未提交考勤记录、工资支付记录。

［仲裁观点］

仲裁委员会认为，主张加班费的劳动者有责任按照“谁主张，谁举证”的原则，就加班事实的存在提供证据，或者就相关证据属于用人单位掌握管理提供证据。用人单位应当提供而不提供有关证据的，可以推定劳动者加班事实存在。本案中，虽然林某提交的工资支付记录为打印件，但该工资支付记录打印件与实名认证的 App 打卡记录互相印证，能够证明某教育咨询公司掌握加班事实存在的证据。某教育咨询公司虽然不认可上述证据的真实性，但未提交反证或者作出合理解释，应承担不利后果。故仲裁委员会依法裁决某教育咨询公司支付林某加班费。

2020 年人力资源和社会保障部、最高人民法院联合发布超时加班劳动人事争议典型案例 6

8.5　假期工资

解析

劳动者的假期分为很多种，如法定休假日、年休假、病假等，法律对各类假期用人单位向劳动者支付工资报酬的义务也有不同的规定。有关假期的内容详见“加班”“工伤”“休假”“女职工保护”“病假和医疗期”等词，以下将就不同假期的工资支付展开阐述。

法律依据

一、全国年节及纪念日休假的工资支付

全国年节及纪念日，是指国务院《全国年节及纪念日放假办法》明确规定的放假节日，具体分为对于全体公民放假的节日，以及对于部分公民放假的节日。前者详见本书“法定休假日”一词。

对于全体公民放假的节日，包括元旦（1 月 1 日）、春节（农历正月初一至初三）等共 11 天，用人单位应安排劳动者休假并且应当依法支付劳动者工资，否则会构成克扣或无故拖欠工资，用人单位将承担相应的法律责任（详见“克扣、拖欠工资”一词）。如果用人单位安排劳动者在法定休假日加班，一般不再另行安排补休，而是应向劳动者支付不低于工资的 300% 的加班工资。

对于部分公民放假的节日，如妇女节（妇女放假半天）、青年节（14 周岁以上的青年放假半天），劳动者参加社会或用人单位组织庆祝活动以及提供正常劳动的，用人单位应支付工资报酬，但无须支付加班工资。如果该节日恰逢星期六、星期日，单位安排劳动者加班工作则不补假，应当依法支付休息日的加班工资。

二、法定年休假的工资支付

劳动者依法享受法定年休假期间视为提供了正常劳动，用人单位应当向劳动者支付与正常工作期间相同的工资。

对于劳动者应休未休的年休假，需要分情形确定工资标准。

1. 用人单位经劳动者同意不安排年休假，或者安排劳动者年休假天数少于应休年休假天数的，用人单位应当在本年度内对劳动者应休未休年休假天数，按照其日工资收入的 300% 支付未休年休假工资，其中包含用人单位支付劳动者正常工作期间的工资收入。

2. 用人单位安排劳动者休年休假，但是劳动者因本人原因且书面提出不休年休假的，用人单位可以只支付其正常工作期间的工资收入，无须另外支付未休年休假工资。

3. 用人单位与劳动者解除或者终止劳动合同时，当年度未安排劳动者休满应休年休假的，应当按照劳动者当年已工作时间折算应休未休年休假天数并支付未休年休假工资，但折算后不足1整天的部分不支付未休年休假工资。折算方法为当年度在本单位已过日历天数÷365天×劳动者本人全年应当享受的年休假天数－当年度已安排年休假天数。用人单位当年已安排劳动者年休假的，多于折算应休年休假的天数不再扣回。

计算未休年休假工资的日工资收入按照劳动者本人的月工资除以月计薪天数（21.75天）进行折算。这里的“月工资”是指劳动者在用人单位支付其未休年休假工资前12个月剔除加班工资后的月平均工资。在本用人单位工作时间不满12个月的，按实际月份计算月平均工资。

但如果劳动合同、集体合同约定的或者用人单位规章制度规定的年休假天数、未休带薪年休假工资高于法定标准的，用人单位应当按照有关约定或者规定执行。

三、探亲假、婚丧假、生育（产）假、节育手术假等国家规定的假期以及在法定工作时间内依法参加社会活动期间的工资支付

根据法律法规的相关规定，劳动者依法享受探亲假、婚丧假、生育（产）假、节育手术假等国家规定的假期期间，以及法定工作时间内依法参加社会活动期间，视为提供了正常劳动，用人单位应当支付劳动者工资。

有关女职工生育（产）假期间的待遇，详见“女职工保护”关键词项下的“产期”一词。

问题导引

Q11： 劳动者在产假或生育奖励假期间提前返岗，用人单位除支付生育津贴和生育奖励假工资外，是否还需要再支付一笔工资？

A： 产假及生育奖励假待遇是基于女职工生育保险法律关系的待遇，在产假和生育奖励假期间，女职工无须出勤即可获得相应的待遇；上班期间所得工资是因提供劳动所得的劳动报酬，这两者性质不同。笔者认为，如果女职工提前返岗上班，用人单位除了正常支付生育津贴和生育奖励假工资外，还应当就女职工产假期间提供的劳动再支付一笔工资。

广东案例与导引

［案例4］

邱某系L公司的员工，2019年1月3日起开始休产假，根据生育情况和相关规定，邱某可享有自1月3日至5月10日的128天产假，以及5月11日至7月30日的80天生育奖励假（广州地区当前的实操是由社保机构支付产假期间的生育津贴；由用人单位负担80天生育奖励假待遇）。邱某休了63日产假后，于2019年3月7日提前返岗工作，此后L公司仅按正常出勤发放了工资，未发放生育奖励假工资。社保部门向邱某支付了128日的生育津贴。邱某要求L公司支付2019年5月11日至2019年7月30日的生育奖励假工资。

L 公司辩称,邱某在 2019 年 3 月 7 日至 2019 年 7 月 30 日已回公司上班,说明其身体状况已不需要休息,不符合享受生育津贴的条件,用人单位根据劳动者提供的劳动支付工资即可,实际工作的工资与产假津贴不可兼得,两者采取就高不就低的原则。

[法院观点]

法院认为,在 2019 年 5 月 11 日至 2019 年 7 月 30 日,邱某可以享受生育奖励假。虽然邱某提前于 2019 年 3 月 7 日上班,但在缺乏其他有效证据的情况下,不应直接视为邱某放弃产假及生育奖励假待遇。实际上,上班期间所得工资是因提供劳动所得的劳动报酬,产假及生育奖励假待遇则是基于女职工生育保险法律关系的待遇,二者性质不同,并不冲突,也不构成重复获利。因此,即使 L 公司就邱某提供的劳动支付了劳动报酬,也不能免除 L 公司支付生育奖励假待遇的法定义务,法院判决 L 公司向邱某支付 80 天的生育奖励假工资。

(2021)粤 01 民终 64 号

四、陪产假的工资支付

2016 年《人口与计划生育法》修正实施后,各省、市执行“二孩政策”,相继修订本地区的人口和计划生育条例,普遍增加了男性陪产假。

对于配偶护理假的工资支付,北京、上海、广州、深圳等地均规定员工享受护理假期间视同出勤,不影响工资和福利待遇支付。

有关陪产假的休假天数等内容,详见“休假”关键词项下的“陪产假”一词。

五、育儿假的工资支付

育儿假的规定首次出现于 2021 年的《人口与计划生育法》,为推行“三孩政策”,国家支持有条件的地方设立父母育儿假,但该法并未明确育儿假的享受条件、天数、工资支付等内容,而是由设立育儿假的省、市自行确定,各地在出台相关政策时差异较大。

对于育儿假的工资支付,北京、上海等地规定,员工享受育儿假期间视同出勤,用人单位按照正常出勤应得的工资支付。但是广东省没有强制用人单位按照视同出勤支付工资,《关于进一步做好〈广东省人口与计划生育条例〉相关假期贯彻落实工作的通知》中规定,鼓励有条件的用人单位按照奖励假、陪产假期间的工资标准支付育儿假期间的工资待遇;育儿假期间的工资待遇不得低于本地区最低工资标准。

有关育儿假享受条件、天数等内容,详见“休假”关键词项下的“育儿假”一词。

六、子女护理假的工资支付

子女护理假也称护理假,个别地区仅设立独生子女护理假。《老年人权益保障法》第 18 条第 3 款规定,用人单位应当按照国家有关规定保障赡养人探亲休假的权利。在此基础上,一部分地区出台了保障员工赡养、探望父母的子女护理假。与育儿假、配偶护理假类似,国家层面并未明确子女护理假的工资支付,而是由设立该假期的省、市自行确定。

对于子女护理假的工资支付,主流观点认为休假期间应当视同出勤。例如,北京规定,员工享受子女护理假期间的工资、津贴、补贴和奖金不予扣减。天津、重庆等地也规定员工享受子女护理假期间的工资及福利待遇不变。但是广东省并不强制按照视同出勤支付工资，鼓励有条件的用人单位按照奖励假、陪产假期间的工资标准支付护理假期间的工资待遇；护理假期间的工资待遇不得低于本地区最低工资标准。

有关子女护理假的享受条件、天数等内容，详见“休假”关键词项下的“子女护理假”一词。

七、生理假的工资支付

《女职工保健工作规定》第 7 条对生理假有明确规定，患有重度痛经及月经过多的女职工，经医疗或妇幼保健机构确诊后，月经期间可适当给予 1 ~2 天的休假，该休假期间按照视同出勤支付工资。

一些地区也对生理假作出规定，如《广东省实施〈女职工劳动保护特别规定〉办法》第 8 条规定，从事连续 4 个小时以上立位作业的女职工，月经期间经本人申请，用人单位应当为其安排适当的工间休息。《上海市女职工劳动保护办法》第 8 条规定，对从事高空、低温、冷水、野外流动和国家规定的第三级体力劳动强度作业的女职工，在月经期间应暂时调做其他工作或给予公假一天。《女职工保健工作规定》第 7 条规定，患有重度痛经及月经过多的女职工，经医疗或妇幼保健机构确诊后，月经期间可适当给予 1 ~2 天的休假。对于以上规定，如果用人单位给予女职工生理假或工间休息，对应期间的工资也需按照视同出勤支付。

八、工伤停工留薪期的工资支付

《工伤保险条例》第 33 条规定，劳动者因工作遭受事故伤害或者患职业病需要暂停工作接受工伤医疗的，在停工留薪期内，原工资福利待遇不变，由用人单位按月支付。劳动者经评定伤残等级后，用人单位停发原待遇，劳动者按相关规定享受伤残待遇。劳动者在停工留薪期满后仍需治疗的，继续享受工伤医疗待遇。

九、病假的工资支付

劳动者在患病或非因工负伤治疗期间，在规定的医疗期内由用人单位按有关规定支付其病假工资或疾病救济费，病假工资或疾病救济费可以低于当地最低工资标准支付，但不能低于最低工资标准的 80% 。这是国家对用人单位设置的病假工资最低标准。

各地区在病假工资的支付上，主要有以下三种模式。

第一种，执行国家标准。例如，北京、天津、广东、江苏等地规定，用人单位支付病假工资不得低于当地最低工资标准的 80% 。

第二种，设置高于国家标准的病假工资标准，支付比例固定。例如，2022 年颁布的《深圳市员工工资支付条例》第 23 条规定，员工患病或者非因工负伤停止工作进行医疗，在国家规定的医疗期内的，用人单位应当按照不低于本人正常工作时间工资的 60% 支付员工病伤假期工资，但是不得低于本市最低工资标准的 80% 。《陕西省企业工资支付条例》也执行该模式，支付比例为劳动合同约定的工资标准的 70% 。

第三种，设置高于国家标准的病假工资标准，根据病假休假长度，确定不同的支付比例。例如，《山东省劳动厅转发劳动部〈关于发布《企业职工患病或非因工负伤医疗期规定》的通知〉的通知》规定，企业职工因病或非因工负伤，在医疗期内，停工医疗累计不超过 180 天的，由企业发给本人工资 70% 支付病假工资；累计超过 180 天的，发给本人工资 60% 的疾病救济费。

上海、重庆等地也按照第三种模式支付病假工资，但是计算规则较为复杂。《上海市劳动和社会保障局关于加强企业职工疾病休假管理保障职工疾病休假期间生活的通知》还规定了病假工资支付的封顶值,职工疾病或非因工负伤待遇高于上海市上年度月平均工资的,可按上海市上年度月平均工资计发。《重庆市企业职工病假待遇暂行规定》则规定,原系全国劳动模范、省(部)级劳动模范以及部队军以上单位曾授予战斗英雄或曾立一等功并一直保持其荣誉的劳动者,在病假期间,工资按照100%支付。上海地区病假工资的支付规则如表8-5所示。

表8-5　上海地区病假工资支付规则

地区	病假长度	封顶值	病假工资		保底值
上海	病假工资 连续病假≤6个月	可按上年度上海市社会月平均工资	连续工龄<2年	本人正常工资60%	上海市最低工资80%
			2年≤连续工龄<4年	本人正常工资70%	
			4年≤连续工龄<6年	本人正常工资80%	
			6年≤连续工龄<8年	本人正常工资90%	
			连续工龄≥8年	本人正常工资100%	
	疾病救济费 连续病假>6个月		连续工龄<1年	本人正常工资40%	
			1年≤连续工龄<3年	本人正常工资50%	
			连续工龄≥3年	本人正常工资60%	

十、事假工资的支付

劳动者请事假的,用人单位可以不向其支付事假期间的工资。现在许多用人单位为了营造良好的工作环境与和谐劳资关系,通常会在劳动者事假期间发放一定比例的工资或给予一定的补助,这需要用人单位根据自身实际情况选择实施。

十一、停工停产期间的工资支付

由于法律对用人单位停工、停产适用的工资标准有明确规定,所以不同于"最低工资"一词中问题2提及的直接不适用最低工资标准的情形。原劳动部和各地均规定停工、停产在一个工资支付周期内的,用人单位应按劳动合同约定标准支付劳动者工资。超过一个工资支付周期的,若劳动者提供了正常劳动,用人单位支付的劳动报酬可以降低,但不得低于当地最低工资标准。对于停工、停产超过一个工资支付周期且劳动者没有提供正常劳动的,各地有不同的规定,北京等地允许用人单位按照略低于最低工资标准的一定比例支付生活费,而上海要求按照不低于最低工资标准支付生活费。部分地区关于非因劳动者原因造成单位停工停产的相关规定总结如表8-6所示。

表8-6　全国及部分地区对停工停产工资的规定

地区	停工停产工资标准
全国	在一个工资支付周期内的,用人单位应按劳动合同规定的标准支付劳动者工资。超过一个工资支付周期的,若劳动者提供了正常劳动,则支付给劳动者的劳动报酬不得低于当地的最低工资标准;若劳动者没有提供正常劳动,应按国家有关规定办理

续表

地区	停工停产工资标准
上海	在一个工资支付周期内的,应当按约定支付劳动者工资。超过一个工资支付周期的,企业可根据劳动者提供的劳动,按双方新的约定支付工资,但不得低于上海市规定的最低工资标准
北京	在一个工资支付周期内,用人单位应当按照提供正常劳动支付劳动者工资;超过一个工资支付周期的,可以根据劳动者提供的劳动,按照双方新约定的标准支付工资,但不得低于北京市最低工资标准;用人单位没有安排劳动者工作的,应当按照不低于北京市最低工资标准的 70% 支付劳动者基本生活费
广东	非因劳动者原因造成用人单位停工、停产,未超过一个工资支付周期(最长 30 日)的,用人单位应当按照正常工作时间支付工资。超过一个工资支付周期的,可以根据劳动者提供的劳动,按照双方新约定的标准支付工资;用人单位没有安排劳动者工作的,应当按照不低于当地最低工资标准的 80% 支付劳动者生活费,生活费发放至企业复工、复产或者解除劳动关系

8.6 事实劳动关系工资

解析

事实劳动关系,是指用人单位和劳动者没有以书面形式订立劳动合同,但根据事实可以确认双方之间存在劳动关系。事实劳动关系中经常就工资标准发生争议,因此,《劳动合同法》对事实劳动关系期间的劳动者工资待遇设定了三项标准。

法律依据

其一,用人单位集体合同或行业集体合同标准。事实劳动关系由于没有劳动合同,往往对工资约定不清,此时需要对工资标准予以明确。《劳动合同法》并不考虑双方实际履行的标准,而是规定工资直接根据用人单位集体合同或行业集体合同标准执行。

其二,同工同酬标准。在没有单位集体合同或行业集体合同的情形下,不能直接适用最低工资等国家劳动标准,而是应当首先按照“同工同酬”的原则比照其他劳动者的待遇予以确认。“同工同酬”是指用人单位对于从事相同工作、付出等量劳动且取得相同劳绩的劳动者,应支付同等的劳动报酬或使用相同的工资分配办法。

其三,超过一个月未订立书面劳动合同的,用人单位要支付二倍工资。法律规定事实劳动关系超过 1 个月不满 1 年的,用人单位应当支付劳动者双倍的工资。有关支付二倍工资,详见“事实劳动关系”关键词项下的“二倍工资”一词。

8.7 试用期工资

解析

试用期是劳动合同期的一部分,在此期间,用人单位和劳动者已经建立了劳动关系。劳动者在试用期的工资不得低于本单位相同岗位最低档工资的 80% 或者不得低于劳动合同约定工资的 80% ,并不得低于用人单位所在地的最低工资标准。

法律依据

如果用人单位工资制度无法适应上述要求,可以选择以短期劳动合同代替试用期。此时由于不存在试用期,工资标准也无须适用"本单位相同岗位最低档工资"。

8.8　劳务派遣工资

解析

劳务派遣,是指劳动者和劳务派遣机构签订劳动合同,由劳务派遣机构派遣到用工单位从事劳动。由于被派遣的劳动者和用工单位直接招用的劳动者提供的劳动并无实质差别,故《劳动合同法》规定,被派遣劳动者享有与用工单位的劳动者同工同酬的权利。用工单位应当对被派遣劳动者与本单位同类岗位的劳动者实行相同的劳动报酬分配办法。如果用工单位没有同类岗位劳动者,被派遣劳动者的工资不能由劳动者与劳务派遣机构、用工单位自行约定,而是要根据社会水平参照用工单位所在地相同或者相近岗位劳动者的工资进行确定。但"用工单位所在地相同或相近岗位劳动者的劳动报酬"在实践中较难掌握和判断。

法律依据

关于劳务派遣及同工同酬问题,详见"劳务派遣"关键词项下的"同工同酬"一词。

8.9　无效合同工资

解析

劳动合同无效,是指用人单位和劳动者所订立的劳动合同不符合法定条件,法律规定双方之间不产生劳动关系。《劳动法》第 18 条及《劳动合同法》第 26 条规定的无效劳动合同,是指劳动合同从订立时起就不发生法律效力。劳动合同被确认无效,而劳动者已付出劳动的,劳动者的工资不按照已经履行的标准确定,而是参照用人单位相同或相近岗位劳动者的工资确定。

法律依据

8.10　津贴、补贴

解析

津贴是补偿劳动者在特殊条件下的劳动消耗及生活费额外支出的工资补充形式。补贴是为了保证劳动者工资水平不受物价影响而支付给劳动者的物价补贴。

从上文"工资总额"一词可知,津贴和补贴属于工资的组成部分,但福利待遇不属于工资总额范畴。这里首先需要区分工资和福利待遇的内涵,并厘清津贴、补贴与前述二者的关系。

法律依据

从上述规定可以看出,福利待遇应当与工资区别开来,这对用人单位能否合法行使自主经营权十分重要。总体来说,工资是根据劳动的数量和质量支付给劳动者的劳动报酬,而福利待遇与劳动的数量和质量无关,属于非劳动性报酬。

在实践中,津贴和补贴多种多样,有法定津贴、补贴,包括地方规定的津贴、补贴,也有用人单位自主决定发放给劳动者的津贴、补贴。《关于工资总额组成的规定》中规定的津贴、补贴是指根据劳动者提供的劳动的质量和数量支付给劳动者的劳动报酬,用人单位给予劳动者的与其提供劳动的数量和质量无关的福利待遇性质的津贴、补贴则不属于工资总额范畴。

对于法律法规明确规定的津贴、补贴,可以对其属于工资还是福利待遇进行判断,而对于非法定的津贴、补贴,用人单位需要自行明确其性质,这样做将有助于其合法行使自主经营权。这里主要讨论工资性津贴和补贴,后者详见本书"福利待遇"关键词项下的"低温津贴""独生子女费""保健食品费"等词。

1. 高温津贴

高温津贴,顾名思义,指在高温环境下作业的劳动者所应获得的特定岗位津贴。具体而言,所谓高温作业,包括在高温天气从事室外露天作业以及在不能采取有效措施将工作场所温度降低至33℃以下的环境下作业。根据现行法律规定,为在高温环境下作业的劳动者发放高温津贴并提供足够的、符合卫生标准的防暑降温饮料及必需的药品,是用人单位的法定义务。此外,用人单位还应注意的是法律明确禁止以发放钱物替代提供降温饮料,并且劳动者在因高温天气而停止工作或缩短工作时间的情况下,用人单位是不能据以主张扣除或降低劳动者工资的。目前,全国大多数省市根据当地经济发展水平及气候变化的特点,制定颁布了相应的高温津贴标准和适用范围(见表8-7)。

全国高温津贴标准速查表单

表8-7 我国部分省市2022年高温津贴标准及适用范围

地区	适用条件	津贴标准
北京	在高温天气下露天工作或不能采取有效措施将工作场所温度降低到33℃以下的(不含33℃); 每年6月、7月、8月	高温天气室外露天作业人员每人每月不低于180元; 33℃(含33℃)以上室内工作场所作业人员每人每月不低于120元
上海	高温天气下露天工作或不能采取有效措施将工作场所温度降低到33℃以下的(不含33℃)情况下工作; 每年6月、7月、8月、9月	每月300元
广东	从事露天岗位工作以及用人单位不能采取有效措施将作业场所温度降低到33℃以下的(不含33℃); 每年6月、7月、8月、9月、10月	每人每月300元; 按照规定需按天数折算高温津贴的,每人每天13.8元

2. 井下艰苦岗位津贴

井下艰苦岗位津贴是法定津贴,适用于各类煤炭企业的井下作业职工,不包括露天煤矿职工。具体发放范围包括井下采掘工人、辅助工人、安检人员及下井工作且编制在井下采掘、辅助队的基层干部、技术人员和管理人员。津贴包括井下津贴、班中餐补贴和夜班津贴。用人单位发放的井下艰苦岗位津贴不得低于《劳动和社会保障部、国家发展和改革委员会、财政部关于调整煤矿井下艰苦岗位津贴有关工作的通知》规定的标准及各地确定的标准。其中，用人单位需注意班中餐补贴并非直接以货币形式发给劳动者，而是由用人单位集中用于为劳动者提供伙食。对班中餐补贴的该种特殊处理同样适用于其他类似补贴，这类补贴也不属于工资范畴。

3. 职业病危害作业岗位津贴

《职业病防治法》规定，用人单位对从事接触职业病危害的作业的劳动者，应当给予适当岗位津贴。《用人单位职业病防治指南》（GBZ/T 225—2010）规定，应给予从事接触职业病危害作业的劳动者适当岗位津贴。《使用有毒物品作业场所劳动保护条例》规定，用人单位应当为从事使用高毒物品作业的劳动者提供岗位津贴。但是，上述法律法规均未明确规定何种岗位需给予该津贴，以及该津贴支付的标准为何。

其实，该津贴的由来有一定的历史沿革。最早是在 20 世纪 70 年代末 80 年代初，原国家劳动总局对一些行业的艰苦岗位进行了临时岗位津贴的试行。1992 年，原劳动部、财政部开始施行《关于提高企业一线艰苦岗位津贴标准的意见》。根据该意见，原劳动部、财政部在 1992 年开始施行《关于建立化工有毒有害作业岗位津贴制度的通知》，在该通知中对《关于提高企业一线艰苦岗位津贴标准的意见》进行了细化，制定了具体的津贴标准：岗位津贴等级的划分以“有毒作业分级”国家标准（GB 12331—90）为依据，并结合实际劳动条件状况，分为甲、乙、丙、丁四个等级。原化工部根据上述通知，进一步细化，于 1993 年开始施行《化工有毒有害作业岗位津贴实施意见》，明确了岗位范围、岗位分级以及津贴标准。其他行业，如水利、农林牧副渔都有相应的文件和津贴标准后续出台。再之后，部分省市的劳动保障部门随着时代发展，对津贴的标准进行了更新。比如，上海市有向接触有毒有害作业人员发放保健食品费的具体规定，即沪劳保发〔1995〕56 号与沪劳保发〔1998〕24 号文件。

由上述分析可见，目前全国及地方规定的职业病危害作业岗位津贴标准均比较陈旧，实践中，用人单位可根据相关的全国及地方标准制订符合本单位实际的岗位津贴标准。

根据《国家统计局〈关于工资总额组成的规定〉若干具体范围的解释》，工资总额不包括劳动保护的各种支出，具体有工作服、手套等劳保用品，解毒剂、清凉饮料，以及按照 1963 年 7 月 19 日原劳动部等七单位规定的范围，对接触有毒物质、矽尘作业、放射线作业和潜水、沉箱作业、高温作业五类工种所享受的由劳动保护费开支的保健食品待遇。因此，职业病危害作业岗位津贴属于劳动保护方面的支出费用，不属于工资范畴。

4. 中、夜班津贴

目前，全国范围内并没有关于中、夜班津贴的相关法律规定，所以对于中、夜班津贴是否必须发放以及具体怎么发放并没有统一的标准，甚至连中、夜班的具体时间段划分也没有统一的标准。我国部分省市针对中、夜班津贴，通过地方法规制定了地方标准，但其中很多规定年代久远，未与时俱进。在有地方标准的地区，用人单位应不低于地方标准向上中、夜班的劳动者发放中、夜班津贴；在没有地方标准的地区，劳动者只能依据用人单位的规章制度以及双方的约定享有中、夜班津贴。现列举部分地区中、夜班津贴标准，具体如表 8 - 8 所示。

表 8－8　我国部分地区中、夜班津贴标准及适用范围

地区	中班津贴	夜班津贴
上海	从事中班工作到22点以后下班的，中班津贴标准调整为2.2元	从事夜班工作到24点以后下班的，夜班津贴标准调整为3.4元。 从事夜间连续工作12小时的，夜间津贴标准调整为4.4元
天津	2022年度中班津贴、夜班津贴等福利待遇标准，按天津市职工月平均工资7478元计算。 7478÷21.75天×5%＝17.2元	2022年度中班津贴、夜班津贴等福利待遇标准，按天津市职工月平均工资7478元计算。 7478÷21.75天×10%＝34.4元
江苏	三班制的中班津贴为5元	大夜班津贴为6元；两班制的夜班津贴为5元；常日班职工因生产（工作）需要，生产（工作）超过23点的发夜班津贴5元；在夜间（晚8时至次日晨7时之间）工作不足3小时的不发夜班津贴
山东	从事中班生产的工人和必须跟班生产的干部，标准为7元。实行两班制的生产企业，工人和必须跟班生产的干部，享受中班津贴的，其标准为7元	实行三班制的生产企业，从事大夜班生产的工人和必须跟班生产的干部，夜班津贴标准为每天10元

各行业及各地对津贴、补贴的发放有具体规定，用人单位需要确认并达到本行业及本地区法定的津贴补贴发放要求，同时用人单位需要注意区分津贴、补贴是否属于工资或福利待遇。

问题导引

Q12： 非全日制劳动者从事高温作业，是否发放高温津贴？

A： 广东省、江苏省等地规定，用人单位安排非全日制劳动者从事高温作业的，按从事高温作业的天数折算高温津贴；江西省也规定应向非全日制劳动者支付高温津贴，支付标准为每人每小时不低于3元。天津则作出相反的规定：从事非全日制用工的劳动者不适用高温津贴的有关规定。上海、北京等多数地区并未就该问题作出规定，原则上认为高温津贴并不适用于非全日制劳动者。

Q13： 劳动合同中约定的"基本工资"中已经包含高温津贴，或者用人单位提供岗位津贴，但未指明该岗位津贴包含高温津贴，在这种情况下，用人单位还需要额外支付高温津贴吗？

A： 要回答上述问题，首先需要理解高温津贴的性质。根据《防暑降温措施管理办法》等相关规定，在全国范围内，高温津贴是从事高温作业的劳动者依法享受的法定岗位津贴，高温津贴的支付是用人单位的法定义务；而且，高温津贴的标准是由省级人力资源社会保障行政部门会同有关部门制定的，并根据社会经济发展状况适时调整；用人单位支付高温津贴不仅应将高温津贴在工资中单独明示，还应当如实记录本单位劳动者高温作业的情况以及高温津贴发放情况。因此，笔者认为，用人单位不能在劳动合同中笼统地约定基本工资中已经包含了高温津贴，类似的约定很可能被认定为无效。对此,部分地区的地方性规定已进行了明确。例如,河北省人力资源和社会保障厅等四部门联合出台的《关于发布夏季高温津贴试行标准的通告》(冀人社发〔2015〕46号)中明确规定:"夏季高温津贴是对劳动者在夏季高温天气时期作业付出的超常劳动消耗和特殊支出的一种额外劳动报酬补偿,夏季高温津贴不能计入劳动者的正常工资标准……"《广东省关于高温津贴发放的管理办法》更是明确规定:"正常工作时间工资及最低工资标准不包含高温津贴。用人单位不得因发放高温津贴而降低劳动者工资。"

其次,何为岗位津贴。广义上说,任何与特定岗位有关的津贴都可以被称为岗位津贴,有的用人单位会用其他的与岗位相关的特性来命名岗位津贴,如级别津贴、职称补贴等。一般来说,岗位津贴的标准以及适用的工种、级别由用人单位根据其薪酬政策自主决定,且有一定灵活操作的空间。有的用人单位会通过职工代表大会或其他集体协商途径确定。因此,通常所说的岗位津贴与高温津贴的法定性质存在差异。如果用人单位在劳动合同中约定会向劳动者提供一定的岗位津贴,或者用人单位规章制度中规定对不同级别、不同工种的劳动者实行不同津贴标准,而未指明该等津贴包括高温津贴,此时符合条件的劳动者主张用人单位支付相应的高温津贴是极有可能得到支持的,因为高温津贴有其特定的适用条件、时间和标准,而约定或指定的津贴标准极有可能被认定为用人单位提供给劳动者的额外福利。

广东案例与导引

[案例5]

谢某系B公司员工,劳动关系解除后要求B公司支付2018年6月1日至2020年10月31日的高温补贴1500元。谢某提交的工资条显示,谢某离职前12个月的薪资为固定月薪5150元+1000元补助。B公司不同意支付,主张每月发放的其他补助中已经包含高温津贴。

[法院观点]

法院认为,每年6月至10月,劳动者从事露天岗位工作以及用人单位不能采取有效措施将作业场所温度降低到33°C以下的(不含33°C),用人单位应当按月向劳动者发放高温津贴。B公司未举证证明其已采取有效降温措施将谢某的作业场所温度降低到33℃以下,应依法支付高温津贴。B公司主张每月发放的其他补助中包含高温津贴,但其主张的"其他"项目并非高温月份才享有。B公司应支付谢某2018年6月1日至2019年10月31日的高温津贴1500元。

(2021)粤03民终14356号

实务小贴士

高温津贴无须用人单位和劳动者在合同中约定,用人单位就必须支付。并且,即使用人单位为劳动者发放高温津贴,但若其未按法律规定来操作(如未在工资项目中明示高温津贴),在劳动者提出疑问时,用人单位还是有可能会面临被认定为未支付高温津贴的风险。因此,用人单位在发放高温津贴时,切记要考虑周全,做好相应的书面记录工作,区分高温津贴与用人单位提供给劳动者的其他津贴,尤其应注意要在发放的工资单上将高温津贴单列出来。

此外,有的用人单位平时就有给劳动者发放津贴的习惯,如果用人单位打算用某一笔特定津贴涵盖所有法定的津贴补贴,或者意在特指基本工资中已经涵盖了所有法定津贴及补贴,那最好在劳动合同或者集体合同中进行特别的约定。

8.11 及时足额支付工资

解析

法律依据

《劳动法》规定,工资应当以货币形式按月支付给劳动者本人。工资应当以法定货币支付,不得以实物及有价证券替代货币支付。工资必须在用人单位与劳动者约定的日期支付。若遇法定休假日或公休假日,则应提前在最近的工作日支付。工资至少每月支付一次,实行周、日、小时工资制的用人单位可按周、日、小时支付工资。有些省市对于工资支付的最迟时点也作出了地方性规定,如《深圳市员工工资支付条例》(2022修正)中要求,工资支付周期不超过1个月的,约定的工资支付日不得超过支付周期期满后第7日;工资支付周期超过1个月不满1年的,约定的工资支付日不得超过支付周期期满后的1个月。

用人单位需要注意,对完成一次性临时劳动或某项具体工作的劳动者,用人单位应按有关协议或合同约定在其完成劳动任务后即支付工资。对非全日制用工,劳动报酬支付周期最长不得超过15日。用人单位应将工资支付给劳动者本人,并应向劳动者提供一份其个人的工资清单。

广东案例与导引

[案例6]

王某系P公司的员工,双方劳动合同约定,“每月28日或30日前通过银行账户转账发放上个月的工资”。王某于2019年2月25日以P公司超过《深圳市员工工资支付条例》规定的最后期限仍未支付2019年1月的工资,构成未及时足额支付劳动报酬为由,向P公司发出被迫解除劳动关系通知书,要求P公司支付经济补偿金。

[法院观点]

《深圳市员工工资支付条例》(2019修正)第11条规定:“工资支付周期不超过一个月的,约定的工资支付日不得超过支付周期期满后第七日……”第12条规定:“用人单位因故不能在约定的工资支付日支付工资的,可以延长五日;因生产经营困难,需延长五日以上的,应当征得本单位工会或者员工本人书面同意,但是最长不得超过十五日。”据此,工资支付日不得超过下个月第七日,经员工书面同意的,可以再延长15日,即用人单位最迟应当在下月22日支付上月的工资,故本案双方劳动合同约定每月28日或者30日前支付上月工资,违反了《深圳市员工工资支付条例》的规定,P公司应于每月22日前发放上月的工资,其未在该日前支付的,构成未及时足额支付劳动报酬,法院判决P公司向王某支付经济补偿金。

(2020)粤民申5786号

问题导引

Q14: 用人单位在何种情况下可以减少工资发放?

A: 若用人单位减发工资在国家法律法规、依法签订的劳动合同或用人单位依法制定并经职工代表大会批准的规章制度中有明确规定,则用人单位可以依法依约减发工资。若用人单位希望以经济效益下滑为由减发工资,则需要遵循相应的法律规定,如停工停产的规定等。此外,因劳动者请事假等事宜,用人单位也有权相应减发工资。

劳动者因本人原因给用人单位造成经济损失的,用人单位按照劳动合同的约定可以要求劳动者赔偿经济损失。《工资支付暂行规定》第16条规定,经济损失的赔偿,可从劳动者本人的工资中扣除,但每月扣除的部分不得超过劳动者当月工资的20%,若扣除后的剩余工资部分低于当地月最低工资标准,则按最低工资标准支付。我国不同地区在经济损失的扣除上的规定也有差异:部分地区按原劳动部标准规定扣减数额不超过月工资的20%;部分地区则无20%的限制,仅规定扣减后的剩余工资部分不得低于最低工资标准。还有部分地区进一步放宽工资范围,规定在劳动者违纪时,即使没有造成损失,也可以扣除部分工资或者降薪作为处罚。北京、上海、广东、江苏等地关于工资扣除的规定如表8-9所示。

表8-9 部分地区对工资扣除的规定

地区	扣除原因	工资扣除标准
北京、江苏、广东(含深圳)	劳动者因本人原因给企业造成经济损失	经济损失的赔偿可以从劳动者本人的工资中扣除,但每月扣除后的剩余部分不得低于当地月最低工资标准
上海		经济损失的赔偿可以从劳动者本人的工资中扣除,扣除的部分不得超过劳动者当月工资的20%,且扣除后的剩余工资不得低于上海市规定的最低工资标准
江苏	劳动者违纪时	即使没有造成损失,也可以扣除部分工资作为处罚,扣除部分不得超过劳动者当月应发工资的20%,扣除后的剩余工资不得低于本地区规定的最低工资标准
上海		劳动者违反劳动纪律或规章制度,企业降低其工资的,降低后的工资不得低于上海市规定的最低工资标准

除上述情形外,在特殊经济困难时期,困难企业为了稳定就业、避免裁员或少裁员,还可以依法采取减薪措施。比如,2020年,为了应对新冠疫情对我国经济的冲击和影响,人力资源和社会保障部等五部门联合发布《关于应对疫情影响进一步做好集体协商工作的通知》,提出对复工复

产难度大、订单大幅减少、生产经营较困难的企业，要以稳就业、保企业为主要目标，鼓励双方通过集体协商采取调整薪酬、灵活安排工作时间、轮岗轮休、组织培训等方式稳定工作岗位，尽量不裁员或少裁员。与此相应，上海市人民政府发布《关于进一步做好稳就业促发展工作的实施意见》（沪府规〔2020〕10号），提出支持企业与职工集体协商，采取协商薪酬、调整工时、轮岗轮休、在岗培训等措施，保留劳动关系。

除上述法规和文件外，其他部分省市也为应对新冠疫情，避免裁员或者少裁员，允许用人单位通过与职代会、工会协商或签署集体合同、专项集体合同等形式达到减薪的目的。关于集体合同应如何签署，详见本书“集体协商”关键词项下的“集体合同”一词。

Q15：用人单位在何种情况下可以延期支付工资？

A： 用人单位遇到非人力所能抗拒的自然灾害、战争等情况时，可以延期支付工资；用人单位因生产经营困难、资金周转受到影响时，在征得本单位工会的同意后，也可暂时延期支付。对于延期支付的期限，各地有不同规定。比如，《上海市企业工资支付办法》第10条规定：“企业确因生产经营困难，资金周转受到影响，暂时无法按时支付工资的，经与本企业工会或职工代表协商一致，可以延期在一个月内支付劳动者工资，延期支付工资的时间应告知全体劳动者。”《北京市工资支付规定》第26条则规定：“用人单位因生产经营困难暂时无法按时支付工资的，应当向劳动者说明情况，并经与工会或者职工代表协商一致后，可以延期支付工资，但最长不得超过30日。”《深圳市员工工资支付条例》第12条规定：“用人单位因故不能在约定的工资支付日支付工资的，可以延期五日；因生产经营困难，需延期超过五日的，应当征得本单位工会或者员工本人书面同意，但是最长不得超过十五日。”

Q16：用人单位依法解散或破产时，应当如何向劳动者支付工资？

A： 《劳动合同法》第44条规定：“有下列情形之一的，劳动合同终止：……（五）用人单位被吊销营业执照、责令关闭、撤销或者用人单位决定提前解散的……”据此，当用人单位依法解散时，员工的劳动合同应当终止。但是，对于终止之前已经发生但尚未支付的工资，用人单位仍然负有支付义务，但目前尚未发现关于公司正常清算解散时如何支付劳动者工资的明确规定。

《工资支付暂行规定》第14条规定：“用人单位依法破产时，劳动者有权获得其工资。在破产清偿中用人单位应按《中华人民共和国企业破产法》规定的清偿顺序，首先支付欠付本单位劳动者的工资。”《北京市工资支付规定》等相关地方性法规也规定，用人单位解散的，经依法清算后的财产应优先用于支付欠付的劳动者工资和社会保险费。由此可见，根据《企业破产法》和《工资支付暂行规定》的规定，即使在用人单位破产的情形下，员工工资仍然具有应当依法优先支付的法律地位。在公司自行解散清算的情况下，由于不存在资不抵债的情形，员工工资与企业其他债务都将得到偿付，理论上法律无须规定员工工资优先清偿，但实务中，出于减少纠纷、顺利清算等考虑，通常企业仍然会优先支付欠付的员工工资。

8.12 调整劳动报酬

解析

《劳动合同法》规定,用人单位与劳动者协商一致,可以书面形式变更劳动合同约定的内容。由于工资是劳动合同的必备条款,因此用人单位一般通过与劳动者协商来调整劳动报酬。

在某些法定情形下,用人单位也有权单方调整劳动报酬。《劳动和社会保障部进一步深化企业内部分配制度改革的指导意见》规定:"提倡推行各种形式的岗位工资制,如岗位绩效工资制、岗位薪点工资制、岗位等级工资制等。要进行科学的岗位设置、定员定额和岗位测评,做到以岗定薪。""岗位工资标准要与企业经济效益相联系,随之上下浮动。职工个人工资根据其劳动贡献大小能增能减。企业内部实行竞争上岗,人员能上能下,岗变薪变。""企业可以根据生产经营特点采取灵活多样的工资支付形式,如计件工资、浮动工资以及营销人员的销售收入提成等办法。无论哪一种形式,都应与职工的岗位职责、工作业绩和实际贡献挂钩,真正形成重实绩、重贡献的分配激励机制。"这一规定肯定了以岗定薪、岗变薪变以及以岗位职责确定劳动报酬的分配原则。

同时,法律要求工资分配遵循按劳分配原则,实行同工同酬。这里的"同工同酬"是指用人单位对于从事相同工作、等量劳动且取得相同劳动业绩的劳动者,使用相同的劳动报酬分配方法。"同工同酬"也强调了工资与工作岗位的对应关系。因此,用人单位依法单方调整劳动者岗位,可以同时对劳动者的工资待遇进行相应调整,这一原则在用人单位因劳动者不能胜任当前工作岗位而进行的调岗或者基于劳动者违规违纪而进行的降职降岗处罚中也有较大的应用空间。

问题导引

Q17: 用人单位与劳动者未采用书面形式调整劳动报酬是否无效?

A: "书面形式"通常是指双方均在劳动合同变更的文件上盖章、签字,上海地区对"书面形式"的外延作了扩展,用人单位向劳动者单方发出的文件或通知也可被视为"书面变更"。《上海市高级人民法院关于适用〈劳动合同法〉若干问题的意见》(沪高法〔2009〕73 号)第 3 条规定:"……劳动合同变更的应当采取书面形式。这里的书面形式要求,包括发给劳动者的工资单、岗位变化通知等等……对于依法变更劳动合同的,只要能够通过文字记载或者其他形式证明的,可以视为'书面变更'。"

除了书面形式外,双方也可通过口头变更加实际履行的方式变更劳动合同内容。《最高人民法院关于审理劳动争议案件适用法律问题的解释(一)》(法释〔2020〕26 号)第 43 条规定,用人单位与劳动者协商一致变更劳动合同,虽未采用书面形式,但已经实际履行了口头变更的劳动合同超过 1 个月,变更后的劳动合同内容不违反法律、行政法规且不违背公序良俗,当事人以未采用书面形式为由主张劳动合同变更无效的,人民法院不予支持。

口头变更后,如果双方并未实际履行或实际履行并未超过 1 个月,仅是实际履行行为不能弥补有效变更的形式要件，究竟效力如何，还需审查变更的实质条件，并不当然无效。

Q18：用人单位在何种情况下可以单方调整劳动者工资？用人单位单方调整劳动者工资时应当如何操作？

A： 基于“同工同酬”及“薪随岗变”的原则，同时根据相关法律法规的规定，用人单位可以在单方调整劳动者工作岗位的同时相应调整劳动报酬的情形包括但不限于：

（1）劳动者患病或者非因工负伤，医疗期满后不能从事原工作的；

（2）劳动者不能胜任工作的；

（3）从事国家规定的第三级体力劳动强度的劳动和孕期禁忌从事的劳动的女职工处于怀孕期间的；

（4）从事国家规定的第三级体力劳动强度的劳动和哺乳期禁忌从事的其他劳动的女职工处于哺乳未满一周岁的婴儿期间的；

（5）劳动者被确诊患有职业病或者经过诊断确认达到临界状态后，用人单位安排其医治或疗养后被确认不宜继续从事原有害作业或工作的。

针对上述几种情形，凡涉及因为劳动者的身体原因进而法律要求用人单位进行岗位的调整的，虽然“薪随岗变”原则上适用，但是用人单位在进行岗位调整的时候必须审慎核定劳动者在新岗位的薪资，最好与原岗位薪酬具有一定的可比性，切忌为降低工资而调整劳动者岗位。

另外，用人单位需要特别注意的是，尽管其有权单方调整劳动者工资，但调整幅度尤其是减薪幅度应控制在合理范围内。《最高人民法院关于审理劳动争议案件适用法律问题的解释（一）》第44条规定，用人单位有证明减少劳动者劳动报酬合法性的举证责任。

Q19：用人单位能否通过集体协商的方式降低劳动者薪酬？

A： 集体协商作为集体劳动关系协调手段的一种，一直以来属于劳动关系协调中效力层级较低的存在，在与个体劳动关系的协调中也存在不少模糊地带，如集体协商可以增加劳动者薪酬，但能否降低劳动者薪酬，国家层面的法律法规并未予以明确。2020年以来，受新冠疫情冲击，用人单位承受较大用工压力，集体协商的争议解决方式再次引起重视。人力资源和社会保障部、中华全国总工会、中国企业联合会、中国企业家协会、中华全国工商业联合会联合下发《关于做好新型冠状病毒感染肺炎疫情防控期间稳定劳动关系支持企业复工复产的意见》（人社部发〔2020〕8号），针对疫情这一特殊期间作出规定：“对受疫情影响导致企业生产经营困难的，鼓励企业通过协商民主程序与职工协商采取调整薪酬、轮岗轮休、缩短工时等方式稳定工作岗位……”该规定的前缀是“受疫情影响”，此后，北京地区也发文对该问题作出回应，北京市人力资源和社会保障局、北京市总工会、北京企业联合会/北京市企业家协会、北京市工商联合会发布《关于发布北京市2022年企业工资指导线有关问题的通知》（京人社劳字〔2022〕166号），进一步明确：“……企业经济效益下降幅度较大或亏损严重的，经与工会或职工代表协商同意后，工资可以零增长或适当降低工资，但支付给职工的工资不得低于本市最低工资标准。”北京的规定未以疫情为前缀，因此在北京地区符合条件的，可以通过集体协商的方式降低薪酬。此外，其他地区在国家层面没有明确发布除“疫情”这一特殊原因外的法律法规且地方无特殊规定的情形下,加之“疫情”的特别对待已经成为“过去式”,用人单位通过职工代表大会等方式决议降低劳动者工资报酬的做法仍可能构成劳动合同变更,劳动者本人不同意的,不宜直接降低其劳动报酬。

实务小贴士

用人单位在调整劳动者工作岗位以及工资时,必须符合法定情形,有充分事实并保存书面证据用以证明劳动者符合该等法定情形,包括但不限于劳动者的个人情况、岗位技能、业绩,劳动合同及用人单位规章制度等。

8.13 克扣、拖欠工资

解析

克扣工资,是指用人单位无正当理由扣减劳动者应得工资,当然不包括原劳动部发布的《对〈工资支付暂行规定〉有关问题的补充规定》第3条规定的可以减少工资发放的情况以及《工资支付暂行规定》第15条规定的可以代扣劳动者个人所得税、社会保险费等特殊情形。

法律依据

拖欠工资是指用人单位无正当理由超过规定付薪时间未支付劳动者工资,但不包括《对〈工资支付暂行规定〉有关问题的补充规定》第4条规定的可以延期支付工资的情况。

克扣、拖欠工资是引发工资纠纷的主要原因,也是国家明令禁止的行为,用人单位应对该等行为承担相应责任。根据《刑法》的规定,用人单位克扣、拖欠工资情形严重并触犯刑法的,也可能要承担相应的刑事责任。

问题导引

Q20: 如果用人单位未及时、足额支付劳动报酬,劳动者有何种方式进行救济?

A: 《劳动合同法》第38条第1款第2项规定,如果用人单位存在未及时足额支付劳动报酬的行为,劳动者可以要求与用人单位解除劳动合同关系,并且要求用人单位按工作年限来支付经济补偿金。

但是,在实务操作中,并非只要用人单位一有拖欠行为,劳动者就可以要求解除劳动合同并主张经济补偿金,一些地区在裁审中需要具体辨别用人单位的行为是否存在“恶意拖欠/克扣”,如上海、天津;还有些地区认为,如果用人单位已经补足,便不再支持劳动者的主张,如广州、深圳。各地关于如何审查“未及时足额支付劳动报酬”的裁审观点如表8-10所示。

表 8－10　各地关于如何审查“未及时足额支付劳动报酬”情形的司法解释

上海	《上海市高级人民法院关于适用〈劳动合同法〉若干问题的意见》（沪高法〔2009〕73 号）第 9 条规定：劳动报酬和社保金的计算标准，在实际操作中往往比较复杂。而法律规定的目的就是要促使劳动合同当事人双方都诚信履行。因此，用人单位因主观恶意而未“及时、足额”支付劳动报酬或“未缴纳”社保金的，可以作为劳动者解除合同的理由。但对确因客观原因导致计算标准不清楚、有争议，导致用人单位未能“及时、足额”支付劳动报酬或未缴纳社保金的，不能作为劳动者解除合同的依据
天津	《天津市高级人民法院关于印发〈天津法院劳动争议案件审理指南〉的通知》（津高法〔2017〕246 号）第 26 条规定：存在以下情形之一，劳动者根据《劳动合同法》第 38 条第 1 款第 2 项的规定主张解除劳动合同的经济补偿金的，不予支持：（1）用人单位因自然灾害、经营困难，停产歇业等原因而无法及时足额支付劳动报酬并经所在单位工会同意，用人单位未建立工会的，已经用人单位职工代表同意；（2）劳资双方对计算劳动报酬的基数、方法等因客观原因理解不一致而最终导致未足额支付劳动报酬的；（3）劳动者主张的未足额支付劳动报酬的差额系未签订书面劳动合同二倍工资、未休年假工资的；（4）其他非因用人单位故意或者重大过失导致的未及时足额支付劳动报酬的
广州	《广州市中级人民法院关于审理劳动争议案件会议纪要》（2014 年 5 月 26 日）第 5 条规定：如果用人单位在劳动者申请仲裁前补发了未及时支付给劳动者的劳动报酬，即已经纠正其上述违法行为，劳动者再以用人单位曾经违法为由主张解除劳动合同并要求支付解除劳动合同经济补偿金的，不予支持
深圳	《深圳市中级人民法院关于审理劳动争议案件的裁判指引》第 84 条规定：对于用人单位有延期发放工资的情况，但在劳动者离职前已经发放，劳动者再以用人单位拖欠工资为由提出辞职，并要求用人单位支付拖欠工资 25% 经济补偿金及解除劳动合同经济补偿的，不予支持

Q21：如果用人单位克扣、拖欠劳动者工资，劳动部门将如何处罚用人单位？

A： 如果用人单位未按劳动合同的约定或者国家规定向劳动者及时足额支付工资或安排加班却未支付加班工资，劳动行政部门将责令用人单位限期支付克扣拖欠的工资或加班工资。如果用人单位逾期仍不向劳动者支付该等工资或加班工资，劳动行政部门将责令用人单位按应付金额 50% 以上 100% 以下的标准向劳动者加付赔偿金。

如果用人单位支付的工资经法定扣除后低于当地最低工资标准，劳动行政部门将责令用人单位限期支付差额部分。根据《劳动合同法》及《劳动保障监察条例》的规定，如果用人单位逾期仍不向劳动者支付差额部分，劳动行政部门将责令用人单位按应付金额 50% 以上 100% 以下的标准向劳动者加付赔偿金。根据《最低工资规定》，劳动行政部门责令用人单位限期支付差额部分的同时，可以责令其按所欠工资的 1 倍至 5 倍支付劳动者赔偿金。

关于赔偿金，详见“赔偿金和损失赔偿责任”关键词项下的“用人单位承担的赔偿金和赔偿责任”一词。

No. 9 奖金

奖金,是指用人单位对劳动者在其劳动定额以外超额完成的劳动成果所支付的增收节支的劳动报酬。需要注意的是,与福利待遇不同,奖金是工资的组成部分。当然,一些特殊性质的奖金并不属于工资范畴,如根据国务院相关规定颁发的发明创造奖、自然科学奖、科学技术进步奖及合理化建议和技术改进奖励等。

之所以没有在“工资”关键词下讨论而选择在这里展开讨论,是因为奖金与人们通常理解的工资相比具有其特殊性。《劳动法》严格约束的仅是普遍意义上的工资部分,这些工资通常与劳动者的工作时间、工作过程挂钩;奖金则完全不同,它属于私法性质的内容,《劳动法》并没有规定用人单位必须给劳动者发放奖金,与工资相比,用人单位有权决定是否发放奖金,也有权自主决定奖金发放的具体标准、范围和方式等,不过在特定情况下这些权利会受到限制。

奖金关键词中涉及的二级关键词	
9.1	绩效奖金
9.2	年终奖金
9.3	十三薪
9.4	提成

9.1 绩效奖金

解析

绩效奖金,也称一次性奖金,是指用人单位根据劳动者的绩效考核结果给予劳动者的一次性奖励。通常认为,用人单位对于如何对劳动者进行嘉奖和奖励具有自主决定权。但是,绩效奖金一般与劳动者个人的工作表现挂钩,绩效奖金的发放本身是为了激励劳动者,对于劳动者的行为也具有导向性作用,绩效奖金制度一旦确定,用人单位就不能随意变更。为了避免产生绩效奖金发放相关争议,建议用人单位在劳动合同、薪酬协议或规章制度中对奖金的性质、发放条件和发放时间,尤其是相应绩效考核的目标和流程进行明确规定。

法律依据

问题导引

Q1: 对于绩效奖金的发放,应当由谁承担绩效成果的举证责任?

A: 对于劳动者所能获得的绩效奖金以及相应的业务实际情况,应当遵循“谁主张,谁举证”的原则,由主张权利一方,即主张取得绩效奖金的劳动者承担举证责任。

许多地方的司法性文件规定,如果劳动者与用人单位约定绩效奖金或业务提成在约定条件成就后(如货款已收回)才支付,该约定应被认定为有效;同时约定条件成就(如收回货款的事实)的举证责任由劳动者承担;如果劳动者不能证明约定条件已成就,用人单位可以不支付该等绩效奖金或业务提成。

需要注意的是,关于绩效奖金的发放,虽然以主张取得绩效奖金的劳动者承担举证责任为主要原则,但是用人单位并非在任何情况下都无须承担举证责任。根据《最高人民法院关于民事诉讼证据的若干规定》第48条及第95条的规定,如果劳动者已经举证证明用人单位存在绩效奖金制度或者用人单位与劳动者之间有关于绩效奖金的约定,劳动者就自己相应的业务实际情况举出初步证据并且证明有关业务实际情况的证据由用人单位掌握,用人单位不认可劳动者的证据,需要由用人单位就实际业务情况进行举证,否则可能承担举证不能的不利后果。

北京案例与导引

[案例1]

2012年11月1日,刘某入职N公司。双方于2014年10月29日签有一份留任协议,该协议约定,鉴于N公司正处于变更为B有限公司的全资子公司的过渡期,为确保自该等期间的平稳过渡,双方特此同意达成如下留任计划:(1)受制于该协议第2条的约定,如果刘某审慎而专业地履行其工作职责,协助公司在过渡期内提高业绩,且刘某与公司维持劳动关系至2016年11月1日(授予日),员工将获得一笔留任奖金,金额为人民币144,000元。(2)如果N公司及/或刘某顺利达成该协议附件1所示绩效目标,刘某将获得另外6个月的留任奖金,金额为人民币144,000元,只要员工与公司维持劳动关系至授予日。(3)如果双方之间的劳动关系在授予日之前由于任何原因解除(包括但不限于由于辞职、解雇或其他原因终止),刘某在任何情况下都无权获得任何部分的留任奖金。

2016年4月29日,N公司向刘某送达了解除劳动合同通知书,以客观情况发生重大变化为由解除双方劳动合同,经仲裁、法院认定,该解除行为违法。刘某要求N公司支付留任奖金,理由为自己绩效达标,而且因公司违法被解除劳动关系,应支付其留任奖金。N公司主张依据该协议内容,刘某业绩未达标且未工作到授予日,其无权获得留任奖金。

[法院观点]

法院认为,双方劳动关系于2016年4月29日终止,虽未至留任协议约定的2016年11月1日,但系因N公司的违法解除行为所致,故N公司应按刘某在签订留任协议后的实际在职时间按比例向其支付前述第一笔留任奖金107,724.14元。同时,因N公司未提交充分证据证明刘某是否达成相关绩效目标,故其还应依约向刘某支付第二笔留任奖金,计算方式与第一笔留任奖金一致。

(2020)京03民终7397号

问题导引

Q2: 用人单位与劳动者约定了绩效奖金,但是没有明确考核标准,或无法证明考核制度或标准的,仲裁委员会、法院如何处理?

A: 如果工资构成中的绩效奖金为固定金额,仲裁委员会、法院倾向于认为此类奖金名为绩效奖金,但实际上是劳动报酬的一部分,该主张很可能会得到法院的支持。

用人单位在与劳动者签订的劳动合同中约定了工资构成包含绩效奖金的,那么一般应当相应地约定绩效奖金的发放条件和发放标准,尤其是适用的考核标准。否则,劳动者主张工资构成中的绩效奖金为固定金额的,该主张很可能会得到法院的支持。

此外,用人单位还需要注意,绩效奖金一般与劳动者个人的工作表现挂钩,用人单位经营效益不好并不必然导致用人单位可以不发绩效奖金,如果用人单位希望将经营效益情况作为绩效奖金的发放条件之一,需要在劳动合同、薪酬协议或规章制度中进行明确约定。

北京案例与导引

[案例 2]

陶某于 2018 年 4 月 25 日入职 S 公司,双方对于薪酬的约定是:基本工资 27,500 元每月,目标绩效奖金为 4 个月基本工资(该奖金将依据公司及个人的绩效指标达成情况发放,绩效指标及目标绩效奖金发放原则另见绩效政策)。2019 年 8 月 9 日,陶某向 S 公司以邮件形式发送解除劳动合同通知书,内容为因公司未能发放承诺的 2018 年奖金,故依据《劳动合同法》第 38 条提出解除劳动合同。同日,S 公司回复电子邮件,告知陶某目标绩效奖金的性质仅为奖金,并非工资的组成部分,S 公司并无发放承诺,且因 2018 年 S 公司效益不佳,处于亏损状态,全体员工均无绩效奖金。陶某则认为在入职时 S 公司承诺上述 4 个月目标绩效奖金为固定发放,即全年为 16 薪,且未约定如果亏损就不再发放上述奖金,S 公司应当支付上述奖金以及解除劳动合同补偿金。庭审期间,双方均认可 S 公司未制定公司绩效政策,亦未对陶某进行绩效指标考核。

[法院观点]

法院认为,关于双方争议的目标绩效奖金,双方在雇佣协议中明确约定了薪酬包含基本工资及目标绩效奖金,故双方约定的目标绩效奖金应为陶某薪酬的组成部分。S 公司虽提交了审计报告以证明公司严重亏损,不符合绩效奖金发放条件,但依照雇佣协议的约定,目标绩效奖金(4 个月基本工资)依据公司及个人的绩效指标达成情况发放,绩效指标及目标绩效奖金发放原则另见绩效政策。由此可见,是否发放绩效奖金及发放数额不仅与公司绩效有关,还与个人绩效有关。S 公司作为负有管理责任的用人单位一方,应对陶某个人绩效完成情况举证证明,然而 S 公司认可其公司并未出台相关绩效政策,亦未进行绩效指标考核。鉴于 S 公司没有尽到作为用人单位制定具体绩效政策、进行绩效考核的责任,S 公司应承担举证不能的不利后果,应支付陶某 2018 年 4 月 25 日至 2018 年 12 月 31 日的目标绩效奖金。

(2021)京 01 民终 2319 号

实务小贴士

用人单位在设计绩效奖金制度时应当首先确认当地相关法律法规对绩效奖金发放的明确规定。用人单位在法律允许的范围内，可以与劳动者约定在劳动者完成业绩指标后向其支付绩效奖金，或者在用人单位经营效益好的情况下才支付绩效奖金，若遇亏损则不支付绩效奖金等。如果劳动者离职，绩效奖金支付周期在 1 个月内，用人单位应当立即支付；绩效奖金约定在完成业绩指标后才支付的，用人单位可以在条件成就后支付。

绩效奖金可以对绩效管理制度起到支持作用。用人单位可以增大工资中绩效奖金的比例，这部分工资并不明确约定具体数额，而是与劳动者约定按业绩考核发放。按此处理时，若劳动者业绩不佳，用人单位可以调整工资的业绩考核部分，固定部分仍然正常发放，但应保证实发工资不低于当地最低工资标准。

9.2　年终奖金

解析

法律依据

年终奖金，也称年终奖，是指用人单位对劳动者在一年内所作的劳动贡献给予劳动者的奖励。通常来说，用人单位有权根据自身的经营状况和劳动者绩效决定年终奖的发放。但是，在用人单位对于年终奖的发放有具体考核标准或规章制度的情况下，该考核标准和规章制度对用人单位和劳动者均有约束力，用人单位应当根据考核标准和规章制度的规定进行年终奖的发放，无权随意更改。司法实践中，在认定用人单位当年度确有发放年终奖的事实之后，就某一劳动者是否可获得年终奖以及年终奖的计算方式，用人单位应当承担相应的举证责任。

问题导引

Q3： 应当如何准确看待年终奖金的性质？是否用人单位规定了年终奖金制度就必须向劳动者发放年终奖金？

A： 年终奖通常不仅代表着用人单位对劳动者一年工作业绩的评价，也是对劳动者来年工作的一种激励，年终奖通常并不是固定的，往往与劳动者的工作表现以及用人单位的经营效益紧密相连。因此，用人单位常常认为自己对年终奖的发放拥有完全的自主权，但是，司法实践中关于年终奖的劳动争议并不少见。

“年终奖”的法律属性应如何认定，是“劳动报酬”还是用人单位的“额外福利”？这将影响到对离职劳动者是否仍有权要求原雇主发放年终奖这一问题的回答。根据国家统计局发布的《关于工资总额组成的规定》以及《〈关于工资总额组成的规定〉若干具体范围的解释》，奖金属于支付给职工的超额劳动报酬和增收节支的劳动报酬，而年终奖（劳动分红）被规定为属于奖金中生产奖的范畴。但是，关于年终奖的发放，目前我国法律并无进一步的明确规定。

司法实践中，各地劳动争议仲裁委员会和法院关于年终奖的裁判意见并不统一。但是大多数意见认为,应当根据劳动合同和用人单位的规章制度处理年终奖问题。因此,建议用人单位在劳动合同和规章制度中对年终奖作出明确的规定,包括年终奖是否发放、发放时间、发放条件以及发放的标准等。需要注意的是,一旦发生劳动争议,将由劳动争议仲裁委员会和法院对劳动合同和规章制度的规定进行客观解释,用人单位并没有权利随意进行解释,因此规章制度中的相关规定应尽可能明确,避免模糊。

上海案例与导引

[案例3]

左某于2018年1月22日加入J公司,J公司人事向左某发送录用邮件,该邮件载明:"您的年度目标总现金由以下部分构成:1. 月固定工资:3500元/月(税前)。2. 年终奖金,关于奖金的特别说明:如您在9月1日前加入公司方能参与分配;入职未满一年的员工根据入职时间按比例折算,15日前入职按全月计算,15日后入职按半月计算。备注:奖金发放具体以公司实际营运状况发放,请知晓。"劳动关系解除后,左某要求J公司支付2018年度年终奖。

[法院观点]

法院认为,就年终奖金的性质而言,系用人单位为了激发劳动者工作热情或者感谢劳动者的忘我付出而在劳动报酬以外给予劳动者的。一般来说,发放奖金不应当成为用人单位对劳动者的义务。又因用人单位享有合法的经营自主权,可就年终奖金的支付根据本单位的经营状况、劳动者的工作岗位及绩效表现等综合因素自主确定。现就双方讼争的2018年度年终奖金,左某以邮件为证,该邮件中载明:"备注:奖金发放具体以公司实际营运状况发放,请知晓。"可见J公司亦作了特别告知,该奖金非左某必得的预期收入。在左某未提供证据证实J公司已向其他员工发放2018年度年终奖的情况下,仅凭该邮件难以证实J公司具有该发放义务。法院驳回左某2018年度年终奖的诉讼请求。

(2020)沪02民终5529号

浙江案例与导引

[案例4]

2017年3月29日,经猎头公司介绍,J公司向张某发送了offer,其中载明张某入职J公司担任运营总监职位,试用期2个月,基本年薪24万元(每月2万元),年终奖金保底10万元(工作满一年),如果分红超过保底,按分红算。2017年4月8日,双方签订劳动合同,月劳动报酬为税前2万元等。

2018年年底,双方发生纠纷,张某离职,要求J公司向其支付年终奖金10万元。张某认为,offer是双方先行达成的协议,随后其才同意去J公司工作的,所以offer是双方当事人的真实意思表示。在劳动合同未对年终奖作出约定的情况下,应当参照offer的约定,J公司理应向其支付年终奖金。J公司则认为,双方的劳动合同签订时间在offer之后,且约定内容与offer不同,劳动合同是双方当事人的真实意思表示。而年终奖属于工资的一部分,故工资约定应按照劳动合同约定执行,J公司无须向张某支付年终奖金。

[法院观点]

法院认为,本案的争议焦点系劳动合同是否已经对张某的年终奖发放进行重新约定而替代了原offer的效力。

首先,从劳动合同和offer的整体内容来看,offer的内容已基本涵盖普通劳动合同所需具备的相关必备条款,而诉争劳动合同的内容并不包括工作时间和休息休假等条款,故劳动合同并不是对offer的全部内容的替代,劳动合同中也无整体替代offer的相关表述。因此,劳动合同与offer的关系是原合同和补充合同的关系,offer的内容只有在与劳动合同约定不一致的情况下才无效。

其次,通过比较劳动合同和offer关于劳动报酬的具体内容,offer中将"年终奖金"和"基本年薪"分项约定,劳动合同约定的试用期月劳动报酬以及试用期满后正常提供劳动的月劳动报酬各为2万元,这是对offer中"基本年薪"为"24万元(每月2万元)"的具体化约定,并不涉及offer的"年终奖金"内容的变更,二者不具有不一致性。J公司主张劳动合同对年终奖金进行了重新约定,与事实不符。

综上所述,法院支持了张某关于年终奖的诉请。

(2019)浙02民终3899号

问题导引

Q4: 用人单位以往年度年终奖金的发放情况是否会对当年度年终奖金的发放造成影响?

A: 在用人单位有明确的年终奖制度规定时,用人单位应当根据其内部规定和制度对劳动者进行考核并发放年终奖。当用人单位缺乏明确的年终奖制度时,其以往年度的年终奖发放情况可能会被劳动者引为惯例并作为其要求用人单位支付年终奖的依据,司法实务中对这一问题存在一定的争议,但劳动者的主张确实存在得到法院支持的可能性。

北京案例与导引

[案例5]

1998年6月8日,金某入职Y公司工作,双方签订了自2008年1月1日起的无固定期限劳动合同,其中该劳动合同第5.3条约定,Y公司可根据企业的经营情况决定是否向员工发放年终奖金,如果发放,该奖金也只是对完成全年工作任务且产生额外贡献的员工的奖励(须根据绩效考核结果确定);若双方的劳动合同在年终绩效考核之前解除或终止,则金某无权享受上述奖金。2020年12月23日,金某因个人原因离职,要求Y公司参照往年支付惯例支付2019年、2020年的奖金。

[法院观点]

法院认为，金某系因个人原因离职，之后诉至法院要求Y公司支付其2019年度的奖金以及2020年度的奖金，但双方的劳动合同中对上述奖金的发放并无约定，金某亦未举证证明Y公司对奖金的发放作出过制度规定或相应承诺，故Y公司是否发放奖金属于用人单位的经营自主权。金某仅凭完成工作任务且往年发放过上述奖金即主张已经形成惯例且上述奖金成了工资的组成部分，显然未尽到举证义务，应当承担举证不利的后果，法院判决驳回金某的全部诉讼请求。

（2022）京01民终10356号

[案例6]

孙某于2008年入职A公司，从事保险业务查勘工作。2021年3月，A公司以总公司架构调整及分公司业务转型为由，解除了与孙某的劳动合同。孙某要求A公司依据以往发放年终奖的惯例支付其2020年的年终奖。

A公司拒绝支付，认为双方之间没有关于发放年终奖的规章制度，A公司的年终奖是给予员工的一种特殊奖励，不适用于所有员工，年终奖的性质属于福利，公司有权根据经营情况自主决定年终奖是否发放，孙某2020年度绩效考核结果为“不成功”，不在发放年终奖的范围内。

电子邮件及考评结果证明孙某2020年全年在职，并且参加了2020年的绩效考核，孙某的上级领导对孙某的考核结果为“成功”，但孙某的最终考评为“不成功”。

[法院观点]

一审法院认为，向劳动者支付年终奖金不是用人单位的法定义务，孙某与A公司亦没有发放年终奖的书面约定，孙某主张A公司以往均支付了年终奖，据此要求2020年年终奖的请求缺乏依据，不予支持。

二审法院认为，孙某提交的2011～2019年的银行账户流水单显示，年终奖属于A公司每年固定的发放收入。孙某的上级领导对孙某的考核结果为“成功”，但孙某的最终考评为“不成功”，A公司对于这一点未能作出合理解释。基于此，法院认为孙某提交的证据足以证明A公司应向孙某发放2020年年终奖，奖金金额由法院根据孙某历年发放年终奖的数额予以酌定。

（2022）京02民终2156号

江苏案例与导引

[案例7]

吕某原系W公司员工，双方最后一份劳动合同的期间为2017年1月1日至2019年12月31日，吕某岗位为营运管理，合同约定吕某执行年薪制，不再另计各类加班费。

吕某2016年劳动报酬为年薪20万元（平时发放12万元，年末发放8万元）、奖励7万元、集团董事会奖励1万元；吕某2017年劳动报酬为年薪20万元（平时发放12万元，年末发放8

万元)、奖励10万元、集团董事会奖励1万元。2019年2月3日,W公司支付给吕某5万元。

吕某要求W公司参照往年支付惯例,向其发放2018年年终奖10万元。W公司2018年度审计报告显示,2018年综合收益为49.6万元,2017年综合收益为5175.8万元。

[法院观点]

法院认为,发放年终奖是用人单位的一种自主行为,目前法律、法规并无要求用人单位发放年终奖的具体规定。年终奖的发放与核定依据一般为劳动合同的约定或者用人单位的规章制度。若劳动合同或者用人单位规章制度中有明确规定,则用人单位必须按照约定或规章制度发放相应年终奖,如果没有劳动合同约定或者规章制度规定,用人单位可以不发,也可以根据本年度的综合经营状况以及劳动者个人年度工作表现来决定是否发放年终奖。本案中W公司2018年的综合收益较2017年大幅下降,吕某主张W公司依照2017年的标准支付年终奖10万元,既无双方合同依据或公司制度依据,亦与常理不符,法院难以支持。

(2019)苏06民终4151号

[案例8]

高某自2006年起入职D公司从事长春地区销售工作。2019年1月9日,因长春地区销售业绩不佳,D公司决定进行组织架构调整,撤销高某所在岗位,并于2019年5月5日与高某解除劳动关系。高某要求D公司支付2018年年终奖。

法院查明,高某入职以来,D公司每年均向高某支付年终奖,双方对年终奖没有约定,公司对于高某的业绩考核也没有明确标准。

D公司认为,年终奖每年根据业绩情况发放,且双方从未明确约定必须发放年终奖,2018年高某业绩不佳,无须向其发放2018年度年终奖。

[法院观点]

法院认为,高某入职后,D公司每年都支付年终奖,已经形成惯例。即使没有约定,按照已形成的惯例,D公司仍然需要发放2018年度年终奖。因双方均未提供发放标准,法院酌情以高某2017年度获得的年终奖金额为高某2018年度年终奖的标准。

(2019)苏0591民初10008号、10017号

问题导引

Q5: 劳动者离职时(辞职、被单方解除、劳动合同届满未续签等),未到年终奖规定发放时点,可否(按比例)获得离职当年的年终奖金?用人单位可否规定离职劳动者不享受年终奖?劳动者是否做满一个考核周期对问题的结论有无影响?

A: 实务中对于离职劳动者是否享受年终奖存在争议。如果用人单位对于年终奖金的发放没有明确的约定或规定,劳动争议仲裁机构和法院很可能从保护劳动者的角度出发,认定年终奖金是工资的组成部分,并认定用人单位对离职劳动者依然有义务支付年终奖金。此外,法院还可能引用“同工同酬”的原则来处理年终奖问题,如果劳动者能够充分举证证明用人单位有发放年终

奖的惯例,当年度单位向其他在职劳动者发放了年终奖等事项,按照同工同酬、公平合理的原则,劳动争议仲裁机构或法院可能会支持职工得到属于自己的一份年终奖,但此份年终奖往往会基于劳动者当年度的在职天数按比例折算。

实践中,不少用人单位对年终奖金的发放制定有规章制度,并明确规定劳动者在年终奖发放之前离职即不再享有年终奖。但即使有明文规定,也不一定能得到法院判决的支持,裁审机构会综合考虑以下相关因素:(1)劳动者是否工作满考核周期;(2)劳动者是自愿辞职还是被违法解雇;(3)年终奖发放的有关规则是单位规章制度规定还是双方的约定。这些因素交织,赋予了裁审机构自由裁量权,导致判决结果较难预测。

第一,从劳动者是否已工作满考核周期来考量。第一种情形是劳动者在服务满 1 个奖金年度或接近满 1 个奖金年度后离开用人单位。该种情形下,由于劳动者离职之时作为年终奖金考核依据的绩效结果事实上已经确定,甚至可能用人单位已经完成对劳动者的绩效考评,只是在实际核发奖金时劳动者已经离开用人单位。此时,裁审机构支持离职劳动者关于年终奖主张的可能性比较大。第二种情形是劳动者在用人单位没有服务满 1 个奖金年度而于年中离职,劳动者关于年终奖金的主张是按照已付出劳动的月份按比例提出的。在这种情形下,由于劳动者没有做完一个完整的考核周期,劳动者离职之时作为年终奖金考核依据的绩效结果尚未确定,因此裁审机构支持离职劳动者关于年终奖主张的可能性相对较小,但需要注意的是,实务中仍然存在支持劳动者年终奖主张的判例。

第二,从劳动者是自愿辞职还是被违法解雇来考量。第一种情形是劳动者自愿辞职,因其对于年终奖发放的规则早已知晓,属于明知离职将带来失去获得年终奖资格的后果,但仍然为之。从法律上,应视此为对自身预期权利的一种放弃,劳动者应自行承担权利放弃的后果,丧失年终奖的获得资格。第二种情形是劳动者被用人单位违法解除劳动合同在先,导致劳动者被迫提前离职,继而无法根据年终奖规定的发放时点获得年终奖,用人单位对劳动者无法获得年终奖的结果存在过错,裁审机构倾向于由用人单位承担劳动者无法获得年终奖的责任。此时,如果劳动者工作未满考核周期,裁审机构可能参照上年度(或前几个年度)的标准,从公平性原则出发,按劳动者实际工作时间的比例酌定年终奖数额,需要指出的是,该处理方式是多数裁审机构从公平合理的原则出发,尽量填补劳动者因被违法解雇而遭受的损失的结果,不具有普遍的指导意义。第三种情形是劳动者因为劳动合同期限届满而未能做满全年,这种情况也属于非因劳动者个人原因造成的,如果用人单位在该年度向全体劳动者发放了年终奖,但不向劳动合同届满终止的劳动者发放年终奖,可能会被认定为违反公平原则,劳动者要求按比例支付年终奖的主张很可能会得到法院的支持;如果用人单位的规章制度对此种情况作了明确的规定并告知,裁审机构的观点并不统一,有观点认为,合同期满不续签导致劳动者未做满考核周期的,劳动者没有过错,从合理性角度评判,应当给予劳动者一定金额的年终奖,也有观点出于对用人单位规章制度的尊重而认可不发放奖金的做法。

第三,从发放年终奖属于单位规章制度规定还是双方约定来考量。与单位规章制度的效力相比,用人单位和劳动者达成的约定具有更高的效力。这是因为单位规章制度的生效条件仅需经过民主程序讨论并公示,无须得到每一个劳动者的同意,规章制度虽然适用于该单位的所有劳动者，但并不代表所有劳动者均同意该规章制度的全部内容。单位与劳动者的约定，如劳动合同，充分表达了双方协商一致的真实意思表示，对约定的相对人具有特异性效力，双方均需受该约定内容的全面约束。当单位规章制度与双方约定相冲突时，秉承特别规定效力高于一般规定效力的法律原则，应优先适用双方的约定内容。因此，当单位与劳动者达成了关于年终奖发放的特别约定后，该约定的效力高于单位规章制度对于年终奖发放的一般规定的效力。司法机关一般会尊重双方之间的事前特别约定，甚至涉及违法解雇因素时，司法机关亦会优先考量约定的效力。

综上所述，司法实践中，对于离职后即不享有年终奖发放资格的规则，裁审机构会倾向于支持考核周期已届满的劳动者获得年终奖，并会结合考虑该劳动者是属于主动辞职放弃权利还是被违法解雇在先，同时很大程度上会尊重双方事先的约定。

北京案例与导引

［案例 9］

江某于 2018 年 5 月 1 日入职北京 S 公司，2022 年 1 月 8 日，江某以主动离职的方式与 S 公司解除劳动合同。江某要求 S 公司支付 2021 年年终奖金。

S 公司主张，公司《就业守则》第 66 条显示：奖励的审查期间为每年 1 月 1 日至 12 月 31 日，奖励对象为入职 3 个月以上且依然在职的员工。由于发放奖励时江某已不在职，公司据此不向江某发放年终奖金。

［法院观点］

法院认为，江某于 2022 年 1 月离职，2021 年全年均在北京 S 公司工作。考虑到年终奖金的计算与发放存在时间上的延迟，《就业守则》要求发放奖金时员工依然在职明显缺乏合理性。S 公司应向江某发放 2021 年度年终奖金。

（2023）京 02 民终 252 号

上海案例与导引

［案例 10］

刘某于 2012 年 7 月 2 日进入 Z 公司工作，双方另签有岗位聘约，约定刘某任职交易部总经理兼资产管理二部总经理，岗位薪酬为每月税前 31，667 元，其中岗位工资 30%，岗位奖金 40%，岗位补贴 30%。

同时岗位聘约约定，刘某有权依据 Z 公司相关的规章制度获得相应奖金，但在 Z 公司相关规章制度规定的考核期内双方劳动合同解除或终止的，刘某将自愿放弃并不得再要求 Z 公司支付该考核期内任何金额的奖金以及以往历次考核期递延发放的奖金，但 Z 公司明确承诺或曾经承诺支付的奖金除外。

刘某于2017年8月11日离职,Z公司未向其发放上述奖金,刘某要求Z公司支付其2016年度项目提成差额、2016年度年终奖差额、2015年专项激励奖金。

[法院观点]

法院认为,用人单位可以根据企业经营效益,建立有利于企业经营发展,又能调动劳动者积极性的激励机制。本案中双方争议的三笔钱款均属Z公司、刘某约定的刘某固定薪酬之外的额外奖励,其性质上应属Z公司自主经营范畴之内的可由Z公司依法自主决定发放条件以及发放金额等的奖金范畴。

据此,Z公司应否发放给刘某该三笔奖金性质的奖励,应根据Z公司针对该三笔奖励所制定的相应规章制度以及Z公司、刘某之间的特殊约定综合判断。根据Z公司的规章、办法,Z公司在赋予员工相关考核奖金、激励奖金获取权利的同时,设定了包括在员工离职情况下可不发放相关递延奖金等在内的限制条件。

刘某本人亦签署了岗位聘约,确认在考核期内双方劳动合同解除或终止的情况下,将自愿放弃并不得再要求Z公司支付该考核期内任何金额的奖金以及以往历次考核期递延发放的奖金。结合基金行业特点、双方劳动合同约定、规章制度的规定及刘某的离职原因,Z公司以刘某离职为由不予发放刘某三笔系争奖金,确有依据。

综上,法院不予支持刘某要求Z公司支付某2016年度项目提成差额、2016年年终奖金差额、2015年专项激励奖金的请求。

(2019)沪01民终1486号

[案例11]

侯某于2018年5月29日入职Z公司,双方签订为期3年的劳动合同,截止日期为2021年5月28日。侯某每年根据公司业绩及本人工作表现享有年度奖金。Z公司《员工手册》规定,每年12月31日在岗的员工才能享受年终奖金。劳动合同到期前,Z公司向侯某发出劳动合同终止通知书,告知侯某合同到期后不再续签,年度奖金按照公司制度执行。因侯某处于病假期间,双方劳动合同顺延至2021年7月1日终止,Z公司未支付2021年度奖金。侯某要求Z公司按照当年度服务期限折算2021年度的年终奖。

[法院观点]

法院认为,虽然《员工手册》规定每年12月31日在岗的员工才能享受年终奖金,但侯某系因Z公司决定到期不续签劳动合同而在2021年7月1日离职,未能工作至12月31日并非侯某主观原因所致,因此,从公平合理的角度考虑,Z公司应按照侯某在职时间折算2021年上半年度的奖金。

(2022)沪01民终7996号

广东案例与导引

[案例12]

张某原系S公司员工,录用通知书约定,奖金的发放取决于当年度公司业绩、部门业绩及个人绩效结果,且依据当年度的实际工作折算,具体规则将依据公司当年度的薪酬激励方案确定。S公司曾支付给张某2018年度十三薪15,000元以及年终奖合计20,693.33元。2019年12月27日,S公司以张某严重违纪为由与张某解除劳动合同,后经法院认定构成违法解除。张某要求S公司支付2019年度年终奖。

S公司主张2019年度经营亏损且全员均未发放2019年度年终奖,张某无权要求S公司向其支付2019年年终奖金。

[法院观点]

法院认为,录用通知书载明奖金的具体规则根据公司的薪酬激励方案确定。S公司主张12月31日前被解雇的员工不参与考评,不符合奖金获得资格,但并未提交薪酬激励方案予以证实,且在S公司违法解除劳动合同的情况下,该主张明显不合情理,相应的年终奖金应当根据张某当年度的实际工作时间折算发放。故法院对张某2019年度年终奖金的诉请依法予以支持。

关于年终奖金的金额,张某主张按照15,000元(考核结果为A)的标准发放并无事实依据。已有证据可证明S公司处已启动2019年度考核程序,S公司已通过电子邮件的方式通知员工,张某已填写2019年度CTS绩效评估文件并以电子邮件的方式提交,但S公司未提交证据证实张某的考核结果,应当承担举证不能的不利法律后果,故法院合理参照张某上一年度年终奖的金额并按其2019年的实际工作时间折算,确定张某2019年1月1日至2019年12月27日的年终奖金额为5857.71元(计算公式为20,693.33元-15,000元÷365天×361天)。

(2020)粤03民终28317号

实务小贴士

在年终奖金制度上,笔者建议用人单位充分利用好规章制度和劳动合同等。由于目前对年终奖金是否属于法定劳动报酬仍然存在一定的分歧,所以用人单位可以在对劳动报酬进行一般规定外,另行详细明确年终奖金的发放范围和条件、发放标准和发放方式等。用人单位可以通过制定和完善有关规章制度的方式对上述内容进行规定,也可以直接在与劳动者签订的劳动合同中加以约定。规章制度的制定和修订必须告知劳动者,同时最好能够经过法定的民主程序。在劳动者离职前做好阐明沟通工作,尽量减少事后的争议。

9.3 十三薪

解析

十三薪，也称年底双薪或第 13 个月工资，通常是指劳动者在工作期满 1 年后，用人单位向劳动者额外多支付 1 个月的工资作为奖励。

目前我国法律法规并未对十三薪的适用作明确规定，十三薪制度多见于外资用人单位，相关劳动争议目前也仅限于司法实践层面的讨论。

问题导引

Q6： 应当如何准确看待十三薪的性质？用人单位是否必须支付十三薪？

A： 尽管十三薪包含“薪”字，然而，司法实践中对十三薪的性质存在争议。有观点认为十三薪属于奖金，用人单位有权决定是否发放十三薪以及发放标准、范围和方式。在十三薪被认定为奖金的情况下，劳动者没有做满全年的能否主张十三薪，可以参考前述问题导引 5 的解析。不过主流观点倾向于将十三薪定性为劳动报酬，此时用人单位将被要求支付十三薪。如果用人单位规定了十三薪制度，但没有规定发放条件等细则，裁审机构也较可能将其纳入工资范畴，要求用人单位必须支付。

北京案例与导引

［案例 13］

罗某于 2000 年 11 月 9 日入职 M 公司，双方劳动合同约定：“五、劳动报酬……（二）双薪，年底双薪是对员工全年工作的一种奖励，并于每年年底发放的薪金。公司将以 12 月份的基本工资为标准，发放年底双薪。如乙方在甲方服务未满一年甲方按照实际工作时间按比例折算。员工于当年 12 月 31 日尚在试用期的，或于 12 月 31 日前已经离职的，将不享受双薪。”2019 年 11 月 20 日，罗某因在项目招投标过程中安排他人进行虚假报价，构成严重违纪被 M 公司解除劳动合同。罗某要求 M 公司支付 2019 年度十三薪。M 公司认为，依据劳动合同的约定，罗某不符合领取十三薪的条件。

［法院观点］

法院认为，根据双方签订的劳动合同的约定，12 月 31 日前已经离职的，将不享受双薪。罗某虽然主张安排他人围标的行为受益人是 M 公司，但是该行为系串通投标，是一种违背诚实信用、扰乱市场秩序的行为，即使受益人是 M 公司，也不能使罗某行为合法化。M 公司因罗某严重违纪而解除劳动合同并不违法，罗某在 12 月 31 日前离职，根据劳动合同的约定，罗某不符合获得十三薪的条件，法院对罗某的诉请不予支持。

（2022）京 03 民终 5426 号

广东案例与导引

[案例14]

张某原系S公司员工,2019年12月27日,S公司以张某严重违纪为由与张某解除劳动合同,之后经法院认定构成违法解除。双方并无关于年度第十三薪的书面约定,但2018年度第十三薪已发放,张某主张年度第十三薪系S公司的固定发放项目,要求S公司支付2019年度第十三薪。S公司认为十三薪系企业奖励形式,由企业根据经营状况及劳动者的工作表现予以发放,无固定金额,也不属于法定必须支付的劳动报酬,S公司无须向张某支付该笔费用。

[法院观点]

法院认为,张某主张年度第十三薪系固定发放项目并无证据证实;而年度第十三薪非属法定应当支付项目,因此,S公司在不违反法律的强制性规定和劳动合同约定的情况下,依法享有薪酬分配自主权,其是否发放年度第十三薪为其经营管理权限内的自由事项,故对张某关于2019年度第十三薪的请求,法院不予支持。

(2020)粤03民终28317号

问题导引

Q7: 劳动者离职时,用人单位是否应当向劳动者支付离职当年的十三薪?用人单位的原因导致劳动者在十三薪发放之前离职的用人单位是否应当向劳动者支付十三薪?

A: 目前比较常见的十三薪制度,是劳动者在用人单位工作期每满1年,用人单位会在每年第12个月向劳动者多发放1个月的工资。一般约定的发放条件是劳动者当年年底必须仍然在职。如果用人单位约定了这一条件,同时明确指出劳动者离职(包括用人单位提出解除劳动合同的情形)将无法取得当年的十三薪,那么劳动者提出要求支付十三薪的主张将很难得到支持。但是,如果是用人单位的原因导致劳动者在十三薪发放之前离职的,或者用人单位的解除理由被认定为不成立,那么劳动者要求用人单位支付十三薪的主张很可能会得到司法机关的支持。

若用人单位并未明确规定发放条件,而仅简单规定在第12个月发放十三薪,则不排除劳动争议仲裁机构或法院会将"在第12个月发放"视为发放的时间条件,而不要求劳动者发放时在职,进而要求用人单位按劳动者当年在职时间占全年比例向劳动者支付十三薪的可能性。

北京案例与导引

[案例15]

邹某原系S公司员工。2021年12月30日,S公司以邹某严重违纪为由,与邹某解除劳动合同,之后经法院认定构成违法解除。邹某要求S公司支付2021年度十三薪。

[法院观点]

法院认为,S公司主张无须支付十三薪的理由在于邹某于当年度12月31日前与该公司解除劳动合同,但法院已认定S公司系违法解除劳动合同,当事人不应从自身的违法行为中获益,故S公司仍应负有相应的支付义务。

(2022)京01民终10262号

山东案例与导引

[案例16]

梁某于2004年入职T公司,任职销售助理。2019年11月29日,T公司向梁某发送关于统筹安排年假及待岗通知书:"……公司正式通知您,自2019年12月1日开始进入统筹安排年假及待岗期间,待岗期间无须到岗工作。"2019年12月26日,T公司因经济性裁员,与梁某解除劳动合同并支付经济补偿金。梁某要求T公司支付2019年度十三薪。

T公司提供《薪资计算与发放管理制度》及制定民主程序材料、培训记录表,其中该制度第4.1.2.3条规定,员工离职(包括劳动合同解除、终止、中止等各种情形)的最后工作日,在12月31日之前的,则不享受当年十三薪。梁某对该制度真实性没有异议,但认为非梁某主动离职,不适用该条规定。

[法院观点]

一审法院认为,因《薪资计算与发放管理制度》中明确规定,员工离职(包括劳动合同解除、终止、中止等各种情形)的最后工作日在12月31日之前的,则不享受当年十三薪,梁某要求T公司支付2019年度十三薪的诉讼请求,一审法院不予支持。

二审法院认为,T公司于2019年12月26日因经济性裁员通知梁某解除劳动合同,并非梁某个人主动离职,劳动合同解除时间由T公司决定,其根据《薪资计算与发放管理制度》中"员工离职的最后工作日在12月31日之前,不享受十三薪"的规定主张不予支付梁某2019年度十三薪,缺乏法律依据。梁某要求T公司支付2019年度十三薪于法有据,二审法院予以支持。

(2021)鲁02民终15043号

问题导引

Q8: 用人单位应当如何计算十三薪?

A: 关于如何计算十三薪,首先应当看用人单位是否对计算方式进行了规定。如果用人单位对此有明确规定,则依照规定进行计算;如果用人单位对此没有作出规定,仲裁员或法官倾向于把当年月平均工资作为十三薪的计算基数,年中解除劳动关系而仲裁员或法官认为应当支付十三薪的,倾向于把解除前劳动者12个月月平均工资作为十三薪计算基数。

北京案例与导引

［案例 17］

李某于 2019 年 4 月 1 日入职 Y 旅行社，担任管理中心副总经理，薪资结构为本薪 24,500 元加月度绩效 10,500 元加专业津贴 15,000 元（需发票）。劳动关系解除后，李某要求 Y 旅行社按一个月工资标准支付十三薪。

［法院观点］

一审法院认为，Y 旅行社发布过 2019 年十三薪发放的通知，该通知的内容可以证明，公司存在 2019 年十三薪，但是关于具体发放标准，该通知未作出规定，因此法院采信李某的主张，Y 旅行社应按一个月工资标准支付给李某年终奖金。遂判决 Y 公司支付给李某十三薪 50,000 元（本薪 + 月度绩效 + 专业津贴）。

二审法院采信李某关于十三薪的主张，Y 旅行社应按一个月工资标准支付十三薪。关于李某该笔十三薪的支付标准，应按照李某 2019 年当年月平均工资予以核算，一审按照 50,000 元标准支付不当，该院予以更正。

（2021）京 02 民终 13516 号

实务小贴士

用人单位采用十三薪制度的，应当对十三薪的发放范围、发放标准和发放方式进行详细规定。用人单位可以制定并完善有关规章制度，也可以直接在与劳动者签订的具体劳动合同中加以约定，从而避免实践中的不确定因素。

9.4　提成

解析

提成，是指将用人单位盈利按照一定比例或方式在用人单位和劳动者之间分成，以实现对劳动者的激励。提成通常适用于销售人员或类似岗位的人员。提成方式可以有多种，一般按照业务量或销售额计算提成，全额提成和超额提成是两种主要的提成方式。

法律依据

虽然销售提成在实务中经常被叫作奖金或业务奖金，但提成在属性上有计件的成分。根据《国家统计局关于工资总额组成的规定》的规定，"按营业额提成或利润提成办法支付给个人的工资"是计件工资的一种。因此，提成应属于工资的范畴。但因为在普通的观念里，提成通常被和奖金放在一起讨论，为了便于读者理解，把"提成"放在"奖金"关键词之下。

用人单位实行提成制，首先要确定合适的提成指标；其次应当明确提成的适用期间、考核标准以及提成的计算方式等。如果用人单位希望在销售额之外将回款作为提成指标之一，那么应当作出明确的规定。

问题导引

Q9：劳动者要求用人单位支付提成，应由谁来承担举证责任？

A：根据《劳动争议调解仲裁法》第 6 条的规定，发生劳动争议，当事人对自己提出的主张，有责任提供证据。与争议事项有关的证据属于用人单位掌握管理的，用人单位应当提供；用人单位不提供的，应当承担不利后果。因此，劳动者主张用人单位支付提成的，应当对劳动者与用人单位之间存在关于提成的约定以及劳动者完成工作的情况等承担举证责任。但是，当劳动者完成初步的举证责任之后，用人单位否认劳动者主张的销售额、回款额等提成计算依据的，由于这些销售数据属于用人单位应当掌握管理的，所以用人单位对此负有举证责任。

北京案例与导引

［案例 18］

郝某于 2021 年 5 月 6 日入职 K 公司，2022 年 1 月 24 日，K 公司以郝某严重违纪为由解除双方劳动合同。郝某要求 K 公司支付提成工资。

庭审期间，郝某提交 2021 年个人经营目标责任书作为双方约定过提成工资的证据，但是该责任书未加盖 K 公司印章。此外，郝某无法提供其他能够证明其应享受高额提成工资的证据。

［法院观点］

法院认为，当事人对自己提出的诉讼请求所依据的事实有责任提供证据加以证明，没有证据或者证据不足以证明当事人的事实主张的，由负有举证责任的当事人承担不利后果。郝某上诉要求 K 公司支付提成工资，但其提交的证据不足以证实双方就提成工资达成协议，郝某的请求缺乏依据，法院对郝某要求 K 公司支付提成工资的请求不予支持。

（2022）京 02 民终 14655 号

［案例 19］

陈某于 2019 年 5 月 13 日入职 B 公司，担任业务员，陈某每月基本工资为 3640 元，另有绩效、津贴、补助等费用。同时，B 公司每年支付业绩提成，考评周期为 3 月 1 日至次年 2 月 28 日，B 公司未发 2020 年 3 月 1 日至 2021 年 2 月 28 日的提成，陈某要求 B 公司支付该段期间的业绩提成 27，282.98 元。

陈某提交 2020 年销售任务责任书，证明 B 公司对提成有制度规定。双方均认可 2020 年 3 月 1 日至 2021 年 2 月 28 日的回款总金额为 2，550，797.99 元。B 公司认为陈某不符合领取提成的条件。

［法院观点］

法院认为，提成是劳动者正常劳动的报酬，属于涉及劳动者切身利益的重大事项。本案中的 2020 年销售任务责任书载明，2020 年 3 月 1 日至 2021 年 2 月 28 日，陈某的年销售任务为 300 万元。双方虽约定了支付业绩提成的三个条件：销售责任人在考核期内完成公司下达的年度销售回款额达 70% 以上,实施团队在合同约定期内将项目实施完成、通过用户验收,经公司财务部门核算后项目整体收益率在 20% 以上,但第二项、第三项条件不属于劳动者可以控制及掌握的情况,B 公司亦未提交证据证明项目应验收而未验收及收益率不达标,且 B 公司曾同意先行支付 50%。2020 年 3 月 1 日至 2021 年 2 月 28 日回款总金额为 2,550,797.99 元,而 2020 年销售任务责任书载明 2020 年 3 月 1 日至 2021 年 2 月 28 日陈某的年销售任务为 300 万元,B 公司应支付给陈某提成。B 公司未提交证据证明陈某回款额的组成部分,法院对陈某主张软件费用 299,000 元、服务费用 2,251,797.99 元予以采信。双方约定回款完成年度销售回款总额在 90% 以下 80% 以上,按销售回款总额服务 2% 、软件 3% 计算提成,B 公司应支付陈某 2020 年 3 月 1 日至 2021 年 2 月 28 日业绩提成 54,005.96 元。

(2023) 京 01 民终 223 号

问题导引

Q10: 用人单位是否可以在统计提成计算基数时扣除劳动者尚未收回的货款?

A: 实践中,回款通常是考核销售人劳动者业绩的重要指标之一。因此,用人单位在薪酬协议或者规章制度中规定回款额是计算发放提成依据的,则用人单位将劳动者未收回货款从提成计算基数中剔除是有合理依据的。

山东案例与导引

[案例 20]

李某自 2016 年 12 月 1 日至 2019 年 2 月 9 日在 L 修配厂从事销售工作。李某 2018 年度签订了 5 份销售合同,共销售毛巾纵缝机 6 台,计款 166 万元,款项已付清,L 修配厂付给李某提成 13,000 元;医疗巾横缝机 3 台,计款 330 万元,已付款 198 万元。李某要求 L 修配厂支付 2018 年度提成工资 102,000 元。

[法院观点]

法院认为,提成的计算和发放不能仅以合同的签订为标准,应结合合同的履行情况和货款的回收情况计算。李某主张的 2018 年度提成,除 2018 年 6 月 7 日签订的销售合同未支付提成外,其余 4 份销售合同,双方已根据实际情况协商结算完毕,共计 13,000 元,而 2018 年 6 月 7 日签订的 330 万元的销售合同已经履行,已收回 198 万元,仍有 132 万元货款尚未收回,因双方对该种情形下提成的支付未有明确约定,故根据公平公正原则,L 修配厂应按回款比例和其他 4 份合同的提成比例计算和发放李某的提成,故李某应得提成工资为 58,680 元[(30,000 元 × 3 台 + 13,000 元 ÷ 5 台 × 3 台) × (198 ÷ 330) 元]。

(2020) 鲁 07 民终 2570 号

No. 10 福利待遇

根据《劳动合同法》的相关规定,用人单位可以与劳动者在劳动合同中约定福利待遇等事项。除法定与工作岗位相关的福利待遇外,用人单位为了吸引、培养人才,通常会提供额外的福利待遇以提升用人单位在人才招聘中的吸引力。实践操作中,福利待遇的形式五花八门,如补充保险、培训、出资招用、落户、提供住房汽车、费用报销、旅游、度假等。

由于福利待遇的形式多样且极具灵活性,所以具体哪些项目属于福利待遇经常令人产生误判。值得注意的是,用人单位提供的许多法定津贴、补贴往往被混淆理解为福利待遇,如高温津贴,事实上这些费用不属于劳动法意义上的福利待遇。

到底该如何界定劳动法意义上的福利待遇呢?可以从以下三点进行判断。

首先,福利待遇应是一种收益,这种收益既可以是用人单位为员工提供的实质性财产型收入,如补充保险、股份期权等;也可以是用人单位为劳动者带来的无形的技能提升或精神上的享受,如出资培训、旅游等。

其次,福利待遇应是用人单位为劳动者提供的工资报酬之外的收益。原因在于,工资是用人单位依劳动者所付出的劳动而支付的报酬,是一种对等的回报,而福利待遇的功能与此不同;并且根据《关于工资总额组成的规定》第 4 条的规定,职工福利明确被排除在工资之外。

最后,福利待遇具有特定性,即使在同一家用人单位、同一个工作岗位,福利待遇也并不是每个劳动者都可以享有的。如岗位津贴只发放给特定岗位的劳动者;某些住房、用车待遇只提供给在用人单位达到一定级别的劳动者。

福利待遇关键词中涉及的二级关键词	
10.1	低温津贴
10.2	独生子女费
10.3	保健食品费

10.1 低温津贴

解析

法律依据

低温津贴是用人单位为在低温环境下作业的劳动者发放的特殊岗位津贴,也称"取暖补贴""防寒费""过冬费"。常见的发放低温津贴的情形有冬季低温户外作业、冷库作业等。与高温津贴(见"工资"关键词项下的"津贴、补贴"一词)的强制性不同,国家层面的法律法规并未对低温津贴的发放有强制性要求,也没有同高温津贴适用条件一样的全国性标准,因此低温津贴的发放多表现为用人单位根据企业经济状况、劳动者岗位的不同,自主决定向劳动者提供的福利待遇。尽管低温补贴无强制性要求,但值得用人单位注意的是，对于在户外低温环境下作业或在低温冷库中作业的劳动者，用人单位向其提供充足的劳动防护用品（见“劳动安全卫生”关键词项下的“劳动防护用品”一词）以保护在低温环境下工作的劳动者，是用人单位的法定义务。

辨析

• 高温津贴与低温津贴

高温津贴，是指在高温环境下作业的劳动者所应获得的特定岗位津贴。高温津贴与低温津贴因同为针对特殊温度环境或工作环境发放的一种津贴而时常被同时提起。二者除在适用的具体条件及发放标准等方面存在显著差异外，更值得用人单位注意的是，国家层面颁布了《防暑降温措施管理办法》，专门针对高温津贴的适用条件及标准进行了统一规定，并且根据《防暑降温措施管理办法》第 17 条的明确规定，用人单位发放的高温津贴应纳入工资总额计算；低温津贴的适用条件、支付标准、是否纳入工资总额等均无明确规定。因此，根据前文所述判断福利待遇的三大标准之“应排除在工资报酬之外”的标准，本“福利待遇”关键词项下不包括“高温津贴”。

10.2　独生子女费

解析

法律依据

独生子女费是我国实行独生子女政策大背景下的特殊产物。独生子女政策实行期间，为配合、促进该政策的实行，国家对独生子女家庭进行奖励。根据 2015 年修正前的《人口与计划生育法》，国家提倡一对夫妻生育一个子女，自愿终身只生育一个子女的夫妻，国家发给独生子女父母光荣证。领取独生子女父母光荣证的独生子女父母可享受独生子女父母奖励，该奖励的主要表现形式为独生子女费。各地政府也有出台相应的独生子女费发放标准及发放办法。严格来说，独生子女费的性质更偏向于一种政策性的奖励，而非企业福利待遇，只是由于政策的原因，该笔费用在部分地区由企业来承担和发放而表现为企业发放的福利。

随着全国人大常委会在 2015 年修正《人口与计划生育法》，中共中央、国务院在 2015 年 12 月 31 日发布《关于实施全面两孩政策改革完善计划生育服务管理的决定》，全面两孩政策的推出宣告独生子女政策成为历史，而独生子女政策背景下的独生子女费也迎来了调整。实施全面两孩政策后，提倡按政策生育。对自愿生育一个孩子的夫妻，不再发放独生子女父母光荣证，不再享受独生子女父母奖励费等相关奖励优待政策。之前已经领取独生子女父母光荣证的，继续按规定的条件、标准、年限，享受各项计划生育奖励优待政策。已经领取独生子女父母光荣证要求再生育的，不再享受独生子女父母奖励优惠待遇，此前享受的不退还。根据《人口与计划生育法》（2015 年修正）第 27 条的规定，在国家提倡一对夫妻生育一个子女期间（2016 年 1 月 1 日前），自愿终身只生育一个子女且获得独生子女父母光荣证的夫妻，按照国家和省、自治区、直辖市有关规定享受独生子女父母奖励。实践中，多地也已经出台与此相呼应的政策（见表 10－1）。

表 10－1　部分省市独生子女费发放标准和发放办法

地区	发放标准	发放办法	相关法规	其他
北京	自领取独生子女父母光荣证之月起至独生子女满 18 周岁止:10 元/月。 独生子女的托幼管理费和 18 周岁之前的医药费由夫妻双方所在单位依照有关规定报销。 独生子女父母,女方年满 55 周岁,男方年满 60 周岁的,每人享受不少于 1000 元的一次性奖励	有工作单位的人员,由所在单位发给。 在人才交流中心、职业介绍中心存档的人员,单位委托存档者,由委托存档单位发给;个人委托存档者,由街道办事处发给。 档案关系在街道办事处的无业人员,由街道办事处发给。 农村居民,由乡镇人民政府发给	《北京市人口与计划生育条例》《关于落实〈北京市人口与计划生育条例〉规定的有关奖励等问题的通知》	根据《〈北京市人口与计划生育条例〉(修正案)解读》,已获得独生子女父母光荣证的夫妻,继续按规定的条件、标准、年限享受各项奖励扶助、特别扶助、优先优惠政策。领取独生子女父母光荣证后再生育的,不再享受独生子女父母奖励优惠待遇,此前享受的不退还
上海	自领取独生子女父母光荣证之月起至独生子女年满 16 周岁前:30 元/月	有用人单位的,由用人单位支付。 无用人单位的,由其户籍所在地的镇(乡)政府、街道办事处支付	《上海市人口与计划生育条例》《上海市计划生育奖励与补助若干规定》(沪府发〔2022〕18 号)	根据《关于〈上海市人口与计划生育条例〉(修正案)政策解读》,获得独生子女父母光荣证的夫妻仍然可以按照国家和上海市有关规定享受有关奖励扶助待遇。原已领取独生子女父母光荣证、符合法律法规规定再生育子女的上海市户籍公民,应当注销其独生子女父母光荣证,并停止享受计划生育奖励扶助待遇,此前已经享受的待遇不予退回
广东	自领取独生子女父母光荣证之日起至子女满 14 周岁止:10 元/月	由夫妻双方所在单位各负担 50%。 职工以外的其他人员由当地人民政府统筹解决	《广东省人口与计划生育条例》	根据《关于做好全省"单独两孩"政策实施工作的通知》,已办理独生子女父母光荣证的"单独"夫妇可申请再生育一胎。批准再生育时应收回独生子女父母光荣证,并停止发放独生子女保健费(已发放的不要求退还)

10.3　保健食品费

解析

保健食品费,是指用人单位向特殊岗位或患病劳动者提供的用于改善上述劳动者饮食,保障其身体健康的一种补助。除针对特殊岗位或患病劳动者外,目前我国对保健食品费的发放并无强制性要求,即使地方政府有规定,各地也存在较大的差异。用人单位可根据自身行业和所处地区的不同情况,制定本企业的保健食品费制度,为有需要的劳动者发放一定的保健食品费,以保障劳动者的身体健康,调动劳动者的工作积

法律依据

极性。如上海劳动部门曾发布《关于改进本市企业保健食品费管理办法和调整发放标准的通知》,要求对特殊岗位,如接触有毒有害作业人员或从事高温作业的人员以及患有职业病的劳动者发放保健食品费。深圳市原劳动局和财政局也曾联合颁布《关于实行新的保健食品和防暑降温清凉饮料费发放办法的通知》,要求企业向从事有害健康作业的劳动者发放保健食品。用人单位在实务操作中应注意关注当地政策要求,以便按照政策要求及时向劳动者发放保健食品费。

No. 11 工作时间

工作时间，也称劳动时间或工时，是指法律规定劳动者履行劳动义务的时间。劳动者的最高工作时间由法律作限制性规定，劳动者的正常工作时间由集体合同或劳动合同约定，用人单位安排劳动者工作的实际时间不得超过法律规定的最高工作时间，否则用人单位应当承担相应的法律责任。

工作时间是用人单位计发劳动者报酬的重要依据之一。劳动者按照正常工作时间提供劳动的，可以获得相应的工资及福利待遇。如果用人单位安排劳动者加班，劳动者还可以获得加班工资。

我国现行的工时制度中，标准工时制是普遍适用的工时制度，也是其他特殊工时制的参照标准。除了标准工时制，比较常见的工时制度还包括综合计算工时制、不定时工作制、计件工时制等。

有关不同工时制度下的加班相关内容，具体请见“加班”关键词项下的“加班、加点”一词以及“工资”关键词项下的“加班工资”一词。

工作时间关键词中涉及的二级关键词	
11.1	标准工时制
11.2	缩短工时制
11.3	综合计算工时制
11.4	不定时工作制
11.5	计件工时制
11.6	延长工时制

11.1 标准工时制

解析

标准工时制，也称标准工作制，是指由法律明确规定的一昼夜的工作时间长度以及一周的工作日天数，并要求用人单位和劳动者在一般劳动条件下普遍实行的基本工时制度。

法律依据

实行标准工时制的劳动者每日工作 8 小时，每周工作 40 小时，一般安排在周一至周五工作。用人单位（国家机关除外）不能安排劳动者在周六和周日休息的，可以根据所在地的供电、供水和交通等实际情况，经与工会和劳动者协商后，灵活安排公休假日，但仍应保证劳动者每天工作时间不超过 8 小时，每周工作时间不超过 40 小时，每周至少休息一天。

劳动者在标准工时制下的劳动报酬，被称为正常工作时间工资。笔者建议，用人单位在劳动合同中明确约定劳动者的正常工作时间工资，具体数额可与劳动者协商后确定，但不能低于当地最低工资标准，并可以约定将正常工作时间工资作为加班工资计算基数。

11.2　缩短工时制

解析

法律依据

缩短工时制，也称缩短工作制，是指规定劳动者每个工作日的工作时间少于标准工作时间或每周工作天数少于标准工作天数的工作时间制度。

缩短工时制的适用范围仅限于在特殊条件下从事劳动或者有特殊情况的劳动者，具体包括哪些行业或者岗位的劳动者，只能由国务院或者国务院劳动行政部门规定，其他任何部门的规定均无效。就现阶段而言，主要包括：(1)从事矿山井下、高山、有毒、有害、特别繁重或者过度紧张的体力劳动者，以及防治、化工、煤矿井下、建筑冶炼、地质勘探、森林采伐、装卸搬运等行业或者岗位的劳动者；(2)从事夜班工作的劳动者；(3)在哺乳期工作的女性劳动者；(4)其他依法可以缩短工时制的劳动者。

11.3　综合计算工时制

解析

法律依据

综合计算工时制，也称综合计算工时工作制，是指用人单位因工作性质特殊需连续作业，或受季节及自然条件限制，无法实行标准工时制，因而采用以周、月、季、年等为周期，综合计算工作时间的一种工时制度。

综合计算工时制平均周期内的工作时间与法定标准工作时间基本相同，即平均每日工作时间不超过 8 小时，平均每周工作时间不超过 40 小时，平均每月工作时间不超过 166.64小时，平均每季度工作时间不超过 500 小时，平均年工作时间不超过 2000 小时。在综合计算周期内的某一具体周期内，日(或周)的实际工作时间超过 8 小时(或 40 小时)的，不视为加班。但综合计算周期内的总实际工作时间超过总法定标准工作时间的，应当视为加班，并由用人单位支付加班工资。如果工作日正好遇公休假日(双休日)，属于正常工作；如果工作日遇法定休假日，用人单位应当支付劳动者加班工资。

对于实行综合计算工时制的劳动者，用人单位应在保障劳动者身体健康并充分听取劳动者意见的基础上，采用集中工作、集中休息、轮休调休、弹性工作时间等适当方式，确保劳动者的休息休假权利和生产、工作任务的完成。部分地区为了保障劳动者的休息权利，限定了实行综合计算工时制的劳动者的日工作时间，如南京要求日工作时间最多不得超过 12 小时。第三级以上(含第三级)体力劳动强度的工作岗位的劳动者，每日连续工作时间不得超过 11 小时，且每周至少休息一天。

如果用人单位认为部分劳动者必须实行综合计算工时制，用人单位必须依法向劳动行政部门提出申请，并经批准后方可实行。不符合规定或未经批准而实行综合计算工时制的，最终可能面临劳动行政部门的处罚。例如，上海明确规定，对不符合规定和未经批准而擅自实行综合计算工时制的用人单位，劳动行政部门有权予以纠正，对情节严重的，还可以给予处理或处罚。

问题导引

Q1： 用人单位对哪些劳动者可以实行综合计算工时制？

A： 根据《劳动部关于企业实行不定时工作制和综合计算工时工作制的审批办法》的相关规定，综合计算工时制主要适用于：(1)交通、铁路、邮电、水运、航空、渔业等行业中因工作性质特殊，需连续作业的劳动者；(2)地质及资源勘探、建筑、制盐、制糖、旅游等受季节和自然条件限制的行业的部分劳动者；(3)其他适合实行综合计算工时制的劳动者。

对于那些在市场竞争中受外界因素的影响而生产任务不均衡的用人单位的部分劳动者，经劳动行政部门审批后，也可以参照适用综合计算工时制。部分地区对综合计算工时制的适用范围进行了更加明确的界定，表 11 - 1 列举了部分地区除原劳动部明确规定范围外适用综合计算工时制的其他劳动者岗位或工种。

表 11 - 1　部分地区适用综合计算工时制的岗位

地区	其他适用综合计算工时制的岗位
北京	受外界因素影响，生产任务不均衡的； 因劳动者家庭距工作地点较远，采用集中工作、集中休息的； 实行轮班作业的； 可以定期集中安排休息、休假的
上海	瓜果蔬菜种植、食品加工、服装生产等受季节条件限制、淡旺季明显，需集中作业、集中休息的岗位
天津	基本保持了与原劳动部规定类似的规定，在岗位所属行业上除原劳动部规定的行业以外，增加列举了海运、电信、内河航运、电力、石油、石化行业
重庆	因工作性质特殊或受季节及自然条件限制，需在一段时间内连续作业，采取以周、月、季、半年、年等为周期综合计算工作时间。例如交通、铁路、水运、航空、旅游、地质、石油、建筑、制糖、制盐等行业和受外界因素影响生产经营任务不均衡的部分工作岗位等
广东	因工作性质特殊或受季节及自然条件限制，需在一段时间内连续作业，采取以周、月、季、年等为周期综合计算工作时间
江苏	受市场因素影响生产任务不均衡企业的岗位； 因工作地点较远需要集中安排工作、休息的岗位； 法律、法规或国家规定的其他情形

Q2： 劳动者休年假的时间是否应计算为综合工时制度下的工时？

A： 《职工带薪年休假条例》规定，职工在年休假期间享受与正常工作期间相同的工资收入。据此，劳动者休年假期间可以视为提供了劳动，所以休年假的时间应当折算为工时，在计算周期内劳动者是否已超出总法定标准工作时间、用人单位应否支付加班费等问题时，劳动者休年假的时间应当折算为工时并计算在内。

11.4 不定时工作制

解析

不定时工作制，也称不定时工时制，是指用人单位因生产特点、工作特殊需要或职责范围的关系，无法按标准工作时间安排工作，或因工作时间不固定，需要安排劳动者机动作业所采用的弹性工时制度。

法律依据

尽管法律法规并未明确规定实行不定时工作制的劳动者的最高工作时间，但法律、法规同时要求用人单位确保劳动者的休息休假权利。部分地区为了保护劳动者的合法权益，限定了实行不定时工作制的劳动者的工作时间，如重庆要求实行不定时工作制的劳动者每天实际工作时间应与法定标准工作时间基本相同，平均每周至少休息一天。

问题导引

Q3： 用人单位对哪些劳动者可以实行不定时工作制？

A： 根据《劳动部关于企业实行不定时工作制和综合计算工时工作制的审批办法》的相关规定，不定时工作制主要适用于：(1)用人单位中的高级管理人员、外勤人员、推销人员、部分值班人员和其他因工作无法按标准工作时间衡量的劳动者；(2)用人单位中的长途运输人员、出租汽车司机和铁路、港口、仓库的部分装卸人员以及因工作性质特殊，需机动作业的劳动者；(3)其他因生产特点、工作特殊需要或职责范围的关系，适合实行不定时工作制的劳动者。

表 11－2 列举了部分地区其他适用不定时工作制的劳动者岗位或工种。

表 11－2 部分地区适用不定时工作制的岗位

地区	其他适用不定时工作制的劳动者
北京	长驻外埠的劳动者； 非生产性值班劳动者； 可以自主决定工作、休息时间的特殊工作岗位的其他劳动者
上海	值班驾驶、消防化救以及因工作性质特殊需机动作业或由劳动者自行安排工作时间的岗位
天津	对企业经营管理负有决策、指挥等领导职责的高级管理岗位，包括董事长、总经理、副总经理、董事、监事等； 劳动者可以自主安排工作时间且无考勤要求的技术、研发、创作等岗位
重庆	因生产特点、工作特殊需要或职责范围，无法按标准工作时间衡量、需机动作业而采取不确定工作时间，如高级管理人员、外勤人员、购销人员、装卸人员、长途运输驾驶人员、押运人员、小车驾驶员等

续表

地区	其他适用不定时工作制的劳动者
广东	因生产特点、工作特殊需要或职责范围，无法按标准工作时间衡量、需机动作业而采取不确定工作时间
江苏	国有企业中的高级管理人员（企业领导班子成员）；非国有企业中经营管理人员事先约定实行年薪制的；从事下列工种或者岗位的职工：(1)无法按标准工作时间衡量的外勤人员；(2)实行工作量与工资挂钩的推销人员、长途运输人员、押运人员；(3)实行工作量与工资挂钩的铁路、港口、仓库的部分装卸人员；(4)实行承包经营出租车的驾驶员；(5)非生产性值班人员

Q4： 用人单位实行不定时工作制是否必须经过劳动行政部门审批？

A： 在规定层面，实行不定时工作制的审批程序与实行综合计算工时制的审批程序完全一样。部分地区也有例外规定，如北京规定用人单位中的高级管理人员实行不定时工作制无须办理审批手续。

需要注意的是，近年来，一些地区出现案例，在劳动者的工作状态明显符合不定时工作制的工作特征且双方约定适用不定时工作制的情形下，即使没有劳动主管部门关于实行不定时工作制的审批，法院也支持适用不定时工时制度。

上海案例与导引

［案例 1］

李某担任 A 公司销售经理一职，双方签订了劳动合同，约定李某的工作岗位执行标准工时制度。A 公司《员工手册》规定："第四条加班、加班补休 1. 确因工作需要加班的，加班员工应事先填写《加班申请单》，经部门最高主管、人力资源部经理及总经理签核生效后方可加班，员工在公司没有批准的情况下自行延长工作时间或在非工作日自行上班的将不视作加班。2. 特殊情况：培训、出差、考察、已经享受加班补贴人员等不计入加班，特殊岗位：销售不计入加班。"李某起诉，请求 A 公司支付加班费。

［法院观点］

A 公司与李某签订的劳动合同中明确约定李某工作时间为标准工时制，李某从事销售岗位，虽该岗位具有一定特殊性，然而 A 公司可以针对特殊岗位向相关部门申请实行不定时工作制或综合工时制，且 A 公司《员工手册》规定所有员工需严格执行考勤制度，故李某认为其系标准工时制合理。因加班工资亦属劳动者报酬一部分，在 A 公司无相关部门批准的情况下，其以《员工手册》规定销售岗位不计加班时间为不支付加班工资的意见，法院不予采纳。李某提供的派车申请单、外埠出差申请单、考勤记录以及其与同事的微信聊天记录可以相互印证，证明其确实存在部分双休日加班及平时超时加班的事实，故 A 公司应支付相应的加班工资。

（2022）沪 02 民终 838 号

江苏案例与导引

［案例2］

2018年4月3日，A公司发布任命通告，“任命赵某为事业部总经理，全面负责公司的建设和经营”。双方未签订劳动合同，A公司未办理赵某的不定时工作制审批手续。赵某在解除劳动关系后起诉，请求A公司支付加班费。

［法院观点］

《公司法》规定，高级管理人员是指公司的经理、副经理、财务负责人，上市公司董事会秘书和公司章程规定的其他人员。本案中，虽然A公司未与赵某签订书面劳动合同，但A公司有任命赵某为总经理的任命通告，赵某属于法定意义上的高级管理人员，A公司虽未办理赵某的不定时工作制审批手续，但根据任命通告中“任命赵某为事业部总经理，全面负责公司的建设和经营”的规定，赵某的工作性质、工作岗位符合不定时工作制特点，因此赵某主张的加班工资的诉讼请求，法院不予支持。

（2020）苏04民终2806号

Q5： 用人单位应当如何计发实行不定时工作制的劳动者工资（特别是法定节假日）？其休息休假应当如何确定？

A： 对于实行不定时工作制的劳动者，用人单位应按《劳动法》的规定，参照标准工时制核定劳动定额并采用弹性工作时间等适当方式，确保劳动者的休息休假权利和生产、工作任务的完成。劳动者工资由用人单位按照本单位的工资制度和工资分配办法，主要不再以工作时间为考量，而是根据劳动者完成劳动定额情况计发。

对于适用不定时工作制的劳动者，用人单位一般不用支付其加班工资，但是对于在法定休假日工作的，有些地区仍规定用人单位需要按照不低于300%的标准支付加班工资，如上海、深圳等地。

对于符合带薪年休假条件的劳动者，用人单位可安排其享受带薪年休假。

Q6： 用人单位可否以旷工为由对实行不定时工作制的劳动者做出违纪处分？

A： 不定时工作制是一种时间较有弹性的工时制度，用人单位往往不要求实行不定时工作制的劳动者与普通劳动者一样“朝九晚五”标准式登记考勤。但是，对不定时工作制劳动者不实行普通的考勤制度，并不代表用人单位无法对其工作时间进行管理。用人单位在规章制度中规定了明确的条款，对不定时工作制劳动者的工作时间进行特别管理的，实行不定时工作制的劳动者违反用人单位规定该出勤而未出勤、该工作而未工作的，也属于违纪违规的状态，用人单位可以给予其纪律处分，包括解除劳动合同。但是用人单位必须注意，在没有特别理由的情况下，不能简单地将不定时工时制度与标准工时制度的考勤管理方法及旷工的认定等同，尤其是对于销售等外勤人员，在实践中往往首先会默认在无特别工作安排或制度规定的情况下，旷工等概念对于实行不定时工时制度的外勤类人员是不适用的。

北京案例与导引

[案例 3]

B 公司与闫某签订劳动合同,约定闫某的岗位为项目管家,执行不定时工时制度。在劳动合同履行过程中,B 公司发现,闫某的考勤打卡记录显示,闫某多次在北京市以外的地区打卡,包括 2019 年 7 月 3 日至 4 日在河北省打卡、7 月 5 日在湖南省打卡、7 月 5 日至 10 日在广西壮族自治区打卡等,B 公司认为上述地点与工作无关。

B 公司考勤休假管理制度中载明:所有员工上下班时均需本人在 OA 系统中打卡;员工未经任何审批手续而擅自不在规定时间、规定地点上班的行为视为旷工;连续旷工 2 天(含)以上,或累计旷工 3 天(含)以上的,为严重违纪,视为自动离职,公司可立即解除劳动合同。

基于此,B 公司以旷工为由解除双方劳动合同。闫某起诉,请求 B 公司支付违法解除劳动关系赔偿金。

[法院观点]

闫某的岗位执行不定时工时制,工作时间较为灵活,但仍需接受用人单位的管理。B 公司提交的考勤休假管理制度、考勤打卡记录等证据能够相互印证。上述证据证明闫某知悉 B 公司的规章制度,并进行了打卡操作。闫某于 2019 年 7 月 5 日在湖南省打卡、7 月 5 日至 10 日在广西壮族自治区打卡,闫某未提交证据证明其相应行程的合理性及具体的工作内容,应承担举证不能的不利后果,B 公司主张闫某上述日期为旷工,法院予以采信。B 公司据此与闫某解除劳动合同,符合法律规定。

(2020)京 02 民终 11419 号

广东案例与导引

[案例 4]

郑某于 2016 年 6 月 15 日入职 A 公司。2020 年 3 月 13 日,A 公司向郑某发出关于郑某的人事任免通知,该通知显示郑某原职务为常务副总经理、首席运营官(COO)、人力资源部总监,郑某自 2020 年 3 月 13 日起不再担任上述职务。双方签订有书面劳动合同,约定为不定时工作制。2020 年 4 月 30 日,A 公司发出解除劳动合同通知书,解除的具体情形有上班时间长期未打卡、擅离职守、造成恶劣影响等。

[法院观点]

用人单位有权建立考勤管理制度对员工进行管理,并督促劳动者履行劳动义务。虽然 A 公司建立了考勤打卡制度,但在 A 公司发出解除劳动合同通知之前,其并未对郑某上班不打卡的行为进行提示、警告。结合郑某的工作性质及职务,可以认为 A 公司允许郑某不打卡上班。A 公司主张郑某存在未打卡考勤、擅离职守等违纪行为,依据不足。法院判决 A 公司支付郑某违法解除劳动合同赔偿金。

(2021)粤 01 民终 18580 号、18581 号

11.5　计件工时制

解析

计件工时制，也称计件工作制，是指以劳动者在法定标准工作时间内能够完成的计件数量为标准来确定合理的劳动定额和劳动报酬的一种工时制度。

《劳动法》第37条规定，对实行计件工时制的劳动者，用人单位应当根据标准工时制的规定，合理确定其劳动定额和计件报酬标准。

法律依据

劳动定额，是指在一定的生产技术和生产组织条件下，为生产一定量合格产品或完成一定量的工作所预先规定的劳动消耗标准，或在单位时间内预先规定的完成合格产品数量的标准。劳动定额包括两种形式：(1)时间定额，是指生产单位合格产品或完成一定工作所需要的时间；(2)产量定额，是指单位时间内应完成的合格产品的数量。用人单位必须以标准工时制为基础，将正常生产情况下一般劳动者能够完成的工作量作为劳动定额。

计件报酬标准是指用人单位预先规定的用以计算劳动者劳动报酬的计件单位。用人单位确定计件报酬标准也必须以标准工时制为基础，使劳动报酬能够准确合理地反映出劳动者付出的劳动量。

11.6　延长工时制

解析

延长工时制，是指超过标准工作时间的一种工时制度，即平常所说的加班加点。有关延长工时制的内容，具体详见“加班”关键词。

No. 12 试用期

解析

试用期,是指用人单位和初次就业或者再次就业时改变劳动岗位或工种的劳动者之间为了相互了解、选择和信任而约定的不超过 6 个月的考察期和磨合期。对于同一用人单位而言,只能与同一劳动者约定一次试用期。为了确保试用期内"选择"功能的实现,劳动法上对于试用期内的劳动合同解除等作了特别规定,另外,为了保护劳动者的利益,劳动法对试用期的期限、适用等也作了相应的限制性规定。

法律依据

一、试用期的期限

试用期的期限原则上由用人单位与劳动者协商决定,但是不得超过《劳动合同法》第 19 条规定的上限,非全日制用工的劳动合同、以完成一定工作任务为期限的劳动合同以及劳动合同期限不满 3 个月的,不得约定试用期。试用期包含在劳动合同期限内,劳动合同仅仅约定试用期的,试用期不成立,约定的试用期期限视为劳动合同期限。用人单位与劳动者约定了试用期,需要延长或者缩短试用期期限的,属于劳动合同的变更,需要双方的同意。具体详见"劳动合同变更"关键词项下的"协商一致变更"一词。试用期期限上限的相关规定见表 12－1。

表 12－1　试用期期限上限规定

劳动合同期限	可约定的试用期期限
不约定劳动合同期限的	无论约定多少时间的试用期期限都无效
以完成一定工作任务为期限的劳动合同或者劳动合同期限不满 3 个月的	不得约定试用期
3 个月以上不满 1 年的	试用期不得超过 1 个月
劳动合同期限 1 年以上不满 3 年的	试用期不得超过 2 个月
3 年以上固定期限的劳动合同	试用期不得超过 6 个月
无固定期限的劳动合同	试用期不得超过 6 个月

二、试用期内的工资

根据《劳动合同法》第 20 条的规定,试用期内的劳动者的工资不得低于用人单位相同岗位最低档工资或者劳动合同中约定的工资的 80%,并且不得低于用人单位所在地的最低工资标准。

三、试用期内的劳动合同解除

试用期内符合一定条件的,劳动者和用人单位均可单方解除劳动合同。具体而言,劳动者在试用期内解除劳动合同是无条件的,只需要提前 3 日通知用人单位即可。用人单位则只有在劳动者发生以下情形时,才可以单方解除劳动合同。因以下第 1 条至第 6 条的原因在试用期内解除劳动合同的，用人单位无须向劳动者支付任何补偿；因以下第 7 条或第 8 条的原因在试用期内解除劳动合同的，用人单位应当提前 30 天以书面形式通知劳动者并支付经济补偿金：

（1）不符合录用条件，且用人单位可以证明该等情形的。

（2）严重违反用人单位规章制度的。

（3）严重失职，营私舞弊，给用人单位造成重大损害的。

（4）同时与其他用人单位建立劳动关系，对完成本单位的工作任务造成严重影响，或者经用人单位提出，拒不改正的。

（5）以欺诈、胁迫的手段或者乘人之危，使对方在违背真实意思的情况下订立或者变更劳动合同导致劳动合同无效的。

（6）被依法追究刑事责任的。

（7）患病或者非因工负伤，在规定的医疗期满后不能从事原工作，也不能从事由用人单位另行安排的工作的。

（8）不能胜任工作，经过培训或者调整工作岗位，仍不能胜任工作的。

四、试用期约定不合法时的赔偿

根据《劳动合同法》第 83 条的规定，劳动合同中约定的试用期不符合法律规定，对于超出期限劳动者已经实际付出劳动的，由于用人单位支付的是试用期工资，所以按照《劳动合同法》的规定，此时用人单位应当以劳动者试用期满月工资为标准，按已经履行的超过法定试用期的期间向劳动者支付赔偿金。

问题导引

Q1： 用人单位和劳动者能否约定延长试用期？

A： 此处所讨论的延长试用期，是指初次约定的试用期加上再次延长后的试用期，总和不超过法定上限的情况，如果两次约定的试用期之和超过了法定上限，那么属于违反法律强制性规定而当然无效的情形。两次约定试用期之和虽不超过法定上限，在试用期的长度上虽不违法，但还面临“同一用人单位与同一劳动者只能约定一次试用期”的法律障碍。

对于该问题，目前只有浙江省作出过明确规定，浙江省高级人民法院民事审判第一庭、浙江省劳动人事争议仲裁院联合印发的《关于审理劳动争议案件若干问题的解答（五）》第 6 条规定：“用人单位与劳动者约定了试用期，试用期内双方协商一致以书面形式约定延长试用期，延长后累计的试用期仍在法定期限内的，不属于同一用人单位与同一劳动者多次约定试用期的情形，该约定合法有效。”

其他省市没有颁布明确规定，但在司法实践中形成了两种观点。一种观点认为，如果已经约定过一次试用期期限，那么无论出于什么原因，都不能进行二次约定，否则便构成违法，广州、天津、重庆等地均持此观点。另一种观点认为，再次约定试用期在累积未超法定上限的情况下应当有效，上海、北京及深圳的司法实践持此类观点。

广东案例与导引

[案例 1]

林某于 2018 年 7 月 17 日入职 S 公司,双方签订了为期 3 年的劳动合同,约定试用期为 3 个月,试用期到期前,林某与 S 公司又约定了延长试用期 2 个月,之后林某离职,以 S 公司违法约定试用期为由,要求 S 公司支付其违法约定试用期赔偿金。

[法院观点]

一审法院认为,林某与 S 公司约定 3 个月的试用期,但之后 S 公司又延长了 2 个月试用期,这属于第二次约定试用期,违反了"同一用人单位与同一劳动者只能约定一次试用期"的法律规定,S 公司应当向林某支付赔偿金。

二审法院认为,双方协商一致延长试用期 2 个月,试用期的总期限仍未超出 6 个月的法定期限。而且延长试用期经过了林某的同意,属于双方协商一致对原劳动合同的变更,并不属于第二次约定试用期。二审法院改判 S 公司无须向林某支付违法约定试用期赔偿金。

(2020)粤 03 民终 28085 号

Q2: 用人单位能否中止履行试用期?

A: 试用期中止,是指试用期期限的暂停计算,也可称为试用期顺延,即如果劳动者因各种原因无法正常提供劳动,那么这段时间不计算在原约定的试用期内,待相应情形消失后再继续计算试用期。《劳动法》和《劳动合同法》对试用期中止问题未作规定,既未明确允许试用期中止,又没有径直禁止该做法,司法实践中主要存在两种观点。

一种观点认为,试用期中止属于对劳动合同条款的实质变更,能否中止必须经当事人双方协商一致,如果劳动者拒绝,那么用人单位不能中止计算。例如,《天津市贯彻落实劳动合同法若干问题实施细则》规定,劳动者在试用期内患病或者非因工负伤,须在双方协商一致的情况下才可以中止试用期。

另一种观点认为,劳动者在试用期内不能正常提供劳动的,用人单位有权中止计算试用期,理由是设立"试用期"是为了用人单位考察劳动者的知识水平、工作能力等是否与其需求相契合,劳动者因各种原因不能提供劳动的,有碍用人单位对劳动者的考察,如果不能中止计算试用期,将导致设立试用期的目的不能实现。例如,浙江省高级人民法院民事审判第一庭、浙江省劳动人事争议仲裁院在 2016 年发布的《关于审理劳动争议案件若干问题的解答(四)》中就出现了对此种观点的描述。《江苏省劳动合同条例》第 15 条也是按照类似规定设定的,其规定:"……劳动者在试用期内患病或者非因工负伤须停工治疗的,在规定的医疗期内,试用期中止。"但是江苏省在不同情形下的观点是不同的,若是疫情导致无法提供劳动,则并不认可试用期当然中止,仍需要双方协商一致。北京市高级人民法院、北京市劳动人事争议仲裁委员会针对新冠疫情这一特殊情况,发布了《关于审理新型冠状病毒感染肺炎疫情防控期间劳动争议案件法律适用问题的解答》,该解答第 5 条规定:"劳动者在试用期内因客观原因不能返岗上班,用人单位可以采取灵活的试用考察方式考核劳动者是否符合录用条件……劳动者因上述原因导致无法正常提供劳动的期间不应计算在原约定的试用期内,不应视为延长了原约定的试用期……”

上海案例与导引

[案例2]

李某于2019年10月17日入职J公司,约定试用期自2019年10月17日至2020年4月16日。2020年1月18日,J公司春节放假,随后又受疫情影响,J公司直至2020年3月15日才复工。2020年4月21日,J公司根据李某实际工作表现,认为李某试用期考核不合格,但考虑到疫情停工时间较长,无法综合反映李某的工作能力,为此,J公司与李某协商延长试用期1.5个月,李某予以拒绝。2020年4月30日,J公司以李某试用期考核不合格为由,解除双方劳动合同。李某主张自己的试用期已在4月16日结束,公司在试用期结束后才认定自己不符合录用条件,构成违法解除,要求恢复劳动关系。

[法院观点]

法院认为,对于李某试用期间的考核情况,其一,约定试用期的目的在于全面考察劳动者的工作情况,本案双方约定试用期6个月,其中近2个月恰逢受新冠疫情影响停工停产,李某在此期间未提供劳动,J公司客观上无法对李某进行工作表现、工作技能等方面的考核;其二,李某直属领导考核意见为,李某工作技能不能满足职位要求,根据疫情放假情况和员工实际工作表现情况,决定延长试用期1.5个月,J公司要求延长李某试用期具有合理性,鉴于新冠疫情该不可抗力的因素,双方暂停履行试用期,可以适用试用期中止的情形,在相关不可抗力因素消灭时予以顺延试用期亦于法无悖;其三,J公司已举证证明李某工作技能未达到J公司规定的职位技能要求,不符合录用条件。因此,J公司在2020年4月30日以“李某试用期考核不合格,不予录用”为由解除与李某的劳动合同,并不违反相关法律及公司制度规定,应确认为有效。

(2021)沪02民终3031号

江苏案例与导引

[案例3]

罗某于2019年9月26日入职F公司,双方签订3年期的劳动合同,约定试用期为2019年9月26日至2020年3月25日。因受新冠疫情影响,罗某在农历新年前出勤至2020年1月17日,之后于2020年2月23日再至F公司处出勤。F公司自行顺延了与罗某的试用期,直至2020年4月15日,其后F公司以罗某试用期不合格为由单方解除劳动合同。罗某主张F公司解除违法。

[法院观点]

虽受新冠疫情影响,罗某在法定节假日后的一段时间内无法正常出勤,但双方未就试用期间延长协商一致,也无法律明确规定疫情期间试用期必然顺延,F公司擅自顺延罗某的试用期不符合法律规定。

(2020)苏05民终10991号

Q3: 员工离职后又入职同一用人单位,能否再次约定试用期?

A: 受到《劳动合同法》第19条第2款"同一用人单位与同一劳动者只能约定一次试用期"的规定的限制,大多数地区不允许用人单位对重新入职的劳动者约定第二次试用期。但是北京、上海、武汉等少数地区的司法实践中,面对一些特殊情形,如员工离职较长时间后再次入职,或者前后入职的岗位不一致,有必要对劳动者工作能力重新进行考察的,允许双方重新约定试用期。

北京案例与导引

[案例4]

刘某于2015年3月2日入职X公司,担任数据库架构设计与分析经理一职,2016年6月30日,刘某因个人原因离职。之后刘某再次入职X公司,双方签订期限为2017年1月13日至2020年1月12日的劳动合同,并约定了6个月试用期,刘某担任运营副总监一职。刘某主张X公司约定了二次试用期,应支付违法二次试用期赔偿金差额工资。

[法院观点]

法院认为,用人单位对同一劳动者在同一劳动合同项下多次约定试用期的行为违反法律对于劳动者同工同酬、维护劳动者稳定就业的初衷,但用人单位存在岗位的多样性,同一岗位不同时期的岗位需求标准亦可能存在不同,X公司虽然两次与刘某约定试用期,但前后两次劳动合同的岗位名称、工资标准均不相同,且第一份劳动合同的解除系刘某本人原因离职,故基于新的岗位、新的工资待遇标准,X公司与刘某约定两次试用期并不存在违反法律规定的情形。

(2019)京03民终5508号

Q4: 劳动者在试用期解除劳动合同的,用人单位可否要求赔偿培训费用?

A: 《劳动部办公厅关于试用期内解除劳动合同处理依据问题的复函》(劳办发〔1995〕264号)曾对此问题作出了规定,但是该复函已经于2016年4月13日被宣布失效,被宣布失效的理由为已经有新的规定。该复函中规定,用人单位在试用期内出资对劳动者进行各类技术培训的,若劳动者在试用期单方解除劳动合同,则用人单位不得要求劳动者支付该项培训费用;期满后则可以根据约定要求赔偿。

笔者认为,上述规定被宣布失效是由于其与《劳动合同法》第22条存在冲突。根据《劳动合同法》第22条的规定,用人单位为劳动者提供了专项培训费用,对其进行了专业技术培训的,可以与劳动者订立协议约定服务期,劳动者违反劳动合同约定的,应当按照约定向用人单位支付违约金。用人单位约定的服务期期间包含试用期期间,劳动者在试用期辞职的,如果适用《劳动合同法》的规定,劳动者应当向用人单位支付违约金,但若适用上述复函的规定,则应认定用人单位不得要求劳动者支付培训费用。按照新法优于旧法、上位法优于下位法的原则,理应适用《劳动合同法》的规定。

Q5: 如何理解《劳动合同法》中规定的试用期"录用条件"?

A: 试用期是用人单位和劳动者为相互了解、选择而约定的一定期限的考察期。在试用期内,用人单位希望根据对劳动者在试用期内表现的考核来决定劳动者的去留。根据《劳动合同法》第39条的规定,劳动者在试用期内被用人单位证明不符合用人单位的录用条件的,用人单位可以直接解除劳动合同而不支付经济补偿金。

什么是录用条件?如何判断劳动者是否符合录用条件?《劳动合同法》并未给出答案。但笔者发现北京与天津率先出台了比较明确的认定标准,可以启发思考。

《北京市高级人民法院、北京市劳动人事争议仲裁委员会关于审理劳动争议案件法律适用问题的解答》第11条规定:"……劳动者不符合录用条件的情况主要有以下情形:(1)劳动者违反诚实信用原则对影响劳动合同履行的自身基本情况有隐瞒或虚构事实的,包括提供虚假学历证书、假身份证、假护照等个人重要证件;对履历、知识、技能、业绩、健康等个人情况说明与事实有重大出入的;(2)在试用期间存在工作失误的,对工作失误的认定以劳动法相关规定、用人单位规章制度以及双方合同约定内容为判断标准;(3)双方约定属于用人单位考核劳动者试用期不符合录用条件的其他情况。"

《天津市高级人民法院关于印发〈天津法院劳动争议案件审理指南〉的通知》第24条则规定:用人单位以劳动者在试用期内不符合录用条件为由解除劳动合同的,需要同时满足以下条件:(1)用工之前已经向劳动者告知录用条件;(2)录用条件应当符合劳动合同目的,与工作岗位、工作能力相联系,不存在设定明显不能完成的、超过一般劳动者平均水平的条件,不存在歧视性条件,不违反法律法规的规定;(3)劳动者被证明不符合录用条件,且用人单位在试用期满之前明确通知劳动者解除劳动合同。

归纳来看,试用期的录用条件至少可以分为两种:一种是对劳动者硬实力的明确判定标准,如"劳动者需具备某种特定的资格证书或技能证书";另一种是对劳动者"软实力"的综合判断,如"劳动者某项特定技能必须到达熟练水平""不得有违反诚实信用原则的行为"等,该种录用条件需要结合劳动者的实际表现以及试用期的绩效考核结果来进行判断。

Q6: 用人单位如何在试用期内依据员工不符合录用条件解除劳动合同?

A: 根据《劳动合同法》的相关规定,用人单位能够证明劳动者不符合录用条件的,可以在试用期内解除与劳动者的劳动合同并且不需要支付任何经济补偿金。根据该规定解除劳动合同的,需要符合以下四个要件。

1. 有明确的录用条件。关于录用条件，一般要求以书面形式如招聘广告、岗位说明或描述、入职登记表、劳动合同、规章制度等方式明确约定。如果没有约定，但根据岗位性质可以推定该等岗位上必须具备某些条件，那么司法实务中也可能认定该等条件属于录用条件。录用条件可以包括身体条件、技术能力、工作态度等各方面，实务中应注意明确具体的考核指标，详见前述问题导引 5 的解答。需要注意的是，录用条件不得构成就业歧视，具体详见“就业”关键词项下的“就业歧视”一词。

2. 录用条件对劳动者进行了告知。试用期的录用条件应当明确向员工告知，保障员工的知情权。考虑到实际发生纠纷时的举证需要，可以考虑要求员工签收相关录用条件，尤其是在录用阶段不会公布的与公司内部规章相关的录用条件。

3. 劳动者不符合约定的录用条件。需要注意的是，不符合录用条件的认定应当经过合理的程序作出，例如，对于不符合录用条件的事实通过合理的途径进行收集，并基于该等事实通过合理的考核程序对劳动者是否符合录用条件或考核指标作出判定。考虑到实际发生纠纷时的举证需要，对于不符合录用条件的事实收集过程、考核过程、考核结论等都应当保留书面记录。未经合理程序或难以举证证明经过合理程序的不符合录用条件结论可能不被法院认可。

4. 在试用期内将具体的解除理由向劳动者说明。

只有在上述四个要件同时满足的条件下，用人单位才可以以劳动者不符合录用条件为由单方解除劳动合同。

北京案例与导引

［案例 5］

师某于 2018 年 12 月 20 日入职 J 公司，担任医疗组主管，双方签订了 3 年期限的劳动合同，约定试用期 6 个月，至 2019 年 6 月 19 日止。2019 年 6 月 5 日，师某收到了书面试用期不合格通知书，内容包括“经公司调查核实并经您本人确认，您在职期间存在以下情况：1. 2019 年 1 月至 3 月 KPI 考核不合格；2. 系统录入不符合公司录入规范；3. 候选人报告漏洞百出，候选人薪资算错的情况多次发生；4. 多次遭到客户候选人投诉；5. 未达到试用期通过标准：试用期内完成 3 个开票。鉴于您的以上情况，公司认为您的试用期考核不合格，决定立即与您解除劳动合同，您最后的工作日为 2019 年 6 月 3 日”，J 公司对师某的工资支付至 2019 年 5 月 31 日。师某认为 J 公司构成违法解除。

［法院观点］

法院认为，J 公司虽主张其解除行为系合法解除，但师某不认可。根据本案查明的事实，J 公司未就其试用期考核标准予以明确，且其提交的证据不足以证明师某符合辞退的制度依据，其对师某的解除行为应视为违法解除。

（2022）京 03 民终 7547 号

上海案例与导引

［案例6］

石某在B公司处担任财务经理一职，双方约定试用期自2020年9月24日至2021年3月24日。石某、B公司于2020年9月24日签有录用条件确认书，其上约定试用期内旷工1次或迟到、早退累计达到月均3次以上以及月均事假超过3天均属于不符合录用条件。B公司的出勤时间为9时至18时，每日根据员工出勤情况进行考勤记录。

2021年3月15日，B公司向石某送达劳动关系解除通知书，该通知书载明："您试用期内不符合我司录用条件，具体理由如下：……公司《录用条件确认书》规定，试用期内迟到早退达月均3次以上的，不符合录用条件。自2020年10月12日至2021年3月12日，您已累计迟到早退多达21次，月均超4次以上（具体见公司考勤记录）。"石某认为B公司系违法解除劳动关系。

［法院观点］

经法院查明，双方签有录用条件确认书并将出勤情况作为录用条件之一，石某认可自己在该文件上签字，但主张签署时未认真阅读其上内容，法院认为石某作为一名完全民事行为能力人，应当明确知晓其在录用条件确认书上签字的意义，遂对石某的该项主张不予采纳。此外，对于出勤情况，石某主张，B公司曾口头告知晚到5分钟以内的不记为迟到，但是根据B公司出具的考勤记录，B公司仅计算了迟到5分钟之后即考勤表中上班时间为9时05分之后的迟到次数，累计迟到21次，石某已构成不符合录用条件的情形，B公司的解除行为并无不当。

（2022）沪01民终7280号

实务小贴士

司法实务对于岗位必须具备的条件也可能认定为录用条件，但是为了避免就岗位的具体职责、所需条件等发生争议，建议尽量通过书面形式明确录用条件。另外，为了避免劳动者对试用期考核不合格提出异议，用人单位应当尽量保存好一切可以证明劳动者不符合录用条件的证据。试用期内一旦发现劳动者可能不符合录用条件的，应及时通过合理的考核程序进行考核，在试用期内向劳动者说明考核结果并解除劳动合同。考虑到各地司法实务中对劳动者不符合约定的录用条件的认定的实体和程序的举证要求略有差异，实务中建议企业按照较为严格的标准执行。一旦过了试用期，用人单位将无法以考核不合格为由解除劳动合同。

问题导引

Q7： 约定的试用期超过法定试用期标准的，用人单位如何进行补偿？

A： 对于超出试用期的法定期间，以劳动者试用期满月工资为标准计算的工资和以试用期标准计算的工资之间的差额是否应当补偿给员工，《劳动合同法》以及其他全国性法律法规、司法解释并未予以明确规定，就此，司法实务中存在不同的观点。

一种观点认为,《劳动合同法》第 83 条已经约定了该种情况下的赔偿金,因此不应当再另外补偿工资差额。例如,浙江省即持该观点,《浙江省高级人民法院民事审判第一庭、浙江省劳动人事争议仲裁院关于审理劳动争议案件若干问题的解答(三)》第 15 条明确规定:"用人单位超过法律规定期限与劳动者约定试用期,对已经履行的超过法定试用期的期间,用人单位应当按照《劳动合同法》第八十三条规定支付赔偿金,但无需向劳动者补足超过期间的工资差额。"

另一种观点认为,赔偿金并未排除对工资差额的补偿,超过法定试用期约定试用期期间客观导致劳动者应得的工资报酬减少,因此应当予以补偿。北京的司法实务倾向于采用该观点。

也有部分地区在司法实务中并未形成一致的裁判倾向,如上海市和广东省两种观点都存在。

上海案例与导引

[案例 7]

徐某于 2020 年 12 月 1 日入职 S 公司,双方签署了 3 年期限的劳动合同,试用期为 2020 年 12 月 1 日至 2021 年 3 月 31 日,试用期基本工资为 14,400 元/月,转正后基本工资为 14,400 元/月,另有绩效工资 3600 元/月。2021 年 3 月 31 日后,S 公司仍按照试用期待遇向徐某支付工资。2021 年 5 月 7 日,S 公司人事在钉钉聊天软件中告知徐某"您转正延期 2 个月,5 月 30 日会重新安排转正述职",徐某表示拒绝并申请离职,因需进行工作交接,徐某离职时间顺延至 2021 年 8 月 8 日。离职后,徐某要求 S 公司支付延迟转正期间的工资差额,并支付违法约定试用期的赔偿金。

[法院观点]

本案中的 S 公司在劳动合同约定的试用期结束后又要延迟转正,不符合法律规定,应承担相应的责任。

关于延迟转正的工资差额,鉴于双方确认一直按照 14,400 元的标准向徐某支付工资(试用期间的待遇),S 公司还应按照 3600 元/月的标准补足 2021 年 4 月 1 日至 2021 年 8 月 8 日的工资即 15,227.59 元(3600 元/月 ×4 个月 +3600 元/月 ÷21.75 天 ×5 天)。

关于违法约定试用期赔偿金,2021 年 5 月 7 日,S 公司人事通知徐某延迟 2 个月转正,5 月 30 日会重新安排其转正述职,可以确认徐某在 2021 年 5 月 30 日之前处于未转正的状态,应该认定 2021 年 4 月 1 日至 2021 年 5 月 30 日系违法约定的试用期已经履行,故 S 公司应当以试用期满月工资 18,000 元/月为标准,向徐某支付 2021 年 4 月 1 日至 2021 年 5 月 30 日违法约定试用期赔偿金 35,172.41 元(2021 年 5 月 31 日为工作日,应当扣除该日工资)。至于 2021 年 5 月 31 日至 2021 年 8 月 8 日,徐某自行拒绝参加转正述职,故对徐某主张该时间段内的违法约定试用期赔偿金,法院不予支持。

(2022)沪 01 民终 6792 号

No.13 加班

加班，也称延长工作时间或延长工时，是指用人单位根据生产或工作需要，在劳动者完成劳动定额或规定的工作任务后，安排劳动者在正常工作时间以外工作。延长工作时间一般分为两种形式：在公休假日和法定休假日内进行工作的叫加班；在工作日法定标准工作时间以外进行工作的叫加点。通常所说的加班包含法律意义上的加班和加点。

可以看出，加班是工作时间在休息时间中的延伸，为了保障劳动者享有休息权，法律对此作出限制性规定。休息时间与工作时间是相对的，休息时间包括工作日法定标准工作时间外的休息时间、公休假日及法定休假日。下文将阐述三种休息时间的含义以及劳动者在三种休息时间内的加班待遇。

加班关键词中涉及的二级关键词	
13.1	工作日
13.2	公休假日
13.3	法定休假日
13.4	加班、加点

13.1 工作日

解析

工作日，也称劳动日，是指在一昼夜内劳动者进行工作时间的长度。工作日是以日为计算单位的工作时间。根据标准工时制，劳动者一个工作日的法定标准工作时间为8小时。

法律依据

问题导引

Q1： 工作日和计薪天数两个概念是否等同？若不等同，两者的区别是什么？

A： 工作日用于计算工作时间，计薪天数用于计算劳动报酬，两者并不完全等同。差别在于，劳动者在法定休假日被视为提供正常劳动，因此法定休假日被计入计薪天数，但本身并不是工作日。因此，在计算工作时间和劳动报酬时，用人单位需要区分工作日和计薪天数的概念。《关于职工全年月平均工作时间和工资折算问题的通知》对两个概念进行了区分及调整。

1. 工作日

全体公民的休假日由原来的10天增设为11天，制度工作时间的计算进行如下调整：

年工作日 =365天 -104天（休息日）-11天（法定休假日）=250天

季工作日 =250天 ÷4季 =62.5天/季

月工作日 = 250 天 ÷ 12 月 = 20.83 天/月

工作小时数的计算以月、季、年的工作日乘以每日的 8 小时。

2. 计薪日

按照《劳动法》第 51 条的规定，法定休假日用人单位应当依法支付工资，即折算日工资、小时工资时不剔除国家规定的 11 天法定休假日。据此，日工资、小时工资的折算方法如下：

年计薪天数 = 365 天 − 104 天(休息日) = 261 天

月计薪天数 = 261 天 ÷ 12 月 = 21.75 天

日工资 = 月工资收入 ÷ 21.75 天

小时工资 = 月工资收入 ÷ (21.75 天 × 8 小时)

实务小贴士

用人单位在实务操作过程中应当对工作日和计薪天数进行区分，以便在计算劳动者相关待遇(多涉及计薪天数)时得出正确的结论，从而避免不必要的纠纷。工作日天数一般用于计算与出勤相关的时间，如病假天数、综合计算工时制的加班时间等；计薪天数一般用于计算薪资，如计算事假扣薪、加班工资、未休年假折薪等。

13.2 公休假日

解析

公休假日，即平时所称周休息日，是法律规定的两个相邻的工作周之间用人单位应安排劳动者休息的时间。我国目前普遍实行每周 2 天的休息制度，一般安排在周六和周日。用人单位也可以根据实际情况灵活安排劳动者周休息日，前提是用人单位必须保证劳动者每周至少休息一日。

13.3 法定休假日

解析

法定休假日，也称法定节假日，是国家规定全体公民及部分公民享有的休息日。根据《全国年节及纪念日放假办法》的有关规定，法定休假日可以分为属于全体公民的休假日、属于部分公民的休假日和属于少数民族的节日三类。

法律依据

一、属于全体公民的休假日

在我国，法定全体公民的休假日每年有 11 天，分别为元旦 1 天(1 月 1 日)、春节 3 天(农历正月初一、初二、初三)、清明节 1 天(农历清明当日)、劳动节 1 天(5 月 1 日)、端午节 1 天(农历端午当日)、中秋节 1 天(农历中秋当日)、国庆节 3 天(10 月 1 日、2 日、3 日)。全体公民放假的假日如果适逢星期六、星期日，应当在工作日补假。

在全体公民的休假日，劳动者应当被视为提供了正常劳动，用人单位应当依法支付工资。

由于法定全体公民的休假日由原来的10天增设为11天，因此《关于职工全年月平均工作时间和工资折算问题的通知》对劳动者全年月平均工作天数也进行了相应调整，具体详见"加班"关键词项下的"工作日"一词。

二、属于部分公民的休假日

属于部分公民的休假日有妇女节(3月8日)、青年节(5月4日)、建军节(8月1日)等，为了便于开展纪念活动，有关的劳动者可以放假半天。部分公民放假的假日如果适逢星期六、星期日，则不补假。有关青年节适用人群的年龄上限，由共青团中央建议，原国务院法制办批准，以28岁为上限，但这并非对青年的定义。

三、属于少数民族的节日

少数民族习惯的节日，由各少数民族聚居地区的地方人民政府，按照各该民族习惯，规定放假日期。

除此之外，还有二七纪念日、五卅纪念日、七七抗战纪念日、九三抗战胜利纪念日、九一八纪念日、教师节、护士节、记者节、植树节等其他节日、纪念日，但均不放假。

问题导引

Q2： 针对属于部分公民的休假日，若休假日当天用人单位未放假，是否需要事后补假或支付加班工资？

A： 《全国年节及纪念日放假办法》第6条规定："全体公民放假的假日，如果适逢星期六、星期日，应当在工作日补假。部分公民放假的假日，如果适逢星期六、星期日，则不补假。"根据《关于部分公民放假有关工资问题的函》的规定，在部分公民放假的节日期间，对参加社会或单位组织庆祝活动和照常工作的劳动者，单位应支付工资报酬，但不支付加班工资。如果该节日恰逢星期六、星期日，单位安排职工加班工作，则应当依法支付休息日的加班工资。

因此，如果用人单位在属于部分公民的休假日未给符合休假条件的劳动者放假，事后无须补假或支付加班工资。但该节日恰逢星期六、星期日，且用人单位安排加班的，应支付休息日的加班工资。

13.4 加班、加点

解析

为了确保劳动者的休息权，国家法律对加班、加点作出限制，主要包括以下几个方面。

法律依据

1. 程序限制

用人单位延长劳动者工作时间，一般需要经过劳动者本人同意。用人单位由于生产经营需要,经与工会和劳动者协商后也可延长工作时间。

2. 时间限制

用人单位延长劳动者工作时间,一般每日不得超过 1 小时;因特殊原因需要延长工作时间的,在保障劳动者身体健康的条件下延长工作时间每日不得超过 3 小时,每月不得超过 36 小时。

3. 报酬限制

有关报酬限制,具体详见"工资"关键词项下的"加班工资"一词。

在某些特定情形下,加班不受程序和时间限制,但用人单位仍有支付劳动者加班工资的法定义务。根据《劳动部贯彻〈国务院关于职工工作时间的规定〉的实施办法》的规定,这些特定情形主要包括下述四类:发生自然灾害、事故或者因其他原因,人民的安全健康和国家资财遭到严重威胁,需要紧急处理;生产设备、交通运输线路、公共设施发生故障,影响生产和公众利益,必须及时抢修;必须利用法定休假日或公休假日的停产期间进行设备检修、保养;为完成国防紧急任务,或者完成上级在国家计划外安排的其他紧急生产任务,以及商业、供销企业在旺季完成收购、运输、加工农副产品紧急任务。

问题导引

Q3: 劳动者自愿加班时,用人单位是否还有向劳动者支付加班工资的义务?

A: 《劳动法》要求用人单位在延长劳动者工作时间时必须经过协商程序,包括劳动者本人申请加班,用人单位同意;或者用人单位安排加班,劳动者确认等情形。因此,劳动者自愿加班但事先未经过用人单位同意的,并不适用前述规定,而应视为劳动者对自己休息权的主动放弃,用人单位可以不支付加班工资。

实务小贴士

用人单位在考虑对劳动者自愿加班不支付其加班工资时,尤其需要注意其中的举证问题。如果用人单位仅仅主张是劳动者自愿加班的,没有进行相应的举证,司法机关很有可能以出勤及加班管理属于用人单位管理职责范围为由,认定用人单位规避其支付加班工资的义务,此时司法机关并不会采纳用人单位的主张。

笔者建议,用人单位采取加班审批制度,每个月劳动者签收工资时让劳动者对当月加班出勤的时间进行确认,以达到规范管理的目的。

问题导引

Q4: 劳动者拒绝用人单位安排的加班工作的,用人单位可否按违纪处理?用人单位可否在规章制度中规定不服从加班安排即构成违纪行为?

A: 根据《劳动法》第 41 条和《关于贯彻执行〈中华人民共和国劳动法〉若干问题的意见》第 71 条的规定,除了前述解析中所提及的特定情形以外,协商是用人单位决定延长劳动者工作时间的程序，用人单位确因生产经营需要必须延长劳动者工作时间时，应与工会和劳动者协商。协商后，用人单位可以在劳动法限定的延长工作时数内决定延长工作时间。违反法律、法规强迫劳动者延长工作时间的，劳动者有权拒绝。据此，用人单位安排劳动者加班的，应当履行协商程序，不得强迫劳动者加班。用人单位在规章制度中规定劳动者应服从加班安排，否则构成违纪的，这样的规定可能会因违反前述法律规定而被认定为无效。

广东案例与导引

[案例1]

张某在A公司担任叉车司机。A公司安排张某于2020年9月9日晚加班，张某予以拒绝，A公司据此以张某不服从领导工作安排为由对张某作出辞退处理。张某起诉，请求A公司支付违法解除劳动关系赔偿金。

[法院观点]

用人单位安排劳动者加班须与工会和劳动者协商并经劳动者同意，不得强迫劳动者加班。因此，加班并非劳动者的义务。A公司未征得张某同意即安排张某加班，该行为不属于合理安排，且违反了法律规定。张某拒绝加班的行为不属于“不服从领导工作安排”的情形。法院判决A公司支付违法解除劳动关系赔偿金。

(2021)粤0118民初313号

Q5： 劳动者在法定休假日加班，用人单位可否安排补休而不支付加班工资？

A：《劳动法》仅规定，公休假日安排劳动者加班的应首先安排劳动者补休，不能安排补休的，用人单位应相应支付劳动者加班工资。但对于用人单位安排劳动者在法定休假日加班是否可以安排补休而不支付加班工资，并未作明确规定。

根据《关于职工工作时间有关问题的复函》的规定，在法定休假日安排劳动者加班工作的，用人单位应当依法支付加班工资，一般不安排补休。因此，司法实践中，一般认为法定休假日加班不得以调休代替支付加班工资；但在个别案例中，用人单位与劳动者均同意对法定休假日加班进行调休的，司法机关可能会支持变通处理，以调休代替支付加班工资。

北京案例与导引

[案例2]

杨某入职A公司，劳动合同约定“A公司派遣杨某至B医院，担任120医生工作；杨某执行用工单位的工时制度……用工单位安排杨某执行综合计算工时工作制度或者不定时工作制度的，应当事先取得劳动行政部门特殊工时制度的行政许可决定”。其后杨某起诉，请求A公司与B医院共同支付其法定节假日加班工资。杨某提供了北京急救中心信息中心“120”救护车派车记录作为证据。B 医院认可法定节假日存在加班情形,但主张已安排休假用于法定节假日加班的调休。

[法院观点]

B 医院虽主张杨某之所以出现法定节假日加班的情形是因为医生工作的特殊性,亦安排了杨某于 2021 年 2 月调休,故不同意支付杨某法定节假日加班工资,但用工单位安排劳动者法定节假日加班,除劳动者同意外不能通过调休代替支付加班工资,且 B 医院未能提供证据证明杨某所任职的工作岗位适用综合计算工时制并经过行政审批,故对于 B 医院该主张,法院不予采信。遂判决 B 医院支付法定节假日加班工资。

(2021)京 0112 民初 33384 号

Q6: 若加班时数超过法律规定上限,劳动者是否有权要求用人单位加倍支付加班费或者要求用人单位赔偿?

A: 若加班时数超出法定标准(如超出 36 小时的上限),劳动者有权向劳动行政部门投诉,并由劳动行政部门纠正用人单位的做法。但就劳动者与用人单位之间而言,若用人单位按照法律规定支付了加班工资或安排了调休,劳动者要求用人单位加倍支付加班费或主张其他赔偿则没有法律依据。

Q7: 用人单位安排劳动者超时加班会面临怎样的行政处罚?

A: 用人单位如果违反劳动保障法律、法规或者规章延长劳动者工作时间,劳动保障行政部门将给予警告,责令其限期改正,同时可以按照权利受侵害的劳动者每人 100 元以上 500 元以下的标准对用人单位处以罚款。

Q8: 劳动者在非工作日参加培训是否属于加班?

A: 劳动者在休息日参加培训,如果该培训是与其工作直接相关的,或者是由用人单位安排或指派参加的,劳动者主张参加该等培训属于加班的主张可能会得到司法机关的支持。

根据《劳动法》第 44 条的规定,休息日安排劳动者工作又不能安排补休的,应当支付加班费。据此,考察劳动者休息日参加培训是否构成加班应从两个方面进行:一是培训是否是用人单位安排的,劳动者是否被强制参加;二是培训内容是否与劳动者的工作内容相关。对于并非用人单位组织,或者培训内容与本职工作无关,不带有强制性的休息日培训,一般不应认为属于加班。

北京案例与导引

[案例 3]

A 公司与赵某于 2019 年 6 月 18 日签订了劳动合同,之后因赵某违反规章制度而解除劳动合同。赵某起诉,请求 A 公司支付加班费。为证明加班事实,赵某提交业务中心工作群组记录之一,证明 2019 年 10 月 27 日,A 公司利用周日组织员工进行培训,赵某为此加班。A 公司对此证据的真实性、证明目的均不予认可，表示确实在2019年10月27日安排赵某参加培训，但此培训性质与工作完全不同，不应被认定为加班；如果是加班，应该按照加班制度提前申请，得到批准之后方可加班。

［法院观点］

因A公司确认于2019年10月27日安排赵某参加培训，故法院对此事实予以确认。

虽然A公司表示案涉培训的性质与上班不同，但毕竟是以公司主观安排占用赵某休息日时间，所以A公司应向赵某支付相应的休息日加班工资。A公司以赵某无加班审批为由，上诉主张不应向赵某支付加班工资，缺乏法律依据，法院不予支持。

（2021）京02民终5359号

Q9：劳动者的加班事实应当由谁举证？如何举证？

A： 根据"谁主张，谁举证"的基本原则，如果劳动者主张由用人单位支付加班工资，那么应当举证存在加班的事实。但若劳动者有证据证明用人单位掌握存在加班事实的证据，则用人单位有出示义务，用人单位不提供或不出示的，将承担不利后果。

司法实践中，考勤记录是认定劳动者工作时间和加班工资最主要、最常见的证据。经过劳动者确认的考勤记录作为认定加班时间的证据具有相当的证明力，争议主要存在于劳动者未确认的考勤记录的证明效力。

对于劳动者未确认的考勤记录，应结合其他证据和生活常理对其证明力作出认定，若劳动者签收的工资与考勤记录相互印证，则可以认定该考勤记录有效。如果用人单位无法提供相反证据反驳劳动者主张的考勤记录，司法机关往往只能依据有关举证规则裁决按劳动者主张的出勤时间来计算加班时间。与之类似，如果用人单位在工资清单中未列明相应的加班工资且无法举证其已支付该笔加班工资，即使用人单位已经支付，也可能被视为未支付，而被要求再次支付。

上海案例与导引

［案例4］

A公司与胡某签订劳动合同，约定甲方（A公司）安排乙方（胡某）在上海从事现场技术服务工作，甲方由于工作需要延长乙方工作时间的，应按劳动法规定给乙方工资补偿，或给予乙方相应的休息时间补偿，补偿以合同约定的乙方基本工资为计算标准，乙方的基本工资为5000元。胡某在A公司工作期间未有考勤。胡某起诉请求A公司支付加班工资。

胡某提供了以下证据：(1)2012年度至2017年度服务工作票及记录汇总表明细1组，证明胡某自2012年6月入职后，在从事相关现场技术服务工作时，需要通过大量加班才能完成相关工作，而A公司通过服务工作票主要记录胡某的现场技术服务内容及工作时间，并由客户签字确认。A公司对该证据的真实性、关联性和合法性均不予认可。(2)关于夜间、周末、假日施工安排的通知及邮件各1份，证明A公司要求员工在夜间、周末、假日不得拒绝加班并且强行将其纳入员工的个人考核评价。A 公司对该证据的真实性、关联性和合法性均不予认可。(3)经胡某申请,一审法院传唤证人马某、冉某到庭作证,证明胡某在客户处的工作时间、流程、工作内容及服务工作票的保管情况,胡某作为工程维修人员,在客户处的工作时间、进入现场到结束都是应急抢险的工作状态,存在加班的事实。A 公司表示证人对胡某的工作时间无法证明,且外派工程时间有吃饭和等待时间,现场时间和工作时间不能等同,服务工作票用作与客户结算,不能反映相关人员的加班时间,且工作内容由相关人员自行填写,数据由相关人员自行统计。

[法院观点]

胡某提供的 2012 年度至 2017 年度服务工作票,关于夜间、周末、假日施工安排的通知及邮件和证人证言能够证明胡某存在加班事实、胡某外出填写服务工作票以及服务工作票由 A 公司保存的事实,对于胡某提供的记录汇总表明细,因系胡某自行制作,故法院对其证明力不予确认。从胡某所举证据来看,虽然胡某未有考勤,但 A 公司有安排胡某加班的情形。因胡某工作期间,服务工作票客观存在,虽其制作目的并非为计算胡某加班时数,但其在客观上反映了胡某加班的事实,在无其他证据佐证的情况下,法院参照服务工作票和证人陈述,考虑到在此期间有用餐时间、等待时间及在途时间,酌情确定胡某加班时数,判决 A 公司支付加班工资。

(2021)沪 01 民终 14693 号

实务小贴士

笔者建议,用人单位每月将正常工作时间工资与加班工资计算出具体的数额后,分别在工资表里列明,并让劳动者收取工资时在工资表上签名确认并保存。这样才能起到证明用人单位已支付相应工资及加班工资的作用,进而避免被再次追讨工资的情况出现。

问题导引

Q10: 远程办公情形下,用人单位应如何管理劳动者的加班?

A: 远程办公时,劳动者的办公时间较为灵活,用人单位也难以准确掌握劳动者的工作情况,故远程办公的加班认定较为困难。对此,用人单位可以要求劳动者合理规划其工作量及完成工作的时间,要求劳动者在正常工作时间内交付工作成果。劳动者确需加班的,应当要求劳动者严格按照用人单位的加班审批制度,在加班前提交加班申请,并获得用人单位的批准。同时应告知劳动者,未经用人单位批准延长工作时间的,不视为加班。

上海案例与导引

［案例 5］

耿某入职 A 公司，签订有劳动合同，其中该合同第 8 条第 8.3 款约定："乙方（耿某）若需要加班、加点需告知主管并批准，未经甲方（A 公司）同意自行加班，或利用节假日出差、出勤等不视作加班。"2020 年 4 月 20 日，耿某提出仲裁，要求 A 公司支付耿某 2018 年 12 月 1 日至 2019 年 7 月 3 日的加班工资。之后本案诉至法院，耿某提供了微信聊天记录、工作成果等证据，微信聊天记录中包含耿某的工作情况汇总、耿某汇报每天的工作时间安排的记录，且每天的工作内容与微信聊天记录完全对应，用以证明其在休息时间内被安排加班。

［法院观点］

2018 年 12 月至 2019 年 7 月，耿某在家办公，从本案中耿某提供的证据来看，虽然微信聊天记录中确实有非标准工作时间发送的记录，但仅凭此并不能确定耿某工作的时间段。虽然耿某在微信所附的工作内容列表中记载了工作的时间段，但 A 公司只认可该证据的真实性，并没有认可列表中的时间段均为工作时间。列表中记载的工作时间段均为连续的 9 小时或 10 小时，亦难以均计算为工作时间。虽然耿某在家办公系 A 公司所同意，但双方对工作时间的计算方法没有约定，这实际导致对耿某是否存在加班、加班时长几何无法计算。鉴于双方劳动合同明确约定加班需批准，未经同意自行加班则不视为加班，耿某自认在此期间从未提出过加班申请。据此，对于耿某要求 A 公司支付加班费的诉请，法院难以支持。

（2020）沪 01 民终 12597 号

No. 14 休假

通常劳动法上所说的休假,是指在公休假日和法定休假日之外,劳动者所享有的在正常工作日无须出勤提供劳动的可自由支配时间。

企业管理中经常涉及的休假除带薪年休假、婚假、丧假、事假、探亲假外,还有生理假、产假、陪产假、哺乳假等涉及女职工劳动保护的休假。除此之外,基于人口与计划生育法、老年人权益保障法等法律,还会涉及地方性婚假、生育假、育儿假、子女护理假等休假。

病假将在本书“病假和医疗期”关键词项下的“病假”一词中进行详细的解析说明,本关键词中将就以下假期进行解析说明。

休假关键词中涉及的二级关键词	
14.1	带薪年休假
14.2	婚假
14.3	丧假
14.4	事假
14.5	探亲假
14.6	产前假
14.7	产假
14.8	陪产假
14.9	哺乳假
14.10	生理假
14.11	育儿假
14.12	子女护理假
14.13	计划生育手术假

14.1 带薪年休假

解析

根据我国《劳动法》第 45 条与《职工带薪年休假条例》的规定,连续工作满 12 个月以上的劳动者每年度可以享受带薪假期。

法律依据

一、带薪年休假天数

法定的带薪年休假天数根据劳动者累计工作时间计算。根据《职工带薪年休假条例》第 3 条的规定,劳动者累计工作已满 1 年不满 10 年的,年休假 5 天;已满 10 年不满 20 年的,年休假 10 天;已满 20 年的,年休假 15 天。同时依据《企业职工带薪年休假实施办法》第 4 条和《关于〈企业职工带薪年休假实施办法〉有关问题的复函》、《国务院法制办对〈关于《职工带薪年休假条例》有关问题的请示〉的复函》的规定,劳动者在同一或者不同用人单位(用人单位包括机关、团体、企业、事业单位、民办非企业单位、有雇工的个体工商户等单位）从事全日制工作期间，以及依照法律、行政法规或者国务院规定视同工作期间，应当计为累计工作时间。劳动者的累计工作时间可以根据档案记载、单位缴纳社保费记录、劳动合同或者其他具有法律效力的证明材料确定。

劳动者新进用人单位的，当年度的带薪年休假按当年在该单位实际工作期间的日历天数折算，具体折算公式为：当年度在本单位应享受带薪年休假天数＝（当年度在本单位剩余日历天数÷365天）×职工本人全年应当享受的带薪年休假天数，按此公式折算后不足1整天的部分不享受年休假。

劳动者依法享受的探亲假、婚假、丧假、产假等国家规定的假期以及工伤停工留薪期间不计入年休假假期。

二、带薪年休假的排除情形

根据《职工带薪年休假条例》第4条和《企业职工带薪年休假实施办法》第8条、第14条的规定，有以下情形的，劳动者无法享受当年的带薪年休假。需要提请注意的是，以下情形中的第2种至第5种情形，劳动者已享受当年的年休假的，不享受下一年度的年休假。

1. 享受的寒暑假多于年休假天数的。但享受的寒暑假少于年休假天数的，差额天数应当予以补足。

2. 当年度享受事假累计20天以上并且单位不扣工资的。

3. 累计工作满1年不满10年的劳动者，当年度请病假累计2个月以上的。

4. 累计工作满10年不满20年的劳动者，当年度请病假累计3个月以上的。

5. 累计工作满20年以上的职工，当年度请病假累计4个月以上的。

6. 劳务派遣中，当年度劳动者无工作期间由劳务派遣单位支付劳动报酬的天数多于当年度应享受年休假天数的。

三、带薪年休假的安排

根据《职工带薪年休假条例》第5条的规定，用人单位根据生产、工作的具体情况，并考虑职工本人意愿，统筹安排职工带薪年休假。

用人单位应在当年度安排劳动者享受当年应享受的带薪年休假，可以集中安排也可以分段安排，一般不跨年度安排；工作原因导致当年无法安排的，可以跨一个年度；用人单位无法安排年休假以及跨年度安排午休假都需要取得劳动者的同意。

四、应休未休带薪年休假的处理

根据《职工带薪年休假条例》第5条的规定，用人单位经职工同意不安排年休假或者安排职工年休假天数少于应休年休假天数的，应当在本年度内对职工应休未休年休假天数，按照其日工资收入的300%支付应休未休带薪年休假工资报酬。《企业职工带薪年休假实施办法》第10条、第11条进一步规定，300%未休带薪年休假工资中包含用人单位支付职工正常工作期间的工资收入，即可以理解为用人单位实际需另行支付200%的工资。

前文所述的日工资收入折算方法为用人单位支付劳动者应休未休带薪年休假工资报酬前12个月剔除加班工资后的月平均工资除以21.75天，在本用人单位工作时间不满12个月的，按实际月份计算。其中实行计件工资、提成工资或者其他绩效工资制的劳动者日工资收入的计发办法同样按上述方法进行计算。具体详见"工资"关键词项下的"假期工资"一词。

五、劳动合同终止或解除时带薪年休假的处理

根据《企业职工带薪年休假实施办法》第 12 条的规定,用人单位与劳动者解除或终止劳动合同时,当年度未安排劳动者休满应休带薪年休假的,应当按照劳动者当年已工作时间折算应休未休带薪年休假天数并支付未休带薪年休假工资报酬,具体折算方法为:(当年度在本单位已过日历天数 ÷ 365 天) × 职工本人全年应当享受的带薪年休假天数 - 当年度已安排带薪年休假天数;折算后不足 1 整天的部分不支付应休未休带薪年休假工资报酬。

用人单位当年已安排职工年休假的,多于折算应休年休假的天数不再扣回。

问题导引

Q1: 用人单位的规章制度是否可以规定年休假过期作废?

A: 法律法规规定,年休假一般应在当年度由用人单位统筹安排,工作原因导致用人单位无法在当年度安排的,可以跨一个年度。同时规定,用人单位安排劳动者休年休假,而劳动者因本人原因书面提出不休年休假的,用人单位可以只支付正常工资。但是,法律法规并未规定劳动者未在当年度提出休假申请时应如何处理。因此,除非用人单位有劳动者主动提出不享受年休假的书面证据,否则实务中劳动者可能仅以未享受年休假为由主张用人单位按照工资的 300% 予以补偿,且该主张被劳动争议仲裁委员会和法院支持的可能性很高。为规避这种风险,有的用人单位会在规章制度中规定劳动者在某个期限内必须申请使用年休假,否则年休假过期作废。那么,这种约定是否有效呢?

就此应当对年休假的性质进行分析。如果是法定的年休假,由于法律法规中明确规定了享受年休假的条件和期限等,所以笔者认为,用人单位一般不能违反法律规定在规章制度中规定低于法律法规规定的年休假使用条件或期限。只要劳动者符合法律法规规定的条件,并且在法律法规规定的期限之内,就应当依法享有年休假的权利,若当年度用人单位未能够统筹安排,则应当依法支付未使用年休假相应的年休假工资,当然,劳动者本人书面申请或同意顺延当年度年休假至次年使用或者因本人原因放弃当年度年休假的除外。

如果用人单位在法定年休假之外额外给予劳动者补充(福利)年休假,一般理解为可以不受限于法律法规规定的法定年休假使用条件和期限,用人单位可以基于自主管理权在规章制度中规定过期作废等条款。

Q2: 如何理解带薪年休假的休假资格条件中的"连续工作满 12 个月以上"?

A: 根据我国《劳动法》第 45 条与《职工带薪年休假条例》的规定,带薪年休假的休假资格为连续工作满 12 个月以上。依据《关于〈企业职工带薪年休假实施办法〉有关问题的复函》和《国务院法制办对〈关于《职工带薪年休假条例》有关问题的请示〉的复函》的规定,劳动者连续工作满 12 个月以上,既包括在同一用人单位连续工作满 12 个月以上的情形,也包括在不同用人单位

连续工作满 12 个月以上的情形。

但在实务中，各地对“连续工作满 12 个月以上”的理解仍存在较大差异，主要有以下三种观点。

1. 无论以前是否曾经在同一个或不同用人单位连续工作满 12 个月以上，入职新用人单位时，必须与前用人单位连续工作满 12 个月以上，除休息日或法定节假日外，不能有一天的中断。例如，《深圳市中级人民法院关于审理劳动争议案件的裁判指引》第 109 条规定，“连续工作满 12 个月以上”既包括劳动者在本单位连续工作满 12 个月以上的情形，也包括劳动者在不同用人单位连续工作满 12 个月以上的情形；但劳动者在进入新用人单位时存在工作间断的除外。上海地区在司法实践中也有类似案例（具体可见以下上海案例与导引）。

2. 给予一定的宽限期，如《重庆市劳动和社会保障局关于贯彻〈企业职工带薪年休假实施办法〉有关问题的通知》中明确允许中断不超过 1 个月的宽限期。

3. 劳动者在参加工作后曾经在同一个或不同用人单位连续工作满 12 个月以上的，入职的新用人单位必须给予其带薪年休假，如《北京市高级人民法院、北京市劳动人事争议仲裁委员会关于审理劳动争议案件法律适用问题的解答》中明确规定劳动者在符合参加工作后曾经“连续工作满 12 个月”条件后，此后年休假时间以当年度在用人单位已工作时间计算（具体可见以下北京案例与导引）。

北京案例与导引

［案例 1］

乙某于 2019 年 7 月 1 日入职 P 公司，又于 2019 年 10 月 22 日提出离职。乙某要求 P 公司支付其 2019 年 7 月 1 日至 2019 年 10 月 22 日应休未休带薪年假工资 1103.4 元，并提交参保人员缴费信息（显示乙某实际缴费年限为 9 年 5 个月，乙某符合在参加工作后曾经“连续工作满 12 个月”的条件）予以佐证。P 公司认可该证据的真实性，但主张乙某 2019 年度没有连续工作满 1 年。

［法院观点］

法院认为，职工在同一或者不同用人单位工作期间，以及依照法律、行政法规或者国务院规定视同工作期间，应当计为累计工作时间。而乙某出示的参保人员缴费信息显示乙某实际缴费年限为 9 年 5 个月，故乙某符合在参加工作后曾经“连续工作满 12 个月”的条件。经折算，P 公司应向乙某支付 1 天的未休年假工资 882.75 元。P 公司以乙某 2019 年并未连续工作满 1 年为由主张其不具备享受带薪年休假的资格，缺乏依据，法院不予采纳。

（2022）京 03 民终 307 号

上海案例与导引

[案例 2]

甲某于 2018 年 7 月 31 日从 A 公司离职，于 2018 年 8 月 10 日与 B 公司签订劳动合同。2019 年 8 月 26 日，B 公司因甲某严重违纪与其解除劳动关系。甲某向劳动人事争议仲裁委员会申请仲裁，之后又向人民法院起诉。诉请中要求 B 公司支付 2018 年 8 月 10 日至 2018 年 12 月 31 日应休未休带薪年休假 5 天的折算工资 3480 元及 2019 年 1 月 1 日至 2019 年 8 月 26 日的应休未休带薪年休假 10 天的折算工资 6960 元，并提交了 2017 年 9 月至 2019 年 8 月的参保人员城镇职工基本养老保险缴费情况说明。甲某主张其于 2018 年 7 月 31 日离开 A 公司，之后从 2018 年 8 月 1 日起就开始为 B 公司工作，系因入职材料欠缺导致签署劳动合同时间延后，因此工龄并未中断，每年应享受带薪年休假 15 天。

[法院观点]

法院认为，甲某虽主张其于 2018 年 8 月 1 日即入职被上诉人 B 公司，但并未对此提供证据予以证明，由此，甲某在 2018 年的工作状态有中断的情形，当年并未连续工作，其主张入职 B 公司即享有带薪年休假，缺乏依据，法院不予采纳。

（2020）沪 01 民终 11577 号

Q3： 补充（福利）年休假的使用、补偿及作废等规则不明确时，应当如何确定其使用及补偿？

A： 补充（福利）年休假是指超出法定带薪年休假标准以外的，用人单位自愿给予劳动者的带薪年休假。对于该部分带薪年休假，由于其并不被纳入法定休假范畴，所以并没有全国性的法律法规或司法解释、司法文件作出明确规定。因此如果用人单位在其规章制度中约定了适用规则、补偿办法（包括不予补偿）或作废机制，或者就其适用规则与补偿办法与劳动者达成书面约定，则应当以用人单位规章制度的规定或双方的约定为准。

但是，实务中存在用人单位未就补充（福利）年休假制定规则或未与劳动者进行约定的情况，此时补充（福利）年休假应当如何使用及补偿，司法实务中存在以下三种观点：

（1）补充（福利）年休假应当参考法定年休假确定其使用和补偿办法；

（2）补充（福利）年休假应当按照正常工资予以补偿；

（3）补充（福利）年休假不应当予以补偿。

笔者注意到，各地尚未就此形成比较固定的裁判倾向。大体而言，上海市和北京市的司法实务中比较倾向于认为在无明确规定或约定时不予以补偿，但判定予以补偿的案例也少量存在（具体可见上海和北京案例与导引）。《深圳市中级人民法院关于审理劳动争议案件的裁判指引》第 110 条规定，劳动合同、集体合同或规章制度对超过法定年休假天数的未休年休假未约定补偿，或约定了补偿但未明确具体补偿标准的，劳动者要求按照法定标准支付超过法定年休假天数的未休年休假工资的，应予支持。

实务小贴士

如果用人单位存在法定年休假与补充(福利)年休假,建议用人单位注意在规章制度中区分两者的适用规则,以避免在劳动合同实际履行过程中,两者的适用规则被混同。在混同的情况下,原本适用于法定年休假的法律规定可能会被直接用于处理补充(福利)年休假问题,从而导致用人单位错失部分的自主管理权。

北京案例与导引

[案例3]

丁某于2020年10月14日入职D教育公司,2021年9月11日,D教育公司解除与丁某的劳动合同。D教育公司员工手册规定,"带薪年休假包含法定年休假和公司福利年休假,公司福利年休假系企业按照员工司龄给予一定的福利,其性质不同于法定年休假",但该公司员工手册中未规定员工未休福利年假需给予相应的报酬。2021年9月,丁某向劳动人事争议仲裁委员会申请仲裁,之后又向人民法院起诉,要求D教育公司支付未休的3天福利假补偿。

[法院观点]

法院认为,法定带薪年休假制度旨在保障职工的休息权,是在考虑职工累计工作时间的基础上对职工作出的法定补偿;而福利年休假系用人单位按照经营情况、职工司龄等因素自主给予的特殊福利,其性质不同于法定带薪年休假,故丁某上诉要求D教育公司支付额外3天的福利年休假补偿,缺乏相应的法律依据,法院不予支持。

(2022)京02民终14090号

上海案例与导引

[案例4]

丙某于2015年1月21日入职C公司担任制片,2017年4月21日,C公司解除与丙某的劳动合同。C公司《员工手册》载明,"除享有国家规定的带薪年休假外,入职第一年另享有1天福利假,第二年开始及之后工作的自然年度享有7天福利假",但未约定具体待遇。丙某向劳动人事争议仲裁委员会申请仲裁,之后又向人民法院起诉,要求C公司按3倍工资标准支付未休的7天福利假工资。

[法院观点]

法院认为,C公司《员工手册》规定的员工福利假、生日假系双方约定的年休假,丙某未休时应享受约定的待遇。但《员工手册》中对此并无约定,C公司愿意按丙某日工资收入的1倍支付丙某2017年7天福利假及1天生日假的报酬,并不违法。因此,丙某的上诉主张无法律依据,法院难以支持。

(2018)沪01民终1203号

14.2 婚假

解析

根据《劳动部办公厅关于〈劳动法〉若干条文的说明》第 51 条的规定,婚假是指劳动者本人结婚时依法享受的假期。

法律依据

一、婚假天数

根据《关于国营企业职工请婚丧假和路程假问题的通知》的规定,婚假的天数为 1~3 天。劳动者结婚时双方不在一地工作的,可以根据路程远近,另给予路程假。

除此之外,2015 年修正的《人口与计划生育法》生效后,晚婚假予以取消,但全国大部分地区修改当地的人口与计划生育立法及其相关政策,增加了地方性的婚假天数(例如,北京和上海分别增加婚假天数 7 天,而广东未增加)。各省份婚假及其地方性婚假天数,请参照《全国婚假速查表单》。

全国婚假速查表单

二、婚假待遇

根据《关于国营企业职工请婚丧假和路程假问题的通知》第 3 条的规定,在批准的婚假和路程假期间,劳动者的工资照发,途中的车船费等,全部由劳动者自理。

问题导引

Q4: 再婚、复婚是否可以享受婚假?

A: 根据《劳动和社会保障部办公厅关于对再婚职工婚假问题的复函》的规定,再婚者与初婚者的法律地位相同,用人单位对再婚劳动者应当参照国家有关规定,给予同初婚职工一样的婚假待遇。

关于复婚,安徽、江西两省明确规定复婚不享受婚假和地方性婚假,其他省份则并未明确,因此产生了以下两种观点:(1)复婚属于再婚的一种情形,基于再婚可以享受婚假的规定,复婚同样可以享受婚假。(2)由于复婚时与初婚时为同一结婚对象,当时已享受过婚假,所以不能再次享受婚假。此观点认为,复婚属于再婚的一种情形,因此,除部分省份规范性文件明确不给予再婚婚假外,其他没有明确作出具体规定的省份,用人单位出于人性化管理考虑,也应该给予婚假。笔者更倾向于前一种观点。

Q5: 婚假遇法定节假日和休息日时是否顺延?

A: 由于《关于国营企业职工请婚丧假和路程假问题的通知》未对婚假遇法定节假日和休息日时是否顺延作出具体规定,所以各地实务中通常默认为不顺延。但有部分地区规定地方性婚假遇法定节假日或休息日时顺延(例如,上海规定婚假遇法定节假日顺延、遇休息日不顺延;天津规定婚假遇法定节假日和休息日都顺延)。关于各地区的具体婚假天数和顺延情形,请参照《全国婚假速查表单》。

Q6： 用人单位有权规定员工限期休完婚假吗？

A： 由于国家法律法规及地方规范性文件对此问题并未作出任何具体规定，所以用人单位可在规章制度中作出规定，或在劳动合同或者集体合同中作出约定。但所设定的限期应当具有合理性和可操作性，如规定在结婚登记之日起的1年内一次性使用完婚假。

Q7： 入职前办理结婚登记的是否可以在入职后享受婚假？

A： 劳动者在入职前办理结婚登记的，可能存在其在前单位已全部或部分享受过婚假的情形。婚假是劳动者本人结婚时依法享受的假期，不能多次享受。因此，入职前办理结婚登记的劳动者在入职后申请婚假的，用人单位可以要求该劳动者提交其未享受过婚假的证明，杜绝多次重复享受婚假。

Q8： 婚假未休的，用人单位是否应当予以补偿？

A： 由于国家法律法规及地方规范性文件并未规定婚假未休时的处理方法，司法实践中对劳动者未休婚假是否需要给予补偿存在较大争议，主流观点认为，无论劳动者当时是否提出婚假申请，最终用人单位未给予婚假的，都不需要补偿。

北京案例与导引

［案例5］

乙某于2020年向公司申请休共计8天的婚假，公司在请假审批表中载明同意审批意见。随后乙某尚未休假就被公司辞退，故乙某要求公司支付其未休婚假工资。

［法院观点］

法院认为，乙某要求公司支付未休婚假工资的主张缺乏相应的法律依据，故对此不予支持。

（2021）京0108民初19696号

上海案例与导引

［案例6］

甲某于2018年9月30日登记结婚，于2019年3月12日向公司申请2019年3月13日至3月22日休婚假，公司未予批准。甲某认为婚假是法定假期，公司未批准其请假，应支付工资，并按照工资标准的二倍计算。

［法院观点］

法院认为，甲某称公司未批准其休婚假，要求公司支付未休婚假工资，对此法律并无明确规定未休婚假可以折算工资，故对于甲某的诉讼请求，法院不予支持。

（2020）沪02民终846号

14.3 丧假

解析

根据《劳动部办公厅关于〈劳动法〉若干条文的说明》第 51 条的规定,丧假是指劳动者的父母、配偶、子女及其配偶父母死亡时劳动者依法享有的假期。

法律依据

一、丧假天数

根据《关于国营企业职工请婚丧假和路程假问题的通知》,丧假的天数为 1 ~ 3 天(其中重庆、四川的丧假天数增加至 5 天);劳动者在外地的直系亲属死亡时需要劳动者本人去外地料理丧事的,可以根据路程远近,另给予路程假。各省份丧假天数,请参照《全国丧假速查表单》。

全国丧假速查表单

根据《广东省企业职工假期待遇死亡抚恤待遇暂行规定》第 9 条的规定,丧假原则上应一次性连续安排,假期内遇公休假日的,均不另加假期天数。北京、上海等大部分地区未对丧假遇法定节假日和休息日是否顺延作出具体规定。因此,用人单位可以在规章制度中进行明确。

二、丧假待遇

根据《关于国营企业职工请婚丧假和路程假问题的通知》第 3 条的规定,在批准的丧假和路程假期间,劳动者的工资照发,途中的车船费等,全部由劳动者自理。

问题导引

Q9: 哪些亲属死亡时劳动者可以享受丧假?

A: 根据《关于国营企业职工请婚丧假和路程假问题的通知》的规定,丧假规定中的直系亲属是指父母、配偶和子女。同时,北京、上海、重庆、广东、浙江、江苏、四川等地规定,劳动者配偶的父母死亡,经用人单位领导批准,可给予丧假。

Q10: 劳动者的养父母、继父母死亡是否需要给予丧假?

A: 《民法典》第 1111 条规定,养子女与生父母以及其他近亲属间的权利义务关系,因收养关系的成立而消除。由此可见,劳动者的养父母死亡,用人单位应当给予其丧假。同时参照《民法典》第 1072 条、第 1127 条等规定,继父或者继母和受其抚养教育的继子女间的权利义务关系适用于《民法典》关于父母子女关系的规定,有抚养关系的继子女享有对继父母的继承权,故与劳动者有抚养关系的继父母死亡的,用人单位应当给予劳动者丧假。

劳动者成立收养关系后其生父母死亡,或与其没有抚养关系的继父母死亡,劳动者向用人单位申请丧假的,用人单位虽可按《民法典》的规定不给予丧假,但从人性化角度而言,用人单位可以通过规章制度或与劳动者协商的方式按事假处理。如果用人单位未在规章制度中事先明确,员工又因此特殊事由缺勤,用人单位也应谨慎处理,不宜简单地按旷工予以解除劳动关系,具体案例详见“休假”关键词项下的“事假”一词。

14.4　事假

解析

事假，是指劳动者因私无法出勤向用人单位提供劳动而向用人单位申请的休假。国家未规定用人单位应当给予劳动者事假，根据《关于印发〈对《工资支付暂行规定》有关问题的补充规定〉的通知》的规定，劳动者因事确需请事假的，用人单位可以相应扣发工资。

法律依据

用人单位也可以在规章制度或劳动合同中给予劳动者一定的带薪事假。用人单位一旦作出该规定，就应当予以执行。

问题导引

Q11： 用人单位是否有权不批准劳动者的事假申请？劳动者未按规定出勤是否构成旷工？

A： 法律法规中并未明确规定用人单位在何种情况下应当批准劳动者的事假申请。一般而言，由于劳动关系具有人身从属性，除了劳动者依法享受的休息日以外，用人单位有权要求员工出勤即提供劳动，据此，用人单位有权不批准劳动者的事假申请，此时劳动者未按规定出勤即构成旷工。但是，当劳动者的确存在需要取得事假的合理事由时，并按照用人单位的规章制度提交了事假申请，在用人单位没有批准的情形下没有出勤提供劳动，司法实务中一般不简单地认定劳动者旷工，而是根据劳动者申请取得事假的理由的合理性、劳动者对于请假理由的举证、请假的程序等综合进行判断。

典型案例与导引

［案例 7］

甲某于 2021 年 2 月 26 日入职某电子商务公司，签订了劳动合同，岗位为工程师。2022 年 1 月 21 日，甲某父亲癌症晚期，甲某通过微信向直属领导张某请假，又通过邮件向领导请假称，“因父亲病重需紧急返乡，特提出请假申请”，请假时间为 2022 年 1 月 24 日至 1 月 30 日。当日，甲某回家照顾重病父亲。其间公司要求甲某提供有效请假材料，甲某亦通过微信提交了父亲病历照片。2022 年 1 月 28 日，甲某父亲病重去世。当日公司却以“甲某请假未批不到岗，构成旷工”为由解除了劳动合同。甲某不服解除决定，申请劳动仲裁，仲裁委员会认定公司解除劳动合同违法。该公司不认可裁决结果，起诉至人民法院，请求不支付违法解除劳动合同赔偿金。

［法院观点］

法院认为，劳动者有自觉维护用人单位劳动秩序、遵守用人单位规章制度的义务；用人单位用工管理权的行使方式亦应善意、宽容、合理。甲某因父亲病重需要陪护，向公司申请事假，既是处理突发家庭事务,亦属尽人子孝道。甲某父亲患重病病危,在事发紧急的情况下,甲某已经向公司请假,在照顾患病父亲期间也将其父患病的相关资料传给了公司。公司在明知其父亲重病的情况下,仍以请假材料不全,未经审批为由,要求甲某到岗,未体现出以人为本的发展理念,与社会主义核心价值观中友善的要求不符,亦有悖于中华民族的传统孝文化,既不合情也不合理。综上,甲某不构成旷工,公司属于违法解除劳动合同,故判决某电子商务公司支付甲某违法解除劳动合同赔偿金。

最高人民法院第三批人民法院大力弘扬社会主义核心价值观典型民事案例之案例十

北京案例与导引

[案例8]

L先生于2015年6月15日入职北京某客运公司,2019年7月1日,L先生因家中母亲生病,在与车队长沟通后,填写请假审批单后于2019年7月3日返乡照顾母亲,但因无法确定请假天数,仅填写了请假起始日期(2019年7月3日),未填写截止日期、请假天数。随后北京某客运公司以L先生请假审批单填写存在瑕疵为由,认为其请假未经领导批准,无法审批请假流程、办理请假手续。并于2019年7月25日以"未按规定履行请假手续,也未到岗上班,构成旷工行为,严重违反公司规章制度"为由,解除了与L先生的劳动关系。随后L先生先申请仲裁,之后又向法院起诉。要求北京某客运公司支付违法解除劳动合同赔偿金81,000元,并提交村委会证明、诊断证明书、住院病历(手术时间为2019年7月4日)等请假事由证明。

[法院观点]

一审法院认为,北京某客运公司解除与L先生劳动合同的行为不符合《劳动合同法》第39条的相关规定,L先生主张的违法解除劳动关系赔偿金符合法律规定,应当予以支持。北京某客运公司不服,提出上诉。

二审法院认为,L先生提交的病理材料显示其母亲患有胆囊炎、结石、高血压、冠心病、糖尿病,且术后住院20多天,结合其母亲事发时已经82岁,L先生因其母亲突发疾病请假回家具有合理性,且请假时已向车队长告知。故驳回上诉,维持原判。

(2020)京03民终8351号

14.5 探亲假

解析

根据《国务院关于职工探亲待遇的规定》,探亲假是给予在国家机关、人民团体及全民所有制企事业单位工作满1年且在公休假日无法与配偶或父母团聚的劳动者的,供其与配偶、父母团聚的带薪休假时间。为落实探亲假,还可以根据需要给予路程假。

法律依据

一、探亲假天数

根据《国务院关于职工探亲待遇的规定》第3条和第4条的规定，探亲假天数如下（以下天数包含法定节假日和休息日）：

（1）探望配偶的，每年30天；

（2）未婚劳动者探望父母的，每年20天或每2年45天；

（3）已婚劳动者探望父母的，每4年20天；

（4）适用休假制度的劳动者，休假天数（如寒暑假）少于依法应享有的探亲假，探亲假以差额天数为准。

二、探亲假待遇

根据《国务院关于职工探亲待遇的规定》第5条、第6条的规定，劳动者在规定的探亲假期和路程假期内，按照劳动者本人的标准工资发给工资。劳动者探望配偶和未婚职工探望父母的往返路费，由所在用人单位负担。已婚劳动者探望父母的往返路费，在劳动者本人月标准工资30%以内的，由劳动者本人自理，超过部分由所在用人单位负担。

14.6　产前假

解析

关于产前假，目前并无国家统一规定，现阶段仅有上海予以专门规定，通常是指符合法律、法规规定生育子女的女职工在妊娠7个月以上（按28周计算）时，给予照顾的假期。

法律依据

一、产前假准假条件

目前产前假准假条件有以下两种模式：（1）《上海市女职工劳动保护办法》第12条规定，如工作许可，经本人申请，单位批准，可请产前假。（2）《上海市妇女权益保障条例》第45条和《上海市卫生局关于本市医疗机构依法开具产前假和哺乳假有关疾病证明的通知》第2条规定，经二级及以上医疗保健机构证明有习惯性流产史、严重的妊娠综合征、妊娠合并症等可能影响正常生育的，女职工本人提出申请，用人单位应当批准其产前假。

值得注意的是，两种模式中，前者需要由女职工与用人单位协商，不具备强制性；后者因女职工具有特定病理情形，需要对该类女职工加大保护力度，因此具备强制性。

二、产前假天数

《上海市女职工劳动保护办法》第12条规定，产前假为两个半月，且产前假只能按预产期在产假前执行。

三、产前假待遇

《上海市女职工劳动保护办法》第18条规定，产前假和哺乳假的工资按本人原工资的80%发给。用人单位增加工资时，女职工按规定享受的产前假应作出勤对待。

辨析

《关于〈女职工劳动保护规定〉问题解答》第 10 条规定，将女职工产假分为产前假 15 天、产后假 75 天两部分。《女职工劳动保护特别规定》第 7 条规定，女职工生育享受 98 天产假，其中产前可以休假 15 天。原规定的产前假与上海所规定的产前假属于不同假期。原规定的产前假系包括在产假 98 天中的一部分，其后也将产前假改称为产前可以休假。上海的产前假属于地方性规定，是女职工在孕期内、产假前享受的假期，因此不计入产假 98 天中，且假期待遇与前者有所区别，读者应对两者加以区分。

14.7　产假

解析

产假，是指符合法律、法规规定生育子女的女职工因生育、流产而依法享受的假期。

一、产假天数

法律依据

《女职工劳动保护特别规定》第 7 条规定，女职工生育享受 98 天产假，其中产前可以休假 15 天（该 15 天并非部分省份所设立的产前假，而是指分娩前 15 天可以开始享受产假）；难产的（难产通常指施行剖腹产术、产钳术、臀位助娩术等手术的），增加产假 15 天；生育多胞胎的，每多生育 1 个婴儿，增加产假 15 天。女职工怀孕未满 4 个月流产的，享受 15 天产假；怀孕满 4 个月流产的，享受 42 天产假（部分省份的流产假期高于该标准）。各省份产假天数，请参照《全国产假速查表单》。

除此之外，2015 年修正的《人口与计划生育法》生效后，全国各省份陆续修订或修正的人口与计划生育条例将原先的晚育假更名为增加产假、延长产假、奖励假或生育假（由于各地叫法略有不同，本书统称为生育假），同时部分地区还增加了生育假的天数（例如，北京和上海生育假分别从 30 天增加至 60 天，广东生育假从 30 天增加至 80 天）。各地区生育假天数，请参照《全国产假速查表单》。

全国产假速查表单

二、产假待遇

《女职工劳动保护特别规定》第 8 条规定，女职工产假期间的生育津贴，对已经参加生育保险的，按照用人单位上年度职工月平均工资的标准由生育保险基金支付；对未参加生育保险的，按照女职工产假前工资的标准由用人单位支付。女职工生育或者流产的医疗费用，按照生育保险规定的项目和标准，对已经参加生育保险的，由生育保险基金支付；对未参加生育保险的，由用人单位支付。

值得注意的是，关于生育假期间的工资（生育津贴）是由生育保险基金支付还是由用人单位支付的问题，各地区规定有较大差异（如北京、上海规定由生育保险基金支付，广州、深圳规定由用人单位支付）。

问题导引

Q12： 产假遇法定节假日和休息日时是否顺延？

A： 由于《女职工劳动保护特别规定》未对产假遇法定节假日和休息日时是否顺延作出具体规定，所以各地实务中通常默认为不顺延。但有部分地区的人口与计划生育条例及其相关政策规定，生育假遇法定节假日时顺延（如上海、江苏、安徽增加的生育假遇法定节假日顺延，遇休息日不顺延）。关于各地区的具体产假、生育假天数和顺延情形，请参照《全国产假速查表单》。

Q13： 女职工违反计划生育规定，如未婚生育的，是否享受产假待遇？

A： 女职工违反计划生育政策的，并不排除对其的劳动保护。同样，违反计划生育政策生育，也应当依法享受产假，但不能享受生育假。该类女职工虽享受产假，但并不代表其可以享受产假待遇。《企业职工生育保险试行办法》第 7 条规定，女职工生育或流产后，由本人或所在企业持当地计划生育部门签发的计划生育证明，婴儿出生、死亡或流产证明，到当地社会保险经办机构办理手续，领取生育津贴和报销生育医疗费。该办法虽然在《社会保险法》前实施，但社保机构仍沿用了符合计划生育政策才能领取生育保险待遇的政策思路。同理，用人单位也不需要支付产假期间的任何待遇。

部分地区的人口与计划生育条例对该问题也进行了进一步的明确，如《上海市人口与计划生育条例》第 41 条规定，依法生育子女的妇女，按照国家和上海市的规定，享受生育保险待遇。

14.8　陪产假

解析

陪产假，是指符合法律、法规规定生育的配偶在产假期间，劳动者用于看护、照料其配偶的假期。

法律依据

一、陪产假天数

2015 年修正的《人口与计划生育法》生效后，全国各省份陆续修订或修正的计划生育地方性法规仍继续沿用原陪产假、护理假、照顾假、配偶陪产假（由于各地叫法略有不同，本书统称为陪产假），部分省份增加了陪产假的天数（如安徽从 10 天、夫妻异地生活 20 天统一增加至 30 天）。各省份陪产假天数，请参照《全国陪产假速查表单》。

全国陪产假速查表单

二、陪产假待遇

根据各省份计划生育地方性法规的规定，陪产假期间的工资由用人单位按照劳动者本人正常出勤应得的工资发给支付。

问题导引

Q14： 陪产假遇法定节假日和休息日时是否顺延？

A： 各地区的人口与计划生育条例及其相关政策对陪产假的规定有较大差异，只有部分地区明确规定陪产假遇法定节假日或休息日时顺延（例如，上海、江苏、安徽规定陪产假遇法定节假日顺延，遇休息日不顺延；浙江规定陪产假遇法定节假日和休息日都顺延）。关于各地区的具体陪产假天数和顺延情形，请参照《全国陪产假速查表单》。

14.9　哺乳假

解析

哺乳假，是指符合法律、法规规定生育子女的女职工在哺乳期内可以享受的假期。该假期应与授乳时间加以区分，授乳时间具体详见“女职工保护”关键词项下的“哺乳期”一词。

法律依据

除哺乳假外，部分地区还设立了延长哺乳假。延长哺乳假是指婴儿满1周岁以后，经医疗机构确诊为体弱儿的，由符合法律、法规规定生育子女的女职工提出申请，经用人单位批准给予的假期（目前仅有上海、河北、河南、湖北、贵州实施延长哺乳假）。

一、哺乳假准假条件

目前哺乳假准假条件有以下两种模式：

（1）女职工若有困难且工作许可，由本人提出申请，经用人单位批准或经用人单位协商可以给予假期。例如，《广东省实施〈女职工劳动保护特别规定〉办法》第16条规定，女职工产假期满，确有实际困难的，经本人申请，用人单位批准，可以请哺乳假至婴儿1周岁。

（2）经医疗机构证明，本人提出申请，用人单位应当批准假期。例如，《上海市妇女权益保障条例》第45条规定，经二级及以上医疗保健机构证明患有产后严重影响母婴身体健康疾病的，女职工本人提出申请，用人单位应当批准其哺乳假。

两种模式中，前者需要由女职工与用人单位协商，不具备强制性；后者因女职工具有特定病理情形，需要对该类女职工加大保护力度，所以具备强制性。

二、哺乳假天数

大部分实施哺乳假的地区规定女职工享受哺乳假至婴儿1周岁；部分地区规定哺乳假不超过6个月，如天津、江苏等省份；上海为6个半月。

大部分实施延长哺乳假的地区规定延长哺乳假最长不超过6个月。

三、哺乳假待遇

目前实施哺乳假的省份对哺乳假期间的待遇有较大差异，主要有以下几种模式。

1. 待遇协商模式。由用人单位与女职工本人协商期间待遇（如广东）。

2. 工资打折模式。按本人原工资的折扣支付期间待遇（如上海、天津按本人原工资的80%支付）。

3. 打折托底模式。按本人原工资的折扣后不低于当地最低工资标准支付期间待遇（如江苏按本人原工资的 80% 支付，且不得低于当地最低工资标准）。

14.10　生理假

解析

生理假，是指女职工经医疗、妇幼保健机构确诊为患有重度痛经及月经过多，或经期无法调离禁忌岗位而可适用的假期。生理假在国际上还属于一个比较有争议性的问题，从保护女性权益的角度来说，生理假较为人性化，但这一假期也引发女性担心泄露隐私、男性认为反向歧视的问题。

法律依据

《女职工保健工作规定》第 7 条第 4 项规定，患有重度痛经及月经过多的女职工，经医疗或妇幼保健机构确诊后，月经期间可适当给予 1 ~2 天的休假。然而，由于该文件历史久远，加之各省份女职工劳动保护相关政策差异，目前全国仅有 10 多个省份出台生理假的相关规定（请参照《全国生理假速查表单》）。多数省份未作出具体规定，或仅规定给予生理期女职工适当工间休息，如《广东省实施〈女职工劳动保护特别规定〉办法》第 8 条规定，从事连续 4 小时以上立位作业的女职工，月经期间经本人申请，用人单位应当为其安排适当的工间休息。

全国生理假速查表单

生理假待遇具体详见“工资”关键词项下的“假期工资”一词。

14.11　育儿假

解析

育儿假，是指劳动者用于照护其婴幼儿的假期。婴幼儿是指不满 3 周岁的子女（部分省份规定为不满 6 周岁的子女）。

一、育儿假天数

根据《国务院办公厅关于促进 3 岁以下婴幼儿照护服务发展的指导意见》和《人口与计划生育法》的规定，国家支持有条件的地方设立父母育儿假，而后各省份陆续设立了育儿假。各省份育儿假天数，请参照《全国育儿假速查表单》。

法律依据

二、育儿假待遇

根据各省份地方性规定，劳动者在育儿假期间的工资由用人单位按照劳动者本人正常出勤应得的工资支付。

全国育儿假速查表单

问题导引

Q15： 育儿假遇法定节假日和休息日时是否顺延？

A： 各地区的人口与计划生育条例及其相关政策对育儿假的规定有较大差异，其中大部分地区未作出具体规定；部分地区规定育儿假遇法定节假日和休息日皆不顺延；只有少部分地区规定育儿假遇法定节假日或休息日顺延（例如，江苏规定育儿假遇法定节假日顺延，遇休息日不顺延；北京、安徽、江西规定育儿假遇法定节假日和休息日都顺延）。关于各地区的育儿假顺延情形，请参照《全国育儿假速查表单》。

Q16： 育儿假的期限如何计算和确定？

A： 目前大部分地区的人口与计划生育条例及其相关政策未对育儿假期限如何计算作出具体规定，而作出规定的地区主要有以下两种模式。

1. 从子女出生之日起按照周岁计算，如《关于进一步做好〈广东省人口与计划生育条例〉相关假期贯彻落实工作的通知》第 3 条规定，育儿假的请休按周年计算，即以子女周岁为计算年度。

2. 从子女出生之日起按照自然年度计算，如《关于印发〈关于《安徽省人口与计划生育条例》实施中有关问题具体应用的指导意见〉的通知》第 2 条规定，依法生育（包含依法收养）且有子女在 0～6 周岁期间（从子女出生之日起按照自然年度计算）的，夫妻双方每年分别享受 10 天育儿假。

关于各地区的育儿假期限计算规定，请参照《全国育儿假速查表单》。

Q17： 多个子女育儿假是否可以叠加使用？

A： 目前大部分地区的人口与计划生育条例及其相关政策未对多个子女育儿假是否可以叠加使用作出具体规定，而作出规定的地区主要有以下两种模式。

1. 多子女育儿假不可叠加使用，如《关于进一步做好〈广东省人口与计划生育条例〉相关假期贯彻落实工作的通知》第 3 条规定，《计生条例》规定的育儿假不可叠加，如有两个以上子女同时在 3 周岁以内，父母双方每年均只能享受 10 日的育儿假，直至最小的子女满 3 周岁。

2. 多子女育儿假可叠加使用，如《关于印发修订后的〈上海市计划生育奖励与补助若干规定〉的通知》（沪府规〔2022〕18 号）第 3 条规定，育儿假按照生育的子女数量累计计算天数。

关于各地区的多个子女育儿假是否可以叠加使用的规定，请参照《全国育儿假速查表单》。

14.12　子女护理假

解析

子女护理假，是指劳动者年满 60 周岁以上的父母患病或住院期间，劳动者作为子女对父母予以照护可适用的假期。

一、子女护理假天数

法律依据

根据部分省份的人口与计划生育条例、老年人权益保障条例或养老服务条例的规定，全国已有 20 多个省份实施了子女护理假（各地叫法略有不同，包括护理时间、照料时间、护理假、照料假、陪护父母假等，本书统称为子女护理假）。各省份子女护理假天数，请参照《全国子女护理假速查表单》。

二、子女护理假待遇

大部分实施子女护理假的省份基本规定子女护理假期间的工资由用人单位支付，且工资福利待遇不变。广东省规定子女护理假期间的工资由用人单位与劳动者协商，且不低于当地最低工资标准。各省份子女护理假待遇，请参照《全国子女护理假速查表单》。

全国子女护理假速查表单

问题导引

Q18： 子女护理假是否只有独生子女可以享受？

A： 有较多地区规定享受子女护理假的劳动者必须为独生子女，但也有为数不少的地区给予非独生子女的劳动者以子女护理假（如天津、安徽、山东、河北、湖北、云南、贵州、四川、宁夏、黑龙江、新疆）。

14.13 计划生育手术假

解析

根据《人口与计划生育法》第26条的规定，公民实行计划生育手术的，享受国家规定的休假。国家没有对计划生育手术假的天数作出具体规定，对此，部分地方性法规和地方规章中对此有详细的规定（请参照《全国计划生育手术假速查表单》）。例如，《上海市计划生育奖励与补助若干规定》第19条规定，放置及取出宫内节育器的，休息2天；输精管绝育的，休息7天；输卵管绝育的，休息30天等。

法律依据

全国计划生育手术假速查表单

No. 15 病假和医疗期

劳动者在劳动关系存续期间患病或非因工负伤是不可避免的情形。我国劳动法体系规定了在法定期间内用人单位不得解除劳动关系的医疗期制度,同时允许用人单位通过规章制度规定劳动者请病假的程序、病假待遇等,一方面保障劳动者的就业机会及生存权利;另一方面也保障用人单位的正常用工制度,避免劳动者"泡病假"长时间不工作,破坏用人单位的正常用工管理。

病假和医疗期关键词中涉及的二级关键词	
15.1	病假
15.2	病假请假流程
15.3	医疗期
15.4	医疗补助费

15.1 病假

解析

病假,是指劳动者患病或非因工负伤,经医疗机构检查、出具证明并获本单位主管部门或领导的批准,停止工作而治疗疾病或休息的假期。

法律依据

全国主要经济省份病假工资速查表单

现行法律、法规中并未对劳动者一年可以享有多少天病假作硬性规定,因为病假是劳动者因患病或非因工负伤直至恢复健康所需的实际休息时间,而该实际休息时间是无法预测也无法通过法律法规来强制规定的。一般来说,只要劳动者持有用人单位认可的医疗机构出具的证明,用人单位就应当准许劳动者休病假。但是,为了防止劳动者滥用病假获取休息,用人单位可以通过规章制度规定劳动者请病假的程序、病假期间工资待遇等。对于病假,用人单位可以按照相关规定计算病假工资。我国对病假工资存在不同的立法模式,归纳起来主要有三种。模式一:根据职工工龄和工资,按一定比例支付,如上海的规定。模式二:按职工工资一定比例支付,如深圳市的规定。模式三:按企业制度或合同约定支付,如北京市和江苏省的规定。上述各种模式下的病假工资都不得低于法律或地方性法规规定的最低标准。《劳动部关于贯彻执行〈中华人民共和国劳动法〉若干问题的意见》第 59 条规定,企业支付的病假工资或疾病救济费不得低于当地最低工资标准的 80%,各地基本上按此规定执行。个别地方还可以对病假实行封顶限制,如《上海市劳动局关于加强企业职工疾病休假管理保障职工疾病休假期间生活的通知》第 5 条规定,职工疾病或非因工负伤待遇高于本市上年度月平均工资的,可按本市上年度月平均工资计发。

问题导引

Q1： 医疗期满后，劳动者因病继续休假，休假期间用人单位是否需要继续支付病假工资或疾病救济费？

A： 医疗期满后，用人单位未以“医疗期满后不能从事原工作也不能从事另行安排的工作”为由解除与劳动者的劳动合同，劳动者继续请病假的期间，用人单位是否需要继续支付病假工资或疾病救济费，在司法实践中存在争议。一种观点认为，用人单位无须再支付病假工资或疾病救济费。该观点的法律依据《劳动部关于贯彻执行〈中华人民共和国劳动法〉若干问题的意见》第59条关于病假工资或疾病救济费支付的期限被限定为“在规定的医疗期间内”的规定。基于此，很多省市如广东省、深圳市、江苏省、浙江省、天津市等出台了类似规定，强调在规定的医疗期内用人单位才有支付病假工资的义务。另一种观点认为，医疗期仅是指劳动者患病或非因工负伤停止工作治疗，用人单位不得解除劳动合同的时限，而病假是劳动者患病或非因工负伤停止工作治疗的期限，劳动者继续休病假，用人单位应当支付病假工资或疾病救济费，北京市、上海市的病假立法支持该观点。

上海案例与导引

［案例1］

2017年5月27日，邓某由B公司派遣至G公司工作，邓某与B公司签订期限为2017年5月27日至2019年5月26日的劳动合同。2017年12月，邓某经医院诊断为弥漫大B细胞淋巴瘤。2019年6月10日，邓某被上海市劳动能力鉴定中心鉴定为完全丧失劳动能力。2020年11月8日，邓某收到公司的解除劳动合同通知书，载明：邓某自2017年12月7日至2020年11月30日累计已休病假满24个月，现因邓某在医疗期满后不能从事原工作，也不能从事另行安排的工作，根据劳动法相关规定和公司规章制度，通知邓某2020年12月15日双方劳动关系终止。邓某认为公司应当向其支付2020年12月1日至31日的工资，就此其与公司产生争议。

［法院观点］

法院认为，邓某因疾病连续休假已超6个月，根据相关规定，应由企业支付疾病救济费，根据邓某的连续工龄，应按其本人工资的60%计发。双方劳动关系于2020年12月15日终止，故公司应支付邓某2020年12月1日至15日的疾病救济费。

（2021）沪02民终10277号

湖南案例与导引

［案例 2］

刘某自 2018 年 8 月 28 日入职 L 公司从事普工工作，双方于当日签订书面劳动合同，合同期限自 2018 年 8 月 28 日至 2021 年 8 月 28 日。2020 年 1 月 3 日，刘某因腰椎间盘突出症等病症在医院住院治疗，出院医嘱建议全休 3 个月。2020 年 4 月 7 日，刘某再次前往医院门诊复查，门诊建议继续全休 3 个月。2020 年 1 月 3 日至 2020 年 7 月 7 日，刘某未在 L 公司工作，L 公司将 2020 年 1 月 3 日至 2020 年 1 月 22 日及 2020 年 4 月 7 日至 2020 年 7 月 7 日作为刘某病假期间处理，向刘某发放了上述期间的病假工资。2021 年 1 月 30 日，刘某再次前往医院行腰椎术后一年门诊复查，复查医嘱建议全休一个月，刘某在 2021 年 2 月未实际工作，亦未按 L 公司规定流程完成请病假手续，后者按事假处理，未向其发放病假工资。2021 年 2 月 24 日，刘某向 L 公司发送被迫辞职通知书，写明因 L 公司拖欠病假工资等理由于 2021 年 3 月 1 日办理离职手续，与公司解除劳动关系，并就病假工资及经济补偿金提起仲裁。

［法院观点］

法院认为，该案中 L 公司已将 2020 年 1 月 3 日至 2020 年 1 月 22 日及 2020 年 4 月 7 日至 2020 年 7 月 7 日共计 112 天作为刘某病假处理，并已支付相应的病假工资，该期间对应的时间超出了刘某应享有的医疗期。刘某主张 L 公司应支付其 2021 年 2 月的病假工资，因刘某有权享有的医疗期已满，且刘某也未按照公司的规章制度提交合法的病假资料以及履行申办合法的病假手续，刘某的上述主张，缺乏事实和法律依据。

（2022）湘 01 民终 4315 号

Q2： 用人单位能否要求劳动者在指定医院看病？

A： 为建立和保障正常的用工制度，用人单位可以通过规章制度对劳动者请病假的程序进行规定，以避免劳动者通过人情或其他渠道取得不真实的病假证明，在未实际患病或非因工负伤的情况下休病假。实践中经常遇到用人单位能否要求劳动者在指定医疗机构就医的问题，对此，司法机关一般认为劳动者对看病就医拥有自由选择的权利，有权根据自己的意愿和病情选择正规运营的医院就诊，用人单位不应予以不合理的限制。

上海案例与导引

［案例 3］

甲公司规定职工就诊必须在指定的上海市第十人民医院。侯某在职期间通过邮政快递向甲公司寄送了 2019 年 8 月 22 日至 2020 年 1 月 17 日的就诊记录、病假单，后被甲公司退回。甲公司表示所有病假单并非公司指定上海市第十人民医院出具，不符合公司要求，故公司按照事假处理。侯某实际工作至 2019 年 8 月 21 日，甲公司发放侯某工资至 2019 年 9 月。2020 年 1 月 31 日，侯某向甲公司寄送解除劳动合同通知书，以甲公司存在未及时足额支付劳动报酬的情形为由提出解除劳动合同;甲公司于2020年2月1日收到。

[**法院观点**]

法院认为,侯某自2019年8月22日起将与病假有关的就诊记录、病假单等通过邮政快递寄送给甲公司。甲公司诉称侯某未到指定医院进行诊疗,故不符合请病假的形式要件。该规则限制了劳动者的就医自由,且现未有充分证据表明侯某存在伪造、篡改病历的行为,故甲公司对侯某举示的病假材料提出的异议该院不予采信。侯某以甲公司未及时足额支付劳动报酬(病假工资)为由而解除劳动合同,符合法律规定。一审法院据此判令甲公司支付欠付工资及差额、经济补偿金等并无不当之处。

(2021)沪02民终4997号

Q3: 用人单位能否要求对劳动者的病情进行复查?

A: 实践中,为了核实劳动者的病情,防止劳动者滥用病假权利,用人单位有时会要求对劳动者的病情进行复查,或者由公司派人陪同劳动者复查。一般认为,如果用人单位在规章制度中有明确规定,在用人单位对劳动者的病情存在合理怀疑的情况下,用人单位可以要求劳动者复查,在复查要求不违反合理性及便利性的前提下,劳动者应当予以配合;但在劳动者提供的病假证明正常,而用人单位无任何证据证明该病假证明存在疑问的情况下,劳动者没有法定义务配合用人单位复查。

尽管存在上述原则,但司法机关在复查是否具有合理性、必要性的问题上仍然存在较大自由裁量权,从司法实践来看,上海相对更倾向于认可用人单位要求复查的权利,而北京则对用人单位说明复查合理性、必要性的要求更为严格。

北京案例与导引

[**案例4**]

方某系北京某公司员工,2020年7月9日,方某在工作中受伤。同年9月14日,被认定为工伤,受伤害部位名称为:腰部损伤。北京某公司给予方某停工留薪期2个月。方某向北京某公司提交病假单至2021年2月19日。2020年8月25日,北京某公司要求方某前往北京A医院对其病假真实性进行调查,方某予以配合,其伤经诊断为腰椎间盘突出、周围神经炎,建议全休一个月;2020年9月7日,北京某公司要求方某前往北京B医院对其病假真实性进行调查;方某予以配合,诊断为因患腰椎间盘突出、腰痛需休2周。后北京某公司分别于2020年10月16日、10月29日、11月17日、11月26日、12月11日,2021年1月8日、1月21日向方某发出调查的通知,要求方某于指定时间分别至北京C医院、北京D医院进行复诊,配合公司对其病假真实性进行调查。方某收到上述7份通知后未依公司指定时间到指定地点就诊,但其分别于2020年10月14日、10月28日、11月11日、11月25日、12月9日、12月23日,2021年1月6日、1月20日、3月4日至北京市E医院就诊,其伤经诊断为腰部损伤、软组织损伤、腰椎间盘突出,并由医院出具了休假证明。2021 年 2 月 19 日,北京某公司以方某病假期间不配合公司对病假真实性的调查严重违反公司规章制度为由与之解除劳动关系。

[法院观点]

北京某公司多达 9 次通知方某配合公司对病假真实性调查明显超出合理范畴。在方某配合北京某公司到北京多家医院调查并得到相应病假诊断后,北京某公司又先后 7 次要求方某对病假真实性配合调查,明显超出了对方某病假核实的限度,于理不通。综上,方某提交医疗机构出具的休假证明并配合北京某公司对病假真实性进行调查,北京某公司在无相反证据证明方某病假存疑的情况下多次要求其配合调查,并以其不配合调查为由与其解除劳动关系构成违法解除。

(2021)京 03 民终 15395 号

上海案例与导引

[案例 5]

王某系上海某公司员工,上海某公司的请假制度规定出现病假单或病历上注明"本人要求休息"等特定情形,公司有权指定员工至特定医院复查,且约定因病假存在合理怀疑情形之一的,经二次告知,无正当理由或客观事实拒不服从复诊安排的,公司可解除劳动合同。王某向上海某公司提交的就医记录显示:7 次建议 CT 或 MRI 检查,王某均拒绝检查,且王某曾 11 次要求休息(计病休 147 天)。基于对王某病假的合理怀疑,上海某公司先后 3 次通知王某至指定医院复诊,王某收到通知后均未配合。2020 年 11 月 24 日,上海某公司以王某休病假情形构成劳动合同约定的合理怀疑,王某未就合理怀疑向公司作出解释,又拒绝复诊为由,通知王某解除劳动合同。

[法院观点]

法院认为,王某自 2019 年 7 月 31 日起连续以腰痛、颈椎病、肩颈痛等疾病为由长期病假,期间存在多次未遵医嘱拒绝进行 CT 或 MRI 检查并向医生要求病休的情况,上海某公司对王某提供的病情证明单和病历产生怀疑,应属合理。上海某公司根据公司请假制度一再要求王某前往指定医院复诊并进行说明,但王某对公司的数次合理要求均未予理会,故上海某公司依据双方劳动合同约定解除与王某的劳动合同,并无不当。

(2022)沪 01 民终 2418 号

实务小贴士

建议公司在规章制度中对于适用病情复查的情形、复查结论的效力以及员工拒绝配合复查后的法律或管理后果进行明确且合理的界定,这样有助于进一步提高病假复查制度的可操作性。

问题导引

Q4: 用人单位能否要求劳动者提交病假单之外的就诊材料？

A: 病假单之外的就诊材料可能涉及劳动者的个人敏感信息，是否可以直接界定为《个人信息保护法》规定的“实施人力资源管理所必需”的材料也存在争议，因此在人力资源管理中，在劳动者申请病假的程序中，要求提交病假单之外的就诊材料的合理性容易被质疑，北京地区曾出现过不支持用人单位要求劳动者提交病假单之外的就诊材料的司法判决。但是为了保障用人单位的知情权，亦为了防止劳动者滥用病假单获取休息，在用人单位有合理怀疑的基础上，用人单位要求劳动者提交病假单之外的就诊材料的合理性将有所提升。在实际操作中，用人单位可以事先规定病假就诊材料的提供事宜，并获得劳动者的授权，以便后续对相关信息进行核实。

Q5: 劳动者病假期间从事兼职、外出旅游等与病假休养无关的活动，用人单位是否可以解除劳动合同？

A: 用人单位给劳动者休病假并发放病假工资和缴纳社会保险费，是为了让劳动者在病假期间保证休息，尽快恢复健康，以便正常工作。如果劳动者在病假期间放弃休息从事其他活动，显然与请病假的初衷不符，也有违诚信的原则。根据原劳动部、原国务院经贸办、原卫生部、原国家工商行政管理局、中华全国总工会等于 1992 年联合发布的《关于加强企业伤病长休职工管理工作的通知》第 4 条“伤病休假职工不得从事有收入的活动。机关、事业单位、社会团体和企业不得聘用伤病休假职工。对利用伤病假从事有收入活动的职工，要停止其伤病保险待遇，不予报销医疗费，并限期返回单位复工。经批评教育不改的，可按《企业职工奖惩条例》和辞退违纪职工的规定处理”可知，劳动者在病休期间不得从事任何有收入的活动。此外，虽然劳动者没有从事有收入的活动，但是该活动与病情恢复目的不相符，用人单位仍然可以根据具体情况进行处理。

北京案例与导引

[案例 6]

丁某某与 A 公司于 2013 年 4 月 1 日签订劳动合同，2013 年 4 月 19 日，丁某某通过电子邮件向 A 公司请病假两周，并向 A 公司提交了诊断证明书、病历手册、医疗费单据等证据，显示丁某某于 2013 年 4 月 18 日前往北京按摩医院就诊，诊断及建议为：颈椎病，建议休两周。后 A 公司发现丁某某于 2013 年 4 月 19 日前往巴西并于 2013 年 5 月 4 日回国，遂于 2013 年 5 月 16 日向丁某某送达解除劳动合同通知，理由为丁某某提出两周病假全休申请后当日即赴巴西出境旅游，属提供虚假申请信息并恶意欺骗公司，已严重违反公司规章制度。丁某某提起劳动仲裁。

[法院观点]

二审法院认为，丁某某出具的诊断证明书、病历手册、医疗费单据等证据证明丁某某就诊情况属实，不能凭 A 公司主观怀疑就认定丁某某所谓的病情并未达到需要全休的程度；同时，A 公司的规章制度中并没有对员工休病假期间的休假地点作出限制性规定，法律对此也没有限制性规定,因此丁某某的行为并未违反相关规定。据此,二审法院认定 A 公司系违法解除。

北京市高级人民法院再审则推翻了二审判决,认定 A 公司解除劳动合同合法,理由在于:保护劳动者合法权益的前提条件是劳动者与用人单位的平等和相互尊重,对劳动纪律和规章制度中未涉及的情形,应遵循民法的诚实信用原则加以理解适用,劳动者休假期间的行为应与其请假事由相符,丁某某病假期间出国以及事后回避回答休假地点等行为,已违背诚信原则,故 A 公司有权解除劳动合同。

(2017)京民再 65 号

上海案例与导引

[案例 7]

上海某公司的员工手册规定:"适用立即解雇违纪处分的不当行为包括但不限于:任何不诚信或欺诈行为,例如:(1)工作表、请假单、报销单、病假单或其他文件造假;(2)欺瞒医疗机构真实健康状况以获取病假单。"陈某知晓该规章制度。2018 年 8 月 30 日至 10 月 9 日,陈某分别向上海某公司提供了 R 医院以及 S 医院开具的 6 张病假证明和就诊记录。在 2018 年 9 月 21 日至 2018 年 9 月 25 日的病假期间,陈某办理了旅游签证前往日本。上海某公司对陈某提供的病假证明材料有疑义,遂向陈某就诊和开具病假证明的 R 医院、S 医院进行复核,发现陈某并未遵医嘱对于药物处方以及治疗项目付费,遂于 2018 年 10 月 10 日以陈某存在谎报病情、违反劳动纪律及基本职业道德,对上海某公司的工作秩序和经营管理造成恶劣影响为由书面通知解除双方劳动合同。

[法院观点]

劳动者有因伤病而停止工作以获得休息和就医的权利,同时,用人单位合法的管理自治权亦理应得到保护,劳动者应当遵循用人单位的规章制度,履行请假手续,当用人单位对劳动者的病假有合理怀疑时,亦应赋予用人单位病假审核权,以维护用人单位的正常生产秩序。该案中,陈某于 2018 年 8 月 30 日起提交病假单,上海某公司对陈某提供的病假证明材料有疑义,并向陈某就诊和开具病假证明的 R 医院、S 医院进行复核,虽然陈某提供的病假证明和就诊记录均为真实,但是陈某并未遵医嘱对于药物处方以及治疗项目付费,上海某公司据此主张其仅为开具病假单而去就诊有合理性。同时,病假的设立初衷是保障劳动者的因病休息权,一审判决结合陈某于 2018 年 9 月 21 日至 25 日办理旅游签证前往日本等情形,认定上海某公司以不实请假严重违纪等为由与陈某解除劳动关系,正确,合法,法院予以认可。现陈某坚称应尊重执业医师的专业性和判断力,不应径行否定病假单之真实性,对此,法院认为,劳动者的病情真实与否以及具体休息时间的确定主要依靠专业医疗机构对劳动者病情的诊断,疾病本身的治愈和康复亦受多种因素影响,但从陈某病假长短、次数、频率、医院方解释等实际情况予以综合判断,一审法院认定其病假单存疑符合逻辑推理和经验法则。

(2019)沪 02 民终 6491 号

15.2 病假请假流程

解析

法律赋予劳动者享受病假的权利,但同时为了规范病假制度,平衡用人单位和劳动者之间的权益,法律还允许用人单位通过规章制度对劳动者请病假的程序予以规定。

为了尽可能防范、减少劳动者"泡病假"的情形,用人单位应当首先依法制定完善的病假制度,明确规定劳动者申请病假的时间(如至少提前一日向主管人员申请,因情况紧急无法提前请假的,则应在请假第一日内向主管人员申请)、提交请假手续的时间(如假期结束后3日内应当将请假手续的原件/复印件提交至主管人员处以供核实存档)、应提交的请假手续(如包括挂号单据、诊断证明、休假证明、病历复印件等)。为了尽可能保留用人单位核查劳动者病假真实性的权利,还可以在规章制度中明确规定,在用人单位对劳动者病假手续等存在合理怀疑的情况下,可以采取合理的核实措施,如要求劳动者复查、或由用人单位陪同复查等。但是,该等核实措施应当在不违反合理性及便利性的前提下进行。

除此之外,用人单位在规章制度中还应明确未经批准擅自休假、未按规章制度履行请假手续或者弄虚作假的后果。

问题导引

Q6: 病假申请程序有瑕疵,能否认定旷工?

A: 通常来说,法院认可用人单位对劳动者申请病假的流程进行规范、对劳动者的病假申请进行审核批准的权利,但同时也认为该等权利不能超过正当的范围。在审查类似问题时,法院更看重劳动者患病的真实性,着重考察劳动者是否确实患病并前往医院就诊、有无伪造病假证明或病假单等行为。但是,在实践中如果公司对于劳动者不符合请假程序的行为进行过告知或提示,且公司制度上对于不符合请假流程有相关处理依据,则法院也会考虑员工的恶意,进而支持公司将相关不符合流程的请假行为认定为旷工的做法。

对于不符合请假流程是否可以认定为旷工这个问题存在一定的分歧,司法实践中也并没有明确统一的做法,但是当用人单位尽到了较完善的告知义务的情况下,法院也可能倾向于支持用人单位以旷工为由解除劳动关系的做法。

北京案例与导引

[案例8]

北京某公司的《员工手册》规定,只有提交病假申请及相关证明材料,病假申请才可获批,否则构成旷工。2018年9月10日,谢某以"抑郁状态"为由向北京某公司申请病假。谢某向北京某公司提交了病休的诊断证明书。自2018年10月起,北京某公司多次通过邮件及微信的方式要求谢某提供申请病假所需的其他证明文件,并且北京某公司多次提示,只有提供完整的证明材料，病假申请才可获批，否则构成旷工。但是，谢某一直未按照北京某公司要求提供完整的病假证明材料，只是提交了证明其存在“抑郁状态”的诊断证明书。2019 年 1 月 16 日，北京某公司向谢某发送律师函，认为：谢某未对欠缺的病假证明予以补充提交，视为旷工，谢某严重违纪，故解除与谢某的劳动关系。

［法院观点］

谢某提交的诊断证明书能够反映其存在抑郁状态且有建议休息的医嘱，即便谢某提交的就诊材料不如北京某公司要求的齐全，也不能推翻谢某因病需要休息的事实。另外，谢某罹患疾病的细节应属个人隐私，北京某公司要求提供的病历、心理证明材料、费用凭据等应以必要为限，能够反映谢某患病就诊事实即可，但不应过分求全，以免侵犯个人隐私，侵害患者权益。是否批准病假并不需要公司进一步向员工收集疾病细节，去判断员工属于“抑郁状态”还是“抑郁症”，故对北京某公司的相应上诉主张，法院不予采信。

（2021）京 03 民终 106 号

广东案例与导引

［案例 9］

卓某系广州某公司员工，2020 年 6 月 8 日不慎意外摔伤造成左手臂骨折，2020 年 6 月 9 日起休假两个半月，2020 年 9 月初休完假后又重新上班。2020 年 11 月 24 日，卓某以“肩关节痛”为由再次携带病休假资料到其司营运二车队处请病假 7 天。基于卓某于 2020 年 6 月 9 日至 11 月 24 日休假时间过长，且病情并不严重，根据卓某开具的病假材料，卓某只需要隔天回医院接受约一小时的理疗，病假期间卓某曾多次出入酒店、棋牌房工地等，表明其没有进行真正的休养，存在利用病假外出游玩和到工地兼职的嫌疑，公司决定不予审批其病假，同时建议卓某回车队上班候派，负责临时辅助车队相关队务工作，并进行安全知识再培训，但卓某拒不签字并自行离开。此后卓某拒不返岗，经公司多次联系均不理会。公司后以旷工为由解除双方劳动关系。

［法院观点］

法院认为，作为用人单位依法享有用工管理权，病假管理亦属于用人单位用工管理权范畴。对于劳动者的病假申请，用人单位享有审批权，有权根据劳动者的病情、病历资料、病假建议等实际情况，决定是否同意劳动者休病假及病假天数。结合卓某的伤情、已休病假天数、病历资料，以及卓某在病假期间多次到外地等情况，公司的处理未超出行使用工管理权的合理范畴。卓某未经公司批准离开岗位，亦确认收到公司发出的短信，但其未按照通知要求返岗且未提交证据证明未返岗的合理理由，在此情况下，公司以卓某旷工为由解除劳动关系符合法律规定。

（2021）粤 01 民终 19699 号

辽宁案例与导引

［案例10］

左某系大连某物业公司员工。2018年6月14日，左某经医院诊断为高血压、慢性肾炎，医师建议休息7天，自2018年6月14日至2018年6月20日。6月21日，因同样疾病，医师建议休息15天。后又增加疾病蛋白尿，医师建议休息至2018年12月6日。左某于2018年6月14日下午1时携带诊断书到物业公司人事部总经理处申请休病假，没有获准。左某自2018年6月14日至6月21日没有到物业公司上班。2018年6月21日，物业公司给左某出具了解除劳动合同的证明书和通知书，解除劳动合同的原因是劳动者严重违反用人单位的规章制度，依据公司《员工行为规范管理办法》考勤管理类第9条"连续旷工3天以上，或年累计旷工达5天的"规定，给予解除劳动合同。

［法院观点］

法院认为，左某因高血压、慢性肾炎，医师建议休息7天，左某据此向物业公司申请休病假，物业公司的人事部门没有批复，此后7天左某没有上班，物业公司以旷工为由与左某解除了劳动关系。但左某确系疾病需要休息，已向物业公司申请休病假。虽然左某没有按照物业公司规定办理休假手续，但这只是程序上的瑕疵，不能排除劳动者因病休息的权利。物业公司在明知左某需要休病假的情况下，仍认定左某构成旷工，并作出解除劳动合同的决定，忽视了劳动者的病休权利，构成违法解除劳动合同。

（2019）辽02民终6419号

实务小贴士

建议用人单位在发现劳动者病假申请存在程序瑕疵时，应立即通过电话、电子邮件等形式及时告知劳动者因请假手续不符合公司规章制度而不予准许或要求劳动者在时限内补交必要的证明材料，如对劳动者病假申请存在怀疑，应立即前往医院核实。上述通知、沟通、核实过程中的证据应尽可能保留。

15.3　医疗期

解析

医疗期，是指企业职工因患病或非因工负伤停止工作治病休息，企业不得解除劳动合同的时限，是法律法规赋予患病或非因工负伤劳动者的"保护伞"。在医疗期内，除非劳动者本人有过失，用人单位不得依照无过失性辞退或经济性裁员的规定解除劳动合同。医疗期内劳动合同到期的，劳动合同应当延续至医疗期结束或医疗终结时终止。医疗期内，用人单位应当按照规定支付病假工资或疾病救济费。

法律依据

关于医疗期的计算标准，在国家层面，原劳动部曾制定了根据员工实际工作年限和本单位工作年限来确定的 3～24 个月医疗期，各地多按原劳动部制定的标准执行，但也有部分地区自行制定医疗期计算办法。除此之外，根据《劳动部关于贯彻〈企业职工患病或非因工负伤医疗期规定〉的通知》及相关规定，对某些患特殊疾病（如癌症、精神病、瘫痪等）的劳动者，在 24 个月内尚不能痊愈的，经企业和劳动主管部门批准，可以适当延长医疗期。

问题导引

Q7： 如何准确计算医疗期？

A： 用人单位在解除长期患病员工的劳动合同时，必须准确计算其医疗期是否已满，对医疗期未满的不得解除。对医疗期标准，《劳动法》和《劳动合同法》都未作规定。

原劳动部制定的医疗期标准根据员工实际工作年限和本单位工作年限确定为 3～24 个月，劳动者与单位一旦建立劳动关系，就可以享有 3 个月医疗期，但如果劳动者在其他单位和本单位有累计 10 年以上工龄，则在建立劳动关系之初就可以享有 6 个月医疗期；其后根据劳动者在本单位的工作年限相应增加，本单位的工作年限每增加 5 年可多享受 3 个月医疗期。医疗期可在一定周期内循环计算，如劳动者医疗期为 3 个月，3 个月的标准按其从病休之日起 6 个月内累计病休时间计算，如在 6 个月内累计病休时间不足 3 个月，从第 7 个月起劳动者的医疗期应重新计算。根据《关于贯彻〈企业职工患病或非因工负伤医疗期规定〉的通知》有关规定，医疗期从病休第一天起算。

各地的医疗期制度多按原劳动部标准执行（见表 15－1）。

表 15－1　原劳动部医疗期标准

实际工作年限	本单位工作年限	医疗期	医疗期计算周期
10 年以下	5 年以下	3 个月	6 个月
	5 年以上	6 个月	12 个月
10 年以上	5 年以下	6 个月	12 个月
	5～10 年	9 个月	15 个月
	10～15 年	12 个月	18 个月
	15～20 年	18 个月	24 个月
	20 年以上	24 个月	30 个月

国内一些地区已经开始自行制定医疗期计算办法，如上海的医疗期标准就是根据职工在本单位工作年限计算，标准为 3～24 个月（见表 15－2），劳动者在本单位工作第一年，医疗期为 3 个月，以后工作每满一年，医疗期增加一个月，但不超过 24 个月，医疗期是累计计算的。

表 15－2　上海医疗期标准

本单位工作年限	医疗期限
第 1 年	3 个月
第 2 年	4 个月
第 3 年	5 个月
……	……
第 21 年	23 个月
第 22 年	24 个月
第 23 年	24 个月

Q8： 医疗期满后用人单位能否拒绝劳动者再休病假？

A： 根据相关规定，医疗期满后，能够从事原工作的可以继续履行劳动合同，不能从事原工作也不能从事由单位另行安排的工作的，单位在支付经济补偿金和医疗补助费（如适用）的前提下解除劳动合同，在暂未解除劳动合同的情况下，就会遇到劳动者继续请病假问题；还有的地方规定用人单位在依据医疗期满解除劳动合同时，应先进行劳动能力鉴定，根据劳动鉴定委员会鉴定的伤残等级办理退休退职手续或解除劳动合同，此时也会发生员工继续请病假问题。从合理性考虑，劳动者患病是客观事实，即使医疗期满，在劳动关系存续期间也可以继续休假，但对医疗期满后的病假期间是否仍需支付病假工资，应按原劳动部和各地相关规定执行。

Q9： 试用期内能否享受医疗期待遇？

A： 试用期是法律赋予用人单位考察劳动者是否符合录用条件的特定期限，劳动者在试用期间被证明不符合录用条件的，用人单位可以单方解除劳动合同。然而，用人单位有时会遇到这样的情况：劳动者入职后没多长时间就开始休病假，试用期内实际在岗时间非常有限，用人单位还没有充足的时间考察其工作能力；更有甚者，试用期已结束，但病假仍没休完。需要注意的是，劳动者在试用期内，仍然享有医疗期待遇，当然如果公司将工作时间同样也设定为录用条件之一，而员工因未工作满一定的天数而没能达到录用条件的标准，则属于试用期是否符合录用条件的讨论范畴，而非医疗期待遇的讨论范畴。

实务小贴士

对于用人单位而言，在面对劳动者在试用期内长时间休病假时，可以通过与劳动者协商的方式适当延长试用期，以达到考核劳动者是否符合录用条件的目的，但是切忌单方延长试用期或延长试用期超过法律规定的期限。此外，一些地方性法规规定劳动者在试用期内患病或非因工负伤须停工治疗的，在规定医疗期内，试用期中止。例如，《江苏省劳动合同条例》。用人单位也可以借鉴该规定，与劳动者协商中止试用期。

问题导引

Q10： 患特殊疾病(如癌症、精神病、瘫痪)的劳动者能否直接享受至少 24 个月的医疗期?

A： 司法实践中,各地对于特殊疾病医疗期的规定存在不同理解,对此问题主要存在三种处理意见:

第一种意见认为,如《江苏省劳动仲裁疑难问题研讨会纪要》规定,对某些患有特殊疾病(如癌症、精神病、瘫痪等)的劳动者,不论其工作年限长短,均应给予不少于 24 个月的医疗期。司法实践中持这一态度的地区还包括北京、重庆等地。

第二种意见认为,如《广东省劳动和社会保障厅关于疾病医疗期问题的复函》中则规定,劳动者患特殊疾病的医疗期,应根据本人实际工作年限、在本单位工作年限计算医疗期,而不能理解为患特殊疾病的最少有 24 个月的医疗期。司法实践中持这一态度的地区还包括浙江、广东、山东等地,但这些地区的观点在实践中结合实际案例并不完全稳定,有时会出现相反案例。

第三种意见认为,上海市人民政府在 2015 年印发修订后的《关于本市劳动者在履行劳动合同期间患病或者非因工负伤的医疗期标准的规定》中表示:劳动者经劳动能力鉴定委员会鉴定为完全丧失劳动能力但不符合退休、退职条件的,应当延长医疗期。延长的医疗期由用人单位与劳动者具体约定,但约定延长的医疗期与该规定第 2 款规定的医疗期合计不得低于 24 个月。

上海案例与导引

[案例 11]

2018 年 8 月 13 日,程某入职 Q 公司。2019 年 1 月 29 日至 2019 年 5 月 31 日程某一直休病假。2019 年 4 月 30 日,Q 公司通知程某于 2019 年 5 月 5 日起上班,但程某并未按时出勤。2019 年 5 月 7 日,Q 公司通知程某申请劳动能力鉴定,但程某并未申请鉴定。2019 年 5 月 15 日,Q 公司通知程某调换工作岗位,程某未出勤。2019 年 5 月 28 日,Q 公司出具合同终止通知书,载明:Q 公司将单方解除与程某的劳动合同,认为其 3 个月医疗期已满,向其一次性支付经济补偿金、代通金及 6 个月医疗补助费。程某主张其应当享有 24 个月医疗期。

[法院观点]

上海市人民政府制定并颁布的《关于本市劳动者在履行劳动合同期间患病或者非因工负伤的医疗期标准的规定》(沪府发〔2015〕40 号)则根据本市实际情况对本市劳动者医疗期的设置以及直接适用 24 个月医疗期的情形进行了详细明确的规定,即医疗期按劳动者在本用人单位的工作年限设置。劳动者在本单位工作第一年,医疗期为 3 个月;以后工作每满一年,医疗期增加一个月,但不超过 24 个月。劳动者经劳动能力鉴定委员会鉴定为完全丧失劳动能力但不符合退休、退职条件的,应当延长医疗期。延长的医疗期由用人单位与劳动者具体约定,但约定延长的医疗期与前条规定的医疗期合计不得低于 24 个月。换言之,对于本市劳动者而言,医疗期的延长要满足经劳动能力鉴定委员会鉴定为完全丧失劳动能力的条件。

(2020)沪 01 民终 7539 号

广东案例与导引

［案例 12］

李某某系 X 公司的员工，在其 6 个月医疗期满后没有上班，也未向 X 公司请假或向劳动能力鉴定委员会申请劳动能力鉴定，X 公司以李某某旷工为由解除劳动关系。李某某认为其经过江门市第三人民医院医生诊断为精神分裂症，属于特殊疾病，应参照《关于贯彻〈企业职工患病或非因工负伤医疗期规定〉的通知》中的规定，享受的医疗期为 24 个月，在劳动合同存续期间，X 公司单方通知解除劳动合同系违法。

［法院观点］

法院认为，《劳动部关于贯彻〈企业职工患病或非因工负伤医疗期规定〉的通知》（劳部发〔1995〕236 号）并未规定特殊疾病当然享受 24 个月医疗期。同时，广东省劳动和社会保障厅《关于疾病医疗期问题的复函》（粤劳社〔2004〕250 号）对此问题的解释为："原劳动部《企业职工患病或非因工负伤医疗期规定》（劳部发〔1994〕479 号）和《关于贯彻〈企业职工患病或非因工负伤医疗期规定〉的通知》（劳部发〔1995〕236 号），对职工患病或非因工负伤后应享受多长时间的医疗期作了明确的规定，应遵照执行。职工患特殊疾病的医疗期也应按劳部发 479 号文规定执行，即根据本人实际工作年限、在本单位工作年限计算医疗期，而不能理解为患特殊疾病的最少有 24 个月的医疗期。如企业愿意继续承担超过医疗期的医疗责任，属企业自主权，劳动保障部门不应干涉。"据此，李某某的医疗期仍需根据本人实际工作年限、在本单位的工作年限计算为 6 个月。李某某认为其医疗期为 24 个月的主张，缺乏充足理据，法院不予支持。

（2018）粤民申 1994 号

江苏案例与导引

［案例 13］

2013 年 10 月 12 日，刘某入职 E 公司从事药房营业员工作。刘某因患有甲状腺峡部癌，于 2019 年 4 月 1 日在南京鼓楼医院住院治疗，于 2019 年 4 月 9 日出院。2019 年 4 月 9 日至 2019 年 8 月 14 日，南京鼓楼医院共向刘某开具了 4 份疾病诊断书，最后一份疾病诊断书建议休息 1 个月即至 2019 年 9 月 14 日止。2019 年 11 月 14 日，E 公司向刘某寄送通知书载明："你病假从 2019 年 4 月 1 日至 2019 年 10 月 31 日共计 7 个月。病情证明上显示你已治愈。我公司多次给你打电话，但你以身体不适为由，拒绝来上班。现公司最后通知你于 2019 年 11 月 18 日到 E 公司南京六合分店上班，否则将按旷工处理。"2019 年 11 月 15 日，刘某收到该通知书。2019 年 11 月 19 日，E 公司向刘某发出解除劳动合同的通知书，根据《劳动合同法》第 39 条第 2 项和《公司奖惩制度》第 13 条第 3 款规定，解除了与刘某之间的劳动关系。刘某主张其患癌症理应享有 24 个月医疗期，E 公司系违法解除。

［法院观点］

《劳动部关于贯彻〈企业职工患病或非因工负伤医疗期规定〉的通知》第 2 条规定，对某些患特殊疾病(如癌症、精神病、瘫痪等)的职工，在 24 个月内尚不能痊愈的，经企业和劳动主管部门批准，可以适当延长医疗期。根据该条款的规定，对某些患有特殊疾病(如癌症、精神病、瘫痪等)的职工，不论其工作年限长短，均可给予不少于 24 个月的医疗期。具体到该案，刘某患有甲状腺峡部癌，于 2019 年 4 月 1 日在南京鼓楼医院住院治疗，E 公司南京六合分店知晓刘某患有甲状腺峡部癌，一审法院据此认定刘某的医疗期不少于 24 个月，并无不当。

(2020)苏 01 民终 6592 号

15.4 医疗补助费

解析

法律依据

对于医疗期届满，但不能从事原工作，也不能从事用人单位另行安排的工作而解除劳动合同的劳动者，为在一定程度上保障其生存条件，原劳动部颁布的《违反和解除劳动合同的经济补偿办法》明确规定，用人单位应按该劳动者在本单位的工作年限，每满一年发给相当于一个月工资的经济补偿金，同时还应发给不低于 6 个月工资的医疗补助费。患重病和绝症的还应增加医疗补助费，患重病的增加部分不低于医疗补助费的 50%，患绝症的增加部分不低于医疗补助费的 100%。

2017 年 11 月 24 日，《违反和解除劳动合同的经济补偿办法》被人力资源和社会保障部《关于第五批宣布失效和废止文件的通知》宣布废止，废止理由为已有新规定替代。

问题导引

Q11： 医疗期届满解除，是否需要支付医疗补助费？是否需要考虑劳动能力鉴定结果？

A： 有观点提出，《违反和解除劳动合同的经济补偿办法》既已废止，且《劳动合同法》中并没有关于医疗补助费的规定，用人单位已无须再支付医疗补助费。主要的理由在于：该办法废止后，关于医疗补助费无明确的标准可执行；医疗补助费的功能已被社会保险所取代，已不再适用。事实上，不少地区除原本执行《违反和解除劳动合同的经济补偿办法》外，地方规定也提及了医疗补助费，如上海便规定在《上海市劳动合同条例》第 44 条，且未规定需要根据劳动能力鉴定结果的等级支付，江苏规定在《江苏省劳动合同条例》第 34 条，但是明确支付的条件是“经劳动能力鉴定委员会确认丧失或者部分丧失劳动能力”。对于这些地区，在地方规定未被废止的情况下，司法实践一般认定医疗补助费继续有效。对于其他没有地方规定的地区，医疗补助费是去是留、其支付和计算方法，仍然有待相关部门及法院在实践中明确。

北京案例与导引

[案例 14]

雷某系Z公司员工,Z公司于2019年6月27日与雷某以其医疗期满后,不能从事原工作,也不能从事另行安排的工作为由解除劳动合同,并向其支付经济补偿金及代通知金。雷某认为Z公司应当支付不低于6个月的医疗补助费,双方就此产生争议。

[法院观点]

关于医疗补助费,原劳动部印发的《关于贯彻执行〈中华人民共和国劳动法〉若干问题的意见》(劳部发〔1995〕309号)第35条和《北京市劳动合同规定》第38条仅规定了应当支付医疗补助费的情形,但并无明确的标准,均需按照《违反和解除劳动合同的经济补偿办法》(劳部发〔1994〕481号)第6条执行。但现劳部发〔1994〕481号已废止,故上述规定也就无标准可执行。原劳动部《关于实行劳动合同制度若干问题的通知》(劳部发〔1996〕354号)第22条规定:"劳动者患病或者非因工负伤,合同期满终止劳动合同的,用人单位应当支付不低于六个月工资的医疗补助费;对患重病或绝症的,还应适当增加医疗补助费。"该条仅规定合同期满终止劳动合同的情形应当支付医疗补助费。雷某上诉要求Z公司支付医疗补助费,缺乏法律依据,法院不予支持。

(2021)京02民终5360号

广东案例与导引

[案例 15]

陈某系广州某公司员工,后因医疗期满不能从事原工作也不能从事另行安排的工作被解除,双方对于医疗补助费支付与否产生争议。

[法院观点]

法院认为,劳动者患病、非因工负伤医疗期满后,经劳动能力鉴定委员会鉴定为完全丧失劳动能力或大部分丧失劳动能力,不能从事原工作、也不能从事由用人单位另行安排的工作而解除劳动合同的,用人单位应支付经济补偿并支付不低于6个月工资的医疗补助费。该案中,陈某经鉴定为完全丧失劳动能力,公司应向陈某支付6个月的医疗补助费。

(2019)粤01民终20795号

Q12: 员工医疗期满且劳动合同终止,是否需要支付医疗补助费?

A: 原劳动部1996年10月31日公布的《关于实行劳动合同制度若干问题的通知》(劳部发〔1996〕354号)第22条规定:"劳动者患病或者非因工负伤,合同期满终止劳动合同的,用人单位应当支付不低于六个月工资的医疗补助费;对患重病或绝症的,还应适当增加医疗补助费。"但是该条款对合同期与医疗期的关系、医疗补助费的支付条件等界定不清,故原劳动部办公厅于1997年2月5日又下发《关于对劳部发〔1996〕354号文件有关问题解释的通知》(劳办发〔1997〕18

号），明确劳动合同终止医疗补助费是指“合同期满的劳动者终止劳动合同时，医疗期满或者医疗终结被劳动鉴定委员会鉴定为五至十级的，用人单位应当支付不低于六个月工资的医疗补助费”。根据前述规定可知，经过劳动能力鉴定，符合丧劳等级的，需要支付医疗补助费。

北京案例与导引

［案例 16］

常某在 K 公司的劳动合同开始时间为 2018 年 2 月 1 日，劳动合同结束时间为 2020 年 1 月 31 日，因常某休病假，K 公司将合同顺延至法定医疗期期满之日终止，即 2020 年 5 月 8 日。常某称 K 公司以劳动合同到期为由终止劳动关系是违法解除，其医疗期满后 K 公司应支付不低于 6 个月的医疗补助费。就此申请劳动仲裁，要求 K 公司支付相关款项。

［法院观点］

《劳动部办公厅关于对劳部发〔1996〕354 号文件有关问题解释的通知》第 2 条规定：“《通知》第 22 条‘劳动者患病或者非因工负伤，合同期满终止劳动合同的，用人单位应当支付不低于六个月工资的医疗补助费’是指合同期满的劳动者终止劳动合同时，医疗期满或者医疗终结被劳动鉴定委员会鉴定为 5—10 级的，用人单位应当支付不低于六个月工资的医疗补助费。鉴定为 1—4 级的，应当办理退休、退职手续，享受退休、退职待遇。”该案中，常某主张其为非因工致残，但其提交的劳动能力鉴定、确认结论通知书载明的劳动能力鉴定结果为部分丧失劳动能力，与上述通知中用人单位应支付医疗补助费的情形不相符，故常某主张 K 公司应支付其医疗补助费的依据不足。

（2022）京 01 民终 9305 号

广东案例与导引

［案例 17］

H 某入职 M 公司，双方签订书面劳动合同，劳动合同期限是 2018 年 1 月 2 日至 2021 年 1 月 1 日。H 某因卵巢恶性肿瘤于 2019 年 8 月 26 日入院进行手术治疗，2019 年 9 月 3 日出院，术后发现另有宫颈癌；2019 年 9 月底 H 某恢复正常工作，后不定期进行门诊复诊治疗。2021 年 12 月 31 日，M 公司向 H 某邮寄了关于不再续签劳动合同的通知，并电话通知 H 某劳动合同期满终止一事。H 某认为其仍在法定医疗期内，公司系违法终止，需要支付违法终止赔偿金及医疗补助费。H 某为证明其符合医疗补助费的发放条件，表示其被劳动能力鉴定委员会告知个人无法鉴定伤残等级，于是到中山大学法医鉴定中心进行伤残等级鉴定，鉴定结论为符合职工工伤五级伤残。

［法院观点］

根据《劳动部关于实行劳动合同制度若干问题的通知》（劳部发〔1996〕354 号）第 22 条规定：“劳动者患病或者非因工负伤，合同期满终止劳动合同的，用人单位应当支付不低于六个月工资的医疗补助费；对患重病或绝症的，还应适当增加医疗补助费。”现H某身患卵巢癌透明细胞癌、宫颈腺癌，并进行了全子宫双附件切除手术，其所患疾病属于重大疾病项下，可适当增加医疗补助费，一审法院酌情在“六个月工资的医疗补助费”的基础上将医疗补助费提高到300,000元，基本符合该案案情，法院予以确认。至于中山大学法医鉴定中心鉴定H某符合职工工伤五级伤残，而非劳动能力鉴定委员会予以工伤等级鉴定，确实存在不当，但如H某所述，其被劳动能力鉴定委员会告知个人无法进行此项申请。在此种情况下，一审法院参照中山大学法医鉴定中心鉴定结论作出上述认定，并未偏离该案基本事实，法院不再因此改变一审认定结论。

（2022）粤01民终16936号、16937号

No. 16 保密和竞业限制

劳动法层面的保密,是指对于在为用人单位提供劳动的过程中,接触用人单位商业秘密的劳动者,应于在职及离职后保守这些商业秘密。需要指出的是,这种保密义务属于劳动合同的附随义务,即使用人单位和劳动者双方没有明确约定,劳动者亦应遵守。当然,为了明确保密义务的内容及违反保密义务的责任,用人单位可以与劳动者达成书面明确约定。

竞业限制,是指对于向用人单位承担保密义务的劳动者,用人单位可以与劳动者约定在劳动合同解除或者终止之后的一定期限内,不得到与用人单位生产或者经营同类产品、从事同类业务的有竞争关系的其他单位,也不得自己开业生产或者经营同类产品、从事同类业务。为此,用人单位会对履行竞业限制义务的劳动者进行经济补偿。

本章中将分别围绕以下关键词对保密和竞业限制进行解析说明。

保密和竞业限制关键词中涉及的二级关键词	
16.1	保密、商业秘密
16.2	脱密期
16.3	竞业限制

16.1 保密、商业秘密

解析

根据《劳动合同法》的规定,用人单位可以与劳动者在劳动合同中约定保密条款,也可以单独签订一个保密协议。若选择单独签订一个保密协议,则用人单位可以在劳动者入职时签订保密协议,也可以在劳动者入职之后开始接触用人单位的商业秘密和与知识产权相关的信息时,与劳动者协商签订。

法律依据

保密协议的主要内容一般应当包括保密义务的范围、用人单位和劳动者双方的权利和义务、保密期限、侵犯商业秘密的赔偿责任等。需要注意的是,《劳动合同法》第 23 条对于保密义务的范围进行了限定,劳动者所应保密的内容应限于用人单位的商业秘密和与知识产权相关的信息,而不是用人单位的一切相关信息。这是对用人单位和劳动者关系的平衡。一方面是对用人单位的保护:对于用人单位而言,商业秘密和知识产权作为用人单位重要的无形资产,不仅能够为用人单位带来可观的经济利益,同时还在很大程度上影响甚至决定了用人单位的未来发展,一旦公开将对用人单位造成巨大的损失。因此,法律允许用人单位就此类信息与劳动者约定保密义务。另一方面是对劳动者的保护:如果对于保密义务的范围不作限制,用人单位随意将保密义务的范围扩大至与用人单位相关的任何信息,这将对劳动者造成极大的不公平,同时也会对劳动力就业市场造成严重影响。

同时，商业秘密是一个法律术语，具有法定的构成要素，并不是用人单位的任何信息都可以构成商业秘密的。商业秘密是指不为公众所知悉、能为权利人带来经济利益、具有实用性并经权利人采取保密措施的技术信息和经营信息。由此，商业秘密的构成要素包括以下三个层面：(1)保密性，指该信息是不能从公开渠道直接获取的；(2)实用性，指该信息具有确定的可应用性、能够为权利人带来现实的或者潜在的经济利益或者竞争优势；(3)采取了保密措施，指权利人采取了诸如订立保密协议、建立保密制度或者其他合理的保密措施。只有同时具备这三个要素才属于劳动者应当承担保密义务的商业秘密。

问题导引

Q1： 劳动者泄露工资薪酬是否属于侵犯用人单位商业秘密的行为？

A： 从全国性规定来看，并无统一的规则；司法实践中倾向于认为泄露其他劳动者工资薪酬虽属于违反保密义务，但尚不属于侵犯用人单位商业秘密。

北京案例与导引

［案例1］

2015年3月12日，J公司与关某签订《劳动合同》，约定关某负有“不得打探其他员工的薪资情况等”“须无条件地保守公司商业秘密”等合同义务。同日签订《员工保密协议书》，其中约定“商业秘密的内容”包括“工资薪酬资料”。后关某在其微信朋友圈发布了J公司3名员工的工资信息，J公司认为该行为违反保密协议，属于侵犯商业秘密，要求关某承担经济损失。

［法院观点］

法院认为，关某在微信朋友圈发布的3名员工的单月工资或试用期工资属于“不为公众所知悉”“经权利人采取保密措施”的信息，对此法院予以认可。但是，商业秘密的构成要件还包括“能为权利人带来经济利益”“具有实用性”“技术信息和经营信息”，J公司未提交证据证明上述信息属“能为权利人带来经济利益”的商业价值，亦未提交证据证明上述信息为与J公司经营相关的经营信息，故上述信息不属于商业秘密，关某的涉案行为不构成侵犯J公司商业秘密的行为。

(2020)京73民终356号

实务小贴士

对于能够为用人单位带来重大经济价值的技术信息和经营信息等，用人单位应当采取严格的保密措施，限定知悉该等信息的人员范围，并与该等人员签署保密协议。用人单位可以就涉及的相关信息进行加密，提高信息的保密等级，如要求用人单位的IT设置权限，涉密信息只得存储在公司电脑内；由用人单位的IT监管劳动者下载、存储、上传、转移其商业秘密。同时，还可以在用人单位内部建立相关的保密制度及惩处条款，对于违反相关制度的劳动者严格处理，此外，不排除用人单位向公安机关报警进行刑事立案的可能性。这样的安排一方面可以切实保护用人单位的重要信息；另一方面一旦就此发生劳动争议，用人单位采取的这些措施就会成为证明相关信息是否属于商业秘密的重要证据。

上海案例与导引

[案例2]

马某系H公司员工。H公司员工手册规定，公司实行严格的工资、奖金保密制度，员工不得向他人透露自己和他人的工资、福利情况，不得询问、讨论自己和他人的工资、福利情况，违反工资保密制度视为严重违反公司劳动纪律，公司有权立即解除劳动合同。因马某在向上级发出的电子邮件中列明了其他员工的薪资情况，并将自己的薪资情况与之作比较及讨论，H公司认定其违反了薪酬保密制度，并依据员工手册相关规定与其解除了劳动合同。

[法院观点]

用人单位采用薪酬保密制度，在保护员工隐私、防止员工相互攀比、减少员工冲突流失、便利企业管理上确有优势，在合理范围内法律应予尊重，订约双方当受此约束，故H公司解除双方劳动合同并无不当。

(2017)沪02民终11485号

[案例3]

Y公司与案外员工吴某因年终绩效奖金等事宜发生争议，法庭要求吴某提供Y公司其他员工收到该奖金的证据。吴某遂向法庭提供了包括殷某在内数名员工的银行交易明细，法庭对该证据予以采纳，判决Y公司支付吴某2018年工资差额(年终绩效奖金)。该案经二审予以维持。Y公司认为殷某违反薪酬保密制度，在职期间将其工资银行明细交予案外人吴某作为诉讼证据，属于严重违反用人单位的规章制度，遂以此为由解除劳动合同。

[法院观点]

一则，员工本人的工资明细不仅是公司的信息，同时也是员工的个人信息，两者存在竞合，员工对其个人信息在合理范围内享有一定的使用权。殷某将其本人的工资明细提供给案外人，系因法院查明相关案件事实的需要，殷某提供工资明细的行为具有合理性。二则，从员工本人工资信息的性质上来看，系出于公司管理需要，员工才需要承担该保密义务，而公司解除劳动合同的行为系对员工最严厉的一种处罚措施，解除劳动合同应当与违纪的“严重性”相匹配，殷某仅将其本人的工资银行明细提供给案外人用以诉讼，Y公司以此认为该行为达到严重违反公司规章制度的程度，显属不当。综上，法院判决Y公司违法解除。

(2020)沪01民终8357号

实务小贴士

虽然用人单位有权根据其规章制度将泄露薪酬信息作为违纪行为进行处罚，但实践中，部分法院会以劳动者泄露薪酬是否达到了“严重”的程度对用人单位行使单方解除权进行限定，因此，用人单位若以劳动者泄露薪酬为由解除劳动关系的，建议将该违纪行为的严重程度考虑在内。

需要注意的是，若因法院查明相关案件事实的需要，要求劳动者将个人薪酬披露给他人作为诉讼证据的，并不属于违反薪资保密制度，劳动者提供工资明细的行为具有合理性。

问题导引

Q2： 用人单位与劳动者约定保密义务的，是否需要向劳动者支付保密费？

A： 用人单位与劳动者约定保密义务的，无须向劳动者支付保密费。首先，相关劳动法律法规仅规定用人单位可以与劳动者约定就相关信息承担保密义务，而并未规定用人单位应当向劳动者支付保密费，因此用人单位不支付保密费并未违反法律法规的禁止性规定。其次，在用人单位的相关信息构成法律意义上的商业秘密时，根据《反不正当竞争法》第 9 条禁止侵犯商业秘密的规定，违反保密义务或者违反权利人有关保守商业秘密的要求，披露、使用或者允许他人使用其所掌握的商业秘密，属于侵犯商业秘密的侵权行为之一。因此，劳动者违反约定的保密义务实施侵犯用人单位商业秘密的行为，属于法律禁止的侵权行为，劳动者遵守该等禁止性规定并不以用人单位向其支付保密费为前提或者条件。但是实践中也有部分用人单位与劳动者约定支付保密费，以此作为鼓励劳动者积极为用人单位保守秘密的措施，对此法律也不禁止。

Q3： 用人单位与劳动者签订保密协议时，如果没有同时签订竞业限制相关条款，能否就违反保密协议内容与劳动者约定违约金？

A： 根据《劳动合同法》的规定，劳动者仅就违反竞业限制条款和服务期条款向用人单位承担违约金支付的约定义务。因此，若用人单位仅依据保密协议内容要求劳动者支付违约金的，不符合法律规定。

但如果劳动者违反保密协议的约定，由此侵犯了用人单位的商业秘密，用人单位可以向劳动者主张侵权责任，并要求劳动者承担损害赔偿。若给用人单位造成重大损失的，还应当根据《刑法》第 219 条承担刑事责任。

16.2 脱密期

解析

法律依据

脱密期的定义最早来源于《劳动部关于企业职工流动若干问题的通知》（劳部发〔1996〕355 号）第 2 条的规定，是指用人单位与掌握商业秘密的劳动者可以约定在劳动合同解除或终止前的一定期限内（不超过 6 个月），由用人单位调整劳动者的工作岗位，变更劳动合同中相关内容，以确保劳动者在此期间不再接触新的商业秘密。该期限届满后，劳动者方可与用人单位解除或终止劳动关系。

在原劳动部下发《关于企业职工流动若干问题的通知》之后，2002 年实施的《上海市劳动合同条例》、2021 年修正的《北京市劳动合同规定》，以及 2005 年实施的《关于贯彻实施〈安徽省劳动合同条例〉若干问题的意见》中都规定了最长不得超过 6 个月的脱密期，在此期间，用人单位可以采取相应的脱密措施。但《劳动合同法》第 37 条规定，劳动者提前 30 日以书面形式通知用人单位，可以解除劳动合同。这一规定与原劳动部以及北京市、上海市的规定相冲突。

对此，一种观点认为，根据上位法优先的原则，劳动者，不论是否负有保密义务，均可以提前 30 日（试用期内提前 3 日）通知用人单位解除劳动合同，用人单位与劳动者关于脱密期的约定当属无效。支持该种观点的地区包括广州、深圳、成都、湖北等地。例如，《深圳市中级人民法院关于审理劳动争议案件的裁判指引》第 74 条规定，劳动者提前 30 日以书面形式通知用人单位，可以解除劳动合同，用人单位不得以特别约定排除或限制劳动者的解除权。

另一种观点认为，应当尊重用人单位和劳动者的真实意思表示，也为了更好地保护用人单位的商业秘密，不应因《劳动合同法》第 37 条的规定而完全否定脱密期的效力。支持该种观点的地区包括北京、上海、江苏等地。例如，2013 年实施的《江苏省劳动合同条例》第 27 条就脱密期有相关规定，认为对负有保密义务的劳动者，用人单位可以与其在劳动合同或者保密协议中，就劳动者要求解除劳动合同的提前通知期以及提前通知期内的岗位调整、劳动报酬作出约定，提前通知期不得超过 6 个月。

问题导引

Q4： 用人单位与劳动者约定违反脱密期义务需承担违约金的，约定是否有效？

A： 根据《劳动合同法》第 25 条之规定，“除本法第二十二条和第二十三条规定的情形外，用人单位不得与劳动者约定由劳动者承担违约金”。由于《劳动合同法》对于用人单位可以和劳动者约定违约金的情形只有服务期以及竞业限制两种，因此，对于劳动者违反脱密期规定的，用人单位与劳动者约定适用违约金的，司法实践中很有可能基于审判部门适用上述规定而被认定无效或没有执行力。

北京案例与导引

［案例 4］

周某入职 H 公司后双方签有《保密合同书》，其中第 5 条约定由于周某岗位系涉密岗位，在其离职前，应经 6 个月脱密期。脱密期未满，非经 H 公司书面同意，不得离职。如果周某违反上述脱密安排，应赔偿 H 公司 6 个月工资，如不足以弥补 H 公司损失，应按照实际损失赔偿。后周某于 2020 年 3 月 27 日申请辞职，最后工作至 2020 年 3 月 30 日。H 公司要求周某按照《保密合同书》第 5 条赔偿违约金 180,000 元。

［法院观点］

法院认为，由劳动者承担违约金需有法律的明确规定，《保密合同书》的相关约定并非对服务期或竞业限制之约定，违反了法律强制性规定，应属无效，且 H 公司未提交证据证明周某对公司所造成的损失，故对于H公司主张周某按照《保密合同书》第5条赔偿H公司180,000元的诉讼请求不予支持。

（2021）京02民终3847号

16.3　竞业限制

解析

法律依据

竞业限制，是指用人单位与知悉用人单位重要商业秘密或对用人单位有重大影响的劳动者约定，劳动者在劳动合同解除或终止后一定时期内不得在相同领域具有竞争关系的单位任职，或不得在相同领域内经营业务，用人单位给予经济补偿的一种制度。竞业限制是基于诚实信用原则而产生的劳动者的职业道德要求，适用于世界各国的法律和劳动实践。

劳动合同法意义上的竞业限制义务为约定义务。一般而言，用人单位应在劳动合同签订时，或劳动合同解除、终止前和劳动者订立书面竞业限制协议，协议的约定内容直接决定了用人单位商业秘密能够得到保护的程度，以及用人单位所需支出的经济成本。因此，竞业限制协议中应当对竞业限制的人员、地域、行为、期限、补偿金额、违约责任等内容进行明确的约定，以下方面应予以特别注意：

1. 竞业限制的人员范围。根据《劳动合同法》的规定，竞业限制人员应当限于用人单位的高级管理人员、高级技术人员和其他负有保密义务的人员。因此，劳动者是否承担保密义务是劳动者和用人单位是否签署竞业限制协议的条件，用人单位无须与没有接触其商业秘密和相关知识产权信息的普通劳动者约定竞业限制，即便作出了这样的约定，劳动者也无须遵守。

2. 竞业限制行为。竞业限制行为是指劳动者因承担竞业限制义务而不得实施的行为。《劳动合同法》第24条第2款明确规定，竞业限制约定中可以限制劳动者到与本单位生产或者经营同类产品、从事同类业务的有竞争关系的其他用人单位，或者自己开业生产或者经营同类产品、从事同类业务的行为。

3. 竞业限制的地域范围。《劳动合同法》和《劳动合同法实施条例》并未对竞业限制的地域范围作出限定，允许用人单位和劳动者在不违反法律法规的情况下进行具体约定。由于竞业限制实质上是对劳动者的就业权进行限制，从公平的角度来说，用人单位不得任意扩大竞业限制的地域范围，原则上，竞业限制的地域范围应当以能够与用人单位形成实际竞争关系的地域为限。在用人单位与劳动者约定了明确的竞业限制地域范围之后，如果劳动者在约定的地域范围之内实施竞业限制行为，就属于违约行为，超出竞业限制地域范围的，劳动者则无须承担竞业限制义务。

4. 竞业限制的期限。约定竞业限制意味着对劳动者人力资源的限制和劳动者收入的减少。因此，竞业限制义务在维护用人单位利益的同时，也应有一定的期限限制。《劳动合同法》第24条规定竞业限制最高期限为2年，从劳动合同解除或者终止之日起计算。

5. 竞业限制经济补偿。如前文所述,劳动者承担的竞业限制义务使劳动者的就业范围大大缩小,劳动者无法在竞业限制期限内从事与原工作相同或者类似的工作,也就意味着劳动者可能无法获得与以前相同或者相当的劳动报酬,严重情况下甚至可能没有收入,因此用人单位有必要对劳动者进行经济补偿。对于补偿的标准,尽管《劳动合同法》并没有进行限定,允许用人单位和劳动者进行协商确定,但是2021年施行的《最高人民法院关于审理劳动争议案件适用法律问题的解释(一)》第36条规定,如果用人单位和劳动者约定了竞业限制义务,但是未约定经济补偿,劳动者履行竞业限制义务后,可以要求用人单位按照劳动合同解除或者终止前12个月平均工资的30%按月支付经济补偿金,如果该经济补偿金低于劳动合同履行地最低工资标准,则按照最低工资标准支付。这主要针对未约定或未明确约定金额的情况下对竞业限制经济补偿金标准作出了规定。但个别地区的地方性法规对于竞业限制经济补偿金的金额比《最高人民法院关于审理劳动争议案件适用法律问题的解释(一)》规定的标准更高。例如,深圳的地方规定,根据《深圳经济特区企业技术秘密保护条例》第24条的规定:"竞业限制协议约定的补偿费,按月计算不得少于该员工离开企业前最后十二个月月平均工资的二分之一。约定补偿费少于上述标准或者没有约定补偿费的,补偿费按照该员工离开企业前最后十二个月月平均工资的二分之一计算。"《江苏省劳动合同条例》第28条第1款也规定:"用人单位对处于竞业限制期限内的离职劳动者应当按月给予经济补偿,月经济补偿额不得低于该劳动者离开用人单位前十二个月的月平均工资的三分之一。"

6. 违约责任。竞业限制的法律内涵包括劳动者在一定期限内承担竞业限制的义务,而用人单位则按照约定按月向劳动者支付经济补偿,任何一方违约都会导致相应的违约责任。劳动者违反约定拒不履行竞业限制义务的,应当向用人单位承担违约金,违约金的标准由用人单位和劳动者协商确定。这是相关劳动法律法规中赋予用人单位较大自由度的条款,用人单位可以根据实际情况约定劳动者的违约金,但是应当注意遵循自愿、公平原则,尽量与向劳动者支付的经济补偿以及违约造成的实际损失相适应,否则劳动者可以请求有权机关对违约金数额予以适当调整。

辨析

竞业限制分为法定竞业限制和约定竞业限制,法定竞业限制义务主体具有特殊性,主要来源于《公司法》《合伙企业法》《个人独资企业法》等法律中的禁止性规定。基于诚实信用原则,公司的董事、高级管理人员、合伙企业合伙人、个人独资企业管理人等由于其任职期间在公司的特殊地位,应当承担相应的忠实义务。法定竞业限制与约定竞业限制虽然都是对部分特定人士的就业权进行一定的限制,但还是存在较大区别,具体包括以下几方面:

1. 义务性质不同。法定竞业限制义务是由法律直接规定,无论有无事先约定,董事、高级管理人员和合伙人都应当履行竞业限制义务。约定竞业限制义务是由用人单位和劳动者协商约定的,除非作出事先约定,否则劳动者无须承担竞业限制义务。

2. 义务主体不同。法定竞业限制的义务主体是企业的董事、高级管理人员和合伙企业的合伙人,担任一般领导职务的劳动者无须承担该等竞业限制义务。约定竞业限制义务的主体是掌握着用人单位商业秘密的劳动者以及其他与用人单位约定竞业限制义务的劳动者,涵盖的范围要大于法定竞业限制义务主体。

3. 义务内容不同。法定竞业限制禁止的是董事、高级管理人员和合伙人经营与本企业或者本合伙企业的业务相同或者相竞争的业务，而约定竞业限制主要是对劳动者离职之后的重新择业的行业、地域等进行限制。

4. 义务期限不同。法定竞业限制义务适用于董事和高级管理人员在职期间，或者合伙人担任本合伙的合伙人期间，而约定竞业限制义务适用于用人单位与劳动者的劳动关系解除或者终止之后的一定期限。

5. 义务补偿不同。企业或者合伙企业无须就董事、高级管理人员或者合伙人承担的竞业限制进行补偿，而约定竞业限制情况下用人单位应当按照约定向劳动者支付经济补偿，否则劳动者可以不受竞业限制协议的限制。

6. 承担责任的形式不同。违反法定竞业限制义务承担的是侵权责任，而违反约定竞业限制义务承担的是违约责任，在给用人单位造成损失的情况下，就会出现违约责任和侵权责任的竞合。

问题导引

Q5： 若用人单位未如期向劳动者支付竞业限制经济补偿，劳动者是否仍需承担竞业限制义务？

A： 从全国性规定来看，根据《最高人民法院关于审理劳动争议案件适用法律问题的解释（一）》第38条的规定，当事人在劳动合同或者保密协议中约定了竞业限制和经济补偿，劳动合同解除或者终止后，如果因用人单位的原因导致3个月未向劳动者支付经济补偿，劳动者无须向用人单位提出支付请求，可以直接向法院请求解除竞业限制协议，届时劳动者既无须承担竞业限制义务，也无须向用人单位支付违约金。

个别地区就该问题有其特别规定，如深圳，根据《深圳经济特区企业技术秘密保护条例》第25条的规定，竞业限制补偿费应当在员工离开企业后按月支付。用人单位未按月支付的，劳动者自用人单位违反约定之日起30日内，可以要求用人单位一次性支付尚未支付的经济补偿，并继续履行协议；劳动者未在30日内要求一次性支付的，可以通知用人单位解除竞业限制协议。

因此，实践中的大多数地区若遇到用人单位超过3个月未向劳动者支付竞业限制经济补偿的，劳动者有权以诉讼或其他手段表达自身无须承担竞业限制义务。深圳地区对于劳动者无须承担竞业限制义务的期限规定则更短，超过一个月劳动者即可作此主张。

北京案例与导引

［案例5］

姜某于2015年4月1日入职M公司，担任教学部门讲师。双方签订有《竞业禁止协议书》，其中约定姜某在职期间及离职后两年之内不得以任何形式从事与其公司业务类型相同或相似存在竞争关系的业务，公司按月向其支付竞业限制补偿。姜某于2018年6月12日以个人原因离职，离职后2个月M公司未向姜某支付竞业限制补偿，故姜某于8月8日向M公司送达解除通知书，并以公司未支付竞业限制补偿为由提起诉讼要求解除竞业限制协议。同年8月10日，M公司向姜某支付了7～8月的竞业限制补偿。

［法院观点］

根据《最高人民法院关于审理劳动争议案件适用法律问题的解释（一）》第38条的规定："当事人在劳动合同或者保密协议中约定了竞业限制和经济补偿，劳动合同解除或者终止后，因用人单位的原因导致三个月未支付经济补偿，劳动者请求解除竞业限制约定的，人民法院应予支持。"故因用人单位的原因导致3个月未支付经济补偿，劳动者可向法院请求解除竞业限制约定，而未支付经济补偿不足3个月的，劳动者无权据此解除约定。该案中，M公司虽2个月未向姜某支付竞业限制补偿，但已及时补足，故未达到劳动者可以行使解除权的条件，最终判决驳回姜某的诉讼请求。

（2019）京01民终2016号

实务小贴士

用人单位应完善劳动者的入职与离职流程，在劳动者离职过程中，应特别注意审查劳动者是否已签订竞业限制协议，避免管理疏漏。对于与用人单位签订了竞业限制协议的劳动者，建议用人单位在劳动者离职时应当明确是否要求其履行竞业限制义务，针对不同劳动者的情况，分别发送竞业限制启动通知书或者竞业限制解除通知书。

问题导引

Q6： 用人单位与劳动者约定的竞业限制经济补偿金是否可以低于劳动合同解除或者终止前12个月平均工资的30%？

A： 对于用人单位与劳动者协商一致达成的经济补偿金金额是否可以低于《最高人民法院关于审理劳动争议案件适用法律问题的解释（一）》第36条的标准，目前在全国性法律法规中暂无相关规定，且实践中仍存在一定分歧。部分地区倾向于认可用人单位与劳动者基于真实意思表示而设定的不低于最低工资标准的竞业限制补偿金，如北京、上海等地；部分地区倾向于强制要求设定的竞业限制补偿金不得低于某个特定的标准，如江苏省、深圳等地。对于用人单位与劳动者约定了低于前述规定的竞业限制经济补偿金的后果，根据各地的司法实践，该约定不影响竞业限制协议的有效性，在用人单位按约支付补偿金的情况下，劳动者不能以补偿金约定过低而拒绝履行竞业限制义务。但是有的地区，劳动者有权要求按照相关法律法规中的规定调整补偿金金额。

Q7： 约定的违约金金额是否可以主张调高或调低？

A： 实践中，竞业限制协议中通常会约定如劳动者违反了竞业限制义务，应当向用人单位支付一定金额的违约金。有些用人单位倾向于约定一个较高的违约金金额，以起到对劳动者的威慑和警示作用。此种情况下，一旦出现劳动者违反了竞业限制义务、用人单位向其主张违约金时，劳动者往往会以违约金金额过高、明显不合理、不公平为由，要求调低违约金金额。

对于劳动者或用人单位调整违约金金额的请求，法院是否应当予以支持？2012年《劳动合同法》及司法解释、地方性法规中均未给予明确规定。直到2016年，在最高人民法院颁布的《第八次全国法院民事商事审判工作会议（民事部分）纪要》中对于这一问题进行了较明确的规定，用人单位和劳动者在竞业限制协议中约定的违约金过分高于或者低于实际损失，当事人请求调整违约金数额的，人民法院应以实际损失为基础，兼顾合同的履行情况、双方的过错程度以及预期利益等综合因素，根据公平原则和诚实信用原则予以衡量，并决定是否予以调整。“过分高于实际损失”的认定标准可以“违约金超过造成损失的30%”作为参考标准。

实践中，约定的违约金金额是否应当予以调整的问题有着很强的个案性，法院并不一定按照“超过实际损失30%”的标准，而是综合多方面的因素共同考量违约金金额是否合理。需要注意的是，法院在认定违约金金额的合理性时，违约金金额的高低并非唯一的决定性要素。例如，实践中存在约定违约金金额为100万元而法院认为合理、不予以调低的判例，也存在约定违约金金额10万元而法院认为过高、予以减半的判例。法院会对劳动者的收入水平、用人单位支付的经济补偿金金额、竞业限制期限、违约行为严重程度、所造成的不良后果的严重程度、劳动者对该不良后果的预见度等因素进行综合考量。因此，用人单位在设定违约金金额以及竞业限制协议其他条款时，也应当综合考虑这些因素，以避免出现违约金金额不合理的情况。

Q8： 用人单位与劳动者约定在职期间向劳动者支付竞业限制经济补偿金，而在劳动者离职后的竞业限制期限内则不再支付，此类约定是否有效？

A： 对于此类约定的效力认定，目前《劳动合同法》及其司法解释中虽均未明确禁止此类约定，但《劳动合同法》第23条规定了竞业限制补偿金应当在解除或者终止劳动合同后，在竞业限制期限内按月给予劳动者。因此，在劳动者在职期间按月与工资同时支付竞业限制经济补偿金的约定显然与《劳动合同法》第23条的规定相违背，且部分地方性法规中也对此类约定的效力明确予以否定。例如，《深圳市中级人民法院关于审理劳动争议案件的裁判指引》第108条规定，双方约定劳动者在职期间的工资中包含竞业限制经济补偿的，该约定无效。用人单位在劳动者离职后的竞业限制期内仍负有支付竞业限制经济补偿的义务。实践中，各地法院对于此类约定的效力多持这种否认态度。对于劳动者要求用人单位在竞业限制期内支付经济补偿金的诉求往往会得到法院的支持。另外，如用人单位依据此类约定，在未另行支付竞业限制期内的经济补偿金的情况下要求劳动者履行竞业限制义务，则难以得到法院的支持。

但也有上海的案例认为，只要劳动者在职期间，用人单位向其发放的个人工资明细中明确显示有竞业限制补偿金项目，则可以认为用人单位已经向劳动者支付了竞业限制补偿金。否则视为用人单位与劳动者双方约定不明。

上海案例与导引

[案例 6]

陶某入职 O 公司任研发主任,其在职期间公司每月向其发送工资单以及陶某签名确认的个人工资明细表。个人工资明细表显示 2012 年 11 月至 2015 年 7 月的月工资构成包括基本工资、岗位工资、保密工资、竞业限制补偿金、餐贴、交通等。2015 年 7 月 31 日,陶某与 O 公司解除劳动合同,离职后,陶某要求 O 公司支付其履行竞业限制义务的补偿金。O 公司则认为陶某 2012 年 12 月至 2015 年 7 月的各月工资中已包含竞业限制补偿金,无须再另行支付。

[法院观点]

结合陶某签名确认的个人工资明细表所显示的工资构成、陶某提供的工资单上显示有竞业限制补偿金以及陶某在看到工资单后也未向公司提出异议等综合考量,可认定陶某与 O 公司已通过实际履行方式对陶某的工资构成作了明确,法院据此确认陶某 2012 年 12 月至 2015 年 7 月的月工资中已包括 O 公司按月提前支付的 2017 年 5 月 1 日至 2017 年 7 月 31 日竞业限制补偿金。

(2021)沪 01 民终 10801 号

Q9: 劳动者离职后违反竞业限制义务,对于违约期间用人单位已经支付的竞业限制补偿金是否承担返还义务?

A:《劳动合同法》对于劳动者离职后违反竞业限制,竞业限制协议就竞业限制补偿金的返还未作规定,用人单位同时主张违约金及违约期间竞业限制补偿金返还的,劳动者是否承担相应竞业限制补偿金返还义务,司法实践中存在一定争议。笔者认为,由于竞业限制协议系双务合同,竞业限制补偿金是劳动者因履行竞业限制导致择业自由权受限而由用人单位给予的补偿,即劳动者履行竞业限制义务的对价。在劳动者未履行竞业限制义务的情况下,用人单位显然无支付竞业限制补偿金的义务。用人单位因未及时了解劳动者违反竞业限制义务情况,而向劳动者支付了其违约期间竞业限制补偿金的,劳动者应承担相应返还义务。

实务小贴士

考虑到司法实践中不少法院会审查用人单位与劳动者就返还已经支付的竞业限制补偿金是否有明确约定,因此,若用人单位需要劳动者在违反竞业限制义务时返还已支付的竞业限制补偿金的,建议在竞业限制协议中约定明确,以保障用人单位的权益。

问题导引

Q10: 用人单位能否以经营范围重叠为由认定劳动者入职新用人单位违反竞业限制?

A: 在 2022 年以前的司法判例中大多直接以商事主体登记及备案信息中的经营范围作为“同类产品同类业务”的判断依据。如果两家用人单位工商登记中的经营范围存在重合,法院认定双方存在竞争关系并认定劳动者违反竞业限制义务。实践中,用人单位将营业范围作概括或宽泛地界定也是一种常态,这就使"同类产品、业务"的内涵得以实质性地扩大,劳动者前后就业单位之间的"竞争关系"也随之扩大,而忽略两者之间是否存在实质竞争这一问题。

但最高人民法院在2022年发布的190号指导案例中直接指出,审查劳动者自营或者新入职单位与原用人单位是否形成竞争关系,不应仅从依法登记的经营范围是否重合进行认定,还应当结合实际经营内容、服务对象或者产品受众、对应市场等方面是否重合进行综合判断。劳动者提供证据证明自营或者新入职单位与原用人单位的实际经营内容、服务对象或者产品受众、对应市场等不相同,主张不存在竞争关系的,人民法院应予支持。因此,未来用人单位举证劳动者违反竞业限制义务的,举证责任难度将提升,不能仅以用人单位之间工商登记的经营范围重叠为由主张直接认定劳动者违反竞业限制义务。

典型案例与导引

[案例7]

W公司的经营范围包括:计算机软硬件的开发、销售,计算机专业技术领域及产品的技术开发、技术转让、技术咨询、技术服务。王某入职W公司后双方签订《竞业限制协议》,对竞业行为、竞业限制期限、竞业限制补偿金等内容进行了约定。后王某因个人原因辞职,随后入职H公司。H公司经营范围包括信息科技、计算机软硬件、网络科技领域内的技术开发、技术转让、技术咨询、技术服务等。王某离职后,W公司向其发送"关于竞业限制的提醒函",告知其承担竞业限制义务,不得到竞业企业范围内工作或任职,公司将向其支付竞业限制补偿金。W公司认为王某入职H公司的行为违反了竞业限制义务,要求其支付违约金200万元。

[法院观点]

法院认为,W公司的经营范围为计算机软硬件的开发、销售、计算机专业技术领域及产品的技术开发、技术转让、技术咨询、技术服务。而H公司的经营范围包括从事信息科技、计算机软硬件、网络科技领域内的技术开发、技术转让、技术咨询、技术服务等。对比两家公司的经营范围,确实存在一定的重合。但互联网企业往往在注册登记时,经营范围都包含了软硬件开发、技术咨询、技术转让、技术服务。若仅以此为据,显然会对互联网就业人员,尤其是软件工程师再就业造成极大障碍,对社会人力资源造成极大的浪费,也有悖于竞业限制制度的立法本意。故在判断是否构成竞争关系时,还应当结合公司实际经营内容及受众等因素加以综合评判。W公司目前的经营模式主要是提供金融信息服务,其主要的受众为相关的金融机构或者金融学术研究机构。而反观H公司,其主营业务是文化社区和视频平台,即提供网络空间供用户上传视频、进行交流。其受众更广,尤其年轻人对其青睐有加。两者对比,不论是经营模式、对应市场还是受众,都存在显著差别。即使普通百姓,也能轻易判断两者之差异。在此前提下,W公司仅以双方所登记的经营范围存在重合而主张两家企业形成竞争关系,尚未完成其举证义务。

故法院仅以 W 公司与 H 公司的经营范围存在重合,即认定王某入职 H 公司违反了竞业限制协议的约定,继而判决王某返还竞业限制补偿金并支付违反竞业限制违约金,有欠妥当。

最高人民法院指导案例 190 号

实务小贴士

根据"谁主张,谁举证"的原则,对于原用人单位与新用人单位之间竞争关系的认定需要由原单位进行举证,除了新用人单位的工商信息以外,建议原用人单位注意收集新用人单位实际经营业务的相关信息,包括但不限于:新用人单位发布的相关业务信息介绍,如官网、新单位自营的社交媒体平台以及发布的宣传广告中体现的业务信息;新用人单位与相关客户的合作材料,如协议、报价单、投标书或者业务活动等;新用人单位劳动者的谈话记录、工作往来邮件;第三方平台对新单位业务的介绍、报道等,该第三方平台应尽量为政府或者知名权威平台等。

问题导引

Q11: 竞业限制案件中,用人单位为举证劳动者违反竞业限制义务的偷拍视频是否属于合法证据?

A: 证据的合法性,是指提供证据的主体、证据的形式和证据的收集程序必须符合法律规定,其主要表现在以下几点:(1)证据的收集主体应当合法。我国现行法律法规并未禁止公民、组织行使一定范围的调查权,按照"法无明文禁止即可为"的原则,用人单位在一定范围内调查收集的证据可以作为民事诉讼中的证据使用。(2)证据形式应当合法。用人单位偷拍的视频属于视听资料,符合《民事诉讼法》规定的证据形式。(3)证据的取得方式应当合法。《最高人民法院关于民事诉讼证据的若干规定》第 87 条第 3 项规定,"证据的形式、来源是否符合法律规定"。因此,判断证据是否具有合法来源应当依据证据收集过程中是否侵害他人合法权益或者违反法律禁止性规定的方法取得。只要用人单位在调查过程中的偷拍视频能够符合以上三点,则可以认定为是合法证据。

关于未经过他人同意而拍摄视频是否违反《个人信息保护法》的问题,详见关键词"个人信息保护法"关键词项下的二级关键词"个人信息的保护"的具体内容。

安徽案例与导引

[案例 8]

杜某入职 S 公司任芯片工程师,双方签有《保密协议书》,约定了竞业限制期限、补偿金、违约金等条款。后因杜某申请辞职,S 公司按约定向杜某支付了竞业限制补偿金。竞业限制期间,S 公司委托 H 公司调查杜某是否存在违反竞业限制义务的行为。该公司出具了违反竞业限制调查报告及跟踪拍摄视频,证明杜某名下的车辆多次在工作时间出入 J 公司厂区。S 公司遂以杜某违反竞业限制义务为由，要求杜某支付违约金。杜某则认为H公司开展商业调查属于非法营业，其调查行为亦是国家法律法规所禁止的，属于非法证据不应被采纳。

[法院观点]

虽然H公司在取证过程中采用了跟踪拍摄等方式，但上述取证过程在公共场合完成，没有侵害杜某的个人隐私和他人的合法权益，也不违反社会公共利益和社会公德。H公司完成取证行为后，对涉及杜某的证据，没有随意加以传播或者用于其他非法目的和用途，而是在法律不禁止的特定范围内以特定方式使用，没有造成损害后果，因此，其调查的结果可以作为该案的证据使用。基于此，法院判决杜某违反了竞业限制义务。

(2020)皖02民终1095号

实务小贴士

随着竞业限制案件的逐渐普遍化和复杂化，违反竞业限制义务的劳动者的"反侦查能力"不断增强，因此用人单位在调查取证时，应避免仅局限在某一份或几份证据上，应当穷尽调查手段，收集更多的证据（无论是直接证据还是间接证据），形成完整的证据链，达到高度盖然性的标准，争取胜诉的结果。同时，还应注意证据的保存工作，在条件允许的情况下，应及时进行公证。如有需要，也可聘请第三方调查公司和律师进行协助调查。以下是几种常见的调查取证途径，供用人单位参考使用：

1. 竞争单位工商信息。如工商信息（包括企业年报）明确劳动者为某一竞争单位的人员，如法定代表人、主要人员、股东，甚至是公司联系人，从而证明劳动者与该单位的直接联系。实践中，劳动者对于该项信息会更为注意，多会采取代持股或者隐名投资的方式进行规避，故用人单位在查询时还需注意相关人员是否为劳动者的利害关系人（如存在亲友关系）。

2. 竞争单位官方网站、社交平台，以及劳动者的社交平台。信息社会，出于拓展业务、人脉的考虑，竞争单位和劳动者可能会在社交平台上发布相关的信息，该项调查途径也可拓展至第三方平台是否存在发布劳动者在竞争单位参加某项活动，或代表竞争单位的相关新闻等信息，这些材料均可作为认定劳动者存在违反竞业限制义务的重要证据。

3. 以第三方（如客户）名义与竞争公司进行联系，询问劳动者相关情况，或直接与劳动者进行业务沟通、通话、电子邮件沟通、签署协议调查。该种方式应当尽量避免劳动者事先知晓用人单位正在调查，避免劳动者提前防范。

4. 采用快递、外卖等"钓鱼"方式，即通过快递、送礼物、外卖等方式寄送到竞争单位所在地，以侧面证明劳动者在竞争单位进行工作。采取该种方式应当尽量在快递单等材料上书面明确劳动者的个人信息，包括姓名和手机号码。

5. 录视频的方式拍摄劳动者进出竞争单位工作场所的情况。采取该种方式需注意，应当是在一段期间的劳动者进出竞争单位工作场所的情况，而非单独某一天的情况，时间上尽量是正常的工作时间。

6. 在竞业限制中约定劳动者的就业报告义务。用人单位可通过邮件等形式要求劳动者履行竞业报告义务，若未报告就职情况或虽有报告但不符合情理，亦较有可能认定为违反竞业义务。

7. 查询劳动者与第三方签订的劳动合同、缴纳社保公积金及个税、银行转账记录的情况。用人单位可在裁审过程中,申请仲裁委员会或法院调查劳动者的前述信息,以查明劳动者是否与竞争单位存在联系。但用人单位应当注意,实践中,很多劳动者对此往往会有所警觉,多采取由其他代缴机构代缴社保和个税等方式进行规避。

Chapter 3

第三篇

用工管理与民主管理

No. 17　规章制度

用人单位的规章制度作为用人单位的“内部法”，在规范劳动用工管理和建立和谐稳定的劳动关系方面发挥着重要作用。俗话说“国有国法、家有家规”，既要尊重各个企业的“家规”，又要保护劳动者的权益，《劳动合同法》试图通过制定规范规章制度，加强对劳动者利益的保护。

规章制度关键词中涉及的二级关键词	
17.1	规章制度的内容
17.2	规章制度的制定
17.3	规章制度的效力

17.1　规章制度的内容

解析

法律依据

国际劳工组织（ILO）将规章制度称为就业规则或雇佣规则，其是指“供企业之全体从业人员或大部分从业人员适用，专对或主要对就业中从业人员的行动有关的各种规则”。规章制度是企业为加强劳动管理，在企业内部实施的规范劳动者义务、保障劳动者行使权利的行为准则。此外，规章制度也是用人单位与劳动者之间的“法律”，它既规范劳动者的行为，同时也规范用人单位的行为。

在《劳动合同法》框架下，企业的规章制度，是指企业制定的“有关劳动报酬、工作时间、休息休假、劳动安全卫生、保险福利、职工培训、劳动纪律以及劳动定额管理等直接涉及劳动者切身利益的”制度。用人单位为组织劳动过程、进行劳动管理，依法制定和实施的规则和制度的总和，一般适用于本单位的全体劳动者或者大部分劳动者。

对规章制度的内容简单概括如下：

（1）内容合法，即用人单位制定的规章制度的内容不违反国家法律、行政法规及政策规定；

（2）内容合理，即规章制度的内容应具有公平合理性、可操作性。

此外，就劳动合同约定与规章制度规定不一致的问题，根据《最高人民法院关于审理劳动争议案件适用法律问题的解释（一）》第 50 条第 2 款的规定：“用人单位制定的内部规章制度与集体合同或者劳动合同约定的内容不一致，劳动者请求优先适用合同约定的，人民法院应予支持。”发生争议时，人民法院采用的审判标准依据为“劳动者请求”。如果劳动者选择劳动合同时，劳动合同的效力高于规章制度；但若劳动者选择适用规章制度，而用人单位主张适用劳动合同时，则可能需要针对具体情况进行综合认定。当然企业也可以主动采取一些对应措施，来预防和控制规章制度与劳动合同不一致的处理问题。如在劳动合同中约定指引性条款，即“奖罚等规定，以本公司的违纪惩处制度为准”。

辨析

规章制度与劳动纪律

根据《劳动法》第 25 条的规定,劳动者“严重违反劳动纪律或者用人单位规章制度的”,用人单位可以解除劳动合同,即用人单位即使没有完备的规章制度,也可以按照国家的有关规定以严重违反“劳动纪律”的名义予以处理。

《劳动合同法》将这一条款修改为“严重违反用人单位的规章制度的”,不再特别表述“劳动纪律”,同时在《劳动合同法》第 4 条中将劳动纪律列为规章制度的一类,并废止了国家的有关规定,即《企业职工奖惩条例》(已废止)和《国营企业辞退违纪职工暂行规定》(已废止)。

因此,按照《劳动合同法》的规定理解,劳动纪律视同为规章制度的重要组成部分。

问题导引

Q1: 如劳动者的行为已经造成了恶劣的影响或者后果(如被处以治安拘留处罚的行为等),但用人单位的规章制度中未将该行为明确列为违纪或可解除范畴,是否可以处罚劳动者?

A: 对此实践中尚有争论。

《上海市高级人民法院关于适用〈劳动合同法〉若干问题的意见》第 11 条规定:“劳动合同的履行应当遵循依法、诚实信用的原则。劳动合同的当事人之间除了规章制度的约束之外,实际上也存在很多约定的义务和依据诚实信用原则而应承担的合同义务。如《劳动法》第三条第二款关于‘劳动者应当遵守劳动纪律和职业道德’等规定,就是类似义务的法律基础。因此,在规章制度无效的情况下,劳动者违反必须遵守的合同义务,用人单位可以要求其承担责任。劳动者以用人单位规章制度没有规定为由提出抗辩的,不予支持。但在规范此类行为时,应当仅对影响劳动关系的重大情况进行审核,以免过多干涉用人单位的自主管理权。”据此理解,当劳动者的某些行为并未规定在用人单位的规章制度时,仍然可以依据合同义务和诚实信用原则予以判断,用人单位并非完全不可以作出处理,当然这仅限于当劳动者的行为对劳动关系造成重大影响时才可以,并非所有的情形都适合以合同义务和诚信原则来弥补规章制度的不足。

除了上海市以外,北京市、深圳市也存在类似的地方解释,而天津市、江苏省则存在相反的地方解释。当然,全国其他大部分地区,包括重庆市、广东省(含广州市)和浙江省,尚未对上述问题进行书面解释(见表 17 - 1)。所以,在实践中还是会发生虽然劳动者的行为影响恶劣,但由于没有规章制度作为依托,用人单位依然无法进行处罚的情况。

总体而言,如果用人单位未将违纪行为的具体内容规定在规章制度中,则在惩罚员工时将受到较大挑战,存在较大风险。因此,建议用人单位结合自身企业文化、管理特色及经验,将本单位常见或高度重视的违纪行为以较为明确的语言规定在规章制度中。同时,在规章制度中将诚实信用地遵守劳动纪律和职业道德等内容作为兜底条款。既可帮助劳动者提前知晓行为后果以起到预防违纪的作用,也能够保障用人单位在面对违纪行为时有充足的处罚依据。

表 17－1　部分地区关于规章制度的规定

地区	内容	出处
北京市	第 13 条 在规章制度未作出明确规定、劳动合同亦未明确约定的情况下,劳动者严重违反劳动纪律和职业道德的,用人单位是否可以解除劳动合同? 《劳动法》第 3 条第 2 款中规定:“劳动者应当遵守劳动纪律和职业道德。”上述规定是对劳动者的基本要求,即便在规章制度未作出明确规定、劳动合同亦未明确约定的情况下,如劳动者存在严重违反劳动纪律或职业道德的行为,用人单位可以依据《劳动法》第 3 条第 2 款的规定与劳动者解除劳动合同	《北京市高级人民法院、北京市劳动人事争议仲裁委员会关于印发〈审理劳动争议案件法律适用问题的解答〉的通知》(京高法发〔2017〕142 号)
上海市	第 11 条 用人单位要求劳动者承担合同责任的处理 劳动合同的履行应当遵循依法、诚实信用的原则。劳动合同的当事人之间除了规章制度的约束之外,实际上也存在很多约定的义务和依据诚实信用原则而应承担的合同义务。如《劳动法》第 3 条第 2 款关于“劳动者应当遵守劳动纪律和职业道德”等规定,就是类似义务的法律基础。因此,在规章制度无效的情况下,劳动者违反必须遵守的合同义务,用人单位可以要求其承担责任。劳动者以用人单位规章制度没有规定为由提出抗辩的,不予支持。但在规范此类行为时,应当仅对影响劳动关系的重大情况进行审核,以免过多干涉用人单位的自主管理权	《上海市高级人民法院关于适用〈劳动合同法〉若干问题的意见》(沪高法〔2009〕73 号)
天津市	第 17 条 用人单位应当依法建立和完善劳动规章制度,对严重违反规章制度的情形应加以明确,未明确具体规定的,用人单位不得依据《劳动合同法》第 39 条第 2 项规定与劳动者解除劳动合同	《关于印发〈天津市贯彻落实《劳动合同法》若干问题实施细则〉的通知》(津人社规字〔2018〕14 号)
深圳市	第 26 条 当事人因劳动合同的订立与解除发生争议的,举证责任如下分配:……(4)用人单位主张劳动者严重违反劳动纪律或企业规章制度的,应就劳动者存在严重违反劳动纪律或企业规章制度的事实以及企业规章制度经过民主程序制定并已向劳动者公示的事实举证	《深圳市中级人民法院关于审理劳动争议案件的裁判指引》(2015 年)
江苏省	第三章第四节第五点第 2 条 劳动者是否构成“严重违反规章制度”的认定 对于用人单位以劳动者严重违反规章制度为由解除劳动合同的,对其合法性的审查可以综合考虑以下因素:用人单位是否有通过合法程序制定并且向劳动者公示的规章制度;劳动者所犯违纪行为在规章制度中是否有明确规定;规章制度对于劳动者违纪行为的处罚是否合情合理,是否明显失当;劳动者是否屡劝不改;劳动者有无“故意”犯错之意图;劳动者是否给用人单位或他人造成重大损害	《江苏省高级人民法院劳动争议案件审理指南》(2010 年)

在本书 2018 年第三次修订时,笔者曾提及苏州市在 2017 年所作出的案例结果突破了《江苏省高级人民法院劳动争议案件审理指南》中就本问题而确定的审理指引口径。随着本书的第四次修订,笔者检索到最新的案例同样有所突破,可见江苏对于本问题确定的审理指引口径的变化并非个案。

江苏案例与导引

[案例1]

翟某系X公司的员工。2019年3月被江阴市公安局出具行政处罚决定载明:自2019年3月下旬以来,翟某为迫使王××与妻子离婚,遂采用打电话、发短信等方式多次骚扰王××;后又于2019年4月8日通过微信向王××发送不雅照片,干扰了王××的正常生活。江阴市公安局以上述事实为由决定对翟某行政拘留4日。2019年4月24日,X公司以翟某危害他人家庭被拘留影响恶劣,损害公司形象,严重违反了公司相关规章制度为由决定解除与翟某的劳动合同。翟某主张其行为属于私生活问题,并没有违反X公司规章制度,公司对其道德要求过高,且《员工奖惩制度》2.1.3规定的是处分,并不是开除的依据,主张X公司系违法解除。

[法院观点]

法院认为,《劳动法》第25条规定,劳动者严重违反劳动纪律或者用人单位规章制度的,可以解除劳动合同。该案中,江阴市公安机关出具的行政处罚决定书认定:翟某为了迫使王××与妻子离婚,采取了打电话、发短信、发送不雅照片的方式持续多次骚扰王××,干扰了王××的正常生活,影响了他人合法存续的婚姻关系,危害了王××的家庭。翟某的上述行为虽然属于私生活问题,但由于严重违背了公序良俗,且遭受行政处罚,造成较大的社会负面影响,故可以推定会对X公司造成名誉损害的事实成立,违背了X公司员工奖惩制度中的规定。虽然《员工奖惩制度》2.1.3规定的是处分,并不是开除的依据,但该制度规定的处分情形包括了开除,故不属于违法解除。

(2020)苏02民终1844号

17.2 规章制度的制定

解析

1. 制定主体

《劳动法》与《劳动合同法》都明确规定了用人单位应当依法建立和完善劳动规章制度,由此可见,规章制度的制定主体应该是用人单位,而不是用人单位的某个部门。因此,建议即便是用人单位的某个部门制作的规章制度,也应该以用人单位的名义进行发布。

法律依据

2. 制定程序

根据《劳动合同法》第4条的规定,用人单位在制定、修改或决定规章制度时,应履行如下程序。

(1)应当经职工代表大会或者全体职工讨论,提出方案和意见;用人单位与工会或者职工代表平等协商确定。这一步骤一般俗称为“民主程序”。规章制度的民主程序可分为征求意见和平等协商两个阶段。第一阶段:征求意见阶段。主要是用人单位将单方制定好的规章制度草案发布给职工代表或全体职工，让职工就草案内容提出自己的意见。根据职工提出的意见，用人单位再进行修改完善。因此，在民主程序的第一阶段，规章制度的内容是由用人单位单方制定的。第二阶段：平等协商阶段。主要是用人单位根据第一阶段征求的意见对规章制度进行修订，将修订后的规章制度交由工会或职工代表，双方协商确定最终的规章制度内容。因此，在民主程序的第二阶段，规章制度的内容由用人单位方与职工方共同确定。需要说明的是，以上分析是对《劳动合同法》第 4 条的解读作出的结论。

(2)公示或者告知劳动者。这一步骤一般俗称为“公示程序”。

问题导引

Q2： 规章制度中的“民主程序”是否可以通过网上征求意见的方式进行？

A： 根据《劳动合同法》第 4 条第 2 款的规定：“……应当经职工代表大会或者全体职工讨论，提出方案和意见，与工会或者职工代表平等协商确定。”法律并未规定征求意见的表现形式，随着时代的发展，使用公司内网、内部公告栏等方式让职工讨论和提出意见日益常见。相较于通常的召开职工大会(职工代表大会)等当面要求职工对规章制度进行讨论并提出意见的方式，通过网上讨论征求意见只是形式的不同，只要在此过程中保障了职工提出意见、平等协商的权利，即可认为该程序符合法律的要求。

实务小贴士

在制定规章制度的过程中，建议通过如下程序固定保留证据：

1. 有工会组织或职工代表大会的用人单位，可以通过工会或职工代表大会，召集工会成员或职工代表开会讨论规章制度内容，保留出席人员的会议签到、会议记录、意见记录等内容；

2. 没有工会组织或职工代表大会的用人单位，可以通过用人单位内部的网络或邮件，将规章制度的讨论方案向全体劳动者公示，并在规定期限内向全体劳动者征求意见；

3. 通过用人单位内部网络或邮件等，将用人单位决定的规章制度向全体劳动者公示；或召开说明会，将其内容向劳动者解释并保存说明会的书面签到、会议记录、意见记录等；

4. 向全体劳动者发放规章制度，并保留签收凭证，表明其已充分了解规章制度的内容，并同意遵守。

江苏案例与导引

[案例 2]

K 某系 H 公司员工。2015 年 5 月 20 日，H 公司向 K 某送达解除劳动合同通知书，告知 K 某因其虚假报销，违反《员工手册》第十五节、《奖惩管理制度》第三章第 13 条、第四章第 16 条相关规定，属于严重违反公司规章制度，依据《劳动合同法》第 19 条第 2 项规定，决定于 2015

年5月25日解除与K某的劳动合同。劳动关系解除后,K某申请仲裁主张H公司违法解除劳动关系。

[法院观点]

二审法院认为,H公司虽然提供了该公司工会管理委员对于《奖惩管理制度》(征集意见稿)的审核意见,但因《奖惩管理制度》(征集意见稿)并未经过职工代表大会或者全体职工讨论,提出方案和意见,而是于2014年7月25日至2014年8月1日在办公系统进行公示。由于该公示行为与《劳动合同法》的规定相违背,故《奖惩管理制度》不能作为解除劳动合同的合法依据。

江苏省高级人民法院认为,随着现代化办公方式的普及,用人单位通过OA办公系统、单位局域网、电子邮件等方式与劳动者进行信息沟通与交流已成常态。该案中,H公司将《员工手册》(征集意见稿)、《奖惩管理制度》(征集意见稿)通过OA办公系统向全体员工发布,明确征询员工的意见或建议。员工如认为征集意见稿内容不适当,可在5个工作日内反馈修改建议或意见,如5个工作日内未提交意见,则视为无修改意见或建议。期满后,H公司将《员工手册》《奖惩管理制度》通过OA办公系统正式向全体员工发布,并提醒员工及时查阅、遵照执行。以上事实证明,H公司将拟实施的规章制度通过OA办公系统先行征集员工意见,员工如认为征集意见稿内容不适当,完全有权利向H公司提出,进而通过协商予以修改完善,员工未提修改意见或建议并不意味着平等协商的民主程序未履行。故《员工手册》《奖惩管理制度》经过民主程序确定,能够作为处理双方劳动争议的依据。

(2018)苏民再119号

17.3 规章制度的效力

解析

规章制度作为企业内部的"内部法",调整用人单位与劳动者之间的劳动关系时,一般需要同时具备两方面的要件:一是实体要件,即主体适格,内容合法合理;二是程序要件,即上述民主程序和公示程序均需符合法律规定。缺少任何一个要件,都会导致企业制定的"规章制度"在效力上存在瑕疵。

法律依据

问题导引

Q3: 若未满足上述民主程序要件,该如何认定规章制度的效力?

A: 若未满足上述民主程序要件,即民主程序存在瑕疵,并非一律无效,而是分如下情况:

1. 在2008年1月1日起施行的《劳动合同法》实施前制定的规章制度,若未履行上述民主程序,但履行了公示程序且内容合法合理,仍然有效。

2. 在2008年1月1日起施行的《劳动合同法》实施后制定的规章制度,若未履行上述民主程序，但履行了公示程序，则需要分情况进行论述：(1)内容合法合理，劳动者也并未提出异议的，部分地区认可其作为依据使用；(2)若内容合法性或合理性存在争议且劳动者提出异议的，原则上无效；(3)若内容合法合理，但劳动者依然提出异议的，则由有关司法审判机关根据案情进行综合认定(见表 17 – 2)。

表 17 – 2　不同地区关于规章制度程序的规定

地区	内容	出处
北京市	第 36 条 用人单位在《劳动合同法》实施前制定的规章制度，虽未经过《劳动合同法》第 4 条第 2 款规定的民主程序，但内容未违反法律、行政法规及政策规定，并已向劳动者公示或告知的，可以作为用人单位用工管理的依据	《北京市高级人民法院、北京市劳动争议仲裁委员会关于劳动争议案件法律适用问题研讨会会议纪要》(2009 年)
重庆市	四、用人单位制定的规章制度能否成为解除劳动合同依据的问题 根据《最高人民法院关于审理劳动争议案件适用法律若干问题的解释》第十九条之规定，用人单位制定的规章制度通过民主程序制定，内容不违反国家法律、行政法规及政策规定，并已向劳动者公示的，可以作为人民法院审理劳动争议案件的依据。因此，用人单位以劳动者违反规章制度为由解除劳动合同的，应当对其制定程序、内容的合法性以及是否公示进行审查。 制定程序的合法性，应当根据《中华人民共和国劳动合同法》第四条之规定予以认定。用人单位有证据证明规章制度已通过召开职工代表大会或者全体职工大会进行讨论，或者将规章制度草案征求全体职工意见的，可以认定为规章制度已通过民主程序制定。 规章制度的公示，应当以是否告知劳动者、是否为劳动者所知晓为标准进行判断。用人单位举示的证据能够证明劳动者知道或者应当知道规章制度内容的，如张贴公告、组织学习、发放员工手册、在计算机网络平台公开等，即可认定规章制度已向劳动者公示。用人单位对规章制度进行修订的，应当将修改内容通过有效的公示方式劳动者向劳动者公示	《重庆市六部门劳动争议案件法律适用问题专题座谈会纪要(三)》(2017 年)
深圳市	第 72 条 用人单位在《劳动合同法》实施前制定的规章制度，虽未经过《劳动合同法》第 4 条第 2 款规定的民主程序，但内容未违反法律、行政法规及政策规定，并已向劳动者公示或告知的，可以作为用人单位用工管理的依据。 《劳动合同法》实施后，用人单位制定、修改直接涉及劳动者切身利益的规章制度或重大事项时，未经过《劳动合同法》第 4 条第 2 款规定的民主程序的，原则上不能作为用人单位用工管理的依据。但规章制度或重大事项的内容未违反法律、行政法规及政策规定，不存在明显不合理的情形，并已向劳动者公示或告知的，劳动者没有异议的，可以作为用人单位用工管理的依据。 第 73 条 《劳动合同法》第 4 条第 2 款规定的“平等协商确定”主要是指程序上的要求，如果平等协商无法达成一致，最后决定权在用人单位。如该规章制度违反法律法规的规定，给劳动者造成损害的，劳动者可依据《劳动合同法》第 80 条寻求救济	《深圳市中级人民法院关于审理劳动争议案件的裁判指引》(2015 年)

续表

地区	内容	出处
江苏省	第三章第二节第 2 条 规章制度制定程序存在瑕疵时的效力认定 《劳动合同法》只是要求用人单位制定规章制度需与工会或职工代表协商确定，但是否实施规章制度的最终决定权仍在用人单位。表面上看这一规定徒具程序价值，并无实质意义，但是其对于强化集体协商机制，加强劳动关系的自我协调功能具有极其重要的意义，因此，在劳动争议案件审理中，应当将该民主程序的经过作为认定规章制度生效的强制性要件，以此发挥裁判本身具有的行为规范功能，促使用人单位主动发展与劳动者的协商机制。为了贯彻这一立法目的，审判实践中对劳动规章制度的效力认定可作如下把握： （1）用人单位在劳动合同法施行前制定的规章制度，虽未经过《劳动合同法》第 4 条第 2 款规定的民主程序，但内容不违反法律、行政法规及政策规定，并已向劳动者公示或者告知的，可以作为人民法院审理劳动争议案件的依据。 （2）劳动合同法施行后，用人单位制定、修改或者决定直接涉及劳动者切身利益的规章制度或者重大事项时，未经过《劳动合同法》第 4 条规定的民主程序，一般不能作为人民法院审理劳动争议案件的依据。但是，如果该规章制度或者重大事项的内容不违反法律、行政法规的规定，且不存在明显不合理的情形，并已向劳动者公示或者告知的，可以作为人民法院审理劳动争议案件的依据。 （3）有独立法人资格的子公司执行母公司的规章制度，如子公司履行了《劳动合同法》第 4 条规定的民主程序，或母公司履行了《劳动合同法》第 4 条规定的民主程序且在子公司内向劳动者公示或告知的，母公司的规章制度可以作为处理子公司劳动争议的依据	《江苏省高级人民法院劳动争议案件审理指南》（2010 年）
浙江省	第 34 条 用人单位在《劳动合同法》实施前制定的规章制度，虽未经过该法第 4 条第 2 款规定的民主程序，但内容未违反法律、行政法规、政策及集体合同规定，不存在明显不合理的情形，并已向劳动者公示或告知的，可以作为人民法院审理劳动争议案件的依据。 《劳动合同法》实施后，用人单位制定、修改或者决定直接涉及劳动者切身利益的规章制度或者重大事项时，未经过该法第 4 条第 2 款规定的民主程序的，一般不能作为人民法院审理劳动争议案件的依据。规章制度或者重大事项决定的内容未违反法律、行政法规、政策及集体合同规定，不存在明显不合理的情形，并已向劳动者公示或告知，且劳动者没有异议的，可以作为人民法院审理劳动争议案件的依据	《浙江省高级人民法院民一庭关于审理劳动争议案件若干问题的意见》（浙法民一〔2009〕3 号）

北京案例与导引

［案例 3］

2015 年 8 月 3 日景某入职 J 公司。2019 年 10 月 25 日 J 公司以景某多次迟到，不服从主管领导安排及消极怠工，严重违反公司制度与之解除劳动关系。景某主张 J 公司的规章制度未经过职工代表大会或者全体职工讨论确定，欠缺民主程序，J 公司应属违法解除。

［法院观点］

法院认为，该案中景某作为 J 公司员工应当遵守公司规章制度，遵守基本的劳动纪律，恪尽职守,积极完成劳动任务。现J公司提交了录音光盘、视频及员工手册等证据,证明景某明知上班时间的情况下多次迟到,且在J公司就强调工作时间和遵守劳动纪律专门召开了会议的情况下,景某仍然继续迟到,未遵守基本的劳动纪律。J公司虽未提交证据证明员工手册经过民主程序制定,但景某在一审庭审中曾认可员工手册真实性,且用人单位要求劳动者遵守基本的劳动纪律并不过分,景某的行为违反基本劳动纪律,J公司据此解除劳动合同,法院难以认定其构成违法解除。

(2021)京03民终4080号

江苏案例与导引

[案例4]

浦某于2016年5月16日入职S公司,S公司向浦某送达了《员工手册》,浦某书面承诺遵守公司IT规范。2020年7月31日晚,浦某未经审批手续驾驶S公司商务车离开公司,并于8月3日早上8时38分返回S公司,S公司行政主管曾数次向浦某催要归还车辆及钥匙。2020年9月29日,S公司向浦某送达解除劳动合同通知书,理由:(1)在未获得总经理批准的情况下,私自驾驶公司商务车离开厂区。(2)经公司多次邮件提醒和警告,员工仍未交还公司商务车钥匙,并未按照车辆管理制度要求的流程执行,且拒不改正。(3)未经公司允许的情况下,于2020年9月28日晚10时左右,员工利用自己的财务账号私自删除公司财务部门共享的重要财务资料。上述行为违反了《车辆管理制度》《员工手册》,给予解除劳动合同的处罚。

[法院观点]

法院认为,S公司主张解除与浦某劳动合同的依据之一为浦某未获公司批准,擅自用车,违反《车辆管理制度》。法院认为,用人单位应当依法建立和完善规章制度,保障劳动者享有劳动权利和履行劳动义务。用人单位制定、修改或者决定直接涉及劳动者切身利益的规章制度或者重大事项应当履行法定程序。S公司未能提供证据证明《车辆管理制度》已履行法定民主程序,该制度不能作为解除劳动合同的依据。

(2021)苏06民终5157号

No. 18 绩效

现行的《劳动合同法》及相关的劳动法律法规并未对何为“绩效”作出一个明确定义。根据对该关键词的字面理解,“绩”为“功”“业”,“效”则为“效果”“成果”,结合起来理解,“绩效”的意思可以是“所做的功业的成效”。结合劳动人事管理的特点,“绩效”在劳动人事管理范畴内可以理解为“工作的成效”,广义上讲,其既包括了用人单位经营的成效(用人单位的绩效),也包括了劳动者的个人工作业绩成果(劳动者的绩效)。本关键词主要分析和介绍用人单位如何对劳动者进行绩效管理。

用人单位对劳动者的绩效管理,主要可以分为两部分:一部分为绩效的考核,即通过设定绩效标准、在一定时期内按照既定的标准对劳动者的绩效进行考核;另一部分为对绩效考核结果的处理,即根据绩效考核的结果,对绩效优良者进行奖励、对绩效不佳者则督促其改进,其中对优者进行奖励方面,用人单位具有完全的自主权,而督促劣者进行改进则需受制于《劳动合同法》等法律法规的相关规定。以下将重点针对绩效考核和绩效改进两部分进行分析介绍。

绩效关键词中涉及的二级关键词	
18.1	绩效考核
18.2	绩效改进

18.1 绩效考核

解析

绩效考核广义上包括绩效考核标准的设定和依照该标准进行考核得出的结果。《劳动合同法》并未对用人单位如何进行绩效考核进行规定。但是《劳动合同法》第39条对劳动者在试用期内不符合录用条件的解除以及《劳动合同法》第40条对劳动者不能胜任工作情况下的解除作了较为明确的规定。因此,用人单位在实务中可以将绩效考核与判断“试用期内不符合录用条件”和“不能胜任工作”相结合,在法律允许的范围内最大限度地发挥绩效考核的作用。关于绩效考核与“试用期内不符合录用条件”的结合,具体请见本书“试用期”的内容。

法律依据

问题导引

Q1: 如何与《劳动合同法》相结合来进行试用期后的绩效考核?

A: 《劳动合同法》第40条规定了劳动者不能胜任工作,经调整岗位或培训后仍然不能胜任工作的,用人单位可以提前30日书面通知或额外支付一个月工资后解除劳动合同。用人单位在试用期后的绩效考核中可以结合《劳动合同法》的上述规定，将绩效考核与劳动者“不能胜任工作”的判断相结合。

虽然绩效考核属于用人单位的内部管理行为，但是用人单位并非可以任意设置严苛甚至无法达成的考核标准，实践中，不合理的考核标准和结果往往不能作为判断劳动者“不能胜任工作”的依据。那么，如何结合《劳动合同法》进行试用期后的绩效考核、通过试用期后的绩效考核来有效判断劳动者是否属于不能胜任工作呢？笔者认为可从以下几个方面入手：

1. 考核的业绩目标或其他标准应当按照具体岗位的职责和劳动者的平均能力合理制定，并且应当明确细致、可以量化且具有可操作性。不合理的、模糊的、笼统的以及依赖主观判断的考核标准在司法实践中一般不被采纳。

2. 考核结果应当主要依据客观可以量化的数据作出。对确实无法采用可量化考核标准的岗位，尽量结合多方的评定意见进行评估，特别是第三方（如客户）的评价。仅有主观评判的考核结果（如工作态度差）如无相关第三方意见或数据支持（如因态度差被客户投诉几次）的，在司法实践中难以被采纳。

3. 考核结果要求劳动者签字确认。对于考核结果不佳，劳动者可能拒绝签收的，用人单位可以将事实认定和最终考核结果认定环节拆分，如先要求劳动者对其在考核期内的业绩完成情况予以签收确认，再依据其签收确认的本人业绩完成情况、参照具体的标准确定最终考核结果（如合格或不合格等）。

4. 明确将考核结果不合格或属于某一等级的情况归于“不能胜任工作”的情况。

5. 在考核过程中注意收集辅助材料，如劳动者的业绩报表、客户的投诉信函等，以便产生劳动争议时用于举证。

18.2　绩效改进

解析

《劳动合同法》第40条规定，劳动者不能胜任工作的，经调整岗位或培训后仍然不能胜任工作的，用人单位可以提前30日书面通知或额外支付一个月工资后解除劳动合同。根据该条规定，对于经考核被初次判断为不能胜任工作的劳动者，用人单位应当首先采取调整岗位或对其进行培训的措施，为劳动者提供改进的机会，只有经岗位调整或培训后，劳动者仍然不能胜任工作的，用人单位才能依法解除劳动合同。

因此，在《劳动合同法》项下对于考核后初次判断为不能胜任工作的劳动者，实际上提供了两种绩效改进的方法。

1. 对该等劳动者进行岗位调整。对该等劳动者的岗位调整虽然是用人单位依照《劳动合同法》的规定享有的合法权利，但是在调整岗位时用人单位应当注意以下几点：

（1）岗位的调整应当合理，即应当是针对劳动者的不足作出的调整。例如，某劳动者不能胜任工作的主要原因是无法适应工作强度，用人单位将其调整至工作强度更大的岗位则为不合理的调整。

(2)完善劳动合同和用人单位的内部规章制度,对于劳动者拒绝合理调整岗位的行为予以合法应对。由于用人单位在劳动者不能胜任工作的情况下对劳动者进行的岗位调整通常是降级调整,劳动者很可能会产生抵触情绪,在该等情况下,用人单位可以在规章制度中规定拒绝前往调整后岗位报到为违纪行为并明确相应行为的后果来予以规制。

2. 对该等劳动者进行培训。若用人单位无合适的岗位可以对该等劳动者进行培训,或认为进行培训的方式更为有效合理,用人单位也可以通过对该等劳动者进行培训的方式进行绩效改进。在这种情况下,用人单位需注意以下几点:

(1)培训的内容应当与劳动者的不足之处相关,因为该等培训的目的是让劳动者发现自己的不足并了解改进的方式、方法,所以只有具备针对性的培训才能达到目的。

(2)用人单位应当就培训的形式和培训期间的薪酬待遇问题与劳动者达成一致,或通过规章制度进行明确规定。培训的形式可以分为在岗培训和离岗培训(俗称脱产培训),一般而言,在岗培训的情况下劳动者的薪酬不发生变化,但是在离岗培训的情况下,由于劳动者在这段时期内不提供劳动,用人单位可以和劳动者另行约定在该段时期内的薪酬待遇。如果没有达成约定,用人单位应当按照该劳动者的原薪酬标准发放相应薪酬。

(3)培训应当保留培训档案或培训确认书等文件,作为日后可能发生劳动争议的证据。

问题导引

Q2: 用人单位采用绩效改进计划管理劳动者的业绩、评价劳动者的胜任能力需要注意哪些问题?

A: 近年来,越来越多的用人单位引入绩效改进计划(Performance Improvement Plan,PIP)来帮助劳动者改善不良绩效,从而进一步评判劳动者是否胜任职位要求。

在实际操作过程中,应当注意以下方面:

1. 在内容方面,用人单位在设定绩效改进目标时,应当注意使绩效改进内容可以量化,并可在绩效改进实施规章制度中明确绩效改进成果需达到的数额或者比例,未达成则属于绩效改进失败。如果仅有主观评判的考核结果或者上级的描述性语言,由此得出的改进失败结论不易被劳动者信服,在司法实践中也难以被采纳。为保证改进计划的有效开展,用人单位也可以在计划中设定定期回顾时间,以记录劳动者的逐步改进情况、及时获知改进进度、及时发现可能存在的问题等。

2. 在程序方面,绩效改进计划应当有配套的内部规章制度。如果没有相关制度依据而仅有与劳动者单独约定的考核目标,根据司法判例,可能存在不被采纳的风险。对于绩效考核不达标以及采用绩效改进计划仍未能改进业绩的劳动者如何处理,用人单位内部规章制度中应当明确,如可以调岗、参加培训、延长绩效改进周期等。

Q3： 绩效改进计划如何与培训或调岗相结合？

A： 绩效改进计划是一种人力资源管理工具，劳动法律法规对其并无规定；在劳动法的流程中，对不能胜任劳动者应进行培训或调岗，仍然不能胜任的才可以实施解除劳动合同。单纯的绩效改进在劳动合同的解除流程中并无实质性的意义，但作为有效的人力资源管理工具也不应否认其作用，故用人单位可以将绩效改进计划与劳动法上的培训或调岗相结合使用，从而兼顾人力资源管理和劳动合同解除法律流程。（1）绩效改进计划与培训相结合。绩效改进并非培训，但可以将培训嵌入绩效改进计划中，在绩效改进周期内为劳动者安排相应的培训，并保留培训证据。（2）绩效改进计划与调岗相结合。对劳动者安排调岗，在新岗位设定绩效改进计划，以绩效改进计划结果评估劳动者是否胜任调整后的岗位。

北京案例与导引

［案例1］

何某于2019年5月27日入职M公司，双方签订了期限至2022年5月31日的劳动合同。何某在2019年度及2020年上半年连续两次未通过绩效考核测试，M公司基于此认定何某属于不能胜任工作，所以在2020年9月邀请何某进入绩效改进计划进行培训，当时"确认绩效改进计划的结果应用包括'若绩效改进期考核未达标，视为经改进后仍不能胜任工作，员工自愿提起离职申请，解除与公司的劳动合同'"。随后，何某进入了绩效改进计划，在2020年11月M公司对何某进行绩效改进评定，作出绩效改进计划反馈，其上显示绩效改进计划的最低要求为71分，何某实际得分为41.5分。M公司据此认定何某不能胜任工作，从而于2020年11月解除与何某的劳动关系。2020年11月4日，M公司通过微信告知其绩效改进结果不达标，属于经培训后仍不能胜任工作，公司将与其解除劳动合同。随后何某申请仲裁，主张恢复劳动关系。

［法院观点］

法院认为，依据法律规定，即便何某不能胜任工作，M公司亦应对何某进行培训或者调岗，经培训或调岗后，如何某仍不能胜任工作，M公司方可解除劳动合同。现M公司与何某签订的绩效改进计划，明显属于公司制定的工作计划和目标，而非培训。M公司提交的绩效改进计划反馈虽显示何某的评分低于绩效改进计划的最低要求，但上述文件未载有何某的签字确认信息，公司亦未针对考评得分提出对应的客观依据，故法院对绩效改进计划反馈的真实性及证明目的均不予采信，进而对M公司所持何某未通过绩效考核测试，属于经过培训后仍不能胜任工作之主张亦不予采信。

（2021）京01民终11052号

No. 19 培训

提到培训时,我们通常会想到社会生活中各种形式、各种目的的培训。劳动法层面的培训,是指用人单位向劳动者提供的培训,具体有专业技术培训、岗前培训、不能胜任工作后的培训等。专业技术培训是一个法律术语,本章节会将其专门作为一个二级关键词进行解析。岗前培训是用人单位为使劳动者适应新的职位而提供的一般培训。不能胜任工作后的培训,是用人单位为使不能胜任工作的劳动者胜任原有工作而提供的培训。按照《劳动合同法》第 40 条的规定,以劳动者不能胜任工作为由解除劳动合同之前,必须对劳动者进行培训或者调整工作岗位,否则将构成违法解除劳动合同。本章将就培训相关的法律事宜进行分析。

培训关键词中涉及的二级关键词	
19.1	岗前培训
19.2	不能胜任工作 + 培训
19.3	专业技术培训(培训费用)
19.4	服务期、服务期工资

19.1 岗前培训

解析

我国的劳动法律法规并未对"岗前培训"作出明文规定。就岗前培训的含义而言,从字面意思理解是指用人单位在劳动者正式上岗工作之前向其提供的培训。岗前培训的目的是使劳动者掌握工作岗位所需的基本知识和技能,属于职业培训的一种。

法律依据

根据《劳动法》第 68 条的规定,用人单位应当建立职业培训制度,按照国家规定提取和使用职业培训经费,根据本单位实际,有计划地对劳动者进行职业培训。根据该条规定,向劳动者提供职业培训是用人单位的义务,相应的培训费用依法应由用人单位承担,用人单位不得向劳动者收取培训费用或者在劳动者的劳动报酬中进行扣除。

问题导引

Q1: 岗前培训期间,用人单位和劳动者是否建立劳动关系?

A: 目前并无国家层面的规定对此予以明确,实践中除了个别省份,大多数省市也并未就此进行规定。例如,2013 年修订的《江苏省劳动合同条例》《山东省劳动合同条例》明确规定,用人单位安排劳动者参加上岗前培训、学习的,劳动关系自劳动者参加之日建立。在尚未对此进行明文规定的省市,则由法院根据案件具体情况进行自由裁量。司法实践中,法院在判断岗前培训期间双方是否建立劳动关系时，一般会从以下几个方面进行考虑。

1. 用人单位是否将劳动者招用为成员。这是指用人单位在提供岗前培训时是否已经正式录用劳动者。如果用人单位已经正式录用劳动者，那么双方在岗前培训期间建立劳动关系没有异议。但是如果用人单位提供的岗前培训仅仅是作为正式录用劳动者的前提条件，那么此时双方不一定建立劳动关系。

2. 劳动者是否接受用人单位的管理。这是指在岗前培训期间，是否由用人单位安排培训的形式、内容、日程和进度，而劳动者则服从用人单位的该种培训安排，并且在培训期间遵守用人单位的内部规章制度和劳动纪律以及接受用人单位的管理和监督。

3. 劳动者是否向用人单位提供劳动。这是指劳动者在参加岗前培训期间是否同时向用人单位提供劳动。培训有脱产培训和不脱产培训，脱产培训是指劳动者离开工作和工作场地参加岗前培训，在此期间无须到相应的工作岗位上进行劳动。不脱产培训是指劳动者在参加岗前培训的同时还在相应的劳动岗位进行劳动。

4. 用人单位是否向劳动者支付报酬。这是指用人单位在劳动者参加岗前培训期间，是否就劳动者的培训或者劳动提供一定的报酬。

通过对以上 4 个方面的考察，如果用人单位和劳动者同时符合这 4 个方面，则可能会被认定为建立了事实上的劳动关系，但是，即便用人单位和劳动者没有同时符合这 4 个方面，也有可能被法院认定存在劳动关系。

北京案例与导引

[案例 1]

A 公司在网络上发布招聘信息招聘金融交易员，并载明“凡应聘成功的人员公司将统一、全面地给予员工提供为期六天的零基础免费岗前培训”，培训期间每天补助 100 元，招聘联系人为张经理。王某在网络上看到 A 公司的招聘信息后，经 A 公司人事部张经理面试，于 2017 年 2 月 18 日下午接到张经理的录取通知，并于 2017 年 2 月 19 日入职 A 公司任职外汇交易员，2017 年 2 月 19 日至 2017 年 2 月 25 日其受 A 公司培训 6 天，A 公司承诺的每天 100 元培训补助未支付，其支付 20 元押金后领取听课证，听课证的背面标有 A 公司的名称，未给予其押金条，押金未退还。王某工作至 2017 年 3 月 16 日，其间 A 公司未发放过工资，未与其签订书面劳动合同。2017 年 3 月 16 日，A 公司员工盛某以口头形式通知王某因不符合录用条件与其解除劳动关系。当日，王某拨打“110”投诉台，投诉两民警非法出警处理其与 A 公司有关劳动关系的事情。此后，王某因不满劳动仲裁裁决，起诉至法院要求确认其与 A 公司存在劳动关系、支付 2017 年 2 月 19 日至 2017 年 2 月 25 日的工资、支付违法解除劳动合同赔偿金、支付误工费、培训费、退还听课证押金。

[法院观点]

法院认为，王某提交的招聘网页截图载明“凡应聘成功的人员公司将统一、全面地给予员工提供为期六天的零基础免费岗前培训”，现 A 公司已为王某提供 6 天的培训，表明王某已应聘成功并成为A公司的员工,且王某培训结束后仍继续到公司至2017年3月16日方离开A公司,再结合王某提交的录音资料证明A公司与其解除劳动关系的情况,法院认为综合上述情形可以认定双方之间存在劳动关系。

(2018)京03民终3249号

山东案例与导引

[案例2]

2021年2月22日,段某到山东省某学校参加该学校安排的岗前培训。培训第二天,段某在路上发生交通事故,被送到医院治疗。事故发生后段某与该学校就赔偿事宜进行多次协商,未能达成一致,且双方就是否存在劳动关系争议较大。组织岗前培训的学校辩称,岗前培训阶段并未与段某建立事实的劳动关系,因此段某的意外事故损失并不属于学校应当承担的赔偿范围。随后段某向当地劳动人事争议仲裁委员会申请劳动仲裁,请求依法确认其与学校之间存在劳动关系。2021年10月11日,当地劳动人事争议仲裁委员会作出仲裁裁决,驳回了段某的仲裁请求。之后,段某不服仲裁裁决,诉至人民法院。

[法院观点]

法院认为,该案中,段某是根据学校的安排参加培训并接受学校的考勤管理,且段某接受培训的原因也是为了达到从事学校岗位工作的要求,“岗前培训活动”构成了学校整个业务活动的一部分,故双方存在建立劳动关系的本质特征,属于用工范畴。涉案学校虽辩称其未安排段某参加学校的培训,且培训是免费的,具有公益性,段某并不是基于劳动关系或身份隶属关系而从事的劳动行为,但学校未提供有效证据予以证实,根据“谁主张,谁举证”的原则,学校未能对于自身主张的事实进行举证,应当承担不利后果,因此法院对于学校的主张不予支持。

(2021)鲁1326民初8712号

实务小贴士

用人单位在向劳动者提供岗前培训时应当注意,如果用人单位在劳动者通过岗前培训的考核之前并不想与劳动者建立劳动关系,那么用人单位可以在合理范围内尽量同时采取以下措施:避免在招聘信息及其他任何材料中将培训与录用进行关联、培训不记考勤(但可以进行签到)、培训期限合理、培训时间不依从单位内部规定的工作时间、不安排参加培训的劳动者提供任何劳动、不向劳动者支付劳动报酬,同时书面告知劳动者,岗前培训是招聘的考核环节,只有当劳动者通过岗前培训的考核之后才会被正式录用为用人单位的成员,并让劳动者签收通知。

19.2 不能胜任工作+培训

解析

实践中，用人单位一般会制定内部规章制度对劳动者的工作业绩或者工作表现进行评价，并以此为依据对劳动者的工作岗位和劳动报酬进行调整。如果劳动者的工作表现无法达到用人单位的要求，在一定条件下及履行法定程序后，用人单位还可以根据《劳动合同法》第40条的规定，提前30天书面通知或者额外支付一个月工资之后，以劳动者不能胜任工作为由解除劳动合同。

法律依据

用人单位以劳动者不能胜任工作为由解除劳动合同时，最重要的两个问题是如何认定劳动者不能胜任工作，以及是否必须经过培训或者调整岗位之后才能解除劳动合同。

问题导引

Q2： 用人单位以劳动者不能胜任工作为由解除劳动合同，是否必须经过培训或者调整工作岗位的前置程序？

A： 对于解除劳动合同的前置程序问题，根据《劳动合同法》第40条的规定，在劳动者不能胜任工作的情况下，用人单位应当首先对劳动者进行培训或者调整劳动者的工作岗位，经过培训或者岗位调整之后，劳动者仍然不能胜任工作的，用人单位才能依法解除劳动合同，否则就会构成非法解除劳动合同并需承担相应的赔偿金。部分地区的地方规定中也已经明确规定，如用人单位以不能胜任工作岗位为由解除劳动合同，必须经过一次以上的培训或转岗。例如，《重庆市劳动和社会保障局关于印发〈重庆市劳动合同管理暂行办法〉的通知》第16条就明确规定，劳动者不能胜任劳动合同约定的工作，经过至少一次培训或一次调整工作岗位，仍不能胜任工作的，用人单位可以根据《劳动法》第26条第2项的规定与之解除劳动合同。

在这种情况下，用人单位主要是针对劳动者的工作岗位和工作职责所需的知识和技能进行培训，目的是使劳动者能够更好地履行相应的工作职责。该培训可以是单位内部的培训，也可以是用人单位承担费用的外部培训，可以是脱产培训，也可以是不脱产培训，但最好是针对该劳动者的专门培训（而非普通的集体培训），且培训形式最好能够通过用人单位内部的规章制度予以明确。此时，用人单位和劳动者之间仍然存在劳动关系，用人单位应当向劳动者支付正常的劳动报酬，劳动者参加培训时间视为出勤时间，培训内容视为正常工作安排。在劳动者经过培训之后，用人单位重新对劳动者的工作表现进行评价，如果劳动者的工作表现仍然无法达到用人单位的考核标准，此时用人单位才能依法解除劳动合同。

用人单位需要注意的是，首先，应保证内部规章制度符合相关法律规定，以避免被法院认定为无效。其次，用人单位的相关规定应当依法向全体劳动者公开公示，最好是由劳动者签收，并妥善保存劳动者的签收单。最后，在因劳动者不能胜任工作而对其进行培训或者调整岗位时，应确保妥善保管所有的工作表现考核表、岗位调整通知、培训申请表、培训记录、培训效果评估表以及培训费用的支出凭证（如有）等材料。

19.3 专业技术培训(培训费用)

解析

如前文所述,用人单位有向劳动者提供职业培训的义务。用人单位提供的专业技术培训的要素之一是用人单位因此而支付了专项培训费用。具体而言,专项培训费用包括用人单位为了对劳动者进行专业技术培训而支付的有凭证的培训费用、培训期间的差旅费用以及因培训产生的用于该劳动者的其他直接费用。

法律依据

相对于专项培训费用相对明确的内涵,现行法律法规并未对专业技术培训的内涵和外延进行规定。由于专业技术培训的法律意义在于,用人单位只有为劳动者提供了专业技术培训时,才能与劳动者约定服务期和违约金。因此,实践中,认定用人单位提供的培训是否属于专业技术培训成了一个争议点和难点。

问题导引

Q3: 如何认定用人单位提供的培训是否属于专业技术培训?

A: 虽然法律法规没有作出明确的规定,但根据目前的司法实践,可从以下几个方面进行综合考虑:

1. 培训的内容和目的。专业技术培训的内容相对比较专业,具有较强的针对性,一般是劳动者事先并不具备的知识或技能,或者虽然具备相应的基础,但是未能深入掌握以及不能熟练运用的特殊知识或技能,培训的目的是使劳动者能胜任更高层次或更加专业的工作。

2. 培训的对象。专业技术培训的对象是特定的劳动者,一般是用人单位经过内部严格挑选之后确定的劳动者,是为了让特定的劳动者掌握某项特定的、专业的知识或者技能而提供的。

3. 培训的形式。专业技术培训由于培训内容的专业性和复杂性,通常是劳动者脱产或者半脱产进行学习和进修的,培训的时间也相对较长。

4. 培训的费用。用人单位就专业技术培训所支付的费用属于专项培训费用,该费用通常较高,有的专业技术培训还可能是在外地或者国外进行,除了培训费用较高之外,还需要支付与培训相关的交通费、食宿费、培训津贴,甚至住房补贴等附加的费用,这些费用和开支需要用人单位纳入专项培训费用和预算之中。培训费用是专业技术培训和职业培训的重要区别,也正是因为用人单位为劳动者的专业技术培训支付了高额的培训费用,出于公平正义和利益平衡的考虑,法律才允许此时用人单位可以和劳动者约定服务期和违约金。

如果某一项培训能够同时满足上述 4 个方面,则可以被认定为专业技术培训,此时用人单位可以依法与劳动者约定服务期,劳动者违反约定时,应承担向用人单位支付违约金的义务。

北京案例与导引

[案例3]

张某系北京某公司的员工,担任该公司的生产维修部门工程师职位。2014年9月至2014年10月,公司安排张某参加了美国某机型培训并顺利结业,其培训内容为该机型维修基础课程、实操、电子附加、电子附加实操及试车5门课程。2014年11月4日,张某与公司签订了培训确认单,对张某参加实际培训情况予以确认。2017年4月27日,张某因个人原因,主动提出辞职,双方于2017年5月22日解除了劳动关系。公司于2018年5月1日提起仲裁,依据《公司管理手册》《人力资源政策手册》中关于"服务期"的规定以及张某确认参加培训的单据要求张某偿还培训损失费561,258.6元。张某主张,其参加的培训并非属于专业技术培训,系职业培训中的岗前培训。《公司管理手册》规定,若员工离开公司,则自每次培训结束之日起,按工作时间长短以及培训费用的多少进行培训补偿费的折算,逐月递减,直至折完相应的服务期……单人单次实际发生培训费用5000~30,000元,服务期一年;30,000~50,000元,服务期2年……650,000~700,000元,服务期19年;700,000元以上的,服务期20年。《人力资源政策手册》附件规定,员工在服务年限第1年离职,需按100%偿还培训费用;第2年离职,按90%偿还培训费用;第3年离职,按80%偿还培训费用;第4年离职,按60%偿还培训费用;第5年离职,按50%偿还培训费用;第6年离职,则无须偿还。

[法院观点]

法院认为,职业培训专指对准备就业和已经就业的人员,以开发其职业技能为目的而进行的技术业务知识和实际操作能力的教育和训练。该类培训属于用人单位按照《劳动法》第68条的规定提取职业培训经费用于劳动者日常的职业培训,是用人单位的法定义务,不能适用《劳动合同法》第22条的规定。专业技术培训则是指为了提高生产效率,满足特殊岗位的需要,对员工进行特殊岗位的专业操作技能及专业知识培训。专业技术培训有别于一般的职业培训,实际上是职业发展培养,在职工满足了本企业的基本要求情况下,企业为提高职工技术素质所提供的培训。它主要针对特殊岗位和专门岗位的员工,培训内容仅指专业技能及专业知识。这是企业的一种高层次投资行为,是为了留住和培养人才,进一步提升企业的竞争力的措施。具体到该案,从培训的内容看,机型培训具有专业性。张某参加培训的内容系针对机型专业知识和技能的培训。通过该次培训,张某获取了机型相关专业知识,提升了专业技能,使张某具备了机型维修、放行等资格,扩大了其执业范围。张某接受的机型培训,明显超出了一般劳动者所接受的涉及企业文化、规章制度、岗位职责、岗位技能等简单、必要的职业培训的范畴。从培训的对象看,机型培训的对象具有专门性。根据张某本人陈述,在张某离职前,公司能够对机型维修、签字、放行的人只有其和傅某,其离职后,公司又安排了他人去参加机型培训。由此可知,机型培训并非针对维修部的全体职员,亦非针对所有部门的生产领班,而系针对张某所从事的维修部生产领班等负有对机型维修、签字、放行等职能的特定岗位所进行的专业技术培训。综上,机型培训系公司为了特殊岗位的需要,对员工进行的专业知识培训,属于《劳动合同法》第22条所规定的专业技术培训范畴。张某上诉主张机型培训为岗前培训,与事实不符,法院不予采信。

(2019)京03民终2846号

Q4： 培训费包括哪些费用？用人单位在培训期内向劳动者支付的工资是否属于培训费用？

A：《劳动合同法实施条例》第 16 条规定，《劳动合同法》第 22 条第 2 款规定的培训费用，包括用人单位为了对劳动者进行专业技术培训而支付的有凭证的培训费用、培训期间的差旅费用以及因培训产生的用于该劳动者的其他直接费用。

用人单位在培训期内为劳动者支付的工资一般不被认定为培训费用。部分地方的地方性法规中也已经明确规定培训期内劳动者的工资不计入培训费用内，例如，《江苏省高级人民法院、江苏省劳动人事争议仲裁委员会关于审理劳动争议案件的指导意见》及《浙江省关于审理劳动争议案件若干问题的意见》。

典型案例与导引

［案例 4］

2013 年 6 月 1 日，张某与某体检公司签订无固定期限劳动合同，到体检公司工作。2014 年 7 月 3 日，张某与体检公司签订培训协议，该公司安排张某到外地参加一年专业技术培训。培训协议约定：由体检公司支付培训费、差旅费，并按照劳动合同约定正常支付张某培训期间工资；张某培训完成后在体检公司至少服务 5 年；若张某未满服务期解除劳动合同，应当按照体检公司在培训期间所支出的所有费用支付违约金。培训期间，体检公司实际支付培训费 47,000 元、差旅费 5600 元，同时支付张某工资 33,000 元。培训结束后，张某于 2015 年 7 月 3 日回体检公司上班。2018 年 3 月 1 日，张某向体检公司递交书面通知，提出于 2018 年 4 月 2 日解除劳动合同。体检公司要求张某支付违约金 85,600 元（47,000 元 + 5600 元 + 33,000 元），否则拒绝出具解除劳动合同的证明。为顺利入职新用人单位，张某支付了违约金，但认为违约金数额违法，遂向劳动人事争议仲裁委员会申请仲裁，申请裁决体检公司返还违法收取的违约金 85,600 元。

［仲裁委员会观点］

仲裁委员会结合法律规定认为，专项培训费用与工资存在明显区别：(1) 从性质上看，专项培训费用是用于培训的直接费用，工资是劳动合同履行期间用人单位支付给劳动者的劳动报酬；(2) 从产生依据上看，专项培训费用是因用人单位安排劳动者参加培训产生，工资是依据国家有关规定或劳动合同约定产生；(3) 从给付对象上看，专项培训费用由用人单位支付给培训服务单位等，工资由用人单位支付给劳动者本人。该案中，张某脱产参加培训是在劳动合同履行期间，由体检公司安排，目的是提升其个人技能，使其能够创造更大的经营效益，张某参加培训的行为，应当视为履行对体检公司的劳动义务。综合相关法律规定，体检公司支付给张某培训期间的 33,000 元工资不属于专项培训费用。仲裁委员会结合案情依法计算得出：培训期间体检公司支付的专项培训费用为 52,600 元（47,000 元 + 5600 元）；培训协议约定张某培训结束后的服务期为 5 年（60 个月），张某已实际服务 33 个月，服务期尚未履行部分为 27 个月。因此，张某依法应当支付的违约金为 23,670 元（52,600 元 ÷ 60 个月 × 27 个月），体检公司应当返还张某61,930元(85,600元－23,670元)。

人力资源和社会保障部、最高人民法院关于联合发布第一批劳动人事争议典型案例的通知

人社部函〔2020〕62号

实务小贴士

用人单位在为劳动者提供专业技术培训时应当在培训协议中,明确对专项培训费用和专业技术培训进行界定,妥善保管与专业技术培训相关的所有书面材料,包括培训申请单、审批单和报销凭证等,并要求劳动者签字确认。就培训费用而言,建议用人单位根据实际需要分期支付,并由专人保管支付凭证。此外,对于劳动者的交通、住宿、通信等费用,可以采取实报实销的方式,由劳动者先行垫付,然后由用人单位进行报销。

19.4 服务期、服务期工资

解析

服务期,是指用人单位和劳动者在劳动合同签订之时或者劳动合同履行过程中,因用人单位提供专项培训费用为劳动者进行专业技术培训,劳动者同意为用人单位工作一定期限的特别约定。劳动者在违反服务期约定时,用人单位可以要求劳动者按照约定向用人单位支付违约金。这是用人单位目前最能有效限制劳动者随意解约的方式。

法律依据

关于服务期的年限,《劳动合同法》并未作出明确规定,具体可以由用人单位和劳动者协商确定。虽然法律允许双方对服务期的年限自由协商确定,但是并不意味着双方可以随意约定服务期年限的长短。具体而言,应当注意两点:第一,要体现公平合理的原则。比如,用人单位为劳动者提供1万元进行专业技术培训,但是约定要求劳动者为用人单位服务10年,这样的约定有显失公平的嫌疑;同时,约定的服务期限越长,则分摊到每年的违约金数额(培训成本)也就越少。第二,对于服务期内的工资。在服务期内,用人单位应当按照正常的工资调整机制调整劳动者在服务期期间的劳动报酬,不得因为与劳动者约定了服务期和违约金而不对劳动者的劳动报酬进行正常的调整。

服务期的法律意义在于用人单位能够同时和劳动者约定违约金。违约金的数额不得超过用人单位提供的专项培训费用。用人单位要求劳动者支付的违约金不得超过服务期尚未履行部分所应分摊的培训费用。

问题导引

Q5: 服务期与劳动合同期限有何区别?两者不一致时如何处理?

A: 服务期和劳动合同期限均约定劳动者在一定期限内为用人单位服务,但是两者的法律性质区别较大。首先,性质不同。劳动合同期限是劳动合同的法定必备条款,包括固定期限、无固

定期限、以完成一定工作任务为期限;服务期并非劳动合同的必备条款,是由用人单位和劳动者特别约定的,期限长短也由双方自行协商确定。其次,利益归属不同。劳动合同期限内,用人单位无法定理由不得解除劳动合同,利益归属于劳动者;服务期内,劳动者不能随意辞职或离职,但是用人单位可以主动放弃服务期约定,利益归属于用人单位。最后,劳动者承担的风险不同。劳动合同期限内,劳动者只要履行提前通知程序,就可以解除劳动合同,劳动合同期限对于劳动者并无实质上的约束力;而在服务期内,劳动者不能随意解约,否则需要承担违约金责任。

实践中,用人单位出于成本回收的考虑,服务期一般长于劳动合同期限,此时当劳动者以劳动合同期限届满为由提出终止劳动合同时,如果用人单位放弃对劳动者履行剩余服务期要求,劳动合同终止,劳动者也无须再向用人单位支付违约金;如果用人单位要求劳动者继续履行剩余服务期,则根据《劳动合同法实施条例》第 17 条之规定,劳动合同期限自动顺延至服务期满。双方也可通过续订或者变更劳动合同的方式继续履行劳动合同至服务期满,如果劳动者不同意继续履行劳动合同,应当向用人单位承担违约金。

Q6: 用人单位向劳动者提供特殊待遇(如解决户口、提供住房等)能否约定服务期和违约金?

A: 我国相关劳动法律法规规定劳动者向用人单位承担违约金的情形仅限于两种情形,即违反关于竞业限制的约定和违反专项技术培训的服务期约定。根据《劳动合同法》第 22 条的规定,服务期应仅限于用人单位为劳动者提供专项培训费用,对其进行专业技术培训之后作出的关于服务期限的约定。但是,在实践中,很多用人单位会以向劳动者提供解决户口、商品房、车辆等特殊待遇为由,与劳动者约定服务期和违约金,这样的约定因违反《劳动合同法》的规定而应无效。

在《劳动合同法》实施之前,上海市 2002 年施行的《上海市劳动合同条例》规定,劳动合同当事人可以对由用人单位出资招用、培训或者提供其他特殊待遇的劳动者的服务期作出约定,劳动者违反服务期约定的,应承担违约金责任。这样的规定扩大了用人单位可以与劳动者约定违约金的范围,用人单位可以将解决户口、提供商品房等约定为“特殊待遇”而与劳动者约定服务期,并要求其支付违约金。但是在《劳动合同法》实施之后,用人单位则不能再以该等条件与劳动者约定服务期和违约金。

虽然用人单位不能以向劳动者提供前述特殊待遇为由,与劳动者约定服务期和违约金,但是在劳动者违反劳动合同约定期限辞职时,用人单位仍然有权要求相应的返还。对此,部分省市的司法实践已经予以明确认可,如《上海市高级人民法院关于适用〈劳动合同法〉若干问题的意见》第 7 条以及《江苏省高级人民法院劳动争议案件审理指南》第三章第四节中均明确提出对于劳动者违反合同约定的期限解除劳动合同的,用人单位对于承诺的特殊待遇可以不予支付;已经支付的,可以要求相应返还。另外,部分省市则规定,虽然用人单位不能因提供特殊待遇与劳动者约定违约金,但如果劳动者的行为构成违反诚实信用原则,给用人单位造成损失,劳动者应当予以赔偿。例如,《北京市高级人民法院、北京市劳动争议仲裁委员会关于劳动争议案件法律适用问题研讨会会议纪要》第 33 条规定,用人单位为其招用的劳动者办理了本市户口,双方据此约定了服务期和违约金,用人单位以双方约定为依据要求劳动者支付违约金的,不应予以支持。确因劳动者违反了诚实信用原则,给用人单位造成损失的,劳动者应当予以赔偿。

北京案例与导引

[案例5]

2019年7月1日,北京某公司与郝某签订《服务期协议》,该协议约定:本服务期限为5年,自2019年7月1日起至2024年7月1日止。在服务期内郝某解除劳动合同或不辞而别的,应赔偿公司为其支付的培训费用,还应支付给公司人民币30万元作为违约金。同日,北京市顺义区人力资源和社会保障局(甲方)、郝某(乙方)、公司(丙方)三方签订《顺义区非北京生源引进服务期协议书》,该协议书约定:乙方进(留)京后,必须到甲方报到,不得要求改派。自用人单位报到之日起算,乙方在顺义区首次服务期为6年(其中含见习期一年,以用人单位出具的连续社保证明为准,在服务期内不得考取公务员及脱产或出国深造);丙方应与乙方约定服务期限,乙方在服务期内因特殊原因要求调离顺义区的,应履行与丙方的违约责任,提前30天向甲方提出调离申请并出具丙方的同意调出相关材料。乙方在落户后未满一年(落户不满一年的不得迁出集体户),要求调离顺义的,丙方有权将乙方户口退回原籍,乙方必须协助办理退回户籍手续。2020年6月10日,公司为郝某办理了进京落户手续。2020年9月21日,郝某提交辞职信。公司向顺义区仲裁委员会提出仲裁申请,要求:郝某支付落户进京指标申请、办理、保管费等各项损失30万元。

[法院观点]

法院认为,在劳动争议案件中,用人单位为其招用的劳动者办理了本市户口,双方据此约定了服务期和违约金,用人单位以双方约定为依据要求劳动者支付违约金的,不应予以支持。但确因劳动者违反了诚实信用原则,给用人单位造成损失的,劳动者应当予以赔偿。该案中,公司在招聘郝某时为其办理了进京落户并约定了服务期,但郝某在服务期内因个人原因申请离职。对此法院认为,首先,基于人力资源市场的通常认知,用人单位为劳动者办理落户在人才招聘方面具有显著的吸引性和竞争力,而郝某入职时享受的进京落户指标本身属于稀缺资源,属于用人单位为劳动者提供特殊待遇的范畴,同时公司为郝某办理落户手续、进行户籍管理等事宜,必然存在相应成本支出;其次,郝某入职仅一年多就提出离职,与双方约定的服务期相去甚远,而其提出辞职时恰逢公司为其办理在京落户不久,此举或将造成公司户籍指标流失,亦会对公司人才队伍建设及稳定性、后续引进人才落户等方面造成一定负面影响,公司再行招录接替员工、培养专业技能时亦会增加时间、人力、资金上的成本投入;最后,虽然郝某主张其确有特殊原因才提出离职,且其拟将户口迁移出京,并未实际占用北京户口,也有别于取得京户后离职的行为,但无论劳动者离职时是否取得户口,亦难以消除造成用人单位户籍指标流失的不利后果,且无论劳动者出于何种个人原因提出离职,亦无法否认其违反服务期约定的行为确系有违诚实信用原则并给用人单位造成相应损失,郝某作为具有完全民事行为能力且接受过高等教育的劳动者,其入职时应对公司为其办理进京落户前提下关于服务期的相应约定具有充足的理解,离职时亦应对个人行为可能带来的法律风险作出充分的预见。综合郝某的工作年限、离职原因、京户指标的稀缺性等因素,仲裁裁决及一审法院酌定的公司的损失数额并无明显不当,法院予以维持。

(2021)京03民终14432号

上海案例与导引

［案例 6］

2019 年 7 月 22 日，林某、S 公司签订劳动合同，约定：劳动合同履行期限为 2019 年 7 月 22 日至 2022 年 7 月 21 日。2019 年 8 月 26 日，林某、S 公司签订《落户协议书》，约定："乙方（林某，下同）因个人需要，委托甲方（S 公司，下同）通过人才引进方式为乙方申请及办理落户手续。经甲乙双方协商约定，就落户相关事宜达成以下协议：……三、乙方落户申报成功的，自材料上报之日，即 2019 年 7 月 22 日起三年内不主动与甲方解除劳动关系。乙方如违反本协议，需向甲方支付违约金，违约金为人民币 30,000 元……"林某于 2019 年 12 月 2 日申请辞职，并于 2019 年 12 月 5 日正式离职。2020 年 3 月 27 日，S 公司向上海市浦东新区劳动人事争议仲裁委员会申请仲裁，要求林某：(1)支付违约金 30,000 元；(2)支付赔偿金 15,000 元。

［法院观点］

法院认为：第一，上海户籍具有客观的隐性价值，林某因 S 公司为其办理了落户手续而获益。就上海户籍本身而言，没有可直接关联的确定的经济利益。第二，林某取得上海户籍后，违反《落户协议书》约定迅速离职的行为，为 S 公司后续招聘和人事管理造成不利影响。第三，为员工办理落户申请并非用人单位的劳动合同义务。非上海生源应届毕业生要取得上海户籍，需要用人单位为其申请，而 S 公司为林某办理落户手续，需要额外支出相应的各项成本。由于双方签订《落户协议书》，S 公司对林某成功落户后 3 年内不主动解除劳动关系承诺的信任，为林某成功申请落户。至于林某主张《落户协议书》违反法律法规强制性规定，应认定为无效，缺乏相应的法律依据，不予采纳。第四，林某是否应赔偿 S 公司损失。如上文所述，林某因 S 公司为其办理落户手续成功取得上海户籍而获益，S 公司为林某办理落户手续额外支出了各项成本。同时，林某取得上海户籍后，违反《落户协议书》的约定迅速离职的行为，亦为 S 公司后续招聘和人事管理造成不利影响，故林某理应赔偿 S 公司相应的损失。综合该案在案证据和双方当事人的陈述，再结合当事人的违约情节、损害后果等各种因素，法院酌定由林某赔偿 S 公司损失金额 12,000 元。第五，林某是否应支付 S 公司违约金。林某、S 公司双方系劳动合同关系。鉴于用人单位仅能以劳动者违反服务期约定和竞业限制约定为由向劳动者主张违约金，故该案林某虽违约，但不符合适用违约金的法定情形，故林某不应支付 S 公司违约金。

(2021)沪 01 民终 2227 号

Q7： 劳动合同解除与违反服务期违约金如何适用？

A： 在劳动合同的履行过程中，有可能会出现用人单位或者劳动者单方面解除劳动合同的情形，此时如果劳动者的服务期尚未履行完毕，那么劳动者是否需要向用人单位支付服务期违约金？具体而言，可以将这个问题区分为两种情形：第一种情形是用人单位解除劳动合同时，劳动者是否需要承担服务期违约金。第二种情形是劳动者解除劳动合同时，是否需要承担服务期违约金。

对于第一种情况而言，根据《劳动合同法实施条例》的规定，出现下列情形之一，用人单位与劳动者解除约定服务期的劳动合同的，劳动者应当按照约定向用人单位支付违约金：

(1)劳动者严重违反用人单位的规章制度的；

(2)劳动者严重失职，营私舞弊，给用人单位造成重大损害的；

(3)劳动者同时与其他用人单位建立劳动关系，对完成本单位的工作任务造成严重影响，或者经用人单位提出，拒不改正的；

(4)劳动者以欺诈、胁迫的手段或者乘人之危，使用人单位在违背真实意思的情况下订立或者变更劳动合同的；

(5)劳动者被依法追究刑事责任的。

需要注意的是，当劳动者出现《劳动合同法》第40条规定的情形：(1)劳动者患病或者非因工负伤，在规定的医疗期满后不能从事原工作，也不能从事由用人单位另行安排的工作的；(2)劳动者不能胜任工作，经过培训或者调整工作岗位，仍不能胜任工作的；(3)劳动合同订立时所依据的客观情况发生重大变化，致使劳动合同无法履行，经用人单位与劳动者协商，未能就变更劳动合同内容达成协议的；此时，虽然用人单位可以依法解除劳动合同，但是用人单位是否能够要求劳动者进行违约赔偿，法律并无明文规定。

对于第二种情况而言，根据《劳动合同法实施条例》的规定，劳动者在出现下述情形时解除劳动合同的，不属于违反服务期约定，无须向用人单位支付违约金：

(1)未按照劳动合同约定提供劳动保护或者劳动条件的；

(2)未及时足额支付劳动报酬的；

(3)未依法为劳动者缴纳社会保险费的；

(4)用人单位的规章制度违反法律、法规的规定，损害劳动者权益的；

(5)因《劳动合同法》第26条第1款规定的情形致使劳动合同无效的；

(6)法律、行政法规规定劳动者可以解除劳动合同的其他情形。

劳动者因为上述情形之外的其他事由解除约定服务期劳动合同的，应当依法向用人单位支付违约金。

关于如何约定服务期条款的问题，作为用人单位，首先应当注意约定的违约金数额不得超过服务期尚未履行部分所应分摊的培训费用；其次应当注意培训期和服务期的衔接问题。由于法律规定劳动者违反服务期约定的，应当支付违约金，因此可以将培训期约定在服务期之内，并且明确约定劳动者在培训期内擅自离职或者因其他损害用人单位利益的行为而被取消培训资格或者终止培训的，应向用人单位部分支付或者全部支付用人单位已支出的培训费用，从而避免劳动者故意在培训期内要求单方面解除劳动合同而导致用人单位的损失。

No. 20 工会

《工会法》第 4 条第 1 款明确规定:“工会必须遵守和维护宪法,以宪法为根本的活动准则,以经济建设为中心,坚持社会主义道路,坚持人民民主专政,坚持中国共产党的领导,坚持马克思列宁主义、毛泽东思想、邓小平理论、‘三个代表’重要思想、科学发展观、习近平新时代中国特色社会主义思想,坚持改革开放,保持和增强政治性、先进性、群众性,依照工会章程独立自主地开展工作。”《中国工会章程》开宗明义的第一句也是:“中国工会是中国共产党领导的职工自愿结合的工人阶级群众组织,是党联系职工群众的桥梁和纽带,是国家政权的重要社会支柱,是会员和职工利益的代表。”因此,我国工会不同于其他大多数国家的工会,它是中国共产党领导的“工人阶级”的群众组织,具有强烈的阶级性。但在经济全球化和我国改革开放大背景下,国有企业的比例明显下降,非国有企业和外资企业比例大幅上升。但工会制度似乎还停留在改革开放前的原有制度下,使其无法和非国有企业一同成长。于是,如何健全我国工会的体制,维护劳动者的利益,顺应我国经济发展,成了中国工会的课题与挑战。

工会关键词中涉及的二级关键词	
20.1	企业工会组织
20.2	工会组织的建立
20.3	工会主席
20.4	工会经费(会费)
20.5	工会职权(职能)

20.1 企业工会组织

解析

根据《工会法》与《中国工会章程》的规定,企业工会是中华全国总工会的基层组织,是工会的重要组织基础和工作基础,是企业工会会员和职工合法权益的代表者和维护者,通过平等协商和集体合同制度,协调劳动关系,维护企业职工劳动权益。企业应当依照法律规定组织职工采取相适应的形式,参与企业的民主管理。

法律依据

1. 工会的组织系统

工会组织由基层工会委员会、地方各级总工会、全国的或者地方的产业工会、中华全国总工会构成。

中华全国总工会、地方总工会、产业工会具有社会团体法人资格。基层工会委员会具备民法规定的法人条件的,依法取得社会团体法人资格。

2. 基层工会委员会

企业工会为基层工会组织，其是经上级工会严格审批成立的。

企业有会员 25 人以上的，应当建立基层工会委员会；不足 25 人的，既可以单独建立基层工会委员会，也可以由两个以上单位的会员联合建立基层工会委员会，还可以选举组织员一人，组织会员开展活动。女职工人数较多的，可以建立工会女职工委员会，在同级工会领导下开展工作；女职工人数较少的，可以在工会委员会中设女职工委员。

工会基层委员会每届任期 3 年至 5 年，具体任期由会员大会或者会员代表大会决定。任期届满，应当如期召开会议，进行换届选举。在特殊情况下，经上一级工会批准，可以提前或者延期举行。

3. 会员大会或会员代表大会

基层工会委员会定期召开会员大会或者会员代表大会，讨论决定工会工作的重大问题，每年至少召开一次。经基层工会委员会或者 1/3 以上的工会会员提议，可以临时召开会员大会或者会员代表大会。工会会员在 100 人以下的基层工会应当召开会员大会。

成立或者撤销工会组织，必须经会员大会或者会员代表大会通过，并报上一级工会批准。

会员代表大会的代表实行常任制，任期与本单位工会委员会相同。

20.2　工会组织的建立

解析

根据《工会法》及《中国工会章程》等相关规定，建立工会组织的程序如下。

法律依据

1. 向上级工会以书面形式提出建立工会组织的请示报告

在报告中应说明以下几项内容：

（1）本基层单位的基本情况（企业成立时间、性质、职工人数、注册资本、流动资本、生产经营项目、党政领导人的配备等）；

（2）群众对于组建工作的意愿；召开由本单位各种层次的职工群众参加的讲座、组建工会的座谈会，广泛征求意见，确定组建工会是广大职工群众的意愿；

（3）党政领导对本单位组建工会的意见；组建工会应征求党政领导的意见，党政领导应依法予以支持。

2. 成立建会筹备组

上一级工会对建立工会请示报告批复后，应立即成立建会筹备组（3～5 人），具体负责筹备期间的工作，在工会委员会选举产生之前暂时代行工会委员会职责。筹备组成员原来不是会员的，要先向上级工会申请入会，办理入会手续。

3. 发展会员

发展会员时，要注意广泛宣传工会组织的性质、作用、任务以及会员的权利、义务，使新会员对工会组织有个初步认识。

4. 建立工会小组

会员发展后,可根据基层单位会员人数的多少,成立工会小组。

5. 召开会员大会,民主选举产生基层工会委员会和经费审查委员会

在各项筹备工作准备就绪后,筹备组要积极准备召开会员大会或会员代表大会,按照民主程序选举产生首届工会委员会和经费审查委员会。

6. 履行报批手续

召开会员大会或会员代表大会前,要向上一级工会和主管部门上报工会委员会和经费审查委员会的组成及工会正副主席、经费审查委员会正副主任候选人名单并经审查同意;会员大会或会员代表大会召开后,对整个大会召开情况和选举产生的基层工会主席、副主席以及经费审查委员会主任、副主任名单,应及时报上一层工会批准,若选举结果与候选人名单不一致时,应以选举结果为准。

7. 建立女职工委员会

工会委员会产生后,应根据女职工人数多少及时建立女职工委员会,以维护女职工特殊权益。

问题导引

Q1: 企业是否有义务设立工会?

A: 《工会法》未明确表述企业有设立工会的义务。但是,该法规定所有中国境内企业的劳动者均有参加和组织工会的权利,同时,还规定企业有工会会员 25 人以上的,应当建立基层工会委员会;不足 25 人的,可以单独建立基层工会委员会,也可以由两个以上单位的会员联合建立基层工会委员会,还可以选举组织员一人,组织会员开展活动;上级工会可以派员帮助和指导企业职工组建工会,任何单位和个人不得阻挠。因此,虽然组建工会的主体是劳动者,但是在实践中,上级工会基于《工会法》的规定,有权指导企业内的员工建立工会。

20.3 工会主席

解析

1. 工会主席的产生

《工会法》对企业工会主席的产生规定得较为简单,只有在第 10 条第 2 款规定:"……企业主要负责人的近亲属不得作为本企业基层工会委员会成员的人选。"2008 年 7 月 25 日起施行的《企业工会主席产生办法(试行)》,对企业工会主席的产生进行了较为详细的规定。

法律依据

(1)任职条件。企业工会主席应具备下列条件:

①政治立场坚定,热爱工会工作;

②具有与履行职责相应的文化程度、法律法规和生产经营管理知识;

③作风民主，密切联系群众，热心为会员和职工服务；

④有较强的组织协调能力。

企业行政负责人（含行政副职）、合伙人及其近亲属，人力资源部门负责人，外籍职工不得作为本企业工会主席候选人。

（2）候选人的产生方式。企业工会换届或新建立工会组织，应当成立由上一级工会、企业党组织和会员代表组成的领导小组，负责工会主席候选人提名和选举工作。

企业工会主席候选人应以工会分会或工会小组为单位酝酿推荐，或由全体会员以无记名投票方式推荐，上届工会委员会、上一级工会或工会筹备组根据多数会员的意见，提出候选人名单。企业工会主席候选人应多于应选人。

企业党组织和上级工会应对企业工会主席候选人进行考察，对不符合任职条件的予以调整。

企业工会主席候选人应进行公示，公示期为7天。公示按姓氏笔画排序。

企业工会主席候选人应报经企业党组织和上一级工会审批。

上级工会可以向非公有制企业工会、联合基层工会推荐本企业以外人员作为工会主席候选人。

（3）民主程序。企业工会主席产生均应依法履行民主选举程序，经会员民主选举方能任职。

选举企业工会主席应召开会员大会或会员代表大会，采取无记名投票方式进行。因故未出席会议的选举人，不得委托他人代为投票。

企业工会主席可以由会员大会或会员代表大会直接选举产生，也可以由企业工会委员会选举产生；可以与企业工会委员会委员同时进行选举，也可以单独选举。

会员大会或会员代表大会选举企业工会主席，参加选举人数为应到会人数2/3以上时，方可进行选举。企业工会主席候选人获得赞成票超过应到会有选举权人数半数的始得当选。

任何组织和任何个人不得妨碍民主选举工作，不得阻挠有选举权和被选举权的会员到场，不得以私下串联、胁迫他人等非组织行为强迫选举人选举或者不选举某个人，不得以任何方式追查选举人的投票意向。

企业工会主席出现空缺，应在3个月内进行补选。补选前应征得同级党组织和上一级工会的同意，暂由一名副主席或委员主持工作，一般期限不得超过3个月。

2. 企业工会主席的权益保护

《工会法》对于工会干部，尤其是工会主席有一套较为完善的保护性规定，涉及工会主席的调动与罢免、工会主席的劳动合同的签订方式、工会干部的待遇、非法解除劳动合同的法律责任。

另外，中华全国总工会在《工会法》的基础上，发布了一系列文件作出了扩大的规定[如《企业工会主席合法权益保护暂行办法》《企业工会主席产生办法（试行）》《企业工会工作条例（试行）》等]，强化了对工会主席的保护。

（1）工会主席的调动与罢免。尽管调动工作、降职降级等属于用人单位的管理行为和自主权利，符合法定条件时可行使该等权利，但为了保护工会干部依法履行职责的积极性，《工会法》第18条第1款规定："工会主席、副主席任期未满时，不得随意调动其工作。因工作需要调动时，应当征得本级工会委员会和上一级工会的同意。"

这意味着即使出现工会主席不能胜任工作等情形,企业也不能自行单方调整工作岗位。因工作需要调动时,应当征得本级工会委员会和上一级工会的同意。《工会法》的这一规定,以法律的形式对随意调动工会主席、副主席工作的违法行为进行了特殊限制。

另外,对工会主席的罢免,也作了相应的限制,即根据《工会法》第 18 条第 2 款的规定:“罢免工会主席、副主席必须召开会员大会或者会员代表大会讨论,非经会员大会全体会员或者会员代表大会全体代表过半数通过,不得罢免。”

《工会法》第 52 条规定,违反本法规定,对依法履行职责的工会工作人员无正当理由调动工作岗位,进行打击报复的,由劳动行政部门责令改正、恢复原工作;造成损失的,给予赔偿。

(2)工会主席的劳动合同。《工会法》第 19 条规定,基层工会专职主席、副主席或者委员自任职之日起,其劳动合同期限自动延长,延长期限相当于其任职期间;非专职主席、副主席或者委员自任职之日起,其尚未履行的劳动合同期限短于任期的,劳动合同期限自动延长至任期期满。但是,任职期间个人严重过失或者达到法定退休年龄的除外。

(3)工会干部的待遇。《工会法》第 41 条规定,基层工会委员会召开会议或者组织职工活动,应当在生产或者工作时间以外进行,需要占用生产或者工作时间的,应当事先征得企业、事业单位、社会组织的同意。基层工会的非专职委员占用生产或者工作时间参加会议或者从事工会工作,每月不超过 3 个工作日,其工资照发,其他待遇不受影响。

《工会法》第 42 条规定,用人单位工会委员会的专职工作人员的工资、奖励、补贴,由所在单位支付。社会保险和其他福利待遇等,享受本单位职工同等待遇。

另外,《企业工会工作条例(试行)》进一步强调,企业工会主席一般应按企业副职级管理人员条件选配并享受相应待遇。

根据《企业工会工作条例(试行)》第 24 条的规定,国有、集体及其控股企业工会主席候选人,应由同级党组织和上级工会在充分听取会员意见的基础上协商提名。工会主席按企业党政同级副职级条件配备,是共产党员的应进入同级党组织领导班子。专职工会副主席按不低于企业中层正职配备。

私营企业、外商投资企业、我国港澳台商投资企业工会主席候选人,由会员民主推荐,报上一级工会同意提名;也可以由上级工会推荐产生。工会主席享受企业行政副职待遇。

(4)非法解除劳动合同的法律责任。《工会法》第 53 条规定,职工因参加工会活动而被解除劳动合同的或工会工作人员因履行本法规定的职责而被解除劳动合同的,由劳动行政部门责令恢复其工作,并补发被解除劳动合同期间应得的报酬,或者责令给予本人年收入 2 倍的赔偿。

《工会法》只对工会工作人员进行了上述规定,而《企业工会主席合法权益保护暂行办法》对工会主席作了更为明确的规定。

《企业工会主席合法权益保护暂行办法》第 5 条规定,企业工会主席因依法履行职责,被企业无正当理由解除或终止劳动合同的,上级工会要督促企业依法继续履行其劳动合同,恢复原岗位工作,补发被解除劳动合同期间应得的报酬,或给予本人年收入 2 倍的赔偿,并给予解除或终止劳动合同时的经济补偿金。

在企业拒不改正的情况下,上级工会要提请劳动行政部门责令该企业改正,直至支持权益受到侵害的工会主席向人民法院提起诉讼。对于发生劳动争议，工会主席本人申请仲裁或者提起诉讼的，应当为其提供法律援助，支付全部仲裁、诉讼费用。

根据《企业工会主席合法权益保护暂行办法》第7条的规定，企业工会主席因依法履行职责，遭受企业解除或终止劳动合同，本人不愿意继续在该企业工作、导致失业的，上级工会要为其提供就业帮助；需要就业培训的，要为其免费提供职业技能培训。在该工会主席失业期间，上级工会要按照本人原岗位工资收入给予补助，享受期限最多不超过6个月。

在司法实践中，根据《工会法》第19条的规定，因劳动合同期限未自动延长至工会主席、副主席或委员任期期满为止，而单方以劳动合同到期为由要求提前解除劳动合同的，通常被判定为违法解除劳动合同，依照《劳动合同法》第47条规定的经济补偿金标准的2倍支付赔偿金。但在适用《工会法》第53条的规定上，因难以证明职工因参加工会活动而被解除劳动合同之间的因果关系，支持工会主席的判例较少。

江苏案例与导引

［案例1］

谭某与某设备公司于2014年6月11日签订无固定期限劳动合同。2018年10月谭某当选某设备公司工会主席。11月，某设备公司对谭某无故调岗降薪。谭某作为工会主席就上述调岗降薪行为向上级工会反映情况，但上级工会询问公司后，公司否认存在免职降薪的事实。同时，某设备公司要求谭某将工会账户中款项汇入公司行政账户，谭某请示上级工会后，上级工会回复未经第三方审计，不得随意调用工会资产。后某设备公司以谭某存在未经公司授权将公司货款转入工会账户，侵占公司财产等多项严重违法违纪行为为由，于2019年11月27日向谭某发出解除劳动合同通知书。谭某经仲裁诉至法院，要求继续履行劳动合同、返还克扣的薪资、支付停工期间的工资损失等。

［法院观点］

法院经审理认为，谭某拒绝将工会账户款项转入公司行政账户，系履行工会主席的职责，故某设备公司与谭某解除劳动合同缺乏事实依据，构成违法解除。因双方仍具备继续履行劳动合同的可能，最终判决某设备公司与谭某继续履行劳动合同，并按原工资标准赔偿谭某自违法解除劳动合同之日至恢复劳动关系之日的工资损失。

南京法院2021年度劳动人事争议十大典型案例

问题导引

Q2： 退休返聘人员是否可以担任企业工会主席？

A： 根据《劳动部关于企业工会主席签订劳动合同问题的通知》（劳部发〔1996〕122号）以及《劳动部关于印发〈实施《劳动法》中有关劳动合同问题的解答〉的通知》（劳部发〔1995〕202号）的规定，企业工会主席作为劳动者，应当与用人单位签订劳动合同，即企业工会主席与用人单位应当建立劳动关系。此外,根据《工会法》及返聘人员地方范围的各地相关规定,企业工会主席在任期内达到法定退休年龄的,工会主席的劳动合同期限不予顺延。对此,笔者理解工会主席应与用人单位建立劳动关系,工会主席应为能够与用人单位建立劳动关系的人员。

根据《最高人民法院关于审理劳动争议案件适用法律问题的解释(一)》第 32 条的规定,用人单位与其招用的已经依法享受养老保险待遇或领取退休金人员之间应按劳务关系进行处理,则退休返聘人员与用人单位之间在法律上能够形成的为劳务关系,无法满足前述针对工会主席的能够与用人单位建立劳动关系的要求。

因此,笔者认为退休返聘人员不可以担任企业工会主席。

20.4 工会经费(会费)

解析

法律依据

1. 工会经费的来源

(1)工会会员缴纳的会费;

(2)建立工会组织的企业、事业单位、机关按每月全部职工工资总额的 2% 向工会拨缴的经费;

(3)工会所属的企业、事业单位上缴的收入;

(4)人民政府的补助;

(5)其他收入。

企业、事业单位向工会拨缴的"工资总额的 2%"经费在税前列支。

2. 拒不缴纳工会经费的法律后果

企业、事业单位无正当理由拖延或者拒不拨缴工会经费,基层工会委员会或者上级工会可以向当地人民法院申请支付令;拒不执行支付令的,工会可以依法申请人民法院强制执行。

问题导引

Q3: 未设立工会的企业是否需要交纳工会经费?

A: 仅从《工会法》的规定来看,并未要求未设立工会组织的企业缴纳工会经费。从上文已经列明的工会经费来源也可推断,未设立工会组织的企业与工会经费并无直接关联。因此,未设立工会的企业无须交纳工会经费。

但需要引起关注的还有"工会筹备金"。虽然效力等级更高的《工会法》中并未授权上级工会可以收缴筹备金经费,但部分地区出台地方性的工会实施办法,要求未设立工会的企业交纳筹建工会的筹备金。

各地方性的工会实施办法对此的具体规定如表 20-1 所示。

表 20－1　各地方对工会经费的规定

地区	具体规定	出处
北京市	第 55 条第 3 款 未建立工会的企业、事业单位以及其他组织，职工有组建工会意愿的，自上级工会帮助和指导职工筹备组建工会之日起，拨缴经费用于组建工会和服务职工	《北京市实施〈中华人民共和国工会法〉办法》（北京市人民代表大会常务委员会公告〔14 届〕第 16 号）
上海市	第 42 条第 1 款 ……成立工会筹备组织的用人单位，应当自成立工会筹备组织之日起按照本款规定向工会拨缴工会经费	《上海市工会条例》（2022 修正）
天津市	第 27 条 建立工会组织的企业、事业单位、机关和其他组织，应当在每月 15 日前，按照月全部职工工资总额的 2% 向工会拨缴经费，并提供工资总额情况。 尚未建立工会组织的企业、事业单位、机关和其他组织，应当自本办法施行之日起，按照前款规定向上一级工会拨缴经费；新成立的企业、事业单位、机关和其他组织，在未建立工会组织前，应当自开业或者成立之日起，按照前款规定向上一级工会拨缴经费……	《天津市实施〈中华人民共和国工会法〉办法》（2010 修正）（天津市人民代表大会常务委员会公告第 22 号）
重庆市	第 36 条 建立工会的单位，按每月单位全部职工工资总额的 2% 拨缴工会经费。工资总额的计算，按国家统计局的统一标准执行。 单位建立一年后，经帮助指导仍未建立工会的，单位应当自下个月起按全部职工工资总额的 2% 向上级工会缴纳工会筹备金。该单位工会建立后，上一级工会应当将筹备金按照有关规定返还给该单位工会	《重庆市工会条例》（2011 修正）
	第 2 条 ……尚未建立工会组织的各类企业、事业单位也应当按照本办法缴纳工会筹备金	《重庆市地方税务局、重庆市总工会关于印发〈重庆市工会经费征缴暂行办法〉的通知》（渝地税发〔2006〕20 号）
广东省	第 4 条 具备设立工会组织条件的企业、事业单位、机关和其他经济组织在开业或者设立之日起 6 个月内应当建立工会组织。尚未建立工会组织的，上级工会可以督促并派员帮助、指导建立工会筹建组织，发展会员，召开会员大会或者会员代表大会，民主选举产生工会组织。任何单位和个人不得拖延或阻挠。 第 24 条 企业、事业单位以及其他经济组织自工会筹建组织成立之日起，由市、县（区）总工会或者产业工会按照《工会法》有关工会经费数额的规定对其收取建会筹备金，待工会建立后，按照工会经费管理的规定返还给该工会	《广东省实施〈中华人民共和国工会法〉办法》（2004 修订）（广东省第十届人民代表大会常务委员会公告第 32 号）

续表

地区	具体规定	出处
深圳市	第 9 条 依照本办法第 7 条规定建立工会组织的，由会员或者职工在上级工会的领导下开展工会筹建工作，设立筹备机构，并在规定期限内完成工会组建工作。 前款所称筹备机构由上级工会批准设立。 用人单位应当积极配合会员、职工和上级工会依法建立工会，并提供必要的工作时间、场地和其他条件。 第 39 条第 1～2 款 建立基层工会委员会的用人单位应当于每月 15 日前，依法按照全体职工上月工资总额的 2% 向工会拨缴当月经费。 依照本办法第 9 条规定设立工会筹备机构的用人单位，自筹备机构设立之日起，按照全体职工上月工资总额的 2% 向市总工会拨缴建会筹备金；基层工会委员会建立后，由市总工会按照规定比例返拨给该用人单位的工会委员会	《深圳市实施〈中华人民共和国工会法〉办法》（2019 修正）
江苏省	第 28 条 建立工会的企业、事业单位、机关应当于每月 15 日前，按上月全部职工工资总额的 2% 向工会拨缴经费。由财政拨款的机关、事业单位的工会经费，应当列入本级财政预算。工资总额按照国家统计局的规定计算。 企业、事业单位、机关开业或者设立之日起一年内仍未依法建立工会的，从期满后的第一个月起，应当按全部职工工资总额的 2% 向上级工会拨缴工会筹备金。上级工会应当督促企业、事业单位、机关依法建立工会，工会建立后，按照规定比例将筹备金返还该单位工会。 企业、事业单位拨缴的工会经费、筹备金，按照国家有关规定在税前扣除。 工会经费主要用于为职工服务和工会活动	《江苏省实施〈中华人民共和国工会法〉办法》（2021 修正）
浙江省	第 4 条 企业、事业单位应当在开业或者设立一年内依法建立工会组织。上级工会有权派员帮助和指导职工组建工会；职工在上级工会的指导下，依法成立工会筹备组，发展会员，召开会员（代表）大会，民主选举产生工会委员会。 企业、事业单位开业或者设立一年内仍未建立工会组织的，自期满的第一个月起由所在地的地方总工会、产业工会或者乡镇、街道工会按拨缴工会经费标准的规定收取筹备金，并协助、支持职工组建工会，待工会建立后，按照工会经费管理规定的比例返还给基层工会	《浙江省实施〈中华人民共和国工会法〉办法》（2002 修订）（浙江省人民代表大会常务委员会公告第 72 号）

Q4：一定要通过税务机关代收工会经费吗？

A： 经过对部分地区的调研，笔者发现天津市、重庆市、广东省、深圳市均规定了工会经费由税务机关代收。

但是，《工会法》中仅规定了建立工会组织的企业等主体拨缴工会经费的法定义务，并未规定收取工会经费的途径，而根据《国家税务总局关于加强税务机关代收费项目管理的通知》，税务机关只能代收法律法规设定、国务院及有关部门和省级政府依照有关规定和批准权限设定的收费项目，其他收费项目，税务机关不得代收。工会经费是否属于行政事业性收费项目尚有争议，所以税务机关代收工会经费缺乏明确的法律依据。

对此，各地方性法规中的具体规定如表20-2所示。

表20-2　各地方对工会经费代收的规定

地区	规定	出处
天津市	第4条 工会经费（筹备金）代收是指天津市地税部门依据工会提供的缴费信息，向缴费单位代收工会经费（筹备金）。缴费单位采取多种方式缴入对应的收款国库。各支库统一划入中国人民银行天津分行国库（以下简称天津市分库）代收汇缴专户，再由天津市分库划转至天津市总工会经费集中户。 第35条 缴费单位无正当理由拖延或者拒不缴纳工会经费，基层工会或者上级工会可以向缴费单位所在地基层人民法院申请支付令；拒不执行支付令的，工会可以依法申请人民法院强制执行	《天津市总工会、天津市地方税务局、中国人民银行天津分行关于修改〈天津市地方税务部门代收工会经费（筹备金）工作管理办法〉的通知》（2016年）
重庆市	第3条 缴费单位拨缴上级工会的工会经费或筹备金由机构所在地的地税机关负责代征，由重庆市市级财政代扣工会经费的单位除外。区县级财政代扣工会经费的单位是否实行地税代征可自定。 第13条 缴费单位拖延或不按比例拨解工会经费或工会筹备金的，由地税机关和工会责令缴纳，并按照工总财字〔1992〕19号文第1条第3款之规定，从欠缴之日起按欠交金额每日5‰扣收滞纳金（按第10条规定办理的除外）。责令期满，仍拒不缴纳工会经费或筹备金及滞纳金的，工会依法向当地人民法院申请强制执行。 缴费单位违反有关财务、会计、统计的法律、行政法规和国家有关规定，伪造、变造、故意毁灭有关帐册、材料或者不设帐册，致使工会经费或筹备金基数无法确定的，除按规定追缴应缴纳的欠费和滞纳金外，还将依照有关法律、行政法规的规定给予行政处罚、纪律处分、刑事处罚	《重庆市地方税务局、重庆市总工会关于印发〈重庆市工会经费征缴暂行办法〉的通知》（渝地税发〔2006〕20号）
广东省	第3条 工会经费由地方税务机关代收。 第31条 地方税务机关应及时将欠费单位名单反馈给地方总工会，由地方总工会牵头，会同地方税务机关进行催报催缴。欠费单位在催缴限期内仍未补缴的，地方总工会可以向所在地人民法院申请支付令、提起诉讼和申请强制执行	《广东省工会经费收缴管理暂行办法》（粤工总〔2013〕63号）
深圳市	第39条 ……市总工会可以委托税务机关或者其他机构统一收取用人单位应当拨缴的工会经费和建会筹备金。 企业、事业单位以及其他经济组织拨缴的工会经费和建会筹备金，使用全国统一的《工会经费拨缴款专用收据》或者税务机关认可的其他拨缴凭证在税前列支。	《深圳市实施〈中华人民共和国工会法〉办法》（2019年修正）

续表

地区	规定	出处
	第51条 用人单位有下列情形之一的,由劳动行政部门责令限期改正;用人单位未按期改正的,上级工会可以对该用人单位进行公开谴责:……(4)未及时足额拨缴工会经费或者建会筹备金的;…… 第53条 用人单位未及时足额拨缴工会经费、建会筹备金的,除应当及时补交应缴金额外,还应当自应缴之日起按照中国人民银行规定的同期借贷逾期罚息标准支付利息	

Q5: 建立工会的企业,缴纳工会经费时,外籍员工是否也是缴纳对象?

A: 外籍员工列入"职工"范围,也是工会经费缴纳的对象。

实务小贴士

尽管各地方颁布的实施办法等规定在效力上备受质疑,但对企业而言,在实务操作中应做到与上级工会、税务机关良好协调、沟通,阐明企业对地方性的实施办法等规定的法律理解,并要求上级工会、税务机关进一步提供明确的法律依据。

20.5 工会职权(职能)

解析

1. 概述

法律依据

1992年公布的《工会法》将工会的职能概括为:参与、维护、建设、教育等。这反映出我国工会的职能不仅表现在维护职工经济利益上,更表现在组织职工参加国家政治、社会、文化教育等各项事务的管理,参与企业内部的管理上。

2001年及2009年修正的《工会法》均确认"维护职工合法权益是工会的基本职责"。2021年修正的《工会法》在"维护职工合法权益"的基础上增加了"竭诚服务职工群众"作为其基本职责。这显然是个进步。尽管我国工会的职能仍然没有摆脱扮演国家角色的特征,在国家管理中,行使组织、教育、参与职能,但是增加了服务职能。

2. 工会的主要职权

工会在《劳动合同法》中的作用主要体现在以下几点:

(1)用人单位应当与工会平等协商确定直接涉及劳动者切身利益的规章制度或者重大事项;

(2)在规章制度和重大事项决定实施过程中,工会认为不适当的,有权向用人单位提出,通过协商予以修改完善;

(3)在用人单位外部的三方机制中,工会作为职工利益的代表与政府、雇主进行三方协商;

在用人单位内部的集体协商机制中，工会与用人单位进行协商，维护劳动者合法权益，其表现之一是集体合同由工会代表用人单位职工一方与用人单位订立；

(4)用人单位裁员时需要向工会说明情况，听取工会意见；用人单位单方解除劳动合同时，必须事先将理由通知工会，且应当研究工会的意见，这在事实上加大了用人单位单方解除劳动合同的难度；

(5)用人单位在履行劳动合同、集体合同中侵犯劳动者合法权益的，工会有权提出意见或要求纠正，支持和帮助劳动者申请仲裁、提起诉讼；

(6)参与地方人民政府劳动行政部门对劳动合同制度实施的监管，体现工会在参政方面的特殊作用。

问题导引

Q6： 未征求工会意见，用人单位单方解除劳动合同的行为是否有效？

A：《最高人民法院关于审理劳动争议案件适用法律问题的解释(一)》第47条规定："建立了工会组织的用人单位解除劳动合同符合劳动合同法第三十九条、第四十条规定，但未按照劳动合同法第四十三条规定事先通知工会，劳动者以用人单位违法解除劳动合同为由请求用人单位支付赔偿金的，人民法院应予支持，但起诉前用人单位已经补正有关程序的除外。"

因此，建立工会组织的用人单位单方解除劳动合同，应当事前将理由通知工会，并征求工会意见。即使用人单位单方解除劳动合同符合实质性要件，若用人单位未履行法定的告知手续，应当视为违法辞退，应当承担相应的法律后果。

但考虑到劳动合同具有较强的人身属性，仅因用人单位未履行事前通知工会组织的手续而要求用人单位支付赔偿金的法律后果，对用人单位也不公平。因此，允许用人单位采取补救措施，如在起诉前得到工会组织的认可，应当认为其履行了程序上的要件。

Q7： 没有建立工会组织的用人单位解除劳动合同时，是否需要事前通知工会？

A：《最高人民法院关于审理劳动争议案件适用法律问题的解释(一)》第47条明确规定，"建立工会组织"的用人单位依法解除劳动者应当事前通知工会，但没有规定没有建立工会组织的用人单位解除劳动者时，是否需要事前通知工会？

对此问题，司法实践中存在两种观点，观点一认为，即使用人单位未建立基层工会，也应当通过告知并听取职工代表的意见或者向当地总工会征求意见的变通方式来履行告知义务这一法定程序。如《江苏省劳动合同条例》第31条规定，用人单位尚未建立工会的，通知用人单位所在地工会。《宁波市中级人民法院关于审理劳动争议案件若干疑难问题的解答(三)》第5条规定，对于尚未建立工会组织的用人单位作出解除劳动合同决定的，可通过告知并听取职工代表意见或者向当地工会组织(行业工会组织)征求意见等变通方式来履行告知义务。观点二认为，无须履行通知工会的义务。如《天津市高级人民法院关于印发〈天津法院劳动争议案件审理指南〉的通知》第21条第2款明确规定，未建立工会的用人单位根据《劳动合同法》第39条、第40条规定解除劳动合同,劳动者以用人单位未通知所在地工会或者行业工会为由主张违法解除劳动合同的,不予支持。《湖北省高级人民法院关于审理劳动争议案件若干问题的意见(试行)》第 27 条规定,用人单位单方面解除劳动合同时,应当依《工会法》的规定,将解除理由事先通知工会或职工代表;用人单位没有设立工会或职工代表的,应将解除理由事先通知劳动者本人。

笔者认为,根据《劳动合同法》第 43 条的宗旨,出于对劳动者权利的保护,同时降低用人单位的风险,即使用人单位尚未建立工会组织,笔者也建议通过发送通知给当地上级工会等变通方式来履行告知义务这一法定程序。

重庆案例与导引

[案例 2]

某广告公司以严重违纪为由解除与陈某的劳动关系,陈某不服,诉请违法解除赔偿金,主张某广告公司除无事实依据外,认为其未告知工会,程序亦不合法。

[法院观点]

法院认为,《最高人民法院关于审理劳动争议案件适用法律若干问题的解释(四)》(已失效)第 12 条规定,建立了工会组织的用人单位解除劳动合同符合《劳动合同法》第 39 条、第 40 条规定,但未按照《劳动合同法》第 43 条规定事先通知工会,劳动者以用人单位违法解除劳动合同为由请求用人单位支付赔偿金的,人民法院应予支持,但起诉前用人单位已经补正有关程序的除外。这里规定的是建立工会组织的用人单位,而证据未显示某广告公司建立有工会组织。再者证据亦显示,某广告公司就解除与陈某的劳动关系通知了职工代表,并取得同意。故对陈某诉讼请求不予支持。

(2020)渝 01 民终 4111 号

浙江案例与导引

[案例 3]

Z 公司以严重违纪为由解除与高某的劳动关系,高某不服,诉请违法解除赔偿金。

[法院观点]

法院认为,《劳动合同法》第 43 条的立法意旨是避免用人单位随意解除劳动合同,用人单位没有组建工会,可能有很多特殊的原因,但用人单位单方解除劳动合同,应该依法告知并听取工会或职工代表的意见,这不仅是解除劳动合同时应当履行的法定程序,亦是对职工劳动权利、生存权利的保障。所以,即使用人单位尚未建立基层工会,也应当通过告知并听取职工代表意见的方式或者向当地总工会征求意见的变通方式来履行告知义务这一法定程序。一审法院认定 Z 公司系违法解除劳动合同,判决其支付赔偿金,并无不当。

(2022)浙 02 民终 2193 号

No. 21 民主管理

企业民主管理，是指劳动者依照国家法律规定，行使民主权利，参加本企业计划、生产、劳动、财务等问题的决策和管理，监督企业各级管理人员的活动。我国《宪法》《劳动法》《工会法》《公司法》《劳动合同法》等法律法规对企业建立职工代表大会、设立职工董事、职工监事等民主管理制度作出了规定，适用范围也从公有制企业逐步扩大到所有企业。目前，我国超过25个省级行政区制定了相关的地方性法规，为企业实行民主管理提供了法律依据。

在企业民主管理中，职工代表大会是企业民主管理制度的基本形式，是职工行使民主管理权利的机构。职工代表作为职工代表大会的组成部分由企业的劳动者经过民主程序选出，向企业的全体劳动者负责并报告工作。职工董事以及职工监事作为董事会和监事会的重要成员参与公司的决策和管理。同时，企业应当通过职工代表大会或采用其他形式将企业的相关情况向劳动者公开，接受劳动者的监督。

关于民主管理，目前尚没有一部全国性的专门法律。但是各地出台了地方性法规，如《上海市职工代表大会条例》《江苏省企业民主管理条例》等。值得一提的是，中华全国总工会、中华全国工商业联合会、中共中央组织部等六部门于2012年2月13日施行了《企业民主管理规定》，根据中华全国总工会相关负责人的介绍，该规定作为六部门颁布的文件，是依据现行法律法规对企业民主管理的原则性、制度性规定，在总结企业实践经验、借鉴吸收各地政策法规成果基础上作出的统一的规范要求。该文件的颁布将为下一步国家制定专门的企业民主管理法律法规奠定政策实践基础。有鉴于此，本章关键词的解析将以《企业民主管理规定》为基础。

民主管理关键词中涉及的二级关键词	
21.1	职工代表大会
21.2	职工代表
21.3	职工董事和监事

21.1 职工代表大会

解析

《企业民主管理规定》和各个地方性法规对于职工代表大会的规定主要集中在职能和程序要求两个方面。在职能上，明确了职工代表大会需要参与、决策、监督的民主事项，而在程序上则明确了职工代表大会通过什么样的方式实现企业民主管理。

法律依据

1. 职工代表大会的职权

根据《企业民主管理规定》，职工代表大会的职权主要如下：

（1）听取企业主要负责人关于企业发展规划、年度生产经营管理情况，企业改革和制定重要规章制度情况，企业用工、劳动合同和集体合同签订履行情况，企业安全生产情况，企业缴纳社会保险费和住房公积金情况等报告，提出意见和建议；审议企业制定、修改或者决定的有关劳动报酬、工作时间、休息休假、劳动安全卫生、保险福利、职工培训、劳动纪律以及劳动定额管理等直接涉及劳动者切身利益的规章制度或者重大事项方案，提出意见和建议；

（2）审议通过集体合同草案，按照国家有关规定提取的职工福利基金使用方案、住房公积金和社会保险费缴纳比例和时间的调整方案，劳动模范的推荐人选等重大事项；

（3）选举或者罢免职工董事、职工监事，选举依法进入破产程序企业的债权人会议和债权人委员会中的职工代表，根据授权推荐或者选举企业经营管理人员；

（4）审查监督企业执行劳动法律法规和劳动规章制度情况，民主评议企业领导人员，并提出奖惩建议。

此外，从地方性法规来看，上海市于 2017 年 11 月 23 日出台了《上海市职工代表大会条例》，相比《企业民主管理规定》，主要增加了以下职工代表大会的职权：

（1）审议改革改制中职工分流安置、经济补偿等劳动关系变更的方案，提出意见和建议；

（2）审议国有、集体及其控股的企业、事业单位财务预决算等重要事项，提出意见和建议；

（3）企事业单位决定改制、合并、分立、搬迁、停产、解散、申请破产等重大问题，应当依照法律的规定，通过职工代表大会审议或者其他形式听取职工的意见和建议；

（4）审议通过企事业单位因劳动关系变更方案引发群体性劳动纠纷，依照规定开展集体协商形成的专项集体合同草案；

（5）审议通过国有、集体及其控股企业的薪酬制度，福利制度，劳动用工管理制度，职工教育培训制度，改革改制中涉及的职工安置方案，以及其他涉及职工切身利益的重要事项；

（6）审议通过事业单位的职工聘任、考核奖惩办法，收益分配的原则和办法，职工生活福利制度，改革改制中涉及的职工安置方案，以及其他涉及职工切身利益的重要事项。

2. 职工代表大会的程序

根据《企业民主管理规定》，职工代表大会的程序要求如表 21－1 所示。

表 21－1　职工代表大会程序要求

频率要求	职工代表大会每年至少召开一次
参加人数要求	全体会议必须有 2/3 以上的职工代表出席
议题和议案	应当由企业工会听取职工意见后与企业协商确定，并在会议召开 7 日前以书面形式送达职工代表
会议主持	可以设主席团主持会议。主席团成员由工会与职工代表大会协商提出候选人，经职工代表大会预备会议表决通过。其中，工人、技术人员、管理人员的比例不少于 50%

续表

表决原则	按照少数服从多数的原则，经全体职工代表的过半数通过。对重要事项的表决，应当采用无记名投票的方式分项表决
决议效力	职工代表大会依法通过的决议，非经职工代表大会同意不得变更或撤销。企业应当提请职工代表大会审议、通过、决定的事项，未按照法定程序审议、通过或者决定的无效

辨析

- 职工代表大会与职工大会

实务中还存在职工大会，顾名思义，所谓职工大会就是全体职工参与的大会。职工大会和职工代表大会都是企业的民主管理机构。不同的是，职工大会一般是人数少于100人的小规模企业设立的，人数多于100人的大规模企业往往考虑到民主的效率而采用职工代表大会的形式。

问题导引

Q1： 职工代表大会应该在何时成立？

A：《企业民主管理规定》和大部分地方性法规并未对此明确规定，但也有的地方对此进行了规定，如甘肃要求企业在成立之后一年之内选举产生职工代表大会。

21.2　职工代表

解析

职工代表是实现职工代表大会制度的关键。凡是与用人单位签订劳动合同建立劳动关系以及与用人单位存在事实劳动关系的劳动者都可以被选举为职工代表大会代表。在一般情况下，职工代表由用人单位全体职工普选产生，规模较大、管理层次较多的用人单位可以构建多级职工代表大会，上级职工代表大会的代表由下级职工代表选举产生。职工代表可以连选连任，任期与职工代表大会届期一致。代表资格因为任期届满或者劳动合同的终止和解除而自行终止。为了防止用人单位阻挠、操纵职工代表行使民主权利，《企业民主管理规定》对于职工代表的罢免设置了很高的门槛，想要罢免职工代表必须召开全体职工会议，会议应有2/3以上职工参加且应经全体职工的过半数通过方为有效。除此之外，为了使职工代表能够在职工代表大会期间安心参与民主管理工作，《企业民主管理规定》明确规定用人单位在职工代表参加职工代表大会及其组织的各项活动时，应当正常支付劳动报酬，不得降低其工资和其他福利待遇。

法律依据

根据《企业民主管理规定》，职工代表的主要权利如下：

（1）选举权、被选举权和表决权；

（2）参加职工代表大会及其工作机构组织的民主管理活动；

(3)对企业领导人员进行评议和质询;

(4)在职工代表大会闭会期间对企业执行职工代表大会决议情况进行监督、检查。

辨析

• 职工代表大会中的职工代表与劳动争议调解委员会中的职工代表

除了在民主管理中存在职工代表的概念之外,在企业劳动争议调解委员会的劳动争议调解过程中也存在职工代表的概念,但这两者是有区别的,不可混同。职工代表(职工代表大会的代表)与劳动争议调解委员会中的职工代表的简单区别如表 21－2 所示。

表 21－2　职工代表大会与劳动争议调解委员会中的职工代表的区别

	职工代表(职工代表大会的代表)	劳动争议调解委员会中的职工代表
产生	职工代表应当以班组、工段、车间、科室等为基本选举单位由职工直接选举产生。规模较大、管理层次较多的企业的职工代表,可以由下一级职工代表大会代表选举产生。 选举职工代表,应当召开选举单位全体职工会议,会议应有 2/3 以上职工参加。选举职工代表的决定,应经全体职工的过半数通过方为有效	由工会成员担任或者由全体职工推举产生
主要权利	请参见上文	参与劳动争议调解

21.3　职工董事和监事

解析

《公司法》(2023 修订)第 68 条、第 76 条规定,有限责任公司董事会成员中可以有公司职工代表。职工人数 300 人以上的有限责任公司,除依法设监事会并有公司职工代表的外,其董事会成员中应当有公司职工代表。有限责任公司的监事会应当包括适当比例的公司职工代表,其中职工代表的比例不得低于 1/3。此外,第 130 条、第 173 条分别规定,股份有限公司监事会成员应当包括股东代表和适当比例的公司职工代表,其中职工代表的比例不得低于 1/3,具体比例由公司章程规定。国有独资公司的董事会成员中还应当有公司职工代表。职工董事和监事由公司职工通过职工代表大会、职工大会或者其他形式民主选举产生。但《公司法》在 2023 年修订时,仍未就职工董事、监事的选任和罢免作出具体规定。针对这一点,《企业民主管理规定》则作出了明确的规定(见表 21－3)。

法律依据

表 21－3　职工董事、监事的选任与罢免规定

职工董事和监事的候选人	在工会充分听取职工意见的基础上提名，公司高级管理人员不得成为候选人
职工董事和监事的产生	职工代表大会全体代表过半数通过，并报上一级工会组织备案
职工董事和监事的任期	与公司其他董事、监事的任期相同，可以连选连任
职工董事和监事的罢免	经 1/3 以上的职工代表联名提议，职工代表大会全体代表的过半数通过可以罢免

No. 22 集体协商

由于劳动者和用人单位在经济地位上的不平等,劳动者在劳动关系中处于弱势地位,个别劳动者对于自身利益的主张在某些情况下很难得到用人单位的支持,所以,《劳动合同法》等相关法律法规规定,劳动者可以参加工会,由工会的代表通过集体协商的方式与用人单位交涉;对于没有工会的单位,劳动者也可以通过本单位职工民主推荐、投票的方式选出职工代表与用人单位进行协商。实务中,在经过集体协商后如果双方达成一致会订立集体合同。除此之外,法律法规还赋予了劳动者对用人单位规章制度进行集体协商的权利。

集体协商关键词中涉及的二级关键词	
22.1	集体合同
22.2	规章制度集体协商

22.1 集体合同

解析

集体合同是用人单位与劳动者通过集体协商签订的书面协议,对所有劳动者都具有约束力,是集体协商的成果体现,也是调整集体劳动关系的一种法律形式。

法律依据

根据《集体合同规定》第 3 条的规定,集体合同,是指用人单位与本单位职工根据法律、法规、规章的规定,就劳动报酬、工作时间、休息休假、劳动安全卫生、职业培训、保险福利等事项,通过集体协商签订的书面协议;专项集体合同,是指用人单位与本单位职工根据法律、法规、规章的规定,就集体协商的某项内容签订的专项书面协议。此外,根据《劳动合同法》第 53 条的规定,在县级以下区域内,建筑业、采矿业、餐饮服务业等行业可以由工会与企业方面代表订立行业性集体合同,或者订立区域性集体合同。

1. 集体合同的签订主体

区别于一般的劳动合同,集体合同签约双方是职工代表和用人单位。按照《劳动合同法》的规定,劳动者可以由以下三类主体代表:

第一,劳动者推举的代表。对于没有建立工会的用人单位,劳动者可以推举职工代表和用人单位进行协商。根据《劳动合同法》第 51 条和原劳动部《集体合同规定》第 20 条的规定,用人单位未建立工会的,可以由劳动者民主推选职工代表,职工代表人选应当经本单位半数以上劳动者同意。

第二,用人单位工会组织。在有工会组织的用人单位,工会组织作为劳动者利益的维护者,有责任代表劳动者与用人单位就劳动关系中的权利义务进行协商。根据《劳动合同法》第 51 条和原劳动部《集体合同规定》第 20 条的规定,工会有权代表劳动者与用人单位签订集体合同,协商代表由工会选派，工会主席是劳动者一方的首席代表。

第三，行业和区域工会组织。如果用人单位没有基层工会，但是用人单位所在的行业和区域有工会组织，该工会组织可以代表本行业和区域内的劳动者与各个用人单位协商一致后签订行业性、区域性集体合同。根据《劳动合同法》第 53 条的规定，采矿业、餐饮服务业等行业可以签订行业性、区域性集体合同。但是只能在县级以下区域内签订。

2. 集体合同的内容

根据《劳动合同法》第 51 条、第 52 条、第 55 条的规定，集体合同的内容包括劳动报酬、工作时间、休息休假、劳动安全卫生、保险福利等事项。同时，职工代表也可以与用人单位就集体合同的部分内容订立专项合同，如可以签订调整劳动报酬机制的工资专项集体合同。需要注意的是，集体合同中的劳动报酬和劳动条件等标准不得低于当地人民政府规定的最低标准。

3. 集体合同的签订程序

根据《劳动合同法》第 51 条、第 53 条、第 54 条的相关规定，集体合同的签订分为以下三个步骤：

首先，劳动者方的协商代表和用人单位协商确定集体合同的草案。其次，集体合同的草案提交职工代表大会或者全体职工讨论通过。如果草案未获通过，则重复第一个步骤。如果草案获得通过，则劳动者和用人单位双方协商代表可以签订集体合同。最后，集体合同经过劳动行政部门审查后生效。集体合同签订后应当报送劳动行政部门，劳动行政部门对集体合同文本进行审查，劳动行政部门自收到集体合同文本之日起 15 日内未对合同内容提出异议的，集体合同自行生效。

为了防止用人单位在集体合同协商期间对劳动者代表施加压力以迫使劳动者代表妥协的情况发生，原劳动部《集体合同规定》第 27 条、第 28 条对劳动者代表的协商权利予以特别保护，规定在协商期间（协商代表履行职责期间）视为提供了正常劳动，应当给予劳动者代表正常的工资待遇；如果合同期满，合同期限自动延长至完成履行协商代表职责之时；在履行协商代表职责期间用人单位只能在劳动者有严重违纪、严重失职行为或被追究刑事责任时才可以解除劳动合同，即使劳动者有医疗期满或不能胜任工作等情形的，也不能解除劳动合同；而且职工一方协商代表在履行协商代表职责期间，用人单位无正当理由不得调整其工作岗位。

北京市、上海市、重庆市、广东省、江苏省、浙江省等地制定了地方性法规，对集体合同的协商作出了更加详细和个性化的规定。例如，为增强劳动者一方协商代表的广泛性，重庆市、江苏省等要求，用人单位中女性劳动者占一定比例时，协商代表中应有一定的女性劳动者，而浙江省在此基础上，还要求用人单位中残疾劳动者占一定比例时，协商代表中应有一定的残疾劳动者代表。

4. 集体合同的期限和修订

根据《集体合同规定》第 38 条的规定，综合性集体合同或专项集体合同的期限一般为 1 ~ 3 年，期满或双方约定的终止条件出现，即行终止。在合同约定的期限内，双方代表可对合同履行情况进行检查，每年可对合同进行修订。综合性集体合同或专项集体合同期满前 3 个月，任何一方均可向对方提出重新订立或续订的要求。不同于《集体合同规定》中较为开放性的规定，部分地区在一定程度上对集体合同的期限作出了强制性要求,如江苏省与浙江省则要求集体合同期限为1~3年。

5. 集体合同的违约与争议解决

根据《劳动法》第84条和《劳动合同法》第56条的规定,因履行集体合同发生争议,当事人协商解决不成的,可以依法申请仲裁、提起诉讼。由于集体合同由劳动者方的协商代表与用人单位订立,因此,因履行集体合同发生争议,当事人协商解决不成的,由工会(尚未建立工会的,由职工代表)代表企业职工一方依法参与仲裁、诉讼。

6. 违反集体合同相关规定的法律责任

《集体合同规定》对用人单位违反集体合同相关规定的法律责任作了较为笼统的规定。重庆市、江苏省和浙江省等则规定了较为详细和可执行的处罚措施,对存在不配合进行集体协商和签订集体合同等情形的用人单位,由劳动行政部门责令改正,对于逾期不改的,重庆市和江苏省还规定由劳动行政部门对用人单位及其法定代表人或者主要负责人处以罚款。

鉴于北京市、上海市、重庆市、广东省、江苏省、浙江省等地就集体合同制定了地方性法规,协商代表的产生、协商程序、集体合同订立等方面的部分内容与《集体合同规定》存在一定差异,用人单位应注意所在地区的具体要求。

辨析

• 集体合同与劳动合同的区别

集体合同与劳动合同之间既有区别又有联系。集体合同是在劳动合同基础之上产生和发展的,先存在关于个体的劳动合同,后才有关于集体的集体合同。从内容效力上而言,集体合同是劳动合同的基本底线约束。但集体合同与劳动合同之间也有明显的区别。

第一,签订的目的不同。签订集体合同的目的是维护员工的整体合法权益,调整和改善群体劳动关系,促进用人单位和劳动者全体的共同发展;签订劳动合同的目的仅在于确定劳动者和用人单位双方之间单个的、具体的权利义务关系,针对的对象是特定明确的个体。

第二,签订的主体不同。集体合同的签订主体是用人单位与用人单位工会或者行业组织工会(没有组织工会的,由职工推选职工代表),而劳动合同的签订主体是用人单位与劳动者个人。

第三,合同的内容不同。集体合同不仅规定用人单位一般性的劳动权利义务,而且涉及劳动关系的各个方面,内容相当宽泛,具有整体性,当签订专项集体合同时,所涉及的内容又仅仅涉及劳动关系的某一个方面;劳动合同仅规定劳动者个人与用人单位双方之间的权利和义务,内容细致具体,针对性和可操作性相对较强。

第四,产生的效力不同。依据现有法律法规的规定,集体合同的效力要高于劳动合同,当劳动合同与集体合同冲突时,应优先适用集体合同。劳动合同中规定的各项劳动标准不得低于集体合同的规定,否则无效,无效部分以集体合同标准代替。另外,从约束范围来看,集体合同适用于用人单位全体劳动者,具有整体约束力,而劳动合同仅对劳动者个人具有约束力。

问题导引

Q1：在用人单位与工会签订集体合同后，是否可以不与劳动者签订书面劳动合同而将集体合同直接适用于劳动者？

A：《劳动法》对于劳动合同与集体合同分别作了规定，两者有所区别。根据《劳动合同法》第55条的规定，用人单位与劳动者订立的劳动合同中劳动报酬和劳动条件等标准不得低于集体合同规定的标准，该规定仅仅是对劳动合同与集体合同的内容效力层级作了规定。同时，根据《劳动合同法》的规定，用人单位自用工之日起超过一个月不满一年未与劳动者订立书面劳动合同的，应当向劳动者每月支付2倍的工资，该规定明确针对的是未订立劳动合同的情形，而非未订立集体合同的情形。因此，在法律法规层面上，并没有集体合同可以取代劳动合同的法律依据。在司法实务层面上，法院的司法判例也基本上认为集体合同和劳动合同是两个不同的概念，即使用人单位与工会签订有集体合同，也无法否定用人单位有与劳动者签订书面劳动合同的法律义务。

四川案例与导引

[案例1]

2013年8月6日，胡某被F公司聘为员工，从事包装工作，F公司未与胡某个人签订书面劳动合同。该公司分别于2013年、2014年与公司职工代表签订了F公司工资专项集体合同，并报送丹棱县人力资源和社会保障局、丹棱县总工会审批备案执行。2014年6月，胡某向丹棱县劳动人事争议仲裁委员会申请仲裁，请求裁决F公司支付因未与其签订书面劳动合同的工资。

[法院观点]

法院认为，关于F公司在签订集体合同后，是否可以不与胡某签订劳动合同，即该公司是否应支付未签订劳动合同的工资。集体合同是代表劳动者的工会与用人单位或其团体达成的协议，劳动合同是单个劳动者与用人单位达成的协议。集体合同不能完全替代劳动合同的签订，用人单位不能以签订集体合同为由拒绝与劳动者签订个体劳动合同，且F公司集体合同亦约定该公司与职工建立劳动关系，应当订立书面劳动合同。根据《劳动合同法》第82条第1款的规定，因F公司未与胡某签订劳动合同，胡某在该公司工作期间已经领取了一倍工资，扣除其已领取的一倍工资后的差额部分，故F公司应向胡某支付2013年9月至2014年5月共计9个月的未签订劳动合同的工资。胡某提出该公司应向其支付未签订劳动合同的工资，理由成立，法院予以支持。二审判决认定F公司不应支付该款不当，法院予以纠正。

(2016)川民再531号

实务小贴士

为了规避因未签订书面劳动合同而支付双倍工资，甚至被认定为是无固定期限劳动合同的法律风险，用人单位即使在与工会签订有集体合同的情况下，也应该依法在劳动者入职之日起的一个月内与劳动者签订书面劳动合同。

问题导引

Q2： 面对违反集体合同的行为，权益受害方有哪些维权渠道？

A：《劳动法》第 84 条规定："因签订集体合同发生争议，当事人协商解决不成的，当地人民政府劳动行政部门可以组织有关各方协调处理。因履行集体合同发生争议，当事人协商解决不成的，可以向劳动争议仲裁委员会申请仲裁；对仲裁裁决不服的，可以自收到仲裁裁决书之日起十五日内向人民法院提起诉讼。"

《劳动合同法》第 56 条则又进一步规定："用人单位违反集体合同，侵犯职工劳动权益的，工会可以依法要求用人单位承担责任；因履行集体合同发生争议，经协商解决不成的，工会可以依法申请仲裁、提起诉讼。"由此可见，因履行集体合同而引发的争议，也是劳动争议，需要经过劳动仲裁前置程序。集体工会作为集体合同的签订方，有权申请仲裁和提起诉讼。

22.2　规章制度集体协商

解析

除了协商签订集体合同之外，《劳动合同法》也赋予了职工代表大会或者工会在规章制度制定过程中与用人单位进行协商的权利。但该权利仅限于建议权，决定权仍属于用人单位。《劳动合同法》第 4 条的本质是对用人单位的规章制度制定权予以限制。根据该条，用人单位在制定、修改或者决定直接涉及劳动者切身利益的劳动报酬、工作时间、休息休假、劳动安全卫生、保险福利、职工培训、劳动纪律以及劳动定额管理等规章制度或者重大事项时，应当与职工代表大会或工会协商确定。职工代表大会或工会认为用人单位的规章制度草案不合理的，有权向用人单位提出修改建议，通过协商作出修改完善。

实务小贴士

有关规章制度民主协商的实务建议，具体详见本书"规章制度"关键词项下的内容。

Chapter 4 第四篇 劳动保护

No. 23　工伤

工伤，又称工作伤害，是指劳动者在工作过程中或从事与工作有关的活动中受到伤害或患职业病。工伤适用于中国境内的企业、事业单位、社会团体、民办非企业单位、基金会、律师事务所、会计师事务所等组织的职工和个体工商户的雇工。工伤不同于公伤，公伤是指国家公务人员在履行国家和法律赋予职责的过程中受到伤害，目前适用于国家机关公务员和参照《公务员法》管理的事业单位和社会团体人员。

劳动者在工作中或从事与工作有关的活动中发生事故或被诊断为职业病，应首先申请工伤认定，认定为工伤是享受工伤保险待遇的前提。若劳动者因工伤导致残疾、影响劳动能力的，应进行劳动能力鉴定，劳动能力鉴定是确定工伤保险待遇中伤残待遇的基础。

一旦劳动者发生职业伤害，整个处理的过程会持续数月甚至数年，其中涉及多个流程和重要时间节点，在各个流程和节点上又会存在各种情形和问题。因此在了解特定的问题之前，应当首先了解工伤处理的整体流程（如图 23－1、图 23－2 所示）。

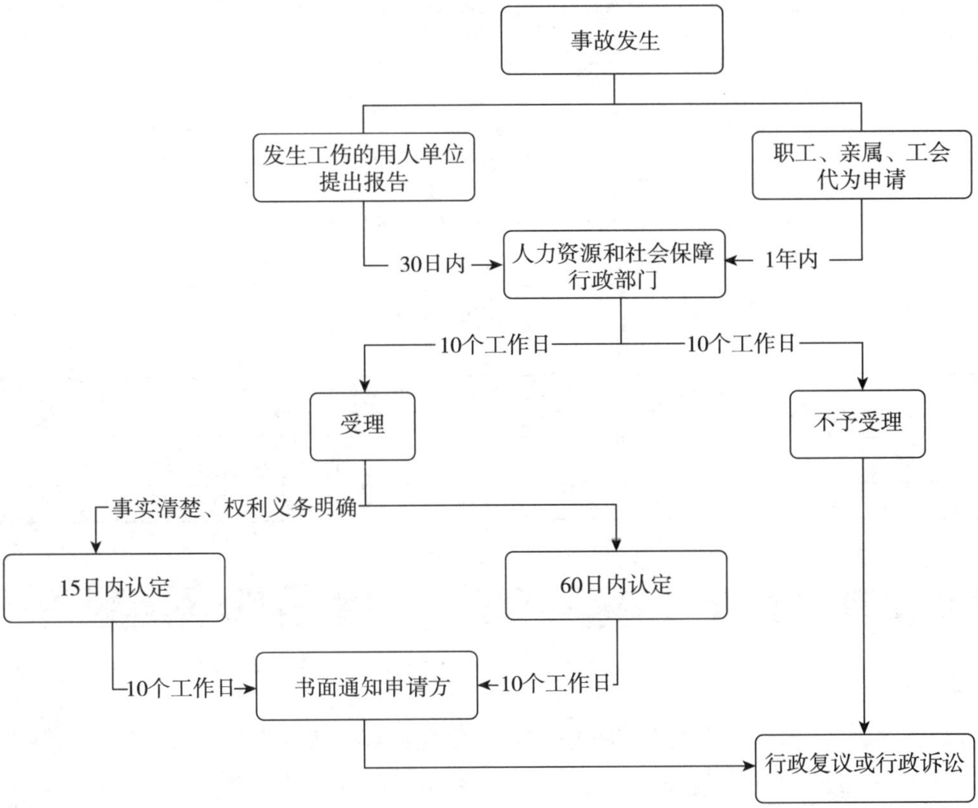

图 23－1　工伤认定流程

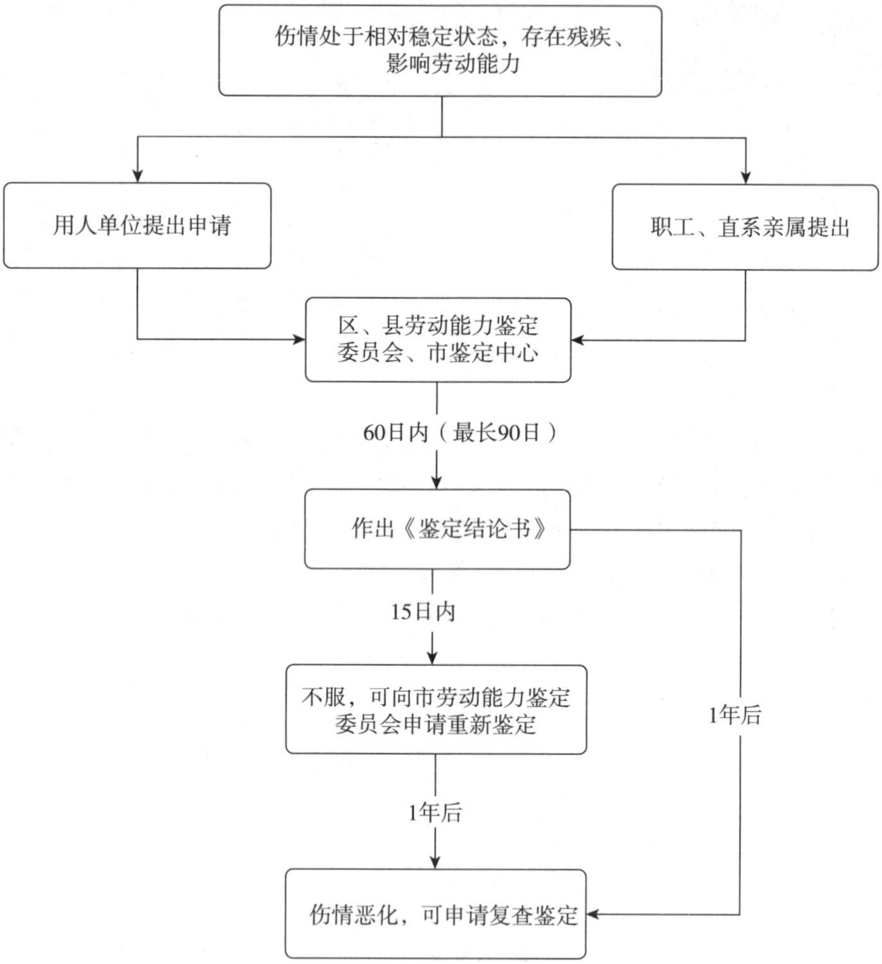

图 23－2　劳动能力鉴定流程

工伤关键词中涉及的二级关键词	
23.1	工伤认定
23.2	劳动能力鉴定
23.3	工伤保险待遇

23.1　工伤认定

解析

劳动者发生事故伤害或者按照《职业病防治法》规定被诊断、鉴定为职业病，可由用人单位、工伤职工或者其近亲属、工会组织向社会保险行政部门提出工伤认定申请，由社会保险行政部门依据表 23－1 作出工伤认定的决定。

法律依据

表 23－1 工伤认定的标准

认定为工伤的情形	视为工伤的情形	不得认定或视同工伤的情形
1. 在工作时间和工作场所内，因工作原因受到事故伤害的； 2. 工作时间前后在工作场所内，从事与工作有关的预备性或者收尾性工作受到事故伤害的； 3. 在工作时间和工作场所内，因履行工作职责受到暴力等意外伤害的； 4. 患职业病的； 5. 因工外出期间，由于工作原因受到伤害或者发生事故下落不明的； 6. 在上下班途中，受到非本人主要责任的交通事故或者城市轨道交通、客运轮渡、火车事故伤害的	1. 在工作时间和工作岗位，突发疾病死亡或者在48小时之内经抢救无效死亡的； 2. 在抢险救灾等维护国家利益、公共利益活动中受到伤害的； 3. 职工原在军队服役，因战、因公负伤致残，已取得革命伤残军人证，到用人单位后旧伤复发的	1. 故意犯罪的； 2. 醉酒或者吸毒的； 3. 自残或者自杀的

但是，上述标准具有较高的概括性，无法与现实中发生的情况一一对应，因此，在实践中还需针对具体情况对上述标准进行细化的解读。

问题导引

Q1： 工作时间和工作场所是否可以合理延伸？

A： 工伤情形中的第 1 项（在工作时间和工作场所内，因工作原因受到事故伤害的）和第 3 项（在工作时间和工作场所内，因履行工作职责受到暴力等意外伤害的）都对工伤认定设置了三个要素：(1)时间要素，即受到伤害的时间为工作时间；(2)空间要素，即受到伤害的地点为工作场所；(3)因果关系要素，即由于工作的原因受到伤害。综观工伤认定标准，法律及实践都会从保护劳动者合法权益的角度出发，允许这三个要素的范围有合理的延伸。例如，《最高人民法院关于审理工伤保险行政案件若干问题的规定》第 4 条就规定，职工参加用人单位组织的活动受到伤害的应当认定为工伤，这就意味着对“工作原因”要素有了一定的扩大解释。另外，前述关于“上下班途中受到非本人主要责任的交通事故应当被认定为工伤”的规定，就属于对“工作场所”的适当延伸。

上海案例与导引

［案例 1］

华某系 C 公司员工，在某小区从事绿化养护工作。2017 年 9 月 11 日 11 时左右，华某结束上午工作，回到小区地下车库工具存放室内准备当日午饭时猝死。2018 年 2 月 23 日，奉贤人社局作出认定工伤决定书，对此次伤害认定为工伤。C 公司不服，诉至法院。

［法院观点］

关于该发病时间是否属于“工作时间”。一般而言，职工一天的工作时间应作为一个整体来看待，其必要的午餐及午间休息等，属于人体正常生理、生活需要，也是为了继续下午正常工作的需要，因此将该时间作为工作时间的适当延伸，将其包含在工作时间内，有利于维护职工的合法权利。

关于该发病地点与“工作岗位”的关系。华某在小区从事绿化养护工作，其工作范围覆盖整个小区，其午间休息场所亦在小区之内。事发当日华某在完成上午工作之后并未离开小区，其发病地点为其在小区的午休场所。奉贤人社局在作出被诉工伤认定决定时，对工作岗位作适当的宽泛性理解，具有其合理性。在午间休息突发疾病这种特定情况下，可以将职工的午间休息场所视为对工作岗位的合理延伸，且该发病地点实际用于存放绿化养护工具，亦可认为属于绿化养护职工完成预备性、收尾性工作时工作岗位的一部分。在此情况下，如将该发病地点完全排除在“工作岗位”之外，实难令人信服。

综上，上海市高级人民法院认定奉贤人社局作出的工伤认定正确，驳回公司诉请。

（2021）沪行再1号

Q2：劳动者在参加用人单位组织的业余活动中受伤是否属于工伤？

A：用人单位组织劳动者开展业余活动的情形十分常见，对于劳动者在单位组织的业余活动中受伤是否能够被认定为工伤，2014年9月1日实施的《最高人民法院关于审理工伤保险行政案件若干问题的规定》明确，职工参加用人单位组织或者受用人单位指派参加其他单位组织的活动受到伤害的，应当认定为工伤。最高人民法院对该规定解读认为：“如属于用人单位强制要求或者鼓励参加的集体活动，这些活动可以被认为是工作的一个组成部分，应该属于工作原因，由此受到的伤害应当认定为工伤。”但是，对该规定的理解，在实践中争议较大。

上海案例与导引

［案例2］

S公司组织包括俞某在内的员工携带家属共20人于2018年1月10日至15日前往泰国，费用、行程均为单位负责。2018年1月12日，俞某在参加浮潜自费游玩项目时发生淹溺，经医院抢救无效于当日死亡。S公司提出工伤认定申请，普陀人社局于2018年2月8日决定受理，并于同年2月26日作出不予认定工伤决定。后经复议，普陀区政府维持上述决定。S公司不服，提起诉讼。

［法院观点］

相关规定虽对职工参加用人单位组织或受指派参加其他单位组织的活动受到事故伤害，视为工作原因，但也明确规定了要从事与工作职责有关的活动，这也是工伤的性质所决定的。综观该案，虽是单位组织的集体活动，费用、行程均为单位负责，但行程中并未安排与工作有关的活动及事项，而从导致俞某发生溺亡的浮潜项目性质来看，该项目明显属于高风险旅游项目，亦未强制员工参加，更与工作原因无关。并非单位组织的集体活动都视为与工作相关，应当从活动的目的性、费用的承担、活动安排的内容以及参与人员的组成等方面综合认定。所以俞某发生溺亡与工作原因无关。普陀人社局认定俞某受到的事故伤害不符合认定工伤或者视同工伤的情形，并无不当。

（2019）沪03行终67号

广东案例与导引

［案例3］

2018年4月28日20时许，黄某在Y公司三楼大礼台参加公司15周年晚会庆典节目排演时不慎滑倒，导致左手受伤。花都区人社局于2018年9月11日作出工伤认定决定书认定黄某受伤为非工伤。黄某不服，诉至法院。

［法院观点］

单位组织的活动属于工作内容的一部分，判断职工在活动中受伤是否属于因工作原因导致的受伤，应当从活动的目的、性质、内容、形式等多方面进行审慎考量。Y公司组织的晚会活动是Y公司的单位行为，是加强职工对公司文化的认同、调动职工积极性、增强职工凝聚力的一种手段和方式，与工作有本质联系，黄某在公司周年晚会彩排活动中受伤，与工作存在因果关系，属于因工作原因所受伤害。因此，花都区人社局作出被诉工伤认定决定书认定黄某受伤为非工伤不当。

据此法院判决撤销被诉工伤认定决定书，责令花都区人社局重新作出处理。

（2020）粤行申1161号

Q3：退休人员是否可以适用《工伤保险条例》进行工伤认定？

A： 存在劳动关系是申请工伤认定的前提，但是，对于退休人员与用人单位之间是否存在劳动关系，退休人员是否有资格进行工伤认定的问题，缺乏明确的规定，争议较大。对于这一争议，具体请见本书“劳务关系及特殊劳动关系”关键词项下的相关内容。

实践中，关于退休人员是否可以适用《工伤保险条例》进行工伤认定这一问题，各地劳动和社保部门普遍认为，已经依法享受养老保险的退休人员与用人单位建立的不是劳动关系，因此退休人员因工作原因受到伤害不予认定为工伤。例如，《广东省工伤保险条例》第63条第1款规定：“劳动者达到法定退休年龄或者已经依法享受基本养老保险待遇的，不适用本条例。”2004年《上海市工伤保险实施办法》（已失效）第62条规定：“用人单位聘用的退休人员发生工伤的，由用人单位参照本办法规定支付其工伤保险待遇。”但该条款在2012年修订时被废止。自此，上海市也不认可退休人员的工伤认定。

2007年7月，最高人民法院行政审判庭在对《关于离退休人员与现工作单位之间是否构成劳动关系以及工作时间内受伤是否适用〈工伤保险条例〉问题的答复》中说明:“离退休人员受聘于现工作单位,现工作单位已经为其缴纳了工伤保险费,其在受聘期间因工作受到事故伤害的,应当适用《工伤保险条例》的有关规定处理。”最高人民法院为退休人员适用《工伤保险条例》设置了一个前提条件,即“现工作单位已经为其缴纳了工伤保险费”。但是,这个前提条件在实践操作中却是一个很大的障碍。在绝大部分地区,退休人员办理退休手续后,用人单位难以再向社保部门为其缴纳社会保险费,继而无法符合最高人民法院的上述适用前提。直至近年来,有一些地区开始允许用人单位为已超过法定退休年龄的人员办理工伤保险。例如,2022 年 3 月 31 日起施行的《天津市实习生和超龄从业人员参加工伤保险办法(试行)》就允许 65 周岁以下的超龄从业人员参加工伤保险。广东、四川等地也已出台了类似的规定。随着这些规定的出现,增加了最高人民法院上述意见在当地落实执行的可能性。

实务小贴士

用人单位若聘请退休人员在具有一定危险性的岗位工作,建议用人单位考虑为其办理商业保险,以降低在退休劳动者发生事故时用人单位所面临的法律风险。

23.2 劳动能力鉴定

解析

劳动能力鉴定,是指劳动功能障碍程度和生活自理障碍程度的等级鉴定。劳动者因工负伤或患病,经治疗伤情相对稳定后存在残疾、影响劳动能力的,应当进行劳动能力鉴定。劳动能力鉴定委员会根据用人单位、工伤职工或其近亲属的申请,组织医疗卫生专家,依据有关政策标准并运用医学技术和方法,对劳动者的伤残程度和丧失劳动能力程度进行综合评定。

法律依据

我国目前对于工伤职工伤残鉴定依据的标准是《劳动能力鉴定 职工工伤与职业病致残等级》(GB/T 16180—2014),该标准于 2015 年 1 月 1 日起施行,替代了《劳动能力鉴定 职工工伤与职业病致残等级》(GB/T 16180—2006)(已失效)。该标准根据伤病者在伤残鉴定时的器官损伤、功能障碍、医疗依赖和护理依赖程度,并在考虑伤残引起的心理障碍的基础上,将伤残程度划分成十个等级,最重的为一级,最轻的为十级。

问题导引

Q4: 司法鉴定结论能否作为法院确定工伤伤残等级的依据?

A: 对于司法鉴定部门作出的劳动能力鉴定的结论是否可以作为法院确定工伤伤残等级的判决依据,有两种不同的观点。第一种观点认为,工伤劳动能力鉴定是国务院以行政法规的形式特别授予劳动能力鉴定委员会实施的。根据《工伤保险条例》的规定,劳动能力鉴定委员会是唯一的劳动能力鉴定机构，司法鉴定机构不具有劳动能力鉴定的资质。第二种观点认为，司法鉴定结论是我国诉讼法规定的法定证据之一，以此作为司法判决的依据于法有依。此外，全国人大常委会《关于司法鉴定管理问题的决定》明确规定，司法鉴定业务包括法医类鉴定、物证类鉴定和声像资料鉴定。法医类鉴定具体包括法医病理鉴定、法医临床鉴定、法医精神病鉴定、法医物证鉴定和法医毒物鉴定。因此，理论上讲，劳动能力鉴定显然可以落入法医类鉴定的范畴，司法鉴定部门具有劳动能力鉴定的资格，其鉴定结论也具有合法性，可以作为判决依据。

但是，从多数司法案例中可以看出，法院的主流观点认为，享受工伤保险待遇必须经法定程序认定为工伤，并经劳动能力鉴定委员会鉴定，法院不采纳司法鉴定机构对于劳动能力的等级鉴定。

Q5： 员工拒不进行劳动能力鉴定的应当如何处理？

A： 理论上而言，劳动能力鉴定是一项权利而非义务，劳动者可以主动放弃鉴定，当然这同时也意味着对可能存在的工伤保险待遇的放弃。此外，《工伤保险条例》第 42 条规定，劳动者拒不接受劳动能力鉴定的，停止享受工伤保险待遇。因此，如果劳动者明确放弃进行鉴定，或者在伤情稳定后拒不进行鉴定，其工伤保险关系终结，用人单位可以对其按照正常劳动者进行安排。但是这仅仅是理想的状态，实践中该情形较少。

实践中，更常见的情况是劳动者既不明确放弃，也不明确拒绝鉴定，而是以各种理由拖延进行劳动能力鉴定。这种情况下，用人单位将处于非常被动的状态。许多地方性法规明确规定，劳动能力鉴定是用人单位解除或终止劳动合同的前置条件。例如，《上海市劳动和社会保障局、上海市医疗保险局关于实施〈上海市工伤保险实施办法〉若干问题的通知》第 24 条就明确规定，工伤人员在停工留薪期内或者劳动能力鉴定结论尚未作出前，用人单位不得与其解除或者终止劳动关系。《北京市工伤职工停工留薪期管理办法》第 12 条对此也作出了类似的规定。

因此，如果无法妥善处理劳动者劳动能力鉴定的问题，用人单位解除、终止劳动合同的风险会很高。在实践操作中，往往需要在劳动者存在相当明显的拖延恶意的情况下，才能够认定其属于“拒不接受劳动能力鉴定”。综上，用人单位对此类劳动者的安排应格外谨慎，需要结合实际情况进行具体分析。

北京案例与导引

[案例 4]

孟某与 S 公司签订有 2018 年 3 月 6 日至 2021 年 3 月 5 日的劳动合同。2018 年 8 月 23 日，孟某在工作中受伤。2018 年 11 月 7 日认定为工伤。2019 年 9 月 25 日，S 公司向孟某发函，内容载明：您的停工留薪期已满，请于 2019 年 9 月 29 日至 10 月 11 日与公司人力资源部工作人员（您若行动不便，公司可安排人员和车辆，到您合适的位置接送您），到丰台人社局工伤管理部门进行劳动能力鉴定。孟某原则上同意，但后续双方沟通搁置。

2020 年 1 月 13 日，孟某回 S 公司领取薪酬、沟通协调工作，下楼时再次受伤。2020 年 12

月 14 日认定为工伤。2021 年 2 月 22 日,S 公司向孟某发函再次催告其进行劳动能力鉴定。孟某于2021 年3 月7 日答复,原则上同意,但因故需要推迟。2021 年3 月30 日,S 公司向孟某发送通知,告知双方劳动合同到期终止。2021 年 4 月 7 日,孟某提起仲裁,要求 S 公司继续履行劳动合同。仲裁裁决支持该项诉请,公司不服,诉至法院。

[法院观点]

孟某发生两次工伤后,S 公司多次与其沟通进行劳动能力鉴定未果。一审期间,法院亦要求双方配合进行劳动能力鉴定,而截至 2021 年 12 月 26 日,距孟某第二次受伤被认定为工伤已逾一年,孟某仍未进行劳动能力鉴定。故法院综合案件的查明情况,依法确认双方劳动关系于 2021 年 12 月 26 日终止。

(2022)京 02 民终 7929 号

23.3 工伤保险待遇

解析

1. 医疗待遇

法律依据

劳动者因工作遭受事故伤害或者患职业病进行治疗,享受工伤医疗待遇。治疗工伤所需费用符合相关目录和标准的,从工伤保险基金支付。此外,工伤职工住院治疗工伤的伙食补助费,经过有关机构证明和同意,工伤职工到统筹地区以外就医所需的交通、食宿费用从工伤保险基金支付。工伤职工因日常生活或者就业需要,经劳动能力鉴定委员会确认,可以安装假肢、矫形器、假眼、假牙和配置轮椅等辅助器具,所需费用也从工伤保险基金支付。

2. 停工留薪期

劳动者因工作遭受事故伤害或者患职业病需要暂停工作接受工伤医疗的,在停工留薪期内,原工资福利待遇不变,由所在单位按月支付。

停工留薪期一般不超过 12 个月,特殊情况可适当延长,但延长不得超过 12 个月。劳动者评定伤残等级后,停发原待遇,按照有关规定享受伤残待遇。工伤职工在停工留薪期满后仍需治疗的,继续享受工伤医疗待遇。

生活不能自理的工伤职工在停工留薪期需要护理的,由所在单位负责。

3. 伤残补助

若劳动者因工致残,已经评定伤残等级并经劳动能力鉴定委员会确认需要生活护理的,由工伤保险基金按月支付生活护理费。生活护理费按照生活完全不能自理、生活大部分不能自理和生活部分不能自理 3 个不同等级支付,其标准分别为统筹地区上年度职工月平均工资的 50%、40%和 30%。

此外,根据劳动能力鉴定确定的伤残等级,伤残劳动者可享受以下待遇(如表 23 - 2 所示)。

表 23－2 不同伤残等级劳动者可享受待遇

<table>
<tr><th>伤残等级</th><th>一次性伤残补助金(工伤保险基金支付)</th><th colspan="2">月伤残津贴</th><th>一次性工伤医疗补助金和一次性伤残就业补助金</th><th>是否可解除或终止劳动关系</th></tr>
<tr><td>一级</td><td>27 个月本人工资</td><td>本人工资的 90%</td><td rowspan="4">退休前享有,由工伤保险基金支付,实际金额低于当地最低工资标准的,由工伤保险基金补足差额。工伤职工达到退休年龄并办理退休手续后,停发伤残津贴,按照国家有关规定享受基本养老保险待遇。基本养老保险待遇低于伤残津贴的,由工伤保险基金补足差额</td><td>—</td><td rowspan="4">保留劳动关系,劳动者退出工作岗位</td></tr>
<tr><td>二级</td><td>25 个月本人工资</td><td>本人工资的 85%</td><td>—</td></tr>
<tr><td>三级</td><td>23 个月本人工资</td><td>本人工资的 80%</td><td>—</td></tr>
<tr><td>四级</td><td>21 个月本人工资</td><td>本人工资的 75%</td><td>—</td></tr>
<tr><td>五级</td><td>18 个月本人工资</td><td>本人工资的 70%</td><td rowspan="2">难以安排工作的,由用人单位按月发给伤残津贴,伤残津贴实际金额低于当地最低工资标准的,由用人单位补足差额</td><td rowspan="2">劳动关系解除或终止时,由工伤保险基金支付一次性工伤医疗补助金,由用人单位支付一次性伤残就业补助金</td><td rowspan="2">除符合《劳动合同法》第 39 条规定的情形外,经工伤职工本人提出,可以解除或者终止劳动关系</td></tr>
<tr><td>六级</td><td>16 个月本人工资</td><td>本人工资的 60%</td></tr>
<tr><td>七级</td><td>13 个月本人工资</td><td colspan="2">—</td><td rowspan="4">劳动关系解除或终止时,由工伤保险基金支付一次性工伤医疗补助金,由用人单位支付一次性伤残就业补助金</td><td rowspan="4">除符合《劳动合同法》第 39 条规定的情形外,劳动、聘用合同期满可以终止,或者职工本人提出可以解除</td></tr>
<tr><td>八级</td><td>11 个月本人工资</td><td colspan="2">—</td></tr>
<tr><td>九级</td><td>9 个月本人工资</td><td colspan="2">—</td></tr>
<tr><td>十级</td><td>7 个月本人工资</td><td colspan="2">—</td></tr>
</table>

4. 死亡抚恤

若劳动者因工死亡,或伤残劳动者在停工留薪期内因工伤导致死亡的,其近亲属可按照下述标准从工伤保险基金领取丧葬补助金、供养亲属抚恤金和一次性工亡补助金(如表 23－3 所示)。

表 23－3　因工死亡劳动者近亲属可享受待遇

丧葬补助金	6 个月的统筹地区上年度职工月平均工资
供养亲属抚恤金	以劳动者本人工资的一定比例发给由因工死亡职工生前提供主要生活来源、无劳动能力的亲属。 配偶每月 40%，其他亲属每人每月 30%，孤寡老人或者孤儿每人每月在上述标准的基础上增加 10%。 上述之和不应高于因工死亡劳动者生前的工资
一次性工亡补助金	上一年度全国城镇居民人均可支配收入的 20 倍

一级至四级伤残劳动者在停工留薪期满后死亡的，其近亲属可以领取丧葬补助金、供养亲属抚恤金，但无法领取一次性工亡补助金。

问题导引

Q6： 停工留薪期如何认定？停工留薪期的工资如何支付？

A：《工伤保险条例》第 33 条对停工留薪期及停工留薪期工资的支付作出了原则性规定，即停工留薪期一般不超过 12 个月。伤情严重或者情况特殊，经设区的市级劳动能力鉴定委员会确认，可以适当延长，但延长不得超过 12 个月。在停工留薪期内，原工资福利待遇不变，由所在单位按月支付。

就停工留薪期而言，时间超过 12 个月的，由劳动能力鉴定委员会予以确认，这一点是明确的。但是，在一般不超过 12 个月的情况下，停工留薪期具体多长？应由谁进行认定？实践中存在不同的认识和操作模式。

模式一，对停工留薪的认定主体没有明确规定，如上海、江苏等地。用人单位与员工对停工留薪期发生争议时，由劳动仲裁或法院进行认定。上海市虽对停工留薪的认定主体没有明确规定，但对停工留薪期的截止日期的认定有相关规定。《上海市高级人民法院关于工伤保险待遇问题的最新研讨纪要》(2016 年)认为：停工留薪期的截止日期原则上应为就医记录或病情证明单中记载的医疗期或休息期结束之日；但劳动者自愿放弃病假单或病情证明单中记载的休息时间，回到用人单位正常工作的，可以劳动者回到用人单位正常工作之日作为停工留薪期的截止日。但伤残等级鉴定结论作出之日早于就医记录或病情证明单中记载的医疗期或休息期结束之日的，则应以伤残等级鉴定结论作出之日作为停工留薪期的截止日。

模式二，停工留薪期由劳动能力鉴定委员会予以认定，如天津、河北等地。天津市规定，停工留薪期由劳动能力鉴定委员会根据《天津市工伤职工停工留薪期分类目录(试行)使用说明》与医疗机构出具的诊断证明确认。

模式三，停工留薪期由用人单位予以认定，如北京、山东等地。《北京市工伤职工停工留薪期管理办法》规定，工伤职工应及时将工伤医疗机构出具的诊断证明或者休假证明报送给所在单位。由用人单位根据工伤医疗机构的诊断证明，按照《停工留薪期目录》，确定工伤职工的停工留薪期，并书面通知工伤职工本人。《山东省工伤职工停工留薪期管理办法》也有类似规定。同时,《山东省高级人民法院关于印发全省民事审判工作会议纪要的通知》(鲁高法〔2011〕297 号)中关于工伤停工留薪期的确认问题,进一步明确:“《山东省工伤职工停工留薪期管理办法》规定停工留薪期的确认主体为用人单位,而对于停工留薪期异议的确认应由劳动能力鉴定委员会来确定。因此,若诉讼中双方就停工留薪期发生争议,应当中止诉讼,由劳动能力鉴定委员会对工伤职工的停工留薪期予以确定,人民法院不能直接确定劳动者的停工留薪期。”

鉴于停工留薪期的不同认识及操作模式,建议用人单位根据当地规定及司法实践予以合法合理的判断。

就停工留薪期待遇的支付而言,关键是对“原工资福利待遇”的认识。通常以劳动者正常出勤应获得的报酬、待遇为标准,不包含加班费。如果员工受伤前一个月的工资不能反映正常工资情况,则通常以员工受伤前 12 个月的平均工资(剔除加班费)为标准。但是,有些员工基本工资较低,加班工资是其收入的主要部分,且加班是常态的,此时将加班工资剔除在其原工资待遇外明显不合理。对于加班是常态,而每月加班工资又有差异的,司法实践中往往会以发生事故前 12 个月的平均工资来确定其原工资待遇。

Q7: 用人单位侵权导致工伤时,如何处理工伤保险责任与用人单位侵权责任的竞合?

A: 劳动者在为用人单位工作过程中,用人单位对其负有适当的安全保护义务。如因用人单位未能尽到该等义务而导致劳动者在工作中受到伤害,用人单位构成侵权责任。若劳动者同时被认定为工伤,那么就产生了工伤保险责任与用人单位侵权责任竞合的情形。当发生竞合时,两种责任之间是替代关系、并行关系、选择关系还是补充关系?工伤保险赔偿的项目与侵权责任赔偿的项目有重合也有区别(如表 23－4 所示),重合的项目也存在计算方式的差别,因此,对二者之间关系的不同理解直接影响劳动者可获赔的数额以及用人单位的责任范围。

表 23－4 工伤保险赔偿与侵权赔偿的项目

	工伤保险赔偿	侵权赔偿
重合项目	原工资福利	误工费
	医疗费	医疗费
	护理费、(停工留薪期间)生活护理费	护理费
	住院伙食补助费	住院伙食补助费
	交通费	交通费
	外省市就医食宿费	外省市就医住宿费、伙食费
	康复治疗费	康复费、康复护理费、适当的整容费、后续治疗费
	辅助器具费	残疾辅助器具费
	一次性伤残补助金	残疾赔偿金
	供养亲属抚恤金	被抚养人生活费
	丧葬补助金	丧葬费
	一次性工亡补助金	死亡赔偿金

续表

	工伤保险赔偿	侵权赔偿
不同项目	伤残津贴	营养费
	一次性工伤医疗补助金和伤残就业补助金	精神抚慰金
		陪护人员住宿费、伙食费

《安全生产法》第 56 条和《职业病防治法》第 58 条似乎肯定了用人单位侵权责任对工伤保险责任的补充作用,即劳动者若在工伤保险之外还有获得赔偿的权利,可依法向用人单位请求。但上述两个法律的规定比较空泛,不够明确具体。《最高人民法院关于审理人身损害赔偿案件适用法律若干问题的解释》第 3 条规定,依法应当参加工伤保险统筹的用人单位的劳动者,因工伤事故遭受人身损害,劳动者或者其近亲属向人民法院起诉请求用人单位承担民事赔偿责任的,告知其按《工伤保险条例》的规定处理。该规定从字面上似乎可以理解为二者是替代关系,即以工伤保险责任替代用人单位的侵权责任,劳动者只能请求工伤保险救济,不能再要求用人单位承担民事赔偿责任。值得注意的是,最高人民法院的解释仅涵盖了"因工伤事故遭受人身损害"的情况而未涉及职业病,也就是说,最高人民法院并未排除患职业病的劳动者或者其近亲属向人民法院起诉请求用人单位承担民事赔偿责任。因此,法律与司法解释之间的冲突以及司法解释本身的漏洞造成了司法实践中对此类案例评判尺度的不统一。司法实践中对于这一问题的意见也不统一,一部分法院还是遵循最高人民法院的解释,认为用人单位只承担工伤保险责任;另一部分法院则认为两者属于"补充关系",即用人单位对工伤保险赔偿与人身损害赔偿之间的差额有补足义务,从而更好地保障劳动者的权益。

北京案例与导引

[案例 5]

2016 年 1 月 21 日章某受所任职 Z 公司指派,搭载同事张某去参加公司年会,途中发生交通事故,导致章某、张某受伤。交警支队认定章某对该次事故的发生负主要责任。

事故发生后,北京市东城区人社局认定张某因该次事故受伤为工伤。张某在工伤认定之后获得了工伤保险赔付,张某认为工伤保险赔偿与交通事故应获赔偿存在差额。遂将包括 Z 公司在内的相关各方诉至法院,诉请人身损害赔偿金。

一审、二审法院均认定 Z 公司依法缴纳了工伤保险,张某亦依法获得了工伤保险赔偿,因此 Z 公司无须承担责任。张某不服,向北京市高级人民法院申请再审。

[法院观点]

该案中,由于张某与章某二者属于同一单位,故工伤保险赔偿和人身损害赔偿具有一定的重合,但工伤赔偿是单位职工的一种保险待遇,是为尽快解决赔偿而设,并不当然免除侵权人的侵权责任,对于工伤保险赔偿不足以弥补受害人损失的,不足部分仍应由侵权人承担赔偿责任。该案中应由章某在其应当承担的责任比例中予以补足,并因其职务行为进而由其单位 Z 公司替代承担。

(2019)京民再 163 号

上海案例与导引

[案例6]

2019年8月24日，何某(用工单位为K公司)驾车追尾碰撞王某驾驶的B公司所属车辆，造成乘坐于何某驾驶的车内的袁某于当日死亡。袁某事发前由C公司劳务派遣至K公司工作。

交警部门认定，何某负事故主要责任，王某负事故次要责任。

C公司为袁某缴纳了工伤保险，事发后工伤保险基金已支付工伤保险待遇。

随后，袁某家属将K公司诉至法院，要求K公司承担交通事故赔偿金与工伤保险理赔金的差额。

[法院观点]

第一，工伤保险赔偿与侵权赔偿之间的关系主要有择一模式、取代模式、兼得模式、补充模式四种。就相关司法解释的行文而言，尚无法看出采纳的是何种模式。第二，就立法沿革而言，司法解释最初的征求意见稿曾规定了取代模式(其表述是:“因侵权行为遭受人身损害，经劳动行政部门确认为工伤，如果侵权人是用人单位或者受雇佣于同一用人单位的其他劳动者的，受害人应当申请工伤保险赔偿;受害人请求民事损害赔偿的，人民法院不予受理”)，但最高人民法院最终并未采纳上述表述。第三，如果被侵权人或其近亲属仅能按照工伤获得赔偿且工伤保险赔偿金额小于侵权赔偿金额时(采取取代模式)，对于该被侵权人或其近亲属不公平，这有违民法的公平原则。

综上，法院认为采取取代模式有违公平，而采取补充模式在逻辑上更加严密，也更符合社会公平正义的观念。补充模式一方面可避免被侵权人或其近亲属获得双份赔偿，减轻雇主的工伤负担;另一方面又可以保证被侵权人或其近亲属获得完全赔偿。因此，袁某家属主张K公司赔偿袁某交通事故(侵权)赔偿金与工伤保险理赔金的差额部分，法院予以支持。

(2021)沪01民终14363号

[案例7]

2013年12月起，沈某受S公司派遣，至Z物流股份有限公司从事危化品槽罐运输驾驶员工作。2018年，沈某在例行体检中发现血液检查结果异常，后于2018年11月21日前往上海治疗，经诊断结果为“急性髓样白血病”。2020年10月12日，医院出具职业病诊断证明书，诊断结论为“职业性肿瘤(苯所致白血病)”。后经市、区两级职业病诊断鉴定委员会鉴定，结论均为“职业性肿瘤(苯所致白血病)”。沈某遂提起诉讼，要求Z公司、S公司承担人身损害赔偿责任。

[法院观点]

对于依法应当参加工伤保险统筹的用人单位的劳动者，因工伤事故遭受人身损害，劳动者或者其近亲属向人民法院起诉请求用人单位承担民事赔偿责任的，应告知其按《工伤保险条例》的规定处理。由于该案用人单位已为沈某申请了工伤理赔，现沈某又对两公司提起人身损害赔偿的民事诉讼，与前述规定不符。据此，法院驳回了沈某的诉请。

(2022)沪01民终5424号

广东案例与导引

[案例 8]

黄某是 L 公司的员工,2014 年 12 月 1 日,黄某被诊断为"职业性慢性中度苯中毒(中性粒细胞减少症)",人社局认定黄某受到的职业危害为工伤。后黄某领取了现有的工伤赔偿款。随后,黄某起诉 L 公司,要求公司承担人身损害赔偿责任。案件经一审、二审、再审,认定一次性伤残补助金和伤残津贴与残疾赔偿金及被扶养人生活费的性质相同,法院不再重复支持;但营养费、精神损害抚慰金等项目工伤保险待遇并未包含,法院酌情予以支持。黄某仍不服,向检察机关申诉,检察院提起抗诉,主张即使性质相同的项目,用人单位仍应对差额进行补足。广东省高级人民法院提审本案。

[法院观点]

职业病患者在获得工伤保险待遇后,要求用人单位支付残疾赔偿金、被扶养人生活费和住院伙食补助费等人身损害赔偿项目,虽然残疾赔偿金、被扶养人生活费和住院伙食补助费等人身损害赔偿项目与工伤保险待遇相同项目属于同一性质,但是如果人身损害赔偿项目数额高于工伤保险待遇相同项目数额,根据填平原则和实际损失原则,用人单位仍应根据《侵权责任法》(已失效)的规定赔偿相应的差额。该案中,黄某除依法享有工伤保险待遇外,仍有权要求 L 公司支付残疾赔偿金、被扶养人生活费与工伤保险待遇相同项目的相应差额。

(2020)粤民再 205 号

Q8: 第三人侵权导致工伤时,如何处理工伤保险责任与第三人侵权责任的竞合?

A:《最高人民法院关于审理人身损害赔偿案件适用法律若干问题的解释》第 3 条第 2 款允许因第三人侵权而遭受工伤的劳动者同时享有工伤赔偿和人身损害赔偿。最高人民法院在《关于对"统一第三人侵权工伤赔偿案件裁判标准"问题的答复》中认可了第三人侵权和工伤赔偿,受害人可获得双份赔偿的原则。在最高人民法院有关此问题的解释出台以后,社保部门和一些学者持有不同意见,他们认为应当采取补充补偿模式。为解决此问题,全国人大常委会在起草《社会保险法》的过程中,曾就此问题组织了论证会。由于各方观点分歧较大,都有一定的道理,立法机关在《社会保险法》和 2010 年修订后的《工伤保险条例》中均未明确该问题。鉴于这一问题争议较大,2014 年出台的《最高人民法院关于审理工伤保险行政案件若干问题的规定》第 8 条在程序上充分保障了工伤职工同时享有主张工伤赔偿和人身损害赔偿的权利,但也预留了一定的司法裁量空间。

就用人单位的角度而言,解决该问题对单位的影响在于以下两个方面:

1. 在用人单位已经向劳动者支付工伤保险待遇后(法律规定用人单位承担的部分),劳动者又要求第三方侵权人承担侵权赔偿责任的,用人单位是否可以追偿?

2. 在劳动者已经获得第三方侵权人的赔偿后,又要求用人单位给付工伤保险待遇的,用人单位是否可以要求就劳动者已获赔的部分进行抵扣?

许多地方法院对此问题出台了明确的解释，多数法院认为用人单位可以进行追偿或抵扣，但他们对可追偿和抵扣的范围的理解存在差异，也有法院认为劳动者可同时享有工伤赔偿和侵权赔偿，用人单位不得追偿或抵扣：

1. 部分项目可追偿或抵扣。例如，《江苏省高级人民法院劳动争议案件审理指南》(2010)规定：工伤保险赔偿与第三人侵权赔偿之间为“部分兼得、部分补充”的关系。即如果劳动者已获得侵权赔偿，用人单位承担的工伤保险责任中应扣除第三人已支付的医疗费、护理费、营养费、交通费、住院伙食补助费、残疾辅助器具费和丧葬费等实际发生费用。用人单位先行支付工伤保险赔偿的，可以在第三人应当承担的赔偿责任范围内向第三人追偿。对于上述几项实际发生费用以外的其他费用，则采取兼得原则。上海市高级人民法院则在《关于审理工伤保险赔偿与第三人侵权损害赔偿竞合案件若干问题的解答》中罗列出工伤保险赔偿与第三人侵权赔偿之间存在的重复赔偿项目以及不同赔偿项目，针对重复赔偿项目，采取同一赔偿项目按照“就高原则”进行认定的方式来处理。劳动者在侵权损害赔偿案件中就重复赔偿项目按照就高原则已获得全额赔偿的，劳动者无法在工伤保险赔偿案件中主张重复赔偿；若劳动者分别通过诉讼或仲裁，就工伤保险赔偿和侵权损害赔偿中的重复赔偿项目获得重复赔偿的，用人单位或工伤保险经办机构可以在扣除按照就高原则确定的劳动者应获得的赔偿数额后的剩余部分进行追偿。《广东省高级人民法院、广东省劳动人事争议仲裁委员会关于审理劳动人事争议案件若干问题的座谈会纪要》(已失效)第6条也曾规定：“劳动者工伤由第三人侵权所致，第三人已承担侵权赔偿责任，劳动者或者其近亲属又请求用人单位支付工伤保险待遇的，用人单位所承担的工伤保险责任应扣除医疗费、辅助器具费和丧葬费。”

2. 以侵权第三人的责任为限，全部项目可追偿或抵扣。《重庆市高级人民法院关于审理工伤赔偿案件若干问题的意见》第3条第2款规定：“赔偿权利人已获得第三人民事赔偿的，工伤保险经办机构及用人单位不再支付工伤保险待遇；但第三人赔偿的总额低于工伤保险的，工伤保险经办机构及用人单位应当补足差额部分。”第6条第1～2款规定：“工伤保险经办机构或用人单位支付赔偿权利人相应的工伤保险待遇后，对侵权第三人进行追偿的，人民法院应当予以支持。工伤保险经办机构或用人单位向第三人追偿的金额以第三人应承担的赔偿金额为限，第三人已给付赔偿权利人的部分应在追偿总额中予以扣减。”《浙江省高级人民法院关于审理劳动争议案件若干问题的意见》第37条规定：“劳动者因他人的侵权行为导致工伤的，一般应先向侵权人请求民事侵权赔偿；如其就民事侵权已实际获得相应赔偿，其可以要求用人单位或社会保险机构在工伤待遇总额内补足工伤待遇……用人单位或者社会保险机构支付相关费用后，可以向民事侵权人进行追偿，人民法院可视情追加劳动者为当事人。在用人单位或社会保险机构向劳动者已经支付全部或部分工伤保险待遇后，劳动者又向侵权人提起民事侵权诉讼的，人民法院应追加用人单位或社会保险机构为当事人，使其依法行使对侵权人的全部或部分追偿权。”

3. 不可追偿或抵扣。例如，《山东省高级人民法院关于印发〈全省民事审判工作座谈会纪要〉的通知》中规定：“如果劳动者的工伤系第三人侵权所致，按照我国现行法律和最高人民法院司法解释的规定，用人单位仍应承担劳动者的工伤保险待遇，但劳动者也可追究第三人的侵权赔偿责任，即劳动者可以在工伤事故中获得双重赔偿，但因工伤事故产生的直接费用，原则上不予重复计算。”

为了保障工伤职工及时获得救济,2011 年 7 月 1 日施行的《社会保险法》在工伤保险领域引入了代位求偿制度。第 41 条规定了用人单位未缴纳工伤保险费,发生工伤事故后又不支付工伤保险待遇的,则由工伤保险基金先行支付,后由该用人单位偿还或由工伤保险经办机构予以追偿。同时,第 42 条规定了当造成工伤的第三人不支付工伤医疗费或者无法确定第三人时,工伤保险基金应先行支付,再由工伤保险机构向第三人追偿。在工伤保险领域引入代位求偿是我国社会保障领域的一大突破。但是,由于社会保险机构的运行效率往往较低,且往往无法应对突发性事件,故在实践中此种代位求偿权能够缓解工伤员工多大的经济压力还有待进一步观察。

典型案例与导引

[案例 9]

周某于 2015 年 10 月到 J 公司工作,J 公司为周某缴纳了社会保险。2018 年 7 月 9 日,周某在下班途中与张某驾驶的电动自行车发生碰撞,周某与张某受伤。2018 年 7 月 10 日,苏州市吴江区交警大队认定张某负主要责任,周某负次要责任。2018 年 7 月 31 日,周某、张某两人达成协议,内容之一包括张某赔偿周某误工费、营养费等合计 3800 元。2018 年 10 月 30 日,苏州市吴江区人社局认定周某受到的伤害属于工伤。2019 年 4 月 19 日,周某申请仲裁,请求 J 公司支付其停工留薪期工资 7028 元。仲裁裁决支持了该项诉请,J 公司不服,诉至法院。

[法院观点]

关于停工留薪期工资。周某因工伤休息 35 天,应视同其正常提供劳动而享有工资,法院酌定 J 公司支付周某停工留薪期工资为 7028 元。关于 J 公司认为周某系因第三人侵权构成工伤,其已经获得误工费赔偿,故不能同时享有停工留薪期工资。法院认为,一方面,现行法律并未禁止工伤职工同时享受工伤保险待遇和人身损害赔偿;另一方面,工伤保险待遇与民事侵权赔偿二者性质不同,前者属公法领域,基于社保法律关系发生,后者属私法领域,基于民事法律关系发生,不宜径行替代。

《最高人民法院公报》2021 年第 6 期,(2019)苏 05 民终 10330 号

Q9: 用人单位依据《劳动合同法》第 39 条解除劳动合同时,劳动者是否有权获得一次性工伤医疗补助金和一次性伤残就业补助金?

A: 依据《劳动合同法》第 42 条,劳动者在本单位患职业病或者因工负伤并被确认丧失或者部分丧失劳动能力的,用人单位不得依照本法第 40 条(无过失性辞退)、第 41 条(经济性裁员)的规定解除劳动合同。该条未排除用人单位依据《劳动合同法》第 39 条解雇(过失性辞退)的情况,也就是说,即使劳动者在本单位患职业病或者因工负伤并被确认丧失或者部分丧失劳动能力,若劳动者存在《劳动合同法》第 39 条所述的过失情况,如严重违反用人单位的规章制度,用人单位可以单方解除与其的劳动合同。

《工伤保险条例》第36条和第37条分别规定，职工因工致残被鉴定为五级、六级伤残的……经工伤职工本人提出，该职工可以与用人单位解除或者终止劳动关系，由工伤保险基金支付一次性工伤医疗补助金，由用人单位支付一次性伤残就业补助金；职工因工致残被鉴定为七级至十级伤残的……劳动、聘用合同期满终止，或者职工本人提出解除劳动、聘用合同的，由工伤保险基金支付一次性工伤医疗补助金，由用人单位支付一次性伤残就业补助金。上述规定是否意味着若用人单位依据《劳动合同法》第39条辞退劳动者时，劳动者就无法获得一次性工伤医疗补助金和一次性伤残就业补助金？对于此问题，法律没有明确规定，结合相关案例，笔者倾向于认为，不能因此认定《工伤保险条例》排除了因《劳动合同法》第39条规定的情形而被辞退的伤残劳动者享受工伤保险待遇的权利。《工伤保险条例》规定工伤保险待遇的目的就是保障因工作遭受事故伤害或者患职业病的劳动者获得医疗救治和经济补偿的权利，该等权利不应受到劳动者此后其他行为的影响。

典型案例与导引

［案例10］

2011年3月1日，L公司、侯某签订了期限自当日起至2012年2月28日止的劳务合同。合同约定，将侯某安排到J公司工作。2012年3月21日，侯某在工作时被机器压伤左手食指。同年4月27日，长宁区人社局作出认定工伤决定书，确认侯某上述所受伤害属于工伤。同年8月31日，上海市长宁区劳动能力鉴定委员会认定侯某上述工伤构成因工致残程度十级。同年7月19日、7月26日，J公司两次向侯某出具员工违纪处罚单，并因侯某已于一个月内连续两次触犯3类违纪规则，故根据员工手册规定于2012年7月26日予以开除处分。随后L公司与侯某解除劳动关系。侯某不服，诉请恢复劳动关系。该案经仲裁、一审、二审，最终认定公司解除合法。随后，侯某再次提起仲裁，要求L公司支付一次性伤残就业补助金，仲裁未予受理，侯某遂诉至法院，但一审法院未支持该项诉请，侯某不服，提起上诉。

［法院观点］

工伤保险待遇是对职工因工作原因受到伤害而得到的补救和补偿，它不应受劳动关系解除原因等因素的影响，且根据相关规定，工伤职工在丧失享受待遇条件、拒不接受劳动能力鉴定、拒绝治疗的情况下，停止享受工伤保险待遇，而用人单位合法解除劳动合同不符合以上3种情形，故L公司应支付侯某一次性伤残就业补助金。

《最高人民法院公报》2015年第11期，(2014)沪一中民三(民)终字第546号

Q10：劳动者自身的过错是否影响工伤保险待遇？

A： 无过错责任原则是工伤保险的基本原则，其意味着无论工伤是否因用人单位、劳动者或是第三人的过错导致，劳动者都应获得必要的补偿。因此，劳动者因工负伤、患职业病或死亡，除故意犯罪、醉酒或者吸毒、自残或者自杀以外，即使其对工伤的发生存在过错，也应依据国家和地方规定的标准享有工伤保险待遇，劳动者享受的工伤保险待遇不应因劳动者的过错而有所降低。

上海案例与导引

[案例 11]

嵇某于 2019 年 12 月 18 日入职 F 公司,担任厨师。2019 年 12 月 28 日,F 公司后厨煤气爆炸,导致嵇某受伤。2020 年 7 月 31 日,嵇某所受伤害被认定为工伤。

F 公司就事故所受损失向法院起诉,要求燃气公司承担责任,案件经过一审、二审,认定因 F 公司厨师嵇某明火操作,存在一定的过错,故 F 公司承担事故 20% 的责任。

后嵇某申请劳动仲裁,要求公司支付工伤保险待遇。双方对仲裁结果均不服,分别诉至法院。

F 公司主张,嵇某在未确保安全的情况下仍进行明火操作,存在一定的过错,应由嵇某承担 20% 的责任。

[法院观点]

工伤保险赔偿适用无过错责任原则,只要不存在《工伤保险条例》第 16 条规定的职工故意犯罪、醉酒或吸毒、自残或自杀的情形,均应认定工伤,并由工伤保险基金及用人单位按照《工伤保险条例》的规定全额支付工伤职工相应的工伤保险待遇,故 F 公司要求按过错原则由嵇某自行承担 20% 工伤赔偿责任的理由,缺乏法律依据,法院难以采纳。

(2022)沪 01 民终 4323 号

Q11: 对于距法定退休年龄不足 5 年的工伤劳动者,劳动合同解除或终止时应享受的一次性工伤医疗补助金和一次性伤残就业补助金应如何计算?

A: 《工伤保险条例》第 36 条、第 37 条规定,职工因工致残被鉴定为五级至十级的,一次性工伤医疗补助金和一次性伤残就业补助金的具体标准由省、自治区、直辖市人民政府规定。并未对距法定退休年龄不足 5 年的工伤员工,劳动合同解除或终止时应享受的一次性工伤医疗补助金和一次性伤残就业补助金作出具体规定。因此各省份对此问题略有差异,目前主要有以下几类规定:

(1)对距法定退休年龄不足 5 年的,一次性工伤医疗补助金和一次性伤残就业补助金递减皆未作出具体规定的,如广东省。

(2)距法定退休年龄不足 5 年的,每减少一年,一次性工伤医疗补助金和一次性伤残就业补助金皆递减 10%,如山西省。

(3)距法定退休年龄不足 5 年的,每减少一年,一次性工伤医疗补助金和一次性伤残就业补助金皆递减 20%,如上海市。

(4)距法定退休年龄不足 5 年的,一次性工伤医疗补助金不递减,一次性伤残就业补助金每减少一年,递减 20%,如浙江省。

(5)距法定退休年龄不足 5 年的,一次性工伤医疗补助金不受影响,一次性伤残就业补助金不足一年的 30%、不足 2 年的 60%、不足 3 年的 70%、不足 4 年的 80%、不足 5 年的 90% 支付,如安徽省。

Q12：用人单位未替劳动者办理工伤保险的情况下，与工伤劳动者签订“私了协议”，效力如何？

A： 实践中有的用人单位出于成本考虑，时常出现不为劳动者缴纳工伤保险的情况。劳动者出现工伤事故时，为了息事宁人，便试图与劳动者签订“私了协议”，以解决“后顾之忧”。那么，此类私了协议效力到底如何？根据《社会保险法》第41条、《工伤保险条例》第62条的相关规定，用人单位应当参加工伤保险而未参加的，由社会保险行政部门责令限期参加，补缴应当缴纳的工伤保险费，并自欠缴之日起，按日加收5‰的滞纳金；逾期仍不缴纳的，处欠缴数额1倍以上3倍以下的罚款。用人单位未按照法律规定参加工伤保险并为其职工缴纳工伤保险费，如果其劳动者发生工伤，由该用人单位按照法定的工伤保险待遇项目和标准支付费用。由此可见，针对用人单位未缴纳工伤保险费的情形，用人单位不仅需要对工伤劳动者承担赔偿责任，还需要承担行政责任，“私了协议”无法为用人单位免除该等行政责任。

针对工伤员工的赔偿责任，由前述规定可知，法律对用人单位对工伤劳动者的赔偿责任有非常明确的规定，即按照法定的工伤保险待遇项目和标准支付费用。因此，私了协议的效力应当分情况进行考虑。如果根据私了协议，工伤劳动者所能获得的待遇和补助不低于法律的规定，则不应否定该等协议的效力。如果根据私了协议，用人单位为工伤劳动者提供的待遇和补助低于法律标准，尤其是在用人单位利用工伤劳动者不了解相关法规的情况下，该等私了协议的效力应重新考量，在特定情况下可能会构成“乘人之危”的无效协议。

No. 24 职业病

职业病,是指企业、事业单位和个体经济组织等用人单位的劳动者在职业活动中,因接触粉尘、放射性物质和其他有毒、有害物质等因素而引起的属于职业病分类和目录内的疾病。

1. 职业病的适用主体

职业病的适用主体为企业、事业单位和个体经济等用人单位的劳动者,包括国有企业、集体所有制企业、股份制企业、外商投资企业、合伙企业、个人独资企业及各类事业单位、民办非企业单位等。

2. 致病因素

致病因素为在职业活动中接触粉尘、放射性物质和其他有毒、有害物质等因素。粉尘是指悬浮在空气中的固体微粒。放射性物质是那些能自然地向外辐射能量,产生出射线的物质,放射性物质产生的射线有三种,分别是 α 射线、β 射线和 γ 射线。其他有毒、有害物质等因素包括各种化学、物理、生物因素,以及在职业活动中产生的对人体有害的因素。

3. 职业病分类和目录

劳动者所患疾病须为职业病分类和目录内的疾病才可被认定为职业病。根据 2001 年公布的《职业病防治法》,2002 年 4 月,原卫生部和原劳动保障部联合印发的《关于印发〈职业病目录〉的通知》(已失效),该目录包括尘肺、职业性放射性疾病、职业中毒、物理因素所致职业病、生物因素所致职业病、职业性皮肤病、职业性眼病、职业性耳鼻喉口腔疾病、职业性肿瘤和其他职业病共计 10 大类 115 种。2011 年 12 月 31 日,第十一届全国人大常委会第二十四次会议审议通过了《关于修改〈中华人民共和国职业病防治法〉的决定》。为贯彻落实 2011 年修正的《职业病防治法》,原卫生部、原安全监管总局、人力资源和社会保障部和中华全国总工会研究决定成立工作组对 2002 年公布的《职业病目录》(已失效)进行调整,并于 2013 年 1 月发布关于《职业病分类和目录(征求意见稿)》公开征求意见的通知。2013 年 12 月 23 日,工作组在研究讨论了各地、各有关部门和社会反映的意见并深入实地调研后,联合印发了《职业病分类和目录》。《职业病分类和目录》将职业病调整为 132 种(含 4 项开放性条款),其中新增 18 种,对 2 项开放性条款进行了整合,对 16 种职业病的名称进行了调整。《职业病分类和目录》仍然将职业病分为 10 类,但对其中 3 类的分类名称作了调整:原“尘肺”与“其他职业病”中的呼吸系统疾病合并为“职业性尘肺病及其他呼吸系统疾病”、原“职业中毒”修改为“职业性化学中毒”、原“生物因素所致职业病”修改为“职业性传染病”。

职业病关键词中涉及的二级关键词	
24.1	职业病危害因素
24.2	职业病防治义务
24.3	职业病诊断与鉴定
24.4	职业病待遇

24.1 职业病危害因素

解析

法律依据

职业病危害因素包括职业活动中存在的各种有害的化学、物理、生物因素以及在作业过程中产生的其他职业有害因素。职业病危害因素是职业病防治工作的重点,原因在于:它是建设项目职业病危害分类管理的重要因素;是用人单位依法申报职业病危害项目的直接依据;是开展工作场所职业病危害因素监测与评价的依据;是开展健康监护工作的针对性依据;是开展职业病诊断的先决条件;也是设置职业病防护设施和职业危害警示标识、佩戴个人防护用品的重要依据等。

依据2015年原国家卫生计生委、原安全监管总局、人力资源社会保障部和中华全国总工会联合修订的《职业病危害因素分类目录》,职业病危害因素可分为粉尘、化学因素、物理因素、放射性因素、生物因素和其他因素六大类,为避免交叉重复,将2002年《职业病危害因素分类目录》中的“导致职业性皮肤病的危害因素、导致职业性眼病的危害因素、导致职业性耳鼻喉口腔疾病的危害因素、职业性肿瘤的职业病危害因素”4类危害因素分别归入上述六大类中。

24.2 职业病防治义务

解析

法律依据

2001年10月27日第九届全国人大常委会第二十四次会议通过《职业病防治法》;2011年12月31日第十一届全国人大常委会第二十四次会议通过《关于修改〈中华人民共和国职业病防治法〉的决定》,对《职业病防治法》进行第一次修正;2016年7月2日第十二届全国人大常委会第二十一次会议通过《关于修改〈中华人民共和国节约能源法〉等六部法律的决定》,对《职业病防治法》进行第二次修正;2017年11月4日第十二届全国人大常委会第三十次会议通过《关于修改〈中华人民共和国会计法〉等十一部法律的决定》,对《职业病防治法》进行了第三次修正;2018年12月29日第十三届全国人大常委会第七次会议通过《关于修改〈中华人民共和国劳动法〉等七部法律的决定》,对《职业病防治法》进行了第四次修正。

依据《职业病防治法》,用人单位在职业病防治方面有下列法定义务,如表24－1所示。

表24－1 用人单位职业病防治的义务

义务	具体内容
卫生条件保障义务	用人单位应当为劳动者创造符合国家职业卫生标准和卫生要求的工作环境和条件
职业卫生制度完善义务	建立、健全职业卫生管理制度和操作规程; 建立、健全职业卫生档案和劳动者健康监护档案; 建立、健全工作场所职业病危害因素监测及评价制度; 建立、健全职业病危害事故应急救援预案

续表

义务	具体内容
缴纳法定保险义务	用人单位应当依法参加工伤保险
报告义务	建设项目职业病危害预评价报告和职业病危害控制效果评价; 工作场所职业病危害项目申报; 工作场所职业危害检测、评价结果报告
提供卫生防护设施和用品义务	用人单位必须采取有效的职业病防护设施,并为劳动者提供个人职业病防护用品
职业危害检测义务	用人单位应当定期对工作场所进行职业病危害检测、评价
职业卫生培训义务	用人单位应当对劳动者进行上岗前的职业卫生培训和在岗期间的定期职业卫生培训,指导劳动者正确使用职业病防护设备和个人使用的职业病防护用品
职业健康检查义务	用人单位应组织从事接触职业病危害作业的劳动者进行上岗前、在岗期间和离岗时的职业健康检查,费用由用人单位承担
特殊劳动者保护义务	不得安排有职业禁忌的劳动者从事其所禁忌的作业; 不得安排未成年工从事接触职业病危害的作业; 不得安排孕期、哺乳期的女职工从事对本人和胎儿、婴儿有危害的作业
落实职业病或者可疑职业病待遇义务	用人单位对遭受或者可能遭受急性职业病危害的劳动者,应当及时组织救治、进行健康检查和医学观察; 及时安排疑似职业病病人进行诊断;负责职业病病人的诊断、治疗、康复和安置,并依法承担相应责任; 对接触职业病危害因素的劳动者,给予适当岗位津贴; 妥善安置有职业禁忌或者与职业相关的健康损害的劳动者
职业危害警示和告知义务	产生职业病危害的用人单位应当在醒目位置设置公告栏,公布有关职业病防治的规章制度、操作规程、职业病危害事故应急救援措施和工作场所职业病危害因素检测结果; 对产生严重职业病危害的作业岗位,应当在其醒目位置,设置警示标识和相应中文警示说明;警示说明应当载明产生职业病危害的种类、后果、预防以及应急救治措施等内容; 用人单位应当将工作过程中可能产生的职业病危害及其后果、职业病防护措施和待遇等如实告知劳动者,并在劳动合同中写明
不转移职业病危害义务	用人单位不得将产生职业病危害的作业转移给不具备职业病防护条件的单位和个人
事故报告和处理义务	发生或者可能发生急性职业病危害事故时,用人单位应当立即采取应急救援和控制措施,并及时向所在地县级卫生行政部门和有关部门报告
配合职业病诊断和鉴定义务	用人单位应当如实提供职业病诊断、鉴定所需的劳动者职业史和职业病危害接触史、工作场所职业病危害因素检测结果等资料

辨析

• 职业病与职业禁忌证

职业病，是指企业、事业单位和个体经济组织等用人单位的劳动者在职业活动中，因接触粉尘、放射性物质和其他有毒、有害因素而引起的疾病。

职业禁忌证，是指劳动者从事特定职业或者接触特定职业病危害因素时，比一般职业人群更易于遭受职业病危害和罹患职业病或者可能导致原有自身疾病病情加重，或者在作业过程中诱发可能导致对他人生命健康构成危险的疾病的个人特殊生理或病理状态。

因此，职业病与职业禁忌是两个不同的概念，存在职业禁忌证的劳动者并不等同于患有职业病，不享受职业病的相关待遇；但对于存在职业禁忌证的劳动者，用人单位有将其调离原岗位的义务。

问题导引

Q1： 用人单位未组织从事接触职业病危害因素的劳动者进行上岗前、在岗期间和离岗时的职业健康检查，会面临何种风险？

A： 组织从事接触职业病危害因素的劳动者进行上岗前、在岗期间和离岗时的职业健康检查是用人单位的法定义务，若用人单位不履行该等义务，除可能遭受行政处罚外，还可能面临以下风险和问题：(1)若用人单位未对劳动者进行上岗前职业病健康检查，在劳动者发生职业病时，用人单位可能无法证明劳动者的职业病不是在该用人单位提供劳动过程中产生的。例如，劳动者先后在多个单位接触职业病危害因素的岗位工作过，且在前一用人单位未进行离岗时的职业健康检查，若用人单位也未对劳动者进行上岗前职业健康检查，就可能导致用人单位在无法提供证据的情况下承担相应责任。(2)劳动者离岗时未做职业健康检查在用人单位依据《劳动合同法》第40条或第41条解除劳动合同，或者以劳动合同期满为由终止劳动合同时，会导致违法解除或终止劳动合同。《职业病防治法》规定，从事接触职业病危害作业的劳动者未进行离岗前职业健康检查的，用人单位不得解除或者终止与其订立的劳动合同。(3)如果用人单位未安排离岗时职业健康检查，而劳动者在劳动关系结束后查出患有职业病的，一旦出现因劳动关系已经不存在，导致劳动者无法正常通过工伤保险获得赔偿的极端情况时，最终用人单位需要承担相应的赔偿责任。

北京案例与导引

[案例1]

2008年1月3日，王某入职T研究所工作，岗位为焊工。2018年11月，房山区环保局以车间环保超标为由要求T研究所关闭车间并处以罚款。2018年11月30日，T研究所以客观情况发生变化、双方劳动关系无法继续履行为由，与王某解除劳动合同。

2019 年 3 月 22 日,王某申请劳动仲裁,请求之一要求公司支付违法解除赔偿金。仲裁裁决支持该项诉请,公司不服,诉至法院。

在诉讼过程中,王某申请工伤认定,2020 年 2 月 17 日,北京市海淀区人社局认定王某患有职业病,予以认定为工伤。

[法院观点]

劳动者从事接触职业病危害作业岗位的,用人单位在劳动者未进行离岗前职业健康检查的,不得解除与劳动者的劳动合同关系。该案中,T 研究所于 2018 年 11 月 30 日以环保超标需关闭车间致劳动关系无法继续履行为由解除案涉劳动关系,而王某于 2019 年 8 月 30 日被诊断患有职业性电焊工尘肺,即 T 研究所在王某确诊患有职业病前已解除劳动合同,亦未证明已对王某进行离职前职业健康检查,故 T 研究所在王某未能进行职业健康检查的情况下,以客观情况变化而无法继续履行为由解除案涉劳动关系,属违法解除案涉劳动合同。

(2020)京 01 民终 7671 号

[案例 2]

上述案例 1 中王某胜诉后,再次提起仲裁,要求 T 研究所承担工伤责任。仲裁裁决支持王某的请求,T 研究所不服,诉至法院。

T 研究所主张,王某在职期间研究所一直为其缴纳社保,故其应通过工伤待遇获得相关赔偿。

[法院观点]

T 研究所在知悉王某从事接触职业病危害作业岗位的情况下,并未对王某进行离岗前职业健康检查就解除与王某的劳动关系,由此造成王某无法享受工伤保险待遇,故 T 研究所应向王某支付一次性伤残补助金、一次性工伤医疗补助金和一次性伤残就业补助金。T 研究所虽主张可通过恢复与王某的劳动关系的方式解决王某无法享受工伤保险待遇的问题,但是否建立或恢复劳动关系,应以用人单位和劳动者形成合意为基础,同时,T 研究所系违法解除与王某的劳动关系,王某是否同意恢复与 T 研究所的劳动关系属王某的权利。综上,T 研究所主张的因王某不同意恢复劳动关系无法享受工伤保险待遇而不应向王某赔偿相关补助缺乏事实和法律依据。在此情况下,T 研究所是否为王某缴纳工伤保险,均无法否定 T 研究所应向王某支付前述补助金的义务。

(2021)京 01 民终 7595 号

广西案例与导引

[案例 3]

2005 年至 2018 年 11 月,胡某在广西多家石业公司从事钻工工作,并在此期间一直接触粉尘。胡某从 2018 年 12 月 6 日开始入职 S 采石场从事钻工工作。2019 年 11 月 15 日,S 采石场组织职工进行职业健康检查,检查出胡某疑似尘肺病。2020 年 7 月 16 日宾阳县人社局认定胡某患职业病为工伤。后双方就职业病工伤伤残待遇赔偿未协商一致，胡某提起仲裁申请。仲裁裁决后，双方均不服，遂诉至法院。

S 采石场主张，胡某在 S 采石场处工作的实际时间才 40 来天，按照对尘肺病形成参与度来说，S 采石场起到的作用仅占一小部分。

［法院观点］

用人单位依法对新入职从事接触职业病危害的职工进行上岗前职业健康检查、不安排未经上岗前职业健康检查的劳动者从事接触职业病危害的作业，既是对劳动者的保护，也是对用人单位的约束和保护，可以有效避免该用人单位对其职工在入职前已经形成的职业病承担赔偿责任。

胡某于 2018 年 12 月 16 日入职 S 采石场时，S 采石场未依法对胡某进行上岗前职业健康检查，即安排胡某从事接触粉尘的钻工工作；胡某于 2019 年 11 月 15 日检查出疑患尘肺病，后被认定为工伤。而 S 采石场未依法为胡某缴纳工伤保险费，导致胡某未能享受工伤保险待遇。因此，S 采石场既未尽健康检查义务，又未尽社会保险费缴纳义务，应当对胡某应享受的各项工伤保险待遇承担全部赔偿责任。

（2022）桂 01 民终 1229 号

Q2： 未经离岗职业健康检查能否依据《劳动合同法》第 39 条与员工解除劳动合同？

A：《职业病防治法》第 35 条规定，用人单位对未进行离岗前职业健康检查的劳动者不得解除或者终止与其订立的劳动合同。《劳动合同法》第 42 条规定，从事接触职业病危害作业的劳动者未进行离岗前职业健康检查的，用人单位不得依照本法第 40 条（无过失性辞退）、第 41 条（经济性裁员）的规定解除劳动合同。实践中经常遇到当接触职业危害的员工存在《劳动合同法》第 39 条规定的严重违纪情形时，用人单位是否可以不经离岗体检而直接解除劳动合同的问题。

对于这一问题，全国范围及各地的口径都不尽统一，可以看出司法人员在面对这一问题时，对法律理解以及价值选择等存在较大的分歧。

理解一：认为应当优先适用《职业病防治法》的规定。此观点主要认为，对接触职业危害因素的员工进行体检是用人单位的法定义务，不因任何原因而免除。《劳动合同法》虽然没有排除用人单位以该法第 39 条严重违纪解除劳动合同的情形，但根据《职业病防治法》第 35 条的规定，对从事接触职业病危害的作业的劳动者，用人单位应当按照国务院卫生行政部门的规定组织上岗前、在岗期间和离岗时的职业健康检查，并将检查结果书面告知劳动者，对未进行离岗前职业健康检查的劳动者不得解除或者终止与其订立的劳动合同。此为用人单位的法定义务，不因任何原因而免除，只要未按此规定执行，即属于违法解除。

理解二：认为应当优先适用《劳动合同法》的规定。

1. 从立法目的看，《劳动合同法》和《职业病防治法》均属劳动保护法体系，是社会法的构成部分，只是法益衡量和保护机制各有侧重。从两部法的立法宗旨来看，《劳动合同法》侧重点在于调整劳动关系，包括劳动关系建立和解除等。如果用人单位违法解除，应承担赔偿金或恢复劳动关系的法律责任;《职业病防治法》侧重于保障劳动者健康权益从而减少职业病危害。如用人单位在解除劳动关系前未进行离岗体检,致使劳动者合法权益受损,其应承担工伤保险待遇赔偿责任及其他侵权责任。《职业病防治法》对劳动者权益的保护不应是任何情形下的绝对保护,禁止用人单位在劳动者严重过错下的解除并非立法初衷。

2. 从法律效力看,《立法法》规定法律冲突时的适用规则是:上位法优于下位法、新法优于旧法、特别法优于一般法。首先,从法律位阶看,《劳动合同法》和《职业病防治法》均系全国人大常委会制定的法律,位阶相同。其次,从新旧之别看,《职业病防治法》虽系 2018 年修正,但第 35 条的内容自 2002 年 5 月 1 日该法施行时就存在,历次修正对于第 35 条的具体内容并未作任何变动。《劳动合同法》于 2008 年 1 月 1 日才施行,属于新法。最后,从殊异之分看,《劳动合同法》是专门调整劳动合同订立、履行、变更、解除和终止等事项的法律,在制定时梳理、整合、吸收了包括《职业病防治法》在内的其他法律关于用人单位解除劳动合同的相关规定,对用人单位可以解除劳动合同的情形作了系统全面的新规定。对未经离职前健康检查的劳动者,《劳动合同法》未限制该法第 39 条的适用,相较于《职业病防治法》第 35 条的规定在适用范围上进行了限缩,为特别规定。根据法律适用"新法优于旧法""特别法优于一般法"的规则,《劳动合同法》的相关规定作为新法、特别法,应优先适用。

3. 从价值判断看,劳动保护法体系的价值立场是对劳动者合法权益进行倾斜保护,但保护的限度应当适度。《劳动合同法》第 42 条限制用人单位依据该法第 40 条、第 41 条的规定解除劳动合同,但排除了用人单位依据该法第 39 条的规定解除劳动合同的情形,即对适度干预的体现。唯有如此,才能达到既合理保护劳动者合法权益,又不损害用人单位合法权益的适度干预效果。如劳动者严重违纪,仅因用人单位未安排离岗体检就认定违法解除,并使之承担违法解除劳动合同赔偿金或恢复劳动关系,一方面劳动者严重违纪的行为不但未受到惩处,反而获得赔偿或保护;另一方面用人单位用工管理权未能得到有效行使,用工秩序难以维系,同时也加重用人单位责任。这不利于构建和谐稳定的劳动关系。

综上,对于接触职业危害因素但存在严重违纪行为的员工,用人单位理论上可以依据《劳动合同法》第 39 条的规定,不经离岗体检而予以直接解除劳动合同,但如上文所述,司法实践存在另一种不利于用人单位的认定,即解除前必须对员工进行离岗体检,否则属于违法解除,且持此观点的不在少数。一旦因为未经离岗体检这一程序被认定为违法解除,用人单位除了要承担违法解除赔偿金或者恢复劳动关系的法律风险外,还要面临行政部门的监管及处罚的风险,同时存在声誉及舆论方面的风险。因此,用人单位还是应当依法慎重处理。

从降低风险角度考虑,对于接触职业危害因素的员工,即便存在严重违纪行为,用人单位也应当按照《职业病防治法》及《用人单位职业健康监护监督管理办法》的规定,在员工离岗前 30 日内安排员工做离岗体检(劳动者离岗前 90 日内的在岗期间的职业健康检查可以视为离岗时的职业健康检查),同时保留好书面沟通记录。在完成体检之后,或者有证据证明员工拒绝体检之后,再予以解除劳动合同。

上海案例与导引

［案例 4］

2017 年 2 月 20 日，周某进入 Q 公司工作，从事手木工工作。2018 年 8 月 23 日，Q 公司张贴通知，载明因周某严重违反规章制度，与其解除劳动合同。根据职业病危害因素监测报告，Q 公司车间内存在有职业病危害因素。2018 年 12 月 21 日，周某申请仲裁，请求之一要求 Q 公司自 2018 年 8 月 24 日起恢复与周某的劳动关系，理由之一为 Q 公司未按照《职业病防治法》第 35 条的规定安排其离职体检就与其解除了劳动合同。2019 年 2 月 26 日，仲裁委员会作出裁决，对上述请求不予支持，周某不服，诉至法院。

一审审理期间，2019 年 4 月 25 日，上海市嘉定区应急管理局出具专家意见，认为周某应进行职业健康检查（离岗），职业健康检查费用由用人单位承担。2019 年 5 月 6 日，Q 公司通知周某于次日至上海中冶医院体检，周某予以拒绝。

［法院观点］

一审法院认为，根据《劳动合同法》规定，对于从事接触职业病危害作业的劳动者未进行离岗职业健康检查，用人单位不得依据无过失性辞退、经济性裁员的规定解除劳动合同，而并未限制用人单位以劳动者严重违纪为由解除劳动合同的权利。据此，判决不支持周某的诉请。

二审法院认为，由于周某所从事的工作系接触粉尘、噪声等职业病危害因素的作业，Q 公司应当按照国家法律法规的规定对周某进行离岗时的职业健康检查。按照相关法律规定，用人单位对未进行离岗前职业健康检查的从事接触职业病危害因素作业的劳动者不得解除或者终止与其订立的劳动合同。Q 公司对周某未进行离岗前体检而予以辞退，确有不妥，故周某要求 Q 公司自 2018 年 8 月 24 日起恢复劳动关系理由成立。经查，Q 公司于 2019 年 5 月 6 日通知周某于次日至上海中冶医院体检，周某予以拒绝，故 Q 公司已尽相应义务，周某未前往医院进行体检，应自行承担后果。Q 公司应与周某恢复劳动关系至 2019 年 5 月 6 日。

上海市高级人民法院对上述判决予以维持。

（2020）沪民申 927 号

Q3： 职业禁忌劳动者不同意调岗，用人单位如何处理？

A：《职业病防治法》要求用人单位不得安排有职业禁忌的劳动者从事其所禁忌的作业。发现在岗劳动者对所从事职业有禁忌的，用人单位应将该劳动者调离原岗位，妥善安置。但若职业禁忌劳动者不同意调岗，用人单位该如何处理？

法律对此问题并没有明确的规定。从司法判例来看，有法院支持用人单位以“劳动合同订立时所依据的客观情况发生重大变化，致使劳动合同无法履行，经用人单位与劳动者协商，未能就变更劳动合同内容达成协议”为由解除劳动合同；也有法院支持用人单位以“劳动者不服从工作安排”为由解除劳动合同。各地司法实践口径并不一致。

上海案例与导引

［案例 5］

胡某于 2007 年 3 月 8 日进入 D 公司工作。2019 年 8 月 23 日，胡某在职业健康检查中被认定为有职业禁忌证，建议调离噪声作业岗位。2019 年 9 月 16 日、9 月 24 日，D 公司与胡某两次谈话，告知胡某因职业禁忌证需要调岗。胡某均拒绝调岗。第二次谈话后，D 公司向胡某出具处罚通知书。

2019 年 9 月 25 日，D 公司再次与胡某谈话，胡某仍表示其不接受调岗。当日，D 公司再次向胡某出具处罚通知书，并解除劳动合同不予补偿。

2019 年 10 月 12 日，胡某向仲裁委员会申请仲裁，请求 D 公司支付胡某违法解除劳动合同赔偿金，仲裁委员会裁决不予支持，胡某不服，诉至法院。一审法院改判支持员工诉请。D 公司不服，上诉至二审法院。

［法院观点］

首先，该案中，胡某在职业健康检查中被认定为有职业禁忌证，被建议调离噪声作业岗位。因此 D 公司应当与胡某协商变更工作岗位。其次，有关部门对工作场所的卫生要求作出了具体规定，其中包括噪声的接触限值强制性条款。根据已经查明的事实，D 公司提供的新岗位，经检测噪声水平低于国家规定的职业接触限值。胡某主张调岗不合理、不妥善，缺乏依据。最后，D 公司与胡某三次谈话记录，其中反映出在 D 公司告知其新岗位符合国家的安全标准、并可提供检测报告后，胡某仍对 D 公司的工作安排予以拒绝。故 D 公司根据《员工手册》给予胡某解除劳动合同处分，并无不当。

（2020）沪 01 民终 5559 号

广东案例与导引

［案例 6］

贾某 2010 年 4 月 4 日入职 L 公司，职务为样品备料员，该工作岗位经常接触甲苯/二甲苯等化学物品，东莞市职业病防治中心于 2020 年 10 月 13 日对贾某作出职业禁忌证通知书，检查为甲苯/二甲苯作业职业禁忌证。2020 年 10 月 20 日贾某收到岗位调离通知书，将其由样品备料员岗位调整至食堂辅助岗位，新岗位与原岗位完全隔离，薪资待遇不变。2020 年 11 月 26 日贾某告知 L 公司拒绝新岗位，也不愿接受其他岗位，要求回到原岗位。当日，公司解除双方劳动合同，随后支付了经济补偿金和代通知金。贾某遂申请仲裁，要求公司支付违法解除赔偿金。仲裁裁决未支持该项诉请，贾某不服，诉至法院。

［法院观点］

L 公司在东莞市职业病防治中心的建议下，在保证贾某薪资待遇不变的情况下将某调离原岗位，并安排到食堂从事辅助岗位，不具有惩罚性和侮辱性，合法合理。贾某不愿意从事分餐工作，经培训后仍表示不能胜任新岗位工作，亦不愿意去其他岗位工作，要求回到原岗位工作。鉴于贾某已患"甲苯/二甲苯作业职业禁忌证",与劳动合同订立时所依据的客观情况发生重大变化,L公司已无法按照贾某的要求将其调整回原岗位。L公司在经工会同意后解除劳动关系,并支付了经济补偿金和代通知金,符合《劳动合同法》第40条规定的情形。据此,法院认定L公司解除劳动关系合法。

(2021)粤19民终11469号

24.3 职业病诊断与鉴定

解析

劳动者可以在用人单位所在地、本人户籍所在地或者经常居住地依法承担职业病诊断的医疗卫生机构进行职业病诊断。劳动者依法要求进行职业病诊断的,职业病诊断机构应当接诊,并告知劳动者职业病诊断的程序和所需材料。职业病诊断机构应当按照有关规定和国家职业病诊断标准,依据劳动者的职业史、职业病危害接触史和工作场所职业病危害因素情况,临床表现以及辅助检查结果等,进行综合分析,作出诊断结论。职业病诊断机构作出职业病诊断结论后,应当出具职业病诊断证明书。职业病诊断证明书一式三份,劳动者、用人单位各一份,诊断机构存档一份。

法律依据

劳动者或用人单位对职业病诊断机构作出的职业病诊断结论有异议的,可以在接到职业病诊断证明书之日起30日内,向职业病诊断机构所在地设区的市级卫生行政部门申请鉴定。设区的市级职业病诊断鉴定委员会负责职业病诊断争议的首次鉴定。劳动者或用人单位对设区的市级职业病鉴定结论不服的,可以在接到鉴定书之日起15日内,向原鉴定组织所在地省级卫生行政部门申请再鉴定。职业病鉴定实行两级鉴定制,省级职业病鉴定结论为最终鉴定。

用人单位应当自劳动者被诊断、鉴定为职业病之日起30日内,向统筹地区社会保险行政部门提出工伤认定申请。用人单位未按此规定提出工伤认定申请的,职业病劳动者或者其近亲属、工会组织在劳动者被诊断、鉴定为职业病之日起一年内,可以直接向用人单位所在地统筹地区社会保险行政部门提出工伤认定申请。

24.4 职业病待遇

解析

"患职业病"是工伤认定标准之一,职业病病人的诊疗、康复费用,伤残以及丧失劳动能力的职业病病人的社会保障,按照国家有关工伤保险的规定执行。因此本书"工伤"关键词项下的"工伤保险待遇"的内容也适用于职业病病人。但同时应注意,职业病与事故工伤有着一定差别,一般的事故工伤具有即时性、当场性的特点,但职业病则具有长期性、持续性、潜伏性。因此,与一般的工伤保险待遇相比,职业病待遇有一些特殊的规定。

法律依据

1. 用人单位应当及时安排对疑似职业病病人进行诊断，在疑似职业病病人诊断或者医学观察期间，不得解除或者终止与其订立的劳动合同。疑似职业病病人在诊断、医学观察期间的费用，由用人单位承担。

通常情况下，有下列情况之一者，可视为疑似职业病病人：(1) 劳动者所患疾病或健康损害表现与其所接触的职业病危害因素的关系不能排除的；(2) 在同一工作环境中，同时或短期内发生两例或两例以上健康损害表现相同或相似病例，病因不明确，又不能以常见病、传染病、地方病等群体性疾病解释的；(3) 同一工作环境中已发现职业病病人，其他劳动者出现相似健康损害表现的；(4) 职业健康检查机构、职业病诊断机构依据职业病诊断标准，认为需要作进一步的检查、医学观察或诊断性治疗以明确诊断的；(5) 劳动者已出现职业病危害因素造成的健康损害表现，但未达到职业病诊断标准规定的诊断条件，而健康损害还可能继续发展的，如职业病诊断标准中规定的观察对象等。

2. 用人单位对从事接触职业病危害作业的劳动者，应当给予适当岗位津贴。但对于岗位津贴的标准，尚没有国家统一的规定，各地规定也相对较少。例如，《上海市劳动局、上海市财政局关于调整本市企业保健食品费发放标准的通知》要求用人单位按规定的标准对接触有毒有害作业人员和从事高温作业人员发放保健食品费。陕西省人民政府《关于进一步加强职业病防治工作的意见》要求“落实专职管理人员企业职业病危害岗位风险津贴，月津贴标准原则上不低于本人月实际收入的 5%”。

3. 根据《人力资源和社会保障部关于执行〈工伤保险条例〉若干问题的意见》，曾经从事接触职业病危害作业、当时没有发现罹患职业病、离开工作岗位后被诊断或鉴定为职业病的符合下列条件的人员，可以自诊断、鉴定为职业病之日起一年内申请工伤认定：(1) 办理退休手续后，未再从事接触职业病危害作业的退休人员；(2) 劳动或聘用合同期满后或者本人提出而解除劳动或聘用合同后，未再从事接触职业病危害作业的人员。

No. 25 女职工保护

为了维护女职工的合法权益，减少和解决女职工在劳动和工作中因生理特点造成的特殊困难，保护其健康，劳动法体系中针对女职工保护进行了特别规定。女职工保护包括两个层面的保护：一个层面是对于女职工在任何时间均适用的保护，主要包括女职工劳动禁忌和女职工保健两方面内容；另一个层面是对于处于特殊期间内，即生理期、“三期”[①]内的女职工的特殊保护。此外，随着2022年修订的《妇女权益保障法》将性骚扰的预防和制止明确规定为用人单位的一项义务，如何保护女职工免受性骚扰侵犯将成为用人单位面临的新挑战。用人单位违反女职工保护相关规定的，可能承担民事责任、行政责任甚至刑事责任。

本关键词中将分别围绕以下几个二级关键词对我国现行劳动法体系中的女职工保护制度进行解析说明。

女职工保护关键词中涉及的二级关键词	
25.1	女职工劳动禁忌
25.2	女职工保健
25.3	生理期
25.4	孕期
25.5	产期
25.6	哺乳期
25.7	预防和制止性骚扰

25.1 女职工劳动禁忌

解析

女职工劳动禁忌，是指依法禁止女职工从事的劳动。按照禁忌劳动范围所适用的期间范围，具体可以分为一般的女职工劳动禁忌，生理期的女职工劳动禁忌，备孕期、孕期和哺乳期的劳动禁忌。

法律依据

1. 一般的女职工劳动禁忌

《女职工劳动保护特别规定》中规定禁止女职工从事以下劳动：

（1）矿山井下作业；

（2）体力劳动强度分级标准中规定的第四级体力劳动强度的作业；

（3）每小时负重6次以上、每次负重超过20公斤的作业，或者间断负重、每次负重超过25公斤的作业。

① “三期”，是指孕期、产期、哺乳期。

部分地方性法规规章中在上述女职工禁忌劳动范围以外,作了进一步的补充。如《上海市女职工劳动保护办法》中在女职工禁忌劳动范围内增加了人工锻打、人工装卸、冷藏、强烈振动的作业。

2. 生理期的女职工劳动禁忌

根据《女职工劳动保护特别规定》,女职工处于生理期的,除上述一般的女职工劳动禁忌之外,用人单位不得安排其从事以下工作。对于处于以下岗位的女职工,在其生理期内用人单位可以考虑临时安排女职工从事其他工作:

(1)冷水作业分级标准中规定的第二级、第三级、第四级冷水作业;

(2)低温作业分级标准中规定的第二级、第三级、第四级低温作业;

(3)体力劳动强度分级标准中规定的第三级、第四级体力劳动强度的作业;

(4)高处作业分级标准中规定的第三级、第四级高处作业。

部分地方性法规规章中对生理期女职工劳动禁忌的具体落实作了规定或者补充,如《上海市女职工劳动保护办法》中在生理期的女职工劳动禁忌中增加了“野外流动”一项,同时规定对从事生理期劳动禁忌范围内的工作的,在生理期用人单位应当暂时调做其他工作或者给予公假一天。

3. 备孕期的女职工劳动禁忌

根据《女职工保健工作规定》的规定,已婚待孕女职工禁忌从事铅、汞、苯、镉等作业场所属于《有毒作业分级》标准中第Ⅲ ~ Ⅳ级的作业。

部分地方性法规规章中对于备孕期的女职工劳动禁忌也作了规定,如《上海市女职工劳动保护办法》规定,对于未生育的女职工,不得安排从事生产或使用铅、苯、汞、镉、二硫化碳的工作,超过卫生防护要求剂量当量限值的放射性工作以及生产性激素工作。又如,《江苏省女职工劳动保护特别规定》规定,用人单位安排已婚待孕女职工从事国家规定的孕期禁忌从事的劳动,应当征得女职工同意。辽宁、山东、宁夏、山西等地也有类似规定。

4. 孕期的女职工劳动禁忌

孕期,是指女职工怀孕的期间。根据《女职工劳动保护特别规定》的规定,女职工在怀孕期间,用人单位不得安排女职工从事以下工作:

(1)作业场所空气中铅及其化合物、汞及其化合物、苯、镉、铍、砷、氰化物、氮氧化物、一氧化碳、二硫化碳、氯、己内酰胺、氯丁二烯、氯乙烯、环氧乙烷、苯胺、甲醛等有毒物质浓度超过国家职业卫生标准的作业;

(2)从事抗癌药物、己烯雌酚生产,接触麻醉剂气体等的作业;

(3)非密封源放射性物质的操作,核事故与放射事故的应急处置;

(4)高处作业分级标准中规定的高处作业;

(5)冷水作业分级标准中规定的冷水作业;

(6)低温作业分级标准中规定的低温作业;

(7)高温作业分级标准中规定的第三级、第四级的作业;

(8)噪声作业分级标准中规定的第三级、第四级的作业;

(9)体力劳动强度分级标准中规定的第三级、第四级体力劳动强度的作业;

(10)在密闭空间、高压室作业或者潜水作业,伴有强烈振动的作业,或者需要频繁弯腰、攀高、下蹲的作业。

部分地方性法规规章中规定的女职工孕期劳动禁忌范围大于上述国家规定的范围。如《上海市女职工劳动保护办法》要求，生产或使用铅、苯、汞、镉、二硫化碳的工作或接触锰、铬、铍、砷、磷及其化合物和苯胺、环氧乙烷、氯乙烯及其他有机氯化合物的工作，无论其工作环境中的相关含量浓度是否超过国际标准，用人单位均不得安排孕期女职工从事。

5. 哺乳期的女职工劳动禁忌

劳动法上的哺乳期，一般是指自女职工生育至婴儿满一周岁的期间。根据《女职工劳动保护特别规定》的规定，女职工在哺乳期间，用人单位不得安排女职工从事以下工作。

（1）作业场所空气中铅及其化合物、汞及其化合物、苯、镉、铍、砷、氰化物、氮氧化物、一氧化碳、二硫化碳、氯、己内酰胺、氯丁二烯、氯乙烯、环氧乙烷、苯胺、甲醛等有毒物质浓度超过国家职业卫生标准的作业；

（2）非密封源放射性物质的操作，核事故与放射事故的应急处置；

（3）体力劳动强度分级标准中规定的第三级、第四级体力劳动强度的作业；

（4）作业场所空气中锰、氟、溴、甲醇、有机磷化合物、有机氯化合物等有毒物质浓度超过国家职业卫生标准的作业。

部分地方性法规规章中规定的女职工哺乳期劳动禁忌范围大于上述国家规定的范围。如根据《上海市女职工劳动保护办法》，上海市的女职工在哺乳期除了上述禁忌劳动范围之外，还不得从事下述工作：生产或使用铅、苯、汞、镉、二硫化碳的工作，以及超过卫生防护要求剂量当量限值的放射性工作；生产抗癌药物、性激素的工作或接触锰、铬、铍、砷、磷及其化合物和苯胺、环氧乙烷、氯乙烯及其他有机氯化合物的工作。

6. 用人单位违反女职工劳动禁忌时的责任

根据《女职工劳动保护特别规定》的规定，违反女职工劳动禁忌相关规定，造成女职工损害的用人单位除了应向相应的女职工承担赔偿责任之外，还可能承担行政责任甚至被追究刑事责任。违反一般的女职工劳动禁忌及生理期的女职工劳动禁忌的，将被要求限期改正，被处以按照受侵害女职工每人1000元以上5000元以下的标准计算得出的罚款；违反孕期及哺乳期的女职工劳动禁忌的，将被要求限期治理，处以5万元以上30万元以下的罚款，情节严重的，还可能被责令停止有关作业，甚至被责令关闭。

25.2 女职工保健

解析

女职工保健，是指考虑到女职工的生理特点及需要，用人单位依法为女职工保健目的而采取的相关措施。根据《女职工保健工作规定》的规定，用人单位应采取以下保健措施。

法律依据

（1）女职工人数在1000人以下的厂矿应设兼职妇女保健人员；女职工人数在

1000 人以上的厂矿,在职工医院的妇产科或妇幼保健站中应有专人负责女职工保健工作。

(2)女职工较多的单位应建立孕妇休息室。

(3)产假期满恢复工作时,应允许有 1 至 2 周时间逐渐恢复原工作量。

(4)有哺乳婴儿 5 名以上的单位,应逐步建立哺乳室。

(5)为女职工提供生理期、孕期、产期和哺乳期的相关保健指导。

全国女职工卫生费标准速查表单

此外,部分地方性法规规章中对用人单位向女职工发放卫生用品及卫生费进行了特别规定,如《广东省实施〈女职工劳动保护特别规定〉办法》规定,用人单位每月可以向女职工发放必要的卫生用品或者劳动保护卫生费。在一些地区(如安徽、江西、山西、河北、河南、宁夏、黑龙江),此项义务是用人单位需强制性履行的。

另外,此前在许多地方性法规规章中,用人单位有安排女职工进行体检的义务。在 2022 年修订的《妇女权益保障法》中,增加用人单位应当定期为女职工安排妇科疾病、乳腺疾病检查以及妇女特殊需要的其他健康检查的规定,使此项义务成为全国普遍性的规定。

全国女职工妇科筛查速查表单

25.3 生理期

解析

生理期,是指女职工月经期间。我国劳动法体系中对于处于生理期的女职工主要有两种形式的保护。一是生理期女职工劳动禁忌,二是生理假。生理期女职工劳动禁忌已经在前面作了详细说明。生理假是指根据《女职工保健工作规定》,对于患有重度痛经及月经过多的女职工,在医疗或妇幼保健机构确诊后,可以适当给予 1 ~ 2 天的休假。关于生理假,具体请见本书“休假”关键词项下的“生理假”的内容。

法律依据

25.4 孕期

解析

孕期,是指女职工怀孕的期间,起算点一般按照医学上的解释确定,终止于女职工终止妊娠的时间点(含流产、生产)。我国劳动法体系中对于孕期女职工的保护措施主要有以下三类。

法律依据

1. 孕期劳动禁忌

就此已经在本关键词项下的“女职工劳动禁忌”一词中作了详细说明,在此不予赘述。

2. 劳动保障

孕期女职工的劳动保障包含以下两方面内容。

(1)劳动关系保障。

劳动关系保障包含以下两方面内容。

一是用人单位不得在女职工无过错的前提下单方解除劳动合同。具体而言,根据《劳动合同法》第42条的规定,用人单位不得根据《劳动合同法》第40条和第41条解除与孕期女职工的劳动关系,即不得以非劳动者过错的原因提前30天通知或支付一个月工资的代通知金后解除劳动合同,也不得在经济性裁员过程中解除与孕期女职工的劳动合同。

二是期满终止的应予顺延。根据《劳动合同法》第45条的规定,劳动合同期满终止时劳动者处于怀孕状态的,应当顺延至哺乳期结束为止。

(2)待遇保障,即用人单位不得因女职工处于孕期而降低其工资待遇。

3. 孕期休假和休息

孕期女职工依法享有休假和休息的权利。根据《女职工劳动保护特别规定》等相关法律法规,女职工在孕期享有以下休假和休息的权利。

(1)产前检查所需时间计入劳动时间。

(2)怀孕7个月以上的女职工,不得安排其从事夜班工作或加班,且在劳动时间内应当安排一定时间的休息。其中,夜班工作是指在当日22时至次日6时时间从事劳动或工作。部分地方性法规规章中对于怀孕7个月以上的女职工的工间休息权进行了更详细的规定,如《上海市女职工劳动保护办法》中规定,对怀孕7个月以上的女职工应当给予每天工间休息一小时。

(3)享受产前假。

部分地方性法规规章中规定了产前假。具体详见本书“休假”关键词项下的“产前假”一词的内容。

问题导引

Q1: 用人单位可以以什么理由解除与“三期”女职工的劳动合同?

A: 根据《劳动合同法》的规定,用人单位不得根据该法第40条和第41条解除与孕期、产期、哺乳期女职工的劳动合同。那么,除了《劳动合同法》第40条、第41条之外,用人单位可能以什么理由解除与“三期”女职工的劳动合同呢?

根据《劳动合同法》的相关规定,发生以下事由的,即使处于“三期”,用人单位仍然可以解除劳动合同。

(1)在试用期间被证明不符合录用条件的;

(2)严重违反用人单位的规章制度的;

(3)严重失职,营私舞弊,给用人单位造成重大损害的;

(4)劳动者同时与其他用人单位建立劳动关系,对完成本单位的工作任务造成严重影响,或者经用人单位提出,拒不改正的;

(5)以欺诈、胁迫的手段或者乘人之危,使对方在违背真实意思的情况下订立或者变更劳动合同的,致使劳动合同无效的;

(6)被依法追究刑事责任的;

(7)用人单位与女职工协商一致的。

Q2： 孕期女职工拒绝签订书面劳动合同的，用人单位可以通知其终止劳动关系吗？

A： 为保护劳动者的合法权益，《劳动合同法》要求用人单位与劳动者签订书面的劳动合同。根据《劳动合同法实施条例》第 5 条和第 6 条的规定，劳动者拒绝与用人单位订立书面劳动合同的，用人单位可以书面通知劳动者终止劳动关系。如果孕期女职工拒绝与用人单位签订书面的劳动合同，用人单位是否可以书面通知终止劳动关系呢？

关于孕期女职工的劳动合同终止，《劳动合同法》只规定劳动合同期满终止的，应当顺延至哺乳期结束，但是并未规定上述情况下是否应当顺延。司法实务中有两种不同的观点。一种观点认为，应予以顺延。例如，《北京市高级人民法院、北京市劳动争议仲裁委员会关于劳动争议案件法律适用问题研讨会会议纪要（二）》第 30 条明确规定，女职工在"三期"内劳动合同期满时，用人单位和劳动者无须订立书面劳动合同，劳动合同顺延至哺乳期结束。另一种观点则认为，如果用人单位主动履行了签订书面合同的义务，而劳动者无正当理由仍然拒绝签订合同，则用人单位有权根据《劳动合同法实施条例》第 5 条或第 6 条终止劳动合同。

笔者倾向于认为上述第一种观点更为妥当。理由在于，孕期女职工的劳动合同期限顺延至哺乳期结束是法律法规赋予女职工的权利，除非有其他情形（如女职工拒绝出勤等），否则不宜仅仅因孕期女职工中的一方未签订书面劳动合同而推定女职工放弃该权利。与之相对应，劳动合同依法顺延但顺延期间未签订书面劳动合同时，不宜判定用人单位应支付 2 倍工资。尽管实务中有法院支持劳动者无正当理由拒绝签订合同时用人单位可以根据《劳动合同法实施条例》第 5 条或第 6 条终止劳动合同，但我们仍建议用人单位在发生类似情形时注意结合案件实际情况以及当地法院的裁判倾向，谨慎决定是否终止劳动合同。

实务小贴士

如上文所述，由于各法院对该问题的倾向性意见存在差异，因此如果用人单位发生类似事宜，建议向当地律师咨询，了解当地法院的通常做法后再决定是否向"三期"女职工发出终止劳动关系的书面通知。

问题导引

Q3： 女职工在劳动合同解除后发现解除前已经怀孕的，可否要求恢复劳动关系继续履行劳动合同？

A： 《劳动合同法》明确规定对于孕期的女职工，不得根据该法第 40 条和第 41 条的规定解除劳动合同。实务中，可能出现用人单位根据《劳动合同法》第 40 条或第 41 条与女职工解除劳动合同之后，女职工才发现其怀孕事实的情形。由于孕期的起点可以根据医学予以确定，因此无论何时发现，在该时间点之后女职工就视为进入孕期，即应享受孕期女职工依法应享受的待遇。如果女职工主张其在劳动合同解除前已经进入孕期，则通常情况下用人单位的单方解除将被视为违反了《劳动合同法》第 42 条的规定，劳动者可以要求用人单位继续履行劳动合同。

关于用人单位与女职工双方协商解除劳动合同，解除后女职工发现在解除前其已经怀孕的，是否可以要求继续履行合同，司法实践中存在不同的观点。一种观点认为，《劳动合同法》只规定女职工处于孕期的，不得根据《劳动合同法》第40条和第41条的规定解除劳动合同，但并未规定用人单位与女职工不得协商解除劳动合同，因此该种情形中解除行为合法。另一种观点认为，《最高人民法院关于审理劳动争议案件适用法律问题的解释（一）》第35条规定："劳动者与用人单位就解除或者终止劳动合同办理相关手续、支付工资报酬、加班费、经济补偿或者赔偿金等达成的协议……存在重大误解或者显失公平情形，当事人请求撤销的，人民法院应予支持。"女职工在不知其实际已怀孕的情况下作出的解除劳动合同的意思表示属于重大误解，女职工有权撤销解除该意思表示，要求恢复劳动关系。因此，如发生此类争议，需要首先了解当地的司法实践倾向于哪种观点。

部分地区对此问题有明确的裁审口径，《北京市高级人民法院、北京市劳动争议仲裁委员会关于劳动争议案件法律适用问题研讨会会议纪要（二）》第45条明确规定，女职工与用人单位协商解除劳动合同后，发现自己怀孕后又要求撤销协议或者要求继续履行原合同的，一般不予支持。从各地的司法实践来看，近年的主流观点认为此种情况不属于重大误解或显失公平。

上海案例与导引

［案例1］

毕某于2017年4月5日入职R公司处，双方签订了期限自该日起至2018年12月31日止的劳动合同。

2018年12月25日，R公司与毕某签署劳动合同终止通知书，约定："毕某与R公司签订的《劳动合同》将于2018年12月31日到期，R公司将于该合同期满之日依法与毕某终止劳动合同。"

同日，毕某填写员工离职申请，内载离职原因为合同到期，另离职声明载明：本人郑重声明如下，本人在离职报告中所填述内容均属实，不存在任何虚假陈述或信息，并对上述内容的真实性、完整性和准确性负全部法律责任。同时，本人了解自身身体情况，清楚自己是否处于健康状态、"三期"、停工留薪期、医疗期……并由毕某签名。

2019年2月1日，上海市某医院出具超声检查报告单，载明毕某宫内早孕、估计胚胎孕龄为6.2周。

2019年2月22日，毕某申请仲裁，要求恢复劳动关系，仲裁委员会于2019年4月3日作出裁决，R公司与毕某自2019年1月1日起恢复劳动关系。R公司对此不服，遂诉至法院。

［法院观点］

该案的争议焦点是毕某在签署劳动合同终止通知书时是否存在重大误解。

毕某作为已婚育龄妇女，对于其是否可能怀孕应当有所预见，且该案中毕某签署的员工离职申请中也有"本人了解自身身体情况，清楚自己是否处于健康状态、三期、停工留薪期、医疗期等……"的内容，毕某在签署该离职申请时亦应对自己是否可能处于孕期有所预见和认识。

故毕某主张其签署劳动合同终止通知书时存在重大误解的理由,难以成立。

(2019)沪01民终11509号

[案例2]

万某于2018年5月8日进入Y公司处担任行政助理。2020年2月19日,Y公司与万某协商解除劳动关系事宜。次日双方签署《劳动合同解除协议书》,约定双方劳动关系于2020年3月20日解除。

同年3月10日,万某以邮件形式告知Y公司其已怀孕。次日,万某经上海市某医院诊断"目前已孕49天"。

2020年4月14日,万某申请仲裁,要求Y公司自2020年3月21日起恢复劳动关系。经仲裁裁决,对万某请求不予支持。万某不服该裁决,遂起诉至法院。

[法院观点]

万某以其签订《劳动合同解除协议书》后发现怀孕为由主张存在重大误解,没有依据,法院不予支持。

(2020)沪01民终13411号

广东案例与导引

[案例3]

2018年11月29日,彭某与W公司签订《协商解除劳动关系协议》,约定双方劳动合同于2018年12月7日起解除。2018年12月28日,彭某检查疑似怀孕,2019年1月12日,彭某确诊怀孕8周。彭某遂提起仲裁,要求恢复劳动关系,仲裁裁决未予支持,彭某不服,诉至法院。

[法院观点]

双方签订的《协商解除劳动关系协议》系双方在自愿平等协商基础上签订,是双方真实意思表示,应属有效协议,双方均依法遵守。彭某作为完全民事行为主体,应当对签订协议的内容、后果完全清楚明了,同时W公司也已如约履行协议内容。彭某本人系在签订《协商解除劳动关系协议》后才知晓本人已怀孕这一情况,对于W公司而言,更是无法在签订协议之时知晓彭某已怀孕。故对于彭某的主张,法院不予支持。

(2019)粤0103民初2868号

Q4: 劳务派遣关系中,接受派遣的单位(用工单位)是否可以将孕期女职工退回派遣单位?

A: 结合《劳动合同法》及《劳务派遣暂行规定》,可以得出以下结论:

首先,当劳动者有《劳动合同法》第39条(过失性辞退)或第40条第1项(医疗期满)和第2项(不能胜任)的情形时,《劳动合同法》允许用工单位将孕期女职工退回。对于用工单位是否可以基于《劳动合同法》第40条第3项(客观情况重大变化)或第41条(经济性裁员)的情况退回孕期女职工,法律并没有禁止性规定。

其次,《劳务派遣暂行规定》则规定,用工单位不得因存在《劳动合同法》第 40 条第 3 项(客观情况重大变化)或第 41 条(经济性裁员)的情况,提前退回被派遣的孕期女职工,在派遣期限届满时还应当延续至女职工哺乳期结束方可退回。

由此可见,孕期女职工的退回情形受到《劳务派遣暂行规定》的部分限制。

最后,在劳务派遣关系中,劳务派遣单位是用人单位,接受派遣的单位为用工单位,双方之间订立劳务派遣协议。基于民事法律合同普遍适用的“有约定从约定”原则,在不违反法律禁止性规定的情况下,双方之间一般会就派遣员工的退回条件作出事先约定。据此法理,用工单位可以依据合同中的此类约定将孕期女职工退回劳务派遣单位。但是劳务派遣单位作为用人单位,依法承担不得根据《劳动合同法》第 40 条和第 41 条规定与被退回的孕期女职工解除劳动合同的义务。但是,如果用工单位将孕期女职工退回给劳务派遣单位,而劳务派遣单位依据《劳动合同法》第 58 条之规定在该女职工无工作期间,按照所在地的最低工资标准向其支付报酬的话,这在客观上将导致该女职工的收入降低,可能与《女职工劳动保护特别规定》第 5 条抵触,违反不得降低孕期女职工待遇的相关规定。就该问题,在某司法案例中,法院认为,派遣单位作为用人单位不得任意降低孕期女职工的劳动报酬。在近年的司法案例中,上述倾向性观点影响到了用工单位是否能够凭借与派遣公司间的约定而将女职工退回给派遣公司的判断,总体而言,在此类案件中,女职工权益的保护将被重点考虑。

上海案例与导引

[案例 4]

唐某与某派遣公司建立了劳动关系并被派遣至 A 公司。之后 A 公司以撤销相关岗位为由将唐某退回派遣公司,派遣公司同时解除了与唐某的劳动关系,而唐某当时已经进入孕期。之后,唐某提起劳动仲裁要求恢复与派遣公司的劳动关系,并恢复与 A 公司的用工关系,最终经过法院一审和二审。

[法院观点]

一审法院认为,派遣公司作为用人单位不得在女职工孕期解除劳动合同,解除行为违法,但 A 公司将女职工退回的行为合法。退回后,派遣公司应当按照上海市最低工资向唐某支付无工作期间的报酬。二审法院维持了一审法院关于派遣公司不得解除孕期女职工劳动合同的判决,但认为法律规定任何单位均不得以结婚、怀孕、产假、哺乳等为由,辞退女职工或者单方解除劳动合同,A 公司将唐某退回派遣公司的行为一方面使唐某失去与单位的劳动关系,另一方面大大降低了唐某的劳动待遇,与法律规定相悖,并据此判决恢复唐某与派遣公司的劳动关系以及与 A 公司的用工关系。

(2010)沪二中民三(民)终字第 1613 号

江苏案例与导引

[案例 5]

G 公司(甲方)与 Z 公司(乙方)签订《劳务派遣协议书》,将徐某派遣至 Z 公司担任导购员。

2019 年 1 月 17 日徐某生一子。

2019 年 8 月 20 日,G 公司向徐某发出书面通知称:G 公司接到 Z 公司通知,Z 公司卖场全部撤出,因此退回导购员,G 公司决定为徐某缴纳社会保险截止到 2019 年 7 月。此后 G 公司未安排工作,也未发放工资、缴纳社保。

徐某于 12 月发出解除通知书提出被迫解除劳动合同,并申请仲裁,请求之一要求两公司支付工资。

[法院观点]

该案中,徐某于 2019 年 8 月尚在哺乳期,Z 公司将徐某退回 G 公司不符合法律规定,应支付徐某的工资。自 2019 年 6 月 15 日徐某产假结束,至 2019 年 12 月 19 日徐某提出解除劳动合同,G 公司都没有安排原告工作,应按照南京市最低工资标准计算,在扣除为原告缴纳的社会保险费后,向原告支付工资。

另由于 G 公司、Z 公司均有过错,因此对工资承担连带赔偿责任。

(2019)苏 0106 民初 13915 号

Q5: 女职工违反计划生育规定怀孕的,是否排除孕期女职工劳动保护的适用?

A: 我国目前实施计划生育,因此女职工怀孕也可能违反国家的计划生育规定。此时是否会导致孕期女职工的劳动保护规定的排除适用?

从立法上而言,1988 年出台的《女职工劳动保护规定》(已失效)第 15 条规定,违反计划生育规定的女职工,其劳动保护不适用该规定。类似的规定并未在 2012 年出台的《女职工劳动保护特别规定》中予以维持。因此,从立法的动向上来看,倾向于不排除对违反计划生育女职工的相应劳动保护。现行的国家层面立法中,《劳动合同法》关于“三期”女职工劳动关系保障的相关规定中未要求女职工的怀孕及生育符合计划生育规定;关于不得降低孕期女职工工资的规定,以及关于其他孕期女职工劳动保护的立法文件中也未要求以生育符合计划生育规定为条件。因此,即使有违计划生育规定,对于确实处于孕期的女职工,仍然不得排除孕期女职工劳动保护相关规定的适用,用人单位不得根据《劳动合同法》第 40 条和第 41 条的规定解除劳动合同,劳动合同终止时也应依法顺延、不得降低其工资,也不得安排其从事禁止孕期女职工从事的工作等。

从法理上而言,计划生育是国家在特定时期的立法行为,规定的是相关的生育政策,而对怀孕女职工的劳动保障则是涉及作为基本权利的劳动权,两者并不矛盾。因此,违反计划生育规定的行为本身可以通过行政方式予以处罚,但不应当允许用人单位以此为由来回避其对孕期女职工的法定义务。

Q6： 女职工违反计划生育规定怀孕的，用人单位是否可以单方解除其劳动关系？

A： 女职工违反计划生育规定怀孕的，用人单位是否可以以此为由单方解除劳动合同？目前来看，国家层面并没有明确规定，对于违反计划生育的女职工，用人单位是否可以解除劳动合同。2002年施行的《人口与计划生育法》第42条规定，对于违反计划生育的，用人单位可以给予纪律处分。但是该条文已经在2021年修正中被删除，各地也随之调整本地区的法律法规，包括北京、上海在内的许多地区的地方性法规规章均已经将相关的条款删除。可以认为，随着国家计划生育政策的调整，以违反计划生育规定单方解除劳动合同将没有法律依据，同时即便按《员工手册》的相关规定单方解除劳动合同也将面临较大挑战。

广东案例与导引

［案例6］

谢某于2003年1月入职Z医院，双方《劳动合同书》第8条约定，谢某有下列情形之一的，Z医院可以解除劳动合同，无须支付经济补偿……违反国家、省及地方计划生育规定的。另外，Z医院颁布有《Z医院合同人员管理规定（暂行）》，其中第9条第1款规定：有下列情形之一的，Z医院可按照《劳动合同法》第39条的规定解除劳动合同，无须支付经济补偿……违反国家、省及市计划生育规定的。

2019年6月20日，Z医院向谢某发出解除劳动合同通知书，内载谢某在无相关批准证明的情况下已计划外怀孕第三胎，且区卫生和计划生育办公室来函确认谢某属于政策外怀孕。故Z医院于2019年7月21日解除与谢某之间的劳动合同。

谢某离职后，向市劳动人事争议仲裁院提请劳动仲裁，请求确认Z医院为违法解除，并向其支付违法解除劳动合同赔偿金。该仲裁委员会最终裁决支持了谢某的请求。Z医院不服该裁决，遂诉至法院。

［法院观点］

计划生育属于国家政策，公民违反计划生育政策应由国家有关职能部门依法予以处理。Z医院将劳动者违反计划生育政策列为解除劳动合同的事项并纳入内部规章制度，实质免除用人单位的法定义务，于法无据。故法院认定Z医院属于违法解除劳动合同。

综上所述，法院判决驳回了Z医院的诉请。

（2020）粤民申10818号

Q7： 视为出勤的产前检查所涵盖的范围？

A： 原劳动部在《女职工劳动保护规定问题解答》一文中，将“孕妇产前检查算作劳动时间”解释为：“为了保证孕妇和胎儿的健康，应按卫生部门的要求做产前检查。女职工产前检查应按出勤对待，不能按病假、事假、旷工处理……”虽然该文中提到的《女职工劳动保护规定》已经失效，但关于产前检查作为劳动时间的规定在2012年发布的《女职工劳动保护特别规定》中作了保留，且该文本身并未被相关部门废止。因此,该文中的观点仍然有一定的参考价值。

原卫生部在《孕产期保健工作规范》中规定:孕期应当至少检查 5 次。其中孕早期至少进行 1 次,孕中期至少 2 次(建议分别在孕 16 ~ 20 周、孕 21 ~ 24 周各进行 1 次),孕晚期至少 2 次(其中至少在孕 36 周后进行 1 次),发现异常者应当酌情增加检查次数。根据该规定,原卫生部所要求的检查包括常规检查,以及根据常规检查酌情增加的相关检查,但不包括治疗行为。另外,原卫生部的规定为最低限度的要求,部分地方的医院可能会要求频率更高的常规产前检查。只要是当地医院要求的合理的常规产前检查,即使超过了原卫生部要求的次数,也应当作为劳动时间处理。

综上所述,视为出勤的产前检查包含当地医院要求的常规检查以及发现问题时酌情增加的检查,一般而言,整个孕期不少于 5 次,但一般不包括发现问题后的治疗期间。女职工在孕期需要接受治疗的,应当按照病假的相关规定处理。

25.5　产期

解析

产期,通常是指女职工因生产、流产而依法享有产假的期间。根据《女职工劳动保护特别规定》,女职工生产的,其产期为 98 天,其中包含产前假 15 天;怀孕未满 4 个月流产的,产期为 15 天,怀孕满 4 个月流产的,产期为 42 天。难产的,增加产假 15 天;生育多胞胎的,每多生育一个婴儿,增加产假 15 天。

法律依据

我国劳动法体系中对于产期女职工的保护措施主要有以下五类。

1. 劳动保障

与孕期女职工的劳动保障相同,女职工在产期也享受劳动关系保障和待遇,即用人单位不得根据《劳动合同法》第 40 条和第 41 条的规定解除与产期女职工的劳动关系,也不得降低其待遇。具体详见本书“女职工保护”关键词项下的“孕期”一词的内容。

2. 产假

女职工在产期依法享有休假权利。具体详见本书“休假”关键词项下的“产假”一词的内容。

对于生育保险待遇的相关问题,具体详见本书“五险一金”关键词项下的“生育保险”一词的内容。

3. 生育假

《人口与计划生育法》第 25 条中规定,符合法律法规规定生育子女的夫妻,可以获得延长生育假的奖励或者其他福利待遇。具体详见本书“休假”关键词项下的“产假”一词的内容。

4. 陪产假

陪产假,又称护理假,是指符合计划生育政策的女职工生育时,其配偶享受的护理假期。具体详见“休假”关键词项下的“陪产假”一词的内容。

5. 育儿假

育儿假是指符合法律法规规定生育子女后,在子女年满一定年龄前,夫妻双方为抚养照顾幼儿子女均能够享受的一定天数的带薪假期。具体详见本书“休假”关键词项下的“育儿假”一词的内容。

问题导引

Q8： 女职工提前结束产假的，用人单位应当如何处理女职工的待遇？

A： 就此法律上并没有明确的规定。如果女职工产假期间用人单位单方要求提前结束产假，则用人单位构成违法，女职工可以予以拒绝，也可向劳动监察部门进行举报。因此，用人单位应当避免单方提前结束女职工产假。另外，在实践中，存在女职工自愿放弃产假提前上班的情况，此种情况下女职工在享受生育津贴的同时，能否向公司主张正常出勤的报酬？对此司法实践存在争议。一种观点认为，女职工自愿返岗系对自身权利的放弃，要求在此期间享受“双份工资”没有法律依据。另一种观点则认为，生育津贴与劳动报酬属于两种不同性质的福利待遇，并不冲突。在女职工实际付出劳动的情况下，用人单位理应支付劳动报酬。

广东案例与导引

[案例 7]

邱某于 2018 年 5 月 17 日入职 L 公司，担任出纳。

邱某于 2019 年 1 月 3 日起开始休产假，产假期间为 2019 年 1 月 3 日至 2019 年 3 月 6 日，休了 63 日产假后，邱某便于 2019 年 3 月 7 日提前返岗工作，此后 L 公司仅按正常出勤发放了工资，未发放奖励假工资。社保部门总计向邱某支付了 128 日的生育津贴。

2019 年 11 月 13 日，邱某申请仲裁，请求之一要求 L 公司支付 2019 年 5 月 11 日至 2019 年 7 月 30 日奖励假工资。

公司辩称，依据《广州市劳动人事争议仲裁委员会、广州市中级人民法院民事审判庭关于劳动争议案件座谈会的意见综述》第 16 条的规定，劳动者享受停工留薪期工资、产假津贴的前提是因工伤、生育需要停止工作接受治疗、休息。邱某在 2019 年 3 月 7 日回到 L 公司上班，说明其无须停工休息。邱某没有证据证明其提前上班是 L 公司要求，而且，L 公司已足额向邱某支付工资，亦向其支付了生育津贴，故 L 公司无须额外支付其奖励假工资。

[法院观点]

2019 年 5 月 11 日至 2019 年 7 月 30 日邱某可以享受生育奖励假。在该期间，邱某的工资照发，不影响其福利待遇和全勤评奖。据此，L 公司应按邱某生育前原工资待遇向其发放工资、福利。实际上，上班期间的工资是因提供劳动所得的劳动报酬，产假及奖励假待遇则是基于女职工生育保险法律关系产生的，二者性质不同，并不冲突，也不构成重复获利。因此，L 公司就邱某提供的劳动支付了劳动报酬，也不能免除 L 公司支付产假及奖励假待遇的法定义务，L 公司还应支付 2019 年 3 月 7 日至 2019 年 7 月 30 日的产假及奖励假待遇。

在产假期间，邱某已领取了生育津贴，L 公司也支付了期间的工作报酬，故不存在未足额支付部分。在奖励假期间，除工作报酬外，L 公司仍应按照规定支付奖励假工资。据此，法院判决 L 公司支付奖励假工资。

(2021) 粤 01 民终 64 号

实务小贴士

女职工在产假期间内,用人单位应当保障女职工休假的权利,不得以任何理由要求女职工出勤。如果确实是基于女职工的自愿提前结束产假,则应当保留女职工自愿申请提前结束产假的相关证据,以防将来发生纠纷。需要注意的是,即使在这种情况下,仍不能完全排除用人单位被要求向女职工支付额外报酬的风险。

问题导引

Q9: 产假遇法定节假日是否顺延?

A: 关于产假遇法定节假日是否顺延,法律上并没有明确规定。从《女职工劳动保护特别规定》以及各地劳动部门对于该等规定的解释来看,一般认为产假天数应为自然天数,即遇法定节假日不予顺延。例如,《广东省企业职工假期待遇死亡抚恤待遇暂行规定》中规定,产假遇公休假日的,不另加假期天数。

25.6 哺乳期

解析

哺乳期,是指女职工哺乳婴儿的期间,劳动法意义上的哺乳期一般是指生育哺乳一周岁以内婴儿的期间,即婴儿出生至其满一周岁的期间。我国劳动法体系中对于哺乳期女职工的保护措施主要有以下三点。

法律依据

1. 劳动保障

与孕期女职工的劳动保障相同,女职工在哺乳期也享受劳动关系保障和待遇保障,即用人单位不得根据《劳动合同法》第 40 条和第 41 条的规定解除与哺乳期女职工的劳动关系,也不得降低其待遇。具体详见本书“女职工保护”关键词项下的“孕期”一词的内容。

2. 哺乳时间及工作时间

对于哺乳期的女职工,用人单位应当在每天的劳动时间内安排一个小时的哺乳时间,生育多胞胎的,每多哺乳一个婴儿每天增加一小时的哺乳时间。同时,对于哺乳期的女职工,不得延长劳动时间或者安排夜班劳动。夜班工作是指在当日 22 时至次日 6 时之间从事的劳动或工作。

对于哺乳期之后,即婴儿一周岁之后的哺乳时间安排,国家法律法规没有规定。部分地方性法规规章中规定特定情形下应继续给予每天一小时的哺乳时间。如《上海市女职工劳动保护办法》中规定,婴儿满一周岁后,经区、县级以上医疗保健机构确诊为体弱儿的,可适当延长女职工的哺乳期,但最多不超过 6 个月。

3. 哺乳假

国家的法律法规中并未规定给予哺乳期女职工假期,但部分地方性法规规章中规定特殊情形下,经用人单位批准的可以给予女职工一定的哺乳假。具体详见本书“休假”关键词项下的

“哺乳假”一词的内容。

问题导引

Q10： 哺乳期未享受法律规定的哺乳时间的，用人单位是否应当予以补偿？

A： 国家法律法规中虽然规定婴儿一周岁以下的，应当给予每天一小时的哺乳时间，但是并未规定未享受哺乳时间的，用人单位是否应当予以补偿。根据司法案例，由于法律法规并没有规定，且哺乳期间用人单位需全额支付工资，一般不支持女职工在此情况下要求的哺乳时间补偿。但值得注意的是，用人单位未能合理安排女职工享受哺乳期待遇的，可能导致有关部门的行政处罚。

广东案例与导引

［案例 8］

彭某与 Y 公司签订有自 2015 年 3 月 14 日起的无固定期限劳动合同。

2017 年 4 月 5 日，彭某申请劳动仲裁，要求 Y 公司支付其未休哺乳假（一小时/天）工资。仲裁裁决未支持该项请求，彭某不服，诉至法院。

［法院观点］

关于哺乳假工资的问题。Y 公司已足额支付彭某在职期间的工资，故其再向 Y 公司主张在职期间未享受的哺乳假工资报酬，缺乏依据，法院不予支持。

（2018）粤 01 民终 1581 号

25.7 预防和制止性骚扰

解析

2022 年修订的《妇女权益保障法》在第 25 条首次明确规定了用人单位对于预防和制止性骚扰的义务。具体而言，用人单位应当：（1）制定禁止性骚扰的规章制度；（2）明确负责机构或者人员；（3）开展预防和制止性骚扰的教育培训活动；（4）采取必要的安全保卫措施；（5）设置投诉电话、信箱等，畅通投诉渠道；（6）建立和完善调查处置程序，及时处置纠纷并保护当事人隐私和个人信息；（7）支持、协助受害妇女依法维权，必要时为受害妇女提供心理疏导；（8）采取其他合理的预防和制止性骚扰措施。

法律依据

如果用人单位未采取必要措施预防和制止性骚扰，造成妇女权益受到侵害或者社会影响恶劣，由上级机关或者主管部门责令改正；拒不改正或者情节严重的，依法对直接负责的主管人员和其他直接责任人员给予处分。同时，检察机关也有权向用人单位发出检察建议，甚至可能依法提起公益诉讼。

问题导引

Q11： 如何定义性骚扰行为？

A： 《民法典》第 1010 条规定，违背他人意愿，以言语、文字、图像、肢体行为等方式对他人实施性骚扰的，受害人有权依法请求行为人承担民事责任。但对于何种言语、文字、图像、肢体行为能够构成性骚扰，法律并没有明确规定。

在这一方面，《深圳市防治性骚扰行为指南》中对性骚扰的定义值得参考，其中认为，性骚扰的构成要件包括：一是行为具有性本质的内容；二是行为是违背受害人主观意愿、不受欢迎的；三是该行为是对他人人格权的侵犯，给受害人造成了不良的心理感受或敌意、不友好的工作（学习）环境。

另外，人力资源和社会保障部等六部门于 2023 年 3 月发布了《消除工作场所性骚扰制度（参考文本）》，其中将性骚扰定义为“违反他人意愿，以语言、表情、动作、文字、图像、视频、语音、链接或其他任何方式使他人产生与性有关联想的不适感的行为，无论行为实施者是否具有骚扰或其他任何不当目的或意图”的行为。

综合来看，性骚扰行为可以被概括为一种违背他人意愿的，给受害人造成主观上的心理不适的，具有性的意涵的行为，而行为的形式、行为实施者本身的主观目的和意图一般并不重要。在一些案例中，法院进一步认为行为违背他人意愿是判定是否构成性骚扰的最关键条件。

广东案例与导引

［案例 9］

2020 年 9 月 23 日，Z 公司两名员工向公司反映遭受郑某的骚扰行为后向公安机关报案。当日，公安机关出具《治安调解协议书》，内容为“甲方在……宿舍走廊因与乙方肢体接触导致纠纷……经调解：1. 乙方向甲方当面道歉，并保证以后不对甲方做出骚扰性行为……”

Z 公司《员工手册》规定“行为不端正……性骚扰……等行为恶劣者”属于严重违纪。据此，Z 公司以严重违纪为由向郑某出具解除劳动合同通知书。

郑某不服，申请劳动仲裁，请求裁决公司向其支付违法解除劳动合同赔偿金。仲裁委员会未支持郑某的请求。郑某遂诉至法院。

郑某主张，公安机关认定的骚扰性行为不属于性骚扰。

［法院观点］

我国法律并没有明确“性骚扰”的具体形式，而根据《民法典》第 1010 条的规定，性骚扰是与性有关的具有性本质的行为，而并非“特指性方面的骚扰”，其形式包括，以言语、文字、图像、肢体行为等方式对他人实施性骚扰，如身体接触、语言性骚扰、电话性骚扰等，上述不同行为的表现形式均具有违背他人意愿的相同特点。性骚扰与异性间的打情骂俏的根本区别在于前者可致当事人产生厌恶感，造成不同程度的心理不良反应，如愤怒、恐惧、焦虑、忧郁等。所以，行为是否违背他人意愿是判定是否构成性骚扰的关键条件。该案中，郑某在明知对方异性不希望发生语言或者肢体接触的情况下，仍放任其行为与他人发生肢体接触，属于明显违背他人意愿的情况。Z公司主张郑某存在恶劣的行为不端正的情形，法院予以采信。

(2021)粤01民终19625号

实务小贴士

由于相关法律并未对性骚扰有明确定义，而《妇女权益保障法》第25条中又要求用人单位制定相应的规章制度，因此用人单位完全可以在规章制度中对性骚扰行为进行明确定义和列举，从而避免当发生争议时对相关行为难以界定。

No. 26 劳动安全卫生

在劳动关系存续期间,为劳动者提供必要的劳动安全卫生保护是用人单位的法定义务,劳动安全卫生相关条款(如劳动保护、劳动条件及职业病危害防护等)更是劳动合同的必备条款之一。用人单位未依照劳动合同约定提供劳动保护或劳动条件的情况下,劳动者可不经事先通知直接解除劳动合同,并获得经济补偿。落实到用人单位的实务操作中,劳动安全卫生主要涵盖以下内容:建立健全劳动安全卫生制度;为劳动者提供必要的劳动防护用品;为劳动者提供健康检查;为劳动者提供劳动安全卫生培训;为女职工、未成年人等特定主体提供特殊劳动安全卫生保护。由于安全卫生条件涉及劳动者切身健康和安全,所以一旦因用人单位未按规定提供符合标准的劳动安全卫生保护而产生任何安全事故,极有可能引发企业承担行政责任甚至刑事责任,而非简单的劳动合同责任,用人单位应引起高度重视。

劳动安全卫生关键词中涉及的二级关键词	
26.1	劳动安全卫生制度
26.2	劳动防护用品
26.3	职业健康检查
26.4	女职工和未成年工安全卫生保护

26.1 劳动安全卫生制度

解析

从宏观层面来看,用人单位在严格执行国家相关劳动安全卫生规程和标准之外,还应根据企业自身经营特质(如行业、工种等)制定、完善企业内部安全卫生保障制度。尤其对于一些安全事故高发行业,如煤矿开采行业、化工行业、建筑工程业等,更应完善相应的劳动安全卫生保障制度,主要包含安全生产制度、安全管理制度、特种设备维护制度、员工安全作业培训制度等。从而从制度层面确保用人单位在劳动安全卫生保障方面的合规性,减少因违反相关安全卫生规程和标准带来的法律风险。此外,用人单位在制定该等劳动安全卫生制度之时,应尤其注意相关行业已有的国家标准或行业标准,以确保所制定的内部制度不会低于该等标准的要求。

法律依据

26.2 劳动防护用品

解析

法律依据

劳动防护用品，是指在生产、作业过程中，用于保护劳动者健康和安全的必要装备。根据劳动者工作内容、环境或条件的不同，该等装备可能小至口罩、手套，大至专业面具、工作服等。根据《劳动法》的相关规定，用人单位应为劳动者提供必要的劳动防护用品，用人单位违反该等规定可能导致其面临罚款、停业整顿甚至刑事处罚。当然，如果劳动者所处工作环境或条件不会对其健康或安全构成潜在危害，用人单位无须提供此等装备。实践中，用人单位应注意劳动防护用品的提供涉及采购、发放、使用、管理、更换、使用培训等方方面面，而非一次性的发放行为，所以用人单位应注意建立完善劳动保护用品的采购、验收、保管、发放、使用、更换、报废等规章制度。此外，尤其值得用人单位注意的是，劳动防护用品应符合相关国家标准或行业标准、免费发放和更换，并且应以实物形式发放，而不能采用补贴或折现的方式替代。

26.3 职业健康检查

解析

法律依据

用人单位应为从事有职业危害作业的劳动者提供定期健康检查并承担相应费用。所谓职业病危害，系指生产或作业过程中，劳动者因接触粉尘、放射性物质和其他有毒、有害因素使健康可能受到的损害。职业病认定、防治等相关问题详见本书“职业病”关键词项下的“职业病防治义务”及“职业病诊断与鉴定”的具体内容。目前国家对职业病危害因素有较为详细的规定，主要参见《职业病危害因素分类目录》，生产、作业流程中可能涉及上文分类目录中危害因素的用人单位应尤其注意落实职业病防治措施并完善企业内部健康检查制度，以减少因职业病危害产生的劳动纠纷。现行法律要求用人单位为劳动者提供岗前、在岗和离岗职业健康检查，尤其对未进行离岗职业健康检查的劳动者，用人单位不得解除或终止与该劳动者的劳动合同。我国目前劳动人员流动性较大，对于涉及职业病危害行业的用人单位，宜建立上述岗前、在岗和离岗职业健康检查制度，以避免劳动者因与上一用人单位有关的职业病给本单位造成困扰。

26.4 女职工和未成年工安全卫生保护

解析

女职工和未成年工在我国有接受特殊劳动保护的权利，特殊安全卫生保护便是其一，主要表现为限制用人单位安排女职工（尤其处于孕期、产期、哺乳期或经期的女职工）或未成年工从事不适宜其生理机能的工作（如表 26－1 所示），如用人单位不得安排孕期、哺乳期的女职工从事对其本人以及胎儿、婴儿有危害的作业（有关女职工禁忌劳动范围，具体请见本书“女职工保护”关键词项下的“女职工劳动禁忌”的内容）；用人单位应为未成年工安排定期健康检查等。

表 26－1　未成年工禁忌劳动范围

未成年工禁忌劳动范围	患有某种疾病或具有某些生理缺陷未成年工（非残疾型）禁忌劳动范围
（1）《生产性粉尘作业危害程度分级》国家标准中第一级以上的接尘作业； （2）《有毒作业分级》国家标准中第一级以上的有毒作业； （3）《高处作业分级》国家标准中第二级以上的高处作业； （4）《冷水作业分级》国家标准中第二级以上的冷水作业； （5）《高温作业分级》国家标准中第三级以上的高温作业； （6）《低温作业分级》国家标准中第三级以上的低温作业； （7）《体力劳动强度分级》国家标准中第四级体力劳动强度的作业； （8）矿山井下及矿山地面采石作业； （9）森林业中的伐木、流放及守林作业； （10）工作场所接触放射性物质的作业； （11）有易燃易爆、化学性烧伤和热烧伤等危险性大的作业； （12）地质勘探和资源勘探的野外作业； （13）潜水、涵洞、涵道作业和海拔 3000 米以上的高原作业（不包括世居高原者）； （14）连续负重每小时在 6 次以上并每次超过 20 公斤，间断负重每次超过 25 公斤的作业； （15）使用凿岩机、捣固机、气镐、气铲、铆钉机、电锤的作业； （16）工作中需要长时间保持低头、弯腰、上举、下蹲等强迫体位和动作频率每分钟大于 50 次的流水线作业； （17）锅炉司炉	《高处作业分级》国家标准中第一级以上的高处作业； 《低温作业分级》国家标准中第二级以上的低温作业； 《高温作业分级》国家标准中第二级以上的高温作业； 《体力劳动强度分级》国家标准中第三级以上体力劳动强度的作业； 接触铅、苯、汞、甲醛、二硫化碳等易引起过敏反应的作业

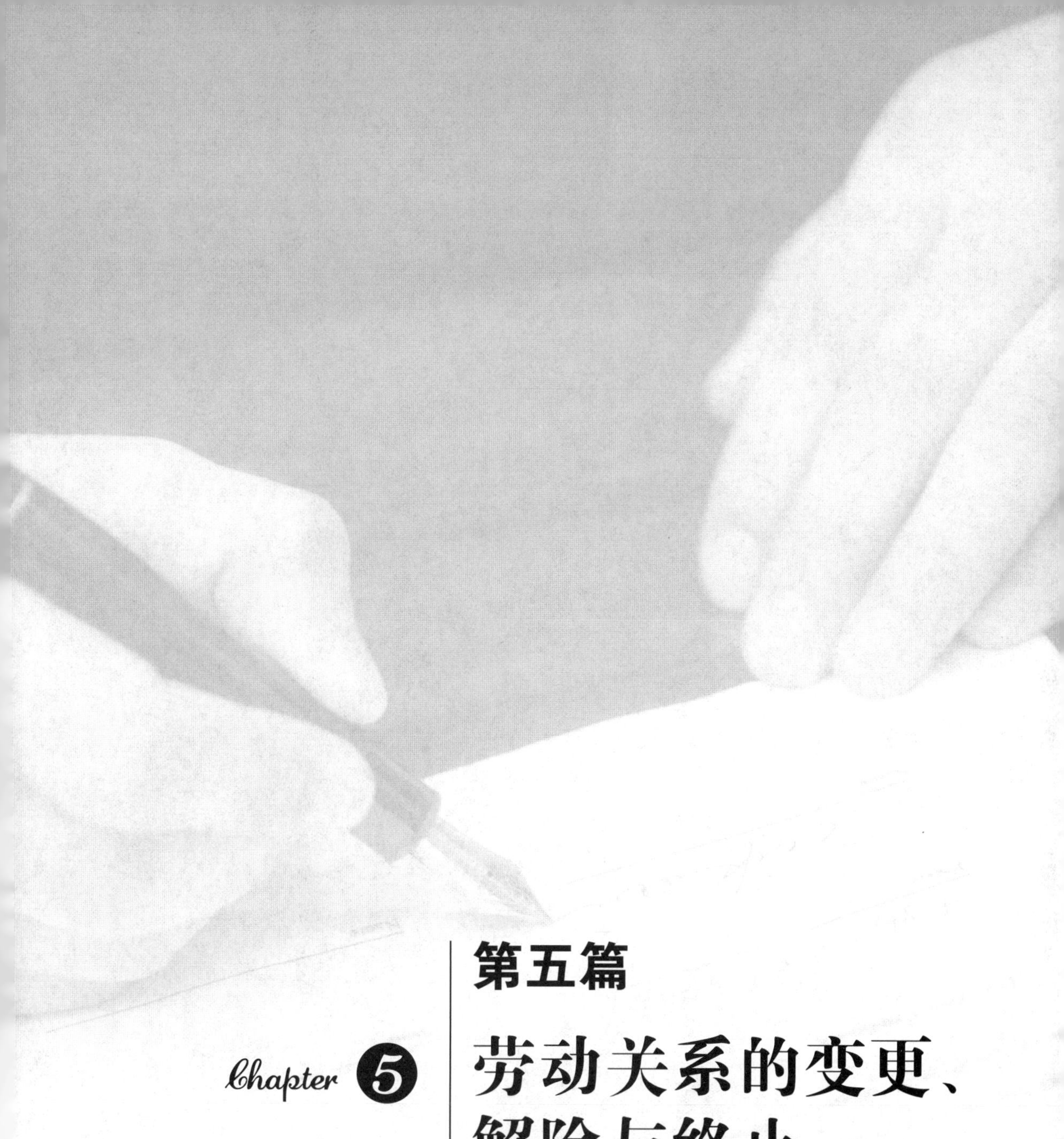

第五篇

Chapter 5

劳动关系的变更、解除与终止

No. 27　劳动合同变更

劳动合同变更，通常是指对于已经合法订立的劳动合同，一方当事人或双方当事人随着订立合同时点所依据的主、客观情况的变化，单方面或者协商一致后对劳动合同中的条款所作的变更。根据《劳动合同法》第17条和第35条的规定，劳动合同的变更必须采用书面形式，而劳动合同中的条款尤其是必备条款包括劳动者的工作内容、工作地点、劳动报酬、劳动合同期限等内容。因此在实践中，劳动合同的变更往往涉及书面通知、调岗、降薪、工作地点变更、合同期限延长等。

在变更种类上，我国的劳动合同变更可以分为三大类：(1)双方协商一致的变更，此类形式的变更，只要变更的内容不违反国家强制性的法律法规，在实践中发生争议的概率较低，此类变更常见的争议类型系协商双方对合同变更是否属于协商一致的变更产生争议。(2)单方变更，主要是用人单位依据法律法规，以劳动者不能从事、胜任现有工作为由对劳动者工作岗位和劳动报酬作出的调整。由于在实践中用人单位往往是调低劳动者的职级和薪资，因此极易引发双方的争议。(3)法定变更，如因工伤、职业病造成伤残导致劳动合同变更；因国家最低工资标准调整进行的合同变更；因集体合同制定造成的相关人员个别劳动合同的变更等。

劳动合同变更关键词中涉及的二级关键词	
27.1	协商一致变更
27.2	调整工作岗位、降薪
27.3	工作地点变更
27.4	合同期限延长
27.5	劳动合同变更的其他情形

27.1　协商一致变更

解析

《劳动合同法》第35条第1款规定："用人单位与劳动者协商一致，可以变更劳动合同约定的内容。变更劳动合同，应当采用书面形式。"一般情况下，劳动合同内容的变更需要采取协商一致的方法，并且，用人单位与劳动者就变更劳动合同的内容达成一致后，往往会签订书面协议。这样做的好处在于可以明确变更的内容，最大限度地避免劳动争议。

法律依据

问题导引

Q1： 未采用书面形式但实际履行的口头变更是否一定无效？

A： 在日常生活中，常常会出现用人单位和劳动者通过口头约定变更劳动合同条款的情况。

尽管双方未采取书面的形式,但是该变更得到了切实的履行。但《劳动合同法》又规定劳动合同的变更必须采用书面形式。那么未通过书面形式但是实际履行的口头变更是否一定无效呢?答案是否定的。在一定的条件下,即使双方未采用书面的形式变更劳动合同,该变更仍然有效。2021 年施行的《最高人民法院关于审理劳动争议案件适用法律问题的解释(一)》第 43 条明确指出,用人单位与劳动者协商一致变更劳动合同,虽未采用书面形式,但已经实际履行了口头变更的劳动合同超过一个月,变更后的劳动合同内容不违反法律、行政法规且不违背公序良俗,当事人以未采用书面形式为由主张劳动合同变更无效的,人民法院不予支持。此外,江苏省也有例外规定,《江苏省劳动合同条例》第 29 条明确指出,如果劳动合同的变更是提高劳动报酬等有利于劳动者的情形时,无须书面形式。因此我们可以看到,尽管从法理上讲,《劳动合同法》的效力层级高于司法解释和地方法规,劳动合同的变更应仅限于书面形式的变更,但在司法实践中往往会对于"书面形式"给予更为广泛的理解。

但需指出的是,对于"已经实际履行了口头变更的劳动合同超过 1 个月"的理解,司法实践中存在分歧,尤其是在薪资待遇降低方面。第一种观点认为,只要实际履行变更的劳动合同超过一个月,变更有效,而无须证明变更是否经过双方口头协商一致。例如,用人单位在没有明确告知劳动者或者告知劳动者后,劳动者未明确表态的情况下单方降薪,并按照降薪后的标准发放超过一个月的工资,劳动者以不知情或者不同意为由请求用人单位补足工资差额,应该不予支持。第二种观点认为,第一种观点忽略了适用该条款的前提是双方就变更劳动合同已经协商一致,如果仅是劳动者超过一个月未对降薪明确表达异议,实际上可能是劳动者因为种种顾虑对降薪保持消极沉默,用人单位没有证据证明其与劳动者就降薪口头协商一致的,劳动者的沉默并不构成《民法典》第 140 条规定的意思表示,不能视为双方就变更劳动合同已经协商一致。从司法实践情况来看,持第二种观点的地区较多;最高人民法院民事审判第一庭在《最高人民法院新劳动争议司法解释(一)理解与适用》一书中也明确表达了支持第二种观点。

但如果用人单位降薪履行期限较长,尤其是超过一年,劳动者才提起劳动争议,那么不少司法部门也会认为这种情形符合司法解释的规定,即变更有效,而不再关注用人单位是否能举证证明双方对降薪口头协商一致的意思表示。

上海案例与导引

[案例 1]

沈某于 2019 年 4 月 12 日加入 A 公司,月薪为基本工资 13,850 元(税前)+月岗位津贴 13,850 元(税前)。A 公司按每月 27,700 元标准发放沈某 2019 年 4 月 12 日至 8 月 31 日的工资,按每月 13,850 元标准发放沈某 2019 年 9 月 1 日至 2020 年 1 月 31 日的工资。沈某于 2020 年 1 月 31 日向 A 公司提出辞职,并于 2020 年 4 月 22 日提起劳动仲裁,要求 A 公司支付 2019 年 9 月 1 日至 2020 年 1 月 31 日的绩效工资 69,250 元。

［法院观点］

法院认为，当事人对自己提出的诉讼请求所依据的事实或者反驳对方诉讼请求所依据的事实有责任提供证据加以证明。没有证据或者证据不足以证明当事人的事实主张的，由负有举证责任的当事人承担不利后果。该案的争议焦点为A公司是否支付沈某系争期间月绩效工资？对此，一则，……四则，A公司虽称双方已经以实际履行的方式对工资发放情况进行了变更，但该主张未得到沈某认可，公司也未能提供与沈某协商一致变更劳动合同的相应依据。综上所述，A公司要求不支付沈某系争期间绩效工资的上诉理由不能成立，应予驳回。

（2021）沪01民终1348号

广东案例与导引

［案例2］

冯某某于2013年1月13日入职某食品公司，工资构成为“底薪＋岗位技能薪资＋提成工资”。其后，食品公司先后三次将冯某某岗位技能薪资由4155元降低为3400元、3000元、2500元。冯某某以食品公司未及时足额支付劳动报酬及未依法缴纳社会保险费为由提出被迫解除劳动合同，要求食品公司支付劳动报酬差额及经济补偿。

［法院观点］

深圳市中级人民法院审理认为，劳动报酬的调整事关劳动者切身利益，属于变更双方劳动合同。用人单位降低劳动者的劳动报酬应当与劳动者协商确定。食品公司单方降低冯某某的岗位技能薪资，冯某某未提异议不能视为默认，食品公司应当补足上述期间冯某某应得的工资差额及支付解除劳动合同的经济补偿。

广东省高级人民法院2023年4月27日发布劳动争议典型案例9

北京案例与导引

［案例3］

徐某于2013年11月15日入职A公司。2015年7月24日徐某提起劳动仲裁，要求公司补发2014年1月1日至2015年7月24日的工资差额。徐某主张月工资税前25,000元，税后20,289.01元。2014年1月开始，公司无故降低了其工资标准。

［法院观点］

A公司自2014年年初按照税前2万元的标准向徐某支付工资，直至徐某申请仲裁，已经长达一年半之久。现徐某主张其在2014年1月之后的税前工资标准仍为25,000元，依据《最高人民法院关于审理劳动争议案件适用法律若干问题的解释（四）》（已失效）第11条“变更劳动合同未采用书面形式，但已经实际履行了口头变更的劳动合同超过一个月，且变更后的劳动合同内容不违反法律、行政法规、国家政策以及公序良俗，当事人以未采用书面形式为由主张劳动合同变更无效的,人民法院不予支持”的规定,法院对徐某的此项主张不予支持。法院认定徐某自2014年1月之后的月工资标准为税前2万元。

(2017)京01民终3389号

Q2: 劳动合同变更是否必须由用人单位和劳动者协商一致?

A: 一般情况下,劳动合同的内容变更必须由用人单位和劳动者协商一致。但是,根据《劳动合同法》的相关规定,也存在法定的例外情形,主要集中在以下几种情况:

1. 工作岗位的变更。

(1)根据《劳动合同法》第40条第1项的规定,劳动者患病或者非因工负伤,在规定的医疗期满后不能从事原工作,用人单位可以另行安排工作。

(2)根据《劳动合同法》第40条第2项的规定,劳动者不能胜任工作的,用人单位可以调整其工作岗位。

2. 劳动合同期限的变更。

详见本书“劳动合同变更”关键词项下的“合同期限延长”一词的论述。

3. 合理情形下的变更。

由于用人单位用工自主权的需要,出现多地司法部门较为明确地支持用人单位在符合一定条件的情形下可以单方变更劳动合同。如在江浙沪等地,如果确属用人单位生产经营所必需,且对劳动者的劳动报酬以及其他劳动条件未作不利变更,用人单位可以单方调整劳动者工作岗位。参见本关键词问题7。

Q3: 劳动合同变更的书面形式有哪些?

A: 关于劳动合同变更的书面形式,劳动合同法并没有限定具体种类,从法理上讲,书面形式变更并不局限于通过签订书面协议的方式来进行变更。在实务中,很多用人单位往往会通过工资签收单、通知书回执单等形式来进行劳动合同的变更。各地的司法实践也印证了这一点,如于2009年施行的《上海市高级人民法院关于适用〈劳动合同法〉若干问题的意见》第3条中规定,劳动合同规定的书面形式要求包括发给劳动者的工资单、岗位变化通知等。因此,如果劳动合同的一方或双方希望变更劳动岗位、劳动报酬、工作地点等,可以通过各种书面形式灵活实现。

实务小贴士

作为用人单位,应当尽量采用书面形式来变更劳动合同。无论是直接变更劳动合同还是其他书面形式都应当做好备份保存工作。如果未采用书面形式而双方又因为劳动变更发生纠纷争议,应当收集能够证明双方实际已经履行了变更后合同的证据。例如,在有关劳动报酬变更的纠纷中,收集工资单、社保缴纳记录等证据。

27.2　调整工作岗位、降薪

解析

现实管理中，劳动者岗位的调整和劳动报酬的调整往往是组合出现的。一般来讲，当用人单位给劳动者提升加薪的时候，劳动者是欣然接受的。但如果用人单位给劳动者降职降薪的时候，劳动者通常是不太能接受的，在此情况下往往导致劳动纠纷。此时，要特别注意合理性原则。这种合理性常体现在：(1)用人单位的规章制度或劳动合同对工作岗位和薪酬的调整有相应的规定或约定；(2)用人单位有相应的证据证明降职降薪是合理适当的。

法律依据

问题导引

Q4： 用人单位是否有权单方增加劳动者工作量？

A： 《劳动合同法》第31条规定："用人单位应当严格执行劳动定额标准，不得强迫或者变相强迫劳动者加班……"工作量、工作时间的变更直接影响劳动者休息权的实现。实务中，用人单位出于工作的需要，会出现增加劳动者工作任务的情况。如果仅是偶尔、适当地增加劳动者的工作任务，不会明显增加劳动者的工作量，那么可以归属于用人单位用工自主权的合理行使，劳动者应予服从。但如果用人单位对劳动者的工作量进行大幅增加，那就构成单方变更劳动合同内容。《劳动合同法》第35条规定，用人单位与劳动者协商一致，可以变更劳动合同约定的内容。这时，用人单位单方增加劳动者工作量的行为属于违法行为，劳动者可以拒绝。

典型案例与导引

［案例4］

张某于2018年9月入职某报刊公司从事投递员工作，每天工作6小时，每周工作6天，月工资3500元。2020年6月，因同区域另外一名投递员离职，某报刊公司在未与张某协商的情况下，安排其在第三季度承担该投递员的工作任务。张某认为，要完成加倍的工作量，其每天工作时间至少需延长4小时以上，故拒绝上述安排。某报刊公司依据员工奖惩制度，以张某不服从工作安排为由与其解除劳动合同。张某向劳动人事争议仲裁委员会申请仲裁。

［仲裁观点］

该案中，某报刊公司超出合理限度大幅增加张某的工作任务，应视为变更劳动合同约定的内容，违反了关于"协商一致"变更劳动合同的法律规定，已构成变相强迫劳动者加班。因此，张某有权依法拒绝上述安排。某报刊公司以张某不服从工作安排为由与其解除劳动合同不符合法律规定。故仲裁委员会依法裁决某报刊公司支付张某违法解除劳动合同赔偿金。

最高人民法院、人力资源和社会保障部联合发布第二批劳动人事争议典型案例5

问题导引

Q5： 用人单位在合同中约定根据需要随时调岗有效吗?

A：《劳动合同法》第 35 条规定,用人单位与劳动者协商一致,可以变更劳动合同约定的内容。然而,实践中许多用人单位在劳动合同中约定了用人单位可以根据实际经营需要有权单方对劳动者进行调岗的条款。那么有了这种约定,用人单位就可以随意调岗吗?答案是否定的。

调岗属于劳动合同内容的重要变更,司法实践中必然对用人单位的单方调岗权限有所限定,一般要求用人单位单方调岗具有合理性。判断合理性应参考以下因素:用人单位经营必要性、目的正当性,调整后的岗位为劳动者所能胜任、工资待遇等劳动条件无不利变更。具体内容详见本关键词问题 7。

虽然劳动合同中约定根据需要随时调岗不代表用人单位有任意调岗权,但用人单位在劳动合同中还是应设定类似表述的条款。原因在于,如果劳动合同没有类似约定,部分地区存在完全禁止用人单位根据经营需要对劳动者调岗的司法口径。如《北京市高级人民法院、北京市劳动人事争议仲裁委员会关于审理劳动争议案件法律适用问题的解答》第 5 条中规定,用人单位与劳动者签订的劳动合同中明确约定工作岗位但未约定如何调岗的,在不符合《劳动合同法》第 40 条所列情形时,用人单位自行调整劳动者工作岗位的属于违约行为,给劳动者造成损失的,用人单位应予以赔偿,参照原岗位工资标准补发差额。对于劳动者主张恢复原工作岗位的,根据实际情况进行处理。经审查难以恢复原工作岗位的,可释明劳动者另行主张权利,释明后劳动者仍坚持要求恢复原工作岗位,可驳回请求。

Q6： 如何理解《工伤保险条例》中的“安排适当工作”以及《职业病防治法》中的“妥善安置”?

A：《工伤保险条例》第 36 条规定,被鉴定为五级、六级伤残的,保留与用人单位的劳动关系,由用人单位安排适当工作。《职业病防治法》第 35 条规定,用人单位对不适宜继续从事原工作的患有职业病的劳动者,应当调离原工作岗位,并妥善安置。怎样做算是“安排适当工作”和“妥善安置”?法律和相关部门规章并没有给出明确的规定和解释。但从对因工伤和职业病而导致伤残劳动者的特殊保护角度来看,将劳动者调离原来致残岗位和长期接触职业病危害因素的岗位,不降低其待遇,应该是正常的理解。对工伤劳动者及职业病病人变更劳动合同,关键要注意不要与法律的特殊规定相冲突,要对此类劳动者予以必要的保护和照顾。在司法实践中,不降低劳动报酬往往是评判的关键。

Q7： 用人单位在哪些情形下可以单方调整工作岗位?

A：《劳动合同法》并没有直接规定用人单位可以单方调整劳动者工作岗位,但通过第 40 条第 1 项和第 2 项规定,劳动者患病或者非因工负伤在规定的医疗期满后不能从事原工作的,或者劳动者不能胜任工作的,用人单位可以“另行安排工作”“调整工作岗位”,可以理解为单方调整,该单方调整同样适用于怀孕的女职工。除此之外,《工伤保险条例》第 36 条规定,被鉴定为五级、六级伤残的,保留与用人单位的劳动关系,由用人单位安排适当工作。《职业病防治法》第 35 条规定,用人单位对不适宜继续从事原工作的患有职业病的劳动者,应当调离原工作岗位,并妥善安置。

当然,某些地方通过司法部门内部文件的形式,较为明确地界定了用人单位合法行使用工自主权进行调岗的边界,在中国当前的司法环境中,对审判实践具有重要的指导意义。比如,《长三角区域“三省一市”劳动人事争议疑难问题审理意见研讨会纪要》第6条规定,除《劳动合同法》第40条第1项和第2项规定的用人单位可以单方调整劳动者工作岗位的法定情形外,用人单位可以按劳动合同约定或者规章制度规定对劳动者工作岗位进行调整。如劳动合同无约定或者规章制度未规定,但确属用人单位生产经营所必需,且对劳动者的劳动报酬以及其他劳动条件未作不利变更,劳动者有服从安排的义务,可以认定用人单位调整劳动者工作岗位有效。广东司法实践中也有类似口径。2020年最高人民法院、人力资源和社会保障部联合发布第一批劳动人事争议典型案例,其中案例14就用人单位如何行使用工自主权合法调整劳动者的工作岗位和地点问题,在案例分析部分也提及,仲裁和司法实务中,岗位或工作地点调整的合理性一般考虑以下因素:(1)是否基于用人单位生产经营需要;(2)是否属于对劳动合同约定的较大变更;(3)是否对劳动者有歧视性、侮辱性;(4)是否对劳动报酬及其他劳动条件产生较大影响;(5)劳动者是否能够胜任调整的岗位;(6)工作地点作出不便调整后,用人单位是否提供必要协助或补偿措施等。

典型案例与导引

[案例5]

孙某于2017年8月入职某模具公司,合同约定孙某的工作地点为某直辖市,岗位为“后勤辅助岗”,具体工作内容为“财务、预算管理和其他行政性工作”。双方还约定:“模具公司可以根据生产经营的需要,对孙某工作岗位、工作内容及工作地点进行调整。”入职后,孙某被安排在模具公司位于某城区的开发中心从事财务人事等辅助性工作。2019年7月1日,基于公司生产经营和管理需要,为减轻各中心的工作负担,模具公司将各中心的财务工作统一转回公司总部的财务处统一管理。为此,孙某办理了开发中心全部财务凭证的交接,模具公司与孙某沟通协商,提出安排其到开发中心其他岗位工作,但均被孙某拒绝。后模具公司安排孙某到位于相邻城区的公司总部从事人事相关工作。7月底,孙某要求模具公司将其调回原工作地点原岗位工作,双方由此发生争议。孙某申请仲裁。

[仲裁观点]

该案中,双方在劳动合同中约定孙某的工作岗位为“后勤辅助岗”,该岗位不属固定或专业岗位;模具公司根据生产经营需要,适当调整孙某的工作岗位、工作内容及工作地点是基于财务统一管理的需要,对孙某并无针对性;同时,模具公司亦与孙某就工作地点和工作内容的调整进行了沟通协商,给出了包括在原工作地点适当调整岗位等多种选择方案,体现了对孙某劳动权益的尊重,且调整后的人事岗位与孙某的原先岗位性质相近,孙某也完全能够胜任;最后,孙某调整后的工作地点也处于交通便利的城区,上下班时间虽有所增加,但该地点变更不足以认定对其产生较大不利影响,对其劳动权益也构不成侵害,故依法驳回孙某的仲裁请求。

最高人民法院、人力资源和社会保障部联合发布第一批劳动人事争议典型案例14

Q8： 用人单位在哪些情形下可以单方调薪?

A： 薪酬变化直接关系劳动者的生计,因此各地司法实践中对用人单位单方调薪口径都较紧。被普遍认可的用人单位可以单方调薪的情形主要包括劳动者不能胜任调岗时,以及劳动者医疗期满不能从事原工作、用人单位另行安排工作时,薪随岗变。其他情形下的调薪一旦产生劳动争议,将面临司法部门更严格的审查。

27.3 工作地点变更

解析

工作地点的变更往往发生在拥有分支机构的大公司或者是大型集团公司内。由于劳动者一般选择在用人单位附近安家置业,家人孩子也就近入学,对于工作地点的变更往往是劳动者难以接受的。用人单位往往只有在客观情况发生重大变化,或者是经营战略出现调整时才会相应的要求调整劳动者的工作地点。双方都有切实的需要,很难调和。对此《劳动合同法》并没有规定用人单位具有单方变更工作地点的权利,用人单位通常需要和劳动者协商。在司法实务中,司法部门一般会对用人单位单方对劳动者工作地点的变更进行合理性审查。具体审查时,除考虑对劳动者的生活影响外,还可能会考虑用人单位是否采取了合理的弥补措施(如提供交通补助、班车)等。

法律依据

问题导引

Q9： 用人单位可否单方调整劳动者的工作地点?

A： 这个问题实际上拆分为以下两个问题进行分析更容易解释清楚。

第一个问题是在劳动合同约定的工作地点范围内,用人单位是否可以自由调动劳动者的工作地点。这个问题详见本关键词问题 10。

第二个问题是用人单位是否可以超出劳动合同约定的范围调整劳动者的工作地点。如劳动合同约定的工作地点是 A 市,但用人单位希望将劳动者调整到 A 市以外的地点工作是否可以。司法实践中,如果该变动对劳动者没有造成明显不便和不利,那么通常认为劳动者也应服从用人单位的调整。当然,如果双方在劳动合同中约定可以调整劳动者的工作地点,用人单位的调整就会更有合理性。如果用人单位对劳动者工作地点的调整,确实会给劳动者带来生活方面的不便,那么该调整就存在争议空间。

总体来说,无论是用人单位在劳动合同约定的工作地点范围内调动劳动者的工作地点,还是超出劳动合同约定的范围调整劳动者的工作地点,关键是要看用人单位变动劳动者的工作地点是否给劳动者带来实质影响,即是否给劳动者明显带来不便和不利。

司法部门审查该调整时,除考虑对劳动者的生活影响外,还会考虑用人单位是否采取了合理的弥补措施(如提供交通补助、班车)等。如果司法部门认为用人单位采取的措施能够达到双方劳动合同继续履行的程度，一般会支持用人单位进行此工作地点变更。反之，司法部门就不会支持用人单位进行此工作地点变更。

上海案例与导引

［案例 6］

肖某与某橡胶厂劳动合同中约定工作地点为硫化车间，该劳动合同首页载明工厂地址为上海市××区××镇××路××号。2021 年 6 月 10 日，某橡胶厂通过手机短信向员工肖某发送搬迁通知，告知肖某因政府动拆迁等原因，某橡胶厂目前所在的上海市××号厂房，将于 2021 年 6 月 11 日起停止使用，自 2021 年 6 月 15 日起，肖某的工作地点调整至上海市××号，工资待遇、工作内容等均维持不变，原劳动合同继续履行，同时某橡胶厂提供班车/车贴 200 元/月、远程补贴 400 元/月、一次性奖励金。如选择班车，班车时间计入工作时间，逾期不到岗或不能提供正常劳动的，属于旷工及严重违纪行为。后肖某未选择班车或车贴，继续到原厂区出勤。2021 年 6 月 17 日、6 月 21 日，某橡胶厂通过手机短信分别向肖某发送限期到岗通知。肖某于 2021 年 6 月 16 日申请仲裁，要求某橡胶厂支付解除劳动合同经济补偿。

［法院观点］

用人单位为维护企业正常生产经营，可根据经济形势和自身发展需要，对劳动者的工作地点做出安排及调整，但应充分考虑该行为的合理性与合法性。该案中，该工作地点的变更系某橡胶厂生产经营的客观环境发生变化所致，在不构成对劳动合同签订基础重大变更的前提下，用人单位对劳动者工作地点进行合法、合理的变更，系用人单位行使经营管理自主权的体现，对此，劳动者应当予以配合，这亦是劳动关系人身从属性的具体体现。虽搬迁前后两地之间相距 40 余公里，但某橡胶厂公示了安置方案，采取提供班车、发放补贴、将通勤时间计入工作时间等方式，合理地缓解因工作地点变更给劳动者带来的不便，且该工作地点的变更并不影响劳动者原享有的劳动合同待遇。双方劳动合同签订的基础未发生重大变更，完全可以继续履行，但劳动者拒绝上岗并提出解除劳动合同，依法不应获得解除劳动合同的经济补偿金。

（2022）沪 02 民终 3379 号

Q10：用人单位可以在劳动合同中限定的区域范围内自由调动员工工作地点吗？

A： 回答此问题，首先应搞清楚用人单位在劳动合同中约定劳动者的工作地点是否有限制，比如，劳动合同中可否约定工作地点为“全国”。《劳动合同法》对此没有明确的规定，各地的司法实践对此有如下两种不同的意见。第一种意见认为，在劳动合同中将工作地点约定为“全国”，如无对用人单位经营模式、劳动者工作岗位特性等特别提示，属于对工作地点约定不明，用人单位不得仅以工作地点约定为“全国”为由，无正当理由变更劳动者的工作地点。比如，《北京市高级人民法院、北京市劳动人事争议仲裁委员会关于审理劳动争议案件法律适用问题的解答》第 6 条规定：“用人单位与劳动者在劳动合同中宽泛地约定工作地点是‘全国’、‘北京’等，如无对用人单位经营模式、劳动者工作岗位特性等特别提示，属于对工作地点约定不明。劳动者在签订劳动合同后,已经在实际履行地点工作的,视为双方确定具体的工作地点。用人单位不得仅以工作地点约定为‘全国’、‘北京’为由,无正当理由变更劳动者的工作地点。”第二种意见认为,劳动者和用人单位双方将劳动合同工作地点约定为“全国”,劳动者作为完全民事行为能力人,在签订劳动合同时,对合同的内容应具有普通人的注意义务和预见能力,应预见到工作地点可能会超出当地范围,存在工作岗位、工作地点变更的可能性,用人单位可以以工作地点约定为“全国”为由,变更劳动者的工作地点。广东省高级人民法院曾出现相关案例持此意见。

实践中,多数地区持第一种意见,不支持用人单位任意扩大劳动合同约定的工作地点范围。总体来看,在正常情况下,如果用人单位与劳动者在劳动合同中约定可以在限定的区域范围内调整劳动者的工作地点,用人单位实施调整时至少有合同约定作为依据。因此,如果用人单位在合同订立之时根据劳动者的岗位性质等可以预见存在需要调动劳动者工作地点的可能性时,应当将劳动者的工作地点作合理扩大约定。

通过对上述问题的分析,以及从司法实践来看,对于多数地区而言,用人单位最终是否能够调动劳动者的工作地点,除了看双方在合同中约定的范围外,关键还是要看调整工作地点是否实质达到劳动合同变更,即对劳动者是否造成明显不利或者不便。例如,如果用人单位与某店铺店员合同中约定的工作地点是 A 市,而用人单位因为业务需要仅是将劳动者从 A 市的一个店铺调到另一个店铺工作,调店的距离完全在合理范围内,该变动不会给劳动者带来明显不便和不利,那么此变动实际上并未达到变更劳动合同的程度。这种情形下,这种变动就完全属于用人单位的用工自主权范畴,用人单位有权单方进行此类变动。如果劳动者不予服从,用人单位可以进行违纪纪律处分且通常会得到司法部门的认可。但反过来讲,如果用人单位的两个店铺都在 A 市,但相距较远,这种变动给劳动者明显带来不便和不利,那就可能构成劳动合同变更,即用人单位在不采取任何其他措施的情形下单方直接决定变动工作地点。再如某些岗位,如基于该岗位本身的特性,从事该岗位工作的劳动者本身需要经常往返于各个地点之间,作宽泛约定就较为合理,如某劳动者主要工作地点在上海,但需频繁在华东各市出勤,那么劳动合同约定该岗位的劳动者工作地点在华东地区就更为符合实际,若其用人单位需要调整该劳动者主要工作地点至苏州,则此调整的合理性就明显较高;若该员工系固定在某一个工作地点工作的行政人员,即使劳动合同同样将工作地点约定为华东地区,其跨地区做调整的合理性就明显较低。

广东案例与导引

[案例 7]

2009 年 5 月 21 日,甘某入职××啤酒营销公司,工作岗位为销售代表,双方签订《劳动合同书》中约定甘某的业务、业务管理岗位工作地点为××啤酒营销公司经营区域,包括广东省、广西壮族自治区、湖南省、湖北省、海南省。因××啤酒营销公司经营和工作需要,甘某同意在××啤酒营销公司安排的工作地点调动。2021 年 8 月 7 日甘某微信收到××啤酒营销公司的员工报到通知书,通知甘某于 2021 年 8 月 9 日上午 9 时到台山市广海镇区域报到并开展工作,岗位、薪酬保持不变,并给予租房、交通补贴合计 650 元/月,如超期未报到者,视为旷工。之后因甘某连续多日未到岗，××啤酒营销公司多次向甘某邮寄发出员工返岗通知书，通知其返岗，甘某收到部分邮件后仍未返岗，并申请仲裁，要求××啤酒营销公司支付解除劳动合同经济补偿。

［法院观点］

涉案劳动合同约定甘某的工作地点为××啤酒营销公司的经营区域，包括广东省、广西壮族自治区、湖南省、湖北省、海南省，甘某亦同意在××啤酒营销公司安排的工作地点调动。该案中，××啤酒营销公司因业务需要在合同约定范围内将甘某的工作地点从台山市台城调整至台山市广海镇，调整的范围仍属于同一县级市，且岗位、薪酬保持不变，并给予租房、交通补贴，符合合同约定，并未违反法律规定，应视为××啤酒营销公司合法行使用工自主权。甘某在收到员工报到通知书后，未按照通知的要求按时到岗，并于8月7日起自行离岗，故其要求××啤酒营销公司支付解除劳动关系经济补偿金78,312.5元，理据不足。

（2022）粤07民终1886号

江苏案例与导引

［案例8］

2019年5月1日，江某入职××公司。劳动合同约定江某工作地点为集团沪苏区域及属下项目所在地，××公司因生产经营需要调整江某的工作岗位或工作地点，江某申请更改工作岗位或工作地点且××公司予以支持的，按合同变更的相应条款执行。2020年12月9日，××公司向江某发出调职通知书，"现因公司需要，经研究决定，自2020年12月13日起将您从本公司连云港××置业有限公司项目职厨岗位调至邳州公司项目职厨岗位。岗位变动后，薪资待遇依据调职后所在岗位及公司各项薪酬制度规定，由新项目所属公司统一予以发放。请您自收到通知之日起3天内完成本公司工作内容交接并至新岗位报到。超期未报到者，视为旷工；旷工达3日以上者（含3日）。视为自动离职，公司将按自动离职的相关规定予以处理"。江某拒绝按通知履行。2020年12月17日，××公司作出解除劳动合同通知书。2021年3月，江某申请劳动仲裁。

［法院观点］

双方对于工作地点约定为"集团沪苏区域及属下项目所在地"，该约定可以视为双方特别约定劳动者将工作地点变更的决定权交于用人单位行使，但这并不意味着用人单位可以在约定的区域内随意调整江某的工作地点。××公司根据该约定内容进行调整时，仍需具备正当性、合理性。江某入职××公司后一直在东海县工作，居住地亦在连云港本地，其从事的职厨工作亦非依工作性质在订约时可以期望双方当事人事先知道工作地点不可能固定的情形。××公司作出调职通知书，通知江某到邳州市工作，该调整工作地点的行为明显会对江某的生活、工作产生重大不利影响，给江某造成劳动合同履行的困难。××公司在本地的经营场所并未取消，亦未举证证明其将江某调整至邳州市系生产经营之必须，其调整工作地点的行为不具有正当性、合理性,构成用工自主权的滥用。江某不同意该变更未去邳州项目报到的行为不能视为旷工,××公司以江某旷工为由解除劳动合同,违反《劳动合同法》关于用人单位解除劳动合同的法定事由,应向江某支付赔偿金。

(2022)苏07民终1186号

27.4 合同期限延长

解析

一般情况下,法律规定了某些情形下合同期限应当续延,此种变更属于法定变更(如表27-1所示)。

法律依据

表27-1 合同期限变更的情形与法律依据

编号	法定情形	期限变更	法律依据
1	劳动者有以下情形之一: (1)从事接触职业病危害作业的劳动者未进行离岗前职业健康检查,或者疑似职业病病人在诊断或者医学观察期间的; (2)在本单位患职业病或者因工负伤并被确认丧失或者部分丧失劳动能力的; (3)患病或者非因工负伤,在规定的医疗期内的; (4)女职工在孕期、产期、哺乳期的; (5)在本单位连续工作满15年,且距法定退休年龄不足5年的; (6)法律、行政法规规定的其他情形	劳动合同应当续延至相应的情形消失时终止	《劳动合同法》第42条、第44条
2	用人单位为劳动者提供专项培训费用,对其进行专业技术培训的,可以与该劳动者订立协议,约定服务期	劳动合同期满,但是用人单位与劳动者依照《劳动合同法》第22条的规定约定的服务期尚未到期的,劳动合同应当续延至服务期满;双方另有约定的,从其约定	《劳动合同法》第22条
3	劳动者担任基层工会专职主席、副主席或者委员或者非专职主席、副主席或者委员	自任职之日起,其劳动合同期限自动延长,延长期限相当于其任职期间	《工会法》第18条

问题导引

Q11： 用人单位和劳动者是否可以协商变更延长劳动合同期限？

A： 根据《劳动合同法》第35条的规定，用人单位和劳动者协商一致的，可以变更劳动合同的内容。劳动合同期限作为劳动合同内容的必备条款之一，应属于协商变更的范围之内，且法律上也没有禁止协商变更劳动合同期限。所以，理论上用人单位和劳动者是可以协商变更延长劳动合同期限的。

但是，由于《劳动合同法》规定签订两次固定期限劳动合同后续订劳动合同的，应当订立无固定期限劳动合同，一些用人单位因此采取变更合同期限的方式代替续订劳动合同。于是部分地区如《北京市高级人民法院、北京市劳动争议仲裁委员会关于劳动争议案件法律适用问题研讨会会议纪要（二）》第42条规定，用人单位与劳动者协商变更后的合同终止时间晚于原合同终止时间，视为用人单位与劳动者连续订立两次劳动合同；如变更后的终止时间比原合同终止时间提前，则仅视为对原合同终止时间的变更。

27.5 劳动合同变更的其他情形

解析

在实务中，用人单位会遇到名称、法定代表人、主要负责人或者投资人等事项的变更，或者发生合并或者分立等情况。《劳动合同法》第33条规定："用人单位变更名称、法定代表人、主要负责人或者投资人等事项，不影响劳动合同的履行。"第34条规定："用人单位发生合并或者分立等情况，原劳动合同继续有效，劳动合同由承继其权利和义务的用人单位继续履行。"因此，用人单位在发生前述变更时，无须与劳动者协商，不影响劳动合同的继续履行。

法律依据

No. 28 劳动合同中止

劳动合同中止,是指因出现某种法定或约定事由,导致劳动合同双方在一定期间内暂时停止履行劳动合同约定的权利和义务,待法定或者约定事由消除之后,除已经无法履行的事项外,再继续履行劳动合同。目前《劳动法》《劳动合同法》《劳动合同法实施条例》并未对劳动合同中止作出明确的规定,关于劳动合同中止的具体情形及其中止期间劳动合同双方权利义务的分担问题,主要散见于相关部门规定、答复以及各地的劳动合同条例(规定)中。

劳动合同中止关键词中涉及的二级关键词	
28.1	中止情形
28.2	中止待遇

28.1 中止情形

解析

劳动合同中止的概念国内最早见于《上海市劳动合同条例》。在劳动合同制度实施之初,有关部门已经发现劳动合同在某些情况下需要暂时停止履行,如原劳动部规定的劳动者涉嫌违法犯罪被限制人身自由的,可以暂时停止劳动合同的履行。在劳动合同制度逐步建立、国有企业富余人员安置过程中,又逐步产生了内部退养、停薪留职、协议保留社会保险关系等劳动合同暂时部分停止履行的做法,可以视为劳动合同中止履行的一种形式。直至上海首次提出"劳动合同中止"并进行了系统的规定,其后江苏、浙江等地也对劳动合同中止陆续作出了规定。劳动合同中止的具体情形主要包括四大类:

法律依据

(1)劳动者应征入伍或者履行国家规定的其他义务。此种情形主要是指根据国家相关法律的规定,劳动者在一定期间内应当履行一定的义务,从而无法按照劳动合同的约定为用人单位提供劳动。由于此时劳动合同的不能履行是出于劳动者履行法定义务的正当事由,而不属于劳动合同法定终止的任一情形,因此劳动合同不能终止,而只能暂时停止,待劳动者的法定义务履行完毕之后再恢复劳动合同的履行。

(2)劳动者涉嫌违法犯罪依法被限制人身自由。虽然此种情形与劳动者履行国家法定义务不同,不属于劳动者无法履行劳动合同的正当事由,但是此时劳动者只是"涉嫌"违法犯罪,其行为尚未被有权机关最终认定为违法,根据刑法上"疑罪从无"的原则,应当推定劳动者无罪,那么用人单位也就不得根据《劳动合同法》第 39 条第 6 项的规定,以劳动者"被依法追究刑事责任"为由解除劳动合同。

(3)用人单位或者劳动者一方因为不可抗力暂时不能履行劳动合同。不可抗力是指不可预见、不可预防和不可避免的事件。对于此类事件的发生,双方均无任何过错,从公平的角度来说,劳动合同一方因为不可抗力而导致其在一定期间内无法履行劳动合同约定的权利义务的，劳动合同应当中止，待不可抗力事件结束之后，双方再恢复履行。

（4）用人单位和劳动者协商一致中止履行劳动合同。对于前述三种情形之外的事由，比如，劳动者因出国学习、照顾家人等私人原因而希望中止履行劳动合同的，可以与用人单位通过协商一致的方式进行。此种情形给予用人单位和劳动者较大的自由决定空间，但是由于劳动合同中止意味着劳动者不能按照劳动合同的约定承担相应的职责，用人单位的日常经营在一定程度上会受到影响，因此实践中，这种情形往往适用于那些对用人单位来说有强烈的留用意愿或者留用需要的员工。由于这些劳动者对于用人单位的经营和发展来说非常重要，因此用人单位愿意通过劳动合同中止来保留双方之间的劳动关系。

问题导引

Q1： 劳动合同中止与“停薪留职”“协议保留社会保险关系”的差别是什么？

A： 本关键词中的劳动合同中止，是指因出现某种法定或约定事由，导致劳动合同双方在一定期间内暂时停止履行劳动合同的情形。出现法定劳动合同中止事由时，劳动合同中止期间的待遇、社会保险金缴纳等，一般情况下都可以暂时停止履行或按双方约定执行。该等情况下，工资是否发放、社会保险金是否缴纳，均可由用人单位与劳动者进行约定，并根据约定履行。“停薪留职”“协议保留社会保险关系”，是在劳动合同中止出现前就广泛存在，一般指用人单位与劳动者之间根据双方的约定，劳动者不再提供劳动，用人单位为其保留职位或继续缴纳社会保险金的情形。

28.2　中止待遇

解析

劳动合同中止期间，劳动者不再向用人单位提供劳动，但在此期间，劳动合同并未解除。因此，在劳动合同中止期间，尤其是因法定事由导致劳动合同中止期间，劳动者的待遇支付问题，包括工资、社会保险金等的支付，可由双方约定，并应当符合相关法律法规的规定。

法律依据

问题导引

Q2： 劳动合同中止期间用人单位是否须向劳动者支付工资？

A： 在劳动合同关系中，劳动者的义务主要为按照劳动合同的约定及用人单位的要求提供劳动。相应地，用人单位的义务主要为按照劳动合同的约定向劳动者支付劳动报酬。在劳动合同中止期间，劳动合同暂时停止履行，这意味着用人单位和劳动者的权利和义务均暂时履行。劳动者不再向用人单位提供劳动，相应地，用人单位也无须向劳动者支付暂停履行期间的工资。对于此,一些省份已经在地方性法规中进行了明确规定,如 2013 年修订的《江苏省劳动合同条例》第 30 条第 2 款规定,劳动合同中止期间,劳动关系保留,劳动合同暂停履行,用人单位可以不支付劳动报酬并停止缴纳社会保险费,2013 年 8 月 1 日修订的《山东省劳动合同条例》第 26 条第 2 款规定,劳动合同中止期间,劳动关系保留,劳动合同暂停履行,用人单位可以不支付劳动报酬并停止缴纳社会保险费。

Q3: 劳动合同中止期间用人单位是否须为劳动者缴纳社会保险费?

A: 在劳动合同中止期间,劳动合同暂时停止履行,用人单位和劳动者的权利和义务均暂时履行。但是,在此期间,用人单位为劳动者缴纳社会保险的义务是否也暂停履行?对于此问题,在全国性法律法规中并没有统一的规定,而各地的地方性法规对这一问题的规定有一定分歧。

一部分地区规定劳动合同暂停履行期间,用人单位仍然有义务为员工缴纳社会保险金。例如,2007 年施行的《北京市劳动和社会保障局关于贯彻实施〈北京市基本养老保险规定〉有关问题的通知》第 4 条第 2 款就规定,经企业批准请长假保留劳动关系,但不支付工资的人员,第一年,以其请假的上一年度本人月平均工资作为缴费工资基数;次年起按协议约定的缴费工资基数以及各自负担的数额,向社会保险经办机构缴纳;但该通知第 5 条又规定,劳动者被判刑、劳动教养期间停止缴纳基本养老保险费。

另一部分地区的地方性法规中则明确规定,劳动合同暂停履行期间,用人单位可以停止缴纳社会保险费,如上文提到的《江苏省劳动合同条例》第 30 条第 2 款以及《山东省劳动合同条例》第 26 条第 2 款的规定,另外,2002 年施行的《上海市劳动和社会保障局关于实施〈上海市劳动合同条例〉若干问题的通知》第 12 条规定,中止履行劳动合同期间用人单位可以办理社会保险账户暂停结算(封存)手续。也就是说,根据该规定,劳动合同中止履行期间,用人单位可以暂停为劳动者缴纳社会保险金。

Q4: 劳动合同中止期间是否应计算入劳动者在用人单位的工作年限?

A: 虽然劳动合同中止期间,用人单位及劳动者的权利义务均暂停履行,但此时双方的劳动合同关系仍然在延续,那么劳动合同中止期间是否应当计算入员工的工作年限?全国性法律法规中并没有统一的规定。部分地区的地方性法规中明确规定,劳动合同中止期间不计入劳动者的工作年限,如《上海市劳动和社会保障局关于实施〈上海市劳动合同条例〉若干问题的通知》第 12 条规定,中止履行劳动合同期间不应计算劳动者同一用人单位工作时间,法律法规或者双方另有约定的除外。

实务小贴士

作为公司来讲,在与劳动者中止劳动合同的履行时,可以与劳动者进行书面约定,就劳动合同中止的时间和社会保险账户暂停结算(封存)手续的办理等事项作出明确的说明,以明确双方的权利义务,避免潜在纠纷。但是在实践中也往往存在某些地方社保部门不允许企业以劳动合同中止或者至少是约定中止为由封存社保的情况(如北京地区),请用人单位引起注意。

No. 29　劳动合同解除

劳动合同解除，是指用人单位和劳动者双方或一方发起的、对双方现存的尚未履行终结的劳动合同的权利义务的提前结束。虽然名为“解除”，但实际上劳动合同的解除并不仅仅是一段劳动关系的终结，往往还隐含着劳动争议的潜在风险。

《劳动合同法》第 36 条至第 42 条对可以合法解除劳动合同的情形作了较为明确的规定，只有在这些法定情形下解除劳动合同才是合法的解除。概括地说，此类法定解除的情形可分为三大类，即双方协商一致的解除、劳动者单方提出的解除以及用人单位单方提出的解除。其中，劳动者单方提出的解除又可以分为劳动者提前通知的解除（辞职）和推定解除（因用人单位过失造成的解除），用人单位单方提出的解除又可以分为过失性解除、无过失性解除和裁员（具体详见本书“裁员”的内容）。按照法律规定，在劳动者提出的协商解除、劳动者辞职以及用人单位发起的过失性解除的情况下，用人单位无须支付法定的经济补偿金，其余情况下的解除用人单位需按照法定的标准支付补偿金（具体详见本书“经济补偿金”的内容）。另外，《劳动合同法》第 42 条还规定了当劳动者处在某些特定时期或满足某些特定条件的情况下，用人单位不得对该等劳动者进行无过失性解除和裁员。本关键词将对不同情形下的劳动合同解除中可能涉及的问题点进行分析。

劳动合同解除关键词中涉及的二级关键词	
29.1	协商一致解除
29.2	劳动者辞职
29.3	推定解除
29.4	过失性解除
29.5	无过失性解除
29.6	解除限制
29.7	离职手续

29.1　协商一致解除

解析

《劳动合同法》第 36 条规定，用人单位和劳动者在双方协商一致的情况下，可以解除双方之间的劳动合同，该等协商解除的要约可以由用人单位提出，也可以由劳动者提出。一般而言，用人单位和劳动者并不会无缘无故通过协商一致来解除劳动合同。大多数情况下，当用人单位或劳动者一方意图单方解除劳动合同，但是又无法确保单方解除的法定条件全部符合，或单方解除可能造成的风险或者成本太高的情况下，用人单位或劳动者会寻求通过协商一致解除的方式来达到解除劳动合同的目的。

法律依据

实践中,协商一致解除更多的是由用人单位提出的。由于协商一致解除是基于双方的合意,因此通过此种方式解除,用人单位可以避免单方解除被认定为违法解除后带来的法律风险。同时,相对单方解除后可能带来的劳动仲裁、诉讼程序以及其他不安定因素,协商解除有时反而是更为节约成本的选择。但是,协商解除并不一定是万全之策,本部分将对协商解除中可能存在的问题进行分析和释明。

需要注意的是,根据《劳动合同法》第 46 条的规定,由用人单位提出,并与劳动者协商一致解除劳动合同的,用人单位应当向劳动者支付经济补偿。如果协商一致解除是由劳动者提出,用人单位并无法律义务支付经济补偿。

问题导引

Q1: 协商一致解除劳动合同时约定的补偿标准低于法定标准的,该约定的效力如何?

A: 当用人单位提出与劳动者协商一致解除劳动合同时,双方往往会就解除劳动合同的相关补偿问题达成书面协议,约定相关补偿已涵盖用人单位所需支付的所有款项,用人单位不再承担任何支付义务之类的条款。然而,实践中很多劳动者在取得书面协议中约定的相关补偿后,会再以该等补偿低于法律规定的标准为由,提起劳动仲裁或诉讼,要求用人单位补足法律规定的标准和已支付的补偿金额之间的差额。那么,用人单位和劳动者在协商一致解除劳动合同时约定的低于相关法定标准的补偿金条款的效力到底如何判断?

从立法上看,《劳动合同法》第 46 条将用人单位提出的"协商解除"也纳入必须支付经济补偿金的情形,同时《劳动合同法》第 47 条设定了经济补偿金的最低标准。又依照《最高人民法院关于审理劳动争议案件适用法律问题的解释(一)》第 35 条的规定,用人单位与劳动者就解除劳动合同达成的有关工资报酬、加班费、经济补偿金、赔偿金等协议不违反法律和行政法规的强制性规定,且不存在欺诈、胁迫或者乘人之危情形的,应认定有效。根据该条规定,我们可以得出以下结论:法律虽允许用人单位与劳动者就补偿标准进行"一揽子"约定,但如果法律或行政法规对相关补偿标准有明确规定的(如经济补偿金、加班工资、未休年休假的补偿等),即使用人单位和劳动者就该等补偿达成了协议,若该等协议所约定的补偿金额低于依照法定标准计算的金额的,该等约定也可能因违反法律法规的强制性规定而导致无效,劳动者可以要求补足差额,用人单位的相关义务并不当然免除。

但最高人民法院的专家在一些著作中认为,在判断双方约定的效力和强制性规范的关系时,并不能以一种贴标签式的方式简单识别,而是应该通过法律解释、利益衡量、后果判断等一系列法律适用方法综合分析后方能得出结论,而且还要结合个案从法的和平性、安定性以及立法目的实现的可能性进行具体考量。在此基础上,最高人民法院专家分别针对低于法定标准约定的工资报酬、加班费、经济补偿金以及赔偿金是否有效作出了详细的法理分析,笔者对其总结如下。

(1)未付工资。若用人单位和劳动者在协商一致解除劳动合同时对未付工资的约定低于最低工资标准的,由于其侵犯了最低工资制度保护的劳动者的基本生存权,而人的基本生存权的价值高于合同自由的价值,应当被认为无效;反之,如双方的约定不低于最低工资标准,则认为有效。

(2)加班费。由于加班费制度的立法目的是保护劳动者加班的对价得到支付,从法理上讲该等对价的价值并不高于合同自由的价值,因此,用人单位和劳动者低于法定标准的加班费约定应当被认为有效(但依照上述第1点的分析,当加班费的计算标准低于最低工资标准时,将被认为无效)。

(3)经济补偿金。经济补偿金的主要功能在于对劳动者为用人单位工作而造成的劳动技能固定化和再次寻找新的工作机会的成本的补偿,其价值并不高于合同自由的价值,因此用人单位和劳动者低于法定标准的经济补偿金约定应当被认为有效。

虽然相关地方法院的判决理由大多只是简单援引《最高人民法院关于审理劳动争议案件适用法律问题的解释(一)》第35条的规定,并未对相关补偿标准低于法定标准进行具体的分析,但是有的案例判决结果也印证了前述最高人民法院专家的分析,在考虑公平合理的基础上进行判断。当然,用人单位如希望降低劳动争议发生的风险,建议不要明显低于法定标准约定经济补偿。

另外,《北京市高级人民法院、北京市劳动争议仲裁委员会关于劳动争议案件法律适用问题研讨会会议纪要》第30条第2款规定:“用人单位与劳动者就工伤保险待遇达成的协议在履行完毕后,劳动者以双方约定的给付标准低于法定标准为由,在仲裁时效内要求用人单位按法定标准补足差额部分的,应予支持。”由此可见,部分地区对工伤保险待遇也持特殊保护态度。

29.2 劳动者辞职

解析

《劳动合同法》第37条规定,劳动者可以在试用期内提前3天、在试用期结束后提前30天以书面形式通知用人单位单方解除劳动合同,即实践中提到的“辞职”。需要明确的是,此处的“3天”“30天”均为日历日而非工作日,且在该等辞职通知期内,用人单位和劳动者的劳动关系仍然存续,即使用人单位安排劳动者进行休假或暂停工作进行交接,用人单位仍需支付该段期间内的劳动者的工资。

法律依据

问题导引

Q2: 用人单位与劳动者约定劳动者辞职的提前通知期大于30天的,是否有效?

A: 实践中,有些用人单位会在劳动合同或其他规章制度中对劳动者的辞职通知期作出长于法定30天的约定(约定通知期)。该种约定主要目的是避免一些高级管理人员或重要项目的工作人员辞职给用人单位或项目的正常运营造成损害;也有些用人单位通过设定更长的约定通知期对一些负有保密义务的劳动者进行“脱密”,以更好地保护用人单位的保密信息,此时一般称作“脱密期”。

对于“脱密期”,部分地区的劳动合同条例中对此有明确规定,允许用人单位与劳动者约定此类“脱密期”,表29-1列出了北京、上海以及江苏省现行有效的关于“脱密期”的规定。

表29－1　主要地区关于“脱密期”的规定

地区	法律依据
北京	《北京市劳动合同规定》 第18条　用人单位在与按照岗位要求需要保守用人单位商业秘密的劳动者订立劳动合同时,可以协商约定解除劳动合同的提前通知期。提前通知期最长不得超过6个月,在此期间,用人单位可以采取相应的脱密措施
上海	《上海市劳动合同条例》 第15条　劳动合同当事人可以在劳动合同中约定保密条款或者单独签订保密协议。商业秘密进入公知状态后,保密条款、保密协议约定的内容自行失效。 对负有保守用人单位商业秘密义务的劳动者,劳动合同当事人可以就劳动者要求解除劳动合同的提前通知期在劳动合同或者保密协议中作出约定,但提前通知期不得超过六个月。在此期间,用人单位可以采取相应的脱密措施
江苏	《江苏省劳动合同条例》(2013修订) 第27条　用人单位与劳动者可以在劳动合同中约定保守用人单位的商业秘密和与知识产权相关的保密事项。 对负有保密义务的劳动者,用人单位可以与其在劳动合同或者保密协议中,就劳动者要求解除劳动合同的提前通知期以及提前通知期内的岗位调整、劳动报酬作出约定。提前通知期不得超过六个月

那么,除了地方性法规明确允许约定的“脱密期”外,用人单位与员工约定大于30天的通知期是否有效呢?

如本书“劳动合同解除”关键词的篇首所述,《劳动合同法》关于劳动合同的解除,大致上分为三部分,即双方协商解除、劳动者有权提出的解除和用人单位有权提出的解除。其中,《劳动合同法》第37条关于劳动者提前30天书面通知用人单位即可解除劳动合同的规定为劳动者有权解除的情况。根据法理分析,既然属于权利,并非不可放弃的人身权,那么该等权利就属于可以放弃的权利。因此,如长于法定通知期的约定通知期是用人单位和劳动者协商一致确定,那么从法理上看可以视为劳动者放弃了“提前30天通知即可解除”的权利,双方的该等约定有效。但同时,《劳动合同法》第26条第1款第2项规定,用人单位免除自己的法定责任、排除劳动者权利的,劳动合同无效或者部分无效,从这方面来讲,如果约定的提前通知期大于30天,劳动者可能主张这种约定排除了其法定权利而无效。

另外,与《劳动合同法》第37条的规定一致,《劳动法》第31条也规定了劳动者提前30日书面通知用人单位即可解除劳动合同。《劳动部办公厅关于印发〈关于《劳动法》若干条文的说明〉的通知》第31条则明确说明了除该条规定的程序外,对劳动者行使辞职权不应附加任何条件。但是,该通知并没有详细解释此处所述的“规定的程序”(劳动者行使辞职权的唯一条件)是仅指提前书面通知这一“通知程序”,还是要将30天的法定通知期也包含在该等唯一条件内。如果是前者,则法定的通知期无疑是可以通过双方约定或劳动者放弃来变更的,如果是后者,那么该等法定通知期就不能通过约定的变更。但是到目前为止对于该问题并无明确的法律法规或司法解释予以说明。

司法实践方面,目前操作尚不统一,上海地区曾倾向于认为双方协商一致约定的长于法定通知期的约定通知期是有效的,所持的观点为《劳动合同法》第37条规定的30日的通知期为下限性质的通知期,因此可以约定超过该等期限的通知期,且该等通知解除权是劳动者的权利,既然是权利就可以处分。虽然约定长于法定通知期的约定通知期略微加重了劳动者的义务,但是该加重义务是通过谈判由劳动者自愿同意的,履行该等义务符合诚信原则。

Q3: 员工提出辞职后,是否可以在通知期内撤回?

A: 对于员工提出辞职是否可以在通知期内撤回的问题,全国性适用的法律法规及司法解释并未对此有明确规定。从法理上来讲,员工的辞职权属于法律上的形成权,是指权利人依单方意思表示就能使民事法律关系发生、变更与消灭,员工无须用人单位同意或批准,辞职的意思表示自送达用人单位后发生法律效力,即30天后解除劳动关系。因此,原则上员工不能在通知期内撤回已经生效的意思表示,但是经用人单位挽留等与用人单位协商一致的情况除外。

需要注意的是,江苏省劳动争议仲裁委员会曾于《劳动合同法》生效前对此作了特殊规定,《江苏省劳动争议仲裁委员会关于印发〈江苏省劳动仲裁疑难问题研讨会纪要〉的通知》(苏劳仲委〔2007〕6号)第12条规定:"劳动者依据《劳动法》第三十一条规定书面通知用人单位解除劳动合同,三十日期限未届满前,劳动者辞职行为没有产生预期的法律后果,故劳动者可以撤销辞职行为,撤回解除劳动合同通知。但用人单位如在三十日内已与劳动者办理了工作交接手续或已对工作重新作出了安排,及其他难以撤销的准备工作,免除了劳动者工作满三十日的义务的,应视为用人单位同意劳动者辞职,双方就解除劳动合同已协商达成一致,应适用《劳动法》第二十四条规定,劳动者无权撤销辞职行为。"但是,江苏的司法实践中还是倾向于认为该解除权是一种形成权,只要享有解除权的当事人作出解除的意思表示并到达对方,就发生解除的法律效力。

江苏案例与导引

[案例1]

2008年10月8日,方某入职苏州A银行。2019年1月11日晚,方某与其直线经理因为客户问题发生激烈的争吵。2019年1月14日,方某以电子邮件形式向其直线经理发送了离职报告邮件。2019年1月24日,方某向其直线经理发出撤回离职申请的邮件。2019年2月25日,苏州A银行向方某出具离职证明。方某提起劳动争议,要求公司支付违法解除劳动合同的赔偿金。

[法院观点]

苏州市中级人民法院认为,根据《民法总则》(已失效)第141条的规定,行为人可以撤回意思表示。撤回意思表示的通知应当在意思表示到达相对人前或者与意思表示同时到达相对人。该案中,由于离职申请已到达用人单位,并不发生撤回的效力。关于离职流程,苏州A银行提供的离职流程亦有直线经理操作部分,直线经理在收到劳动者离职申请后进行的操作并未违反该流程的规定,且如前文所述,关于离职的流程,是劳动者提出离职申请意思表示后的附随义务,并不影响劳动者单方离职意思表示的形成权特质。一审法院以此否认方某自愿离职不当,法院予以纠正。

(2020)苏05民终6560号

29.3 推定解除

解析

所谓推定解除,是指从形式上看似由劳动者主动提出解除劳动合同关系,但实质上是由于用人单位存在违反法律或劳动合同约定情形,损害劳动者利益,劳动者被迫选择主动解除劳动合同关系。《劳动合同法》第 38 条对推定解除的情形予以明确规定,可以推定解除的情形总结如表 29 - 2 所示。

法律依据

表 29 - 2　推定解除的情形

序号	情　形
1	用人单位未按照劳动合同约定提供劳动保护或者劳动条件的
2	用人单位未及时足额支付劳动报酬的
3	用人单位未依法为劳动者缴纳社会保险费的
4	用人单位的规章制度违反法律、法规的规定,损害劳动者权益的
5	因《劳动合同法》第 26 条第 1 款规定的情形致使劳动合同无效的 (1)用人单位以欺诈、胁迫的手段或者乘人之危,使对方在违背真实意思的情况下订立或者变更劳动合同的 (2)用人单位免除自己的法定责任、排除劳动者权利的 (3)违反法律、行政法规强制性规定的
6	法律、行政法规规定劳动者可以解除劳动合同的其他情形
7	用人单位以暴力、威胁或者非法限制人身自由的手段强迫劳动者劳动的,或者用人单位违章指挥、强令冒险作业危及劳动者人身安全的

问题导引

Q4: 《劳动合同法》第 38 条第 1 款第 1 项规定的“未按照劳动合同约定提供劳动保护或者劳动条件的”如何理解?用人单位不合理的单方调整工作岗位是否能认定为“未按照劳动合同约定提供劳动条件”?

A: 对于上述问题,并未有法律法规进行明确界定,各地司法实践口径相差较大。如上海地区,尤其是第一中级人民法院辖区,多认为劳动条件一般指“劳动者在从事劳动时的安全、卫生、环境等条件”“劳动者在劳动过程中所必需的劳动场所、劳动工具、安全卫生设施等物质设备条件”,而不认为单方调岗属于未按照劳动合同约定提供劳动条件。

但广东地区则持与上海相反口径,该地区司法实践口径多倾向于不合理的调岗构成“未按照劳动合同约定提供劳动条件”。

北京地区在此问题上口径稍显模糊,并未在判决书中明确表明用人单位未经劳动者同意的单方调整工作岗位是否属于《劳动合同法》第 38 条第 1 款第 1 项规定的“未按照劳动合同约定提供劳动保护或者劳动条件的”，但支持该种情形下劳动者可以依据《劳动合同法》第38条第1款向用人单位提出解除劳动合同、要求支付经济补偿金。

江苏省南京地区和苏州地区的口径似乎存在分歧，南京市中级人民法院在(2020)苏01民终5835号中提及“所谓‘劳动条件’，主要是指用人单位为使劳动者顺利完成劳动合同约定的工作任务，需为劳动者提供必要的物质、技术和安全卫生条件，如必要的劳动工具、机器设备、工作场地、技术资料、劳动经费以及其他一些必不可少的物质、技术条件和其他工作条件”，并未将调整工作岗位列入；但苏州地区倾向于不合理的调岗构成“未按照劳动合同约定提供劳动条件”。

浙江省宁波市中级人民法院在《关于审理劳动争议案件若干疑难问题的解答(三)》第6条中对工作岗位或职位是否属于“劳动条件”进行了明确，即规定：“劳动条件是指用人单位所提供的用以保证劳动者完成工作任务的必要条件，劳动条件的目的和作用在于保证劳动者生命安全和身体健康，保障劳动者履行劳动义务、完成用人单位下达的工作任务。工作岗位或职位虽属于劳动合同约定的重要内容，但不属于《劳动合同法》第三十八条规定的‘劳动条件’，因此用人单位在未与劳动者协商一致的情况下变更劳动合同约定的职位，劳动者以用人单位未按劳动合同约定提供劳动条件为由主张解除劳动合同的经济补偿的，不应支持。”

笔者更赞同用人单位不合理的单方调整工作岗位不应理解为“未按照劳动合同约定提供劳动条件”的口径。《劳动合同法》第17条明确规定，工作岗位与劳动条件和劳动保护分别为不同的法定必备条款，第32条第2款规定：“劳动者对危害生命安全和身体健康的劳动条件，有权对用人单位提出批评、检举和控告。”根据这两条规定，劳动条件均不涉及工作岗位，而是指单位按法定或约定必须提供的生产、工作条件和劳动安全卫生保护措施。根据法律逻辑中的“同一律”要求，《劳动合同法》所有“劳动条件”概念均应为同一理解，因此，第38条中规定的“劳动条件”亦不应与工作岗位混为一谈，相应也不能将调整工作内容、工作岗位理解为“未按照劳动合同约定提供劳动条件”。

上海案例与导引

[案例2]

李某某与A上海公司签订了自2017年8月1日起的无固定期限劳动合同。2020年5月9日，A上海公司免去了李某某合规与商务部副总经理的职务，调动李某某的岗位为风险资产管理部乘用车催收专员。同日，李某某接到通知，知晓调岗调薪事宜，但未至新岗位报到。2020年5月11日，李某某通过电子邮件方式就岗位调整和工作交接向A上海公司提出异议。2020年5月26日，李某某向A上海公司发出了电子邮件，以A上海公司擅自调动李某某的工作岗位，关闭了邮件系统，不提供劳动条件、未足额支付李某某2020年5月工资为由向A上海公司提出了解除劳动合同，并要求立即解除。

[法院观点]

李某某所称的不提供劳动条件，实际是指A上海公司未经协商擅自免去其合规与商务部副总经理职务，将其调至风险资产管理部乘用车催收专员岗位工作。此与《劳动合同法》第38

条第1款第1项中"未按照劳动合同约定提供劳动保护或者劳动条件的"劳动条件一般指劳动者在劳动过程中所必需的劳动场所、劳动工具、安全卫生设施等物质设备条件之通常理解有所不符。同时,A上海公司已对调整李某某岗位之原因作出解释,李某某如对调岗合理性持有异议,亦可通过法律途径寻求救济,现其以A上海公司不提供劳动条件为由径行于2020年5月26日提出解除劳动合同,实难成为其经济补偿金主张成立的充分依据。

(2021)沪01民终15439号

北京案例与导引

[案例3]

李某某于2016年2月17日入职A公司,岗位为财务部会计。2021年6月,A公司以经营效益不好为由口头与其协商调岗,将李某某调往酒店前台一职。李某某认为A公司系整体变更其工作内容,故其不同意,并提出离职,填写了员工离职审批表。后李某某申请劳动仲裁,要求公司支付经济补偿金。

[法院观点]

法院认为李某某已举证证明其系因不同意A公司提出的调岗要求导致双方解除劳动关系,A公司未能举证证明其调动李某某工作岗位经李某某同意,故法院认为李某某有权按照《劳动合同法》第38条第1款的规定要求A公司支付解除劳动关系经济补偿金。

(2022)京02民终10440号

广东案例与导引

[案例4]

何某自2015年7月25日被第三方派往A公司工作,2019年3月1日根据A公司要求换签劳动合同主体变更为A公司。A公司于2020年3月11日至4月7日多次对何某的工作地点及其岗位进行调整,何某均未同意。何某于2020年4月13日发出被迫解除劳动关系通知书,以A公司未依法支付高温津贴和加班费、未经本人同意私自调岗、系统设置本人无法打卡等理由要求于2020年4月14日解除双方劳动关系。

[法院观点]

双方虽在劳动合同中约定A公司可以根据工作需要调整变更何某的工作岗位和工作地点,但因调岗涉及劳动者切身利益,除了特定情形外,仍需遵从双方合意或公平合理的基本原则。该案中,A公司在2020年3月至4月数次对何某的工作地点和工作岗位进行调整,但未对其中的合理性作出明确说明和举证,亦未获得何某的明确同意。何某提交的与A公司人事工作人员的沟通记录载明,其在A公司发出调岗通知后,多次询问调整工作岗位后的工资构成、计算方式及交通补贴的具体数额,但A公司未能举证证明对此已作明确答复。A公司虽主张调整工作岗位后的薪资待遇不变,但因何某在此之前的工资待遇并非固定薪资,而是根据其具体的工作量(计件工资制)来进行考核及核算绩效工资,何某对调岗后的工作内容、薪资计算方式等疑问属于正常合理诉求,但A公司未予明确答复。在此情况下,何某拒绝调岗安排未前往新的工作地点报到存在合理事由。A公司不但没有积极回应员工关切,反而发出催到岗通知书,认定何某的行为构成旷工,并关闭何某的系统打卡权限,应视为未按照劳动合同约定提供劳动条件。何某以此为由发出被迫解除劳动关系通知书符合《劳动合同法》第38条第1款第1项规定的解除情形,根据该法第46条第1项规定,A公司应向何某支付经济补偿金。

(2021)粤01民终2168号

江苏案例与导引

[案例5]

张某某于2012年12月31日入职,任职A公司苏州分公司财务管理部经理。2020年3月30日A公司苏州分公司发出任免通知,其中明确依据原中国银保监会《关于银行保险机构员工履职回避工作的指导意见》(银保监发〔2019〕50号)及苏州银保监分局转发文件《转发〈中国银保监会关于银行保险机构员工履职回避工作的指导意见〉》(苏银保监转〔2020〕14号),将张某某的岗位由财务管理部经理调整为吴江支公司个险筹备负责人,薪资级别不变。张某某调整前的岗位负责苏州分公司的财务管理工作,调整后的主要工作内容是协助苏州分公司下辖吴江机构统筹安排全方面工作,包括财务、税务沟通、人事引进、人员管理、对下属提出业务考核、制定业务考核方案、全面推动业务等。2020年3月30日,A公司苏州分公司要求张某某到新岗位报道,并收走张某某电脑。2020年4月20日,张某某向A公司苏州分公司发出律师函,以被告擅自强制调岗,根据《劳动合同法》第38条第1款规定单方解除与A公司苏州分公司的劳动关系。

[法院观点]

A公司苏州分公司对张某某的工作岗位进行调整虽然合法、必要,但具体调整的岗位与原岗位相比不够合理、恰当,在张某某亦不同意调动岗位的情况下,A公司苏州分公司调动张某某工作岗位并封锁张某某办公账号、收走办公电脑等行为属于未按照劳动合同约定提供劳动条件。张某某提出的解除劳动合同经济补偿金于法有据。

(2021)苏05民终4292号

Q5: 用人单位未“及时”“足额”支付劳动报酬是否必然导致推定解除的适用?

A: 用人单位依法向劳动者支付劳动报酬,是用人单位的基本义务,因此对于用人单位违反其基本义务未及时足额支付劳动报酬的行为,《劳动合同法》赋予了劳动者单方解除劳动合同并可获得经济补偿的权利。但是,对于用人单位而言,劳动报酬计算和发放在实际操作中由于要考虑到每月劳动者的出勤、加班、补贴、事假扣薪等情况,往往比较复杂,客观上的确可能发生少算、迟发劳动报酬的情况,在这种情况下,不分青红皂白地将此类少算、迟发劳动报酬认为是《劳动合同法》第 38 条下可以导致推定解除的未"及时""足额"发放的情况,未免有失公正。

笔者认为,《劳动合同法》的立法原意并非狭隘、绝对、无条件地保护任何一方的权益,而是在公平合理、诚实信用的原则上保护劳动者和用人单位双方的合法权益。《劳动合同法》第 38 条规定的推定解除条款,目的在于促使用人单位诚信履行其在劳动合同项下的基本义务,保护劳动者在劳动合同项下的基本权利。因此,如果用人单位因主观恶意而未"及时、足额"支付劳动报酬,可以作为推定解除的理由,但对确因客观原因造成的计算标准不清楚、有争议等导致用人单位少算、迟发劳动报酬,且用人单位主观上积极予以纠正的,不能作为推定解除劳动合同的依据。

虽然目前全国性的法律法规并未对上述问题作出明确规定,但是很多地区的地方性法规和司法审判意见等对此已经作出了进一步的规定。《上海市高级人民法院关于适用〈劳动合同法〉若干问题的意见》第 9 条以及《江苏省高级人民法院劳动争议案件审理指南》第三章第四节均明确了只有当用人单位未"及时""足额"支付劳动报酬是由于其主观恶意造成时,才可以将其作为推定解除的理由。《天津市高级人民法院关于印发〈天津法院劳动争议案件审理指南〉的通知》第 26 条也明确规定,因故意或重大过失导致未及时足额支付劳动报酬的,劳动者因此主张解除劳动合同并要求用人单位支付经济补偿的,法院才予以支持。《浙江省高级人民法院民事审判第一庭、浙江省劳动人事争议仲裁院关于审理劳动争议案件若干问题的解答(三)》明确规定,在劳动者提出解除劳动合同前,用人单位已经对未及时足额支付劳动报酬情形予以补正,劳动者主张解除劳动合同经济补偿的,不予支持。

北京地区的司法实践中亦持用人单位未"及时""足额"支付劳动报酬系存在主观恶意才可以将其作为推定解除的理由的观点。

Q6: 用人单位未为劳动者缴纳或未足额缴纳社会保险的,劳动者是否可以使用推定解除的方式解除劳动合同?

A: 《劳动合同法》第 38 条规定了当用人单位未依法为劳动者缴纳社会保险时,劳动者可以解除劳动合同,并要求用人单位支付经济补偿金。实践中,"未依法缴纳"其实包含了三种情况:未依法建立社会保险关系、未按规定险种缴纳社会保险和未足额缴纳社会保险。那么,在这三种情况下,劳动者是否均可主张解除劳动合同并要求用人单位支付经济补偿金呢?对于这个问题,立法上并未作区分,但是,在司法实践中,北京、广东等地对以上提及的三种"未依法缴纳"的情况作了较为明确的区分,值得我们在实务中注意。

(1)北京。《北京市高级人民法院、北京市劳动争议仲裁委员会关于审理劳动争议案件法律适用问题的解答》第 24 条规定:"劳动者提出解除劳动合同前一年内,存在因用人单位过错未为劳动者建立社保账户或虽建立了社保账户但缴纳险种不全情形的,劳动者依据《劳动合同法》第三十八条的规定以用人单位未依法为其缴纳社会保险为由提出解除劳动合同并主张经济补偿的,一般应予支持。用人单位已为劳动者建立社保账户且险种齐全,但存在缴纳年限不足、缴费基数低等问题的,劳动者的社保权益可通过用人单位补缴或社保管理部门强制征缴的方式实现,在此情形下,劳动者以此为由主张解除劳动合同经济补偿的,一般不予支持。"

(2)广东。2008 年《广东省高级人民法院、广东省劳动争议仲裁委员会关于适用〈劳动争议调解仲裁法〉、〈劳动合同法〉若干问题的指导意见》(已失效)第24条的规定与北京的规定相同，即“未建立社会保险关系”的，支持劳动者据此解除劳动合同并要求用人单位支付经济补偿金的请求；“未足额缴纳或欠缴”的，不支持劳动者据此提出的解除劳动合同并要求用人单位支付经济补偿金的请求。该规定虽然现已失效，但广东的司法实践仍按此口径执行。

根据笔者掌握的口径，上海地区和江苏地区司法实践中的操作与北京地区和广东地区的操作相同。

实务小贴士

根据《社会保险法》，依法缴纳、代扣代缴社会保险是用人单位的法定义务。因此，我们建议用人单位及时足额为劳动者缴纳相关社会保险，避免在今后的用工中承受风险。

问题导引

Q7： 非因用人单位单方原因导致用人单位未为劳动者缴纳或未足额缴纳社会保险的，或者劳动者与用人单位达成一致不缴纳社会保险的，劳动者是否可以使用推定解除的方式解除劳动合同？

A： 在实务中，会出现劳动者不愿意缴纳社会保险，或者其他客观原因导致用人单位未能为劳动者缴纳社会保险，或者劳动者与用人单位达成一致，不缴纳社会保险的情形。如果后续劳动者反悔了，又以用人单位未能为劳动者缴纳社保为由主张解除劳动合同，并由用人单位支付经济补偿金的是否支持，各地存在分歧意见。

(1)北京。《北京市高级人民法院、北京市劳动争议仲裁委员会关于审理劳动争议案件法律适用问题的解答》第25条规定，依法缴纳社会保险是《劳动法》规定的用人单位与劳动者的法定义务，即便是因劳动者要求用人单位不为其缴纳社会保险，劳动者按照《劳动合同法》第38条的规定主张经济补偿的，仍应予支持。

(2)天津。《天津市贯彻落实〈劳动合同法〉若干问题规定》第15条规定，用人单位应当按照法律规定为劳动者缴纳社会保险费，因用人单位原因导致未缴纳或未足额缴纳社会保险费的，劳动者可以依据《劳动合同法》第38条规定解除劳动合同，并要求用人单位支付经济补偿。用人单位与劳动者约定不缴纳或少缴纳社会保险费的，双方约定无效，应视为因用人单位原因导致未缴纳或未足额缴纳社会保险费。

根据笔者掌握的口径，在上海地区，如果用人单位未足额缴纳或欠缴社会保险是由于劳动者自身不愿缴纳等不可归责于用人单位的原因，或者是双方协商一致的，劳动者据此请求解除劳动合同并要求用人单位支付经济补偿的，不予支持。

Q8： 劳动者以用人单位存在《劳动合同法》第38条第1款情形为由主张被迫解除劳动合同是否应在离职时明确提出？

A： 对于这个问题，法律法规并没有明确规定。各地区司法口径存在一定分歧。

《浙江省高级人民法院民事审判第一庭、浙江省劳动人事争议仲裁院关于审理劳动争议案件若干问题的解答(五)》(浙高法民一〔2019〕1 号)第 8 条规定,劳动者依据《劳动合同法》第 38 条第 1 款规定单方解除劳动合同的,应当事先向用人单位提出。劳动者未事先向用人单位提出,直接请求仲裁或法院裁判解除的,一般不予支持。上海、江苏、广东等绝大多数地区与浙江口径相同。

《徐州市中级人民法院、徐州市人力资源和社会保障局关于审理劳动争议案件若干问题的解答》(2019)中甚至对劳动者提出了更高的通知要求,不但要求劳动者事先告知用人单位,还要求劳动者明确具体按照《劳动合同法》第 38 条第 1 款第几项的情形提出解除劳动合同,其第 15 条规定,劳动者笼统依据《劳动合同法》第 38 条而不指明具体情形向用人单位提出解除劳动合同,视为单方提出解除劳动合同的原因不明,一般不予支持经济补偿金。

北京地区的口径稍显特别。《关于劳动争议案件法律适用问题研讨会会议纪要(二)》第 39 条规定,对于劳动者提出解除劳动合同的,应以劳动者当时实际解除劳动合同时提出理由作为认定案件事实的依据,劳动者以《劳动合同法》第 38 条规定之外的情形为由提出解除劳动合同,在仲裁或诉讼阶段又主张是用人单位存在前述法定情形迫使其解除劳动合同,请求用人单位支付经济补偿金或赔偿金的,仲裁委、法院不予支持,但劳动者证明在解除劳动合同时,存在欺诈、胁迫、重大误解等违背其真实意思表示的情形的除外。按该条规定,员工在辞职时是有义务明确辞职理由的。但是从北京诸多判决来看,当双方对于员工到底是以什么理由辞职发生争议时,法院要么是避而不答,要么是要求用人单位举证。更多情形下,法官会直接分析是否存在《劳动合同法》第 38 条中规定的情况,如果有,就会支持员工的主张。

北京案例与导引

[案例 6]

陈某某与 A 信息公司签订了期限为 2019 年 2 月 1 日至 2020 年 1 月 31 日的劳务服务协议。工作期间,A 信息公司未为陈某某缴纳社会保险。2019 年 7 月 25 日,陈某某到大兴仲裁委员会申请仲裁,提出要求确认与 A 信息公司存在劳动关系,并要求公司支付解除合同经济补偿金。陈某某主张,其因 A 信息公司未缴纳社会保险,未支付加班费以及未签订劳动合同,于 2019 年 5 月 25 日向 A 信息公司提出解除劳动关系。A 信息公司认可陈某某于 2019 年 5 月 25 日自行离职,未说明原因。

[法院观点]

法院未在判决中提及员工的辞职原因,而是直接判决“根据《中华人民共和国劳动合同法》的规定,用人单位未及时足额支付劳动报酬的,未依法为劳动者缴纳社会保险费的,劳动者可以解除劳动合同。劳动者据此解除劳动合同的,用人单位应向劳动者支付经济补偿。经审理查明,吉成公司确未为陈某某缴纳社会保险,故 A 信息公司主张不支付陈某某解除劳动关系经济补偿金缺乏事实及法律依据”。

(2020)京 02 民终 8581 号

29.4　过失性解除

解析

在劳动者具有法定过错情形时，用人单位可以单方解除劳动合同且无须支付经济补偿金，这种情况下的劳动合同解除，我们一般称为“过失性解除”。《劳动合同法》第 39 条具体规定了劳动者的过失情况。在进行该等过失性解除之时，用人单位需要承担相应的举证责任，如用人单位以劳动者在试用期内不符合录用条件为由解除劳动合同，用人单位需要证明适用于劳动者的“录用条件”以及劳动者的“不符合”事实（具体详见本书“试用期”关键词项下的内容）。用人单位可以采取过失性解除的情形如表 29－3 所示。

法律依据

表 29－3　过失性解除的情形

序号	情形	提示
1	劳动者在试用期间被证明不符合录用条件的	详见本书“试用期”关键词项下的内容
2	劳动者严重违反用人单位的规章制度的	此处的规章制度必须是合法有效的规章制度，且该等规章制度中需对“严重违反”的行为作了明确界定。如何判断规章制度的效力，具体详见本书“规章制度”关键词项下的“规章制度的效力”一词的内容
3	劳动者严重失职，营私舞弊，给用人单位造成重大损害的	对何为“重大损害”，法律并未作明确规定，根据《劳动部办公厅关于〈劳动法〉若干条文的说明》第 25 条规定，“重大损害”可以由企业内部规章制度来规定。因此建议用人单位在制定规章制度时，明确对“重大损害”进行定性（经济损失、企业信誉损失等）或定量（如损失达到多少数额属于重大损害），避免在劳动争议中过于依靠裁判者的裁量，增加不确定性
4	劳动者同时与其他用人单位建立劳动关系，对完成本单位的工作任务造成严重影响，或者经用人单位提出，拒不改正的	劳动者和其他用人单位建立劳动关系并不当然导致用人单位可以直接进行过失性解除，必须当劳动者的该等行为对其完成本用人单位的工作造成严重影响，或者经用人单位提出后拒不改正的，用人单位才能适用过失性解除。 对于如何界定“严重影响”，法律法规并未明确规定，建议用人单位在规章制度中对“严重影响”的标准作出明确规定，以利于争议处理机构认定
5	劳动者因《劳动合同法》第 26 条第 1 款第 1 项规定的情形致使劳动合同无效的	《劳动合同法》第 26 条　下列劳动合同无效或者部分无效： （1）以欺诈、胁迫的手段或者乘人之危，使对方在违背真实意思的情况下订立或者变更劳动合同的； （2）用人单位免除自己的法定责任、排除劳动者权利的； （3）违反法律、行政法规强制性规定的。 对劳动合同的无效或者部分无效有争议的，由劳动争议仲裁机构或者人民法院确认
6	劳动者被依法追究刑事责任的	详见本部分以下问题导引 12 中的分析

问题导引

Q9： 员工的不当行为性质恶劣，但公司的规章制度并未事先规定，公司是否可以解除劳动合同？

A： 实践中，员工的不当行为五花八门，无论事先如何谨慎细致地考虑用工当中可能发生的情况，公司也无法面面俱到地将所有不当行为涵盖到规章制度中。

笔者理解，虽然规章制度中没有列明员工的不当行为，但如果员工的不当行为性质特别恶劣，已经严重违反了民事行为的基本原则(如诚实信用原则、公序良俗原则等)，则已经影响了劳动合同继续履行的基础，不允许公司解除劳动合同对公司显然不公平。笔者认为，在这种情况下，可以根据规章制度中的规定并结合一般生活常识和民事行为的基本原则进行合理解释，寻求与员工解除劳动合同的理论支持。司法实践中，各地各级法院把握的尺度有所不同，但我们看到有法院根据一般生活常识和诚信信用原则等认可用人单位按照严重违反规章制度解除劳动合同的行为。

不少地区的裁审机构则通过书面文件方式，明确了当地的认定倾向。有些地区(如北京、上海)与笔者的上述理解相似，认为在规章制度缺失明确规定的情况下，允许结合一定其他考量因素判定行为性质及解除合法性；有些地区(如天津、烟台)则对规章制度在案件中的决定性因素持较严格的态度，非严重或特殊情况，以规章制度为依据判定行为性质及解除合法性。用人单位则应当更加谨慎详尽地制定规章制度中有关具体不当行为的条款，并适当增加带有兜底功能的条款以尽可能弥补规章制度无法避免的"滞后性"。笔者将相关条款罗列如下，供读者参考：

《北京市高级人民法院、北京市劳动人事争议仲裁委员会关于审理劳动争议案件法律适用问题的解答》第 13 条明确规定，在规章制度未作出明确规定、劳动合同亦未明确约定的情况下，如劳动者存在严重违反劳动纪律或职业道德的行为，用人单位可以依据《劳动法》第 3 条第 2 款的规定与劳动者解除劳动合同。《上海市高级人民法院关于适用〈劳动合同法〉若干问题的意见》第 11 条也规定，劳动合同的履行应当遵循依法、诚实信用的原则。劳动合同的当事人之间除了规章制度的约束之外，实际上也存在很多约定的义务和依据诚实信用原则而应承担的合同义务。如《劳动法》第 3 条第 2 款关于"劳动者应当……遵守劳动纪律和职业道德"等规定，就是类似义务的法律基础。因此，在规章制度无效的情况下，劳动者违反必须遵守的合同义务，用人单位可以要求其承担责任。劳动者以用人单位规章制度没有规定为由提出抗辩的，不予支持。《长三角区域"三省一市"劳动人事争议疑难问题审理意见研讨会纪要》第 7 条也规定，劳动者存在违反法律、行政法规规定或者必须遵守的劳动纪律等情形，严重影响到用人单位生产经营秩序或者管理秩序的，应当认可用人单位解除劳动合同的正当性。对劳动者仅以用人单位规章制度未明确规定或者制定存在程序瑕疵、劳动合同未明确约定为由，主张用人单位解除劳动合同违法的，不予支持。

《天津市贯彻落实〈劳动合同法〉若干问题实施细则》(2018)第 17 条规定，用人单位应当依法建立和完善劳动规章制度，对严重违反规章制度的情形应加以明确，未明确具体规定的，用人单位不得依据《劳动合同法》第 39 条第 2 项规定与劳动者解除劳动合同。山东省《烟台市中级人民法院、烟台市人力资源和社会保障局关于劳动争议案件裁审衔接问题的处理意见》(烟中法〔2019〕58 号)第 13 条规定,规章制度未作出明确规定,劳动合同亦未明确约定,劳动者严重违反劳动纪律和职业道德,用人单位一般不可以依据《劳动合同法》第 39 条规定解除劳动合同,但是造成严重后果或恶劣影响的特殊情形除外,对此应审慎审查。

江苏案例与导引

[案例 7]

李某系某美容公司员工。在职期间,李某与同事赵某发生了不正当男女关系。2019 年 9 月 5 日,公司出具解除劳动合同通知书,以李某严重违反规章制度、违反公序良俗、社会公德为由解除与李某的劳动合同,并通知了街道工会委员会。李某申请仲裁要求公司出具离职证明及支付违法解除劳动合同的赔偿金。

[法院观点]

民事行为应当尊重社会公德,维护社会公共利益及公序良俗。该案中,李某与公司另一名员工发生不正当关系,违反社会公序良俗,公司据此解除劳动合同并无不当,李某诉请公司支付赔偿金,于法无据,法院依法不予支持。

(2020)苏 08 民终 2920 号

Q10:劳动者以符合公序良俗的理由请假被拒后仍休假,用人单位是否可以按违纪解除劳动合同?

A: 实践中,用人单位应注意,劳动者以符合社会主义价值观或者公序良俗、传统道德文化的理由请假,用人单位也应以同理心加以对待,给予职工请假便利,而不是机械管理,消极应对。否则,因劳动者极易获得社会甚至司法部门的普遍同情,用人单位也极易承担违法解除劳动合同的不利后果。2023 年最高人民法院发布的第三批人民法院大力弘扬社会主义核心价值观典型民事案例 10,以及 2023 年第 4 期《最高人民法院公报》刊登上海某物业有限公司诉王某劳动合同纠纷案,都体现了对用人单位行使假期管理权应合理、善意、宽容的要求。

典型案例与导引

[案例 8]

王某某于 2008 年 4 月 7 日进入 A 公司工作,岗位为保安。2020 年 1 月 6 日,王某某因父亲生病向其主管李某提交请假单后回老家,请假时间为 2020 年 1 月 6 日至 1 月 13 日。次日,王某某获悉经理未准假而返回,途中得知其父亲去世便再次回家处理丧事。后王某某于 2020 年 1 月 14 日返回上海,并于次日起开始上班。2020 年 1 月 31 日,A 公司向王某某出具解除劳动合同通知书,以旷工天数累计 3 天以上(含 3 天)为由解除劳动关系。

[法院观点]

用人单位行使管理权应遵循合理、限度和善意的原则。解除劳动合同系最严厉的惩戒措施,用人单位应审慎用之。王某某因父去世回老家操办丧事,既是处理突发的家庭事务,亦属尽人子孝道,符合中华民族传统的人伦道德和善良风俗。A 公司作为用人单位,应给予充分的尊重、理解和宽容。王某某提供了村委会出具的证明,A 公司虽不予认可,但并无相反证据予以推翻。王某某所请 1 月 6 日至 1 月 13 日的事假在 1 月 7 日后性质发生改变,转化为事假、丧假并存。扣除 3 天丧假,王某某实际只请了两天事假。考虑到王某某老家在外地,路途时间亦耗费较多,王某某请事假两天,属合理期间范围。A 公司不予批准,显然不尽人情,亦有违事假制度设立之目的。A 公司解除劳动合同,属罔顾事件背景缘由,机械适用规章制度,严苛施行用工管理,显然不当。故 A 公司应支付王某某违法解除劳动合同赔偿金。

《最高人民法院公报》2023 年第 4 期上海某物业有限公司诉王某劳动合同纠纷案

Q11:用人单位对劳动者违反规章制度的行为进行了处理后,又以同一行为严重违反规章制度为由解除劳动合同是否可行?

A:《行政处罚法》中规定了"一事不再罚"的原则,即对于同一违法行为,不得重复处罚。虽然在劳动关系中,用人单位和劳动者之间并不存在行政法上的管理和被管理的关系,但是,由于用人单位除了是劳动关系中和劳动者关系平等的相对方外,还是本单位生产经营和用工的管理方,可以依据内部规章制度(如奖惩规则)对劳动者的违章行为进行处罚,其处罚行为具备和行政处罚相似的特征,因此实务中一般认为针对劳动者的违章行为,也应参照适用行政法中的"一事不再罚"原则。从法理上讲,针对劳动者的某一违章行为已经进行处罚,意味着劳动者对该等违章行为已付出了相应代价,如果用人单位对该等违章行为再次进行处罚,不符合行为和处罚比例相适应的要求。

从另一方面考量,如允许用人单位对劳动者的同一违章行为进行两次或多次处罚,将导致员工对其违纪行为的后果丧失可预计性,从而使违纪员工一直处于不确定的恐惧中,或产生破罐子破摔、不积极改进自己行为的心理,并不利于用人单位的良性管理。

但是,如果用人单位对劳动者的某项违章行为的处理仅为临时性、过渡性的安排,目的是进行相关调查以便决定最终采取规章制度中规定的何种处罚,该等临时性、过渡性的处理根据相关案例可能不会被认为是已经对劳动者该项违章行为进行了"处罚",在这种情况下,用人单位对该等违章行为作出的最终处罚并不属于对同一违章行为的"再罚"。另外,若用人单位在对劳动者某一违章行为的在先处罚并未生效的情况下,相关案例对该等违章行为的后续处罚不认为是"再罚"。

此外,针对继续性的违章行为(如迟到等),如果劳动者在接受了处罚后依然继续该行为,法律也允许用人单位进行多次处罚,其原因是继续性的行为对于用人单位会产生持续影响。尤其是当用人单位在初次处罚时对于类似行为的再度发生给予警告时,若员工未能立刻停止此类不当行为,司法实践中往往允许用人单位对于后续行为进行加重处罚。

综上，用人单位需要在实务中注意对劳动者的一项违章行为一旦已经按照规章制度进行了有效的定性和处罚后，不得再以同一行为严重违反规章制度为由解除劳动合同；若对劳动者的一项违章行为仅是作了非终局性或未生效的处理而非定性处罚的，或是针对持续性的不当行为，则再以该等行为严重违反规章制度为由解除劳动合同的，可以通过合理性的解释争取司法机关对此不认为是“再罚”。

Q12： 如何判断劳动者“被依法追究刑事责任”？

A： 实务中，很多用人单位因为对刑事法律并不了解，所以存在扩大解释“刑事责任”的现象。因此，有必要对“依法追究刑事责任”的情况做一个简单的介绍和分析（如表 29－4 所示）。

《劳动法》第 25 条规定了当劳动者被依法追究刑事责任时，用人单位可以解除劳动合同。根据《劳动部关于贯彻执行〈中华人民共和国劳动法〉若干问题的意见》第 29 条的规定，“被依法追究刑事责任”包括被人民检察院免予起诉的、被人民法院判处处罚的、被人民法院依据《刑法》第 37 条免予刑事处分的以及劳动者被人民法院判处拘役、3 年以下有期徒刑缓刑的。但该意见由于后续《刑事诉讼法》的修改已不完全准确，认为“被人民检察院免予起诉”的也属于“被依法追究刑事责任”，不符合目前刑事法律的规定。首先，根据《刑事诉讼法》第 176 条、第 177 条的规定，当人民检察院认为应当追究刑事责任的，依法应当作出起诉决定，依照法律不需要判处刑罚或免除刑罚的行为，即不需要追究刑事责任的行为，不予起诉。其次，根据《刑事诉讼法》第 12 条的规定，未经人民法院依法判决，对任何人都不得确定有罪。因此人民检察院作出不予起诉决定的，由于劳动者此时未经人民法院审判，不能被认定为被追究刑事责任。因此，原劳动部在其 2003 年发布的《关于职工被人民检察院作出不予起诉决定用人单位能否据此解除劳动合同问题的复函》中已明确说明人民检察院根据《刑事诉讼法》作出不起诉决定的，不属于“被依法追究刑事责任”的情形。

表 29－4　被依法追究刑事责任的情况

序号	情　　形
1	被人民法院判处刑罚（包括主刑：管制、拘役、有期徒刑、无期徒刑、死刑；附加刑：罚金、剥夺政治权利、没收财产）
2	被人民法院依据《刑法》第 37 条免予刑事处罚的

实务小贴士

实践中，劳动者有些行为可能未能构成“追究刑事责任”仅被公安机关拘留之类，但是从常理判断也可能属于用人单位无法容忍或产生恶劣影响的行为，如未到达起刑点的盗窃行为等。为了避免该种情况产生，用人单位可以在规章制度中细化“严重违反规章制度”的行为，将该等被拘留等状况列入严重违反规章制度的行为中，届时可以根据具体情况按照严重违反规章制度处理。

29.5　无过失性解除

解析

无过失性解除，是指由于与劳动合同履行有关的一些特殊情况的发生，用人单位和劳动者之间原定的劳动合同目的已无法实现，在这种情况下，虽然劳动者不存在过失，但是用人单位在提前 30 日书面通知劳动者本人或额外支付劳动者一个月工资的前提下仍然能单方解除劳动合同的情形。在适用无过失性解除的情形时，用人单位需特别注意，并非相关无过失情形一经出现，用人单位即可行使解除权，而是要理解《劳动合同法》第 40 条还规定了在劳动者出现无过失情形时，用人单位首先需通过培训、调岗或协商的方式尝试变更原劳动合同，只有当用人单位已采取上述措施但未成功的前提下，用人单位方可适用无过失性解除。用人单位可以对劳动者进行无过失性解除的情形如表 29－5 所示。

法律依据

表 29－5　无过失性解除的情形

序号	情形	提示
1	劳动者患病或者非因工负伤，在规定的医疗期满后不能从事原工作，也不能从事由用人单位另行安排的工作的	用人单位需证明： 劳动者不能从事原工作； 已安排劳动者从事其他工作；且 劳动者不能从事另行安排的其他工作
2	劳动者不能胜任工作，经过培训或者调整工作岗位，仍不能胜任工作的	用人单位需证明： 劳动者不能胜任工作； 已对劳动者进行了培训；或 未经培训的已调整过工作岗位；且 劳动者仍然不能胜任工作
3	劳动合同订立时所依据的客观情况发生重大变化，致使劳动合同无法履行，经用人单位与劳动者协商，未能就变更劳动合同内容达成协议的	用人单位需证明： 客观情况发生了“重大变化”； 劳动合同因该等“重大变化”导致无法履行；且 已与劳动者协商变更劳动合同，但是未达成合意

问题导引

Q13： 员工医疗期满后不能从事原工作，也不能从事由用人单位另行安排的工作的用人单位依法解除劳动合同是否需要进行劳动能力鉴定？

A： 《劳动法》第 26 条、《劳动合同法》第 40 条均规定，劳动者患病或者非因工负伤，在规定的医疗期满后不能从事原工作，也不能从事由用人单位另行安排的工作的，用人单位提前 30 日以书面形式通知劳动者后，可以解除劳动合同。法律并未将劳动能力鉴定作为解除劳动合同的必要前置条件。

劳动能力鉴定系原劳动部增加设定的程序，《企业职工患病或非因工负伤医疗期规定》（劳部发〔1994〕479 号）第 6 条规定，企业职工非因工致残和经医生或医疗机构认定患有难以治疗的疾病，在医疗期内医疗终结，不能从事原工作，也不能从事用人单位另行安排的工作的，应当由劳动鉴定委员会参照工伤与职业病致残程度鉴定标准进行劳动能力的鉴定。《关于贯彻执行〈中华人民共和国劳动法〉若干问题的意见》（劳部发〔1995〕309 号）第 35 条也规定，请长病假的职工在医疗期满后，能从事原工作的，可以继续履行劳动合同；医疗期满后仍不能从事原工作也不能从事由单位另行安排的工作的，由劳动鉴定委员会参照工伤与职业病致残程度鉴定标准进行劳动能力鉴定。被鉴定为一级至四级的，应当退出劳动岗位，解除劳动关系，办理因病或非因工负伤退休退职手续，享受相应的退休退职待遇；被鉴定为五级至十级的，用人单位可以解除劳动合同，并按规定支付经济补偿金和医疗补助费。这两条规定均明确了劳动能力鉴定是解除劳动合同的前置程序，且劳动关系的处理也因劳动能力鉴定结果不同而不同。但其均未说明劳动者经鉴定未丧失劳动能力的该如何处理。

实践中，各地对于上述法律法规的理解不一致。如北京地区，认为在医疗期满后，能否解除劳动关系的前提是需经劳动鉴定委员会进行劳动能力鉴定，待确定鉴定结论后，再视情况由用人单位决定是否可以解除与劳动者的劳动关系。2018 年 1 月，北京市人力资源和社会保障局调解仲裁处为明确实务操作，发布《关于〈违反和解除劳动合同的经济补偿办法〉（劳部发〔1994〕481 号）被废止后劳动争议处理若干问题的意见》，将劳动能力鉴定作为医疗期满解除、终止的前置程序，并明确劳动者拒绝劳动能力鉴定的情形下，用人单位直接解除劳动合同的，不应裁决因未经过劳动能力鉴定而属于违法解除劳动合同。

上海和江苏等地区，劳动能力鉴定并非解除劳动合同的前提条件。江苏省法院法官的判决书中明确提到，“我国《劳动合同法》确实规定了用人单位在劳动者医疗期满不能从事原工作、又拒绝转岗的情况下可以解除劳动合同的权利。该条文的规定改变了过去依靠劳动能力鉴定进而判断是否解除劳动处理的做法”。

根据《广东省高级人民法院、广东省劳动人事争议仲裁委员会关于劳动人事争议仲裁与诉讼衔接若干意见》（粤高法发〔2018〕2 号）第 11 条“劳动者患病、非因工负伤医疗期满后，经劳动能力鉴定委员会鉴定为完全丧失劳动能力或大部分丧失劳动能力，不能从事原工作、也不能从事由用人单位另行安排的工作而解除劳动合同的，用人单位应按规定支付经济补偿并支付不低于六个月工资的医疗补助费”的规定，劳动能力鉴定应是医疗期满解除的必经程序，但也有部分地区在裁审实务中放宽落实此意见内容，建议读者密切关注所在城市的当地规定、裁审案例变化或者在处理过程中向当地劳动行政部门预先咨询指导意见。

北京案例与导引

［案例 9］

陈某于 2014 年 11 月 27 日入职后与公司签有至 2020 年 12 月 31 日到期的劳动合同，2017 年 12 月 20 日陈某突发疾病住院治疗，2019 年 3 月 21 日，公司向陈某发出解除信，表示陈某医疗期延长期届满，且经职工代表大会形成陈某医疗期满不能继续从事正常工作的一致意见，告知陈某与之解除劳动合同。

［法院观点］

企业职工非因工致残和经医生或医疗机构认定患有难以治疗的疾病，医疗期满，用人单位应当依照《企业职工患病或非因工负伤医疗期规定》中明确的程序进行劳动能力鉴定并根据鉴定结论确定的等级进行处理。公司在陈某未进行劳动能力鉴定的情况下直接作出解除劳动关系的通知，属于违法解除劳动关系。

（2020）京 02 民终 822 号

实务小贴士

实践中，应当先确认当地劳动部门及法院的意见口径，如果需要进行劳动能力鉴定，则要履行程序要求，请劳动者进行劳动能力鉴定并向其提供必要协助。

问题导引

Q14： 医疗期满劳动者继续请病假，用人单位是否可以不经调岗而是直接以员工医疗期满后不能从事原工作，也不能从事由用人单位另行安排的工作为由解除劳动合同？

A： 对于医疗期满劳动者继续请病假，是否能构成《劳动法》第 26 条第 1 项、《劳动合同法》第 40 条第 1 项规定的劳动者患病或者非因工负伤，在规定的医疗期满后不能从事原工作，也不能从事由用人单位另行安排的工作的情形，实践中存在争议，各地有不同口径。

一种观点认为，如果劳动者医疗期满仍继续请病假，都无法返岗工作，当然无法从事原工作也不能从事由用人单位另行安排的工作，那么也无须再形式化地要求用人单位另行给劳动者安排工作。例如上海地区，2002 年上海市劳动和社会保障局《关于实施〈上海市劳动合同条例〉若干问题的通知》第 16 条“劳动者患病或非因工负伤超过规定医疗期仍不能上班工作的，用人单位可以按超过停工医疗期规定解除劳动合同”以及 2015 年上海市人民政府《关于本市劳动者在履行劳动合同期间患病或者非因工负伤的医疗期标准的规定》第 5 条“劳动者在本单位工作期间累计病休时间超过按照规定享受的医疗期，用人单位可以依法与其解除劳动合同”的规定，被认为持此观点。司法实践中，在此问题上，上海虽出现过相反判决，但近年总体上仍倾向于认可劳动者医疗期满继续请病假，符合“劳动者患病或者非因工负伤，在规定的医疗期满后不能从事原工作，也不能从事由用人单位另行安排的工作的”情形，用人单位可以不予调岗，直接解除。

另一种观点认为，另行安排岗位是法律明确规定解除所必需的程序之一，不得违反。无论劳动者医疗期满是否继续请病假，用人单位都应给员工提供调岗。例如北京地区，虽然北京市高级人民法院也曾出现过与上海相同的判决口径，如（2017）京民申 430 号判决，但总体而言，在此问题上，北京还是倾向于认可给员工另行安排岗位的观点。

上海案例与导引

［案例 10］

张某于 2003 年 7 月 16 日进入浦东某日资公司工作，2013 年签订无固定期限劳动合同，2015 年 6 月 8 日和 8 月 27 日，公司向张某 2 次邮寄医疗期临将届满通知书，告知张某医疗期即将结束。2015 年 10 月 9 日，公司通过电话告知张某医疗期于该日期满。2015 年 10 月 10 日，市某医院为张某出具休息一天的疾病诊断证明。同日，公司向张某发出解除劳动合同通知，解除劳动合同。

［法院观点］

劳动者在本单位工作期间累计病休时间超过按照规定享受的医疗期，用人单位可以依法与其解除劳动合同。2015 年 10 月 9 日，张某医疗期已满；2015 年 10 月 10 日，张某向公司提交医院出具的疾病诊断证明之事实可以视为张某在规定的医疗期满后不能从事原工作，也不能从事由用人单位另行安排的工作。因此，该公司依法与张某解除劳动合同并无不当。

（2018）沪民申 1403 号

北京案例与导引

［案例 11］

刘某于 2015 年 4 月 5 日入职某出租汽车有限公司。刘某于 2017 年 2 月 25 日开始休病假，其医疗期至 2017 年 8 月 25 日届满。刘某提交的病历显示多份诊断证明连续建议其休息至 2017 年 12 月 20 日，公司于 2017 年 10 月 17 日解除了与其的劳动关系。

［法院观点］

二审法院认为，在刘某医疗期满继续休病假的情形下，可以认定其不能继续从事原工作，但公司首先应为刘某另行安排工作，只有在刘某也不能从事另行安排的工作的情形下，其公司才能提前 30 日以书面形式通知刘某或者额外支付其一个月工资后解除劳动合同。因此，公司在未给刘某另行安排工作的情形下径直解除双方劳动合同，不符合《劳动合同法》第 40 条第 1 项规定，属违法解除劳动合同。

（2018）京 02 民终 6458 号

Q15： 如何认定“劳动者不能胜任工作”？

A： 由于《劳动合同法》强调书面管理，一旦劳动合同签订，在实际的履行过程中用人单位无法随意地、单方面地变更劳动合同。面对工作态度不好、能力不佳的劳动者，用人单位往往希望以《劳动合同法》第 40 条的“劳动者不能胜任工作”为由调整劳动者的岗位和薪资。这样的调整往往会引发劳动者激烈地对抗，极有可能会引发劳动仲裁和诉讼。此时，争议的焦点就是，如何认定劳动者不能胜任工作。

从司法实践来看,如果能够同时满足以下要求,司法部门认定"劳动者不能胜任工作"的可能性就较高。第一,用人单位的规章制度或政策里明确了属于不能胜任的情形。不能胜任工作的情形包括工作业绩不达标、未在规定时间内完成工作任务或工作完成情况不符合公司或主管的要求、未通过绩效改进计划等。但最常见的是用人单位认定劳动者业绩不达标。第二,要认定劳动者业绩不达标,需要先设立对工作业绩进行考核的标准。这个标准应当按照具体岗位的职责和劳动者的平均能力合理制定,应该尽量是具体的,是可以量化和客观判断的,而非仅是主观判断的。不合理的、模糊的、笼统的以及主要依赖主观判断的考核标准在司法实践中一般不被采纳。第三,考核标准需要经过向劳动者告知的程序,如采用劳动者阅读后签字的形式。第四,证明劳动者最终没能够达到设定的标准。用人单位要说明劳动者的哪些工作表现使用人单位认为其不能胜任工作。这些工作表现需能具体举证,以求在后期沟通或劳动仲裁、诉讼的过程中,使不能胜任工作这一结论,能够有足够的证据支持。在认定某一劳动者是否胜任当前工作的时候势必会涉及一些主观认定,但就搜集证据的角度而言,最好还是能够偏重于搜集客观证据。对确实无法采用可量化考核标准的岗位,尽量结合多方的评定意见进行评估,特别是第三方(如客户)的评价。第五,将考核结论向劳动者进行告知,没有告知的考核结论是缺乏证明力的。

实务小贴士

用人单位应当在劳动合同或者用人单位内部规章制度中增加"工作业绩考核"的内容,针对不同的岗位制定不同的考核内容,且该考核内容应该客观、具体、可以量化。例如,针对销售人员可以用销售业绩来衡量;对于前台人员,可以用迟到数量来衡量等。除了周期性的考核外,用人单位也可以在内部规章制度中规定一些个案的认定标准,如工作差错导致客户投诉、索赔等。

问题导引

Q16: 用人单位是否可以末位淘汰方式认定不能胜任?

A: 实务中不少用人单位为促进员工竞争,采用末位淘汰的方式,即员工如果在绩效等评定中名列最后一名,或者最末一个等级,就认定员工不能胜任工作。但这种操作实际上被最高人民法院明确禁止。《第八次全国法院民事商事审判工作会议(民事部分)纪要》(2016 年 11 月 21 日)第 29 条明确规定,用人单位在劳动合同期限内通过"末位淘汰"或"竞争上岗"等形式单方解除劳动合同,劳动者可以用人单位违法解除劳动合同为由,请求用人单位继续履行劳动合同或者支付赔偿金。

需要注意的是,实务中,不少用人单位在设定员工绩效评定等级时,会提前确定每个等级所占人数的百分比,即"强制分布法",但实际上这一做法非常容易被认定为末位淘汰。因此,用人单位应避免强制安排评定等级的人数比例。最高人民法院发布的第一个全国性的劳动争议指导案件就是因用人单位实行等级评定"强制分布法"而被认定为末位淘汰违法的案例。

典型案例与导引

［案例12］

2005年7月，王某进入某通讯（杭州）有限责任公司（以下简称某通讯）工作，劳动合同约定王某从事销售工作。某通讯的《员工绩效管理办法》规定：员工半年、年度绩效考核分别为S、A、C1、C2四个等级，分别代表优秀、良好、价值观不符、业绩待改进；S、A、C（C1、C2）等级的比例分别为20%、70%、10%；不能胜任工作原则上考核为C2。王某原在该公司分销科从事销售工作，2009年1月后因分销科解散等原因，转岗至华东区从事销售工作。2008年下半年、2009年上半年及2010年下半年，王某的考核结果均为C2。某通讯认为，王某不能胜任工作，经转岗后，仍不能胜任工作，故在支付了部分经济补偿金的情况下解除了劳动合同。

［法院观点］

根据《员工绩效管理办法》的规定，“C（C1、C2）考核等级的比例为10%”，虽然王某曾经考核结果为C2，但是C2等级并不完全等同于“不能胜任工作”，某通讯仅凭该限定考核等级比例的考核结果，不能证明劳动者不能胜任工作，不符合据此单方解除劳动合同的法定条件。虽然2009年1月王某从分销科转岗，但是转岗前后均从事销售工作，并存在分销科解散导致王某转岗这一根本原因，故不能证明王某系因不能胜任工作而转岗。因此，某通讯主张王某不能胜任工作，经转岗后仍然不能胜任工作的依据不足，存在违法解除劳动合同的情形。

最高人民法院指导案例18号

Q17：什么情况可以被认定为是客观情况发生重大变化？内部组织架构调整能否被认定为客观情况发生重大变化？

A： 关于第一个问题，何为“客观情况发生重大变化”，《劳动合同法》并未对此作出列举式的规定。《劳动部办公厅关于〈劳动法〉若干条文的说明》第26条将发生不可抗力或出现使劳动合同全部或部分条款无法履行的其他情况定义为“客观情况”，并列举企业迁移、被兼并、企业资产转移属于“客观情况”。

从各地司法实践来看，在此问题上口径并不一致。《北京市高级人民法院、北京市劳动人事争议仲裁委员会关于审理劳动争议案件法律适用问题的解答》第12条对“劳动合同订立时所依据的客观情况发生重大变化”进行了解释，认为该情形是指劳动合同订立后发生了用人单位和劳动者订立合同时无法预见的变化，致使双方订立的劳动合同全部或者主要条款无法履行，或者若继续履行将出现成本过高等显失公平的状况，致使劳动合同目的难以实现。同时，列举了常见的“客观情况发生重大变化”的情形：（1）地震、火灾、水灾等自然灾害形成的不可抗力；（2）受法律、法规、政策变化导致用人单位迁移、资产转移或者停产、转产、转（改）制等重大变化的；（3）特许经营性质的用人单位经营范围等发生变化的。北京的规定当前为全国最严，明确了客观情况不但应当是“外部原因”，且是“无法预见的”，排除了用人单位因主观原因而进行的调整行为，诸如用人单位基于经营情况而自主决定的组织结构调整等行为，均无法被认定为客观情况变化而导致合同无法履行。

相较于北京地区对“劳动合同订立时所依据的客观情况发生重大变化”的认定口径,上海、广州、深圳等地口径显得宽松一些,用人单位因外部经济或市场因素的变化(客观情况变化)而自主决定的某个具体业务的取消,以及部门、生产线撤销等情况,只要具备合理的解释,也能被司法机关认为是属于客观情况发生重大变化。

关于第二个问题,就内部组织架构调整能否被认定为客观情况发生重大变化,一般来说,组织架构调整如果由客观外部原因造成,如政府政策变化,得到司法部门认可的可能性就很大。实践中,上海等地区的司法部门认为对于用人单位确因市场条件、国际竞争、技术革新等方面的影响造成需要对组织架构有所调整或改变的情况,亦认定为符合客观情况发生重大变化的情形。但如果仅仅是用人单位为了优化自身的内部经营结构,而进行组织架构调整,如按客观情况发生重大变化进行处理则风险较高。

就组织架构变化而言,用人单位可以收集和保留的较为有效力的证据,根据笔者的经验可以为:集团公司决议、股东会决议、董事会决议、公司全员公告邮件、集团公司关于组织架构调整实施的邮件、民主协商文件(与工会、职工代表大会或全体员工协商的会议纪要、决议)等。

需要提醒的是,就客观情况发生重大变化的司法认定,容易因受经济环境等因素的影响,并不稳定;也会因法院或法官的不同而有较大差异,很多时候,同一地区的相似案例判决结果也可能完全相反。

实务小贴士

实务中,如因客观情况发生重大变化导致劳动合同无法继续履行,需要解除劳动合同的劳动者达到 20 人以上,或者不足 20 人但占用人单位劳动者总数 10% 以上,还可能需要选择按照《劳动合同法》第 41 条的规定通过裁员程序进行(具体详见本书“裁员”关键词项下的“裁员的许可条件”一词的内容)。经济性裁员与客观情况发生重大变化有时从外观上看较为相似,但所走的流程有所不同,建议用人单位可以根据自身实际情况选择适合自己的应对方式。

上海案例与导引

[案例 13]

2020 年 9 月 1 日,F 汽车有限公司作出关于网络部大区组织架构调整的决定,载明基于 F 经销商网络相关业务现状和运作效率提升需要,为了更好支撑公司业务发展战略,经 F 公司 C 机构管理层专题研究,决定对相关部门及分公司进行组织架构调整。2020 年 12 月 2 日,F 上海公司邮件通知臧某,将臧某的岗位从经销商网络管理区域经理(华东)调整为技术课程开发专员。臧某邮件回复拒绝该调岗安排。2020 年 12 月 14 日,F 上海公司向臧某作出解除劳动合同通知书,以劳动合同订立时所依据的客观情况发生重大变化,致使劳动合同无法履行,经协商后双方仍然不能就变更劳动合同达成一致为由,解除了双方之间的劳动合同。

[法院观点]

《劳动合同法》第40条第3项中的“客观情况”不仅指自然条件、企业迁移、被兼并、企业资产转移等情形,上述情形应理解为是对“发生不可抗力或出现致使劳动合同全部或部分条款无法履行的其他情况”这一解释的说明性举例,不应据此理解为具有排他性。就该案而言,长安F品牌在2018年至2020年上半年均处于亏损状态,如果不允许企业作出任何调整或改变,势必将对企业利益造成巨大损害,最终也会影响企业内部所有劳动者的利益。故对于用人单位确因市场条件、国际竞争、技术革新等方面的影响造成需要对组织架构有所调整或改变的情况,亦应认定为符合客观情况发生重大变化的情形。

(2021)沪01民终15455号

[案例14]

2013年6月9日,汤某某入职A公司。2020年4月,双方协商一致变更工作岗位为口腔护理事业部数据分析经理。2021年3月4日,A公司向汤某某发送主题为关于协商解除事宜的启动的电子邮件,载明:由于PH战略及组织架构调整,汤某某现有的岗位自2021年3月31日将取消。因双方无法就岗位变更及协商解除达成一致,公司决定于2021年6月30日解除与汤某某的劳动关系。汤某某申请劳动仲裁,要求A公司支付违法解除赔偿金。

[法院观点]

该案中,A公司解除理由为“劳动合同订立时所依据的客观情况发生重大变化”,但从双方提供的证据及审理中的陈述看,该案仅涉及A公司内部经营调整,与《劳动合同法》第40条第3项中所规定的“客观情况发生重大变化”存在一定的差异。虽然双方在《劳动合同》中约定:“客观情况发生重大变化,包括但不限于A公司投资有限公司……机构精简、部门调整、岗位合并……致使本合同无法履行,经双方协商无法就合同的变更达成一致的。”但该案中,A公司仅是内部经营调整,不应适用《劳动合同》中关于“客观情况发生重大变化”的类推解释,A公司解除双方的劳动合同缺乏事实与法律依据,属违法解除。故法院对A公司要求确认解除与汤某某劳动合同的行为属于合法解除的诉讼请求,不予支持。

(2022)沪0106民初4526号

问题导引

Q18: 客观情况发生重大变化是否一定会导致劳动合同无法履行?

A: 实践中的确出现司法部门虽然认定用人单位存在“客观情况发生重大变化”的情形,但又认为该变化并不当然会导致双方的劳动合同无法履行,最后并未支持用人单位单方解除劳动合同的案例。如公司因客观情况发生重大变化,取消部分岗位,却仍保留部分相同或者相似性质的岗位,或者劳动者原岗位职责实际上还存在,那么公司解除被取消岗位的员工的劳动合同就容易被司法部门认定为因“客观情况发生重大变化”并未导致双方的劳动合同无法履行而判定为违法解除。

广东案例与导引

[案例 15]

钟某系 A 公司员工，工作岗位为 HSE 经理，负责工厂健康、安全、环境等工作。A 公司主张订立劳动合同时的客观环境发生重大变化，受疫情影响其方主营的口香糖业务量急剧下降，以及技术革新等原因导致岗位职责变化，自 2021 年 3 月 1 日起，广州工厂的架构发生调整，将 HSE 经理和维修经理合并为 HSE 及维修经理，其余职位均未发生改变。调整后的 HSE 经理和维修经理依次下设 HSE 工程师，故取消钟某所从事的 HSE 经理岗位，使其并入新整合的岗位 HSE 工程师，级别由 10 级调整为 7 级，向原为同级的同事张某汇报工作。双方协商后钟某不同意协商方案，公司根据《劳动合同法》第 40 条第 3 项的规定解除与钟某的劳动合同。

[法院观点]

尽管 A 公司主张其司因受疫情等影响业务量下滑，但钟某的岗位职责为负责工厂健康、安全、环境等工作，并不直接产生经济效益，在 A 公司既已确认钟某薪资及福利待遇等条件不变的情况下，取消 HSE 经理岗位并将钟某降级为 HSE 工程师，并不会为公司增加收益或减少开支。同时，从 A 公司事后另行招聘 HSE 工程师的情况上看，钟某从事的工厂健康、安全、环境等工作确需由专门人员负责，即便 A 公司需要对岗位职责作部分调整，也不必然需要对钟某进行降级处理。因此，A 公司主张的客观环境发生重大变化并不必然导致需要取消钟某 HSE 经理岗位并降级为 HSE 工程师岗位。同时，《劳动合同法》第 40 条第 3 项规定的“客观情况”应仅限于用人单位自身无法改变或控制的重大变故，变更劳动者岗位或解除劳动关系是用人单位不得不面对的事实，而非一般的经营状况不佳或人事架构调整。该案中，A 公司提交的证据均不足以证明其司与钟某解除劳动合同符合“客观情况发生重大变化导致劳动合同无法履行”的情形，故应认定为违法解除。根据《劳动合同法》第 87 条之规定，A 公司应向钟某支付违法解除劳动合同的赔偿金。

(2021) 粤 01 民终 29393 号

Q19：如何理解以“客观情况发生重大变化”为由解除劳动合同所需的“经用人单位与劳动者协商，未能就变更劳动合同内容达成协议的”程序？

A： 一般理解为“客观情况发生重大变化”导致劳动合同无法履行时用人单位必须为劳动者提供一次调岗机会。需要注意的是，所谓的调岗机会不是面试机会，即用人单位必须是实实在在给劳动者提供一个岗位，这个岗位只要劳动者愿意就可上岗；仅提供劳动者面试机会并不符合司法实践对调岗的要求。

另外，部分地区的口径还要求对于给劳动者提供的新岗位薪资尽量不发生对劳动者不利的变化等，这样的情形下劳动者不接受，用人单位才能解除劳动合同。部分地区司法部门如上海，主要关注用人单位是否确实提供过新岗位给员工，对薪资待遇并不过于苛求完全一致。目前司法口径仍未完全统一，无法避免同一时期仍会出现完全相反的案例。笔者认为，如果用人单位能够证明用人单位确实无法给劳动者提供与原来岗位薪资相近的岗位，用人单位给劳动者新提供的岗位适用原薪资明显违背公司的薪酬制度而适用新的薪资更符合同工同酬，那么用人单位调岗时同时降薪风险会相应降低。

上海案例与导引

[案例16]

朱某于2016年5月5日至某科公司工作，双方签订有期限为2016年5月5日至2019年5月4日的劳动合同，约定朱某在室内设计部门担任视觉艺术专员岗位，每月工资24,612元。2018年5月25日，某科公司向朱某送达关于协商变更劳动合同的通知，载明"……因公司组织结构重组，您的原岗位已被撤销，属于客观情况发生重大变化致使原劳动合同已无法继续履行。据此，公司现向您提出变更劳动合同，变更事项如下：1. 自2018年5月25日起，您的工作岗位变更为行政助理。2. 您的月工资相应变更为8000元/月"。朱某拒绝后，某科公司单方解除劳动合同。

[法院观点]

某科公司在2018年5月8日进行了内部组织架构调整，朱某原所在的室内设计部被撤销，而室内设计部撤销所引起的劳动合同变更，涉及该部门的全体人员，并非仅针对朱某，某科公司亦就变更劳动合同与朱某进行了协商，然朱某对调岗方案不予同意，在双方无法就变更劳动合同协商达成一致的情况下，某科公司与朱某解除劳动合同并支付了经济补偿金、替代提前通知期工资，并无不当，并非违法解除。

(2019)沪01民终5670号

29.6 解除限制

解析

用人单位按照《劳动合同法》第40条（无过失性解除）和第41条（裁员）解除劳动合同时，劳动者并没有主观过错，为了保护劳动者的利益，对一些处于特殊时期、如果解除劳动合同将对其产生严重不利影响的劳动者，《劳动合同法》第42条给予了倾斜性的保护，即当劳动者具有以下情形之一的，用人单位不能对其进行无过失性解除和裁员（见表29－6）。

法律依据

表29－6 限制解除的情形

序号	情形	提示
1	从事接触职业病危害作业的劳动者未进行离岗前职业健康检查，或者疑似职业病病人在诊断或者医学观察期间的	职业病、疑似职业病病人的诊断，详见"职业病"关键词项下的"职业病待遇"和"职业病诊断与鉴定"的内容
2	在本单位患职业病或者因工负伤并被确认丧失或者部分丧失劳动能力的	因工负伤的界定及劳动能力认定问题详见"工伤"关键词项下的"工伤认定"及"劳动能力鉴定"的内容
3	患病或者非因工负伤，在规定的医疗期内的	医疗期的确定详见"病假和医疗期"的内容

续表

序号	情形	提示
4	女职工在孕期、产期、哺乳期(处于“三期”)的	女职工处于“三期”的劳动合同解除详见“女职工保护”关键词项下的“孕期”一词的内容
5	在本单位连续工作满 15 年,且距法定退休年龄不足 5 年的	退休的界定详见“退休”的内容
6	法律、行政法规规定的其他情形	—

需要明确的是,虽然出现上述情形用人单位不得对劳动者进行无过失性解除或裁员,但是用人单位仍然可以按照《劳动合同法》第 36 条(协商一致解除)和第 39 条(过失性解除)的规定解除相关员工的劳动合同。

29.7 离职手续

解析

通常认为的离职手续是指用人单位和劳动者在劳动者离职时办理的交接手续。但是,除了该离职时的交接手续外,离职手续广义上还应包括离职前手续和离职后手续。实务中,离职环节的处理对劳动争议的解决具有重大意义,许多劳动争议的焦点是依据离职手续中取得的证据进行定性和裁判。将离职前、离职交接和离职后的手续作为一个完整的整体予以考虑和规划,并严格按照设计的流程进行操作,能有效减少或避免用人单位和劳动者之间的劳动纠纷。以下本书将分别对离职前、离职交接和离职后的手续进行介绍,并对一些问题点进行提示。

法律依据

1. 离职前手续

离职前的手续主要是指在用人单位或劳动者准备解除劳动合同时,需要履行的通知义务。不同的解除劳动合同事由需对应不同的通知义务,归纳如表 29－7 所示。

表 29－7　不同情形下解除合同的手续

解除种类	提前通知/代通金	工会程序	提示
协商一致解除	无须	无须	建议双方签署书面的协商一致解除协议,明确双方权利义务
劳动者辞职	试用期内提前 3 天通知用人单位; 非试用期内提前 30 天书面通知用人单位	无须	用人单位应保留劳动者辞职的书面证据,或在劳动者口头提出辞职后,安排劳动者填写离职申请单等类似文件,明确记录是劳动者提出的辞职

续表

解除种类	提前通知/代通金	工会程序	提示
推定解除	无须	无须	劳动者采用推定解除时，建议以书面形式通知用人单位并载明理由，否则可能被认定为辞职，无法得到相应的补偿
过失性解除	无须	用人单位应将解除理由事先通知工会，工会可以提出纠正违法或违规情况的意见，用人单位对工会意见应进行书面反馈	建议用人单位以书面形式向劳动者发出书面通知，载明解除理由
无过失性解除	用人单位需提前30天以书面形式通知劳动者，或额外支付一个月的工资代替通知（代通金）	用人单位应将解除理由事先通知工会，工会可以提出纠正违法或违规情况的意见，用人单位对工会意见应进行书面反馈	建议用人单位以书面形式向劳动者发出书面通知，载明解除理由
裁员	具体详见“裁员”关键词项下的“裁员的许可条件”一词的内容		

用人单位和劳动者在履行上述通知义务时，务必注意保留已进行通知的证据，有条件的建议安排对方签收。如另一方不配合，可以通过发送EMS并保留邮寄证明的方式或口头通知进行录音的方式进行佐证。

另外，关于通知工会的程序，对于未建立工会组织的用人单位如何履行通知工会程序，各地实践不一，比如，《江苏省劳动合同条例》第31条特别规定，对于尚未设立工会的用人单位，应当通知用人单位所在地工会。

2. 离职交接手续

无论在何种解除情形下，用人单位和劳动者均需在离职时办理交接手续。对于劳动者而言，办理好离职交接手续有利于其顺利进行新的工作，同时根据《劳动合同法》第50条第2款，在劳动者可以获得经济补偿金的解除情形下，离职手续办理完毕劳动者方能取得经济补偿金。对用人单位而言，办理离职交接手续可以及时有序地将劳动者占有或使用的公司财物、文件等进行回收，并对劳动者负责的工作进行重新安排，保护用人单位的利益。

因此，在实务中，笔者建议，用人单位准备一份书面的离职交接清单，在收到劳动者的解除通知或向劳动者发出解除通知时一并发给劳动者，明确交接明细和双方权利义务。

此外，笔者认为，“离职”这一概念对应的是一段时间，而非对应劳动合同“解除日”或其他某个时间节点。这一点在明晰离职交接手续完成日和劳动合同解除日之间的关系上具有重要意义。在双方协商一致解除、劳动者辞职、过失性解除和裁员的情况下，用人单位可将交接手续安排在解除日之前完成；但是在劳动者推定解除和无过失性解除的情况下，由于解除可以立即生效，通常交接手续将在劳动合同解除后进行。因此，用人单位需要特别注意，应当在劳动合同“解除日”而非“离职交接手续完成日”，根据《劳动合同法》第 50 条向劳动者出具劳动合同解除证明（根据《劳动合同法实施条例》第 24 条的规定，该等解除证明中需写明劳动合同期限、解除劳动合同的日期、劳动者的工作岗位和其在本单位的工作年限）。

3. 离职后手续

根据《劳动合同法》第 50 条的规定，在劳动合同解除后 15 日内，用人单位还需为劳动者办理档案和社会保险关系的转移手续。除此之外，对于已经解除的劳动合同的文本，用人单位应当至少保存两年备查。

问题导引

Q20： 解除劳动合同后，用人单位是否可以超出解除劳动合同通知中载明的依据及事由主张符合解除劳动合同条件？

A： 司法部门在判断用人单位单方解除劳动合同行为的合法性时，一般以用人单位向劳动者发出的解除通知的内容为认定依据。在案件审理过程中，用人单位超出解除劳动合同通知中载明的依据及事由，另行提出劳动者在履行劳动合同期间存在其他的情形，并据此主张符合解除劳动合同条件的，一般不会得到司法部门的支持。

典型案例与导引

［案例 17］

2016 年 7 月 1 日，孙某与西区公司签订劳动合同。2017 年 10 月 30 日，西区公司出具解除劳动合同通知书，载明：孙某在未履行请假手续也未经任何领导批准的情况下，自 2017 年 10 月 20 日起无故旷工 3 天以上，经单位研究决定自 2017 年 10 月 20 日起与孙某解除劳动关系，限于 2017 年 11 月 15 日前办理相关手续，逾期未办理，后果自负。

西区公司在案件审理过程中提出，孙某在职期间还存在未按规定着工作服、代人打卡、谩骂主管以及未按照公司规章制度及时上交营业款项等违纪行为，亦严重违反用人单位规章制度。

［法院观点］

用人单位单方解除劳动合同是根据劳动者存在违法违纪、违反劳动合同的行为，对其合法性的评价也应以作出解除劳动合同决定时的事实、证据和相关法律规定为依据。用人单位向劳动者送达的解除劳动合同通知书，是用人单位向劳动者作出解除劳动合同的意思表示，对用人单位具有法律约束力。解除劳动合同通知书明确载明解除劳动合同的依据及事由，人民法院审理解除劳动合同纠纷案件时应以该决定作出时的事实、证据和法律为标准进行审查，不宜超出解除劳动合同通知书所载明的内容和范围。否则，将偏离劳资双方所争议的解除劳动合同行为的合法性审查内容，导致法院裁判与当事人诉讼请求以及争议焦点不一致；同时，也违背民事主体从事民事活动所应当秉持的诚实信用这一基本原则，造成劳资双方权益保障的失衡。西区公司向孙某送达的解除劳动合同通知书明确载明解除劳动合同的事由为孙某无故旷工达3天以上，孙某诉请法院审查的内容也是西区公司以其无故旷工达3天以上而解除劳动合同行为的合法性，故法院对西区公司解除劳动合同的合法性审查也应以解除劳动合同通知书载明的内容为限，而不能超越该诉争范围。虽然西区公司在庭审中另提出孙某在工作期间存在不及时上交营业款、未穿工服、代他人刷考勤卡、在单位公共平台留言辱骂公司主管等其他违纪行为，也是严重违反用人单位规章制度，公司仍有权解除劳动合同，但是根据在案证据及西区公司的陈述，西区公司在已知孙某存在上述行为的情况下，没有提出解除劳动合同，而是主动提出重新安排孙某从事其他工作，在向孙某出具解除劳动合同通知书时也没有将上述行为作为解除劳动合同的理由。对于西区公司在诉讼期间提出的上述主张，法院不予支持。

最高人民法院指导案例180号

Q21：用人单位单方解除劳动合同未事先通知工会的，有何后果？

A：《劳动合同法》第43条规定了当用人单位单方解除劳动合同时（包括过失性解除和无过失性解除），用人单位应当事先将解除的理由通知工会，若工会认为用人单位的单方解除有违反法律、行政法规规定或者劳动合同约定的情形的，工会有权要求用人单位纠正。用人单位研究工会意见后应当将处理结果书面反馈给工会。该条实际上是对用人单位设置了程序性义务。

那么，如果用人单位未能事先通知工会，会造成何种后果呢？根据《最高人民法院关于审理劳动争议案件适用法律问题的解释（一）》第47条的规定，建立了工会的用人单位单方解除劳动合同符合《劳动合同法》第39条（过失性解除）和第40条（无过失性解除）的规定，但是未事先通知工会的，劳动者以用人单位违法解除合同为由请求赔偿金的，人民法院将予以支持，但在起诉前用人单位已经补正有关程序的除外。

从该条规定可以看出，如果用人单位的单方解除仅程序上未通知工会，会导致解除劳动合同被推翻、按照违法解除劳动合同承担支付赔偿金的不利后果。但是如果用人单位在起诉前已经补正了通知工会的程序，可以认为履行了法定程序不支付赔偿金。如果有工会的单位未能及时将理由告知工会，且未能在有效时间内补正，那么很有可能一个原本完全合法合理的解除理由由于此程序上的缺失而被推翻。

另外，需要注意的是，对于没有工会的用人单位，在实施单方解除员工行为时，是否需要履行通知工会义务以及如何通知问题，不同地区司法口径存在分歧。第一种口径认为，没有工会的用人单位也应履行告知工会义务，可以采取“变通通知”的方式，即听取职工代表的意见或者向当地工会征求意见。如《江苏省劳动合同条例》第31条对未建立工会的企业明确规定了通知义务，需要通知用人单位所在地工会。浙江地区也持此口径。第二种口径认为，没有工会的用人单位无须通知工会，如上海、北京等地。而广东地区，广东省高级人民法院曾出现判例持第 种口径，但近年来，广东省多数中级人民法院包括广州市中级人民法院实操中倾向于第二种口径。

笔者认为，为预防因司法实践中对此问题口径不一致导致未建立工会的用人单位实施单方解除劳动合同时因缺少通知工会程序而“翻车”,即使未建立工会的用人单位最好也履行一下告知工会的义务。

实务小贴士

用人单位在实务中一定要注意工会的存在和作用,加强和工会的联系,并且发现程序瑕疵后应当立即补救,不应抱有侥幸心理。在用人单位单方解除劳动合同时,建议同时向劳动者出具工会同意函等文件,避免争议。

浙江案例与导引

[案例 18]

2013 年 10 月 25 日,张某入职 A 公司,担任产品设计工程师。2018 年 5 月 7 日,A 公司向张某出具解除劳动合同通知书一份,载明:经公司发现,你在岗期间连续旷工 3 天(2018 年 5 月 2 日至 4 日),已构成严重违反公司规章制度。现公司根据《劳动合同法》及公司《员工手册》的相关规定,决定于 2018 年 5 月 7 日与你正式解除劳动合同关系。

张某认为 A 公司与其解除劳动合同关系时未告知并听取职工代表的意见,也未向当地总工会征求意见,系违法解除,遂向区劳动人事争议仲裁委员会申请劳动仲裁,要求 A 公司支付违法解除劳动合同赔偿金。A 公司则认为成立工会组织是企业员工自愿的行为,并非企业法定义务。A 公司规模小,员工仅 8 人,也不可能成立工会组织,且 A 公司在开会时已告知所有员工张某被开除一事,故认为其解除张某的行为合法。

[法院观点]

该案中,A 公司虽然未建立工会,但是即使未建立工会,也应该通过告知并听取职工代表意见的方式或向当地工会组织(行业工会组织)征询意见等变通方式来履行告知义务这一法定程序。现 A 公司解除与张某劳动合同关系时既未告知并听取职工代表意见,也未向当地总工会征询意见,且未能在起诉前补正有关程序。故张某以 A 公司违法解除劳动合同为由,要求 A 公司支付赔偿金应当予以支持。

(2019)浙 02 民终 403 号

广东案例与导引

[案例 19]

涂某于 2001 年 11 月 2 日入职 A 公司。2017 年 6 月 20 日,A 公司以涂某存在管理不到位,监督不力,违反了《A 公司员工行为奖惩办法》的规定为由单方解除了与涂某的劳动合同,但未履行告知工会程序。

［法院观点］

广东省高级人民法院认为，虽然A公司没有工会，但是其上级单位B集团在2017年成立工会，且A公司单方解除与涂某的劳动合同所依据的《A公司员工手册》和《A公司员工行为奖惩办法》均为B集团制定。为了弥补劳动者的弱势地位，更加有效地保障劳动者的合法权益，即使未成立工会的企业，也应当将单方解除与劳动者之间的劳动合同的理由通知上级工会或当地工会组织或征求职工代表意见。在该案中，即使A公司没有成立工会，但也应当将单方解除与涂某之间的劳动合同的理由通知B集团工会或者征求A公司职工代表的意见，但A公司并没有将单方解除与涂某之间的劳动合同的理由告知工会。A公司认为的相关法律规定仅适用于建立了工会组织的用人单位，对没有建立工会组织的用人单位则无此要求是错误的，无论A公司解除与涂某的劳动合同的理由能否成立，A公司解除劳动合同时没有通知工会，则属于违法解除。

（2018）粤民申13244号

［案例20］

刘某于2013年7月1日入职A公司处。A公司于2019年11月19日出具违纪辞退通知单将刘某解除劳动合同。

［法院观点］

广州市中级人民法院认为，对于刘某上诉主张A公司解除劳动合同没有按照法律规定事先通知工会问题，由于A公司明确表示其司没有成立工会，法院亦已告知刘某如其坚持认为A公司成立了工会，则应向法庭提交证据予以证明。但刘某在法院指定的时间内未能提交有关A公司已经成立工会的材料，应由其承担举证不能的不利后果，法院据此采纳A公司的主张，认定其未成立工会；刘某在A公司未成立工会的情况下，主张A公司解除劳动合同没有按照法律规定事先通知工会属于程序违法的理由不成立，法院不予采纳。

（2021）粤01民终7432号

No. 30　劳动合同终止

《劳动合同法》第 44 条规定了劳动合同可以终止的情形。其中,劳动合同期满终止属于劳动合同的自然终止,而其他几种终止情况则是一些法定的原因使劳动合同在其期限届满之前终止。我们通常把由于法定原因造成的劳动合同终止称为“法定终止”。对《劳动合同法》第 44 条中规定的法定终止进行再分类,又可以将该等法定终止分为因劳动者原因(退休、死亡/宣告死亡、失踪/宣告失踪)而产生的终止和因用人单位原因(破产、吊销营业执照、责令关闭、撤销、提前解散)产生的终止。

与劳动合同解除一样,劳动合同终止也存在一定的法定限制,但是该等限制仅针对期限届满导致的劳动合同终止而设定的,即当劳动者存在《劳动合同法》第 42 条规定的特殊情形时,即使用人单位和劳动者之间的劳动合同期限届满,双方之间的劳动合同亦不得终止,需延续至该等特殊情形消失时方可终止。

劳动合同终止的,除离职前的法定通知义务外,用人单位和劳动者也应当参照劳动合同解除中的离职手续办理离职。

劳动合同终止关键词中涉及的二级关键词	
30.1	期限届满终止
30.2	法定终止
30.3	离职手续

30.1　期限届满终止

解析

《劳动合同法》第 44 条第 1 款第 1 项规定了劳动合同期限届满的,劳动合同终止。该种情况属于劳动合同的自然终止。《劳动合同法》相较于《劳动法》关于劳动合同终止的规定的重大差别在于,《劳动合同法》第 46 条规定了在劳动合同期满终止且双方未续约的情况下,除非是用人单位维持或提高待遇而劳动者不愿意续约的,否则用人单位需要向劳动者支付经济补偿金(详见本书“经济补偿金”关键词项下的内容),而《劳动法》中对期满终止的经济补偿金无任何规定。

法律依据

对于劳动合同期限届满的终止,《劳动合同法》第 45 条规定了当劳动者存在《劳动合同法》第 42 条规定的某些特殊情形时,劳动合同期限届满并不当然导致终止,而是要等到该等特殊情形消失后方能终止。我们对这些限制劳动合同期满终止的特殊情形归纳如表 30 - 1 所示。

表 30 -1 劳动合同期满终止特殊情形

序号	情 形
1	从事接触职业病危害作业的劳动者未进行离岗前职业健康检查,或者疑似职业病病人在诊断或者医学观察期间的
2	在本单位患职业病或者因工负伤并被确认丧失或者部分丧失劳动能力的
3	患病或者非因工负伤,在规定的医疗期内的
4	女职工在孕期、产期、哺乳期的
5	在本单位连续工作满 15 年,且距法定退休年龄不足 5 年的
6	法律、行政法规规定的其他情形

除了《劳动合同法》第 42 条规定的限制情形外,还需注意《工会法》以及《关于进一步推行平等协商和集体合同制度的通知》分别对担任工会职务和集体协商代表人员的劳动合同期限有特殊规定,因此当该等人员的劳动合同所载的期限届满时,用人单位不得主张劳动合同期限届满终止,需要按照上述特别规定处理,详见如下介绍:

根据《工会法》第 19 条的规定,基层工会的专职主席、副主席或者委员自其担任工会职务之日起,其劳动合同期限自动延长,延长期限相当于其任职期间。例如,A 的劳动合同将于 2013 年 12 月 31 日到期,2012 年 1 月 1 日开始其担任工会主席职务,任期 3 年,则其劳动合同将延长至 2016 年 12 月 31 日到期。

基层工会的非专职主席、副主席或者委员自其担任工会职务之日起,其尚未履行的劳动合同期限短于任期的,劳动合同期限自动延长至任期期满。例如,B 的劳动合同于 2013 年 12 月 31 日到期,2012 年 1 月 1 日开始其担任工会非专职委员,任期 3 年,则其劳动合同将延长至 2014 年 12 月 31 日到期。

根据 2001 年劳动部等部门联合出台的《关于进一步推行平等协商和集体合同制度的通知》第 4 条的规定,职工代表的任期与当期集体合同的任期相同,若职工代表的劳动合同在其任期内届满的,原则上用人单位需与其续订劳动合同至其任期届满;2004 年施行的劳动部《集体合同规定》第 28 条规定,职工一方协商代表在其履行协商代表职责期间劳动合同期满的,劳动合同期限自动延长至完成履行协商代表职责之时。因此,从国家层面来看,笔者认为,若职工代表的劳动合同在其任期内届满的,其劳动合同无须续订,只需顺延即可,但在具体操作时需查看当地是否有特殊规定。

问题导引

Q1: 单位决定合同期满终止不再续订是否应当提前通知员工?

A: 对于劳动合同到期终止是否要提前通知,《劳动法》《劳动合同法》等全国范围内适用的法律法规并未规定,但部分地区对此明确规定需要提前通知。例如,《北京市劳动合同规定》第 40 条明确要求:"劳动合同期限届满前,用人单位应当提前 30 日将终止或者续订劳动合同意向以书面形式通知劳动者,经协商办理终止或者续订劳动合同手续。”第 47 条进一步规定:“用人单位违反本规定第四十条规定,终止劳动合同未提前 30 日通知劳动者的,以劳动者上月日平均工资为标准,每延迟 1 日支付劳动者 1 日工资的赔偿金。”需要注意的是,吉林省的相关口径,《吉林省劳动合同条例》第 28 条也规定劳动合同期限届满前,用人单位应当提前 30 日将终止或者续订劳动合同的意向以书面形式通知劳动者。吉林省高级人民法院前些年曾出现过用人单位因没有提前通知劳动者而被认定为违法终止的案例。

其他绝大多数地区如上海、天津、重庆、广东、江苏、浙江等地在实际操作中则无合同期满终止不再续订需提前通知员工的要求。

Q2: 因工负伤并被确认丧失/部分丧失劳动能力的员工的劳动合同终止,如何处理?

A: 劳动者丧失或部分丧失劳动能力的情形一经产生一般而言是不可逆的,在这种情况下,是否相关劳动合同就永远不能终止?答案是否定的。

《劳动合同法》第 45 条除了规定在特定情形下劳动合同期限届满后需顺延至特定情形消失方可终止外,还规定了但书条款,即因工负伤被确认丧失或部分丧失劳动能力的劳动者的劳动合同的终止,需要按照国家有关工伤保险的规定执行。

国家有关工伤保险的规定主要是指《工伤保险条例》。根据《工伤保险条例》第 21 条的规定,判断劳动者丧失或部分丧失劳动能力,需要经过劳动能力鉴定确定;根据《工伤保险条例》第 35 条至第 37 条,劳动者经劳动能力鉴定后,根据其丧失劳动能力的程度不同,将被分为 1 级至 10 级,不同等级情况下劳动合同终止的情况各不相同,其中 7 ~ 10 级伤残的可以到期终止,具体内容详见“工伤”关键词项下的“工伤保险待遇”一词的内容。

Q3: 因特殊情形期限顺延的劳动合同是否需要续签书面合同?

A: 实务中,用人单位对于上述特殊情形下劳动合同顺延期间是否需要续签书面劳动合同时常感到困惑。

笔者认为,《劳动合同法》第 10 条要求用人单位和劳动者建立劳动关系需要签订书面劳动合同以及《劳动合同法实施条例》第 5 条至第 7 条规定的应签未签书面劳动合同的罚则的立法目的是确保用人单位和劳动者之间的劳动关系以及双方因建立劳动关系而负有的权利义务得以明确,保护用人单位和劳动者免受对方逃避义务的损害、减少争议的发生。

在用人单位和劳动者的劳动合同根据《劳动合同法》第 45 条的规定得以顺延时,应当理解为是双方劳动合同的自动延续,对于该等延续,已有法律明确规定予以确保,并不需要双方通过签署书面劳动合同予以确认,未续签书面劳动合同并不导致劳动者或用人单位需要承担因此带来的不利后果。需要注意的是,法定顺延情形下,虽然用人单位无须与劳动者签订新的劳动合同,但是最好向劳动者出具一份劳动合同顺延通知,以明确双方劳动关系所处的状态。

实务小贴士

为避免争议,建议用人单位如遇特殊情形需要按照法律规定顺延劳动合同期限的,可以要求劳动者填写劳动合同顺延备案表等类似文件，明确记载劳动合同顺延理由和顺延期限，并附相关证据（如医院证明等），既便于人事管理，又可以在产生争议时有据可查。

问题导引

Q4： 因特殊情形期限顺延导致劳动者连续工作年限超过 10 年的，是否需要签订无固定期限劳动合同？

A： 与问题 3 中提到的问题类似，在实践中，用人单位经常有这样的疑惑：劳动者的劳动合同期限不足 10 年，但因特殊情形顺延后超过 10 年的，需要与其签订无固定期限劳动合同吗？

对此问题，《劳动合同法》等法律法规未予明确，从而导致各地的理解不尽相同。《上海市高级人民法院关于适用〈劳动合同法〉若干问题的意见》第 4 条规定，合同期限的续延只是为了照顾劳动者的特殊情况，对合同终止时间进行了相应的延长，而非不得终止。在法律没有对终止的情况做出特别规定的情况下，不能违反法律关于合同终止的有关规定随意扩大解释，将订立无固定期限合同的后果纳入其中。因此，上海市法院认为法定的特殊情形顺延事由消失时，劳动合同自然终止。然而，北京市、江苏省、广东省和浙江省的法院持相反观点，如《浙江省高级人民法院民一庭关于审理劳动争议纠纷案件若干疑难问题的解答》第 5 条明确规定，劳动合同期满，因劳动者有下列情形之一而续延，因此达到劳动者在同一用人单位连续工作满 10 年，劳动者提出订立无固定期限劳动合同的，用人单位应当与劳动者订立无固定期限劳动合同：从事接触职业病危害作业的劳动者未进行离岗前职业健康检查，或者疑似职业病病人在诊断或者医学观察期间的；患病或者非因工负伤，在规定的医疗期内的；女职工在孕期、产期、哺乳期的。

Q5： 劳动合同到期未续签，用人单位是否可以随时终止？

A： 《劳动合同法实施条例》第 5 条、第 6 条、第 7 条明确规定了各种劳动合同到期未续签情形下，用人单位可以采取的措施和承担的后果，用人单位终止劳动合同的权利受到明显限制。

然而，2021 年 1 月 1 日实施的《最高人民法院关于审理劳动争议案件适用法律问题的解释（一）》第 34 条规定："劳动合同期满后，劳动者仍在原用人单位工作，原用人单位未表示异议的，视为双方同意以原条件继续履行劳动合同。一方提出终止劳动关系的，人民法院应予支持。根据劳动合同法第十四条规定，用人单位应当与劳动者签订无固定期限劳动合同而未签订的，人民法院可以视为双方之间存在无固定期限劳动合同关系，并以原劳动合同确定双方的权利义务关系。"按照最高人民法院的该规定，似乎应该理解为，劳动合同到期后，只要不是符合必须签订无固定期限劳动合同的情形，双方如未再续签劳动合同的，用人单位可以随时终止劳动合同。但各地在此问题上的司法口径并不一致，如北京和上海就出现完全相反的判决。

北京案例与导引

［案例1］

高某于2017年4月5日入职A公司，双方签订2017年4月5日至2020年4月4日的劳动合同。高某正常出勤至2020年5月31日，6月1日A公司向高某发送了《不续签劳动合同通知书》。之后高某提出仲裁请求，请求A公司支付违法解除劳动合同赔偿金。

［法院观点］

司法解释规定，劳动合同期满后，劳动者仍在原用人单位工作，原用人单位未表示异议的，视为双方同意以原条件继续履行劳动合同。一方提出终止劳动关系的，人民法院应予支持。根据查明的事实，A公司于2020年4月21日向高某发送的不续签劳动合同通知书，决定不再续订劳动合同，该终止劳动合同的行为符合司法解释的规定，属合法终止，A公司无须向高某支付违法解除劳动合同赔偿金。

（2022）京民申1192号

上海案例与导引

［案例2］

2017年6月6日，申某与上海B贸易有限公司（法定代表人与C公司相同）签订了2017年6月6日至2019年6月5日二年期的劳动合同。申某实际工作至2020年2月21日。当日，C公司出具解除（终止）劳动关系证明书，写明申某与C公司签订劳动合同，自2017年9月6日至2019年6月5日在C公司从事财务工作，后因合同到期解除（终止）劳动关系。当天申某办理了离职交接手续。之后申某申请仲裁，请求之一要求C公司支付解除劳动合同赔偿金。

［法院观点］

涉案劳动合同于2019年6月5日到期，期满后双方未续订劳动合同，申某继续在C公司工作，视为双方以原条件建立事实劳动关系。C公司以其提供的落款日期为2020年2月21日的解除（终止）劳动关系证明书证明系因劳动合同到期解除劳动关系缺乏依据，故法院认定涉案劳动关系构成违法解除。

（2021）沪02民终7082号

30.2 法定终止

解析

《劳动合同法》第44条规定了在某些法律规定的情形下，用人单位和劳动者之间的劳动合同应当终止。当这些情形出现时，即使双方的劳动合同未到期或双方愿意继续履行劳动合同的，劳动合同也必须依法终止。对于此类劳动合同的终止，我

法律依据

们一般称为“法定终止”，具体情形见表30－2。

表30－2 法定终止的情形

序号	情 形
1	劳动者开始依法享受基本养老保险待遇的
2	劳动者死亡，或者被人民法院宣告死亡或者宣告失踪的
3	用人单位被依法宣告破产的
4	用人单位被吊销营业执照、责令关闭、撤销或者用人单位决定提前解散的
5	法律、行政法规规定的其他情形

在上述法定终止的情形中，前两种情形属于因劳动者原因造成的法定终止，即在这两种情况下，由于劳动者丧失了作为劳动合同一方的主体资格，使劳动合同必须终止；后两种情形属于因用人单位原因造成的法定终止，即在这两种情况下，由于用人单位丧失作为劳动合同一方的主体资格，使劳动合同必须终止；最后一种情形属于立法技术的考虑，设置的目的是避免遗漏其他法律法规规定的情形。

问题导引

Q6： 用人单位决定提前解散的，劳动合同终止时间如何确定？

A：《劳动合同法》第44条虽然规定了用人单位决定提前解散的，劳动合同应当终止，但是却没有明确规定劳动合同可合法终止的时间节点，实践中，用人单位和劳动者时常因该等情况下劳动合同何时能够终止产生争议。那么，用人单位决定提前解散的，在何时可以终止劳动合同呢？

笔者认为，法定终止的立法原意在于，当劳动者或用人单位一方丧失主体资格、实际无法继续履行双方劳动合同时，以法律规定的形式终结双方劳动合同的效力。从该等立法原意出发，在判断用人单位决定提前解散的情况下何时能终止劳动合同时，应当考虑用人单位在何时丧失其主体资格或实际无法履行双方劳动合同。

按照以上评判标准，笔者认为，一般情况下，以用人单位进入清算程序作为用人单位解散、劳动合同可以法定终止的时间节点较为合适。因为当用人单位进入清算程序时其内部董事会或股东会必定已经做出了终止企业的决议或决定，虽然在此期间其主体资格仍然存续，但是在该期间用人单位除清算目的外已不得经营其他业务，实际已无法继续履行劳动合同。

对于外商投资企业，根据其是否涉及国家规定实施准入特别管理措施，采取审核制或者备案制，若外商投资企业决定解散的，需要取得相关部门的核准或者至相关部门备案。所以部分地区司法实践认为，外商投资企业在核准日或者备案日丧失主体资格，其与劳动者的劳动合同可依法终止；另一部分地区对该时间点的把握比较宽松，认可企业处于为解散并进入清算程序做相应准备时即可与劳动者终止劳动合同。

值得注意的是，广州市劳动人事争议仲裁委员会以及法院对于该问题已经有了比较明确、统一的意见。根据《广州市劳动人事争议仲裁委员会、广州市中级人民法院民事审判庭关于劳动争议案件座谈会的意见综述》第20条的规定，判断用人单位决定提前解散的情况下劳动合同终止时间应以相关部门批准或者用人单位的董事会（或股东大会等）决定并告知劳动者劳动合同的终止时间为准。

北京和上海的司法口径倾向于只要在股东会作出解散决议后向劳动者发出终止通知书，用人单位与劳动者终止劳动合同都会得到支持。

北京案例与导引

［案例3］

李某于2006年2月20日入职A行北京分公司，与北京分公司签有劳动合同。2019年11月27日总公司作出股东决定书，决定撤销北京分公司；2019年12月4日北京分公司向员工发出终止通知；2020年5月13日《劳动午报》发布北京分公司注销公告。李某申请仲裁，要求A行北京分公司支付违法解除赔偿金。

［法院观点］

A行北京分公司提交的股东决定书证明了其上级集团公司决定解散北京分公司，在《劳动午报》上刊登的公告显示A行北京分公司进入了注销的实质程序，因此A行北京分公司终止与李某的劳动合同符合法律规定。

（2021）京02民终13694号

上海案例与导引

［案例4］

王某于2017年10月11日入职A公司处。A公司于2019年6月10日召开股东会形成决议，因经营不善，股东一致同意提前解散公司进行清算及成立清算组，并于当日将公司即将关闭的消息通过微信通知到员工，后于6月25日向王某出具了退工及终止劳动合同证明。A公司于2019年11月19日在报刊上刊登了公司清算注销公告。王某申请仲裁，要求A公司支付违法解除赔偿金。

［法院观点］

法院认为，《劳动合同法》规定，用人单位被吊销营业执照、责令关闭、撤销或者用人单位决定提前解散的，劳动合同归于终止。其中用人单位决定提前解散，是指在股东会或者股东大会决议解散，或者公司合并或者分立需要解散，或者持有公司全部股东表决权10%以上的股东，请求人民法院解散公司的情形下，用人单位提前于公司章程规定的公司终止时间而解散公司的。依据一审中A公司提供的股东会决议、聊天信息等证据，A公司于2019年6月10日召开股东会形成决议，因经营不善，股东一致同意提前解散公司进行清算及成立清算组，并于当日将公司即将关闭的消息通过微信通知到员工，后于6月25日向王某出具了退工及终止劳动合同证明。股东会决议是股东依法对公司进行自主管理的形式，无须公司员工予以认可，且A

公司于 2019 年 11 月 19 日在报刊上刊登了公司清算注销公告，公司已然进入了清算程序。虽然清算程序存有瑕疵，但并不直接导致与员工之间终止劳动合同的违法性。故而 A 公司在公司股东会决议提前解散公司后，与王某终止劳动合同，符合法定终止之情形。

（2020）沪 02 民终 1814 号

30.3 离职手续

解析

总体来讲，劳动合同终止的离职手续与劳动合同解除的离职手续大体相同。劳动合同终止或解除的，用人单位应当按照《劳动合同法》第 50 条和《工资支付暂行规定》第 9 条的规定办理离职手续，包括：向劳动者出具劳动合同终止或解除证明；向劳动者一次性付清工资；在 15 日内为劳动者办理档案和社会保险转移手续，如果地方有更为严格规定的，以当地规定为准；在办理完交接手续时，向劳动者支付经济补偿金（如适用）；在劳动合同终止或解除后，保留终止或解除的劳动合同文本至少两年备查。

法律依据

No. 31 退休

退休是国家规定的在劳动者达到法定年龄并符合法定条件时,退出工作岗位、休息和养老的制度。

退休关键词中涉及的二级关键词	
31.1	退休年龄
31.2	退休终止劳动合同
31.3	退休返聘和柔性退休

31.1 退休年龄

解析

法律依据

《关于制止和纠正违反国家规定办理企业职工提前退休有关问题的通知》(劳社部发〔1999〕8 号)将法定退休年龄分为三类:其一,男性年满 60 周岁,女工人年满 50 周岁,女干部年满 55 周岁;其二,从事井下、高空、高温、特别繁重体力劳动或者其他有害身体健康工作的劳动者,男性年满 55 周岁、女性年满 45 周岁;其三,因病或非因工致残,由医院证明并经劳动鉴定委员会确认完全丧失劳动能力的,退休年龄为男年满 50 周岁、女年满 45 周岁。职工因工致残被鉴定为一级至四级伤残的,保留劳动关系,退出工作岗位,按月享受伤残津贴;工伤职工达到退休年龄并办理退休手续后,停发伤残津贴,享受基本养老保险待遇。随着政企分离改革深化,《关于深化国有企业内部人事、劳动、分配制度改革的意见》(国经贸企改〔2001〕230 号)第 2 条第 2 款中明确规定:取消企业行政级别。企业不再套用国家机关的行政级别,不再比照国家机关公务员确定管理人员的行政级别。打破"干部"和"工人"的界限,变身份管理为岗位管理。在管理岗位工作的即为管理人员,岗位发生变动后,其收入和其他待遇要按照最新的岗位相应调整。各地在判断女职工退休年龄时逐渐不再使用"女工人"和"女干部"的概念,而是使用"普通女职工"和"从事管理和技术岗位女职工"的称呼,如上海等区甚至更早些就使用这一新的分类。1996 年就开始实行的《关于审核上海市企业职工办理退休退职手续若干问题的规定》在关于女职工退休年龄的核定方面明确使用了"女职工年满 50 周岁(从事管理和技术岗位工作的年满 55 周岁)"的表述。

国家对特殊人员允许延迟退休:骨干教师、医生、科技人员、高级专家等确因工作需要、自愿继续工作且经县级主管机关审查批准的,退休年龄可适当延长,但女性劳动者最长不超过 60 周岁,男性劳动者最长不超过 65 周岁。

国家对提前退休予以严格控制,原劳动和社会保障部在《关于制止和纠正违反国家规定办理企业职工提前退休有关问题的通知》(劳社部发〔1999〕8 号)中规定办理提前退休的范围仅限定为：国务院确定的111个“优化资本结构”试点城市的国有破产工业企业中距法定退休年龄不足5年的职工；3年内有压锭任务的国有纺织企业中，符合规定条件的纺纱、织布工种的挡车工。原劳动部同时要求制止和纠正违反国家规定办理提前退休的行为，不得随意降低退休年龄，严禁扩大适用范围。

问题导引

Q1： 由谁决定女职工所在岗位到底是否属于管理技术岗位/非管理技术岗位？

A： 一般认为，由于企业内部岗位性质的确认属企业自主权，因此，劳动者所从事的岗位是否属于管理技术性岗位，似乎应当由所在单位进行认定。实操中，办理退休手续的部门多直接根据用人单位提供并确定的劳动者的岗位性质来确定劳动者的退休年龄。

但如果用人单位与劳动者双方就是否属于管理技术性岗位发生争议如何解决呢？司法部门是否会进行实体审理呢？在这个问题上，各地的口径并不一致，甚至同一地区内的司法口径也不一致。如上海，《上海市高级人民法院劳动争议案件审理要件指南（一）》中明确规定，因是否属于管理或技术岗位而引发的争议，不属于劳动争议案件的受理范围。上海的确出现过此类案件，法院直接认定是否为管理或技术性岗位的争议事项不属于法院受理范围，但上海的司法审判实务中对是否属于管理或技术岗位而引发的争议进行实体审理的案件也越来越多。北京的司法口径呈现出与上海司法口径发展相似的倾向。

在这样的情形下又产生新的问题，如果法院进行实体审理，那么司法部门认定管理或技术性岗位会考量哪些因素呢？从案例调研情况来看，用人单位是否将岗位定性为管理岗、劳动合同等书面协议有无岗位性质相关约定、劳动者有无管理下属及有无实际参与行政事务、劳动者实际从事的工作内容是否符合通常理解的管理或技术性工作通常是司法部门考量的因素。

基于目前司法审判实践的现状，建议用人单位如果有条件，可以考虑对管理性、技术性岗位通过规章制度进行明确界定，以减少司法部门一定的自由裁量的空间。

需特别注意的是，2022年3月1日开始实施的《江苏省企业职工基本养老保险实施办法》就女职工退休年龄及岗位性质的确定作出了较为特别的明确规定，其中第13条规定，女工人，50周岁时在管理技术岗位上工作，或者在管理技术岗位上工作累计满5年且45周岁后在管理技术岗位上工作过的，按照女干部退休年龄执行；第14条规定，企业应当制定本单位的岗位目录（包括岗位名称、岗位性质等），经职工大会或者职工代表大会通过后，提供给人力资源社会保障部门，作为确定女职工退休年龄和办理退休手续的依据之一。企业应当按照双方签订的劳动合同和本单位的岗位目录，确定女职工所从事岗位的性质。女职工从事岗位的性质发生变动时，应当及时通过签订岗位变动协议或者变更劳动合同等合法有效形式确定，并向社会保险经办机构申报变更岗位性质信息。

北京案例与导引

[案例 1]

李某,女,1971 年 2 月 14 日出生。2009 年 2 月 18 日,李某入职北京中某房地产公司,2012 年 2 月 18 日,双方签订了无固定期限劳动合同,约定李某的工作岗位为主管。2021 年 1 月 25 日,公司向李某发出员工退休通知单。李某不同意办理退休手续,申请劳动仲裁,要求公司继续履行劳动合同。当地仲裁委员会于 2021 年 5 月 31 日作出裁决:公司继续履行与李某的劳动合同。公司不服仲裁裁决,提起诉讼。公司认为李某的岗位并非管理岗,李某应在年满 50 周岁即 2021 年 2 月 14 日退休,且李某的北京市社会保险网上服务平台账户截图显示李某的个人身份为工人。对身份是否为干部、所在岗位是否为管理岗位性质的判断,属于公司自主用工和自主经营的范畴,不属于法院审理范围。

[法院观点]

根据法律规定的办理退休条件,女性管理和专业技术岗位为年满 55 周岁,女性非管理岗位为年满 50 周岁,故公司与李某双方劳动合同是否继续履行应依据李某的岗位判断。

在公司与李某所签的无固定期限劳动合同中明确约定了李某的岗位为主管,且此后未有变更,公司所提交的人员管理系统后台记录亦显示主管的岗位等级为"主管级",一、二审据此认定公司以李某年满 50 周岁通知其办理退休手续及终止履行劳动合同缺乏依据,并对李某要求继续履行劳动合同的请求予以支持,并无不当。

虽公司提交了其公司所属上级公司的人员任用管理办法中有关职级体系序列的相关规定,并据此主张李某主管岗位不属于管理岗,但李某一直以来系以公司为用人单位履行劳动合同,公司上级公司关于岗位职级体系的规定并不必然决定或变更李某与公司之间关于岗位的约定,且公司并未在归属现上级公司之后,就李某主管岗位应界定为非管理岗向李某予以明确或告知,故公司现以其上级公司有关人员任用管理的规定主张李某在其公司岗位属非管理岗的意见,理由不充分。

(2022)京民申 6823 号

上海案例与导引

[案例 2]

罗某某(女性)于 1995 年 3 月 27 日进入 A 公司,从事操作工岗位,后 A 公司扩大,罗某某担任领班,接着担任管理员,任管理岗位,后转为副科长、工程师,之后又升职为科长。2019 年 10 月 11 日 A 公司向罗某某邮寄了通知:罗某某至 2019 年 9 月 14 日已满 50 周岁,按法律规定已达到法定退休年龄,A 公司已按法律规定办理相关手续。A 公司已于 2019 年 9 月 15 日为罗某某办理退休手续。罗某某申请劳动仲裁。

[法院观点]

关于用人单位中女性工作人员适用 55 周岁退休的条件需按其岗位是否属于管理、技术岗位来确定。用人单位作为企业法人,依法自主经营,法律赋予其施行企业管理制度的权利,可以根据企业自身需求设定各类工作岗位,也包括设定对应于原干部身份的管理、技术岗位类别。现罗某某主张其应55周岁退休进而要求A公司支付工资及经济补偿金,虽然该请求并非直接基于岗位身份的争议,但A公司系由于罗某某年满50岁达到退休年龄而终止劳动合同,而罗某某是否达到退休年龄,实质还是在于其是否属于管理或技术岗位。一审据此认定该案不属于劳动争议案件的受理范围,并对罗某某该诉请不予处理,并无不当。

(2020)沪02民终5528号

[案例3]

宋某(女性)于2006年4月7日进入A测试公司处工作,岗位为客服。2012年2月5日,宋某被任命为公司副总经理。2019年1月29日,A测试公司向宋某下发退休通知,宋某在A测试公司工作至当日。宋某提起劳动仲裁,要求公司向其支付违法解除赔偿金。

[法院观点]

A测试公司主张宋某原来从事管理工岗位的工作,现在改为非管理岗位的普通员工,应当对此承担举证证明责任。从在案证据看,其只能反映出A测试公司于2019年1月29日才宣布职务任免以及调动决定。在这之前,A测试公司并未提供证据予以证明。而且,在具体判断劳动者究竟属于哪一类别时,应当以劳动者所从事的具体工作内容来判断,而非仅仅以公司给予的职务名称作为判断的依据。该案中,即便如A测试公司所述,宋某的副总职务早已被免除,但根据A测试公司提交的宋某在宁波客服部以及A测试公司环境客服部、样品室工作期间的工作汇报来看,宋某的汇报内容包含整个部门的现有问题剖析以及工作计划安排、整改方案提出。另外,A测试公司亦确认宋某是去"抓""负责"相关部门。可见,宋某从事的应当还是管理工作,而非具体操作工作。因此,A测试公司以宋某50周岁退休为依据解除了双方的劳动合同,显然与有关规定相悖,故依法应当支付宋某赔偿金。

(2019)沪01民终13089号

Q2: 管理性/技术性岗位的女职工在哪些情形下可在到达50周岁时退休/终止劳动合同?

A: 随着人均寿命的增长以及妇女自我独立意识的增强,越来越多的女职工希望能晚些退休。处于管理性/技术性岗位的女职工更是依法应在55周岁退休。但实操中,也有不少劳动者或用人单位基于各方面的考虑,希望处于管理性/技术性岗位的女职工能在年满50周岁时退休。那么实务中,哪些情形下司法部门会支持管理性/技术性岗位的女职工在年满50周岁时终止劳动合同或者安排退休呢?

在上海,根据《关于审核上海市企业职工办理退休退职手续若干问题的规定》的规定:"女职工原从事管理和技术岗位工作,后因合同期满或其他工作需要又改为从事生产服务工作岗位的,经单位出具有关证明后,可按其实际从事的岗位核定退休、退职年龄。"女职工是否在50周岁退休要看其在到达50周岁这个节点时所在岗位的性质。如果希望女职工在50周岁符合退休/终止劳动合同条件,可以将管理性/技术性岗位的女职工在其年满50周岁前调整到非管理性/技术性岗位。当然，调岗要合法操作，避免出现违法情形，以免产生其他的争议。

另外，从司法实践来看，如果管理性/技术性岗位的女职工在其年满 50 周岁前存在长期离岗或者病休情形，那么部分地区司法部门也支持用人单位在其年满 50 周岁时终止劳动合同。

上海案例与导引

［案例 4］

屠某（女性）于 2000 年 12 月 1 日进入 K 公司处工作。2021 年 2 月 4 日，K 公司向屠某出具《关于组织架构调整及岗位取消的协商沟通确认函》，载明“……由于您现在的直属部门 Global Product Management（全球产品经理）于 2021 年 2 月 3 日正式宣布在全球范围内撤销，因此，您的原岗位也将不再予以保留。鉴于上述客观情况的重大变化，在相关岗位被撤销后，公司将无法继续履行与您签署的现有劳动合同……”2021 年 2 月 19 日、2 月 26 日屠某进行了两次转岗面试，但都没有成功。2021 年 5 月 6 日，K 公司向屠某寄送《终止劳动合同通知书》载明“屠女士：因您于 2021 年 3 月 23 日年满 50 周岁，达到国家法定退休年龄……公司现通知您上述无固定期限劳动合同将于 2021 年 5 月 6 日终止……”之后社保部门在 2021 年 6 月已经将养老金打入了屠某的账户内。屠某认为自己属于管理岗位，K 公司违法终止劳动合同，遂申请仲裁，要求公司支付违法终止赔偿金。

［法院观点］

在判断劳动者具体从事上述哪一类别的工作时，应以劳动者年满 50 周岁时所实际从事的工作内容予以判断。该案中，屠某所在的直属部门于 2021 年 2 月 3 日在全球范围内撤销，次日 K 公司通知屠某其岗位将不再保留，并告知协商变更劳动合同事宜，此后屠某于 2021 年 2 月份还进行过两次面试。屠某主张其部门虽被撤销但其岗位并未被正式取消，但其未能举证证明所在部门的撤销并不影响其所在岗位工作的继续开展，亦未能举证证明此后其实际从事了管理性工作。据此，一审法院认定屠某于 2021 年 3 月 23 日年满 50 周岁时已达到法定退休年龄，K 公司后为其办理退休手续，并无不妥，法院予以认同。至于屠某所称的 K 公司单方解散部门并通知不保留岗位、未依法协商变更劳动合同等违反法律规定，对此，法院认为，因 K 公司系依据《劳动合同法》第 44 条第 2 款终止双方劳动合同，故屠某上述主张与该案争议无涉，屠某以上述事由主张 K 公司构成违法解除，理由难以成立。综上，屠某主张 K 公司应支付其违法解除劳动合同赔偿金，依据不足，法院对此不予支持。

（2022）沪 01 民终 6238 号

31.2　退休终止劳动合同

解析

前述已提及，劳动者开始依法享受基本养老保险待遇或者达到法定退休年龄的，劳动合同终止。内部退养，是指虽未达到法定退休年龄但符合法定条件的劳动者，提前离开工作岗位，由企业发给基本生活费及缴纳社会保险费，仍计算工龄，并在达到法定退休年龄时正式办理退休。内部退休严格意义上不算法定退休，只能算是企业安置员工的一种方法。

法律依据

问题导引

Q3： 劳动者达到退休年龄但未能享受基本养老保险的，与用人单位之间是否还存在劳动关系？劳动合同能否终止？

A： 2008 年实施的《劳动合同法》第 44 条第 2 项规定，劳动者开始依法享受基本养老保险待遇的，劳动合同应当终止。但后续，国家层面的其他法规在此方面的规定开始出现分歧：

（1）《劳动合同法实施条例》第 21 条规定，“劳动者达到法定退休年龄的，劳动合同终止”。

（2）《最高人民法院民一庭关于达到或者超过法定退休年龄的劳动者（含农民工）与用人单位之间劳动关系终止的确定标准问题的答复》[（2015）民一他字第 6 号]认为，对于达到或者超过法定退休年龄的劳动者（含农民工）与用人单位之间劳动合同关系的终止，应当以劳动者是否享受养老保险待遇或者领取退休金为标准；2020 年 12 月发布的《最高人民法院关于审理劳动争议案件适用法律问题的解释（一）》第 32 条第 1 款明确规定：“用人单位与其招用的已经依法享受养老保险待遇或者领取退休金的人员发生用工争议而提起诉讼的，人民法院应当按劳务关系处理。”

（3）《人力资源社会保障部对十二届全国人大四次会议第 4419 号建议的答复》（人社建字〔2016〕69 号）中，人力资源社会保障部明确指出，按照《劳动合同法实施条例》，劳动者只要达到法定退休年龄，无论其是否享受养老保险待遇，劳动合同自然终止。女工人年满 50 周岁仍继续就业的，不属劳动关系；《人力资源社会保障部对十三届全国人大二次会议第 6979 号建议的答复》（人社建字〔2019〕37 号）中，人力资源社会保障部进一步明确，只要劳动者达到法定退休年龄，就不再符合劳动法律法规规定的主体资格，不具备建立劳动关系的条件，不论其是否享受养老保险待遇或者领取退休金。

而且，《人力资源社会保障部对十三届全国人大二次会议第 6979 号建议的答复》（人社建字〔2019〕37 号）中回应了 2008 年实施的《劳动合同法》第 44 条与《劳动合同法实施条例》第 21 条的“矛盾”。人力资源社会保障部认为，2008 年实施的《劳动合同法》第 44 条第 6 项规定“法律、行政法规规定的其他情形”也属于劳动合同终止的情形，即《劳动合同法》作为上位法赋予了国务院作出的行政法规也可以规定劳动合同终止的情形。因此，国务院颁布的《劳动合同法实施条例》第 21 条“劳动者达到法定退休年龄的，劳动合同终止”的规定有效。

国家层面的法规规定存在不一致之处给司法实践也造成了困扰。实务中,各地口径在此问题上存在一定分歧,主要分为以下四类:

第一类:支持《劳动合同法实施条例》及人力资源社会保障部的规定,认为只要劳动者达到法定退休年龄,与用人单位之间就不再形成劳动关系,不论其是否享受养老保险待遇或者领取退休金。

《北京市高级人民法院、北京市劳动争议仲裁委员会关于劳动争议案件法律适用问题研讨会会议纪要(二)》第 12 条规定:"依法享受养老保险待遇的人员、领取退休金的人员、达到法定退休年龄的人员,其与原用人单位或者新用人单位之间的用工关系按劳务关系处理。上述人员可依据《最高人民法院关于审理人身损害赔偿案件适用法律若干问题的解释》第十一条,《最高人民法院关于审理劳动争议案件适用法律若干问题的解释(三)》第七条规定主张权利。"《浙江省高级人民法院民事审判第一庭、浙江省劳动人事争议仲裁院关于审理劳动争议案件若干问题的解答(二)》第 14 条规定:"劳动者超过法定退休年龄,仍接受单位聘用的,其与聘用单位之间构成劳务关系,劳动者因工伤亡或者患职业病而向聘用单位主张工伤保险待遇的,不予支持。但劳动者尚未享受基本养老保险待遇或者领取退休金,且聘用单位已为其缴纳工伤保险费的,其工伤保险待遇应予支持。"

第二类:支持最高人民法院的规定,即对于达到或者超过法定退休年龄的劳动者与用人单位之间劳动合同关系的终止,应当以劳动者是否享受养老保险待遇或者领取退休金为标准,如山东等地。

根据《山东省高级人民法院、山东省劳动争议仲裁委员会、山东省劳动人事争议仲裁委员会关于适用〈中华人民共和国劳动争议调解仲裁法〉和〈中华人民共和国劳动合同法〉若干问题的意见》第 15 条的规定,用工单位招用已超过法定退休年龄或者已享受退休待遇的人员而发生的争议不属于劳动争议。但司法实践中,山东并未执行该规定,包括山东省高级人民法院也曾在案件中支持用工单位与已超过法定退休年龄但未享受退休待遇的人员形成劳动关系。

第三类:附条件的按《劳动合同法实施条例》及人力资源社会保障部的规定执行,如上海、天津、安徽等地。

《上海市高级人民法院关于适用〈劳动合同法〉若干问题的意见》第 16 条规定:"《劳动合同法》第四十四条规定,劳动者开始依法享受基本养老保险待遇的劳动合同终止,而《实施条例》第二十一条规定,劳动者达到退休年龄的劳动合同终止。用人单位依据前述规定,均可以终止劳动合同。"

但《上海市高级人民法院劳动争议案件审理要件指南(一)》第 8 条规定:"……我们认为,对于劳动者开始依法享受基本养老待遇的,严格按前述司法解释的规定,劳动者与用工单位发生争议,按劳务关系处理;对于达到法定退休年龄,用人单位又未与其解除劳动合同继续留用,未办理退休手续的,按劳动关系处理;对于达到法定退休年龄的,用人单位与其解除劳动合同,因缴费年限不够,而未享受养老保险待遇,应根据《社会保险法》的规定,劳动者只要补缴社保费就可享受养老保险待遇,其与再就业用工单位发生争议的,按劳务关系处理。"按上海此规定,用人单位需明确告知劳动者劳动合同终止,否则用人单位继续留用的,视为双方之间继续存在劳动关系。安徽观点与上海相同。

《天津法院劳动争议案件审理指南》第10条规定:“已经享受基本养老保险待遇或者退休金的人员与用人单位之间形成实际用工关系的,按照劳务关系处理。因用人单位原因致使已经达到法定退休年龄的劳动者尚未享受基本养老保险待遇或者尚未领取退休金,劳动者与原用人单位之间形成实际用工关系的,按照劳动关系处理。”

第四类:部分适用劳动关系待遇。

《江苏省劳动人事争议疑难问题研讨会纪要》第1条第2项规定:“用人单位与其招用的已经依法享受基本养老保险待遇或领取退休金的人员发生的用工争议,按劳务关系处理。用人单位与其招用的已达到或超过法定退休年龄但未享受基本养老保险待遇或领取退休金的人员发生用工争议,双方之间用工情形符合劳动关系特征的,应按劳动关系特殊情形处理。劳动者请求享受《劳动法》《劳动合同法》规定的劳动报酬、劳动保护、劳动件、工作时间、休息休假、职业危害防护、福利待遇的应予支持。但劳动者请求签订无固定期限劳动合同、支付二倍工资、经济补偿、赔偿金及社会保险待遇的不予支持(其中会保险待遇争议不包括本意见第十二条规定的情形)。双方另有约定的除外。”但司法实践中,江苏省内各地口径并不完全统一,争议较大。

上海案例与导引

[案例5]

周某于1970年10月12日出生,2017年4月17日周某入职A公司。2020年9月21日,A公司向周某发出终止劳动合同通知,以周某于2020年10月12日达到法定退休年龄为由,于2020年10月12日终止与周某的劳动合同。2020年9月29日,周某回复称,经向人社部门咨询退休事宜,人社部门告知其社会保险费未缴满15年,即使缴满15年,也无法办理退休手续,故周某不同意离职。2020年10月12日,A公司为周某办理社会保险关系转出手续。经过与相关管理人员万某沟通后,万某同意周某照常打卡工作,周某继续工作至2020年11月11日,当日,A公司再次告知周某因达到退休年龄终止劳动合同,并关闭周某打卡通道。2020年12月21日,周某申请仲裁,要求A公司支付违法解除劳动合同赔偿金。

[法院观点]

2020年11月11日,A公司告知周某双方劳动合同因周某达到退休年龄终止,并关闭周某的打卡通道,表明A公司明确以周某已达到法定退休年龄为由与周某终止劳动合同,并拒绝周某为其提供劳动。解除权为形成权,解除的意思表示到达相对人即生效,故双方劳动合同于2020年11月11日终止。周某自2017年4月进入A公司,A公司亦为周某交纳社会保险,周某到达退休年龄不能享受养老保险待遇并非A公司所致,因此,A公司以周某到达法定退休年龄为由主张终止与周某的劳动合同,于法有据。相关法律法规并未规定用人单位负有支付终止劳动合同经济补偿金的义务,A公司亦不存在违法终止劳动合同的情形。

(2022)沪02民终252号

［案例 6］

李某（女性）与 A 公司签订期限自 2015 年 6 月 1 日至 2018 年 5 月 31 日的劳动合同，A 公司派遣李某至 J 公司工作。2017 年 9 月 12 日，李某年满 50 周岁，已达到法定退休年龄，A 公司不再为李某缴纳社会保险费；因李某缴费年限未满 15 年，A 公司也未为其办理退休、领取养老保险金的手续。2018 年 5 月 31 日，双方劳动合同期满后，双方未续签劳动合同，李某继续在 A 公司工作（工作地点仍是 J 公司），A 公司未与李某终止劳动关系。2018 年 6 月 29 日，李某发生交通事故受伤，之后，李某未再至 J 公司上班。2018 年 12 月 13 日，李某申请仲裁，要求确认其与 A 公司自 2018 年 6 月 1 日至同年 12 月 12 日存在劳动关系。

［法院观点］

首先，李某于 2017 年 9 月 12 日达到法定退休年龄时，A 公司未为其办理退休手续，亦未与其终止劳动合同，双方继续履行劳动合同。双方间劳动合同于 2018 年 5 月 31 日期满时，虽然未续签书面劳动合同，但 A 公司仍未与其终止劳动合同关系，仍按原劳动合同约定继续用工，亦未为其办理退休手续，A 公司未有解除劳动合同的意思表示，表明双方继续按劳动合同约定履行劳动权利义务。其次，李某达到法定退休年龄时，在户籍地亦未能享受养老保险待遇，其仍然符合建立劳动关系的主体资格，李某仍需以劳动所得作为生活来源，因此，该期间双方的用工关系仍按劳动关系处理。

（2019）沪 02 民终 7260 号

江苏案例与导引

［案例 7］

王某某于 2011 年 8 月入职，在 A 公司从事操作工，2019 年 4 月 7 日王某某达到法定退休年龄，2020 年 1 月 1 日，双方签订无固定期限劳动合同，2020 年 4 月 7 日，A 公司与王某某结束劳动关系。王某某认为，自己 2019 年 4 月 7 日达到法定退休年龄后，并没有享受养老保险待遇，公司没有行使终止劳动合同的权利，而是继续维持劳动关系，且在 2020 年 1 月 1 日又签订无固定期限劳动合同，在其没有任何过错或过失、能胜任工作的情况下，2020 年 4 月 7 日 A 公司无故将其辞退，属于违法解除，应付赔偿金。

［法院观点］

王某某在 A 公司从事操作工，其于 2019 年 4 月年满 50 周岁，在其达到退休年龄后，双方之间的劳动关系自行终止。A 公司、王某某虽签订无固定期限劳动合同，但双方之间的关系已不属于劳动关系调整范畴，应当按照劳务关系进行处理，故王某某要求 A 公司支付赔偿金无事实法律依据，法院对此不予支持。

（2021）苏 04 民终 1936 号

［案例8］

朱某某出生于1955年11月3日，2016年10月，朱某某进入某公司从事绿化养护工作。朱某某在江都区享受新农合养老保险，2017年9月养老金为148元。朱某某因与某公司确认劳动关系产生纠纷，提起劳动仲裁。

［法院观点］

江苏省高级人民法院认为，该案中，朱某某虽然已经达到退休年龄，但其享受的居民养老保险并非《最高人民法院关于审理劳动争议案件适用法律若干问题的解释（三）》（已失效）第7条所规定的基本养老保险待遇或退休金，两者在参保范围、基金筹集、领取条件等方面存在诸多区别，故原审法院以朱某某已享受居民养老保险为由，认定其已依法享有基本养老保险待遇或领取退休金，与某公司之间系劳务关系错误，再审法院依法予以纠正。该案中，朱某某自2016年起在某公司处工作，负责绿化养护工作，接受现场工作人员的具体监督和管理，且某公司按照2050元/月的工资标准向朱某某支付工资，并约定每月休息2天等工作条件，从上述因素可以看出朱某某与某公司之间符合劳动关系的构成要件，应认定其与某公司间存在劳动关系。

（2019）苏民再491号

Q4：劳动者达到退休年龄但未享受养老保险待遇，用人单位终止劳动合同是否应支付补偿金？

A：从法律法规角度来看，并没有规定要求劳动者达到退休年龄但未享受养老保险待遇，用人单位终止劳动合同时需支付经济补偿金。但个别地区过往司法实践中曾出现下列观点：在劳动者达到退休年龄但未能享受到养老保险待遇的情况下，如果用人单位一直依法为其缴纳社会保险，对劳动者不能享受养老保险待遇不存在过错，一般不会被要求支付补偿金；但是，如果系用人单位未依法缴纳社会保险而导致劳动者未能享受养老保险待遇，则用人单位仍然可能被要求支付经济补偿金。

31.3 退休返聘和柔性退休

解析

劳动者达到法定退休年龄应当终止劳动合同，开始领取基本养老金。但是若退休人员仍然具有一定劳动能力，用人单位也常常会聘用退休后的劳动者继续工作。最高人民法院认为退休人员和单位之间为劳务关系。按此理解，此时退休人员和单位之间不适用劳动法的相关规定。

法律依据

目前国内部分地区如上海出台的地方性规定《关于本市企业各类人才柔性延迟办理申领基本养老金手续的试行意见》中规定，对于部分有专业特长、技术的劳动者，如具有技术、高级技师证书的技能人员或企业需要的其他人员，在个人意愿和企业需要的基础上，可以由劳动者和用人单位协商决定延迟申领基本养老金,即柔性退休。该制度主要内容如下。

一、范围对象

参加上海市城镇养老保险的企业中具有专业技术职务资格人员,具有技师、高级技师证书的技能人员和企业需要的其他人员,达到法定退休年龄、符合在本市领取基本养老金条件,如企业工作需要,本人身体健康,能坚持正常工作;经本人提出申请,与企业协商一致后,可以延迟申领基本养老金。

二、延迟期限

延迟办理申领基本养老金手续的年龄,男性一般不超过 65 周岁,女性一般不超过 60 周岁。

三、工作协议

劳动者达到退休年龄时,劳动合同依法终止。企业与符合规定的延迟办理申领基本养老金手续条件的人员可协商签订相关工作协议。在延迟申领基本养老金期间,企业应当参照与工作直接相关的劳动标准(工作时间、劳动保护、最低工资规定)保障延迟申领基本养老金人员的基本权益,双方还可以通过协商在工作协议中约定其他有关的劳动权利义务。工作协议中约定了履行期限的,协议到期终止。工作协议履行过程中双方协商一致的,可以解除协议。此外,双方也可在协议中约定解除或终止的条件、单方解除协议提前通知期和劳动者在延迟申领基本养老金期间发生工伤后工作协议解除或终止的条件等其他内容。如未约定单方解除协议提前通知期的,工作协议也可单方提出解除,但应提前 30 日以书面形式通知对方。工作协议解除、终止时,劳动者申领基本养老金的条件即时成立,企业应当为延迟申领基本养老金人员办理申领基本养老金手续。工作协议解除、终止的当月,企业应按约定标准全额发给延迟申领基本养老金人员报酬。

四、手续办理

办理延迟申领基本养老金手续的人员,在达到法定退休年龄后,由其劳动关系所在企业携带经企业认可并加盖公章的延迟申领基本养老金备案表,向参保所在地的区、县社会保险事业管理中心申报备案。

五、延迟期间社会保险费缴纳和待遇

按照规定延迟申领基本养老金的人员,男年满 60 周岁、女年满 55 周岁的,延迟期间社会保险费缴纳和待遇自办理延迟申领基本养老金申报备案手续的次月起按下述规定处理。

(一)延迟期间社会保险费缴纳

企业及个人按规定缴纳基本养老保险费和工伤保险费,不再缴纳医疗、失业及生育保险费。

(二)延迟期间社会保险待遇

1. 医疗保险待遇按照到达法定退休年龄领取基本养老金人员的医疗保险待遇规定执行。

2. 延迟期间发生工伤事故的,按照相关工伤保险有关规定享受相应工伤保险待遇。

3. 延迟期间因病或非因工死亡的,丧葬补助金按照企业退休人员因病或非因工死亡后相关规定执行,所需费用由城镇基本养老保险统筹基金支付。

问题导引

Q5： 单位与柔性延迟申领养老金人员签订的工作协议履行期间，单位单方解除工作协议的，是否需要支付经济补偿金或赔偿金？

A： 目前对于柔性退休进行明确规制的规定主要为上海市人力资源和社会保障局《关于本市企业各类人才柔性延迟办理申领基本养老金手续的试行意见》，根据该意见第 3 条的规定，柔性退休的劳动者可以与用人单位协商约定解除或终止的条件、单方解除的提前通知期等内容。同时，该意见还明确规定，在未约定单方解除协议提前通知期的，单方解除应当提前 30 日以书面形式通知对方。

从上述规定来看，延迟退休期间内，劳动者与用人单位的关系并非劳动关系，在解除方面不能直接依据《劳动合同法》，主要依靠双方协商约定。结合该规定以及相关司法实践，对于延迟退休的劳动者而言，在没有约定的情况下，用人单位单方解除工作协议的，无须支付经济补偿金或赔偿金。

Q6： 退休返聘人员在工作期间发生工伤的，是否应适用《工伤保险条例》？是否按工伤赔偿标准进行赔偿？

A： 《最高人民法院关于审理劳动争议案件适用法律问题的解释（一）》第 32 条将退休返聘人员与用人单位之间的关系定义为劳务关系，而《工伤保险条例》通常被认为应适用于与用人单位建立了劳动关系的职工，因此，全国主流观点认为退休返聘人员不适用《工伤保险条例》。退休返聘人员在工作期间发生工伤的，一般都按《民法典》中的人身侵权损害赔偿来处理。然而，在司法实践中各地做法存在差异。例如，有的规定劳动保障行政部门不予受理退休人员的工伤认定申请，如厦门；有的规定返聘的退休人员不适用工伤保险政策，如河南、天津；还有的以《工伤保险条例》修订施行之日（2011 年 1 月 1 日施行）为界限分类处理，规定 2011 年 1 月 1 日前因工作原因受伤的退休人员享受工伤保险待遇或者在实际操作中参照工伤保险待遇执行；自 2011 年 1 月 1 日起因工作遭受事故伤害或患职业病提出的工伤认定申请不再受理，如上海即以此调整相关内容。

实务小贴士

用人单位聘用退休人员的，在实务中很难缴纳或者说没有渠道缴纳工伤保险。但是退休人员在工作中受到伤害的，用人单位无论是承担劳动法上的工伤保险责任还是民法上的人身损害赔偿责任，都需要承担相应的赔偿责任。所以，建议用人单位采取购买雇主责任险的方式，以单个员工合同或整体打包的方式与商业保险公司签订雇主责任险合同，防范潜在的法律风险。

No. 32 裁员

随着我国市场经济的不断发展,企业之间的竞争愈加激烈。用人单位很有可能因为残酷的市场竞争进行转产或者调整经营方式,甚至进入破产程序。随之产生的裁员问题由于与劳动者的利益息息相关而备受关注。通常所说的裁员有狭义和广义之分。狭义上的裁员是指用人单位出现《劳动合同法》第 41 条的情形时,根据该条进行的人员裁减,又称经济性裁员。广义上的裁员是指用人单位同一时间段内批量性地与劳动者解除劳动合同,包括但不限于依据《劳动合同法》第 41 条的规定进行裁员的情形。本章主要就狭义上的裁员进行解读。

2008 年起施行的《劳动合同法》加大了对劳动者的保护力度,尤其是解雇保护方面,提高了标准。其在解雇理由、解雇程序、解雇待遇和非法解雇责任等方面作出较多规定,对于裁员这种用人单位单方解除多个劳动者劳动合同的行为更是予以严格控制,不仅规定了用人单位裁员的许可条件,还规定了限制条件和禁止条件。此外,用人单位还需根据法律规定,并结合单位的实际情况,向劳动者支付经济补偿金。

裁员关键词中涉及的二级关键词	
32.1	裁员的许可条件
32.2	裁员的限制条件
32.3	裁员的禁止条件

32.1 裁员的许可条件

解析

法律依据

《劳动合同法》第 41 条第 1 款规定的裁员可以分解成三个许可条件。第一,用人单位不得随意进行裁员,必须符合四个法定情形之一:(1)破产重整;(2)生产经营发生严重困难;(3)企业转产、重大技术革新或者经营方式调整,经变更劳动合同后,仍需裁员;(4)因劳动合同订立时所依据的客观经济情况发生重大变化,致使劳动合同无法履行的情况下,才能进行裁员。从上述四个法定情形来看,《劳动合同法》将用人单位进行裁员的权限限定在用人单位经济情况发生重大变化的情况下,因此,实务中又称依据《劳动合同法》第 41 条进行的裁员为“经济性裁员”。第二,需要裁减人员必须在 20 人以上或者虽然需要裁减人员不足 20 人但占用人单位劳动者总数 10% 以上。如果人数未达到法定标准,用人单位只能通过其他方式进行减员,不得使用经济性裁员。第三,需要履行复杂的解除程序,即用人单位在裁员时应当至少提前 30 日向工会或者全体职工说明情况,听取工会或者职工的意见后,将裁减人员方案向劳动行政部门报告。

在向劳动行政部门进行裁员报告时,用人单位一般需要提交诸如企业营业执照、被裁减人员名单、裁员方案、工会或职代会意见等材料，具体要求各地有所不同。

实务小贴士

裁员通知发出后，劳动者的反应难以确切预测，因此用人单位在向劳动者通知裁员决定前，应当调整好生产、经营计划。裁员应特别注重与劳动者的协商，建议用人单位寻求专业人士的帮助，做好与劳动者沟通裁员事宜的预案。特别是有条件的用人单位，可以考虑根据不同种类被裁减人员的特性，准备统一但有区分的裁员补偿方案，以尽量实现实质的公平，也有利于裁员进程的顺利推进。例如，在法定补偿标准之上，为工龄较长、家庭较困难、贡献较大的员工设置特别补偿金等。

另外，对于有职代会或工会的用人单位，提前选举好职工代表或与工会做好提前沟通，引导劳动者通过职工代表或工会与用人单位开展协商也是十分必要的。这样做可以最大限度地避免沟通的混乱，增加协商的效率。

此外，由于涉及经济性裁员时，法律要求用人单位向劳动行政部门进行裁员报告，期间会提交众多材料，所以实际上裁员从某种意义上是一个信息公开的行为，用人单位需要做好媒体方面的应对措施。

问题导引

Q1： 如何理解《劳动合同法》第 41 条第 1 款第 2 项“生产经营发生严重困难”？

A：《劳动合同法》并未对“生产经营发生严重困难”进行明确的定义。《劳动部办公厅关于〈劳动法〉若干条文的说明》第 27 条规定，“生产经营状况发生严重因难”可以根据地方政府规定的困难企业标准来界定。同时，根据《企业经济性裁减人员规定》第 2 条的规定，用人单位濒临破产，被人民法院宣告进入法定整顿期间或生产经营发生严重困难，达到当地政府规定的严重困难企业标准，确需裁减人员的，可以裁员。对于“严重困难企业标准”，目前各地没有统一的标准。

从司法实践来看（见表 32－1），劳动仲裁、人民法院在司法实践中对“生产经营发生严重困难”的判断基准并不完全明确，法院认定企业经营发生严重困难，其主要依据是企业所提供的用来证明其存在严重亏损、业务大幅减少以及停产等情况的财务资料、审计报告等。

表 32－1 判断“生产经营发生严重困难”的审判实例

朱某与某公司劳动争议纠纷上诉案 审理法院：广东省深圳市中级人民法院 案号：（2019）粤 03 民终 10456 号 裁判日期：2019 年 10 月 15 日	【判决书摘要】 某公司主张其生产经营发生严重困难，并在一审中提交了《2018 年经济性裁员专项审计报告》予以证明，又在二审中提交了现阶段的《审计报告》予以佐证，均系具有审计资质的第三方机构出具，具有独立性和合法性，上述证据能够相互印证，证明某公司具备了经济性裁员的实质要件

续表

金某与某汽车有限公司劳动合同纠纷上诉案 审理法院:上海市第一中级人民法院 案号:(2020)沪 01 民终 10922 号 裁判日期:2020 年 12 月 21 日	【判决书摘要】 审计报告显示,某公司自 2018 年始利润锐减,2019 年始已出现亏损,结合 2018 年国内外经济情况、某公司的主营业务以及劳动者陈述的公司现状,本院认为可以认定某公司生产经营发生严重困难
张某与某科技有限公司劳动争议纠纷上诉案 审理法院:北京市第二中级人民法院 案号:(2021)京 02 民终 4343 号 裁判日期:2021 年 4 月 9 日	【判决书摘要】 相关会计师事务所出具的自 2015 年至 2018 年财务审计报告显示,自 2015 年起至 2018 年,某公司的营业利润及净利润为负 1000 余万元至 3000 余万元,应属于生产经营发生严重困难

Q2: 如何理解《劳动合同法》第 41 条第 1 款第 4 项“客观经济情况发生重大变化”?

A: 《劳动法》和《劳动合同法》均规定,在劳动合同订立时所依据的客观情况发生重大变化,致使劳动合同无法履行,经当事人协商不能就变更劳动合同达成协议的,用人单位可以解除劳动合同。与此同时,针对裁员,《劳动合同法》将裁员的适用范围限定在了“客观经济情况发生重大变化”而非“客观情况发生重大变化”。对于何谓“客观经济情况发生重大变化”,《劳动合同法》未作规定,但可以明确的是,“客观经济情况”应不包括非经济性客观情况变化。

在《劳动合同法》出台前,原劳动部针对 1994 年发布的《劳动法》所规定的非经济性的“客观情况”有相对明确的定义。《劳动部办公厅关于〈中华人民共和国劳动法〉若干条文的说明》第 26 条第 4 款明确指出,“客观情况”是指发生不可抗力或企业迁移、被兼并、资产被收购等。司法实务中,除了上述规定外,各地劳动部门根据各地的特点会对“客观情况发生重大变化”的范围有不同的解释。比如,《北京市高级人民法院、北京市劳动人事争议仲裁委员会关于审理劳动争议案件法律适用问题的解答》第 12 条认为下列情形一般属于“劳动合同订立时所依据的客观情况发生重大变化”:(1)地震、火灾、水灾等自然灾害形成的不可抗力;(2)受法律、法规、政策变化导致用人单位迁移、资产转移或者停产、转产、转(改)制等重大变化的;(3)特许经营性质的用人单位经营范围等发生变化的。

笔者认为,经济性的客观情况变化,更多的是指用人单位的经营状况或经营业绩因客观因素的变化产生了改变,这里的“改变”更多指的是一种情况的恶化,但也包括如技术革新而带来的生产经营变化。比如,用人单位搬迁仅是客观情况发生重大变化,并不必然导致用人单位经营情况发生重大变化,就不能以搬迁为由直接适用经济性裁员的客观经济情况发生变化。

需要注意的是,客观情况发生变化可能转化为客观经济情况发生变化。比如,因疫情导致用人单位停工,短时间内仅是客观情况发生重大变化,未必影响到企业的长期生产经营,但是如果停工时间拉长,继而导致公司经营情况恶化,最终出现亏损,那么就构成了客观经济情况发生变化。

因此,用人单位在适用《劳动合同法》第 41 条第 1 款第 4 项进行裁员前,有必要事先听取一下用人单位所在地劳动行政部门的意见,以了解当地对于“客观经济情况”的解释口径。

Q3：“裁员方案”是否需要劳动行政部门的批准？

A： 根据《劳动合同法》第 41 条的规定，用人单位裁员时，应制订裁减人员方案，方案应向劳动行政部门报告。这里所谓“报告”，笔者理解仅指提供材料并说明情况，无须得到劳动行政部门批准。如《劳动部办公厅关于〈中华人民共和国劳动法〉若干条文的说明》第 27 条第 3 款明确指出：“报告”仅指说明情况，无批准的含义，仅是一种报备。在实务中，不少劳动行政部门在收到报备材料后会出具收件回执，用以证明用人单位已经履行了报备程序。但是，有的地方规定中虽未直接提及裁员需在征得劳动行政部门同意的情况下才能进行，但也间接表达出劳动行政部门在裁员报告的环节有审查权，如《上海市人力资源和社会保障局关于用人单位依法实施裁减人员报告的通知》第 3 条第 2、3 句规定：“劳动行政部门对材料齐全的裁员报告，予以接受并出具回执。发现裁员方案与法律法规抵触的，应当告知用人单位予以纠正。”笔者理解这里的“审查权”更多体现为形式审查而非实质性审查，实质性审查日后发生争议时由法院来进行。实践中，如果裁员方案得到劳动行政部门的同意或默许，则劳动行政部门也会应用人单位的请求提供相应的支持，这种支持可能包括协调相关部门预防紧急事态，还可能包括通过上级工会帮助用人单位和本单位工会就裁员事宜进行协商。

32.2 裁员的限制条件

解析

《劳动合同法》第 41 条还对用人单位的裁员提出了两个限制条件，分别是优先留用和优先招用限制。

法律依据

优先留用，是指用人单位裁员时，应当优先留用三类人员：第一类是与用人单位订立较长期限的固定期限劳动合同的劳动者；第二类是与用人单位订立无固定期限劳动合同的劳动者；第三类是家庭无其他就业人员，有需要扶养的老人或者未成年人的劳动者。

优先招用限制，是指用人单位在 6 个月内重新招用劳动者的，应通知被裁减人员，并在同等条件下优先招用被裁减人员。在实务中，用人单位往往发生了严重的经济困难才会依据《劳动合同法》第 41 条进行裁员，一般而言，这种经济困难很难在短期内恢复，因此很少出现 6 个月内重新招用劳动者的情况。但在给劳动行政部门的报告中，优先招用一般会被要求列明。

问题导引

Q4：经济性裁员中，“优先留用”的人员如何界定？是否禁止裁减？由谁承担被裁减人员是否符合“优先留用”条件的举证责任？

A：《劳动合同法》第 41 条第 2 款中规定了在经济性裁员中应当优先留用的人员，笔者认为，此处的“优先留用”应理解为在同等条件下予以留用，并不是不得裁减。如果对“优先留用”作限缩解释，误认为等同于禁止裁减，则会与《劳动合同法》第 42 条所规定的不得裁减的人员相混淆。

如果用人单位能举证证明:裁员时同时存在符合及不符合优先留用条件的人员,且裁员后留用的人员为符合优先留用条件的人员,即满足了优先留用的法定要求。在司法实践中,对于被裁减人员是否符合"优先留用"条件的举证责任,到底是由用人单位还是由劳动者承担具有争议。但基于"谁主张,谁举证"的原则,笔者倾向于认为,如果劳动者从形式上已符合优先留用的法定条件之一(比如,签订有无固定期限劳动合同),则应由用人单位承担举证责任来证明未予以留用是基于更强的理由,即留用的优先性不成立。

北京案例与导引

[案例 1]

金某入职北京 A 公司,签订了自 2014 年 7 月 1 日起的无固定期限劳动合同。2018 年 3 月 26 日,A 公司以经济性裁员为由与金某解除劳动关系,后双方涉诉。庭审中,金某认为公司系违法裁员,其理由之一为公司未按照《劳动合同法》的有关规定优先留用无固定期限员工,未就裁员人员选定标准进行有效举证,侵害其合法权益。公司出示被裁减职工花名册及平均工资显示 A 公司此次裁员人数为 23 人,其中 21 人为无固定期限劳动合同员工。同时,2018 年 4 月的职工名册显示,A 公司当月有职工 459 人,其中无固定期限劳动合同员工共计 251 人。

[法院观点]

A 公司已经提交了被裁减职工花名册及平均工资、协商解除人员名单及协议等证据用于证明 A 公司自 2017 年 12 月至 2018 年 3 月,经济性裁员首先是通过协商方式与其中 109 人解除了劳动关系,对于其余 23 名协商不成的需裁减员工才列入被裁减职工花名册并向劳动行政部门报告,其中最终以经济性裁员为由单方面解除劳动合同的员工共计 15 人。从 2018 年 4 月 A 公司的职工名册可以看出,A 公司裁员后留用的员工大部分仍为无固定期限劳动合同员工。金某虽然不认可 A 公司提交的通过协商解除劳动合同协议书的真实性,但金某所提交的证据亦不足以证明 A 公司违反了《劳动合同法》第 41 条关于优先留用人员的规定,故对于金某的该项主张,法院不予采信。

(2019)京 03 民终 12376 号

广东案例与导引

[案例 2]

李某于 2002 年 4 月 11 日入职 A 公司,双方于 2011 年 8 月 2 日签订无固定期限劳动合同,至 2018 年,李某已年近 52 岁。A 公司在履行过向劳动行政部门的报备手续后,以经济性裁员为由向李某发出裁员通知书,决定自 2018 年 8 月 31 日起解除与李某的劳动合同。李某主张其与 A 公司签订的是无固定期限劳动合同,属于应当优先留用的人员。A 公司认为李某近年来在工作中绩效考核不理想,其在具体工作中业务能力适应性相对较弱,学习创新能力不足,家庭综合收入相对较高、负担轻,综合以上情况与其他同条件的人员对比后,公司才将李某列入裁员名单。之后双方涉诉。

[法院观点]

一审法院认为，优先留用是在相同条件的情况下进行比较而产生优先留用的问题，A公司表示其在裁员时已考虑了李某工作、学习、家庭等各方面情况，李某亦未举证反驳，故一审法院采信A公司的主张，认定A公司解除与李某之间的劳动关系不构成违法解除。

二审法院认为，对于本应优先留用而未能被留用的劳动者，决定是否留用以及具体实施裁员的均为用人单位，因此应由用人单位承担举证责任证明未留用该劳动者的充分理由。该案中，A公司虽称已考虑了李某的工作、学习、家庭等方面的因素，但并未提供相应的证据证实，相较于其他留下的员工，李某已不适宜留下继续从事原岗位工作或相近岗位的工作。因此，对于李某本应优先留用而未能被留用的合理性，应由A公司承担举证不能的不利后果。在李某已具备被优先留用法定条件的情况下，一审判决以李某未能举证证实其比其他员工更应该被优先留用为由认定A公司解除劳动关系合法，举证责任分配不当，二审法院予以纠正，最终认定A公司解除违法。

(2019)粤01民终13502号

32.3 裁员的禁止条件

解析

对于处于工伤、患病、妇女"三期"、"15+5"[①]等特殊情形的劳动者，《劳动合同法》给予了特别的保护，这种保护也体现在对于用人单位裁员的规定上。根据《劳动合同法》第42条的规定，用人单位不得根据《劳动合同法》第41条裁减下列人员：

法律依据

第一，从事接触职业病危害作业的劳动者未进行离岗前职业健康检查，或者疑似职业病人在诊断或者医学观察期间的；

第二，在公司患职业病或者因工负伤并被确认丧失或者部分丧失劳动能力的；

第三，患病或者非因工负伤，在规定的医疗期内的；

第四，女职工在孕期、产期、哺乳期的；

第五，在公司连续工作满15年，且距法定退休年龄不足5年的；

第六，法律、行政法规规定的其他情形。

但需要提示的是，尽管用人单位不能对上述处于特殊情形的劳动者基于《劳动合同法》第41条进行单方裁员，但是《劳动合同法》并不排斥用人单位和这些劳动者协商一致解除劳动合同。

---

① "15+5"，是指在公司连续工作满15年，且距离法定退休年龄不足5年。

问题导引

Q5: "裁员方案"向劳动行政部门报告后,经济性裁员是否就一定合法?

A: 不一定。向劳动行政部门报告经济性裁员方案是备案行为,即企业按照劳动行政部门的要求提供材料、说明情况即可,无须得到劳动行政部门的批准,劳动行政部门通常也不会对裁员方案进行实质审查。因此,劳动行政部门并没有给予用人单位背书,经过报备的裁员行为依然可能存在被司法机关认定为违法的情况,如裁减了被禁止裁减的人员。

上海案例与导引

[案例 3]

江某于 2014 年 5 月 14 日入职上海 A 公司。江某于 2016 年 4 月 8 日发生工伤,经鉴定为因工致残程度十级。2020 年 11 月 6 日,A 公司以经济性裁员为由向江某发出解除劳动合同通知书,决定于 2020 年 11 月 18 日解除与江某的劳动合同。2020 年 11 月 18 日 A 公司向上海市嘉定区人力资源和社会保障局送交裁减人员报告材料,材料附件裁员人员名单显示,裁减人员 8 人,其中包含江某。之后双方涉诉,江某要求公司支付违法解除赔偿金等。

[法院观点]

用人单位生产经营发生严重困难等,需要裁减人员 20 人以上或者裁减不足 20 人但占企业职工总数 10% 以上的,用人单位提前 30 日向工会或者全体职工说明情况,听取工会或者职工的意见后,裁减人员方案经向劳动行政部门报告,可以裁减人员。但在本单位因工负伤并被确认丧失或者部分丧失劳动能力的劳动者,用人单位不得依据上述规定裁减。该案中,江某在 A 公司因工受伤并被鉴定为因工致残十级,属于不得裁减人员的范围,故 A 公司对江某进行经济性裁员,构成违法解除。

(2021)沪 02 民终 11580 号

实务小贴士

裁员信息的公布对于劳动者心理的冲击往往是巨大的,任何的不安定因素都可能导致被裁减人员抵制用人单位的裁员行为,甚至可能引发诸如暴力罢工等严重威胁用人单位运营秩序、其他劳动者人身安全或社会治安的行为。因此,确保裁员名单的合法合理性是用人单位的首要任务,用人单位在进行裁员前应当严格依据《劳动合同法》进行内部调查,优先留用劳动合同期限长的劳动者和困难劳动者,将"三期"女员工等处于特殊情形的劳动者排除在裁员对象之外。如果迫不得已需要裁减涉及"限制条件"或"禁止条件"的劳动者,或者这些劳动者自身希望借裁员之机获取经济补偿金,用人单位可以在严格依据《劳动合同法》第 41 条进行的经济性裁员结束之后,和这些劳动者进行一对一的协商。由于此时大规模裁员已经结束,这些劳动者心态也相对稳定,往往更容易与用人单位协商一致解除劳动合同。

No. 33　经济补偿金

经济补偿金是劳动合同解除或终止时，为安定劳动者在离职后一段时期内的生活，用人单位依照法律规定的条件和标准，以货币方式一次性支付给劳动者的费用，其实质是用人单位依法履行对劳动者给予必要的社会保障的义务。本章节会围绕经济补偿金的适用情形、计算标准及相关的实务焦点展开分析和介绍。

经济补偿金关键词中涉及的二级关键词	
33.1	经济补偿金的适用情形
33.2	经济补偿金的计算标准

33.1　经济补偿金的适用情形

解析

一、劳动合同解除或终止之时，用人单位需要向劳动者支付经济补偿金的情形

法律依据

现行立法中，用人单位承担经济补偿金的情形主要分为以下四大类：

1. 经用人单位提出，与劳动者双方协商解除劳动合同。

2. 劳动者推定解除，即因用人单位存在过错，劳动者一方提出解除劳动合同，并要求用人单位支付经济补偿金。《劳动合同法》第38条对此有具体规定，可以适用推定解除的主要情形包括：

(1)用人单位未按照劳动合同约定提供劳动保护或者劳动条件；

(2)用人单位未及时足额支付劳动报酬；

(3)用人单位未依法为劳动者缴纳社会保险费；

(4)用人单位的规章制度违反法律、法规的规定，损害劳动者权益；

(5)用人单位以欺诈、胁迫的手段或者乘人之危，使对方在违背真实意思的情况下订立或者变更劳动合同，致使劳动合同无效；

(6)用人单位免除自己的法定责任、排除劳动者权利的，致使劳动合同无效；

(7)用人单位订立劳动合同违反法律、行政法规强制性规定，致使劳动合同无效；

(8)用人单位以暴力、威胁或者非法限制人身自由的手段强迫劳动；或者用人单位违章指挥、强令冒险作业危及劳动者人身安全的；

(9)法律、行政法规规定的其他情形。

具体分析详见本书“劳动合同解除”关键词项下的“推定解除”一词的内容。

3. 用人单位无过失解除，即用人单位在劳动者不存在过错的情况下，因具备法定解除条件，单方解除劳动合同，此时应当向劳动者支付经济补偿金，《劳动合同法》第40条、第41条对此有

具体规定,主要包括:

(1)劳动者患病或者非因工负伤,在规定的医疗期满后不能从事原工作,也不能从事有用人单位另行安排的工作,用人单位解除劳动合同的;

(2)劳动者不能胜任工作,经过培训或者调整工作岗位,仍不能胜任工作的,用人单位解除劳动合同的;

(3)劳动合同订立时所依据的客观情况发生重大变化,致使劳动合同无法履行,经用人单位与劳动者协商,未能就变更劳动合同内容达成协议的,用人单位解除劳动合同的;

(4)用人单位依照企业破产法规定进行重整,依法裁减人员的;

(5)用人单位生产经营发生严重困难,依法裁减人员的;

(6)企业转产、重大技术革新或者经营方式调整,经变更劳动合同后,仍需裁减人员,用人单位依法定程序裁减人员的;

(7)其他因劳动合同订立时所依据的客观经济情况发生重大变化,致使劳动合同无法履行,用人单位依法定程序裁减人员的。

其中(1)至(3)是属于用人单位应当事先通知解除劳动合同的情形,在这三种情形下,用人单位应当提前 30 日以书面形式通知劳动者本人或者额外支付劳动者一个月工资后,才可以解除劳动合同,详见本书"劳动合同解除"关键词项下的"无过失性解除"一词。(4)至(7)情形是属于用人单位进行经济性裁员,详见本书"裁员"关键词项下的"裁员的许可条件"一词的内容。

4. 因为用人单位原因终止劳动合同,主要包括:

(1)除用人单位维持或者提高劳动合同约定条件续订劳动合同,劳动者不同意续订的情形外,劳动合同期满后用人单位终止劳动合同的。一般而言,如果用人单位不同意续订劳动合同,无论劳动者是否同意续订劳动合同,劳动合同终止的,用人单位都应当支付经济补偿;如果用人单位同意续订劳动合同,但降低劳动合同约定条件,劳动者不同意续订劳动合同的,劳动合同终止,用人单位也应当支付经济补偿金。

(2)用人单位被依法宣告破产而终止劳动合同的。依据《企业破产法》第 113 条的规定,劳动者的经济补偿金是排在破产费用和共益债务之后优先受偿。

(3)用人单位被吊销营业执照、责令关闭、撤销或者用人单位决定提前解散而终止劳动合同的。

(4)以完成一定任务为期限的劳动合同因任务完成而终止的,用人单位也需要向劳动者支付经济补偿金。

二、用人单位解除或终止劳动合同无须支付经济补偿的情形

1. 劳动者辞职。

劳动者提前 30 日,或者在试用期内提前 3 日书面通知用人单位可以解除劳动合同。劳动者辞职原则上无须理由,但请用人单位注意如果劳动者是基于用人单位具有过错的理由提出解除劳动合同后,仍然应当获得经济补偿金。

2. 过失性辞退。

即劳动者出现下列《劳动合同法》第 39 条的情形的,用人单位可以解除劳动合同且无须支付

经济补偿金，具体情形为：

（1）在试用期间被证明不符合录用条件的；

（2）严重违反用人单位的规章制度的；

（3）严重失职，营私舞弊，给用人单位造成重大损害的；

（4）劳动者同时与其他用人单位建立劳动关系，对完成本单位的工作任务造成严重影响，或者经用人单位提出，拒不改正的；

（5）以欺诈、胁迫的手段或者乘人之危，使用人单位在违背真实意思的情况下订立或者变更劳动合同，致使劳动合同无效的；

（6）被依法追究刑事责任的。

3. 因劳动者原因使劳动合同终止。

（1）劳动者达到法定退休年龄的；

（2）劳动者死亡或者被人民法院宣告死亡或者宣告失踪的；

（3）固定期限劳动合同到期，用人单位维持或者提高劳动合同约定条件续订劳动合同，劳动者不同意续订而终止劳动合同的。

三、应当支付经济补偿金而不支付的法律后果

《劳动合同法》第 85 条规定，用人单位解除或者终止劳动合同，未依照规定向劳动者支付经济补偿金的，由劳动行政部门责令限期支付经济补偿金；逾期不支付的，责令用人单位按应付金额 50% 以上 100% 以下的标准向劳动者加付赔偿金。劳动者要求用人单位加付赔偿金的情形、前置程序等内容，详见“赔偿金和损失赔偿责任”关键词项下的“用人单位承担的赔偿金和赔偿责任”一词的内容。

问题导引

Q1：用人单位与已达到退休年龄但未办理退休手续人员终止劳动关系后，是否应当支付相应的经济补偿金？

A： 2008 年实施的《劳动合同法》第 44 条规定，劳动者开始依法享受基本养老保险待遇的，劳动合同终止。按此规定，只要劳动者无法享受基本养老保险待遇，在无其他法定合同终止的情形下，即使劳动者达到退休年龄，用人单位也不得终止合同。由此造成单位必须一直雇佣这批劳动者直到其享受基本养老保险待遇，如该劳动者始终无法享受基本养老保险待遇，则可能要一直雇佣到劳动者自然死亡。当劳动者是由于法律法规原因（如户籍限制等）无法参加养老保险或享受基本养老保险待遇时，这种规定实际上是将政府应当承担的责任转由企业承担。

对于上述不合理的规定，《劳动合同法实施条例》第 21 条重新规定：“劳动者达到法定退休年龄的，劳动合同终止。”结合一些地方的司法实践，笔者认为，《劳动合同法实施条例》第 21 条是对《劳动合同法》第 44 条相关规定的进一步明确和补充，且在实践中明显更具有可操作性，一般而言，只要劳动者已达到法定退休年龄，用人单位就可以终止劳动合同，且无须支付经济补偿金。但是，如果系用人单位未依法缴纳社会保险而导致劳动者未能享受养老保险待遇，则用人单

位仍然可能被要求支付经济补偿金。

北京案例与导引

[案例 1]

邵某于2005年4月22日入职G公司,2017年11月2日,邵某在员工离职表上签字,载明:"离职原因:到达退休年龄。"同日,双方签订《劳务协议》,G公司一直没有给邵某办理退休手续。2018年11月19日,邵某以G公司未足额支付工资、未足额交纳社保为由,解除劳动合同,并要求G公司支付2005年4月22日至2018年11月19日解除劳动合同经济补偿金。

[法院观点]

法院认为,劳动者达到退休年龄的劳动合同终止属于法定终止,并不因双方合意或事实用工关系仍继续劳动关系,故邵某主张2017年11月2日之后,双方仍存在劳动关系的意见,不符合法律规定,其基于劳动关系存续所提出的经济补偿金请求,法院不予支持。

(2019)京03民终824号

上海案例与导引

[案例 2]

周某于1970年10月12日出生,于2020年10月12日达到法定退休年龄。Y公司于2020年9月21日向周某出具终止劳动合同通知,以周某即将达到法定退休年龄为由,终止与Y公司的劳动合同。周某收到该通知后向人社部门咨询退休事宜,被告知尚未达到退休年龄无法办理退休手续,故周某与Y公司管理人员沟通后仍旧在原工作岗位继续工作。周某2020年10月12日之后也照常在原工作岗位、工作地点按照原工作模式上班,直至2020年11月11日,Y公司再次告知周某因达到退休年龄终止劳动合同,并关闭周某打卡通道。之后周某因自身原因无法办理退休手续、享受养老保险待遇。周某要求公司向其支付经济补偿金。

[法院观点]

法院认为,对于达到法定退休年龄,用人单位又未与其解除劳动合同继续留用,未办理退休手续的,按劳动关系处理,由此表明,双方劳动关系于2020年10月12日之后仍存续。2020年11月11日,Y公司明确以周某已达到法定退休年龄为由与周某终止劳动合同,并拒绝周某提供劳动。解除权为形成权,解除的意思表示到达相对人即生效,故双方劳动合同于2020年11月11日终止。相关法律法规并未规定用人单位负有支付终止劳动合同经济补偿金的义务,Y公司亦不存在违法终止劳动合同的情形,因此,Y公司无须支付周某终止劳动合同经济补偿金。

(2022)沪02民终252号

广东案例与导引

［案例 3］

袁某(男性)于 1956 年 2 月 24 日出生,2002 年起在 H 公司从事保安工作,2016 年 2 月 24 日已达到退休年龄,但未办理退休手续,一直在 H 公司处工作。2018 年 4 月 12 日,H 公司提出终止与袁某的劳动关系。袁某要求 H 公司支付经济补偿金。

［法院观点］

法院认为,袁某于 2016 年 2 月 24 日年满 60 周岁,已达到法定退休年龄,与 H 公司之间的劳动关系依法终止,不符合支付经济补偿金的情形,且该诉请已经超过时效。袁某达到退休年龄后在 H 公司处继续工作应当认定为劳务关系,对于劳务关系的内容属于另一法律关系,袁某可以另行主张权利。驳回袁某的诉请请求。

(2018)粤 13 民终 4933 号

Q2: 劳动者与用人单位均无法证明劳动者离职原因的,是否支付经济补偿金?

A: 国家层面的法律法规对此没有明确规定,江苏、陕西等个别地区对此作出了地方性规定,认为各方均无法证明劳动者的离职原因,用人单位需要支付经济补偿金。《江苏省高级人民法院关于审理劳动人事争议案件的指导意见(二)》(苏高法审委〔2011〕14 号)第 14 条规定,劳动者主张被用人单位口头辞退,而用人单位主张是劳动者自动离职,由用人单位就劳动者自动离职的事实负举证责任,用人单位不能举证证明的,由其承担不利后果。《陕西省高级人民法院关于审理劳动争议案件若干问题的解答》(陕高法〔2020〕118 号)第 11 条规定,各方均无法证明劳动者的离职原因的,可视为用人单位提出且经双方协商一致解除劳动合同,依照《劳动合同法》第 46 条第 2 项、第 47 条之规定,用人单位向劳动者支付经济补偿。

广东案例与导引

［案例 4］

谭某原系 Z 公司员工,离职后要求 Z 公司支付解除劳动合同经济补偿金。Z 公司主张谭某系自动离职,不是被公司单方解除,无须支付经济补偿金。双方均未能就离职原因提供证据。

［法院观点］

法院认为,劳动者主张是用人单位违法将其辞退,而用人单位则主张劳动者是自动离职,但双方均未能提供有效证据证明各自的主张。在劳动关系中,用人单位与劳动者存在管理与被管理的关系,用人单位在获得证据的能力方面较劳动者更占优势。用人单位主张劳动者是自动离职,但未能提供证据证明。依照公平原则,应认定该案劳动合同是由用人单位提出,双方协商一致解除合同,依照《劳动合同法》第 46 条第 2 项的规定,Z 公司应向谭某支付经济补偿金。

(2021)粤 03 民终 32809 号

33.2 经济补偿金的计算标准

解析

法律依据

《劳动合同法》第 47 条规定:“经济补偿按劳动者在本单位工作的年限,每满一年支付一个月工资的标准向劳动者支付。六个月以上不满一年的,按一年计算;不满六个月的,向劳动者支付半个月工资的经济补偿。劳动者月工资高于用人单位所在直辖市、设区的市级人民政府公布的本地区上年度职工月平均工资三倍的,向其支付经济补偿的标准按职工月平均工资三倍的数额支付,向其支付经济补偿的年限最高不超过十二年。本条所称月工资是指劳动者在劳动合同解除或者终止前十二个月的平均工资。”

一、关于经济补偿中的工作年限

劳动者在单位工作中的年限,应当自劳动者在该用人单位开始工作之日起计算,如果由于各种原因,用人单位未与劳动者及时签订劳动合同的,不影响工作年限的计算。如果劳动者连续为同一用人单位提供劳动,先后签订了几份劳动合同,工作年限应该自劳动者在该用人单位开始工作之日起计算。关于“用工之日”的相关问题,具体可以详见本书中“事实劳动关系”关键词项下的“事实劳动关系”一词的内容。

关于企业分立、合并后工作年限的计算,根据《劳动合同法实施条例》第 10 条和《最高人民法院关于审理劳动争议案件适用法律问题的解释(一)》(法释〔2020〕26 号)第 46 条的规定,劳动者非因本人原因从原用人单位被安排到新用人单位工作的,劳动者在原用人单位的工作年限合并计算为新用人单位的工作年限。原用人单位已经向劳动者支付经济补偿的,新用人单位在依法解除、终止劳动合同计算支付经济补偿的工作年限时,不再计算劳动者在原用人单位的工作年限;原用人单位未支付经济补偿的,劳动者依照《劳动合同法》第 38 条规定与新用人单位解除劳动合同,或者新用人单位向劳动者提出解除、终止劳动合同,在计算支付经济补偿或赔偿金的工作年限时,应当把劳动者在原用人单位的工作年限合并计算为新用人单位工作年限。

二、经济补偿金的基数和上下限

经济补偿金的计算基数就是该劳动者解除劳动合同前 12 个月的月平均工资数额。月工资按照劳动者应得工资计算,包括计时工资或计件工资以及奖金、津贴和补贴等货币性收入。如果劳动者在劳动合同解除或者终止前 12 个月的平均工资低于当地最低工资标准的,按照当地最低工资标准计算。劳动者工作不满 12 个月的,按照实际工作的月数计算平均工资。需要注意的是,上海在计算经济补偿金基数时,不应将加班工资包括在内。

在经济补偿金方面,2008 年实施的《劳动合同法》对高收入者做了一定的限制,从工作年限和月工资基数进行了双重限制:规定劳动者月工资高于用人单位所在直辖市、设区的市级人民政府公布的本地区上年度职工月平均工资 3 倍的,向其支付经济补偿的标准按职工月平均工资 3 倍的数额支付,向其支付经济补偿的年限最高不超过 12 年,该限制也常被称为“双封顶”。但如果劳动者工资没有超过所在地上年度职工月平均工资 3 倍的,支付经济补偿的年限不受 12 年封顶的限制。

三、工资的构成

关于工资的构成部分,详见本书“工资”关键词项下的“工资总额”一词的内容。

用人单位应在劳动合同中写清楚劳动报酬的具体数额、支付日期,如果是计件工资,必须写清楚计算标准和依据,即使是计件工资,也不能低于当地最低工资标准。

问题导引

Q3: 如何认定“劳动者非因本人原因从原用人单位被安排到新用人单位工作”?

A:《最高人民法院关于审理劳动争议案件适用法律问题的解释(一)》(法释〔2020〕26号)第46条第2款规定,用人单位符合下列情形之一的,应当认定属于“劳动者非因本人原因从原用人单位被安排到新用人单位工作”:

(1)劳动者仍在原工作场所、工作岗位工作,劳动合同主体由原用人单位变更为新用人单位;

(2)用人单位以组织委派或任命形式对劳动者进行工作调动;

(3)因用人单位合并、分立等原因导致劳动者工作调动;

(4)用人单位及其关联企业与劳动者轮流订立劳动合同;

(5)其他合理情形。

上海案例与导引

[案例5]

殷某于2018年6月11日进入A公司任总经理助理,工作地点位于闵行区××路××号,2021年2月1日,殷某与B公司签订期限自当日起至2024年1月31日止的劳动合同,工作地点仍为闵行区××路××号。2021年7月29日,B公司解除与殷某的劳动关系,殷某要求计算经济补偿金时将其在A公司的工作年限合并计入,理由是A公司股东入驻B公司,两家公司属于关联公司,与B公司签订劳动合同后,实际工作地点、工作内容及共事人员都未变化。B公司则主张,持有A公司50%股权的股东周某,只持有B公司24%的股权,两家公司不符合法律上关于“关联公司”的认定,且两家公司办公地点分属不同的单元楼,经营地址不一致。

[法院观点]

法院认为,该案A公司与B公司为经营地址一致、股东重合的关联公司,殷某与B公司关于殷某入职经过的陈述印证了殷某确属非因本人原因而自A公司被安排至B公司处工作,B公司亦未举证证明A公司曾支付过殷某经济补偿,因此,故殷某要求将在A公司的工作年限合并计算之主张,于法有据,法院对此予以采纳。B公司要求将经济补偿分开计算,依据不足,该主张法院不予采纳。

(2022)沪01民终8111号

Q4： 奖金是否应当计入经济补偿金的计算基数?

A： 根据《劳动合同法》的相关规定,用人单位解除劳动合同需支付经济补偿金的,经济补偿金应当按照劳动者本人解除劳动关系前 12 个月平均工资收入确定支付标准,其中的工资收入包括用人单位以货币形式支付给劳动者的报酬,既包括月基本工资,也包括奖金、津贴和补贴等货币性收入。因此,劳动者要求奖金计入经济补偿金计算基数于法有据,应当受到法律保护。《北京市高级人民法院、北京市劳动人事争议仲裁委员会关于审理劳动争议案件法律适用问题的解答》以及《深圳市中级人民法院关于审理劳动争议案件的裁判指引》第 97 条还给出了奖金计入经济补偿金基数的计算方式,即劳动者应得的年终奖或年终双薪,计入工资基数时应按每年 12 个月平均分摊。

Q5： 加班工资是否计入经济补偿的计算基数?

A： 《劳动合同法实施条例》第 27 条规定,经济补偿的月工资按照劳动者应得工资计算,包括计时工资或者计件工资以及奖金、津贴和补贴等货币性收入。但是根据《关于工资总额组成的规定》第 4 条的规定,工资总额包括加班加点的工资。国家层面的法律法规没有明确加班工资这类非正常工作时间内的工资是否计入经济补偿金的基数,各地在这方面也存在一定分歧。

一种观点认为,加班工资不应当计入经济补偿金基数。例如,上海高级人民法院在《民事法律适用问答》(2013 年第 1 期)第 5 条第 1 款指出:“……第一,经济补偿从性质上看系用人单位与劳动者解除或终止劳动关系后,为弥补劳动者损失或基于用人单位所承担的社会责任而给予劳动者的补偿,故经济补偿金应以劳动者的正常工作时间工资为计算基数。第二,加班工资系劳动者提供额外劳动所获得的报酬,不属于正常工作时间内的劳动报酬。第三,从《劳动部关于贯彻〈中华人民共和国劳动法〉若干问题的意见》第 55 条和《劳动合同法实施条例》第 27 条规定来看,也应认为经济补偿金不包含加班费。综上,我们认为在计算经济补偿金计算基数时不应将加班工资包括在内。”

另一种观点认为,加班费应当计入经济补偿金的计算基数。《北京市高级人民法院、北京市劳动人事争议仲裁委员会关于审理劳动争议案件法律适用问题的解答》第 21 条第 4 项第 1 句提出:“在计算劳动者解除劳动合同前十二个月平均工资时,应当包括计时工资或者计件工资以及奖金、津贴和补贴等货币性收入。其中包括正常工作时间的工资,还包括劳动者延长工作时间的加班费。”《深圳市中级人民法院关于审理劳动争议案件的裁判指引》第 97 条第 1 款第 1 句也规定:“在计算经济补偿或赔偿金时,劳动者解除劳动合同前十二个月平均工资,除包括正常工作时间的工资外,还包括劳动者的加班工资。”

Q6： 停工停产期间工资、生活费以及病假工资等非正常工作期间工资是否计入经济补偿的计算基数?

A： 停工停产工资、生活费以及病假工资都属于非正常工作期间的工资,是否计入经济补偿金基数这一问题,各地也存在分歧。

一种观点认为，计算前 12 个月平均工资时，不包括非正常工作期间的工资。例如，《浙江省高级人民法院关于审理劳动争议案件若干问题的解答（二）》（浙高法民一〔2014〕7 号）第 11 条规定，《劳动合同法》第 47 条第 3 款规定的“本条所称月工资是指劳动者在劳动合同解除或者终止前十二个月的平均工资”，应理解为劳动合同解除或者终止前劳动者正常工作状态下 12 个月的平均工资，不包括医疗期等非正常工作期间。

另一种观点认为，计算前 12 个月平均工资时，应包括非正常工作期间的工资，不需要剔除。北京的裁审案例也持该观点。

上海的裁审口径存在摇摆的迹象，持以上两种观点的案例均有出现。

上海案例与导引

［案例 6］

李某在 T 公司处从事缝纫工作，工作至 2021 年 1 月 5 日，2021 年 1 月 6 日 T 公司开始放假。双方劳动合同于 2021 年 2 月 28 日到期，T 公司决定不再续签，李某要求 T 公司支付终止劳动合同的补偿金。双方对经济补偿金的计算基数存在分歧。李某认为应按照李某正常出勤期间的应发工资 7200 元/月核算。

T 公司认为，李某合同终止前 12 个月内因为疫情影响导致停工停产，且 T 公司已补足停工停产期间李某工资。根据《劳动合同法》第 47 条第 3 款“本条所称月工资是指劳动者在劳动合同解除或者终止前十二个月的平均工资”之规定，李某月工资应包含停工停产期间工资，即应按 2020 年 3 月至 2021 年 2 月实发平均月工资计算为 3347.14 元。

［法院观点］

该案的争议焦点为 T 公司应向李某支付的经济补偿金的基数如何计算。对此，二审法院认为，根据相关法律规定，计算经济补偿金应当以劳动者在劳动合同解除或者终止前 12 个月的平均工资为基数。但该案的特殊性在于双方劳动合同终止前 12 个月中，绝大多数时间 T 公司受疫情影响仅按照全市最低工资标准向李某发放工资。也就是说，李某收入在此期间大幅降低并非因李某原因，而是 T 公司受疫情影响所致，如在计算经济补偿金时，仍以此为据，显然对于李某不公平。故而认定 T 公司应当按照李某正常出勤期间的应发工资核算经济补偿金。

（2022）沪 01 民终 3528 号

［案例 7］

周某于 1998 年 2 月 16 日进入 J 公司工作，双方签有期限为自 2014 年 9 月 1 日起的无固定期限劳动合同。周某于 2014 年 9 月起待岗休息，J 公司按照本市最低工资标准支付其待岗期间工资。双方劳动关系于 2016 年 10 月 1 日解除，周某要求公司按照正常工作时间下的月工资水平核算经济补偿金。

[法院观点]

法院认为,虽然周某依据《劳动部违反和解除劳动合同的经济补偿办法》(劳部发〔1994〕481号)(已失效),声称应以公司正常生产情况下劳动者解除合同前12个月的月平均工资计算,但是2008年1月1日起施行的《劳动合同法》明确规定,月工资是指劳动者在劳动合同解除或者终止前12个月的平均工资,故法院支持按照周某的工作年限、待岗期间的工资核算补偿金。

(2018)沪02民终1836号

Q7: 协商一致解除时约定的补偿标准低于法定标准的,该约定的效力如何?

A: 当用人单位提出与劳动者协商一致解除劳动合同时,双方往往会就解除劳动合同的相关补偿问题达成书面协议,约定相关补偿已涵盖用人单位所需支付的所有款项,用人单位不再承担任何支付义务之类的条款。然而,实践中很多劳动者在取得书面协议中约定的相关补偿后,会再以该等补偿低于法律规定的标准为由,提起劳动仲裁或诉讼,要求用人单位补足法律规定的标准和已支付的补偿金额之间的差额。那么,用人单位和劳动者在协商一致解除劳动合同时约定的低于相关法定标准的补偿金条款的效力到底如何判断?

从立法上看,《劳动合同法》第46条将用人单位提出的"协商解除"也纳入必须支付经济补偿金的情形内,且第47条设定了经济补偿金的最低标准。同时依照《最高人民法院关于审理劳动争议案件适用法律问题的解释(一)》(法释〔2020〕26号)第35条的规定,如用人单位与劳动者就解除劳动合同达成的有关工资报酬、加班费、经济补偿金、赔偿金等协议不违反法律和行政法规的强制性规定,且不存在欺诈、胁迫或者乘人之危情形的,应认定有效。根据该条规定可以得出以下结论:法律虽允许用人单位与劳动者就补偿标准进行"一揽子"约定,但如果法律或行政法规对相关补偿标准有明确规定的(如经济补偿金、加班工资、未休年休假的补偿等),即使用人单位和劳动者就该补偿达成了协议,若该协议所约定的补偿金额低于依照法定标准计算的金额的,该约定也可能因违反法律法规的强制性规定而无效,劳动者可以要求补足差额,用人单位的相关义务并不当然免除。

但笔者同时注意到最高人民法院的专家在一些著作中认为,在判断双方约定的效力和强制性规范的关系时,并不能以一种贴标签式的方式简单识别,而是应该通过法律解释、利益衡量、后果判断等一系列法律适用方法综合分析后方能得出结论,而且还要结合个案从法的和平性、安定性以及立法目的实现的可能性进行具体考量。在此基础上,最高人民法院专家分别针对低于法定标准约定的工资报酬、加班费、经济补偿金以及赔偿金是否有效作出了详细的法理分析,笔者对其总结如下:

(1)未付工资。若用人单位和劳动者在协商一致解除劳动关系时,对未付工资的约定低于最低工资标准的,由于其侵犯了最低工资制度保护的劳动者的基本生存权,而人的基本生存权的价值高于合同自由的价值,应当被认为无效;反之,如双方的约定不低于最低工资标准的,则认为有效。

(2)加班费。由于加班费制度的立法目的是保护劳动者加班的对价得到支付,从法理上讲,该对价的价值并不高于合同自由的价值,因此,用人单位和劳动者低于法定标准的加班费约定应当被认为有效(但依照上述第1点的分析,当加班费的计算标准低于最低工资标准时,将被认为无效)。

(3)经济补偿金。经济补偿金的主要功能在于对劳动者为用人单位工作而造成的劳动技能固定化和再次寻找新的工作机会的成本的补偿,其价值并不高于合同自由的价值,因此,用人单位和劳动者低于法定标准的经济补偿金约定应当被认为有效。

虽然相关地方法院的判决理由大多只是简单援引《最高人民法院关于审理劳动争议案件适用法律问题的解释(一)》(法释〔2020〕26号)第35条的规定,并未对相关补偿标准低于法定标准进行具体的分析,但是有的案例判决结果也印证了前述最高人民法院专家的分析,在考虑公平合理的基础上进行判断。

北京案例与导引

[案例8]

2005年8月1日,孙某与W服务公司签订《雇员合同》,并经W服务公司派遣至H航空公司从事空乘工作。2016年5月,孙某与W服务公司、H航空公司三方共同签署《协议书》,该协议载明:"孙某的空乘派遣期限于2015年10月29日到期,不予续签,劳动合同也于2015年10月29日到期,不予续签。但因派遣期限和劳动合同到期时,孙某处于哺乳期内,其派遣关系及劳动合同依法顺延至法定情形消失时终止。孙某本人确认,其哺乳期于2016年5月11日期满结束。各方现就终止孙某空乘聘用以及到期终止劳动合同和其他事项达成一致,具体如下:1. W服务公司向孙某支付经济补偿金151,444.50元人民币;2. 协议方不存在任何其他争议。"

孙某离职后诉至法院,请求撤销《协议书》,并要求W服务公司支付其违法解除劳动合同赔偿金的差额。孙某认为,自己不是自愿放弃工作主动签署《协议书》,其为了维系家庭生计,不得已签订协议以领取经济补偿金,在双方地位极其悬殊的情况下,其作为弱者没有选择的权利,而且《协议书》所载明的补偿金数额低于法定计算标准,该协议存在显失公平的情形,应予以撤销。

[法院观点]

法院认为,孙某主张其系被迫签订《协议书》,但经查两单位不存在欺诈、胁迫或乘人之危的情形。孙某又主张《协议书》补偿金额低于法定标准,存在显失公平的情形,应予以撤销,法院认为《协议书》是否存在显失公平的情形,应从以下三个方面予以衡量:

1.《协议书》约定的补偿金数额是否低于法定计算标准。经法院计算,W公司应支付的经济补偿法定数额为206,068.8元,故《协议书》中约定的补偿金数额151,444.50元显著低于法定计算标准。

2. 三方签订《协议书》的行为是否产生排除劳动者合法权益的法律后果。该案中,截至签订《协议书》之日,孙某与W公司满足签订无固定期限劳动合同的条件,而《协议书》约定"协议方不存在任何其他争议”,故《协议书》的签订已产生排除孙某要求签订无固定期限劳动合同权利的法律后果。

3. 孙某是否存在应予以考虑的特殊情节。W公司与孙某签订《协议书》期间,其正处于哺乳期即将结束的时刻,虽然相关法律法规未对用人单位与女性劳动者签订的协商解除或终止劳动关系的协议作出进一步的规定,亦未对如何判断是否显失公平作出明确解释,但当女性劳动者对协议提出质疑时,法官应以更为审慎的态度结合协议签订时的语境审查协议的公平性。

综上,《协议书》的内容排除了孙某的部分权益,约定的补偿金数额却低于法定计算标准。我国劳动法律法规虽未规定双方约定的补偿金数额不得低于法定标准,亦未禁止双方意定形成补偿的金额,但由于劳动者通常处于相对弱势的缔约地位,用人单位应举证证明补偿数额系经双方充分协商予以确定。该案中,两单位未就各方对补偿金数额的确定进行过充分协商进行举证,法院综合考虑上述三方面的因素,对该《协议书》显失公平的主张予以采信,故该协议应属可以被撤销的情形。

(2019)京03民终16320号

Q8: 用人单位因解散、关闭或被撤销而终止劳动合同的,是否支付2008年之前的经济补偿?

A: 1995年《劳动法》第28条规定仅协商解除、非过失性解除和经济性裁员这三类情形需要支付经济补偿金,其中不包括终止劳动合同。2008年1月1日生效的《劳动合同法》第44条、第46条首次在国家层面明确用人单位因解散、关闭或被撤销而终止劳动合同的也需要支付经济补偿金。第97条还规定,依照本法第46条规定应当支付经济补偿的,经济补偿年限自该法施行之日起计算。

如果劳动者工作年限跨越2008年,在该劳动合同终止情形下,是否就2008年以前的工作年限支付经济补偿金,国家层面的法律法规没有明确的规定,一些地区通过地方性法规或裁审案例表达了不同观点。

第一种观点认为,2008年以前的工作年限也需要支付经济补偿。上海支持该观点。例如,上海在2002年出台的《上海市劳动合同条例》第37条、第42条规定,用人单位破产、解散或者被撤销的,用人单位应当根据劳动者在本单位工作年限,每满一年给予劳动者本人一个月工资收入的经济补偿。上海法院案例也呈现出类似结论。

第二种观点认为,2008年以前的工作年限无须支付经济补偿。北京、广东的多数案例便是按照此种观点裁判的。

除了此处提及的因“用人单位因解散、关闭或被撤销而终止劳动合同”需要支付的经济补偿以外,2008年《劳动合同法》新增的其他几类需要支付经济补偿的解除、终止情形也均面临法律是否溯及既往的问题,用人单位在计算经济补偿时,需了解所在地的裁审观点。

Q9: 劳动者工作年限跨越2008年1月1日前后,经济补偿金该如何计算?

A: 根据法不溯及既往原理,在2008年实施的《劳动合同法》施行之日存续的劳动合同在该法施行后解除或终止的,依照该法第46条规定应当支付经济补偿的,经济补偿年限自该法施行之日起计算；劳动合同法施行前按照当时有关规定，用人单位应当向劳动者支付经济补偿的，按照当时有关规定执行。这里提到的“当时有关规定”，是指《劳动部违反和解除劳动合同的经济补偿办法》（劳部发〔1994〕481 号）（已失效），但是该法于 2017 年 11 月 24 日被废止，这就导致 2008 年以前的经济补偿金如何计算在国家层面已无法可依，各地裁审实践中对于 2008 年前、后两段工作年限的补偿金如何计算有较大分歧。

此处讨论的经济补偿金的“分段计算”主要包括两部分内容：一是计算基数分段；二是计算年限分段。

第一，依照上文所述，经济补偿金基数通常会出现两种：

（1）如果劳动者解除劳动合同前 12 个月的月平均工资不高于上年度本市职工月平均工资 3 倍，经济补偿金的计算基数就是该劳动者解除劳动合同前 12 个月的月平均工资数额，不分段计算。

（2）如果劳动者解除劳动合同前 12 个月的月平均工资高于上年度本市职工月平均工资 3 倍，经济补偿金基数就要分段计算，2008 年实施的《劳动合同法》之前的年限按该劳动者解除劳动合同前 12 个月的月平均工资数额确定经济补偿金的计算基数，2008 年实施的《劳动合同法》之后的年限按照 3 倍封顶数额确定经济补偿金的计算基数。但需要注意的是，北京和广东不再分段计算经济补偿金基数，具体请参考下文“实务小贴士”。

第二，关于经济补偿年限的分段计算问题，2008 年《劳动合同法》施行之前的规定是对特定解除劳动合同类型实施 12 个月工资的年限封顶，《劳动部违反和解除劳动合同的经济补偿办法》（劳部发〔1994〕481 号）（已失效）规定，“协商一致解除劳动合同”“不能胜任工作解除劳动合同”的，最高补偿受 12 个月封顶限制，各地大都按此规定执行，也有的地方扩大了 12 个月封顶的范围，如《上海市劳动合同条例》规定，“以暴力、威胁或者非法限制人身自由的手段强迫劳动的致使劳动者解除劳动合同”“未按约定支付劳动报酬或者提供劳动条件致使劳动者解除劳动合同”的情形也受 12 个月的封顶限制。2008 年《劳动合同法》只有在“补偿基础”超过封顶线的情况下才对“年限”进行 12 个月工资的封顶。由此，经济补偿年限是否分段计算，如何分段计算就有以下两大类情况：

（1）不分段计算。2008 年《劳动合同法》规定应当支付经济补偿金的情形，既不属于该法施行前规定中“经济补偿金总额不超过劳动者 12 个月的工资收入”情形的，也不属于 2008 年《劳动合同法》规定的封顶情形的，经济补偿年限自用工之日起计算。

（2）分段计算。①2008 年《劳动合同法》规定应当支付经济补偿金的情形，但属于该法施行前规定中“总额不超过劳动者 12 个月的工资”这一封顶情形的，劳动者在 2008 年《劳动合同法》施行后的工作年限在计算经济补偿年限一般是不纳入 12 个月封顶的体系的；②符合 2008 年《劳动合同法》规定“3 倍 +12 个月”封顶情形的，实施封顶计算经济补偿的年限自 2008 年《劳动合同法》施行之日起计算，2008 年《劳动合同法》施行之前的工作年限仍按以前规定的标准计算经济补偿金。

另外，对于 1995 年《劳动法》没有要求支付经济补偿而在 2008 年《劳动合同法》中新增加要求支付解除、终止劳动合同经济补偿的情形的，有些地方认为不需要补偿 2008 年以前的工作年限,也就不涉及分段计算的问题,详见上一个问题“用人单位因解散、关闭或被撤销而终止劳动合同的,是否支付 2008 年之前的经济补偿?”此处仅讨论根据国家层面法律法规或者地方性规定,2008 年前后均要求支付经济补偿的情形。

综合经济补偿金计算基数和年限分段计算情况,针对工作年限跨越 2008 年 1 月 1 日的经济补偿金可以总结归纳出以下 5 种计算方式:

(1)2008 年《劳动合同法》实施前后经济补偿金的基数和年限均无封顶情形。具体来说,劳动者解除劳动合同之前 12 个月的平均工资不超过上年度本市职工月平均工资 3 倍,而解除劳动合同原因属于“医疗期满解除”“客观情况发生重大变化解除劳动合同”“经济性裁员”“用人单位破产、解散或者被撤销(并且根据所在地裁审观点,需要补偿 2008 年以前年限)”的。

此种情形:劳动者的经济补偿金 = 本单位工作年限 × 劳动者解除劳动合同之前 12 个月的平均工资数额

(2)《劳动合同法》实施前年限封顶但基数不封顶,实施后经济补偿金的基数和年限双封顶。具体来说,劳动者解除劳动合同之前 12 个月的平均工资高于上年度本市职工平均工资 3 倍,而解除劳动合同原因属于“协商一致解除劳动合同”“不能胜任工作解除劳动合同”的,以及上海等地“以暴力、威胁或者非法限制人身自由的手段强迫劳动的致使劳动者解除劳动合同”“未按约定支付劳动报酬或者提供劳动条件致使劳动者解除劳动合同”的。

此种情形:劳动者的经济补偿金 =2008 年 1 月 1 日前的工作年限(不超过 12 个月) × 劳动者解除劳动合同之前 12 个月的月平均工资数额 +2008 年 1 月 1 日后的工作年限(不超过 12 个月) × 上年度本市职工月平均工资 3 倍

(3)根据 2008 年《劳动合同法》的规定,无封顶情形,但依据 2008 年《劳动合同法》实施前的规定,存在“12 个月工资”这一封顶情形的,即 2008 年《劳动合同法》实施前年限封顶,实施后经济补偿金的基数和年限不封顶。具体来说,劳动者解除劳动合同之前 12 个月的平均工资不超过上年度本市职工月平均工资 3 倍,而解除劳动合同原因属于“协商一致解除劳动合同”“不能胜任工作解除劳动合同”的,以及上海等地“以暴力、威胁或者非法限制人身自由的手段强迫劳动的致使劳动者解除劳动合同”“未按约定支付劳动报酬或者提供劳动条件致使劳动者解除劳动合同”这几种情形的。

此种情形:劳动者的经济补偿金 = [2008 年 1 月 1 日前的工作年限(不超过 12 个月) +2008 年 1 月 1 日后的工作年限] × 劳动者解除劳动合同之前 12 个月的月平均工资

(4)2008 年《劳动合同法》实施前年限和基数均不封顶,实施后经济补偿金的基数和年限封顶。具体来说,劳动者解除劳动合同之前 12 个月的平均工资高于上年度本市职工月平均工资 3 倍,而解除劳动合同原因属于“医疗期满解除”“客观情况发生重大变化解除劳动合同”“经济性裁员”“用人单位破产、解散或者被撤销”的。

此种情形:劳动者经济补偿金 =2008 年 1 月 1 日前的工作年限 × 劳动者解除劳动合同之前 12 个月的月平均工资数额 +2008 年 1 月 1 日后的工作年限(不超过 12 个月) × 上年度本市职工月平均工资的 3 倍

(5)不区分 2008 年《劳动合同法》实施前后的分段情况,也不再区分解除的事由,如果劳动者解除劳动合同之前12个月的平均工资超过上年度本市职工月平均工资3倍，经济补偿金的基数按照社平3倍封顶，同时，2008年前后的全部工作年限也以12个月封顶。

此种情形：劳动者的经济补偿金＝2008年前后的总工作年限（不超过12个月）×上年度本市职工月平均工资3倍

实务小贴士

上述分段计算方法是我们依据当前的法律法规以及结合部分地方的司法实践而总结得出的最合理的理解方式，但实践中由于经济补偿金的计算在各地的劳动争议中均普遍发生，特别是针对平均工资高于上年度本市职工月平均工资3倍的人员其在2008年之前的工龄是否也适用3倍封顶这一点司法实践存在较大争议，所以建议用人单位在计算经济补偿金时除参考我们如上的原则性论述外，还要对各地的司法实践进行确认。下面列举了北京、上海和广东省地区不同的地方规定（见表33－1）。

表33－1 部分地区关于经济补偿金的规定

地区	规定	出处
北京市	经济补偿金的基数为劳动者在劳动合同解除或者终止前12个月的平均工资，不再分段计算	《北京市高级人民法院、北京市劳动争议仲裁委员会关于劳动争议案件法律适用问题研讨会会议纪要》第25条第2款
上海市	关于经济补偿金“分段计算”的问题。根据2008年《劳动合同法》第97条的规定，2008年《劳动合同法》施行之日存续的劳动合同，在2008年《劳动合同法》施行后解除或终止的，其经济补偿金的具体计算方法如下：（1）2008年《劳动合同法》与2008年1月1日之前施行的相关法律法规规定均规定应当支付经济补偿金的情况，且劳动者的平均工资不高于上年度本市职工月平均工资3倍的，经济补偿金的计算基数按劳动者在劳动合同解除或终止前12个月的月平均工资确定。（2）2008年《劳动合同法》规定应当支付经济补偿金的情形，且不属于以前规定中“经济补偿金总额不超过劳动者十二个月的工资收入”情形的，经济补偿年限自用工之日起计算。2008年《劳动合同法》规定应当支付经济补偿金的情形，但属于以前规定中“经济补偿金总额不超过劳动者十二个月的工资收入”情形的，劳动者在2008年《劳动合同法》施行前的经济补偿年限按照以前规定计算；劳动者在2008年《劳动合同法》施行后的工作年限在计算经济补偿年限时并入计算。（3）符合2008年《劳动合同法》规定3倍封顶的情形，实施封顶计算经济补偿年限自2008年《劳动合同法》施行之日起计算，2008年《劳动合同法》施行之前的工作年限仍按以前规定的标准计算经济补偿金	《上海市高级人民法院关于适用〈劳动合同法〉若干问题的意见》（沪高法〔2009〕73号）第21条

续表

地区	规定	出处
广东省	《劳动部违反和解除劳动合同的经济补偿办法》废止后,经济补偿月数上限、工作年限不满6个月经济补偿计发月数、经济补偿的计发基数问题统一适用《劳动合同法》第47条的规定。根据《劳动合同法》第97条第3款的规定,《劳动合同法》施行之日存续的劳动合同在该法施行后解除或终止的,依照《劳动合同法》第46条规定用人单位应当支付经济补偿的,补偿年限从该法施行之日起计算。在《劳动合同法》施行前,按照当时的规定用人单位应当支付经济补偿的,仍适用当时规定	《广东省高级人民法院、广东省劳动人事争议仲裁委员会关于劳动人事争议仲裁与诉讼衔接若干意见》(粤高法发〔2018〕2号)第10条

No. 34　违约金

劳动法领域的违约金可以理解为系由劳动者和用人单位双方之间约定的，在劳动者未履行或不完全履行或违反约定的义务时需向用人单位支付的一定数额的金钱或其他给付。《劳动合同法》对劳动者需承担违约金的责任情形作出严格限制，只有当劳动者违反服务期约定，或劳动者负有保密义务却违反竞业限制约定时，才应根据约定向用人单位赔偿一定数额的违约金。除该两项情形外，如果用人单位和劳动者约定了其他内容的违约金条款，劳动者可以主张无效，这是出于对劳动关系中处于弱势地位的劳动者的保护。

另外，《劳动合同法》等劳动法律只是对用人单位要求劳动者支付违约金作出限制，并未禁止劳动者主张违约金。如果双方约定用人单位承担违约金的情形，在法律法规未对违反劳动合同的违约金性质和适用条件作出其他规定的情况下，该类约定有效，对用人单位具有约束力。此时用人单位存在向劳动者承担一定违约金的风险，因此用人单位约定此类条款时需格外注意。

本章结合《劳动合同法》关于违约金的规定，围绕劳动者向用人单位承担违约金的两类适用情形及相关的实务焦点展开细致分析。

违约金关键词中涉及的二级关键词	
34.1	适用于服务期的违约金
34.2	适用于竞业限制的违约金

34.1　适用于服务期的违约金

解析

《劳动合同法》第 22 条和第 25 条规定，用人单位为劳动者提供专项培训，可与劳动者约定服务期，劳动者违反服务期约定的，需向用人单位支付违约金。也就是说，该条款的义务承担人和权利人分别是劳动者和用人单位，劳动者支付违约金的情形也仅限于其违反了服务期中的约定。

法律依据

该条款还对服务期的违约金的数额、计算作了限制，规定劳动者所支付的违约金不得超过服务期未履行的部分所应分摊的培训费用。一般来说，常见的用人单位计算违约金的方式是违约金＝培训总费用×[1－(实际服务日历天数÷协议服务日历天数)×100%]。最终的违约金不应超过培训费用。

问题导引

Q1： 用人单位和劳动者在约定服务期条款时需注意哪些问题？

A： 首先，用人单位在为劳动者提供培训时，应当事先与劳动者签订培训协议，制订培训计划，对培训的性质应明确界定为"专业技术培训"；其他培训类别，如"业务性工作""非专业技术培训""岗前培训""日常业务培训"等是无法约定服务期和违约金的，即使约定了违约金也会被认定为无效条款，用人单位无法依此向劳动者求偿。

其次，服务期条款中可以明确约定由用人单位全部或部分支付培训费用，包括有支付凭证的培训费用、培训期间的差旅费以及因培训产生的其他直接费用。

最后，培训期协议中约定的违约金不得超过用人单位提供的培训费用，并且最终要求劳动者支付的违约金不得超过服务期尚未履行部分所应分摊的培训费用。

关于"专业技术培训""培训费用"的具体分析，详见"培训"关键词项下"专业技术培训（培训费用）"一词中的具体内容。

上海案例与导引

[案例 1]

郭某 2019 年 3 月 25 日加入 Y 公司品牌创意总监工作。随后双方签订培训协议，约定："……1. 为了提升乙方的专业知识和能力，以便于郭某更好地完成工作履责，Y 公司提供郭某以下培训：集团总部纽约入职培训，地点在美国纽约，培训时间为自 2019 年 4 月 12 日至 2019 年 7 月 11 日。Y 公司根据适用教育与培训资助政策规定，同意承担郭某所参加的培训项目的相关费用（'培训费用'）……自培训项目结束之日起，乙方仍将在 Y 公司工作至少 3 年（'服务期'）。"

2021 年 2 月 8 日郭某提出辞职，Y 公司要求郭某支付违反服务期违约金。

郭某辩称没有实际培训的事实，其前往美国属于出差，在美国期间一直处于在岗工作状态，公司支付的是外派费用而非培训费。

[法院观点]

法院认为，该案的争议焦点为郭某到 Y 美国公司是参加培训还是工作。一般来说，判断培训还是工作，要从双方约定的协议内容、性质以及实际履行等情况予以综合判断。

第一，从培训协议的内容来看，明确郭某是去集团总部美国纽约参加培训，且该协议对郭某在培训项目结束后仍需在 Y 公司处工作至少 3 年进行了约定。对此，郭某并未提出异议。该培训协议系双方的真实意思表示，均应恪守履行。

第二，从郭某海外培训的内容来看，包括了学习店铺设计与视觉营销、广告拍摄等技术专业知识的学习，以及了解护肤品牌的全球品牌策略、创意运营、市场营销等行业专业知识学习。培训的形式可以是多样的，既包括授课形式的课堂教育，也包括在具体工作岗位上的技能培训。该案中，郭某参加的是后一种形式的培训，此次培训系用人单位开展的为提高劳动者素质、能力、工作绩效等而实施的有计划、有系统的培养和训练活动。因此，郭某主张不属于专业技术培训，法院不予采纳。

第三，郭某、Y公司双方就培训项目的相关费用明细进行了确认。经查，培训协议的附件为培训费用明细表，郭某于该表中签字。培训协议约定的培训费用均为郭某前往美国参加培训的合理且必须的费用，且Y公司提供的机票行程单、增值税发票等证据亦可证明培训费用实际发生，且高于双方约定的培训费用。郭某于庭审中自述由Y公司为其购买上海至美国的往返机票，其在美国期间的住宿由美国总部安排，美国总部另每月向其支付1400美元的津贴，足以说明郭某在美国期间确实产生了相应费用。

综上，郭某于服务期未满前因个人原因提出辞职，违反了双方的协议约定，应承担违约责任。

（2022）沪01民终1950号

重庆案例与导引

［案例2］

2018年3月，M公司与陈某签订书面劳动合同，约定M公司为陈某带薪免费提供为期28天的价格4999元的培训，陈某须在公司工作2年；如陈某工作期不满2年，则向公司补缴培训费5000元。陈某按约定参加了培训，并于4月14日向该公司出具书面说明：本人于2018年3月19日至4月14日（春季培训班，培训费为5000元）在M公司带薪免费培训，承诺在公司工作两年。4月20日，陈某因自身原因向M公司提出解除劳动关系。M公司要求陈某支付培训费（违约金性质）4999元。

［法院观点］

法院认为，该案是否需要返还培训费，需考虑两个因素。第一，用人单位约定的服务期必须符合"提供专项培训费用"及"进行专业技术培训"两个条件。该案M公司的经营范围系专门从事策划业务，对陈某所提供的策划师的培训是为培养陈某具备策划的专项技能所开展的培训，应视为一次专业技术培训。如果M公司为陈某的本次培训支出了费用，陈某应当支付相应培训费用。

第二，M公司须有证据证明专项培训费用实际产生。该案中，M公司虽持有劳动合同以及劳动者陈某的自述说明，但陈某的自述说明并不足以证明该培训费用的实际产生，而M公司也未提供除此之外的其他付款凭证证明其为陈某实际支付了培训费用及因培训而产生的其他直接费用，法院不能认定该专项培训费用的实际产生，故对M公司的诉讼请求不予支持。

（2018）渝0105民初8838号

实务小贴士

实践中，有些用人单位在发生争议后要求劳动者赔偿违约金，却无法拿出支付培训费用的凭证。

用人单位对于其提供培训费用有证明义务，因此，用人单位应当在培训合同上注明培训费用所涵盖的范围。与此同时，还应保留培训费用报销单据，并在单据上注明费用来源。如果用人单位将培训外包的，建议要求第三方培训机构开具税务部门监制的发票。如果用人单位自己培训的，也应当开具符合财务制度的凭证，且该等凭证上应当写明用途是培训费或有其他证据加以佐证。对于培训费用的范围、计算方式要在培训合同中事先予以确认，培训后，用人单位还应从劳动者处收集相关费用单据，并要求劳动者签字确认，包括可以要求员工填写培训记录、提交培训报告、载明培训时间。

问题导引

Q2： 劳动者违反服务期约定，用人单位能否要求劳动者支付违约金，同时返还培训费？

A： 根据《劳动合同法》的规定，违约金不得超过服务期未履行的部分所应分摊的培训费用，主流观点认为违约金是为了弥补用人单位的培训费用损失，两者只可主张其一，不能同时主张。

但是，《人才市场管理规定》第 29 条规定，应聘人才凡经单位出资培训的，如个人与单位订有合同，培训费问题按合同规定办理。因此也有观点认为，如果双方约定劳动者违反服务期条款应当返还培训费并同时支付违约金的，用人单位在向劳动者追讨所发生的培训费用外，亦可以主张违约金。司法实践中也曾有支持此类判决的案例。

北京案例与导引

［案例 3］

赵某 2010 年 8 月 16 日与 G 公司签订无固定期限劳动合同，从事飞行工作。赵某入职后，G 公司出资对赵某进行了初始培训。2018 年 3 月 10 日，双方的劳动关系因赵某辞职而解除。G 公司要求赵某支付公司已支付的专项技术培训费 205 万元及违约金 70 万元。

［法院观点］

法院认为，赵某作为飞行员，属于特殊岗位的稀缺人才，为了满足此岗位的需要，G 公司需对赵某进行专业操作技能和专业知识等方面的专项培训，且提交了相关证据证明其已为之支出了培训费用。赵某与 G 公司签订了无固定期限劳动合同，但赵某提前解除了双方的劳动合同，理应合理赔偿 G 公司的培训费损失。考虑到行业特点，并根据已查明的案件事实，结合双方劳动关系存续时间、赵某工作经历与级别提升情况，参照民航业培训费的一般标准，酌情确定赵某给付 G 公司培训费 175 万元。

关于 G 公司主张赵某应支付其违约金。G 公司在提出要求赵某支付培训费用补偿的同时，另行要求赵某支付违约金，属于重复主张。在酌情支持 G 公司关于培训费诉讼请求的情况下，法院对 G 公司要求支付的违约金不再重复予以支持。

（2020）京 03 民终 1826 号

江苏案例与导引

［案例 4］

2010 年 3 月 18 日，S 医院与周某签订服务合同，合同约定 S 医院为周某联系进修单位并代缴进修费用，周某在进修结束后为 S 医院工作满 5 年，如周某违约，应赔偿违约金 50,000 元及进修期间支付的所有费用。2011 年 3 月 28 日，周某进修结束取得毕业证书，2014 年 9 月 1 日辞职。S 医院要求周某支付相应的违约金及赔偿费用。

［法院观点］

法院认为：S 医院为周某提供专项培训费用进修，是对其进行的专业技术培训，可以与其就服务期进行约定并订立协议。周某在履行服务期未满情况下离开单位，应属违约行为，应当按照约定向 S 医院支付违约金，违约金不得超过服务期尚未履行部分所应分摊的培训费用。S 医院以服务期尚未履行部分所应分摊的培训费用的数额即 4171.20 元（13,200 元 ÷ 5 × 1.58）主张违约金，应予以支持。另外，S 医院主张周某支付进修期间的培训费用，因合同约定进修费用为 S 医院代为垫付，如周某违约应予以赔偿，现 S 医院主张未履行期限分摊的培训费用符合合同约定，应予以支持。法院遂依法判决周某返还 S 医院垫付的培训费用 4171.20 元，并支付医院违约金 4171.20 元。

（2016）苏 1324 民初 1784 号

Q3： 劳动者因为用人单位拖欠工资被迫在服务期内辞职的是否需要支付违约金？

A： 此种情况下，劳动者对于劳动合同的解除没有过错，不需要支付违约金。《劳动合同法》第 38 条规定，如果用人单位存在以下违法行为，劳动者可以要求解除劳动合同，并且该解除也不属于违反服务期约定，用人单位不得要求劳动者支付违约金：（1）未按照劳动合同约定提供劳动保护或劳动条件的；（2）未及时足额支付劳动报酬的；（3）未依法为劳动者缴纳社会保险费的；（4）用人单位的规章制度违反法律、法规的规定，损害劳动者权益的；（5）因《劳动合同法》第 26 条第 1 款规定的情形致使劳动合同无效的；（6）用人单位以暴力、威胁或者非法限制人身自由的手段强迫劳动者劳动的，或者用人单位违章指挥、强令冒险作业危及劳动者人身安全的；（7）法律、行政法规规定劳动者可以解除劳动合同的其他情形。

Q4： 用人单位因劳动者在服务期内严重违反规章制度解除劳动合同的是否可以要求劳动者支付违约金？

A： 此种情况下，劳动合同的解除可归责于劳动者，劳动者应向用人单位支付违约金。《劳动合同法实施条例》第 26 条第 2 款明确规定了用人单位与劳动者解除约定了服务期的劳动合同，劳动者按照约定应向用人单位支付违约金的情形：（1）劳动者严重违反用人单位的规章制度的；（2）劳动者严重失职，营私舞弊，给用人单位造成重大损害的；（3）劳动者同时与其他用人单位建立劳动关系，对完成本单位的工作任务造成严重影响，或者经用人单位提出，拒不改正的；（4）劳动者以欺诈、胁迫的手段或者乘人之危，使用人单位在违背真实意思的情况下订立或者变更劳动合同的；（5）劳动者被依法追究刑事责任的。

Q5： 如果劳动者在试用期内提出辞职，用人单位可否向其主张返还培训费和支付违约金？

A： 相关的法律规定对于该问题没有明确的解答，但从劳动法的历史沿革来看，对用人单位较为不利。《劳动部办公厅关于试用期内解除劳动合同处理依据问题的复函》（劳办发〔1995〕264号）中“三、关于解除劳动合同涉及的培训费用问题”曾规定，用人单位出资（指有支付货币凭证的情况）对职工进行各类技术培训，职工提出与单位解除劳动关系的，如果在试用期内，则用人单位不得要求劳动者支付该项培训费用。不过，2016 年 4 月 13 日人力资源社会保障部发布《关于第二批宣布失效和废止文件的通知》（人社部发〔2016〕34 号），已宣布前述文件废止。

实践中，建议用人单位把对劳动者专业技术培训的费用支出安排在试用期满以后进行，如果碰上确实才华出众，需要在刚入职时就进行此类培训的，则用人单位需要基于当前的法律不确定性判断是否与劳动者约定试用期。

Q6： 用人单位实际为劳动者提供了专业技术培训，但却未约定服务期，如果劳动者提前解除劳动合同，可否要求承担违约金？

A： 实践中，一些用人单位在与劳动者签订劳动合同前确实发生了专业技术培训费用，如为管培生或委培生提供专业技术培训，用人单位在管培协议或委培协议中约定若劳动者之后提前解除劳动合同，则需赔偿相应剩余年限的培训费用，但用人单位因疏忽或认为已在先前协议中约定了服务期而未在劳动合同中约定或在劳动关系发生后单独约定服务期条款，这种情况下，劳动关系成立前发生的专业技术培训费用是无法被法院支持认定为服务期项下发生的培训费用，也就无法计算要求劳动者承担的违约金了。

实务小贴士

实务中，无论用人单位在先前的委培协议或管培协议中是否有约定违反服务期的条款，用人单位都应当在正式的劳动合同中明确约定服务期条款，写明劳动关系前后由用人单位承担的所发生的培训费金额以及约定的违约金金额，这样才能在之后发生违反服务期约定时要求劳动者进行赔偿。

问题导引

Q7： 用人单位向劳动者提供特殊待遇，能否约定违约金？

A： 2008 年《劳动合同法》实施之前，一些用人单位为招揽人才或留住人才，向劳动者提供特殊待遇（如住房和报酬之外的高额补贴、解决户口、解决配偶工作或子女入学等），这些都可以成为用人单位与劳动者约定服务期的条件。上海等地的地方性法规也曾允许就特殊待遇约定服务期和违约金。例如，《上海市劳动合同条例》第 14 条规定：劳动合同当事人可以对由用人单位出资招用、培训或者提供其他特殊待遇的劳动者的服务期作出约定。2006 年《上海市高级人民法院关于审理劳动争议案件若干问题的解答》第 7 条规定：用人单位为其引进的部分非本市户籍人员办理本市户籍,可约定其为特殊待遇。当事人通过书面合同约定,明确将用人单位为引进人员办理本市户口作为特殊待遇,并据此设定服务期和违约责任的,劳动争议处理机构可予确认。

但在2008年《劳动合同法》实施之后,这些特殊待遇都不属于可以约定服务期的条件了。上海地方司法文件也对上述问题进行了一定的修正,如《上海市高级人民法院关于适用〈劳动合同法〉若干问题的意见》第7条规定:"……用人单位给予劳动者价值较高的财物,如汽车、房屋或住房补贴等特殊待遇的,属于预付性质。劳动者未按照约定期限付出劳动的,属于不完全履行合同。根据合同履行的对等原则,对劳动者未履行的部分,用人单位可以拒绝给付;已经给付的,也可以要求相应返还。因此,用人单位以劳动者未完全履行劳动合同为由,要求劳动者按照相应比例返还的,可以支持。"

《劳动合同法》的规定和用人单位的常规操作产生了冲突,尤其是在北京、上海两地就特殊待遇约定服务期、违约金一事产生了一定争议。目前司法实践中的观点大致可归纳为以下三种:

第一种观点认为,应严格遵守《劳动合同法》的规定,仅专业技术培训可以约定服务期。就"落户"等特殊待遇约定的服务期、违约金因违反法律规定被归于无效。

第二种观点认为,虽依据《劳动合同法》认定就落户等约定服务期和违约金无效,但是考虑到现实的社会效果以及户口的隐性价值,将此认定为一种特殊待遇,劳动者不履行服务期将给用人单位造成损失,根据诚实信用原则并结合给用人单位造成的损失,酌定要求劳动者赔偿损失。

第三种观点则突破《劳动合同法》相关法条的规定,基于民法意思自治、平等协商的原则,认定就落户约定服务期和违约金的双方系真实意思表示,内容不违反法律法规的强制性规定,应属有效。

基于以上分析,关于用人单位向劳动者提供特殊待遇能否约定违约金这个问题,如果用人单位直接就此与劳动者设定服务期和违约责任则风险较高。但用人单位可参照地方立法(如有)以预付等方式向劳动者提供特殊待遇并约定若劳动者无法完成一定的劳动合同期限的,则应当返还相关待遇。当然针对"落户"等难以用金钱来衡量的"特殊待遇",则用人单位很难基于此再要求劳动者履行额外义务,所以建议明确一下办理落户手续所花费的人力、物力成本,为将来主张损失定一个价。

北京案例与导引

[案例5]

胡某于2019年9月30日入职J公司,双方签订《劳动合同》及《非京籍员工落户办理协议书》。该协议书约定,J公司引进胡某并为其办理北京市落户手续,胡某为J公司提供服务的期限为10年;J公司已向胡某说明,J公司为胡某争取落户指标需要投入大量人力、物力,需要投入的各项成本合计超过50万元;如服务期未届满,胡某辞职或自动离职的,视为胡某违反服务期的约定,离职前应向J公司一次性支付赔偿金10万元等内容。2021年3月31日胡某辞职离开公司,同日,胡某向J公司支付10万元赔偿金。胡某随后起诉,要求认定落户赔偿协议无效,J公司返还其落户协议违约金10万元。

［法院观点］

法院认为,双方签订的《非京籍员工落户办理协议书》以及《户口赔偿协议书》虽名义上约定为赔偿金,但其本质是关于劳动者服务期未届满,提前辞职或自动离职的违约行为的惩罚性约定,故本质系违约金,而J公司与胡某的上述约定因违反劳动合同法的相关法律规定,应认定其属于无效约定。但考虑到胡某未满服务期及J公司需要招聘同岗位人员所需支出等情形,酌定胡某赔偿J公司损失2万元。

(2022)京民申5499号

［案例6］

陈某于2014年7月入职G公司,陈某于同日向G公司亲笔书写申请书,内容为:本人陈某,申请G公司给予北京户口指标,如G公司成功为本人办理落户北京手续,本人保证在公司服务至少10年。如违反此承诺,本人愿放弃北京户口,将户口迁至宜昌。同时,陈某与G公司户籍员张某签订了授权委托书,全权授权委托G公司张某为本人办理户口迁移相关事宜。2014年12月,陈某户口迁入G公司于北京的集体户。2016年8月5日,陈某提出辞职并办理完毕离职手续。2016年8月14日,G公司户籍员张某持办理户口迁移有关材料,到阜外派出所申请办理将陈某的户籍从北京的集体户外迁至宜昌。阜外派出所审查后,为陈某办理了北京户口外迁手续。陈某不服该户口迁移行为,向法院提起行政诉讼。

［法院观点］

法院认为,陈某与G公司签订协议并亲自书写申请书,应视为对合同约定事项的认可,双方应积极遵守合同约定。陈某自认如在合同期内提出辞职申请,同意G公司将其户口迁至宜昌集体户,以腾出G公司北京户口指标,应视为对其授权委托办理户口迁移事项的承认。现陈某已向G公司辞职,主张户口迁往湖北宜昌并非真实意思表示,并认为阜外派出所未尽到审慎审核授权委托效力的职责,进而导致户口迁移程序违法,不能提供证据予以证明,且不符合合同自治及契约原则。驳回陈某诉请。

(2017)京02行终1543号

上海案例与导引

［案例7］

左某于2010年8月1日入职H公司,双方后续签订《补充协议》,约定H公司同意以专业技术人才为左某申办上海市常住户口,左某同意为H公司服务10年,在服务期内辞职应当支付违约金,违约补偿金标准=30万元×[(必须服务年限×12-已服务月份)/(必须服务年限×12)]。2016年5月16日,左某获批成为上海市常住户口人员。2018年4月5日,双方劳动合同因左某提出辞职而解除。H公司要求左某支付违约金4.67万元;赔偿经济损失24.37万元。

［法院观点］

法院认为，双方基于H公司为左某办理本市落户手续而签订的补充协议，虽其中有关服务期及违约金条款的约定违反了劳动合同法规定，然左某在H公司为其办理本市户籍后于2018年4月5日离职，并未遵守约定，客观上确系违反了承诺，有违诚实信用原则，左某该行为不可避免地给公司管理等带来不良影响，给H公司造成了损害，左某存在过错，应当承担赔偿责任。关于损失的数额，鉴于左某的行为给H公司所造成的损害后果难以以具体数字来衡量，故法院参考双方的约定，酌情确认左某应赔偿H公司损失10万元。

（2019）沪0115民初35927号

Q8： 实习协议是否可以约定违约金？

A： 实习关系在实践中一般被认定为劳务关系，而非劳动关系，属于一般民事关系，适用《民法典》等民事法律法规进行调整。所以双方在签订实习协议时，在不违反法律法规强制性规定的前提下，可以自主约定合同的内容，当然也包括违约金条款。需要注意的是，《民法典》第6条规定："民事主体从事民事活动，应当遵循公平原则，合理确定各方的权利和义务。"因此，违约金的支付情形不但应当符合法律规定，约定明确，以避免日后争议，还应当符合公平合理的法律原则，不能一味免除己方责任，加重对方义务，否则存在被法院认定无效的风险。

34.2 适用于竞业限制的违约金

解析

一、承担支付违约金义务的适用主体

法律依据

《劳动合同法》第23条约定了对负有保密义务的劳动者违反竞业限制约定需支付违约金的情形。该条款下，承担支付违约金义务的主体是负有保密义务并与用人单位有竞业限制约定的劳动者。这里需要强调的一点是，如果认定劳动者没有特定的保密义务，那么即便其与用人单位约定了竞业限制及违约金，该约定也因主体不适格而可能归于无效，自然也就不存在用人单位依据本条向劳动者主张违约金或要求劳动者继续履行竞业限制义务的可能。另外，根据《劳动合同法》第23条第2款之规定，对负有保密义务的劳动者，用人单位可以在劳动合同或者保密协议中与劳动者约定竞业限制条款。该语段表述中的"可以"一词表明并非法律的强制性规定，而是允许当事人自由选择是否对竞业限制条款作出约定。换言之，如果双方当事人并未就竞业限制条款作出约定，自然也就谈不上违约金支付问题，用人单位也就不能依据本条规定向劳动者提出违约金或要求继续履行竞业限制义务。

二、违约金责任和损害赔偿责任的竞合处理

《劳动合同法》第90条规定："劳动者违反本法规定解除劳动合同，或者违反劳动合同中约定的保密义务或者竞业限制义务，给用人单位造成损失的，应当承担赔偿责任。"那么当劳动者违反竞业限制约定时，则可能会出现违约金责任和损害赔偿责任的竞合。关于两者关系的把握，应分情况进行处理:(1)当用人单位与劳动者约定了竞业限制但未约定违约金时,用人单位可能无法向劳动者主张违约金,但可以主张适用《劳动合同法》第 90 条要求劳动者承担损害赔偿责任。(2)当用人单位与劳动者约定了竞业限制义务并且约定了违约金时,劳动者如只是违反了竞业限制义务而无证据证明给用人单位造成了其他损害,则一般适用违约金。这是因为从立法的角度理解,设定违约金就是对违反竞业限制义务的一种制裁,在劳动者没有对用人单位商业秘密造成实际损害的情况下,违约金已经起到补偿用人单位、制裁劳动者的作用。(3)在劳动者违反竞业限制约定义务导致用人单位损失远大于违约金的情况下,用人单位可适用本条主张违约金并同时以约定的违约金低于造成的损失为由,引用《民法典》第 585 条的规定,请求人民法院或者仲裁机构对违约金予以增加。此时,亦无直接引用《劳动合同法》第 90 条主张劳动者承担全部赔偿责任的必要。

问题导引

Q9: 新用人单位是否应对竞业限制违约金承担连带责任?

A: 新用人单位不是竞业限制约定的订约方,不受劳动者与原用人单位订立的竞业限制约定的约束,无须承担连违约金连带责任。

但是,如果新用人单位与劳动者构成共同侵权,现实中主要表现为劳动者在新用人单位利诱、教唆下违反竞业限制约定,泄露相关商业秘密给新用人单位或者新用人单位出于取得竞争优势的需要,在明知劳动者还在竞业限制期限内的情况下,仍将其招用至该单位等,此时个别地方的裁判机构认定原用人单位有权依据《反不正当竞争法》等民商事法律向新用人单位主张侵权的连带赔偿责任。当然,该种情况并不适用《劳动合同法》第 91 条的规定,原因是两者规范对象不同。

Q10: 劳动者违反竞业限制约定支付违约金后,是否仍需继续履行竞业限制义务?

A: 《最高人民法院关于审理劳动争议案件适用法律问题的解释(一)》第 40 条规定,劳动者违反竞业限制约定,向用人单位支付违约金后,用人单位要求劳动者按照约定继续履行竞业限制义务的,人民法院应予支持。就司法解释的角度而言,此结论比较清晰,即用人单位有权要求劳动者在支付了违约金之后继续履行竞业限制义务,当然前提是依然在竞业限制期间,而且实践中这样的规定需要考验各地法院的实际执行能力。

实务小贴士

如果用人单位认为员工遵守竞业限制约定以及保密义务对公司的业务发展和核心利益十分重要,那么用人单位应当与劳动者事先约定支付违约金后仍需继续履行竞业限制义务,以免发生争议后产生分歧。

问题导引

Q11： 如果劳动者主张竞业限制违约金数额约定过高，法院是否会予以调整？

A：《劳动合同法》对于竞业限制限制违约金的金额并无明确限制，允许用人单位与劳动者自由约定。竞业限制违约金与竞业限制经济补偿金之间并无类似服务期违约金不得高于培训费的规定。因此，在法律没有禁止性规定的情况下，根据合同自治的原则，竞业限制违约金可以高于竞业限制经济补偿金。但是，竞业限制违约金也应当约定在公平合理的范围之内，应当遵循《劳动合同法》第3条第1款公平之原则。实践中，对于竞业限制违约金数额的认定分为两种情形，如约定合理，可以完全支持用人单位与劳动者之间对于违约金数额的约定；如劳动者对违约金数额提出异议，且经司法部门认为竞业限制违约金约定过高的，酌情予以调整。

上海案例与导引

［案例8］

A公司是业内知名医疗公司，陈某在该公司工作已近20年。2014年1月，双方签订《竞业限制协议》，约定陈某离职后的竞业限制期为一年，补偿标准为其离职前12个月的月平均基本工资的3倍，若违反竞业限制义务，应向公司支付相当于离职前两年基本工资的违约金。2020年6月19日，双方劳动关系因陈某辞职解除。辞职后，陈某于6月底入职了B医疗公司。同年11月，陈某又入职至另一业内知名的C医疗公司工作。A公司知晓后，要求陈某继续履行竞业限制义务，返还已支付的竞业限制补偿金24万余元，并支付违反竞业限制义务违约金189万余元等。陈某主张自己未违反竞业限制协议，且违约金额约定过高。

［法院观点］

一审法院认为，A公司、B公司与C公司在经营范围上存在高度重合，确认三家公司属于竞争企业。陈某于2020年6月19日离职之后，在竞业限制期限内先后入职B公司与C公司的行为，有违《竞业限制协议》的约定，存在违反竞业限制义务的行为。故判决陈某需返还竞业限制补偿金，并按照《竞业限制协议》约定的金额支付违反竞业限制义务违约金189万余元。

二审法院认为，首先，按照竞业限制协议，双方约定的竞业限制期限仅为一年、竞业限制补偿金总额为3个月的平均基本工资，而违反竞业限制义务违约金为离职前两年的基本工资。相较竞业限制期限的设定、竞业限制补偿金的金额，违反竞业限制义务的违约责任较重。其次，A公司称陈某的行为对公司造成了巨大损失，但并未能对此提供相应的证据予以证明。基于此，二审法院综合竞业限制期限的设定、竞业限制补偿金的金额、陈某的主观过错以及A公司的实际损失等因素，认定双方约定的违约金过高，判决陈某返还竞业限制补偿金，改判酌减违约金为约定金额的50%，即94万余元。

（2021）沪01民终15934号

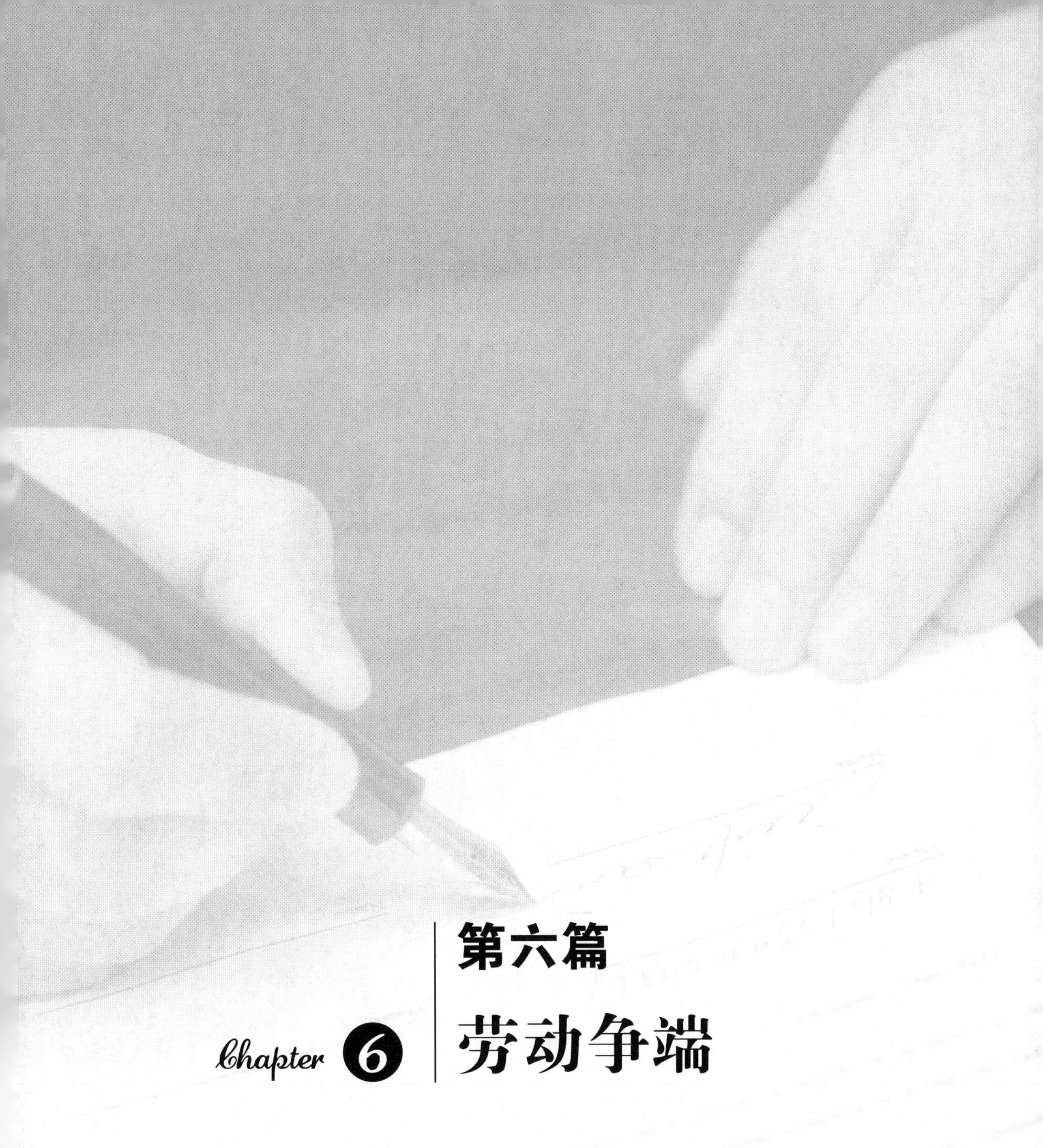

Chapter 6

第六篇 劳动争端

No. 35 时效

时效的概念，在劳动法体系下，通常包括仲裁申请时效和诉讼时效两个概念。我国的劳动争议裁决制度规定仲裁前置，本章节先从仲裁申请时效概念的解读入手，再延伸到诉讼时效和其他与时效有关的概念。

时效关键词中涉及的二级关键词	
35.1	仲裁申请时效
35.2	诉讼时效
35.3	劳动保障行政部门的追诉时效
35.4	时效日期的计算方法

35.1　仲裁申请时效

解析

仲裁申请时效，是指发生劳动争议的一方，如果不在法定的期限内向劳动争议仲裁机构申请仲裁，将丧失通过仲裁程序保护其权利的时限。《劳动法》规定的劳动争议仲裁申请时效为60日，自劳动争议发生之日起算。《劳动争议调解仲裁法》将劳动争议仲裁申请时效规定为一年，不再适用《劳动法》规定的60天。

法律依据

《劳动争议调解仲裁法》将仲裁申请时效分为一般仲裁时效与特殊仲裁时效。一般仲裁时效为从当事人知道或应当知道其权利被侵害之日起计算一年；特殊仲裁时效为劳动关系存续期间拖欠劳动报酬发生的争议，劳动者申请仲裁不受一般仲裁时效期间的限制。但是，劳动关系终止的，应当自劳动关系终止之日起一年内提出。基于此，对于劳动关系中存在各项款项的定性会直接影响具体的仲裁申请时效的认定。

针对仲裁申请时效的例外规定，可能会存在被忽视的注意点，主要如下：劳动关系存续期间因拖欠劳动报酬发生的争议，时效起算点并非从劳动者知道或应当知道其权利被侵害之日起计算，而是在劳动关系存续期间内，任何时间均可提起仲裁申请，如果劳动关系解除或终止了，从劳动关系终止之日起计算。该例外规定只适用于劳动关系存续期间拖欠劳动报酬的争议。如果不是拖欠劳动报酬的金钱支付争议，不适用该特殊时效规定，例如，因未能签订书面劳动合同导致的二倍工资支付请求，第二倍的工资差额原则上不适用该时效规定，理由为第二倍工资差额并非劳动报酬，而是基于用人单位未能依法签订书面劳动合同而应承担的法律责任。（具体详见本书“事实劳动关系”关键词项下的“二倍工资”一词的内容）

另外，在认定仲裁申请时效时，还有一个举证责任的问题，在不同的劳动争议里面，仲裁申请时效的证明责任会有所区别：原则上，证明劳动仲裁申请的提起时间尚在时效期间内的举证责任在劳动争议的申请方;但是,当劳动仲裁机构作出受理劳动争议仲裁案件的决定后,被申请人主张已经超过时效,必须承担相应的证明责任,证明劳动仲裁申请时已经超出时效期间。此外,在下文的时效起算日的各项情形内,也有不同的举证责任承担方,比如,凡是由用人单位发出书面通知的,通知送达时间的举证责任在用人单位,而如果时效起算日在劳动关系解除或终止日之后的,证明责任在劳动者。简言之,举证责任的证明利益归于证明人,因此,承担举证责任的一方通常是为本方的利益进行举证,如果无法成功举证,则要承担举证不利的后果。

实务小贴士

1. 用人单位向劳动者进行涉及劳动关系重要内容的通知时,应当注意证据保留,如由员工进行当面签收、及时与员工就劳动合同变更内容进行书面约定、通过正规邮政途径向员工的住所地寄送书面通知并保留寄送凭证。

2. 实务中如遇到员工拒签或拒收通知书,建议用人单位使用多途径进行通知,可以选择电话通知并录音、手机短信并保留发送记录、电子邮件并保留发送记录等。

问题导引

Q1: “劳动争议发生日”与“当事人知道或应当知道其权利被侵害之日”,究竟应该适用哪一个?

A: 从《劳动争议调解仲裁法》《劳动人事争议仲裁办案规则》《关于贯彻执行〈中华人民共和国劳动法〉若干问题的意见》的内容可见,“劳动争议发生日”并不是客观上的争议发生日期,而是指劳动者知道或者应当知道自己的权利被侵害之日。因此,上述问题中的两个日期概念可以理解为相同概念。

Q2: 劳动者请求确认劳动关系是否适用仲裁申请时效?

A: 实践中,对此存在两种观点:一种观点认为,根据《劳动争议调解仲裁法》《劳动人事争议仲裁办案规则》的规定,确认劳动关系的仲裁申请时效应适用一年仲裁时效,持该观点的地区如广东省广州市、天津等地,《广州市中级人民法院关于审理劳动人事争议案件若干问题的研讨会纪要》《天津市高级人民法院、天津市人力资源和社会保障局印发〈关于审理劳动人事争议案件的会议纪要〉的通知》均规定确认劳动关系的案件适用仲裁申请时效。另一种观点认为,确认劳动关系之诉属确认之诉,鉴于《民法典》未明确规定确认之诉的诉讼时效,故确认劳动关系不受时效限制,目前持该种观点的主要为北京、上海、南京、苏州,如《苏州市中级人民法院民事审判第四庭法官会议讨论纪要》明确规定:“劳动关系确认之诉不适用一年仲裁时效,但对劳动者解除劳动关系确认之外其他有关要求用人单位支付费用的请求,适用一年仲裁时效规定。”

广东案例与导引

[案例1]

黄某请求确认与深圳超某公司2015年4月7日至2018年2月3日、2018年6月3日至2019年10月12日存在劳动关系。

[法院观点]

法院认为，民事诉讼时效的适用范围仅限于请求权，该案属于劳动关系确认之诉，不适用诉讼时效的规定。最终于2020年确认了双方在上述期限存在劳动关系。

(2020)粤03民终26794号

[案例2]

黄某于2019年11月提起劳动仲裁，主张其与广州市某公司在1997年5月至2001年3月存在劳动关系。

[法院观点]

再审法院认为，该案的争议焦点为二审法院不予审查黄某与某公司之间是否存在劳动关系以及劳动关系的存续期间是否恰当。黄某自认其于2001年3月从某公司离职，但其直至2019年11月才向劳动争议仲裁委员会提起仲裁，要求确认其与某公司之间存在劳动关系，已经超过了法定仲裁时效期间，二审法院据此对双方之间是否存在劳动关系以及劳动关系的存续期间不予审查，并对一审法院认定的相关事实予以纠正，并未违反相关法律规定。

(2021)粤民申12617号

Q3： 劳动者请求加班工资仲裁申请时效何时起算？

A： 对于加班工资，主流观点一般认为根据《关于工资总额组成的规定》第4条规定的六个工资总额组成部分包括加班加点工资，故加班工资属于劳动报酬的一种，就加班工资的支付请求属于劳动报酬类型争议，应当适用特殊仲裁时效，即离职后一年内，劳动者可追溯在职期间全部加班工资，在职期间，任何时候可对任何时间的加班提出加班工资的请求。另有观点认为加班工资不属于一般的劳动报酬，用人单位未支付或少支付加班工资不属于拖欠劳动报酬，而仅属于"克扣"劳动报酬，故仅适用一般时效，如江苏省高级人民法院和南京部分法院。也有部分地区对加班工资设定了专门的仲裁时效，如《浙江省高级人民法院民事审判第一庭、浙江省劳动人事争议仲裁院关于印发〈关于审理劳动争议案件若干问题的解答（五）〉的通知》规定加班工资最长保护为二年，二年的往前推算起点为：劳动关系存续期间，以劳动者提起仲裁时间为推算起点；劳动关系解除或终止的，劳动者应当在一年内提出，加班工资以解除或终止时间往前推算二年。

江苏案例与导引

[案例 3]

2017 年 11 月 6 日，王某进入南京市某公司。2020 年 7 月 2 日，王某以某公司未为其缴纳社会保险、未依法支付加班工资为由，书面提出解除劳动合同，并于当月 15 日向南京当地劳动人事争议仲裁委员会申请仲裁，要求公司支付其 2017 年 11 月至 2020 年 6 月 30 日的加班工资。

[法院观点]

法院认为，根据《劳动争议调解仲裁法》第 27 条第 1 款的规定，王某主张的 2019 年 7 月 2 日之前的加班工资已经过仲裁时效，法院不予保护。

（2021）苏 01 民终 2656 号

Q4：劳动者请求未休年休假工资的仲裁申请时效何时起算？

A：未休年休假工资的仲裁申请时效究竟是适用一般时效还是特殊时效，在各地实践中具有不同观点。

第一种观点认为，未休年休假工资系应享受休假却未休假的补偿（或福利），故对此应适用一般仲裁时效，但考虑到年休假可以集中、分段和跨年度安排的特点，各地对于仲裁时效的起算点存在不同的观点，造成的影响主要是劳动者可追溯两个年度还是三个年度的未休年休假工资的差异，该观点为目前的主流观点。

（1）可追溯两个年度的地区。长三角区域“三省一市”（上海市、浙江省、江苏省、安徽省）曾联合发布《长三角区域“三省一市”劳动人事争议疑难问题审理意见研讨会纪要》规定未休年休假工资从应休年休假年度次年的 1 月 1 日起计算；确因生产、工作需要，经劳动者同意，用人单位跨年度安排劳动者休年休假的，请求权时效顺延至下一年度的 1 月 1 日起计算；劳动关系已经解除或者终止的，从劳动关系解除或者终止之日起计算。浙江省和江苏省也有单独规定，所持观点亦为从次年的 1 月 1 日起算。另外，上海、广州虽未有单独的明文规定，但实践中上海、广州的法院也持该观点，即劳动者可向用人单位主张两个年度的未休年休假工资。

（2）可追溯三个年度的地区。如《北京市高级人民法院、北京市劳动人事争议仲裁委员会关于审理劳动争议案件法律适用问题的解答》明确每年未休带薪年休假应获得年休假工资报酬的时间从第二年的 12 月 31 日起算。《深圳市中级人民法院关于印发〈深圳市中级人民法院关于审理劳动争议案件的裁判指引〉的通知》明确未休年休假工资的申请劳动仲裁时效期间应从第三个年度的 1 月 1 日当天开始计算。

第二种观点认为，未休年休假工资属于劳动报酬纠纷，故对此应适用特殊仲裁时效，即在离职后一年内，劳动者可追溯在职期间全部拖欠未休年休假工资，该种观点为少数，如以下案例中，广东省中山市持该种观点。

广东案例与导引

[案例4]

卢某于2016年3月2日入职广东中山市某用人单位,双方劳动关系自2020年1月24日起解除,卢某于2020年3月10日申请劳动仲裁,要求用人单位支付2017年至2019年未休带薪年休假工资。

[法院观点]

法院认为,《职工带薪年休假条例》第5条第3款第2句规定:"对职工因休未休的年休假天数,单位应当按照该职工日工资收入的300%支付年休假工资报酬。"由此可见应休未休带薪年休假工资本质上属于劳动者工资报酬。该案中,双方当事人之间的劳动关系自2020年1月24日起解除,故卢某在2020年3月10日申请劳动仲裁,主张自2016年起算的应休未休带薪年休假工资并未超过申请仲裁的时效期间。

(2021)粤20民终238号

Q5: 劳动者请求用人单位承担工伤待遇的仲裁申请时效何时起算?

A: 对于工伤待遇的仲裁申请时效一般认定为一般仲裁时效,即劳动者知道或应当知道其权利被侵害之日起计算一年,但鉴于工伤情形是个复杂且长期的一个过程,一般发生劳动争议的时间点主要是工伤发生日、医疗终结日、工伤认定日、劳动能力鉴定作出日,何时可认定为仲裁申请时效的起算点,在实践中未有统一观点。

1. 部分地区对此有具体的规定:《浙江省高级人民法院关于印发〈劳动争议案件疑难问题讨论纪要〉的通知》规定工伤引起的劳动争议案件应在工伤确认之日起计算时效,如果工伤确认时医疗未终结或伤残等级鉴定结论未作出的,时效起算日为医疗终结日或伤残等级鉴定结论作出日;《重庆市劳动争议调解仲裁办法》规定,劳动者请求用人单位支付工伤待遇的,用人单位拒绝支付工伤待遇之日为时效起算日,劳动能力鉴定结论生效后,如果劳动者与用人单位仍未就工伤待遇支付达成协议的,鉴定结论生效日视为时效起算日;《江苏省劳动仲裁案件研讨会纪要》(2007)对劳动者与用人单位就工伤待遇达成赔偿协议后的仲裁申请时效进行了分类,分为两种情况:一种情况为未经认定工伤和评定伤残等级,仲裁委员会应以工伤认定书和伤残等级鉴定结论作为受理案件的条件,故以伤残等级鉴定结论送达劳动者之日为时效起算点。另一种情况为已认定工伤和评定伤残等级,应以赔偿协议签订之日作为时效起算点。仲裁委员会按照工伤保险待遇裁定用人单位补足协议低于工伤保险待遇的差额部分。

2. 停工留薪期工资的性质属于工伤待遇还是劳动报酬的问题直接影响了对停工留薪期工资的仲裁申请时效的认定。一种观点认为,停工留薪期工资属于劳动报酬,故适用特殊仲裁申请时效,北京市、广州市、深圳市倾向于该观点。另一种观点认为,停工留薪期工资属于工伤待遇,应当按照劳动者知道或应当知道其权利被侵害之日起计算一年,江苏省倾向于该观点。

北京案例与导引

[案例 5]

李某于 2018 年 3 月 23 日入职北京爱尔兰公司，2020 年 8 月 6 日李某工作时发生左跟骨骨折，2020 年 10 月 9 日李某返岗上班。2020 年 11 月 20 日认定为工伤，2021 年 1 月 28 日劳动能力鉴定为职工工伤与职业病致残等级十级。2021 年 10 月 11 日李某以爱尔兰公司未及时足额支付劳动报酬、未按劳动合同约定提供劳动条件为由提出解除劳动合同。2021 年 10 月 13 日，李某提起仲裁申请，向爱尔兰公司主张补偿停工留薪期工资差额。爱尔兰公司在庭审中提出李某的请求已超过仲裁时效。

[法院观点]

法院认为，李某主张的停工留薪期工资差额属于劳动报酬，应当自双方劳动关系终止之日起一年内向爱尔兰公司主张。该案中，双方劳动关系终止之日为 2021 年 10 月 11 日，李某于 2021 年 10 月 13 日申请仲裁未超出仲裁时效，故爱尔兰公司的时效抗辩不能成立。

（2022）京 01 民终 7917 号

江苏案例与导引

[案例 6]

刘某于 2004 年 4 月到连云港某公司工作。2015 年 3 月 31 日，刘某在上班途中发生交通事故受伤，同年 6 月 14 日被认定受工伤，并于 8 月 7 日被鉴定为劳动能力十级。之后刘某于 2017 年 2 月 13 日申请仲裁，要求公司给付停工留薪期期工资。

[法院观点]

一审法院认为，停工留薪工资，医院诊疗证明书所载休息期可视为停工留薪期，公司未依法支付该期间的工资待遇，刘某应于 2015 年休息期结束之日起一年内主张权利，现已超仲裁时效，不予支持。

二审法院予以维持。

再审法院认为，停工留薪期工资属工伤待遇范畴，刘某认为应按主张劳动报酬计算仲裁时效，缺乏法律依据。

（2019）苏民申 133 号

Q6： 劳动者请求生育津贴差额的仲裁申请时效何时起算？

A： 对于生育津贴差额的仲裁申请时效究竟是适用一般时效还是特殊时效，在各地实践中具有不同观点：一种观点认为应属于特殊情况下支付的劳动报酬（或等同于劳动报酬），故应当适用特殊时效。另一种观点认为应属于社会保障制度下的生育保险待遇，并非以付出劳动为代价而获得的劳动报酬，故仅适用一般时效，如《山东省高级人民法院、山东省人力资源和社会保障厅关于审理劳动人事争议案件若干问题会议纪要》明确规定生育津贴应属于劳动者的社会保险待遇，不属于劳动报酬，生育津贴争议仲裁时效应适用一般时效（但山东当地也出现持第一种观点的判决）。不过根据检索，各地在司法实践中认定较为混乱，甚至出现同一法院同年出现不同的两种裁判观点的情况（如广州市中级人民法院），故实践中建议用人单位可根据各地司法实践，对此先尝试进行时效抗辩。

广东案例与导引

[案例7]

阿朱与广州南方公司在2013年11月1日至2019年10月14日存在劳动关系，阿朱于2019年12月15日提起仲裁申请，仲裁请求中涉及第一次年产假工资（2015年）差额，南方公司主张该部分已超过时效。

[法院观点]

法院认为，就南方公司提出2015年产假工资的时效问题，因产假工资是女职工产假期间的基本生活保障，与劳动报酬性质相同，其时效应从劳动关系解除时起算，并未超过时效。

（2020）粤01民终16789号、16790号

[案例8]

江某于2009年11月1日入职广州某公司，法院认定江某于2016年6月1日至2017年1月15日休产假，后江某与广州某公司对生育津贴发放发生争议，江某于2018年8月29日申请仲裁主张生育津贴。

江某主张其在2018年8月才知道生育津贴发放金额错误，仲裁时效应从2018年8月起算，之后对广州市中级人民法院按照广州某公司工资发放的周期认定的在产假结束的次月江某应就知道生育津贴发放的情况不予认定，又向广东省高级人民法院申请再审。

[法院观点]

法院认为，女职工在产假期间所获得的工资实质就是生育津贴，属于社会保障制度下的生育保险待遇，并非女职工以付出劳动为代价而获得的劳动报酬。该案公司已经为江某购买了生育保险，江某符合领取生育津贴的条件，故江某在产假期间所领取的工资实为公司所垫付的生育津贴。按照公司发放工资的周期，江某在产假结束的次月就应当知道公司向其发放的生育津贴是否正确，但直至2018年8月29日才提起该案劳动仲裁，已经超过规定的一年仲裁时效。

（2020）粤民申6435号、6436号

Q7： 劳动者请求补足最低工资的仲裁申请时效何时起算?

A： 最低工资标准为劳动者在法定工作时间或依法签订的劳动合同约定的工作时间内提供了正常劳动的前提下,用人单位依法应支付的最低劳动报酬。但如用人单位按照劳动合同约定的工资数额和时间支付了劳动报酬,而该劳动报酬低于最低工资标准,在该情况下,如何确定劳动者请求补足最低工资的仲裁申请时效。一种观点认为该情况下,劳动者依法有权获得该部分工资差额而用人单位违法不予支付,故属于用人单位"拖欠劳动报酬",应当适用特殊时效;另一种观点则认为补足最低工资应属于"未足额支付劳动报酬"或"克扣工资",而根据《劳动争议调解仲裁法》第 9 条和《劳动合同法》第 30 条,将"拖欠劳动报酬"与"未足额支付劳动报酬"作为并列情况予以区分,故该情况应属于一般仲裁时效。另外,也有案例认为最低工资差额的实体权利的保护期仅为两年。

山东案例与导引

[案例 9]

王某于 2004 年 9 月到山东 G 公司工作。之后因资产转移等原因,自 2016 年 5 月 3 日起,山东 G 公司将该王某所在的工程承包给 B 公司,约定王某等员工统一由 B 公司管理并由 B 公司发放工资。王某在 G 公司处发放工资至 2016 年 5 月 3 日。王某领取工资表及工资银行明细均显示工资标准低于当地最低工资标准。王某在 2017 年 4 月 26 日提起劳动仲裁,请求 G 公司补发 2004 年 9 月至 2017 年 5 月 17 日的工资 57,050 元。

[法院观点]

二审法院认为,《劳动争议调解仲裁法》第 27 条第 3 款规定的拖欠劳动报酬并不能涵盖所有与劳动报酬有关的争议。事实上,《劳动争议调解仲裁法》第 9 条、《劳动合同法》第 30 条均将拖欠劳动报酬和未足额支付劳动报酬并列为用人单位违法情形。而该案中,G 公司按照合同约定的工资数额和时间向劳动者支付了工资报酬,仅是所支付的工资报酬未达到最低工资标准,该违法情形应属于未足额支付劳动报酬,而不属于拖欠劳动报酬;应当适用一般仲裁时效,而不适用特殊仲裁时效。考虑到王某在双方劳动关系终结后须有主张权利的合理准备期间,应认定诉讼时效的起算点为双方劳动关系终结前一年,即自 2015 年 5 月 4 日至 2016 年 5 月 3 日,期间的最低工资差额为 850 元。此前,G 公司未足额支付工资的违法事实诉讼时效已届满,王某丧失胜诉权,故法院判决 G 公司仅需支付王某 2015 年 5 月 4 日至 2016 年 5 月 3 日期间的最低工资差额 850 元。

再审法院认为,尽管《劳动争议调解仲裁法》第 9 条和《劳动合同法》第 30 条的规定将拖欠劳动报酬与未足额支付劳动报酬作为并列情形予以规范,但从文义解释的角度分析,拖欠劳动报酬应既包括拖欠全部劳动报酬,也包括拖欠部分劳动报酬,两者虽存在拖欠数额上的差异,但在拖欠的性质上并无差异,并非可截然区分的不同违法情形;从《劳动争议调解仲裁法》第 27 条第 4 款的立法意旨分析,是为了避免出现劳动者在劳动关系存续期间无法自由、平等的向用人单位主张权利现象的出现,从实质上保护劳动者的权益。而用人单位无论是否足额支付劳动者工资,对劳动者而言都构成工资的欠付,尤其是用人单位存在低于最低工资标准发放工资的情况下,劳动者在劳动关系存续期间都是无法自由、平等地向用人单位主张权利。据此,G公司低于当地最低工资标准向王某支付工资的情形也应当适用《劳动争议调解仲裁法》第27条关于特殊仲裁时效的规定。二审法院仅以《劳动合同法》第30条、《劳动争议调解仲裁法》第9条将拖欠劳动报酬和未足额支付劳动报酬并列为用人单位的违法情形为由,认为未足额支付劳动报酬应当适用一般仲裁时效不当,再审法院依法予以纠正。综上所述,再审法院改判G公司应当向王某支付最低工资差额共计55,033元。

(2020)鲁民再297号

Q8: 竞业限制纠纷中的仲裁申请时效何时起算?

A: 在竞业限制纠纷中,由于竞业限制性质上为双务合同,劳动者需要遵守竞业限制义务,而作为对价,用人单位需要支付竞业限制补偿金,故从不同主体出发存在两类责任的追责情况:一为劳动者向用人单位主张竞业限制经济补偿的支付,二为用人单位向劳动者主张违反竞业限制违约的责任承担,两种情形下的仲裁申请时效具体何时起算,国家层面以及各地并未有明确的规定,实践中对此存在不同的观点。

1. 针对劳动者向用人单位主张竞业限制经济补偿的支付情况

观点一:最多可主张12个月的竞业限制经济补偿。此种观点认为竞业限制经济补偿依法应当按月支付,在用人单位未向劳动者支付当月的竞业限制补偿时,劳动者就已知道或应当知道其权利受到侵害,由于法定的竞业限制经济补偿按月支付,各自具有独立性,应各自计算一年的仲裁时效,即按照竞业限制补偿金的支付周期独立计算仲裁申请时效。持该种观点的司法机关一般支持劳动者向仲裁机构申请仲裁之日往前一年且在竞业限制期限内的期间的竞业限制补偿部分,对于超过该期间的部分因为已超过一年仲裁申请时效而不予支持,即劳动者自申请仲裁之日往前追溯最多可主张12个月的竞业限制经济补偿。目前持该种观点的主要为广州市、深圳市、上海市。不过在该观点下,对于具体的仲裁时效起算日期,笔者在检索过程中也发现存在细微的差别适用。模式1:以天为单位,每天各自计算一年的仲裁时效,劳动者往前可主张的竞业限制补偿的周期为申请仲裁之日往前整一年,此种模式是目前检索到的案例中法院采用较多的一种模式;模式2:综合考虑劳动者和用人单位约定的竞业限制补偿的支付时间,按月计算仲裁时效。

观点二:用人单位在竞业限制期限内未支付竞业限制经济补偿是一个持续违法的状态,违法行为终止之日即为仲裁时效起算之日,故参照《民法典》第189条对于债务分期履行的规定,将竞业限制经济补偿视为同一债务分期履行,持该种观点的司法机关一般认为仲裁申请时效自竞业限制期限届满之日起算一年的仲裁时效,最多可主张24个月的竞业限制补偿。目前持该种观点主要为北京市(但经检索,北京市也存在少数持第一种观点的判决)。

2. 针对用人单位向劳动者主张违反竞业限制违约的责任承担情况

目前劳动者违反竞业限制的隐蔽性越来越强,可能会出现在竞业限制届满很久之后,用人单位才发现劳动者违反竞业限制行为的情况,在此时如何认定“用人单位知道或应当知道权利被侵害之日”是司法实践中的重点。对此,司法实践中一般存在 3 种情形:

情形 1:一般以竞业限制期限届满之日作为仲裁申请时效的起算点,如超过竞业限制期限届满一年的,若用人单位未能充分证明超过该时间节点才知晓劳动者违约行为的合理性,则认定用人单位超过仲裁时效的可能性较高。

情形 2:若用人单位能证明其并未怠于审查劳动者的竞业情况,但确属存在劳动者故意隐瞒等情况导致未能在竞业限制期限届满一年内及时发现的,则用人单位被支持将实际举证中能证明的知晓日期作为起算日期的可能性较高。

情形 3:若能认定在竞业限制期限内用人单位即已处于“知道或应当知道权利被侵害”的情况,则起算点存在被往前移动的可能性。

广东案例与导引

[案例 10]

小舒与广州佰某公司的劳动关系自 2018 年 8 月 16 日起解除,依照保密协议的约定,竞业限制期限自 2018 年 8 月 16 日起至 2020 年 8 月 15 日止。广州佰某公司在双方劳动关系解除时并未向小舒明确表示不需要其履行竞业限制义务,且亦未支付竞业限制经济补偿,小舒于 2021 年 2 月 3 日申请劳动仲裁,要求公司支付 2018 年 8 月 17 日至 2020 年 8 月 16 日的竞业限制补偿金。

[法院观点]

二审法院认为,经济补偿金应为在竞业限制期限内每月支付。但小舒直至 2021 年 2 月 3 日才就竞业限制补偿金主张权利,根据《劳动争议调解仲裁法》第 27 条的规定,小舒在 2020 年 2 月 4 日前的竞业限制补偿金已超过一年仲裁时效。一审法院仅对 2020 年 2 月 4 日至 2020 年 8 月 15 日的竞业限制补偿金予以支持,对 2020 年 2 月 4 日前的竞业限制补偿金不予支持,有事实和法律依据,二审法院予以确认。

(2022)粤 01 民终 3745 号、3746 号

北京案例与导引

[案例 11]

2019 年 1 月 13 日,小石头与北京科科公司解除了劳动关系,双方约定竞业限制期限为离职后 3 年,科科公司从未支付竞业限制补偿金。2021 年 5 月 25 日,小石头申请劳动仲裁,主张 2019 年 1 月 14 日至 2021 年 1 月 13 日两年的竞业限制补偿金。

[法院观点]

一审、二审法院均认为,小石头与科科公司签订的劳动合同中约定的竞业限制义务超过法律规定的二年时间限制,超出部分应予无效。竞业限制补偿系基于劳动者履行竞业限制义务应

获得的报酬性补偿。本案中，双方并未约定劳动关系解除后的竞业限制补偿的支付标准和期限，而且公司未履行支付竞业限制补偿金义务处于持续、连续状态。虽然劳动争议司法解释规定在双方没有约定竞业补偿的情况下，劳动者可以要求用人单位按月支付竞业补偿，但该规定应理解为赋予劳动者相关权利。而且，根据当时生效的2008年《最高人民法院关于审理民事案件适用诉讼时效制度若干问题的规定》第5条（现为《民法典》第189条）的规定，当事人约定同一债务分期履行的，诉讼时效期间从最后一期履行期限届满之日起计算。因此，综合上述情况，法院认为，小石头在竞业限制履行期限届满后一年内主张竞业限制补偿，不应认定其超过仲裁时效。

（2022）京03民终14703号

上海案例与导引

［案例12］

小兰于2014年11月28日入职橘子公司，双方约定离职后的竞业限制期限为6个月。2015年11月，小兰草拟退工证明一份，其中明确双方于2015年11月27日劳动合同到期终止，但小兰的工作邮件显示的最后日期为2015年12月11日。小兰离职后，橘子公司未向小兰明确告知其无须履行竞业限制义务，也未支付小兰竞业禁止补偿金。2017年11月6日，橘子公司曾委托律师向小兰发出律师函，其中表明橘子公司于2016年12月底发现小兰违反竞业禁止义务，现要求其说明情况并赔偿损失等。2018年4月11日，橘子公司提出仲裁请求，要求裁决小兰支付竞业禁止违约金。另外，橘子公司的经营范围包括资产管理，而小兰在2015年10月至2016年4月，参与设立了诸多公司，经营范围均有资产管理。

［法院观点］

一审法院认为，劳动争议案件仲裁申请时效为一年，从当事人知道或者应当知道其权利被侵害之日起计算。公司依据劳动合同约定主张小兰存在竞业禁止义务，橘子公司本身应当积极就小兰的履约情况进行必要的审查；同时，企业经营的基本信息亦可在国家设立的公共平台上依法进行查询。故而橘子公司该案诉请的时效应自6个月竞业禁止期限届满时起算，如橘子公司认为小兰存在违反竞业禁止义务的行为，其权利受到侵害应当及时提出主张，但橘子公司未能及时就此事项寻求合法救济途径，直至2017年11月6日才向小兰发出律师函主张权利，并于2018年4月申请仲裁，橘子公司已超过法律规定的仲裁时效和诉讼时效。

二审法院认为，橘子公司直至2017年11月6日才向小兰主张案涉权利，但未就其公司“应当”于此时才知晓权利受害提供合理理由。通过审查橘子公司提供的相关证据，未发现存在不能于一审认定的时效期间内获知小兰相关行为之情形。由此，一审认定橘子公司的请求已经超过仲裁时效和诉讼时效并无不当。

（2019）沪01民终13076号

实务小贴士

1. 鉴于目前竞业限制案件中对于用人单位的举证责任较重，建议用人单位在劳动者离职时，先进行基础的调查工作，在劳动者离职后，应积极地进行调查、取证，发送通知要求劳动者停止侵害、尽快准备申请仲裁，避免由于自身疏忽而错过“知道或应当知道权利被侵害之日”一年的仲裁时效期间。

2. 在竞业限制案件中，仲裁时效不同于其他劳动争议案件中一般不仅是用人单位用来防御的工具，还是劳动者和用人单位均可使用的双刃剑，如能活用仲裁时效，或许能在竞业限制案件中收获意想不到的结果。

问题导引

Q9： 劳动人事争议仲裁委员会和法院是否会主动审查仲裁申请时效？

A： 劳动人事争议仲裁委员会和法院不会主动审查仲裁时效。2017 年 7 月 1 日生效的《劳动人事争议仲裁办案规则》已将“在申请仲裁的法定时效期间内”排除在仲裁申请受理条件范围之外。因此，劳动争议仲裁机构不再主动审查仲裁时效。这与民事诉讼程序的不主动审查时效原则保持一致，让时效回归当事人的抗辩权范围。但也存在特殊情况，如《广东省高级人民法院、广东省劳动人事争议仲裁委员会关于劳动人事争议仲裁与诉讼衔接若干意见》明确案件涉及虚假仲裁，恶意串通损害国家、集体或第三人合法权益的排除在不主动审查的范围，在《浙江省高级人民法院民事审判第一庭、浙江省劳动人事争议仲裁院关于印发〈关于审理劳动争议案件若干问题的解答（五）〉的通知》还另外加上了用人单位因停产停业等客观原因无法到庭的情况也应当进行主动审查仲裁申请时效。

Q10： 如在仲裁阶段未提出仲裁时效抗辩，是否可在诉讼阶段再提抗辩？

A： 根据《第八次全国法院民事商事审判工作会议（民事部分）纪要》的规定，如果对方当事人以仲裁时效予以抗辩，应在劳动仲裁阶段提出，否则在之后的诉讼过程中将丧失时效抗辩的机会。但对此也存在特殊情况，如《广东省高级人民法院、广东省劳动人事争议仲裁委员会关于劳动人事争议仲裁与诉讼衔接若干意见》明确基于新的证据能够证明对方当事人的仲裁请求权已过时效期间的情形除外。

Q11： 仲裁申请时效的中止和中断情形有哪些？

A： 《劳动争议调解仲裁法》规定，因不可抗力或者其他正当理由，当事人不能在规定的仲裁时效期间申请仲裁的，仲裁时效中止；仲裁时效因当事人一方向对方当事人主张权利，或者向有关部门请求权利救济，或者对方当事人同意履行义务而中断。所谓中止和中断情形，就是法律规定的两种影响时效计算的法定情形。如果发生了法定中止和中断情形，时效期间在客观上可以延长。在实际生活中，可能发生各种客观情况导致劳动争议的当事方无法在一年的仲裁申请时效内提起仲裁申请，为了确保客观、公正，法律规定了时效中止和中断的情形。

在说明中止和中断的情形之前，有必要理解中止和中断的区别。中止，是指当法定的中止情形发生后，时效期间暂停进行计算，待中止情形消除后，剩余时效期间继续进行计算。中断，是指中断情形发生之后，时效期间从头开始计算。形象地说，中止就是将时效期间切开，中断就是时效期间归零重新开始。因此，认定是中止情形还是中断情形，其时效期间计算的结论是不同的。

中止情形主要为：不可抗力或无民事行为能力或者限制民事行为能力劳动者的法定代理人未确定等其他正当理由，当事人不能在规定的仲裁时效期间申请仲裁的，仲裁时效中止，从中止时效的原因消除之日起，剩余仲裁时效期间继续计算。例如，因受疫情影响造成不能在法定仲裁时效期间，从中止时效的原因消除之日起，仲裁时效期间继续计算。

中断的情形有：

(1)当事人通过协商、申请调解等方式向对方当事人主张权利；

(2)当事人通过向有关部门投诉，向劳动仲裁机构申请仲裁，向法院起诉或申请支付令等方式请求权利救济；

(3)对方当事人同意履行义务的。

上述三种中断情形中第一种主要是因劳动争议进入企业调解委员会主持下的调解程序(具体详见本书"劳动争议"关键词项下的"调解"一词的内容)而导致时效中断，但在此程序下，时效重新起算的时点需要注意，根据协商或调解情形的不同，稍有不同(见表35－1)。

表35－1　协商与调解不同情形下时效重新起算的时点

协商		调解	
情况	时效重新起算日	情况	时效重新起算日
一方当事人提出协商要求，对方当事人明确表示不同意协商或在5日内不作出回应的	从对方明确表示之日或5日后开始重新计算	一方当事人提出调解申请，另一方当事人不同意调解的	从对方明确表示之日起重新计算
进入了协商过程，且双方约定了协商期限，超过约定期限未能达成一致的	约定期限到达后，时效重新计算	进入调解程序后，在15日内或者双方同意延长的期间内，未能达成调解协议的	自受理调解申请之日起15日后，或双方同意延长的期限到期后，重新计算
进入了协商过程，在约定期限内，一方或双方明确不同意继续协商的，或未达成一致的	从明确表示之日重新计算	进入调解程序后，在15日内或者双方同意延长的期间内，一方或双方不同意调解的	自明确表示之日重新计算
达成协商一致的结果后，在约定期限内不履行的	从约定的期限到期日起时效重新计算	达成调解协议，在约定期限内不履行的	从约定的期限到期日起时效重新计算

上述中断情形中的第二种，向有关部门投诉如何认定？如果当事人通过信访、上访的途径主张权利的，是否构成时效的中断？各地的把握稍有不同，根据《上海市高级人民法院关于审理劳动争议案件若干问题的意见》的规定，信访、上访的方式不应视为构成时效中断的情形；根据《贵州省高级人民法院关于印发〈劳动争议案件法律适用问题座谈会会议纪要〉的通知》将信访部门

明确定义为“向有关部门请求权利救济”中的“有关部门”，即信访构成时效中断。

35.2 诉讼时效

解析

诉讼时效，是指发生劳动争议的一方，如果不在法定的期限内向法院起诉，将丧失胜诉权利的制度。《民法典》规定，向人民法院请求保护民事权利的诉讼时效期间为 3 年，自权利人知道或者应当知道权利受到损害以及义务人之日起计算。

法律依据

诉讼时效同样存在中止和中断情形。在劳动争议中，讨论诉讼时效离不开讨论诉讼时效与仲裁申请时效之间的关系，因为劳动争议案件须先经过仲裁程序。因此，本关键词主要从劳动争议中，对诉讼时效与仲裁申请时效的区别进行解读。

问题导引

Q12： 仲裁申请时效和诉讼时效的区别有哪些？

A： 2017 年 7 月 1 日生效的《劳动人事争议仲裁办案规则》已将“在申请仲裁的法定时效期间内”排除在仲裁申请受理条件范围之外。因此，劳动争议仲裁机构在决定是否受理仲裁申请时，不会审查仲裁申请是否符合申请时效。仲裁申请时效与诉讼时效一样，均对应为实体性权利，如对方当事人不主动提出时效抗辩，劳动争议仲裁机构和法院均不应对时效问题进行释明或基于时效规则进行裁判。两种时效的区别为：

1. 适用的争议类型不同。由于劳动争议仲裁前置，因此发生劳动争议纠纷的，适用仲裁申请时效，而在劳动者与用人单位之间发生的未纳入劳动争议纠纷范围的民事纠纷，权利人有权通过民事诉讼程序主张权利，适用普通诉讼时效。举例来说，劳动者提出的请求用人单位支付拖欠劳动报酬的主张，应当适用仲裁申请时效，而如果发生未依法办理就业证的外国人与用人单位之间的劳动报酬纠纷，由于不属于劳动争议纠纷，视为普通民事纠纷案件，适用诉讼时效规则。

2. 救济途径不同。申请人的仲裁申请因超过仲裁申请时效被劳动仲裁机构裁决、决定或通知不予受理的，当事人有权依法向人民法院起诉，以寻求救济，人民法院应当受理，对确已超过仲裁申请期限，又无中止、中断情形的，依法驳回其诉讼请求。诉讼过程中，对方当事人提出诉讼时效抗辩，经人民法院审查抗辩理由成立的，判决驳回相应的诉讼请求，当事人不服判决的，有权提起上诉。

实务小贴士

实务操作中，从诉讼角度，建议用人单位抓住两个重点：

1. 在劳动争议案件中，建议考虑劳动者提出的请求是否超过仲裁申请时效，并且向仲裁委员会、法院提出抗辩。

2. 针对劳动者追索劳动合同期限内的工资报酬的纠纷。根据《工资支付暂行规定》，对于两年以内的工资支付记录等材料，用人单位有法定的保存义务。在审理加班工资的案件中，仲裁和法院也会要求用人单位提供。若用人单位无法提供的，则会作出对用人单位不利的认定。对于两年之前的工资支付记录、考勤记录等文件，由于用人单位并无法定义务保存并提供，因此，对于该等两年之前的加班事实，完全依赖于劳动者进行举证。用人单位可以考虑灵活运用《工资支付暂行规定》规定，仅提交法律要求的时间范围内容的材料（另外，根据《保障农民工工资支付条例》，对于农民工的劳动者，用人单位依法应当保存3年）。

35.3 劳动保障行政部门的追诉时效

解析

用人单位违反劳动保障法律、法规或者规章的行为在两年内未被劳动保障行政部门发现，也未被举报、投诉的，劳动保障行政部门不再查处。该两年的期限，自违反劳动保障法律、法规或者规章的行为发生之日起计算；违反劳动保障法律、法规或者规章的行为有连续或者继续状态的，自行为终了之日起计算。（具体详见本书“劳动争端”篇的“劳动监察（劳动保障监察）”关键词项下的内容）

法律依据

问题导引

Q13： 社保追缴有2年时效的限制吗？

A： 对于用人单位未依法缴纳社保的情况，虽然《劳动保障监察条例》明确了两年的查处时效，但是对于《社会保险法》却并未限制追缴时效，故实践中，对此存在不同的观点。一种观点认为劳动者在用人单位工作，在每月缴纳社保的情况下，劳动者应当知晓其社保缴纳情况，故根据《劳动保障监察条例》第20条，社保部门应当对超出2年时效的不再主动进行处理（包括经过劳动者进行投诉、举报的情况），如《深圳经济特区社会养老保险条例》明确规定对于超过两年的关于未按照规定缴纳养老保险的举报和投诉，社保机构、市社会保险费征收机构不予受理，但规定亦同时明确对于超过法定强制追缴时效的，用人单位及其职工可以共同申请补缴养老保险费；另一种观点认为《社会保险法》并未明确限制追缴时效，社会保险费的追缴系行政征收行为，并无时效的限制，如《人力资源社会保障部对十二届全国人大五次会议第5063号建议的答复》《人力资源社会保障部对十二届全国人大五次会议第5344号建议的答复》规定，监察执法执行2年的追缴时效，而社保经办机构未限定具体的追诉期，持该种观点的主要为广东省广州市、北京市。

北京案例与导引

[案例 13]

2020 年 5 月 20 日,王某某向北京某开发区社保中心投诉称,G 公司自 2011 年 7 月至 2013 年 8 月欠缴社会保险费。2020 年 8 月 19 日,经稽核检查,社保中心作出《社会保险投诉补缴审核表》及社稽意字(2020)第 037 号《稽核整改意见书》,告知 G 公司未给王某某依法足额缴纳 2011 年 7 月至 2013 年 8 月的社会保险费,违反了《社会保险法》第 60 条的规定,责令 G 公司于 2020 年 8 月 31 日前办理社会保险补缴手续。G 公司不服,遂诉至法院。

[法院观点]

法院认为,根据《社会保险法》第 63 条规定,用人单位未按时足额缴纳社会保险费的,由社会保险费征收机构责令其限期缴纳或者补足。可见,《社会保险法》并未对征收社会保险费作出时限限制。该案中,王某某向社保中心的投诉事项属于要求追缴社会保险费问题,而非要求有关部门查处违法行为,故不应当适用《劳动保障监察条例》规定的劳动保障行政执法时效。综上,驳回了 G 公司的请求。

(2021)京 02 行终 1103 号

广东案例与导引

[案例 14]

2018 年 10 月 24 日,小林向深圳市社保局申请个人补缴超过法定追缴时效的养老保险,申请补缴时段为 2006 年 12 月至 2010 年 4 月。深圳市社保局认定小林申请补缴超过法定追缴时效养老保险费,不符合《深圳经济特区社会养老保险条例》的规定,作出《不予受理决定书》。小林不服,提起行政诉讼。

[法院观点]

法院认为,小林于 2018 年 10 月 24 日申请个人补缴 2006 年 12 月至 2010 年 4 月的社会养老保险费,属于《深圳经济特区社会养老保险条例》施行前且已经超过两年法定强制追缴时效养老保险费的情形。根据《深圳经济特区社会养老保险条例》的规定,用人单位和员工同为养老保险缴费主体,申请补缴超过法定强制追缴时效的社会养老保险费应由用人单位及其职工共同达成一致意见,双方自愿补缴各自应缴纳的费用。现用人单位不配合为其补缴上述期间的社会养老保险费用。因此,深圳市社保局认定,小林没有证据证明其已经与用人单位协商一致且双方自愿承担相应的缴费义务,不符合上述规定的补缴条件,作出的《不予受理决定书》符合上述法律法规的规定。

(2020)粤行申 53 号

35.4 时效日期的计算方法

辨析

时效的起算,应与《民法典》《民事诉讼法》的相关规定一致,有以下几点需要注意:

法律依据

1. 时效期间,均从起算日的次日开始计算。

2. 中止情形发生日不计算在时效期间内,中止情形消除的,继续计算的时效期间从中止情形消除日的次日开始计算。

3. 期间的最后一天的截止时间为 24 时。有业务时间的,到停止业务活动的时间截止。例如,向仲裁机构提起仲裁申请的,截止仲裁机构的开放时间。

4. 期间的最后一天是法定休假日的,以法定休假日的次日为期间的最后一天。

5. 期间不包括在途时间,诉讼文书在期满前交邮的,不算过期。

问题导引

Q14: 解除劳动合同日当日是否就开始起算劳动仲裁时效?

A: 就解除劳动合同合法性本身而言,其不属于劳动报酬类型争议,故应当适用一般仲裁时效的规定。对于该类型争议目前司法实践中有较大争议的点在于,解除日当日是否就开始起算劳动仲裁时效。司法实践中主要存在以下两种观点:一种观点认为从解除劳动关系次日开始起算仲裁时效;另一种观点认为从解除劳动关系的当日开始起算仲裁时效。

上海案例与导引

[案例 15]

余某在 B 公司实际工作至 2017 年 3 月 29 日,且于当日向 B 公司出具了"声明",内容为:"我的劳动合同至 2017 年 3 月 29 日到期……"余某于 2018 年 5 月 15 日提出仲裁申请,要求 B 公司承担未能出具离职证明而对其造成的经济损失。

[法院观点]

法院认为,根据劳动争议调解仲裁法规定,劳动争议申请仲裁的时效期间为一年。仲裁时效期间从当事人知道或者应当知道其权利被侵害之日起计算。另外,据民法相关规定,义务人同意履行义务的,诉讼时效中断,从中断、有关程序终结时起,诉讼时效期间重新计算。该案中,余某于 2017 年 3 月 29 日离开 B 公司,故其主张 B 公司赔偿因未能出具离职证明而对其造成的经济损失,应遵守关于仲裁时效期间的法律规定,即其就该项主张应于 2018 年 3 月 28 日之前提起仲裁。

(2018)沪 02 民终 9799 号

江苏案例与导引

[案例 16]

2017 年 10 月 30 日,A 公司以“劳动者严重违反用人单位的规章制度”为由与尹某解除劳动合同。尹某于 2018 年 10 月 30 日提出仲裁申请。

[法院观点]

法院认为,劳动争议申请仲裁时效期间为一年,仲裁时效期间从当事人知道或者应当知道其权利被侵害之日起计算。按照年、月、日计算期间的,开始的当日不计入,自下一日开始计算。按照年、月计算期间的,到期月的对应日为期间的最后一日。A 公司与尹某解除劳动关系的时间为 2017 年 10 月 30 日,故尹某于 2018 年 10 月 30 日向仲裁委员会申请仲裁并未超出仲裁时效。

(2020)苏 02 民终 861 号

No. 36　赔偿金和损失赔偿责任

劳动关系中的赔偿金,一般是指用人单位违反劳动合同约定或国家法律的规定,不当履行劳动合同、解除或终止劳动合同时,给付劳动者的一定数量的金钱,是承担法律责任的形式之一。赔偿金和经济补偿金区别在于法律性质不同。经济补偿金是用人单位的法律义务,用人单位或者劳动者依法解除或终止劳动合同时产生;赔偿金是法律责任,用人单位违法解除或终止劳动合同时产生。赔偿金与经济补偿金不得同时适用。《劳动合同法实施条例》第25条规定:"用人单位违反劳动合同法的规定解除或者终止劳动合同,依照劳动合同法第八十七条的规定支付了赔偿金的,不再支付经济补偿。赔偿金的计算年限自用工之日起计算。"

损失赔偿责任,一般是指用人单位或劳动者违反劳动合同约定或国家法律的规定,给对方造成损失时,需要予以相应的赔偿。赔偿金和损失赔偿作为对过错方的惩罚和对受损方的权利救济保障在劳动争议解决过程中都起着至关重要的作用。《劳动合同法》规定了数种支付赔偿金和损失赔偿的情形,劳动法领域的赔偿金和损失赔偿作为承担民事赔偿责任项下的一种,从承担责任主体角度区分,主要可以分为:(1)用人单位向劳动者承担赔偿金的情形;(2)劳动者向用人单位承担损失赔偿的情形。本章节围绕上述两种情形对赔偿金和损失赔偿及相关的实务焦点展开作细致的介绍和分析。

赔偿金和损失赔偿责任关键词中涉及的二级关键词	
36.1	用人单位承担的赔偿金和赔偿责任
36.2	劳动者向用人单位支付赔偿金的情形

36.1　用人单位承担的赔偿金和赔偿责任

解析

《劳动合同法》中规定的用人单位向劳动者支付赔偿金的情形主要包括四类:(1)未依法签订劳动合同;(2)用人单位违反规定与劳动者约定试用期且劳动者已履行的;(3)用人单位未依法支付劳动者报酬、经济补偿的;(4)用人单位违反《劳动合同法》规定解除或终止劳动合同,劳动者不要求继续履行劳动合同或者劳动合同已经不能继续履行的。以下是对四类情况的细致分析:

法律依据

1. 用人单位未依法签订劳动合同

根据《劳动合同法》第82条的规定,用人单位自用工之日起超过1个月不满1年未与劳动者订立书面劳动合同的,应当向劳动者每月支付二倍的工资。用人单位违反法律规定不与劳动者订立无固定期限劳动合同的,自应当订立无固定期限劳动合同之日起向劳动者每月支付二倍的工资。关于二倍工资的计算、时效等内容,详见本书"事实劳动关系"关键词项下的"二倍工资"

一词的内容。

2. 用人单位违反规定与劳动者约定试用期且劳动者已履行

根据《劳动合同法》第 83 条的规定,如果用人单位违反了《劳动合同法》第 19 条、第 20 条、第 21 条中关于试用期的期限、试用期可约定的次数以及试用期的最低工资等的规定,可由劳动行政部门责令改正;但如果违法约定的试用期已经由劳动者履行的,用人单位应当以劳动者试用期满月工资为标准,按已经履行的超过法定试用期的期间向劳动者支付赔偿金。例如,劳动者和用人单位签订了 1 年期限的劳动合同,其中约定试用期为 6 个月,试用期内工资为 8000 元,试用期满后工资为 1 万元。按照规定,用人单位实际仅能和劳动者约定 2 个月的试用期,超出的 4 个月属于违法约定的试用期。在该 4 个月"试用期"已实际履行情况下,那么用人单位需要按照每月 1 万元的标准向劳动者支付赔偿金,共计 4 万元(1 万元 ×4 个月)。

3. 用人单位未依法支付劳动者报酬、经济补偿等需加付赔偿金的情形

根据《劳动合同法》第 85 条的规定,用人单位存在如下四种违法情形时,劳动行政部门有权责令用人单位限期支付,逾期不支付的,可责令用人单位按应付金额 50% 以上 100% 以下的标准向劳动者加付赔偿金:(1)未依照劳动合同的约定或者国家规定及时足额支付劳动者报酬;(2)低于当地最低工资标准支付劳动者工资;(3)安排加班不付加班费;(4)解除、终止劳动合同,未依照《劳动合同法》规定向劳动者支付经济补偿。

4. 用人单位违法解除或终止劳动合同的三种情形

根据《劳动合同法》第 87 条等法律规定,用人单位违反法律规定解除或者终止劳动合同的,劳动者要求继续履行劳动合同的,用人单位应当继续履行;劳动者不要求继续履行劳动合同或者劳动合同已经不能继续履行的,用人单位应当依照经济补偿金标准的二倍向劳动者支付赔偿金,也就是时常被提及的"2N"标准。经济补偿金的计算详见本书"经济补偿金"关键词项下的"经济补偿金的计算标准"一词的内容。

用人单位被认定违法解除或终止的情形主要分为以下三种:

一是法律明确规定不得解除劳动合同但用人单位强行解除的,即根据《劳动合同法》第 42 条的规定,劳动者存在一些特殊情形的,用人单位不得依照本法第 40 条、第 41 条的规定解除劳动合同。

二是用人单位在法律规定的条件未满足时单方解除或终止劳动合同,例如,未与劳动者协商一致的情况下依据《劳动合同法》第 36 条解除劳动合同;无法证明劳动者存在试用期不符合录用条件、严重违反用人单位规章制度时,依据《劳动合同法》第 39 条单方解除劳动合同等。

三是用人单位解除劳动合同的程序不符合法律规定,如有工会的用人单位未能将解除事由事先告知工会的。即使用人单位具备解除劳动合同的条款依据和事实,但解除劳动合同时若不遵循法律规定的程序,其行为同样构成《劳动合同法》第 48 条规定的违法解除劳动合同,并因此承担相应的法律责任。

除法定各项赔偿金之外,用人单位出现其他违法情形,给劳动者造成损失的,还需要承担赔偿责任,包括但不限于:用人单位的规章制度违反法律规定;用人单位不提供劳动合同文本或者提供的劳动合同文本缺乏必备条款的;用人单位违反法律规定,扣押劳动者居民身份证等证件

的;用人单位侵害劳动者人身权益的;用人单位不出具解除或终止劳动合同书面证明的,以及用人单位订立了无效的劳动合同给劳动者造成损害等。除前述《劳动合同法》对损害赔偿责任的规定外,一些地方也对赔偿责任作出专门规定,例如,《上海市劳动和社会保障局关于实施〈上海市劳动合同条例〉若干问题的通知》(沪劳保关发〔2002〕13 号)第 12 条第 4 款规定,用人单位为不符合中止条件的劳动者办理社会保险帐户暂停结算(封存)手续,对劳动者造成损失的,用人单位应当承担赔偿责任。

问题导引

Q1: 《最低工资规定》与《劳动合同法》第 85 条的规定之间有何区别呢?二者在法律适用上又有何关系?

A: 《最低工资规定》(2004 年 3 月 1 日起施行)第 13 条后半分句规定:"违反本规定第十二条规定的,由劳动保障行政部门责令其限期补发所欠劳动者工资,并可责令其按所欠工资的一至五倍支付劳动者赔偿金。"第 12 条规定:"在劳动者提供正常劳动的情况下,用人单位应支付给劳动者的工资在剔除下列各项以后,不得低于当地最低工资标准:(一)延长工作时间工资;(二)中班、夜班、高温、低温、井下、有毒有害等特殊环境、条件下的津贴;(三)法律、法规和国家规定的劳动者福利待遇等。实行计件工资或提成工资等工资形式的用人单位,在科学合理的劳动定额基础上,其支付劳动者的工资不得低于相应的最低工资标准。劳动者由于本人原因造成在法定工作时间内或依法签订的劳动合同约定的工作时间内未提供正常劳动的,不适用于本条规定。"针对上述情况,《最低工资规定》第 13 条适用的情形是用人单位支付的工资报酬未达到最低工资标准,因此劳动保障行政部门责令其限期内补发所欠劳动者工资,同时可责令加付所欠工资的 1 至 5 倍赔偿金。

这一规定与《劳动合同法》第 85 条规定的处理方法不同,后者是需经劳动保障行政部门责令后,仍逾期不支付的,才可以责令用人单位按应付金额 50% 以上 100% 以下的标准向劳动者加付赔偿金。

那么如果出现适用条件完全相同时,应该按照哪一标准来计算赔偿金呢?笔者理解,从法的适用的一般规则看,在一部法规没有被废止之前,它都应当为有效的。就此而言,《最低工资规定》尚属于现行有效的部门规章。根据后法优于前法、上位法优于下位法的原则,如果《劳动合同法》与《最低工资规定》在相同的事项上有不同的规定时,则应当适用《劳动合同法》的相关规定。在支付条件完全相同的情况下,应当先由劳动保障行政部门责令用人单位支付,若用人单位逾期不支付,再由该行政部门对用人单位处罚加付赔偿金。但是各地的司法实践仍可能有所不同,建议用人单位对单位所在地的司法实践进行确认。

Q2: 劳动者依据《劳动合同法》第 85 条要求用人单位加付赔偿金,需履行怎样的前置程序?

A: 深圳等多数地区的仲裁、法院在审理劳动者要求用人单位依据《劳动合同法》第 85 条加付赔偿金的诉请时,通常会要求劳动者先行提供劳动行政部门责令用人单位限期支付劳动报酬、加班费、经济补偿或低于最低工资标准的差额部分的《限期整改指令书》和用人单位逾期未履行该指令书的证据。但是北京、上海的相关法律文件认为，因《劳动合同法》第 85 条产生的争议不是劳动争议处理范围。《上海市高级人民法院关于适用〈劳动合同法〉若干问题的意见》（沪高法〔2009〕73 号）第 17 条提出，《劳动合同法》第 85 条的权利行使主体均为“劳动行政部门”，相对应的执法措施也是“责令”，包括加罚 50% 至 100% 赔偿金的规定，也是劳动行政部门对用人单位进行行政处罚的依据，该条规定涉及的内容，不是劳动争议处理的范围，该条规定也不能作为劳动争议纠纷裁决的依据。《北京市高级人民法院、北京市劳动争议仲裁委员会关于劳动争议案件法律适用问题研讨会会议纪要》第 26 条规定，在劳动仲裁或诉讼程序中，劳动者依据《劳动合同法》第 85 条的规定，要求用人单位加付赔偿金的，劳动仲裁委或人民法院不予支持。

Q3： 法院和劳动监察部门在决定工资赔偿金具体比例时主要会考虑哪些因素？

A：《劳动合同法》第 85 条规定，工资赔偿金的标准为用人单位按应付金额 50% 以上 100% 以下。具体执行时，司法部门和行政部门一般酌情考虑以下因素：一是用人单位的违法行为的严重性及其过错程度。用人单位的违法行为的程度，以及主观过错情况，是确定赔偿金给付标准的一个重要因素。需要注意的是，作为用人单位，应当负有主动了解并认真遵守劳动法律法规的责任，并应建立完善的用工及管理制度，如果因其疏于了解、怠于管理而造成的对劳动者权益的侵害，也应归于重大过失的范围。在确定具体赔偿比例的时候，还应区别故意和过失的过错程度。二是劳动者因用人单位的违法行为所受损害的大小。对于那些工资水平比较低的劳动者，虽然用人单位可能仅仅拖欠了几百元的工资，但可能给劳动者带来的损害比拖欠高级管理人员上万元的损害更为严重。因此法院一般不会单纯地以用人单位所欠工资或补偿金的数额来确定劳动者的损害程度，进而确定赔偿金的比例，而是会从全方位的影响和损害进行考量。三是用人单位因违法行为的获利情况。特别是当出现群体性纠纷时或者劳动者长期大量加班而未支付加班费的情况下，用人单位因此确有较为明显的劳动力成本下降的获利，应考虑适当提高其承担的赔偿金比例。四是用人单位接受其他处罚的情况。如果用人单位已经因同一违法行为，接受了行政处罚，那么应适当减少惩罚性赔偿的数额，否则就会构成多重惩罚而导致惩罚过度，也不利于用人单位的健康发展。

Q4： 对于违法解除劳动合同的，在计算双倍赔偿金的时候，如果工资基数超过上年度社会平均工资 3 倍，赔偿年限是否 12 年封顶？

A：《劳动合同法》第 47 条第 2 款对高工资劳动者解除劳动合同的经济补偿设置了“双封顶”：经济补偿金基数按上年度社会平均工资 3 倍封顶，同时年限 12 年封顶。实践中，对于赔偿金基数计算按职工社会月平均工资 3 倍封顶计算，基本无争议。有争议的是对于赔偿年限“是否实行 12 年封顶计算”，问题的根源仍来自《劳动合同法实施条例》第 25 条中“赔偿金的计算年限自用工之日起计算”这一具体规定。实践中分为两种观点。

1. 第一种观点认为，受 12 年封顶限制。例如，上海和广州的法院的裁判口径如下所述。

（1）《上海市高级人民法院关于适用〈劳动合同法〉若干问题的意见》（沪高法〔2009〕73 号）

第21条第4项规定:"根据《劳动合同法实施条例》第二十五条的规定,用人单位违反《劳动合同法》的规定解除或终止劳动合同,依法支付劳动者赔偿金,赔偿金的计算年限自用工之日起计算。如劳动者在劳动合同被违法解除或终止前十二个月的月平均工资高于上年度本市职工月平均工资三倍的,根据《劳动合同法》第八十七条规定,应当按照第四十七条第二款规定的经济补偿标准计算。"

(2)《广州市中级人民法院关于审理劳动人事争议案件若干问题的研讨会纪要》第27条规定:"劳动者月工资高于当地职工月平均工资三倍,其主张违法解除劳动合同的赔偿金是否也受3倍和不超过12年的限制的问题,根据《中华人民共和国劳动合同法》第47条、第87条规定,经济补偿金受3倍和不超过12年的限制,赔偿金则是按上述确定的经济补偿金标准的2倍计算。"

(3)江苏省虽未明确规定赔偿金受"3倍"和"12年"的限制,但实践中有不少案例中判决的赔偿金均受此两方面限制。

2. 第二种观点则认为,不应受12年封顶限制。

深圳市中级人民法院曾在(2013)深中法劳终字第4962号民事判决中认为:"赔偿金从用工之日起计算"的表述,表明在计算赔偿金年限时,法律并未作出限制。赔偿金以经济补偿金标准的2倍计算,体现了法律针对用人单位违法解除劳动合同行为的惩罚性,且《劳动合同法》第47条第2款规定的"经济补偿"情形一般是属于用人单位具有法定事由而解除劳动合同应支付"经济补偿"的情形,而不是违法解除劳动合同的情形,故应当理解赔偿金的计算年限不受最高年限12年的限制。

上述两种观点中第一种观点较为主流,且有成文的裁判文件。但是,在实务中,建议用人单位在判断适用何种观点时,以当地的司法实践为准。

Q5: 如果劳动合同跨越2008年1月1日的,违法解除/终止劳动合同赔偿金的基数是否需要分段计算?

A: 违法解除/终止劳动合同赔偿金涉及计算基数和计算年限两个因素。2008年发布的《劳动合同法实施条例》第25条规定:"用人单位违反劳动合同法的规定解除或者终止劳动合同,依照劳动合同法第八十七条的规定支付了赔偿金的,不再支付经济补偿。赔偿金的计算年限自用工之日起计算。"违法解除/终止劳动合同赔偿金是2008年在《劳动合同法》中首次出现的概念,在此之前1995年《劳动法》仅规定了经济补偿金,没有提及赔偿金。从字面意思来看,这里的"用工之日"指的是实际用工日,即劳动者如果在2008年以前入职的,赔偿金的规定溯及既往,按照实际用工日至劳动关系解除/终止日这个区间计算工作年限,不再分段计算。从司法实践来看,如果某劳动者月平均工资高于当地上年度社会月平均工资3倍的,赔偿金的计算也无须分段计算。以下从北京、上海的规定予以说明。

《北京市高级人民法院、北京市劳动争议仲裁委员会关于劳动争议案件法律适用问题研讨会会议纪要》第25条第3款规定:"根据《劳动合同法》第47条和第87条,《劳动合同法实施条例》第25条的规定,用人单位违反《劳动合同法》的规定解除或终止劳动合同,应支付的赔偿金的计算方法为:自用工之日起依照《劳动合同法》第47条的规定计算出经济补偿金,再乘以二,即为赔偿金,不再分段计算。”

《上海市高级人民法院关于适用〈劳动合同法〉若干问题的意见》第 21 条第 4 项规定:“根据《劳动合同法实施条例》第 25 条的规定,用人单位违反《劳动合同法》的规定解除或终止劳动合同,依法支付劳动者赔偿金,赔偿金的计算年限自用工之日起计算。如劳动者在劳动合同被违法解除或终止前 12 个月的月平均工资高于上年度本市职工月平均工资 3 倍的,根据《劳动合同法》第 87 条规定,应当按照第 47 条第 2 款规定的经济补偿标准计算。”

笔者认为,对于用人单位违法解除劳动合同的赔偿金的计算基数,《劳动合同法实施条例》的规定是清楚的,即无须分段计算,各地在司法实践中也倾向于不再分段计算。但笔者必须说明的是,对于违法解除赔偿金的计算各地司法实践的做法并不完全统一,经常出现同一个地区的不同仲裁委员会或法院给出不同计算方法的案例,所以此处的解答更多的还是只能给予读者概念上的参考。

Q6: 奖金是否应当计入未签订书面劳动合同的双倍工资赔偿基数?

A:《劳动合同法》第 82 条规定了某些情形下用人单位需向劳动者每月支付双倍工资。但是关于双倍工资的计算基数并没有给出明确的规定,因此导致各地在计算双倍工资时,对于基数存在不同的理解及规定(参见“事实劳动关系”关键词项下的“二倍工资”一词的内容)。双倍工资的基数中是否应包括“奖金”,各地也有分歧。

1. 奖金应计入双倍工资基数。如北京等地的规定。《北京市高级人民法院、北京市争议仲裁委员会关于劳动争议案件法律适用问题研讨会会议纪要》第 28 条规定,劳动合同期满后,劳动者仍在用人单位工作,用人单位超过一个月未与劳动者订立书面劳动合同的,应当依照《劳动合同法》第 82 条的规定,向劳动者支付双倍工资;双倍工资的计算基数应以相对应的月份的应得工资为准。

2. 奖金不应计入双倍工资基数。如浙江等地的规定。《浙江省劳动争议仲裁委员会关于劳动争议案件处理若干问题的指导意见(试行)》第 38 条规定,《劳动合同法》第 82 条规定加付的一倍工资的计算以劳动者所在的岗位(职位)相对应的标准工资为基数。前款标准工资难以确定的,按以下方式确定计算基数:(1)劳动合同有约定的,按劳动合同约定的工资为基数;(2)劳动合同没有约定的,实行岗位技能工资制的用人单位,以劳动者本人的岗位工资与技能工资之和为基数;(3)岗位、技能工资难以确定的,以上月劳动者正常工作情况下的工资为基数,同时应扣除绩效、奖金和物价补贴;难以区分工资、奖金、物贴等项目的,以劳动者上月实得工资的 70% 为基数。上述计发基数低于当地最低工资标准的,按当地最低工资标准为计发基数。

3. 常规性奖金计入、非常规性奖金不计入双倍工资基数。如上海等地的规定。《上海市高级人民法院关于劳动争议案件若干问题的解答》(2010 年)第 3 条规定,关于双倍工资计算基数的确定,如双方劳动合同月工资有约定的按照约定;没有约定或约定不明的应按《劳动合同法》第 18 条规定来确定正常工作时间的月工资,并以确定的工资数额作为双倍工资的计算基数;仍无法确定的,可按劳动者实际获得的月收入扣除加班工资、非常规性奖金、福利性、风险性等项目后的正常工作时间月工资确定。

36.2　劳动者向用人单位支付赔偿金的情形

解析

劳动者在解除或终止劳动合同时需要赔偿用人单位损失的情形包括以下三种：

法律依据

1. 劳动者违反法律相关规定解除劳动合同，根据《劳动合同法》第 90 条的规定，给用人单位造成损失的，应当承担赔偿责任。劳动者违法解除劳动合同主要是指需要提前 30 天通知用人单位解除劳动合同而没有履行提前通知义务的。具体的损失范围包括哪些，《劳动合同法》没有明确规定，需要用人单位承担举证责任。

2. 劳动者违反保密义务或竞业限制，根据《劳动合同法》第 90 条的规定，给用人单位造成损失的，应当承担赔偿责任。这一规定主要是针对劳动者泄露、侵犯用人单位的商业秘密给用人单位造成损失的，用人单位可以要求劳动者赔偿损失。用人单位损失的具体数额，也需要用人单位承担举证责任。

3. 因劳动者本人原因给用人单位造成损失的赔偿责任，根据《工资支付暂行规定》第 16 条的规定，因劳动者本人原因给用人单位造成经济损失的，用人单位可按照劳动合同的约定要求其赔偿经济损失。经济损失的赔偿，可从劳动者本人的工资中扣除。但每月扣除的部分不得超过劳动者当月工资的 20%。若扣除后的剩余工资部分低于当地月最低工资标准，则按最低工资标准支付。各地基本都按此规定执行或予以进一步的细化规定。

问题导引

Q7： 如何认定劳动者需要承担赔偿责任？

A： 劳动者承担赔偿责任的前提是不但要有损害行为，用人单位还需证明有实际的损害结果（违反竞业限制义务除外，具体内容详见“保密和竞业限制”关键词项下的“竞业限制”一词的内容）。一般情况下，用人单位主张劳动者履行劳动合同时给用人单位造成损失，要求承担赔偿责任的，适用劳动法律关系进行调整，需要具备以下四个构成要件。

其一，劳动者有过错。劳动者对于自己应承担的劳动合同约定义务，主观上存在故意不履行或者因重大过失未能履行的过错。所谓故意违约，是指劳动者明知或应当知道其行为构成违约，且可能会给用人单位的合法权益带来损害，但在主观上追求或放任违约后果的发生。比如，劳动者应当知道不履行提前通知义务擅自离职，会严重损害用人单位的生产秩序和经济利益，但仍然“不辞而别”。所谓重大过失违约，是指劳动者应当知道或能够预见其行为构成违约，但因疏忽大意没有预见，或者过于自信能够避免。比如，劳动者与用人单位订立有保守本单位商业秘密的劳动合同，但劳动者在与本单位有竞争关系的外单位人员接触过程中，却未能尽到谨慎注意义务或者盲目信任他人，随意泄露了本单位商业秘密，从而构成了违约。

其二，劳动者存在造成损失的行为。劳动者的某项行为或者不作为客观上导致损失的发生。

其三，用人单位存在损害事实。其是指用人单位的人员、设备、财产及其他合法权益处于某种不利益状态。这种损害不是尚未发生的，也不是当事人双方事先约定的，而是实际发生并能够具体量化的客观损失,即可以计算出具体数额的直接经济损失。实践中这一举证要求与用人单位最终能否从劳动者处获得赔偿金紧密相关。

其四,用人单位的损害事实与劳动者损害行为之间存在因果关系。用人单位所受损害系由劳动者的行为(包括不作为)直接造成,劳动者的行为是造成用人单位合法权益受损的直接原因。根据这一要件的基本精神,如果劳动者造成了用人单位的经济利益受损,则劳动者应对其违约行为产生的后果承担赔偿责任。

北京案例与导引

[案例 1]

刘某1于2019年5月20日加入H公司,担任财务岗位,之后又兼负会计和出纳职责。2021年4月9日,刘某1收到自称“高某某”的人发来的QQ邮件,内容为:为了加强公司统一工作制度安排,现已建立QQ工作群,收到邮件即刻通知财务负责人、出纳加入工作群,有工作安排。2021年4月13日,刘某1加入该群。随后,群内自称“董事高某某”“监事刘某2”的人员开始就一笔业务收款事宜进行沟通,上午10时4分许,“董事高某某”要求刘某1查询公司账户可用余额情况并截图发群,刘某1查询后将余额230万元截图发至群内,后“董事高某某”指令刘某1将135.8万元汇入指定账户。上午10时37分许,刘某1将款项汇入指定账户后将汇款截图发至群内。转账完毕后,公司真正的董事高某某收到汇款短信提示,遂与刘某1核实情况,发现公司被骗,即报警。之后H公司要求刘某1向H公司支付经济损失135.8万元。

[法院观点]

法院认为,劳动者对用人单位负有忠实义务,在履行劳动合同过程中因重大过失给用人单位造成经济损失的,应承担赔偿责任。该案中,刘某1事发时已在H公司任职财务、出纳近两年,应对公司人员情况有较为详细的了解,但其收到邀请入群邮件后并未对文字内容、排版等可疑之处进行甄别,亦未向高某某、刘某2进行核实即入群。入群后,“董事高某某”与“监事刘某2”在公司财务人员尚不知情时已完成一笔业务的结算收款,该情节已存在明显可疑之处,刘某1在此种情况下仍未及时警惕,亦未向同办公室高某某进行咨询汇报,导致H公司最终产生135.8万元的损失,刘某1对此存在重大过失,应在过失程度内予以赔偿。

另外,考虑到劳动关系的从属性特征,用人单位提供生产资料和劳动条件,享有劳动成果,在劳动者不存在给用人单位造成损失故意的情形下,确定损害赔偿责任时,应在用人单位和劳动者之间合理分配风险和损失。该案中,H公司的财务管理制度、人事信息管理制度均存在重大漏洞。刘某1同时担任会计与出纳,违反了《会计法》第37条第2款的规定,不符合财务管理制度的要求。同时,诈骗方对H公司人员信息、管理架构情况的清晰掌握亦是导致该次事件发生的重要原因,故H公司自身亦应负有不可推卸的责任。综上,法院结合双方过错程度,依据公平原则,酌情认定刘某1应向H公司赔偿150,000元。

(2022)京01民终6528号

No. 37 劳动监察(劳动保障监察)

由于劳动关系中的双方在某些方面的不对等,为了确保用人单位遵守劳动保障法律法规,维护劳动者的合法权益,除了劳动争议处理程序(劳动仲裁和诉讼)之外,《劳动法》还规定了劳动行政部门的监督检查制度,2004 年 12 月 1 日施行的《劳动保障监察条例》是规范劳动保障监察工作的主要法规依据。原劳动和社会保障部(现在的人力资源和社会保障部)以及各个地方也出台了针对《劳动保障监察条例》的若干规定和条例等。2008 年 1 月 1 日施行的《劳动合同法》又进一步在法律层面规定了劳动行政部门对全国劳动合同制度实施的监督管理职权。

实务中,用人单位与劳动者就劳动争议纠纷对簿公堂的情况不在少数,但应对劳动保障行政部门的监察经验则相对少得多。本关键词主要是从劳动保障监察制度基本概念、制度运作模式、与劳动仲裁和诉讼的关联入手进行解析,使用人单位对劳动保障监察制度有所了解,降低被劳动保障监察执法的风险。

劳动监察(劳动保障监察)关键词中涉及的二级关键词	
37.1	劳动保障监察制度的基本概念
37.2	劳动保障监察制度的运作模式
37.3	劳动保障监察程序的结果
37.4	劳动保障监察与诉讼的关系

37.1 劳动保障监察制度的基本概念

解析

劳动保障监察制度是以劳动保障行政部门为主、其他监督主体分工或共同对用人单位遵守劳动保障法律法规进行监督,并由劳动保障监察机构对用人单位违反法律法规的情况进行检查、执法的行政监察制度。

法律依据

问题导引

Q1: 劳动保障监察制度中涉及的各方主体有哪些?

A: (1)劳动保障行政部门。国务院劳动保障行政部门(人力资源和社会保障部)主管全国的劳动保障监察工作,县级以上地方各级人民政府劳动保障行政部门主管本行政区域内的劳动保障监察工作。

(2)劳动保障监察机构。人力资源和社会保障部下设劳动监察局。县级以上劳动保障行政部门设立的劳动保障监察行政机构和劳动保障行政部门依法委托实施劳动保障监察的组织(以下统称劳动保障监察机构)具体负责劳动保障监察管理工作。

(3)监察人员。经过相应的考核或者考试录用的劳动保障监察员。

(4)监察对象。企业、个体工商户、职业介绍机构、职业技能培训机构、职业技能考核鉴定机构、国家机关、事业单位、社会团体。

(5)其他监督管理机关。县级以上地方人民政府建设、卫生、安全生产监督管理主管部门、工商、社会保险经办机构等,在各自职责范围内进行监督管理。

(6)其他主体。工会、劳动者、任何组织和个人。

Q2: 劳动保障监察的职权范围是什么?

A: 劳动保障行政部门主要负责四个方面的工作,分别是:

(1)宣传劳动保障法律、法规和规章,督促用人单位贯彻执行;

(2)检查用人单位遵守劳动保障法律、法规和规章的情况;

(3)受理对违反劳动保障法律、法规或者规章行为的举报、投诉;

(4)依法纠正和查处违反劳动保障法律、法规或者规章的行为。

劳动保障监察机构,对下列具体事项实施劳动保障监察(职权范围):

(1)用人单位与劳动者订立劳动合同的情况;

(2)用人单位制定直接涉及劳动者切身利益的规章制度及其执行的情况;

(3)用人单位与劳动者订立和解除劳动合同的情况;

(4)劳务派遣单位和用工单位遵守劳务派遣有关规定的情况;

(5)用人单位遵守禁止使用童工规定的情况;

(6)用人单位遵守女职工和未成年工特殊劳动保护规定的情况;

(7)用人单位遵守工作时间和休息休假规定的情况;

(8)用人单位支付劳动者工资和执行最低工资标准的情况;

(9)用人单位参加各项社会保险和缴纳社会保险费的情况;

(10)职业介绍机构、职业技能培训机构和职业技能考核鉴定机构遵守国家有关职业介绍、职业技能培训和职业技能考核鉴定的规定的情况;

(11)法律、法规规定的其他劳动保障监察事项。

37.2　劳动保障监察制度的运作模式

解析

劳动保障监察制度的运作模式,主要是指劳动保障监察程序的启动方式、运作方式以及相应的运作限制。劳动监察作为一种具体行政行为,受相关行政法律法规的规制,劳动监察执法人员尤其需要遵守一定的程序性规定,以保证行政执法的合法性、有效性。

法律依据

问题导引

Q3： 监察程序如何启动？

A： 启动劳动保障监察程序，既有劳动保障监察机构基于职权主动进行，也有基于举报、投诉而启动的。

基于职权主动启动的包括日常巡视检查、要求用人单位按照要求报送书面材料并进行审查、针对劳动保障法律实施中存在的重点问题集中组织专项监察活动或者在必要时联合有关部门或组织进行共同检查。

对于一些社会热点问题，通常会是劳动保障监察机构基于职权主动进行监察的关注范畴，如建筑业企业依法与工人签订劳动合同问题、拖欠农民工工资问题、打击非法职业中介。

基于投诉而启动的监察程序，是劳动者对用人单位侵犯其权益的行为不满，向劳动保障行政部门进行投诉，并期望劳动保障行政部门启动监察程序维护其自身权益的行为，与提起劳动仲裁或诉讼的目的类似，此时劳动保障行政机构将扮演与仲裁机构或法院类似的裁决者的角色。因此劳动保障行政部门应当对投诉进行必要的审查，对符合条件的投诉，劳动保障行政机构才会受理投诉并立案查处。投诉应当同时符合的条件是：

（1）违反劳动保障法律的行为发生在两年内的；

（2）有明确的被投诉用人单位；

（3）投诉人的合法权益受到侵害是被投诉用人单位违反劳动保障法律的行为所造成的；

（4）属于劳动保障监察职权范围；

（5）在受理投诉的劳动保障行政机构的管辖范围内。

第 1 项中的"违反劳动保障法律的行为发生在两年内的"，与《劳动保障监察条例》中关于时效的规定一致："违反劳动保障法律、法规或者规章的行为在 2 年内未被劳动保障行政部门发现，也未被举报、投诉的，劳动保障行政部门不再查处。前款规定的期限，自违反劳动保障法律、法规或者规章的行为发生之日起计算；违反劳动保障法律、法规或者规章的行为有连续或者继续状态的，自行为终了之日起计算。"由此可见，通过投诉方式申请启动监察程序也应当注意时效性，但与劳动仲裁的申请受理条件相比，时效期间更长。

辨析

表 37-1　举报和投诉的区别

	举　报	投　诉
主体	任何组织或个人	劳动者
理由	认为存在违反劳动保障法律、法规或者规章的行为	认为用人单位违反劳动保障法律、侵犯其合法权益
保密性	劳动保障行政机构应为举报人保密，用人单位无从知晓举报人身份	投诉人应当向劳动保障监察机构明确说明个人信息，用人单位可以知晓投诉人的身份

续表

	举　报	投　诉
针对性	针对用人单位违反相关法律的行为,并非一定与举报人的权利相关	针对用人单位侵犯投诉人的合法权益的行为,要求劳动保障监察机构维护其权益

实务小贴士

用人单位面临监察人员的调查、检查时,应注意时效的问题,如果确实超出了两年的时效,应及时向监察人员进行说明。如果违反劳动保障法律法规的行为是具有持续性的,时效起算从违反行为终了之日起算。典型的情况有:用人单位欠缴社会保险费,如果是多年持续欠缴,甚至监察发生时仍然处于欠缴状态的,不受时效限制。

Q4: *劳动保障监察机构的权限有地区限制吗?*

A: 对用人单位的劳动保障监察,由用人单位用工所在地的劳动保障行政部门管辖。上级劳动保障行政部门根据工作需要,可以调查处理下级劳动保障行政部门管辖的案件。如果确实涉及需要跨地区进行监察执法的,根据《跨地区劳动保障监察案件协查办法》,跨地区劳动保障监察案件协查的具体实施,由用人单位所在地人力资源社会保障行政部门为主,案件相关地人力资源社会保障行政部门协助调查。

实务小贴士

用人单位面临监察人员的调查、检查时,可注意核实其出示的证件,确认是否是本行政区域的监察人员。

Q5: *劳动保障监察机构如何进行调查、检查?*

A: 劳动保障行政部门有权采取的调查、检查措施包括:

(1)进入用人单位的劳动场所进行检查;

(2)就调查、检查事项询问有关人员;

(3)要求用人单位提供与调查、检查事项相关的文件资料,并作出解释和说明,必要时可以发出调查询问书;

(4)采取记录、录音、录像、照相或者复制等方式收集有关情况和资料;

(5)对事实清楚,证据确凿,可以当场处理的违反劳动保障法律、法规或者规章的行为,有权当场予以纠正;

(6)委托会计师事务所对用人单位工资支付、缴纳社会保险费的情况进行审计;

(7)法律、法规规定可以由劳动保障行政部门采取的其他调查、检查措施。

除上述措施之外,如果存在可能导致证据灭失的情形的,劳动保障监察机构有权采取证据登记保存措施,被采取证据登记保存的证据并不由监察人员转移保管,而是由监察人员将证据进行登记并列清单后,由当事人进行签收确认。但是,在证据登记保存期内,用人单位或者有关人员不得销毁或者转移证据。

Q6： 劳动保障监察人员的调查、检查行为有无准则或限制?

A： (1)人数限制:劳动保障监察人员进行调查、检查不得少于2人。

(2)明示身份:监察人员应当佩戴劳动保障监察标志、出示劳动保障监察证件,并说明身份。

(3)回避制度:监察人员办理的劳动保障监察事项与本人或者其近亲属有直接利害关系的、本人是用人单位法定代表人或主要负责人的近亲属的、因其他原因可能影响案件公正处理的,应当回避。用人单位认为监察人员有回避情形的,有权提出申请。劳动保障监察机构或劳动行政部门应当在收到申请之日起3个工作日内作出决定。决定作出前,不停止实施劳动保障监察。回避决定应当告知申请人。

(4)证据登记保存措施的时间限制:采取证据登记保存措施后,劳动保障行政部门应当在7日内及时作出处理决定,期限届满后应当解除证据登记保存措施。

(5)告知用人单位拥有陈述、申辩权利:劳动保障行政部门对违反劳动保障法律、法规或者规章的行为作出行政处罚或者行政处理决定前,应当听取用人单位的陈述、申辩。

(6)用人单位的权利救济的知情权:劳动保障行政部门作出行政处罚或者行政处理决定,应当告知用人单位依法享有申请行政复议或者提起行政诉讼的权利。

(7)监察人员执法要求:监察人员应当忠于职守,秉公执法,勤政廉洁,保守用人单位的秘密。任何组织或者个人对监察人员的违法违纪行为,有权向劳动保障行政部门或者有关机关检举、控告。

(8)调查期间限制:调查应当自立案之日起60个工作日内完成;情况复杂的,经劳动保障行政部门负责人批准,可以延长30个工作日。

实务小贴士

用人单位在面临劳动保障监察人员的调查、监察时,应保持冷静客观的应对态度,不宜采取无谓的抵抗和拒绝,可以从上述准则角度,有法有据应对监察人员。比如,礼貌地核实监察人员的身份,对监察人员提出的要求进行记录,在调查期间与劳动保障监察机构保持沟通。对监察人员在调查、检查过程中的违法违规行为,采用正确的途径进行检举。

37.3　劳动保障监察程序的结果

解析

劳动保障监察人员根据调查、检查结果,作出的处理结果有:

(1)对依法应当受到行政处罚的,依法作出行政处罚决定。

(2)对应当改正未改正的,依法责令改正或者作出相应的行政处理决定。

(3)对情节轻微且已改正的,撤销立案。

(4)经调查、检查,劳动保障行政部门认定违法事实不能成立的,也应当撤销立案。

法律依据

(5)发现违法案件不属于劳动保障监察事项的,应当及时移送有关部门处理;涉嫌犯罪的,应当依法移送司法机关。

表37-2是根据用人单位违反劳动保障法律法规的不同行为和情节,整理的相对应的处理结果。

表37-2　用人单位违反劳动保障法律法规的行为与处理结果

<table>
<tr><th>违法行为</th><th colspan="3">处理结果</th></tr>
<tr><td>直接涉及劳动者切身利益的规章制度违反法律、法规规定的</td><td>警告,责令改正</td><td></td><td>对劳动者造成损害的,承担赔偿责任</td></tr>
<tr><td>不依法订立劳动合同</td><td>责令改正</td><td></td><td></td></tr>
<tr><td>违法约定试用期</td><td>责令改正</td><td></td><td></td></tr>
<tr><td>用人单位提供的劳动合同文本未载明必备条款,或者未将劳动合同文本交付给劳动者</td><td>责令改正</td><td></td><td>对劳动者造成损害的,承担赔偿责任</td></tr>
<tr><td>扣押劳动者居民身份证等证件</td><td>责令限期退还劳动者本人</td><td>并依照有关法律规定给予处罚</td><td></td></tr>
<tr><td>以担保或者其他名义向劳动者收取财物的</td><td>责令限期退还劳动者本人</td><td>并以每人500元以上2000元以下的标准处以罚款</td><td>给劳动者造成损害的,应当承担赔偿责任</td></tr>
<tr><td>违法延长劳动者工作时间</td><td>警告,责令改正</td><td>并可以按照受侵害的劳动者每人100元以上500元以下的标准计算,处以罚款</td><td></td></tr>
<tr><td>克扣或者无故拖欠劳动者工资报酬的</td><td rowspan="3">责令支付</td><td rowspan="3">逾期不支付的,责令用人单位按照应付金额50%以上1倍以下的标准计算,向劳动者加付赔偿金</td><td></td></tr>
<tr><td>低于当地最低工资标准支付劳动者工资的</td><td></td></tr>
<tr><td>解除劳动合同后,未依照本法规定给予劳动者经济补偿的</td><td></td></tr>
<tr><td>以暴力、威胁或者非法限制人身自由的手段强迫劳动的</td><td></td><td rowspan="4">行政处罚</td><td rowspan="4">构成犯罪的,依法追究刑事责任;给劳动者造成损害的,应当承担赔偿责任</td></tr>
<tr><td>违章指挥或者强令冒险作业危及劳动者人身安全的</td><td></td></tr>
<tr><td>侮辱、体罚、殴打、非法搜查或者拘禁劳动者的</td><td></td></tr>
<tr><td>劳动条件恶劣、环境污染严重,给劳动者身心健康造成严重损害的</td><td></td></tr>
</table>

续表

<table>
<tr><th>违法行为</th><th colspan="3">处理结果</th></tr>
<tr><td>非法招用未满16周岁的未成年人的</td><td>责令改正，处以罚款</td><td>情节严重的，由工商行政管理部门吊销营业执照</td><td></td></tr>
<tr><td>安排女职工从事矿山井下劳动、国家规定的第四级体力劳动强度的劳动或者其他禁忌从事的劳动的</td><td rowspan="9">责令改正</td><td rowspan="9">按照受侵害的劳动者每人1000元以上5000元以下的标准计算，处以罚款</td><td></td></tr>
<tr><td>安排女职工在经期从事高处、低温、冷水作业或者国家规定的第三级体力劳动强度的劳动的</td><td></td></tr>
<tr><td>安排女职工在怀孕期间从事国家规定的第三级体力劳动强度的劳动或者孕期禁忌从事的劳动的</td><td></td></tr>
<tr><td>安排怀孕7个月以上的女职工夜班劳动或者延长其工作时间的</td><td></td></tr>
<tr><td>女职工生育享受产假少于法定天数的</td><td></td></tr>
<tr><td>安排女职工在哺乳未满1周岁的婴儿期间从事国家规定的第三级体力劳动强度的劳动或者哺乳期禁忌从事的其他劳动，以及延长其工作时间或者安排其夜班劳动的</td><td></td></tr>
<tr><td>安排未成年工从事矿山井下、有毒有害、国家规定的第四级体力劳动强度的劳动或者其他禁忌从事的劳动的</td><td></td></tr>
<tr><td>未对未成年工定期进行健康检查的</td><td></td></tr>
<tr><td>无故不缴纳社会保险费的</td><td>责令限期缴纳</td><td>逾期不缴的，可以加收滞纳金</td><td></td></tr>
<tr><td>向社会保险经办机构申报应缴纳的社会保险费数额时，瞒报工资总额或者职工人数的</td><td>责令改正</td><td>并处瞒报工资数额1倍以上3倍以下的罚款</td><td></td></tr>
<tr><td>骗取社会保险待遇或者骗取社会保险基金支出的</td><td>责令退还</td><td>并处骗取金额1倍以上3倍以下的罚款</td><td>构成犯罪的，依法追究刑事责任</td></tr>
</table>

续表

违法行为	处理结果		
阻挠劳动者依法参加和组织工会,或者阻挠上级工会帮助、指导劳动者筹建工会的	责令改正		
无正当理由调动依法履行职责的工会工作人员的工作岗位,进行打击报复的			
劳动者因参加工会活动而被解除劳动合同的			
工会工作人员因依法履行职责被解除劳动合同的			
违反《劳动合同法》规定未向劳动者出具解除或者终止劳动合同的书面证明		给劳动者造成损害的,应当承担赔偿责任	
无理抗拒、阻挠劳动保障行政部门依法实施劳动保障监察的	责令改正	处 2000 元以上 2 万元以下的罚款	构成违反治安管理行为的,由公安机关依法给予治安管理处罚;构成犯罪的,依法追究刑事责任
不按照劳动保障行政部门的要求报送书面材料,隐瞒事实真相,出具伪证或者隐匿、毁灭证据的			
经劳动保障行政部门责令改正拒不改正,或者拒不履行劳动保障行政部门的行政处理决定的			
打击报复举报人、投诉人的			
未经许可,擅自经营劳务派遣业务	责令停止违法行为	没收违法所得,并处违法所得 1 倍以上 5 倍以下的罚款;没有违法所得的,可以处 5 万元以下的罚款	
用工单位违反劳动合同法有关劳务派遣规定的	责令限期改正	逾期不改正的,以每人 5000 元以上 1 万元以下的标准处以罚款	给被派遣劳动者造成损害的,承担赔偿责任
劳务派遣单位违反劳动合同法有关劳务派遣规定的			吊销其劳务派遣业务经营许可证;给被派遣劳动者造成损害的,承担连带赔偿责任

续表

<table>
<tr><th>违法行为</th><th colspan="3">处理结果</th></tr>
<tr><td>用人单位违反《妇女权益保障法》规定，未采取必要措施预防和制止性骚扰，造成妇女权益受到侵害或者社会影响恶劣的</td><td>责令改正</td><td>拒不改正或者情节严重的，依法对直接负责的主管人员和其他直接责任人员给予处分</td><td></td></tr>
<tr><td>用人单位在招录（聘）过程中，除国家另有规定外，违规实施下列行为：
（1）限定为男性或者规定男性优先；
（2）除个人基本信息外，进一步询问或者调查女性求职者的婚育情况；
（3）将妊娠测试作为入职体检项目；
（4）将限制结婚、生育或者婚姻、生育状况作为录（聘）用条件；
（5）其他以性别为由拒绝录（聘）用妇女或者差别化地提高对妇女录（聘）用标准的行为</td><td rowspan="2">责令改正</td><td rowspan="2">拒不改正或者情节严重的，处1万元以上5万元以下罚款</td><td></td></tr>
<tr><td>用人单位因结婚、怀孕、产假、哺乳等情形，降低女职工的工资和福利待遇，限制女职工晋职、晋级、评聘专业技术职称和职务，辞退女职工，单方解除劳动（聘用）合同或者服务协议。女职工在怀孕以及依法享受产假期间，劳动（聘用）合同或者服务协议期满的，未依法将劳动（聘用）合同或者服务协议期限自动延续至产假结束。［但是，用人单位依法解除、终止劳动（聘用）合同、服务协议，或者女职工依法要求解除、终止劳动（聘用）合同、服务协议的除外］
用人单位在执行国家退休制度时，以性别为由歧视妇女</td><td></td></tr>
</table>

对应上述各种不同的处理结果，劳动保障行政机构会出具不同书面文件，分别为劳动保障监察限期整改指令书、劳动保障行政处理决定书、劳动保障行政处罚决定书。所有的指令书、决定

书应当送达用人单位。

用人单位对劳动保障行政部门作出的行政处罚决定书,以及责令支付劳动者工资报酬、赔偿金或者征缴社会保险费等行政处理决定书逾期不履行的,劳动保障行政部门可以申请人民法院强制执行。但是,劳动监察限期改正指令书不属于可申请人民法院强制执行的具体行政行为。

问题导引

Q7: 用人单位接受行政监察有什么申辩机会?

A: 劳动保障行政部门在作出行政处罚或者行政处理决定前,应当告知用人单位,听取其陈述和申辩;法律、法规规定应当依法听证的,应当告知用人单位有权依法要求举行听证;用人单位要求听证的,劳动保障行政部门应当组织听证。

应当依法听证的情形是:劳动行政部门作出责令停产停业、吊销许可证、较大数额罚款等行政处罚决定之前,应当告知用人单位有要求听证的权利;用人单位要求听证的,劳动行政部门应当组织听证。用人单位不承担组织听证的费用。劳动行政部门不得以未经听证认定的证据作为行政处罚的依据。

对于“较大数额罚款”,根据《北京市人力资源和社会保障局关于做好北京市人力资源社会保障行政处罚听证工作的通知》(京人社监发〔2021〕26 号),对法人或者其他组织处以超过60,000元的罚款,为较大数额罚款。因地区的不同,较大数额罚款的数字可能有所变化,建议用人单位主动向监察人员进行询问确认。

Q8: 用人单位对处理或处罚结果应如何对待?有无救济权利?

A: 由于劳动保障监察机构作出的行政处理或行政处罚决定是具体行政行为,根据《行政处罚法》的规定,用人单位对处理或处罚决定不服的,有权申请行政复议或者提起行政诉讼,但是根据法律,行政处理或行政处罚决定不停止执行。因此,用人单位应当注意,即使提起行政复议或行政诉讼,仍然要面临履行决定书的风险。

用人单位确有经济困难,需要延期或者分期缴纳罚款的,经用人单位申请和劳动保障行政部门批准,可以暂缓或者分期缴纳。

37.4 劳动保障监察与诉讼的关系

解析

与劳动保障监察有关联性的诉讼有两类:一类是行政诉讼,劳动保障监察机构根据调查、检查过程后作出的处理、处罚决定,用人单位不服的,有权提起行政复议或行政诉讼。行政诉讼的被告是作出具体行政行为的劳动保障行政部门,也就是俗称的“民告官”。另一类是劳动争议处理程序(劳动仲裁、诉讼),这主要是指可投诉的劳动争议。针对用人单位与个别劳动者之间的劳动争议纠纷,劳动者有权向劳动保障监察机

法律依据

构进行投诉，要求劳动保障行政部门进行解决，也可以选择提起劳动仲裁等手段主张权利。为了提高解决争端的效率，也为了合理利用行政资源，根据《劳动保障监察条例》，对应当通过劳动争议处理程序解决的事项或者已经按照劳动争议处理程序申请调解、仲裁或者已经提起诉讼的事项，劳动保障行政部门应当告知投诉人依照劳动争议处理或者诉讼的程序办理。简言之，在劳动者与用人单位之间的劳动争议纠纷情形下，劳动保障监察程序与仲裁诉讼程序不并行。实务当中，对于符合劳动争议纠纷的投诉，劳动保障行政机构比较倾向于告知投诉人通过劳动争议处理程序解决。

从用人单位角度出发，由于投诉人（劳动者）在监察程序中不是主要的主体，但有可能是监察结果的受益人，投诉人在监察程序中无须承担相关证明责任，也无须进行辩论和举证，调查、监察全部由行政机关进行，用人单位的地位比较被动。即使最后的结果为撤销立案，劳动者仍然有权再通过仲裁或诉讼程序主张权利。

实务小贴士

用人单位可活用监察与仲裁不并行的原则，比如：

（1）向监察人员提出，调查涉及的纠纷应当通过劳动争议处理程序。

（2）如有必要，可以由用人单位主动启动仲裁程序来排除监察程序。比如，涉及劳动者损害用人单位利益的纠纷，用人单位主动提起仲裁，监察机构对劳动者的相关投诉将不会受理。

No. 38 劳动争议

劳动争议,是劳动者和用人单位之间,基于劳动关系而产生的对各自权利义务的争议。我国对劳动争议的解决,采取的是重调解、保护劳动者利益,维持劳动关系和谐稳定的原则。为此,构建了通过协商、调解、仲裁和诉讼途径解决劳动争议的争议解决机制。这其中协商和调解并非必须程序,但为解决纠纷起到了很好的分流和疏导作用,仲裁和诉讼成为解决劳动争议纠纷的必经程序,并且规定仲裁前置,形成了一裁二审的纠纷解决系统。

本关键词主要解读解决劳动争议的四个途径的基本概念。帮助当事人了解各个途径的流程和特点。

劳动争议关键词中所涉及的二级关键词	
38.1	协商
38.2	调解
38.3	劳动争议仲裁
38.4	劳动争议诉讼

先来了解什么是劳动争议。(相关法律依据可参考本书“劳动争议”关键词项下的“劳动争议诉讼”一词中的内容)

1. 主体。劳动争议发生在中华人民共和国境内的用人单位与劳动者之间。境内的用人单位有企业(包括内资、外资、合资),个体经济组织,民办非企业单位,会计师事务所,律师事务所等合伙组织和基金会。对于劳动者,我国法律并没有明确的定义,劳动争议前提下的劳动者通常就是指与用人单位建立劳动关系的个人。有几类人员不适用劳动争议法律关系,他们是:公务员、在校学生、未依法办理就业证件的外国人和我国港澳台地区人员、退休返聘人员。

2. 劳动争议的范围为:

(1)因确认劳动关系发生的争议;

(2)没有订立书面劳动合同,但已形成劳动关系后发生的纠纷;

(3)因订立、履行、变更、解除和终止劳动合同发生的争议;

(4)因除名、辞退和辞职、离职发生的争议;

(5)因工作时间、休息休假、社会保险、福利、培训以及劳动保护发生的争议;

(6)因劳动报酬、工伤医疗费、经济补偿或者赔偿金等发生的争议;

(7)法律、法规规定的其他劳动争议。比如:

①机关、事业单位、社会团体与其建立劳动关系的劳动者之间,因确认劳动关系,订立、履行、变更、解除和终止劳动合同,工作时间、休息休假、社会保险、福利、培训以及劳动保护,劳动报酬、工伤医疗费、经济补偿或者赔偿金等发生的争议。

②劳动者退休后,与尚未参加社会保险统筹的原用人单位因追索养老金、医疗费、工伤保险

待遇和其他社会保险费而发生的纠纷。

3. 非劳动争议的纠纷：

（1）劳动者请求社会保险经办机构发放社会保险金的纠纷；

（2）劳动者与用人单位因住房制度改革产生的公有住房转让纠纷；

（3）劳动者对劳动能力鉴定委员会的伤残等级鉴定结论或者对职业病诊断鉴定委员会的职业病诊断鉴定结论的异议纠纷；

（4）家庭或者个人与家政服务人员之间的纠纷；

（5）个体工匠与帮工、学徒之间的纠纷；

（6）农村承包经营户与受雇人之间的纠纷。

38.1　协商

解析

《劳动法》《劳动合同法》均规定，用人单位与劳动者之间发生劳动争议，可以协商解决。这无疑是将协商作为解决劳动争议的法定途径之一，但通过协商解决劳动争议，并非强制的解决争议途径，而是由劳动者和用人单位双方均出于自愿的选择。换言之，劳动者或用人单位任何一方都可以不选择使用协商的方法解决劳动争议。

法律依据

但集体合同的履行发生的争议，可以先由当事人进行协商解决，协商不成的，再进入其他的争议解决程序。（具体详见本书“集体协商”关键词项下的“集体合同”一词的内容）

本词主要阐述劳动者与用人单位之间的协商概念。在《企业劳动争议协商调解规定》中规定的协商程序和结果的要点如下：

1. 协商的当事方：劳动者和用人单位。另外，可以参与的主体有工会、劳动者委托的组织或个人。

2. 协商方式：约见、面谈。

3. 协商一致的标志：应当签订书面和解协议。

4. 书面和解协议的效力：

（1）对双方当事人有约束力；

（2）经过劳动仲裁机构审查有效的，可以将其作为仲裁程序中的证据使用。但是，当事人为达成和解的目的作出妥协所涉及的对争议事实的认可，不得在仲裁程序中作为对其不利的证据；

（3）不能依据和解协议要求法院强制执行或者申请支付令。

5. 不愿协商的标志：一方提出协商要求，另一方未在 5 日内作出回应。

6. 协商不成的标志：双方未能在约定的协商期限内达成一致的。

7. 协商不成或一方当事人拒绝履行和解协议的后果：另一方当事人可以依法向调解组织申请调解，也可以依法申请劳动仲裁。

8. 协商对仲裁申请时效的影响：自一方当事人向另一方当事人提出协商要求之日，与协商要求相关的劳动争议的仲裁申请时效中断。从协商不成或一方当事人未在约定期限内履行和解协议时起重新计算时效期间。(具体详见本书“时效”关键词项下的“仲裁申请时效”一词的内容)

问题导引

Q1: 用人单位能够以劳动者未履行和解协议为由,拒绝履行自身的合同义务吗?

A: 从《民法典》角度出发,如果和解协议约定劳动者和用人单位相互履行合同义务的,劳动者在约定期限内不履行和解协议的,用人单位有权停止履行相对应的合同义务。只要和解协议程序和内容合法有效的,就可以作为证据使用。但是,用人单位应当注意通过适当的程序提出相应抗辩,否则用人单位可能必须履行合同义务。比如,员工就用人单位不履行和解协议提起劳动仲裁的,用人单位不提出反请求,就可能无法再要求劳动者同时履行合同义务。

Q2: 和解协议中约定“劳动者放弃提起仲裁和诉讼的权利”,这种约定是否有效?

A: 发生劳动争议,当事人有权申请劳动仲裁,是法定的权利。而且,《企业劳动争议协商调解规定》也规定,达成和解协议后一方当事人在约定的期限内不履行和解协议的,可以依法向仲裁委员会申请仲裁。因此,通过约定排除当事人提起仲裁的权利是无效的。

实务小贴士

客观上即使签订了和解协议,也无法完全排除对方当事人提起劳动仲裁的风险。但为了尽量避免在可能发生的仲裁或诉讼程序中败诉的风险,建议用人单位与劳动者签订和解协议,可以明确约定“劳动者与用人单位就协议约定范围内的所有权利义务再无争议,双方之间无债权债务纠纷”。

38.2 调解

解析

通过调解方式处理和解决劳动争议,是我国劳动法明确规定的处理途径之一,《劳动争议调解仲裁法》规定,劳动争议处理原则为“根据事实,遵循合法、公正、及时、着重调解”。自《劳动合同法》出台后,劳动者的维权意识不断增强,各地劳动争议纠纷案件数量显著提高,调解作为一种非司法性质的争议解决途径,也得到了重视,随着《劳动争议调解仲裁法》的出台,在法律层面再一次提出了将调解作为劳动争议处理的手段和程序之一。

法律依据

从广义来说,调解是第三方参与,对争议双方的矛盾纠纷进行调和,以达到促使双方消除矛盾协商达成一致的过程。在劳动争议处理途径中,调解的原则还会在后续的仲裁和诉讼过程中进行适用,本关键词主要阐述由专门调解组织进行的劳动争议调解。

2011 年,人力资源社会保障部根据《劳动争议调解仲裁法》制定了《企业劳动争议协商调解规定》,对调解制度进行了详细的规定。

以下是根据上述主要法律法规的内容,对调解进行基本概念的阐述。

1. 调解受理范围

(1)劳动争议;

(2)劳动者认为企业在履行劳动合同、集体合同,执行劳动保障法律、法规和企业劳动规章制度等方面存在问题的,可以提出调解请求。

2. 调解组织(调解委员会)

(1)企业劳动争议调解委员会、依法设立的基层人民调解组织、在乡镇、街道劳动就业社会保障服务所(中心)等具有劳动争议调解职能的组织。

(2)调解委员会成员由劳动者代表和企业代表组成,人数由双方协商确定,双方人数应当对等。劳动者代表由工会委员会成员担任或者由全体劳动者推举产生,企业代表由企业负责人指定。

(3)调解委员会主任由工会委员会成员或者劳动者代表和企业代表双方推举的人员担任。

3. 调解委员会履行的职责

(1)宣传劳动保障法律、法规和政策;

(2)对本企业发生的劳动争议进行调解;

(3)监督和解协议、调解协议的履行;

(4)聘任、解聘和管理调解员;

(5)参与协调履行劳动合同、集体合同、执行企业劳动规章制度等方面出现的问题;

(6)参与研究涉及劳动者切身利益的重大方案;

(7)协助企业建立劳动争议预防预警机制。

4. 担任调解员的条件和保护

(1)由调解委员会聘任的本企业工作人员担任;

(2)聘期至少为 1 年,可以续聘;

(3)调解员依法履行调解职责,需要占用生产或者工作时间的,应当按照正常出勤对待。

5. 调解申请的受理

调解委员会接到当事人的书面或口头调解申请后,对属于受理范围且双方当事人同意调解的,应当在 3 个工作日内受理。对不属于受理范围或者一方当事人不同意调解的,应当做好记录,并书面通知申请人。

6. 调解过程特点

(1)一般不公开,双方同意可公开;

(2)方式灵活多样,全面听取各方陈述;

(3)自愿达成调解。

7. 达成调解的标志

达成调解的标志,就是由调解委员会制作调解协议书。

8. 调解协议书的生效、内容

(1)调解协议书由双方当事人签名或者盖章,经调解员签名并加盖调解委员会印章后生效。

调解协议书一式三份,双方当事人和调解委员会各执一份。

(2)调解协议书应当写明双方当事人基本情况、调解请求事项、调解的结果和协议履行期限、履行方式等。

9. 调解协议书的效力

调解协议书不具有向法院要求强制执行的效力,只有通过劳动仲裁委员会或人民法院的确认,才能具有强制执行效力。但如果调解协议具有劳动权利义务内容的,具有劳动合同的约束力,可以作为法院裁判的证据。

(1)通过仲裁委员会的确认途径。

①双方当事人可以自调解协议生效之日起 15 日内共同向仲裁委员会提出仲裁审查申请。经过仲裁委员会的审查,认定调解协议书合法有效的,由仲裁委员会出具调解书。当事人不履行调解书内容的,另一方当事人可向法院申请强制执行。

②如果一方当事人不履行调解协议书,另一方当事人依法提起劳动仲裁申请。仲裁委员会应当对调解协议进行审查,调解协议合法有效且不损害公共利益或者第三人合法利益的,在没有新证据出现的情况下,仲裁委员会可以依据调解协议作出仲裁裁决。

(2)通过人民法院的确认途径。

①就给付义务达成的调解协议,双方认为有必要的,可以共同向人民调解委员会所在地的基层人民法院申请司法确认。经人民法院裁定确认调解协议合法有效的,当事人不履行的,另一方当事人可以申请强制执行。

②就支付拖欠劳动报酬、工伤医疗费、经济补偿或者赔偿金事项达成的调解协议,用人单位不履行的,劳动者可以持调解协议书依法向人民法院申请支付令。(具体详见本关键词项下的“劳动争议诉讼”一词的内容)

10. 调解期间

调解应当自受理调解申请之日起 15 日内结束。但是,双方当事人同意延期的可以延长。

11. 调解不成

未能在调解期间内达成调解协议。

12. 调解程序对时效的影响

导致仲裁申请时效中断。(具体详见本书“时效”关键词项下的“仲裁申请时效”一词的内容)

辨析

• 协商与调解的区别

虽然协商和调解都是劳动争议的解决途径之一,并且都不是法定的必经途径,但两者还是有较大的区别。其主要有两个方面的区别:

(1)参与的主体不同。协商是发生在劳动者与用人单位之间的,即使劳动者可以委托其他组织个人或工会参与协商,也是作为劳动者一方的代表;而调解是在第三方调解组织的主持下进行，调解组织站在独立的第三方立场。

（2）达成一致的书面协议书的效力不同。虽然通过两种途径达成的协议书对双方均具有约束力，但和解协议只能成为后续可能发生的仲裁诉讼程序中的证据，而调解协议书则可以经过仲裁机构或法院审查确认后成为具有强制执行力的法律文书。需要注意的是，因支付拖欠劳动报酬、工伤医疗费、经济补偿或者赔偿金事项达成的调解协议，即使不经过审查程序，也可成为向法院申请出具支付令的证据。

问题导引

Q3： 所有的用人单位必须设立调解委员会吗？

A：《企业劳动争议协商调解规定》第13条第1款规定："大中型企业应当依法设立调解委员会，并配备专职或者兼职工作人员。"其他类型企业可以设立调解委员会。但从《劳动法》和《劳动合同法》的规定可见，通过调解途径解决劳动争议并非法定必经程序，而是由当事人自主选择。加之，劳动者有权选择向劳动保障行政机构或劳动仲裁等多种途径主张权利，对劳动者的权利救济途径已经建立，且相关的法律法规均未明确规定未设立调解委员会的后果和责任。因此，并非所有的用人单位都必须设立调解委员会。

实务小贴士

已经设立了调解委员会的用人单位应当注意，调解员本身也是劳动者。如果调解员在调解过程中存在严重失职或者违法违纪行为的，用人单位不宜以严重违反规章制度为由贸然解除其劳动合同。建议先向调解委员会提出，由调解委员会作出解聘处理后，再根据该员工是否存在基于劳动合同关系而产生的违反规章制度行为来判断劳动合同关系的处理方法。

38.3　劳动争议仲裁

解析

劳动争议仲裁程序是我国劳动争议解决途径的前置程序，是"一裁二审"中的重要环节之一。劳动争议的当事人可以选择不与对方当事人进行协商或调解，而直接向劳动争议仲裁机构提起仲裁申请。若劳动争议不经过仲裁程序，则会失去通过诉讼程序保护自身权利的机会。

法律依据

自2008年《劳动合同法》施行以来，各地劳动争议仲裁案件数量呈现"井喷"状态，劳动争议仲裁机构承担了大量而繁重的裁决工作，随着《劳动争议调解仲裁法》《劳动人事争议仲裁办案规则》的相继施行，仲裁程序规则较之从前更为详细。劳动争议仲裁委员会与人事争议仲裁委员会合并成立劳动人事争议仲裁委员会，除了进行劳动争议仲裁之外，也进行人事争议仲裁，两者在受理案件的类型上稍有不同，操作流程是一致的（见图38－1）。

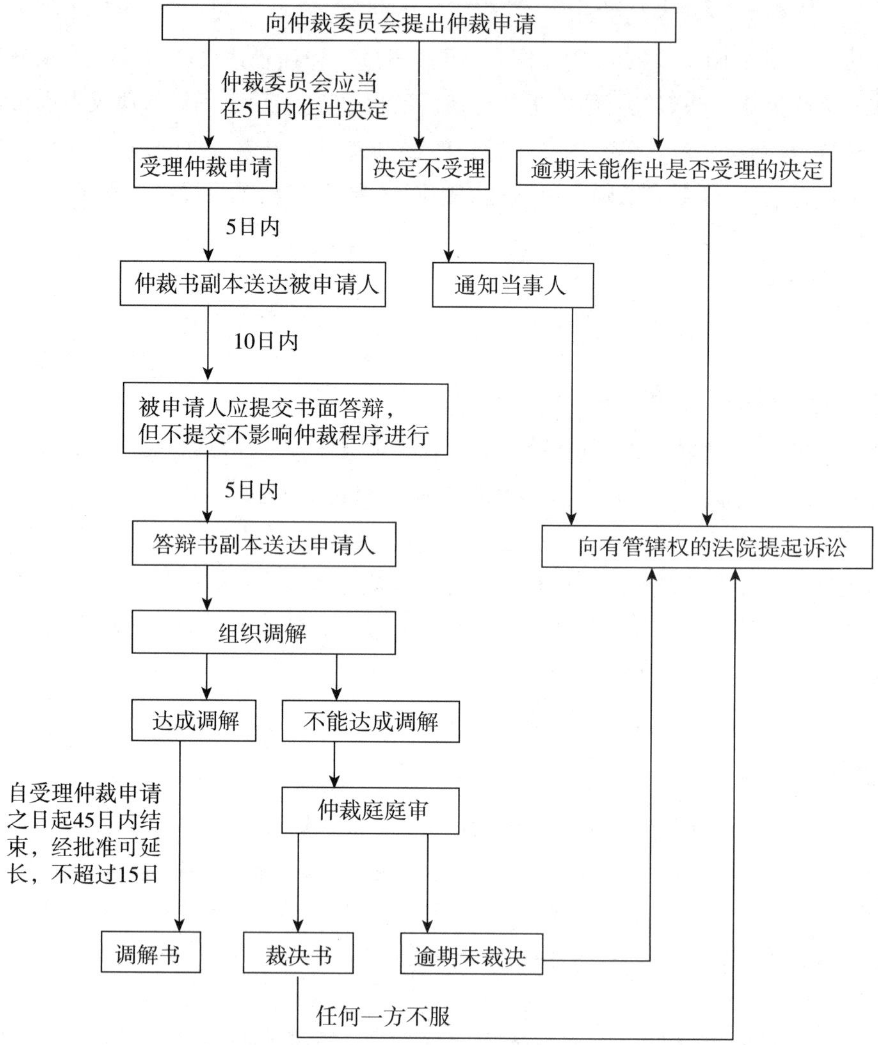

图 38－1　劳动争议仲裁流程

问题导引

Q4： 股票期权、限制性股票回购损失纠纷是否属于劳动争议范围？

A： 股票期权或限制性股票是目前被广泛应用的激励机制，是基于用人单位与劳动者之间的劳动关系，根据劳动者的贡献和业绩表现、用人单位的经营状况或股价等因素确定的激励机制。实务中，往往会针对行权、估价、回购等细节由双方签订或确定详细协议或规则，具备用人单位履行用工管理权的典型特点。但此类纠纷是否为劳动争议范围，司法实践中存在不同的认定，而不同的认定会导致后续司法机关在审理过程中适用不同的法律（一般的民事法律/劳动法律），从而影响最终的认定。

北京案例与导引

[案例1]

包某与北京科技公司因股权发生争议，包某申请再审称一、二审在审理过程中适用普通民商事法律进行裁判，属于适用法律错误，涉案期权属于劳动报酬的一部分，应当适用劳动关系案件所适用的法律法规进行审理。

[法院观点]

法院认为，员工股票期权的取得及行权均与其劳动关系紧密相连，其中体现了劳动者从属于用人单位管理、通过劳动获得报酬的劳动关系典型特征。员工取得的股票期权收益与劳动报酬更为接近，或者属于一种福利待遇，该案以劳动争议为案由进行审理并无不当。但因该纠纷不仅涉及劳动关系的相关问题，同时涉及公司法、证券法等相关法律及国家对于股权激励的相关规定，因此在适用劳动法规定的同时也要涉及其他相关法律法规。

(2022)京民申3321号

上海案例与导引

[案例2]

小白与上海小新公司签订了期限自2017年6月1日至2020年5月31日的《劳动合同》，之后，上海小新公司于2020年6月29日向小白发出终止劳动合同通知书。2020年7月10日，小白申请仲裁，要求公司支付2016年7月至2020年6月股权激励的劳动报酬。

[法院观点]

法院认为，根据小白与上海小新公司法定代表人签署的《股权协议》及《股权代持协议》，上海小新公司法定代表人将其持有公司0.96%的股权转让给小白，说明上述协议系涉及股权转让事项，而涉及股权转让的争议不属于劳动争议处理范围，故小白的该项诉讼请求该案不予处理。

(2021)沪01民终10714号

广东案例与导引

[案例3]

小谢与广州某技术公司2009年3月19日起建立劳动关系。2018年12月3日，双方签订《股权激励协议书》，之后双方对限制性股权激励股票发生争议，小谢于2019年12月20日申请仲裁，要求公司支付违法限售的股权激励股票价值损失。之后双方于2020年1月13日签订《协商解除劳动合同协议书》，公司同意一次性支付小谢经济补偿金；双方之间不再存在其他任何争议，但小谢此前已就限制性股票股权提起的仲裁不包括在内。双方之间关于股权激励股票回购纠纷一案，经仲裁、一审、二审审理。

[法院观点]

关于小谢与公司之间股权激励股票回购纠纷，是否属于劳动争议案件审理范畴的问题，法院认为，《劳动争议调解仲裁法》第2条规定，因履行劳动合同发生的争议，适用该法。该案中，首先，双方签订《股权激励协议书》以及获得该协议书中约定的限制性股票的前提，是小谢属于公司的员工。其次，限制性股票解除限售的条件，是小谢要完成公司的绩效考核并达到绩效考核的目标，而绩效考核的内容，是以小谢完成公司分配的工作为前提。最后，公司设置限制性股票的目的是激励和发挥员工工作的积极性，使他们能够参与分享企业的红利，从而勤勉尽责地为公司的长期发展服务。据此，公司股权激励计划具有明显的人身属性，双方就此引发的纠纷属于在劳动合同履行过程中产生的争议。一审法院结合《上市公司股权激励管理办法》以及《给予个人股票期权所得征收个人所得税问题的通知》的相关规定，认定双方当事人在该案中的争议属于劳动争议审理的范畴，有事实和法律的依据，二审院依法予以维持。

（2021）粤01民终9011号

[案例4]

杨某于2017年12月14日入职广州全某某公司，合同期限为2017年12月14日至2020年12月31日。有关股权问题：根据《武某某公司2014年上市后股权激励计划限制性股票单位授予通知》，全某某公司授予杨某武某某公司的限制性股票期权。《武某某公司2014年上市后股权激励计划限制性股票单位奖励协议》第17条约定，与该计划有关的争议提交仲裁解决，仲裁规则取决于工作地点，如终止合同，则取决于最后的工作地点；受雇于中华人民共和国，则仲裁按我国香港国际仲裁中心根据《仲裁裁决书》提交的仲裁规则（HKIAC规则）生效。2020年1月2日，双方劳动关系解除。

2020年11月13日，杨某以全某某公司为被申请人提出劳动仲裁，请求裁决支付股权激励收入，但劳动仲裁委以股票期权并非全某某公司为由，裁决驳回。之后杨某于2021年1月14日，以全某某公司、武某某公司为被申请人再次提起劳动仲裁，但劳动人事争议仲裁机构以主体不适格为由不予受理。杨某不服，诉至法院。

[法院观点]

关于案涉纠纷是否属于劳动争议的问题，法院认为，从协议约定的内容来看，双方基于上述协议所形成的法律关系应为一般平等民事主体之间的民商事合同关系，而非劳动合同关系。主要理由如下：(1)从协议的内容来看，武某某公司授予限制性股票不属于企业员工依据劳动法领域依法享有的劳动薪酬或福利，而是企业对具备一定条件的员工（包括关联公司的员工）或经营管理者等参加人给予的一种额外的激励，属于一种长效激励举措。(2)武某某公司授予限制性股票是附条件的，即杨某“如作为服务提供商的身份终止，未授予的限制性股票单位的任何部分将被取消，您接收此类限制性股票单位的股份的权利将在您作为服务提供商的身份终止之日终止并丧失……”等。故而该协议符合商业行为盈利与风险相一致的法律特征，本质上应属于一般的民商事合同。(3)从协议的签订、履行过程来看，杨某与全某某公司存在劳动关系只是武某某公司选择激励对象的前提条件之一，但是该劳动关系并不直接影响或构成股权激励协议中双方具体的权利义务内容，故该劳动关系的存在并不必然导致签约双方主体地位的不对等。杨某作为接受授予股票的一方，其完全可以选择接受或者不接受，其选择不会对其与全某某公司之间的劳动关系产生直接影响，因此杨某选择签订涉案协议并未受到与身份有关的限制。根据权利与义务对等的原则，现杨某选择签订案涉协议并接受相关的限制性股票，其理应遵守相应的义务。综上，杨某以该案属于劳动争议纠纷上诉主张一审法院享有管辖权，于法无据，法院不予支持。

（2022）粤01民终8068号

Q5： 劳动争议仲裁程序如何启动？

A： 发生劳动争议，当事人拟提起劳动仲裁，应当向有管辖权的劳动仲裁机构提起仲裁申请。当事人是劳动者、用人单位，在派遣模式中当事人可以是用人单位（派遣公司）也可以是用工单位（接受派遣公司），或者共同成为当事人。

有管辖权的仲裁机构为：劳动合同履行地或者用人单位所在地的仲裁机构，如果争议的双方分别向劳动合同履行地和用人单位所在地的劳动争议仲裁机构申请仲裁的，由劳动合同履行地的劳动争议机构管辖。仲裁机构是由省、自治区、直辖市人民政府按照统筹规划、合理布局和适应实际需要的原则设立的劳动人事争议仲裁委员会。直辖市、设区的市也可以设立一个或者若干个劳动人事争议仲裁委员会。劳动人事争议仲裁委员会不按行政区划层层设立。劳动者或用人单位如果无法得知有管辖权的仲裁委员会是哪个，可以向当地的劳动行政部门进行咨询。

提出仲裁申请，应当向仲裁委员会提交书面的仲裁申请书，并按照被申请人人数提交副本。仲裁申请书应当载明：

1. 当事方的具体信息。包括：

（1）劳动者的姓名、性别、年龄、职业、工作单位和住所；

（2）用人单位的名称、住所和法定代表人或者主要负责人的姓名、职务。

2. 仲裁请求和所根据的事实、理由。

3. 证据和证据来源、证人姓名和住所。（实践中，对此项没有严格要求）

书写仲裁申请确有困难的，可以口头申请，由劳动争议仲裁委员会记入笔录，并告知对方当事人。

本章节后附仲裁申请书范例供参考。（附件：仲裁申请书范本）

Q6： 被申请人收到仲裁委员会送达的仲裁申请书后，应该如何应对？

A： 1. 保留所有送达的文件资料，包括邮政送达的信封和黏附的详情单。仔细阅读仲裁委员会送达的任何书面文件，当事人可以通过仲裁委员会送达的仲裁规则说明文件、当事人权利义务告知书等格式文件，了解各种时间和流程。

2. 确认案件的管辖情况，如果发现仲裁委员会没有管辖权，应当在仲裁委员会规定的提交书面答辩意见的期限之前，向仲裁委员会提交管辖异议申请书，说明管辖异议的理由并提交相关证据。

3. 被申请人可以选择提交答辩状，也可以不提交。不提交书面答辩状不影响仲裁程序进行，也不会影响被申请人在庭审时进行答辩的权利。

4. 预估准备证据材料的时间，如果无法在仲裁委员会规定的期限内收集并提交证据的，应当在仲裁委员会规定的举证期限到期前向仲裁委员会书面申请延期举证，经过仲裁委员会准许，可以适当延长举证期限。另外，如果需要申请证人出庭，应当在举证期限到期前向仲裁委员会提交出庭申请。

5. 如果被申请人拟向申请人提出反请求的，可以在仲裁委员会规定的答辩期限内书面提出反申请。仲裁委员会应当自收到反申请之日起5日内决定是否受理，决定受理的，可以和仲裁申请一并进行处理。如果未能在答辩期限内提出的，被申请人可以另案提起仲裁申请。

6. 作为被申请人还须向仲裁委员会提交相关身份信息，具体可以根据仲裁委员会要求。如果要委托代理人参加仲裁程序的，还应当根据仲裁委员会的要求提交授权委托书等委托文件。

由上述应对注意点可见，劳动仲裁程序启动之后，有严格的流程和时限要求，被申请人应当认真对待。

实务小贴士

1. 实务中，用人单位作为被申请人的情况较多，作为劳动争议仲裁程序的当事人，对涉及仲裁程序的相关内容如果不了解的，应当通过查询相关法律法规，并询问律师等专业人士。

2. 目前使用邮政快递寄送申请书副本的情况比较多见，而用人单位往往都是由门卫或前台接收快递，而仲裁委员会的操作实践认定，经当事人的门卫、前台签收，即视为送达成功，相关的时间期限就开始起算。为了避免重要文书被无意间积压导致错过法定期限的情况发生，建议用人单位应当告知门卫或前台人员，对类似劳动人事争议仲裁委员会、法院等机构送达的文件应当引起重视，第一时间转送到用人单位的相关负责人手中。接收到该文书的负责人也应当特别注意，不要将邮政快递的信封随意丢弃，因为该信封上含有重要时间信息，可以证明用人单位被送达的时间。

问题导引

Q7： 劳动仲裁案件中，用人单位的举证责任有哪些？

A： 当事人对自己提出的仲裁申请主张有责任提供证据。但是，由于劳动争议案件中，很多证据往往都在用人单位处，为了保护劳动者的权益，用人单位的举证责任相对较重。《劳动人事争议仲裁办案规则》规定，与争议事项有关的证据属于用人单位掌握管理的，用人单位应当提供；用人单位不提供的，应当承担不利后果。

此外，如果在法律没有具体规定，依据现有规则无法确定举证责任承担时，仲裁庭可以根据公平原则和诚实信用原则，综合当事人举证能力等因素确定举证责任的承担。

Q8： 用人单位应当履行的仲裁结果有哪些？

A： 对用人单位来说，面临以下的仲裁结果，应当予以履行：

1. 先予执行裁决。

这是对处于弱势的劳动者的特殊保护，是在案件尚未审理完结的前提下进行的裁决。仲裁庭对追索劳动报酬、工伤医疗费、经济补偿或者赔偿金的案件，根据当事人的申请，并且符合以下两个条件的，可以裁决先予执行：(1)当事人之间权利义务关系明确；(2)不先予执行将严重影响申请人的生活。符合上述所有条件的裁决，将移送人民法院执行。

2. 终局裁决。

对于一些金额较低或违反基本劳动保障法律的劳动争议，一经裁决即为生效。劳动者对该裁决不服的，有权向法院提起诉讼；而用人单位只能向仲裁委员会所在地的中级人民法院申请撤销仲裁。

表 38－1　终局裁决与普通裁决的区别

	终局裁决	普通裁决
争议类型	1. 对于涉及下列事项追索劳动报酬、工伤医疗费、经济补偿或者赔偿金，对单项裁决金额不超过当地月最低工资标准 12 个月金额的，劳动人事争议仲裁委员会应当适用终局裁决： (1)劳动者在法定标准工作时间内提供正常劳动的工资； (2)停工留薪期工资或者病假工资； (3)用人单位未提前通知劳动者解除劳动合同的一个月工资； (4)工伤医疗费； (5)竞业限制的经济补偿； (6)解除或者终止劳动合同的经济补偿； (7)《劳动合同法》第 82 条规定的二倍工资； (8)违法约定试用期的赔偿金； (9)违法解除或者终止劳动合同的赔偿金； (10)其他劳动报酬、经济补偿或者赔偿金； 2. 因执行国家的劳动标准在工作时间、休息休假、社会保险等方面发生的争议	除终局裁决外的其他劳动争议
救济途径	1. 用人单位收到仲裁裁决书之日起 30 日内向劳动争议仲裁委员会所在地的中级人民法院申请撤销裁决。 2. 劳动争议仲裁机构作出的同一仲裁裁决同时包含终局裁决事项和非终局裁决事项，当事人不服该仲裁裁决向人民法院提起诉讼的，应当按照非终局裁决处理	自收到仲裁裁决书之日起 15 日内向人民法院提起诉讼（一般为基层法院）
理由	用人单位有证据证明仲裁裁决有下列情形之一： (1)适用法律、法规确有错误的； (2)劳动争议仲裁委员会无管辖权的； (3)违反法定程序的； (4)裁决所根据的证据是伪造的； (5)对方当事人隐瞒了足以影响公正裁决的证据的； (6)仲裁员在仲裁该案时有索贿受贿、徇私舞弊、枉法裁决行为的	对裁决不服
法律后果	终局的裁决一经裁决即为生效，在法院裁定撤销仲裁裁决之前，裁决有效	一旦在期限内提起诉讼，仲裁裁决暂不生效

如果劳动者向人民法院申请执行终局裁决，而用人单位已经在法定期间内向法院申请撤销裁决的，受理执行申请的法院应当裁定中止执行，即暂时停止执行活动。

38.4 劳动争议诉讼

解析

劳动争议诉讼程序是解决劳动争议纠纷的最终程序，绝大部分的争议解决途径最终都指向由司法机关进行救济。就劳动争议纠纷来说，各项解决途径最终涉及诉讼程序的有：

法律依据

1. 协商。经协商一致达成的和解协议，可以成为诉讼程序中的证据，但其效力与一般证据相同。

2. 调解。调解协议书需要经过仲裁委员会审查确认或人民法院司法确认，才能获得具有强制执行效力的仲裁调解书、仲裁裁决书或民事裁定书。

3. 仲裁。仲裁调解书具有强制执行力。超过起诉期限未起诉的仲裁裁决书或超过撤销申请期限未提出撤销申请的终局裁决书也具有强制执行力。可以向基层人民法院申请强制执行。

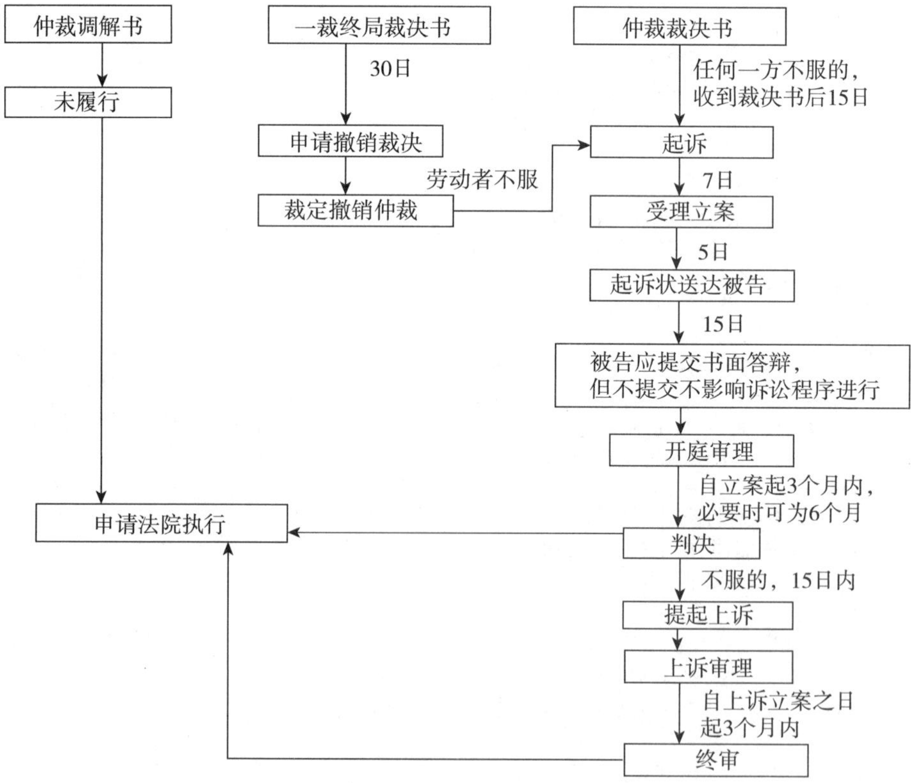

图 38－2　劳动争议诉讼程序的基本流程

辨析

劳动争议诉讼程序和规则与民事诉讼基本一样，当事人可以行使作为诉讼当事人的所有诉讼权利，运用各项诉讼规则。少许的不同之处有：

1. 劳动争议诉讼的提起是前置仲裁程序的结果，并且诉讼请求的范围也局限于仲裁裁决事项。

2. 劳动争议诉讼的被告不能以“反诉”形式向原告主张权利。被告对原告的主张，是基于对仲裁裁决的不服，而不能通过反诉对本诉进行抵销。

问题导引

Q9： 劳动争议的管辖如何划定？

A： 1. 仲裁阶段。劳动争议由劳动合同履行地或者用人单位所在地的劳动人事争议仲裁委员会管辖。双方当事人分别向劳动合同履行地和用人单位所在地的劳动人事争议仲裁委员会申请仲裁的，由劳动合同履行地的劳动人事争议仲裁委员会管辖。

2. 诉讼阶段。劳动争议案件由用人单位所在地或者劳动合同履行地的基层人民法院管辖。劳动合同履行地不明确的，由用人单位所在地的基层人民法院管辖。当事人双方就同一仲裁裁决分别向有管辖权的人民法院起诉的，后受理的人民法院应当将案件移送给先受理的人民法院。

3. 用人单位对终局的仲裁裁决提起的撤销申请，向劳动人事争议仲裁委员会所在地的中级人民法院申请。

实务中，管辖权争议法院在相同条件下（如受理日期相同）会比较倾向于选择仲裁机构所在地的法院管辖。但如果受理时间明显有前后之分，则严格依法以之前受理的法院为管辖法院。

另外，对于诉讼阶段诉前调解的情况，根据《最高人民法院关于进一步完善委派调解机制的指导意见》第5条的规定，确定为涉及管辖权争议的，先立“诉前调”字号的法院视为最先立案的人民法院。不过考虑到实践中当事人提交起诉材料法院不会马上予以审查立案的情况，故法院也会根据当事人提交诉讼材料的时间予以判定。

北京案例与导引

［案例5］

辛某与某公司的劳动争议经劳动仲裁程序审理后，辛某与某公司均不服仲裁裁决，于2022年5月9日分别向北京市西城区人民法院及上海市浦东新区人民法院起诉之后，上海市浦东新区人民法院于2022年5月11日受理并立案号（2022）沪0115民诉前调15400号，北京市西城区人民法院于2022年5月12日受理并立案号（2022）京0102民诉前调16990号。之后公司提出管辖权异议，认为上海市浦东新区人民法院立案在先，应当将案件移送上海市浦东新区人民法院并案审理。

[法院观点]

北京市第二中级人民法院认为,根据《最高人民法院关于审理劳动争议案件适用法律问题的解释(一)》第4条与《最高人民法院关于进一步完善委派调解机制的指导意见》第5条规定:"立案管辖。委派调解案件,编立'诉前调'字号,在三日内将起诉材料转交特邀调解组织或者特邀调解员开展调解。涉及管辖权争议的,先立'诉前调'字号的法院视为最先立案的人民法院。"北京市西城区人民法院作为后受理案件的人民法院应当将案件移送给先受理的人民法院,即上海市浦东新区人民法院。

(2022)京02民辖终607号

广东案例与导引

[案例6]

杜某与广州光学公司就同一劳动争议分别向广州市黄埔区人民法院以及上海市黄浦区人民法院起诉提起诉讼。两案的立案日期均为2020年11月4日。杜某提起管辖权异议,要求由上海市黄浦区人民法院管辖,但未获支持,杜某遂上诉至广州市中级人民法院。

[法院观点]

广州市中级人民法院认为,该案系劳动争议。广州光学公司于2020年11月27日向原审法院提交《起诉状》及相关证据材料,杜某于2020年11月30日向上海市黄浦区人民法院提交《起诉状》及相关证据材料,两法院经审查后未予以直接立案受理,而是分别组织杜某及广州光学公司进行了诉前调解。该两院在确认双方当事人无法达成调解意向的情况下,均于2020年11月4日将受理的相关案件转入审判程序。据此,光学公司向原审法院提交诉讼材料的时间早于杜某。另外,杜某向上海市黄浦区人民法院起诉的案件,该法院已作出(2021)沪0101民初819号民事裁定书,以原审法院受理时间早于其受理时间为由,裁定将该案移送原审法院审理。故原审法院所作裁定正确,广州市中级人民法院予以维持。杜某提出的上诉意见、理由不成立,广州市中级人民法院予以驳回。

(2021)粤01民辖终497号

Q10: 提起诉讼后,原裁决书的效力如何认定?

A: 1. 劳动争议仲裁机构作出仲裁裁决后,当事人对裁决不服或部分事项不服,依法向人民法院起诉的,劳动争议仲裁裁决整体不发生法律效力。

2. 劳动争议仲裁机构对多个劳动者的劳动争议作出仲裁裁决后,部分劳动者对仲裁裁决不服,依法向人民法院起诉的,仲裁裁决对提出起诉的劳动者不发生法律效力;对未提出起诉的部分劳动者,发生法律效力,如其申请执行的,人民法院应当受理。

3. 劳动争议仲裁机构作出的同一仲裁裁决同时包含终局裁决事项和非终局裁决事项,当事人不服该仲裁裁决向人民法院提起诉讼的,应当按照非终局裁决处理。

4. 对终局的仲裁裁决，如果劳动者依不服向基层人民法院提起诉讼，用人单位又向中级人民法院申请撤销仲裁裁决的，中级人民法院应不予受理；已经受理的，应当裁定驳回申请。由基层人民法院管辖。用人单位主张终局裁决存在《劳动争议调解仲裁法》第 49 条第 1 款规定情形的（用人单位对于终局裁决申请撤销仲裁裁决的情形的），基层人民法院应当一并审理。此时，裁决不生效。

Q11： 当事人在提起诉讼后，能否增加新的诉讼请求？

A： 人民法院受理劳动争议案件后，当事人增加诉讼请求的，如该诉讼请求与讼争的劳动争议具有不可分性，应当合并审理；如属独立的劳动争议，应当告知当事人向劳动争议仲裁机构申请仲裁。对于诉讼阶段新增的诉请，如何判断"具有不可分性"？从司法实践来看，法院有较大裁量权。

北京案例与导引

［案例 7］

徐某某与公司发生劳动争议，徐某某提请劳动仲裁，裁决公司向徐某某支付 2018 年 3 月 26 日至 2018 年 4 月 8 日工资差额 3559.96 元，后徐某诉至法院，在诉讼时提出公司应支付 2016 年 3 月 1 日至 2018 年 4 月 25 日的工资差额 51,793.9 元，公司抗辩该项诉讼请求未经仲裁前置程序。

［法院观点］

再审法院认为，徐某某在申请劳动仲裁时提出了支付 2018 年 3 月 26 日至 2018 年 4 月 8 日工资 6500 元的请求，仲裁裁决亦支持其此期间工资差额 3559.96 元。徐某某在诉讼时提出支付 2016 年 3 月 1 日至 2018 年 4 月 25 日的工资差额 51,793.9 元，虽诉讼请求的期间和金额比仲裁请求有所增加，但增加的诉讼请求与仲裁的事项是基于支付工资的同一法律关系，具有不可分性，应当合并审理。一、二审法院对公司主张该项诉讼请求未经仲裁前置程序的意见不予采纳，二审法院经核算对徐某某 2016 年 6 月 26 日至 2018 年 4 月 8 日的工资差额 43,851.74 元予以支持，合法有据。

（2019）京民申 4708 号

上海案例与导引

［案例 8］

王某某在劳动仲裁阶段的仲裁申请为要求确认与某环境公司于 2021 年 3 月 22 日至 2021 年 8 月 20 日存在劳动关系，仲裁机构未予支持。之后王某某对裁决不服，提起诉讼，一审变更诉讼请求为确认与某机电公司存在劳动关系。

［法院观点］

一审法院认为，劳动者与用人单位均应遵守法律法规规定。该案中，第一，王某某对第三人某机电公司提出的诉讼请求虽未经仲裁前置程序，但该诉讼请求与讼争的劳动争议具有不可分性，法院可一并审理。

二审法院认为，根据相关法律规定，劳动争议案件必须经过仲裁前置程序，未经仲裁前置程序的，人民法院不予受理。王某某在仲裁中请求确认与某环境公司于 2021 年 3 月 22 日至 2021 年 8 月 20 日存在劳动关系，一审变更诉讼请求为确认与某机电公司存在劳动关系，该请求未经仲裁前置程序，不符合人民法院劳动争议案件的受理条件，应予驳回，故撤销一审判决。

（2022）沪 02 民终 5778 号

Q12：在诉讼阶段，如果原被告达成和解，原劳动仲裁的裁决书效力如何认定？

A： 达成和解后，既可以由原告撤回起诉，也可以由人民法院出具调解书。撤回起诉，等同于原告未提起诉讼，原裁决书自送达之日起算 15 日期满后生效，而调解是诉讼程序中的结案方式，调解书生效，原裁决书不生效。

实践中，如果劳动者和用人单位在诉讼阶段，就裁决书的裁决事项达成了和解，通俗来说，就是双方各自让一步，建议由人民法院出具调解书，以便固定调解的结果。贸然撤诉，裁决书生效后，劳动者有权要求人民法院强制执行生效的裁决书内容。

Q13：用人单位如何应对支付令？

A： 支付令是指债权人请求债务人给付金钱、有价证券，并且符合“债权人与债务人没有其他债务纠纷的”和“支付令能够送达债务人的”两个条件时，由债权人向有管辖权的基层人民法院申请，经过法院审查债权人提供的事实、证据，对债权债务关系明确、合法的，应当在受理之日起 15 日内向债务人发出支付令。债务人应当自收到支付令之日起 15 日内清偿债务，或者向人民法院提出书面异议。人民法院收到债务人提出的书面异议后，经审查，异议成立的，应当裁定终结督促程序，支付令自行失效。债务人在前款规定的期间不提出异议又不履行支付令的，债权人可以向人民法院申请执行。

劳动争议中，适用支付令的情形有：

1. 用人单位拖欠或者未足额支付劳动报酬的；

2. 因支付拖欠劳动报酬、工伤医疗费、经济补偿或者赔偿金事项达成调解协议，用人单位在协议约定期限内不履行的，劳动者可以持调解协议书依法向人民法院申请支付令。

对于用人单位来说，若对于支付令所述内容不服的，应当在收到支付令后的 15 日内及时向法院提出书面异议。由于法院审查支付令的过程仅审查申请人提交的证据，并不听取被申请人的答辩，为了公平，如果被申请人及时提出异议，人民法院一般不会过于严格的审查被申请人的异议理由，只要适当说明理由，人民法院应当终止支付令效力。

Q14： 劳动者申请人民法院执行生效的仲裁裁决书、仲裁调解书，用人单位是否有救济途径？

A： 如果用人单位能够证明仲裁书、调解书有下述7种情形的，可以向执行法院提出异议，经审查核实的，可以由法院裁定不予执行。

1. 裁决的事项不属于劳动争议仲裁范围，或者劳动争议仲裁机构无权仲裁的；
2. 适用法律、法规确有错误的；
3. 违反法定程序的；
4. 裁决所根据的证据是伪造的；
5. 对方当事人隐瞒了足以影响公正裁决的证据的；
6. 仲裁员仲裁该案时，有徇私舞弊、枉法裁决行为的；
7. 人民法院认定执行该劳动争议仲裁裁决违背社会公共利益的。

另外，如果是终局的裁决书被申请执行的，一旦用人单位及时向中级人民法院申请撤销的，执行法院应当裁定中止执行。一旦仲裁裁决被撤销的，人民法院应当裁定终结执行。

Q15： 具有强制执行力的生效仲裁裁决书、调解书或判决书所裁定的支付金额，用人单位是否有权直接进行税金的代扣代缴？

A： 代扣代缴义务是用人单位基于税务相关法律应承担的义务，但生效的仲裁裁决书、调解书或判决书中并不会直接列明税款问题，由此使用人单位与劳动者可能对是否由用人单位扣减税款后再进行支付这一问题发生争议。实践中对此存在不同的观点，一种观点认为被执行人应当严格根据生效法律文书的金额向申请执行人履行给付义务，无权为其进行代扣代缴个人所得税；另一种观点认为被执行人作为支付工资发放主体，系代扣代缴个人所得税的义务人，如所代扣代缴的税款经税务部门认可，则该部分可以生效法律文书所确定的执行款金额中予以扣除。

由于各地实践不一，建议用人单位在支付款项前应尽量先就代扣个税的具体事项与劳动者进行明确，并留存相关证据，以应对后续纠纷。如发生相应纠纷，建议用人单位尽快向法院提供相关完税证明提出执行异议，但如法院已将相关款项直接执行的，则后续用人单位可以不当得利为由，起诉劳动者返还代扣代缴的个人所得税。

实务小贴士

1. 金钱支付的协议（包括和解协议、调解协议在内），应就税金的缴纳进行明确约定。
2. 如履行了生效的裁决书、调解书或判决书，应向主管税务机关如实报告。

上海案例与导引

［案例 9］

上海某公司与陈某劳动争议一案，生效判决确认：某公司于该判决生效之日起10日内支付陈某违法解除劳动合同的赔偿金和额外经济补偿总计150万元。陈某后向法院申请执行，要求公司支付378,504.30元和迟延履行期间的债务利息。法院向公司发出执行通知书和报告财产令,责令公司按生效判决履行付款义务。

公司向法院提出异议:(1)生效判决确定的补偿和赔偿金共计150万元系税前金额;(2)陈某主张的款项为公司作为扣税义务人向税务机关代扣代缴陈某个人所得税款,公司将扣除个人所得税后的补偿和赔偿金已向陈某支付。所以公司已履行了生效判决的付款义务,请求法院驳回陈某的执行申请。

陈某辩称,其未委托公司代扣代缴个人所得税,对公司该行为不予认可。生效判决确定公司应支付其补偿和赔偿金共计150万元,现收到1,121,495.70元,要求公司继续履行378,504.30元,并承担迟延履行期间债务利息,公司不履行的,申请法院强制执行。

执行中,法院向上海市闵行区税务局征询如下问题:(1)公司与陈某在本案判决生效后已不存在劳动关系,在此情况下,公司可否作为陈某应缴税款的代扣代缴义务人?(2)陈某根据本案生效判决所确定的补偿和赔偿金所要缴纳的个人所得税,公司代为扣缴378,504.30元的主张是否属实,金额是否符合法律及行政法规等规定?

上海市闵行区税务局函复法院:(1)根据《个人所得税法》第9条和《个人所得税法实施条例》第24条的规定,公司是生效判决确定的所得支付人,其具有代扣代缴义务。(2)根据《财政部、国家税务总局关于个人与用人单位解除劳动关系取得的一次性补偿收入征免个人所得税问题的通知》和《国家税务总局关于个人因解除劳动合同取得经济补偿金征收个人所得税问题的通知》(已失效)的规定,公司据生效判决支付陈某的150万元,按上述规定计算个人所得税并已实际代扣代缴,符合规定。

[法院观点]

法院认为,根据该案生效判决查明和认定的事实,以及被执行人在执行中提供的证据材料,法院可认定生效判决确定被执行人应支付申请执行人陈某补偿和赔偿金共计150万元系税前金额。根据《个人所得税法》相关规定,缴纳个人所得税是纳税人应尽法定义务。上海市闵行区税务局对本院的复函中明确,公司是生效判决确定的所得支付人,其具有代扣代缴义务;支付陈某的150万元,按规定计算个人所得税为378,504.30元,公司并已实际代扣代缴。故而判决生效后,被执行人代申请执行人向上海市闵行区税务局缴纳上述个人所得税以及将余款向申请执行人支付,可认定被执行人已履行完毕判决确定的义务。

(2019)沪0112执2737号

问题导引

Q16: 如果最终被认定恢复劳动关系的,企业应支付员工仲裁诉讼期间的工资吗?如何支付?

A: 对该问题,《违反〈劳动法〉有关劳动合同规定的赔偿办法》(劳部发〔1995〕223号)以及《劳动和社会保障部办公厅关于用人单位违反劳动合同规定有关赔偿问题的复函》(劳社厅函〔2001〕238号)曾规定,用人单位违反规定或劳动合同的约定解除劳动合同的,造成劳动者工资收入损失的,应按劳动者本人应得工资收入支付给劳动者;"劳动者本人应得工资收入",是指因用人单位违反国家法律法规或劳动合同的约定,解除劳动合同造成劳动者不能提供正常劳动而损失的工资收入。但具体如何补发,由于全国性的法律法规并无规定,各地实践观点不一。对于如何补发,主要有两个问题:一是补发工资的期间如何确定,二是补发标准如何确定。

对于补发工资的期间,主要两种观点:一种是用人单位仅需补发劳动仲裁及诉讼期间的工资,持该种观点的主要系上海市;另一种是用人单位需补发违法解除劳动关系之日起至恢复劳动关系期间的工资,目前除上海市以外的省市主要持该种观点。

对于补发标准,各地实践存在较大的差异,主要有六种观点:第一种是用人单位需按劳动者被解除劳动关系前12个月平均工资支付,持该种观点主要是上海市和广东省;第二种是用人单位需按劳动者解除劳动合同前正常工资标准支付,持该种观点主要是北京市(但北京市仅限在因实体方面存在瑕疵被认定为违法解除的情形);第三种是用人单位可以按同期在岗职工的平均工资标准支付,目前辽宁省主要持该种观点(但辽宁省如劳动者本人工资高于本市同期在岗职工平均工资的,按照劳动者本人前12个月的平均正常工作时间工资计算);第四种是用人单位可以按当地最低工资标准支付,持该种观点的主要是北京市(仅限在因程序方面存在瑕疵被认定为违法解除的);第五种是用人单位可以按当地最低生活费标准支付,目前持该种观点的为河北省石家庄市、安徽省淮南市;第六种是不予补发工资,该种观点为极少数观点,目前在辽宁省、安徽省合肥市检索到相关案例。

北京案例与导引

[案例10]

小圣2014年7月21日入职北京某公司。2018年8月28日公司向小圣发送劳动合同解除通知书。小圣后申请劳动仲裁,要求继续履行劳动合同,并主张公司支付2019年9月1日起至返岗之日止的工资收入损失。

[法院观点]

法院认为,公司系违法解除,小圣未参加劳动非本人原因造成,依据《违反〈劳动法〉有关劳动合同规定的赔偿办法》第2条第4款、第3条第1款规定,公司应按照小圣应得工资收入标准支付自2018年9月1日至小圣返岗之日的工资损失,考虑到小圣快到法定退休年龄,支付工资损失的期限最迟应为小圣达到法定退休年龄之日止。经双方确认小圣工资构成为基本工资29,995.68元+交通补贴及餐补1000元+住房补贴2226元+补充保险费用223.88元,因小圣自2018年9月1日后并未出勤,故交通补贴及餐补不应支付,即公司应按照每月32,445.56元标准支付工资损失。

(2021)京03民终7713号

上海案例与导引

[案例 11]

小屋于 2019 年 10 月 21 日进入上海某公司工作,担任资深产品经理岗位,约定每月基本工资为 32,000 元、绩效工资为 8000 元。2020 年 3 月 13 日,公司向小屋出具解除劳动合同通知函,以“受疫情严重影响”为由,解除与小屋的劳动合同。2020 年 3 月 26 日,小屋申请劳动仲裁,要求恢复劳动合同,并主张公司按照 40,000 元/月的标准支付 2020 年 3 月 14 日起至恢复劳动关系之日止的工资。

[法院观点]

法院经审理后认定,公司系违法解除,公司对工资标准不认可,主张应当按照产品经理岗位基本工资 16,000 元之标准予以支付,绩效工资不予支付。对此,一则,员工原担任资深产品经理岗位,公司理应按照该岗位工资标准支付恢复期间的工资,该主张无依据,不予采纳。二则,从双方都认可的工资明细表看,员工的基本工资、绩效工资每月均固定发放,公司陈述绩效工资须经考核,但并未提供证据,且公司陈述员工正常上班、没有重大问题的情况下,公司对于绩效工资是发放的,现员工未能提供劳动的责任归咎于公司的违法解除行为,故公司主张不予支付绩效工资的意见,不予采纳。最终判定,公司应按照 40,000 元/月的工资标准支付员工自 2020 年 3 月 26 日提起劳动争议之日起至 2020 年 10 月 20 日劳动合同到期期间工资 270,804.60 元。

(2021)沪 01 民终 2012 号

辽宁案例与导引

[案例 12]

小军于 2010 年 8 月 1 日与辽宁某公司签订无固定期限劳动合同,2016 年 7 月 13 日,公司以小军有多次迟到和长时间离岗为由,对小军做出解除(终止)劳动合同处理。2016 年 7 月 29 日,小军申请劳动仲裁,要求恢复劳动合同,该仲裁委员会于 2016 年 9 月 2 日作出裁决书,认定公司违法解除,继续履行劳动合同。后公司不服,提起诉讼,一审法院于 2017 年 11 月 13 日作出判决。判决作出后,小军于 2017 年 12 月 14 日返回到原工作岗位,后双方因发放解除劳动合同期间的工资等事宜发生争议,小军于 2017 年 12 月 21 日再次申请仲裁,要求公司支付 2016 年 7 月 13 日至 2017 年 12 月 14 日的工资 64,423.20 元。

[法院观点]

法院认定,《辽宁省工资支付规定》第 36 条规定:“用人单位解除劳动关系的决定被劳动争议仲裁委员会或者人民法院依法裁决撤销或者判决无效的,应当支付劳动者被违法解除劳动关系期间的工资,其工资标准为本市同期在岗职工的平均工资;劳动者本人的工资高于本市同期在岗职工平均工资的,按照劳动者本人前 12 个月的平均正常工作时间工资计算。”2016 年 7 月 13 日,公司对员工做出解除(终止)劳动合同处理决定最终被认定无效,已公布的本地职工月平均工资为3789.60元,员工本人工资未高于该工资,故公司应按该标准为员工补发2016年7月13日至2017年12月14日工资即64,423.20元。

(2021)辽14民再35号

[案例13]

小付于2016年2月1日入职大连某公司从事潜水员工作,双方约定按计件工资标准支付工资。公司每年均需要组织潜水员进行职业健康检查,2020年2月10日,公司向小付出具了调岗通知书,告知小付因其在2020年度无法提供正规医院的体检报告以及其自身的身体状况,将其工作由潜水员岗位调整到单位后勤的其他工作岗位(逾期不到岗视自动解除劳动关系),小付在2020年2月14日签收了该通知书。2020年3月1日,双方又签订了《解除劳动合同证明书》,以双方协商一致为由解除了劳动关系。另查明,根据公司提供的小付的"职业健康检查报告书""职业健康体检表",经向医院核查,该"职业健康检查报告书"和"职业健康体检表"均不是该院所出具的。之后小付申请仲裁,要求认定为违法解除,恢复劳动关系,并支付违法解除劳动合同期间和之前工资。

[法院观点]

法院认定,员工与大连某公司虽就解除劳动合同协商一致,但员工在解除劳动合同时并没有做出放弃离岗前职业健康检查的明确意思表示,协商解除劳动合同也并不能当然免除公司应承担的法定义务,一审法院认定双方于2020年3月1日解除劳动合同的行为无效,双方的劳动关系自2020年3月1日始恢复于法有据。作为劳动者,员工在上岗前参加了公司组织的岗前培训、安全教育培训,被告知《潜水员水下作业管理制度》、职业病危害,经笔试考核后上岗工作,应当知晓职业病危害及后果、职业病防护及待遇等相关内容,其未依法参加职业健康检查,存在明显的过错。另外,双方劳动合同约定员工实行计件工资制,员工自2020年1月至6月并未到岗提供劳动,其要求公司给付该期间工资没有事实和法律依据。

(2021)辽02民终3954号

附件:仲裁申请书范本

劳动仲裁申请书

申请人:张三,男,19××年××月××日生

工作单位:×××××公司,职位:××

住所地:××市××路××号××室,邮编:××××××

被申请人:×××××公司

住所地:××市××路××号××室

法定代表人:×××

仲裁申请事项:

请求裁决被申请人向申请人支付拖欠的工资人民币××元;

请求裁决被申请人向申请人支付从××××年××月至××月的加班工资人民币××元;

……

事实与理由:

(简述申请人与被申请人之间劳动合同签订情况,写明与仲裁申请事项有关的事实背景,如劳动报酬的约定金额、计算标准、请求金额的具体组成结构等)

附件:相关证据材料

××市××区劳动人事争议仲裁委员会

申请人:(签名)

日期:××××年××月××日

Chapter 7 第七篇 HR与公司法

No. 39 并购与重组

除了企业日常的用工管理外，企业进行并购、重组项目时，通常也会集中遇到方方面面的劳动法问题：一方面，人力资源作为企业的一项重要资产，其现状在一定程度上会影响并购、重组项目架构的设计；另一方面，并购、重组项目通常伴随企业发展战略的调整，最常见的调整之一即部门的重组和人员的转移、裁撤等，进而影响企业员工劳动关系。与日常用工管理过程中遇到的劳动问题不同的是，并购、重组项目中的调整，其对象通常不是个别员工，而是涉及整个部门，甚至整个公司。这一特征决定了其影响面非常大，部分情况下甚至会反作用于并购、重组项目的推进。HR在处理涉及并购与重组情境下的劳动法问题时，目光不能局限于劳动法问题本身，而要对公司法和并购与重组交易也有所了解，才能作出最符合整体利益的决策。

并购与重组关键词中涉及的二级关键词	
39.1	股权并购和资产并购中的劳动关系处理
39.2	并购前劳动尽职调查
39.3	并购中职工代表大会和工会的作用
39.4	并购中涉及的停工停产问题
39.5	并购中的员工安置问题

39.1 股权并购和资产并购中的劳动关系处理

解析

法律依据

在企业并购活动中，并购相关方，尤其是收购方，出于降低交易成本、规避风险、合理避税等诸多因素考虑，在交易之前会慎重地选择和设计交易方式。其中，股权并购和资产并购是并购交易中最常用的两种并购方式。股权并购，一般指通过直接或间接购买目标公司股权的方式来收购目标公司，通常情况下，目标公司除直接或间接股东会发生变化外，对公司经营本身影响不大。资产并购，系通过购买目标公司的全部或大部分资产，以获得新的生产线、经营能力、新产品、客户群体、特定的知识产权等，再以购得的资产为主要出资重新设立一家新的公司。该模式下，新设立的公司可能仍在原公司的地址从事类似甚至相同的业务，但已经是一家完全独立于原公司的全新公司。正是因为存在这些差异，使在前述两种并购模式下劳动关系的处理也十分不同。并购案件中员工劳动关系能否平稳过渡事关并购完成后企业经营活动能否平稳过渡，尤其对于员工人数众多的生产型企业而言更为重要。因此，了解两种并购模式下劳动关系处理面临的不同问题很有必要。

1. 股权并购

如前文所述，股权并购模式下，通常发生变化的仅有被并购公司的股东，而被并购公司本身不会发生变化。根据《劳动合同法》第 33 条的规定，公司投资人发生变化，劳动合同继续履行，即在并购完成后，被并购公司现有员工的劳动关系不会因并购交易本身发生任何变化。

尽管有如上法律规定，实践中仍应注意的是，新的股东可能会对被并购公司有新的经营安排，导致需要解除或变更部分员工的劳动合同。常见的情形有两种：一是并购完成后，新的股东可能会撤换被并购公司管理层（如董事、监事、总经理），有的表现为免除原职务但保留劳动关系，即对工作职责进行调整，涉及变更劳动合同；有的则表现为同时免除职务和解除劳动关系。二是新的股东可能会对被并购公司进行一系列的业务、部门重组，导致部分员工所在部门、岗位变动甚至被撤销，从而导致需要变更或解除该部分员工的劳动合同。无论是第一种还是第二种情形，要变更或解除员工的劳动合同都绝非易事，因为《劳动合同法》明确规定，除员工不胜任工作或医疗期满后不能从事原工作外，[①]变更劳动合同约定的内容需与员工协商一致，解除员工劳动合同也仅限协商一致或法定情形。

上述第一种情形，存在《公司法》和《劳动合同法》的竞合问题。尽管收购方在收购完成后成为被并购公司的股东，有权根据《公司法》的相关规定对董事、监事进行撤换。但是，如果该等被撤换人员同时与被并购公司订有劳动合同，股东方对其职务的免除并不意味着劳动合同的自动解除。实务中，职务免除也不构成公司解除或变更劳动合同内容的直接依据。就法律上而言，被并购公司可以考虑的途径有两条：一是依据《劳动合同法》第 36 条的规定，与相关管理层协商解除劳动合同。协商模式下，公司通常需要支付超过法定标准的补偿金来换取员工的同意，并且由于管理层的薪资通常比较高，成本不菲。二是依据《劳动合同法》第 40 条第 3 项和《劳动法》第 26 条第 3 项的规定，以“劳动合同订立时所依据的客观情况发生重大变化，致使劳动合同无法履行”为由，依法解除劳动合同。但是，该操作会面临两个法律风险：首先，何为“客观情况发生重大变化”在实务中存在很大争议。根据《劳动部办公厅关于印发〈关于《劳动法》若干条文的说明〉的通知》第 26 条第 4 款的规定，“客观情况”指“发生不可抗力或出现致使劳动合同全部或部分条款无法履行的其他情况，如企业迁移、被兼并、企业资产转移等，并且排除本法第二十七条所列的客观情况”。公司股权发生变动背景下的管理层撤换是否构成“客观情况发生重大变化”没有明确的法律规定，取决于法官的自由裁量，因而具有不确定性。其次，即使特定情况下构成“客观情况发生重大变化”，按照法律规定，公司需与相关员工就变更劳动合同进行协商，未能达成协议的情况下才能实施解除，公司主张未能达成协议的情况是否合理也存在一定的不确定性，这也就为实施解除带来了风险。由此可见，若收购方在并购完成后想实现撤换管理层的目的，不论采取哪种方式，要么面临较高的经济成本，要么面临较高的法律风险。

---

① 目前，有些地区的司法实践中，在一定条件下也允许用人单位根据生产经营需要，在合理范围内，单方调整员工工作岗位。例如，2017 年 4 月 24 日发布的《北京市高级人民法院、北京市劳动人事争议仲裁委员会关于审理劳动争议案件法律适用问题的解答》第 5 条第 1 款明确规定：“用人单位与劳动者约定可根据生产经营情况调整劳动者工作岗位的，经审查用人单位证明生产经营情况已经发生变化，调岗属于合理范畴，应支持用人单位调整劳动者工作岗位。”

针对上述第二种情形(业务、部门重组),与上述管理层撤换的情形同理,被收购公司要么与受影响的员工进行协商解除或变更劳动合同,要么依据法律规定单方解除员工劳动合同。协商的经济成本与取得协商一致的结果之间需要平衡,单方解除的高效和后续的法律风险之间需要平衡。

2. 资产并购

资产并购模式下,收购方通常会设立一个全新的公司。虽然理论上新成立的公司可以全部招聘新员工,但实践中,为确保新公司业务的有序开展和平稳运行,或者实现生产经营活动的无缝衔接,新公司通常会接收原公司大部分甚至全部员工,因为他们对被收购公司的业务线、生产工艺、机器设备等都已十分熟悉,比重新招聘、培训新员工更为经济、便捷。因此,资产并购实践中,资产的购买与员工的转移通常相伴而生。由于原公司与新公司是两个完全独立的法律实体,员工转移可以拆解为两个步骤:(1)员工与原公司解除劳动合同;(2)员工与新公司订立新的劳动合同。实务中,往往会由原公司、新公司和员工签署三方协议,就原合同的解除、新合同的订立以及与劳动关系转移相关的事宜进行约定,同时或随后由员工与新公司签订新的劳动合同。

针对前述员工转移的情形,根据《劳动合同法实施条例》第10条的规定:“劳动者非因本人原因从原用人单位被安排到新用人单位工作的,劳动者在原用人单位的工作年限合并计算为新用人单位的工作年限。原用人单位已经向劳动者支付经济补偿的,新用人单位在依法解除、终止劳动合同计算支付经济补偿的工作年限时,不再计算劳动者在原用人单位的工作年限。”从前述条文来看,法律为公司提供了两个选择,要么由原公司就员工已有工作年限按法律规定支付经济补偿(买断工龄方案),要么由新公司承继员工在原公司的工作年限从而暂时无须支付经济补偿(连续计算工龄方案),但最终选择权实际掌握在员工手中。换言之,在原公司与员工解除劳动关系、新公司同意承继其与原公司工作年限时,员工可以选择接受该等连续计算工龄的安排,也可选择要求在解除时即获得针对已有工作年限的经济补偿。如果涉及员工人数众多且大多数员工要求以获得经济补偿作为解除劳动关系的前提,所产生的经济补偿将会是一笔不小的数字。

那么,如果大多数员工都接受连续计算工龄方案,就可以高枕无忧了吗?对新公司而言并非如此。尽管《劳动合同法实施条例》第10条仅写明了在计算经济补偿时连续计算工龄,对于诸多与工龄挂钩的其他事项(诸如医疗期的计算、满10年订立无固定期限劳动合同)是否受连续计算工龄影响没有明确,但是实践中,在不少地方劳动部门认可连续计算工龄的情况下,计算医疗期和病假工资以及确定签订无固定期限劳动合同条件时应以合并计算的工龄为准。如此一来,连续计算工龄会导致新公司多项用工成本的提高,例如,工作年限越长,医疗期越长,也越容易达成签订无固定期限劳动合同的条件。在这种情况下,对于新公司而言,承继原公司员工的工作年限,绝非仅仅承继与原工龄对应的潜在经济补偿,而是承继了诸多变动的、不断累积的法律责任。

实务小贴士

针对上文讨论的股权并购和资产并购模式下劳动关系处理的异同,并购企业应尤其注意如下事项。

1. 开展详尽的劳动尽职调查,全面了解被收购公司的用工情况

兵家言,“知己知彼,百战不殆。”企业并购活动也是如此,收购方只有在准确、全面了解被收购公司的具体情况时,才能更好地确定收购方式、实现收购目的。企业并购背景下的劳动关系处理更是如此。无论是股权收购还是资产收购,都需要对被收购公司开展详尽的劳动尽职调查。

股权收购模式下,现有员工劳动关系不会发生变化,被收购公司此前用工过程中所产生的一切潜在责任均继续由被收购公司承担,从而间接由收购方承继。因此,通过劳动尽职调查厘清并购交割前已经产生的责任和可能产生的责任对于收购方而言十分重要,并且这种重要性不仅体现在并购谈判阶段,也体现在并购结束后,如何更好、更规范地管理用工方面。

资产收购模式下,许多人认为既然新公司与原被收购公司系两个独立的实体,无须承继原被收购公司的任何责任,也就不需要过多关注被收购公司原来的用工情况。这种理解是相对片面的。首先,如前文所讨论的,新公司完全不雇用原公司任何员工的情况相对少见;其次,即使原公司已采用工龄买断方案来解决员工的原劳动关系,由于这些员工会转入新公司工作,全面了解这些员工在原公司的薪资水平、福利待遇、日常管理方式等信息,也会为新公司管理这些员工提供很好的指导,尽快缩短磨合期。因此,通过劳动尽职调查来详细了解原公司的用工情况也很有必要。

2. 谨慎起草并购交易文件,注意对用工相关责任及劳动关系处理可能产生的成本进行排除

上文提到无论是股权并购模式还是资产并购模式,劳动关系的处理都面临一定的困难。

针对股权并购模式,笔者建议,收购方如果在交易前已有撤换管理层的打算,应在交易前尽早做好准备,包括摸清管理层劳动合同的签署情况、撤换管理层可能产生的经济成本,并且在交易谈判过程中即将该因素纳入定价考量范围,或者纳入合同约定,如此方能为自己在并购后赢得更多的操作余地。

资产并购模式下,如前文分析,不论是买断工龄方案还是连续计算工龄方案,都可能产生一系列的经济成本或法律责任,而不同方案下承担上述经济成本或法律责任的主体不同。买断工龄方案往往更有利于收购方,因为员工原劳动关系与新公司完全无关,新公司几乎等于首次招聘一批新员工。连续计算工龄方案则更多地把压力与风险转移到了收购方一边,并且很多情况下这种风险是潜在和未知的。一般情况下,收购方的首选自然是买断工龄方案,但实践中出于各种考量,如对于优质资产存在多个竞争买方,或者出售方缺乏一次性买断工龄的资金,为促成交易,收购方也不得不在员工事宜上作出妥协。这种情况下,笔者建议通过劳动尽职调查仔细了解清楚原公司的用工情况,了解清楚可能存在的风险,在起草交易协议时注意让出售方进行充分的陈述与保证,进行部分风险与责任的排除,并约定好相应的补偿机制,或者可以考虑购买交易保险。

3. 关注地域差异,注意与当地劳动行政部门确认地方性要求

除前文论述的一般情况外,企业在并购活动中一定不能忽略劳动管理的地区性差异。中国地域广袤、幅员辽阔,各地的经济发展水平、就业情况、风俗习惯等差异较大,从而导致各地劳动行政部门在执行法律法规规定的时候也存在一定的差异,甚至会出现一些远高于法律规定的要求。例如,一般理解,投资人变更的情况下,员工劳动合同不受影响继续履行,也就不存在需要支付经济补偿的情形。但是,笔者曾经在一例股权收购案件中遇到,尽管企业仅仅将会因为被收购导致股东发生变化,但是当员工提出要求就股权变更前的工龄进行补偿时,仍得到了当地劳动行政部门的支持。最后为了顺利推进交易的进行,股权出售方和收购方不得不重新进行磋商、谈判,以应对额外支出的成本。

39.2　并购前劳动尽职调查

解析

企业并购是实现企业发展战略、发挥经营协同效应的重要途径之一。但是，在创造机会的同时，并购活动也隐藏着各种风险，如目标公司在法律、财务等方面现存的或潜在的问题，如果未能及时发现并纠正或做好预案，不仅影响并购目的的实现，更有可能在并购完成之后继续损害公司利益。因此，并购方在并购过程中通常会聘请律师事务所、会计师事务所、第三方评估公司等中介机构对目标公司展开详尽的尽职调查，以识别目标公司在法律、财务等方面存在的问题并提前作出相应安排。

法律依据

劳动尽职调查是法律尽职调查过程中非常重要的一环，尤其对并购员工人数动辄成百上千的制造型企业而言更显关键。因为劳动尽职调查不仅能为买方查清目标公司在劳动用工上存在的问题和风险，更能为并购交易的后续安排、行动提供预判和指引。部分情况下，目标公司过往及当前的劳动用工合法合规情况甚至有可能左右并购对价的确定、交易结构的选择。实践中，根据预期交易结构的不同，劳动尽职调查关注的重点也会有所不同。

实务小贴士

企业并购交易中开展劳动尽职调查应重点关注如下要点：

1. 员工基本信息

开展劳动尽职调查，首先需要关注的是目标公司员工的基本情况，通常包括员工的数量，姓名、年龄、性别、岗位、工龄、工资、福利，是否存在特殊情形（病假、工伤、“三期”、职业病、工会委员等），用工形式（如直接聘用还是劳务派遣），劳动合同订立情况，劳动合同期限等基本信息，这是对后续其他问题进行定性、定量分析的基础。尽调人员通常可以要求目标公司提供一份包含上述信息的员工清单，通过对该员工清单进行审阅和梳理，可以相对快速、全面地了解目标公司全体员工的基本情况。此外，值得提出的是，通常情况下我们只会要求目标公司提供在职员工清单，对于尽职调查开始前已经离职的员工不会给予太多关注；但是，部分案件中，也有必要了解一下目标公司近期离职人员的情况，因此也可要求目标公司提供近期（如一年内）离职的员工名单、离职原因介绍及离职补偿情况。另外，除少数情况外，从尽职调查开始到交易文件的确定，通常会持续一段时间，在此期间也应注意关注目标公司员工基本情况的变动。

2. 劳动合同

我国《劳动合同法》规定，建立劳动关系应当订立书面合同，否则企业将面临支付双倍工资的法律风险。一般而言，企业都会准备一个标准版本的劳动合同，与员工签署。发展较为完善的企业，会针对不同人员准备不同版本的劳动合同供签署，诸如适用于高级管理人员的版本、技术人员的版本、行政人员的版本、车间工厂工人的版本。此外，如存在特殊用工形式的（如劳务派遣用工、退休返聘人员），也会有专门适用的合同版本，部分企业还存在集体协商合同。为提高尽职调查效率，尽调人员可要求目标公司提供所有目前正在使用的合同版本的模板，以进行审阅，同时随机挑选若干员工的实际合同进行审阅。

劳动尽职调查过程中,对劳动合同的审阅通常着眼于劳动合同条款本身以及劳动合同签署情况两个方面:

(1)对劳动合同条款的审阅主要关注合同条款的完整性与合法合规性。《劳动合同法》第 17 条规定了劳动合同的必备条款,如劳动合同的期限、工作时间和地点、社会保险、劳动保护、劳动条件和职业危害防护等,目标企业的劳动合同版本应满足上述必备条款要求。另外,在满足完整性的基础上,应进一步检查条款本身是否合法合规。实务中,企业(尤其是民营企业)劳动合同条款可能违反法律法规规定的情形主要体现在以下几个方面:

①未取得劳动部门适用特殊工时制批准的情况下,对部分员工工作时间的安排违反了标准工时制度的规定;

②企业单方面解除权的规定与《劳动合同法》的规定相悖;

③企业对员工进行罚款的权力违反《劳动合同法》的规定;

④试用期、假期相关规定违反法定时长;

⑤企业和员工约定不负责社保和公积金的缴纳;

⑥高级管理人员或其他关键员工的竞业禁止义务违反法律规定,如约定的竞业禁止期限超过了最长的两年法定期限或者未约定相应的经济补偿/补偿标准过低。

(2)除审阅劳动合同条款本身外,尽调人员还应当根据员工清单中的信息检查目标公司劳动合同的签署情况,并重点关注以下问题:

①是否雇用了未满 16 周岁的未成年人;

②是否存在不签订劳动合同的事实劳动关系,以及相应事实劳动关系的持续时间;

③核查已签署无固定期限劳动合同员工的数量以及符合签订无固定期限劳动合同的法定条件但未签订无固定期限合同的员工数量;

④核查劳务派遣员工岗位性质、数量(如有)及其在全部员工中的占比;

⑤对关键员工的劳动合同进行逐一审阅(合同年限、职位、报酬、竞业限制和保密条款等),关注是否有特殊安排;

⑥核查外籍员工和我国港澳台员工(如有)的就业许可和居留许可文件。

3. 员工工资

员工向企业提供劳动以换取经济报酬是劳动关系的核心,因此,克扣、拖欠工资都是法律法规明令禁止的行为。并购交易中,目标公司如果存在拖欠工资的行为,不仅需要支付拖欠的工资、赔偿金,在情形严重并触犯刑法的情况下甚至还要承担相应的刑事责任。因此,在劳动尽职调查过程中检查目标公司的工资支付情况虽然看上去很简单,但非常重要。在核查目标公司工资支付情况时,不应仅确认目标公司员工工资是否及时、足额支付,更应仔细考虑目标公司员工薪资设置、计算本身是否存在问题。实务中,以下几个方面值得特别留意:

(1)目标公司向员工发放的工资是否存在低于当地最低工资标准的情况。需要注意的是,这里的最低工资不包括加班工资,夜班、高温等特殊环境、条件下的津贴,以货币形式支付的伙食补贴等,并且在有些地方(如北京、上海、天津)还不包括社会保险和住房公积金中的个人承担部分,即员工的工资在扣除上述款项后不得低于当地最低工资标准(安徽 2023 年 3 月 1 日起实行的最低工资标准再次包括社会保险和住房公积金中的个人承担部分)。开展尽职调查时应当根据当地的规定进行逐一核实。

（2）许多企业存在加班的情况，尤其是制造型企业可能会有倒班的情况，因此，在开展尽职调查时应仔细确认目标公司是否向员工足额支付加班工资。除了查看每个员工的工资表以及支付凭证外，尽调人员还可以通过审阅相应的加班记录或职工考勤记录予以核实。现场尽职调查中，尽调人员通过在同工厂保安或门卫的闲聊中所获得的信息也可以对目标公司平时加班的频率有一个大致的判断。

（3）假期工资的支付问题也是很多企业劳动用工不合规的"重灾区"。在核对目标企业假期工资支付的情况时，应注意审阅企业的假期工资支付标准，同时也可通过与目标公司管理人员的访谈来了解实际的执行情况。

（4）在检查工资支付情况时，尽调人员应注意将工资支付凭证与员工个人所得税扣缴凭证等材料进行交叉核对。

4. 社会保险和公积金

随着《社会保险法》和《住房公积金管理条例》的出台，企业应当为在册员工缴纳社会保险和公积金（"五险一金"）已经成为一项广泛要求，但实践中不缴、少缴、漏缴"五险一金"的情况仍比较普遍。究其原因，一方面企业能够通过少缴"五险一金"来节约人力成本，另一方面许多制造型企业的员工地域流动性较大，员工自身也不愿意承担"五险一金"的个人部分，而是希望多拿到手工资。另外，一些地方的政府主管部门出于降低企业用工成本、吸引投资等因素的考量对当地企业"五险一金"缴纳的管理并不严格，这种情况下少缴、漏缴通常都是在员工和主管部门默认的情况下进行的。

尽管有以上背景，但是在并购交易中，对于收购方而言，如果日后员工与企业发生劳动争议或者当地政府主管部门收紧关于"五险一金"缴纳的管理，目标企业就可能被要求补缴少缴漏缴的部分、缴纳滞纳金甚至被处以罚款，而该结果最终也得由收购方来承担。因此，在劳动尽职调查过程中，需要结合员工工资信息对目标公司"五险一金"缴纳人员、缴纳基数、缴纳比例等进行仔细核对（除目标公司提供的汇总数据，还要核查自政府主管部门处收到的"五险一金"的缴存凭证），确认少缴的数额以及可能的罚款金额。在框定大致的风险金额后，再决定如何应对，最基本的是要求目标公司作出陈述与保证，并在合同中规定相应的赔偿义务，在此基础上可以选择要求目标公司补缴，也可以选择不要求补缴，但要求卖方提供一定的金额在第三方监管账户作为将来潜在风险的担保，对此需综合各种因素判断。

5. 企业规章制度

企业规章制度是其规范员工管理的基础性内部文件，一般涵盖了员工劳动报酬、工作时间、休息休假、劳动安全卫生、保险福利、职工培训、劳动纪律等事关员工切身利益的方方面面。在劳动尽职调查过程中，对企业规章制度的审阅也主要关注两个方面，即制度本身的合法合规性以及制度的执行情况。企业规章制度不得违反国家法律、行政法规及政策规定。在审阅企业规章制度时，可重点关注是否存在以下几个方面的问题：

（1）根据《劳动合同法》的规定，用人单位在制定、修改或者决定直接涉及劳动者切身利益规章制度时应当经过民主评议并进行公示。尽调人员可以检查目标公司规章制度相应的会议记录、公示文件、员工培训学习记录以及员工签收记录等材料以确认规章制度的制定过程是否符合程序。

（2）目标公司如果采用了综合和/或不定时工时制度，应检查其工时制度是否已经获得劳动部门的批准。

（3）目标公司的加班制度是否违反了法律规定，如每月加班超过36小时的上限。

(4)目标公司的休假制度是否违反了法律规定,如员工带薪休假天数低于法律规定的 5～15 日。

(5)目标公司是否有一些减损员工报酬或福利的规章制度,如不合理的罚款制度、不按照规定计发员工病假工资、不按照规定安排员工休年假或给予相应补偿等。

(6)对于有职业病危害因素的制造型企业可以检查其是否制定了相关的劳动卫生安全制度、提供了相应的劳动防护用品、定期组织员工体检、发放岗位津贴等。

在审阅目标公司书面制度的同时,尽调人员也应注意通过与企业管理人员、员工的访谈来了解企业规章制度的执行情况,尤其是核查确认是否存在低于已有规章制度标准执行的情况。另外,企业规章制度的审查对收购方而言除了有助于在收购前摸清目标企业的情况,规避或控制交易风险,也为在完成收购后整合目标公司现有制度与收购方集团制度打下良好的基础。因此,在审查合法性的同时,也要关注与收购方集团制度的兼容匹配性。

6. 劳动纠纷

企业的经营管理本身是一项非常系统、庞杂的工作,企业的利益和员工的利益在某些层面可能出现对立,因此不可避免地会出现一些劳动纠纷。此类劳动纠纷尽管通常情况下仅涉及个别员工的利益,并且相对公司的经济实力而言,通常数额不大,但这并不意味着劳动纠纷可以不给予重视。尤其是对于并购交易中的收购方而言,摸清目标公司的劳动纠纷情况,不仅可以框定目标公司可能面临的经济责任,也是收购方了解目标公司的用工情况、企业文化的一个重要途径。

开展劳动尽职调查过程中,尽调人员应注意通过向目标公司询问、公开途径检索等多种渠道去了解目标公司是否存在任何未决或潜在的劳动纠纷,尤其是可能在交易完成后会给目标公司造成实际损失的纠纷以及可能产生集体性诉讼的纠纷。对于可能产生经济责任的问题是并购交易中各方的敏感点,能够尽快、尽早发现这些问题对于收购方谈判、推进交易流程都至关重要。

39.3 并购中职工代表大会和工会的作用

解析

根据企业的类型,企业中的职工代表大会和工会在并购交易中具有不同的作用和影响。忽视企业职工代表大会或者工会的作用可能会产生不利后果,对于国有企业或者集体企业而言,甚至有可能导致交易本身不具有法律效力。

法律依据

1. 国有企业

根据《工会法》第 36 条和《企业民主管理规定》第 14 条的规定,国有企业职工代表大会是企业实行民主管理的基本形式,是职工行使民主管理权力的机构,国有企业和国有控股企业职工代表大会有权听取和审议企业经营管理主要负责人关于企业投资和重大技术改造、财务预决算、企业业务招待费使用等情况的报告,专业技术职称的评聘、企业公积金的使用、企业的改制等方案,并提出意见和建议,并且有权审议通过企业合并、分立、改制、解散、破产实施方案中职工的裁减、分流和安置方案。

2. 集体所有制企业

根据《工会法》第 37 条、《城镇集体所有制企业条例》(2016 修订)第 9 条、《〈中华人民共和国城镇集体所有制企业条例〉商业企业实施细则》第10条、《〈中华人民共和国城镇集体所有制企业条例〉轻工业实施细则》第9条以及《企业民主管理规定》第49条，职工（代表）大会是集体企业的权力机构，由其选举和罢免企业管理人员，决定经营管理的重大问题，企业的合并、分立、终止或其他重要事项，须经本企业职工（代表）大会审议通过，并报主管部门审核同意后，由企业向当地市场监督管理部门办理变更登记。

3. 其他企业、事业单位

结合《工会法》第38条、《企业民主管理规定》第13条和《劳动合同法》第4条及第41条的规定，除上述国有企业和集体所有制企业以外的其他企业、事业单位的工会委员会，依照法律规定组织职工采取与企业、事业单位相适应的形式，参与企业、事业单位民主管理。该等企业的职工代表大会职权包括听取企业主要负责人关于企业发展规划、年度生产经营管理情况，企业改革和制定重要规章制度情况，企业用工、劳动合同和集体合同的签订和履行情况，企业安全生产情况，企业缴纳社会保险费和住房公积金情况等报告，提出意见和建议。同时，企业在制定、修改或者决定有关劳动报酬、工作时间、休息休假、劳动安全卫生、保险福利、职工培训、劳动纪律以及劳动定额管理等直接涉及劳动者切身利益的规章制度或者重大事项时，应当经职工代表大会或者全体职工讨论，提出方案和意见，与工会或者职工代表平等协商确定。

另外，具有法定情形，需要裁减人员20人以上或者裁减不足20人但占企业职工总数10%以上的，用人单位应提前30日向工会或者全体职工说明情况，听取工会或者职工的意见后，裁减人员方案经向劳动行政部门报告，可以裁减人员。因此，如果企业在并购之前或之后需要通过经济性裁员的方式遣散员工，企业应当按照上述规定与工会或全体职工进行沟通，听取职工或职工代表的意见。

需要注意的是，上海市于2017年11月23日出台的《上海市职工代表大会条例》中不仅规定职工代表大会有权审议改革改制中职工分流安置、经济补偿等劳动关系变更的方案，提出意见和建议，还规定企事业单位决定改制、合并、分立、搬迁、停产、解散、申请破产等重大问题，应当依照法律的规定，通过职工代表大会审议或者其他形式听取职工的意见和建议。

实务小贴士

在并购交易实务中，根据企业类型不同，需要注意以下内容。

1. 集体企业

如果某一实体属于集体企业，职工（代表）大会是企业的权力机构，其合并、分立、股权和资产并购交易本身就需要经过企业职工（代表）大会审议通过，并报主管部门审核同意，否则可能会直接导致交易本身无效。

另外，在并购交易中如果目标公司为集体企业，在尽职调查中需要对近年来的合并分立等重大事项是否满足上述程序性要求进行审查，以免发生因前序交易不符合规定而使后续交易无效的风险。

2. 国有企业

对于国有企业和国有控股企业，企业合并、分立、股权和资产并购交易本身不需要企业职工代表大会审议通过，但其中如果涉及职工裁减、分流和安置方案，需要提交企业职工代表大会审议通过。首先，审议通过的要求高于听取意见，必须有通过的证明文件。其次，在极端情况下，交易未经过职工代表大会审议通过，加上其他相关因素，可能会被法院判定为因损害公共利益而无效。

当然，并非所有未经职工（代表）大会审议通过的集体企业和国有（控股）企业的并购交易均无效。法院在审理该类型案件时还会从兼并企业的实际情况以及企业职工的切身利益出发，综合判断其法律效力。

3. 外商投资企业和其他私营企业

对于外商投资企业和其他私营企业，虽然并购交易本身，以及涉及职工的裁减、分流和安置方案均不需要职工代表大会审议通过，但对于直接涉及劳动者切身利益的重大事项方案（包括但不限于职工安置方案），也需要与工会和职工代表充分沟通，在制定过程中听取其意见和建议。有些地方性规定（如上海市）甚至要求企业就合并、分立等重大问题通过职工代表大会审议或者其他形式听取职工的意见和建议。

如何做到既履行法律法规规定的民主程序，又保证公司的交易秘密不被提前泄露是实践当中较难把握的问题。对此，笔者建议，在协议磋商谈判阶段，如果确实需要约定与员工切身利益相关的条款，应仅作原则性或者框架性的约定，并明确约定可能根据工会和职工代表提出的意见和建议进行调整。同时，为避免调整过大影响双方的交易预期，应在协议签订前做好充分的劳动尽职调查，将员工的切身利益进行充分考量。对于已经做好充分尽职调查仍不能预见的部分，建议交易各方在合同中明确约定调整金额如何承担或分摊。总之，员工合法的权益不能因交易而削减，但交易各方可以在彼此之间分配不确定性所带来的风险。

4. 特殊时期的行业政策

另外，需特别注意的是，根据经济形势，国务院或者有关部委可能出台针对某一行业、某一过渡时期的规定或者政策。例如，2016 年 2 月，国务院针对煤炭行业和钢铁行业“去产能”出台了国务院《关于煤炭行业化解过剩产能实现脱困发展的意见》以及国务院《关于钢铁行业化解过剩产能实现脱困发展的意见》，其中规定：“……未经职工代表大会或全体职工讨论通过的职工安置方案，不得实施。”这一规定未区分企业类型，而是针对全行业的企业适用，都需要讨论通过。因此，企业通过并购交易进行经营调整，还需密切关注针对本行业出台的新规定，适时与政府部门进行沟通，确保准确理解政策，满足相关程序要求。

问题导引

Q1：“国有参股企业”是否需要履行《企业民主管理规定》第 14 条规定的义务？

A： 根据《企业民主管理规定》第 14 条的规定，国有企业和国有控股企业合并、分立、改制、解散、破产实施方案中职工的裁减、分流和安置方案，应当经过职工代表大会审议通过。

根据《国家统计局关于对国有公司企业认定意见的函》（国统函〔2003〕44 号），国有企业有广义、狭义之分。广义的国有企业是指具有国家资本金的企业，包括纯国有企业（包括国有独资企业、国有独资公司和国有联营企业三种形式，企业的资本金全部为国家所有）和国有控股企业［包括国有绝对控股和国有相对控股两种形式，国有绝对控股企业是指在企业的全部资本中，国家资本（股本）所占比例大于 50% 的企业；国有相对控股企业是指在企业的全部资本中，国家资本(股本)所占的比例虽未大于50%,但相对大于企业中的其他经济成分所占比例的企业(相对控股),或者虽不大于其他经济成分,但根据协议规定,由国家拥有实际控制权的企业],以及国有参股企业(指具有部分国家资本金,但国家不控股的企业)。狭义的国有企业,仅指纯国有企业。

按照这一规定,笔者理解,《企业民主管理规定》第14条中的"国有企业"与"国有控股企业"相提并论,应指狭义的国有企业,不包括国有参股企业。因此,笔者认为,国有参股企业无须履行《企业民主管理规定》第14条规定的义务。但在具体并购交易中,建议咨询当地相关政府部门的意见。

Q2: 随着并购交易导致企业情况发生变化,原工会组织和工会主席、副主席等工会领导如何变化?

A: 中华全国总工会2006年发布的《企业工会工作条例(试行)》第7条第4款规定:"企业改制须同时建立健全工会组织。"《工会法》第12条、第13条规定,基层工会、地方各级总工会、全国或者地方产业工会组织的建立,必须报上一级工会批准,任何组织和个人不得随意撤销、合并工会组织。基层工会所在的用人单位终止或者被撤销,该工会组织相应撤销,并报告上一级工会。《企业工会工作条例(试行)》第25条第1句规定:"工会主席、副主席可以由会员大会或会员代表大会直接选举产生,也可以由企业工会委员会选举产生。"

由此可见,如果并购交易后产生新公司,新公司工会组织的成立需要经过上一级工会批准,新工会的委员、委员会、工会主席、副主席的产生也需要经过选举,而不是简单地继承或合并。

39.4 并购中涉及的停工停产问题

解析

并购是企业调整生产经营的一种方式。随着经营策略的调整,企业的用工需求甚至用工主体可能会发生变化,从而可能导致停工停产。例如,企业收购目标公司的一条生产线,生产线上的操作工劳动关系转移至收购企业,不同意劳动关系转移的员工由于没有业务而被安排停工待岗。再如,企业通过股权转让的方式收购目标公司全部股权,然后进行业务调整并裁撤个别部门,导致部门停止运转,员工停工,等待后续安置方案。

法律依据

此外,企业由于经营不善、债务危机等会寻求潜在收购方,而此时企业可能已经有部分人员陷入待岗或者停工停产状态,企业和潜在收购方也需要对这部分人员谨慎处理。

根据《工资支付暂行规定》以及各地方性法规规定,在非因劳动者原因造成停工停产的情况下,员工的工资根据停工停产期间是否超过一个工资支付周期有不同的发放标准。具体详见本书"工资"关键词项下的"假期工资"一词的内容,本关键词不再赘述,仅就几个常见的实务焦点问题进行解析。

问题导引

Q3: 对个别业务部门进行出售、调整等导致业务部门停止运转,这种情形是否构成"非因劳动者原因造成停工停产",从而可参照《工资支付暂行规定》中规定的标准支付工资?

A: 根据《深圳市员工工资支付条例》第28条和《广州市劳动人事争议仲裁委员会、广州市中级人民法院民事审判庭关于劳动争议案件座谈会的意见综述》第21条规定,深圳和广州均明确规定用人单位部分或者个别车间分厂等停工停产可以适用上述有关工资发放的规定,而北京、上海、天津、重庆、江苏、浙江、四川暂未有明确规定,由法官根据案件具体情况自由裁量。从案例来看,部分法院在审理涉及题述问题的案件中,会审查企业是否对员工的安置进行过考虑,例如,在资产收购协议中约定买方需与卖方所出售业务相关的全部员工签订劳动合同,或者卖方与员工协商变更劳动合同等。从降低法律风险的角度看,在部分业务部门停止运转时,卖方应尽量与收购方磋商是否能接收员工,或者在本公司内部考虑有无可供协商变更的职位。

从证据保留的角度看,一般来讲,经营策略调整的决定以及员工停工待岗的安排应当由企业的权力机构(如股东会、董事会)按照法定程序作出书面决议。再者,在公司将某项业务转让给其他公司而安排遗留员工停工待岗的情况下,业务转让协议可以作为证据之一,证明业务的出售导致停产。

另外,企业的停工停产决定应当有效通知到员工,除张贴于工作场所的公告栏、办公室和车间入口等员工容易看到的地点外,还需通过邮件、短信、快递等方式通知至员工个人,并应保留相关证据。

需要注意的是,企业提供的证据应当与停工停产直接相关,或虽不直接相关,但能够形成完整证据链。例如,虽然停工停产经常被公司作为实施裁员后仍不能够解除劳动合同的人员安置方式,但是发生裁员事件本身并不必然证明停工停产的合法性。

北京案例与导引

[案例1]

A公司自2013年2月开始,根据公司全球战略调整计划,将人力及财务资源集中用于保证未来业绩成功的领域。A公司整个手机业务停止,并对相关工作人员进行裁减。同年4月20日,员工孟某告知A公司其已经怀孕,自此在未履行任何请假手续以及未获公司批准的情况下未再前往A公司上班。由于孟某所属部门及相关岗位在该次裁员中均已取消,其所属部门中除孟某外的员工均已与A公司协商一致解除劳动合同,因此,孟某所属部门工作已经完全停止,处于停工停业状态。鉴于此,A公司决定于2013年5月31日以电子邮件的方式通知孟某,自2013年7月1日起其将处于待岗状态并相应调整工资。

孟某认为A公司调整工资的行为于法无据,因此提起劳动仲裁,主张工资差额。A公司对仲裁裁决不服,诉至法院,后又上诉至中级人民法院。孟某在一审答辩意见中指出,对A公司称其所属部门停工停业无法安排工作不予认可。针对其所属部门,孟某负责的工作随着时间的变化,业务也不一样,不存在一个项目组只做一件事的情况,而是随着不同项目需求做不同的业务,孟某完全能胜任其他存在的岗位。

[法院观点]

一审法院认为,虽然A公司处于裁员期间,但裁员与停工停业并非同一概念,裁员的结果也并不必然导致停工停业,A公司仍需就其公司处于停工停业的事实提供相应的证据。但该案中,A公司未向一审法院提供充分的证据证明其公司存在停工停业的情况,且A公司未与孟某就工作岗位的变更进行沟通,亦未就劳动合同的相关内容变更进行协商,故A公司扣减孟某工资的行为依据不足。二审法院同意上述观点,维持原判。

(2014)三中民终字第14704号

Q4: 收购经营不善导致停工停产或已经有员工待岗的企业需要注意哪些问题?

A: 如果目标企业已经因经营不善使得整体或者部分停工停产,甚至出现员工长期待岗的情况,收购时来源于这部分员工的风险比较大,实践中,员工可能会主张由收购方承担责任或者承担连带责任。笔者建议:(1)收购方在收购前应当对目标企业停工停产的状况以及是否有待岗人员进行详尽调查。(2)考虑到用工风险,优先采用资产收购的方式;视停工停产涉及员工的范围,决定是否要求目标企业提前对这些员工的劳动关系进行处置;如果需要聘用目标企业的员工,建议在收购清单中详细列明员工名册,并约定收购方对于清单以外的债权债务(包括员工工资报酬福利等)不承担任何责任。

湖北案例与导引

[案例2]

祁某1990年由某厂调入粮机厂,因单位无合适岗位安排,一直在家待岗,但粮机厂为其缴纳社保。2003年6月26日,粮机厂(甲方)与某科技股份公司(乙方)签订了《资产收购转让合同》,约定资产收购转让范围包括甲方现有土地使用权、房屋、机器设备、存货、债权、部分债务,以及未经评估的商标权、专利权、非专利技术等无形资产;资产转让完成后,收购清单所列债权债务发生的经济纠纷和法律纠纷由乙方负责,收购清单以外债权债务发生的经济纠纷和法律纠纷由甲方负责;资金到位后,由甲方设立专户管理,负责支付职工安置费。随附的职工安置费、经济补助计算明细表中无祁某。2013年7月,祁某提起劳动仲裁,要求粮机厂和某科技股份公司收购后设立的实体丙公司向其发放待岗期间的生活费。

[法院观点]

虽然粮机厂由政府主导改制并整体出售给某科技股份公司,但粮机厂改制出售时的职工名册及收购清单中均无祁某或下欠祁某相关劳动争议款项,根据《资产收购转让合同》的约定,收购清单以外债权债务发生的经济纠纷和法律纠纷由粮机厂负责。由于粮机厂于 2000 年作为子公司划入粮油集团管理,粮油集团是其主管单位,且粮机厂被吊销营业执照但未办理企业法人注销登记,依照 2003 年《最高人民法院关于审理与企业改制相关的民事纠纷案件若干问题的规定》(法释〔2003〕1 号)(已被修改)第 27 条的规定,企业售出后,应当办理而未办理企业法人注销登记,债权人起诉该企业的,人民法院应当告知债权人追加责任主体,并判令责任主体承担民事责任,但因粮机厂和某科技股份公司签订的《资产收购转让合同》约定,收购清单以外的债权债务不应由收购资产企业承担责任,故法院依职权追加粮机厂的主管单位粮油集团参加诉讼,且粮油集团应和粮机厂共同向祁某支付生活费。

(2017)鄂 01 民终 1935 号

39.5 并购中的员工安置问题

解析

在公司并购引起的员工安置案件中,除了一般的劳动法问题外,如有可能,公司人事还应当尽早介入并购交易的流程,充分了解并购交易的背景,帮助公司预测并购交易结构的设计和合同条款的内容可能会对后续的员工安置产生何种影响,并提出相应的建议。一般并购案件中会聘请外部律师对法律问题进行把关,但公司人事对企业文化和员工性格有深入的了解,在员工可能出现的情感诉求方面可以给予交易执行团队宝贵的意见。

实务小贴士

对于并购中的员工安置问题,企业需要特别注意以下几点:

首先,在并购交易合同中,对于员工安置事宜,一般不宜约定"一刀切"的结果(如必须在某个时点前完成多少员工的安置)。因为员工安置与商业交易的其他环节有本质区别。商业交易的本质是追逐利益,且很多交易步骤大致可控,例如,何时支付股权转让款的问题,只要账面上有资金,且中国外汇管控上没有障碍,是可以约定明确的完成时间和罚则的。但员工安置的本质是人和情感,不应期待其过程和结果完全受交易方所控制。所以,交易方宜约定各方应尽最大努力实现某一目标(如拟订协商解除对象、提前退休对象、转岗对象),如果不能实现部分目标,交易方应及时协商替代解决方案。需要强调的是,无论根据合同是哪一方负责员工安置事宜,在金钱上可以划清责任,但在员工应对上,无论是收购方还是出售方,任何一方都很难独善其身。

其次,为避免交易信息泄露影响员工期待,交易各方应当严格限制参与并购交易谈判的人数及级别。如有可能,要求所有参与者签署保密协议,承诺其不会向任何第三方披露在谈判过程中取得的任何商业信息,包括收购方的投资人背景、商业预算等。另外,并购交易对价的事先泄露可能会对员工安置产生重大影响,例如,并购交易金额巨大的话,员工对补偿金的期待也会大幅提高,因此公司应特别防止此类信息的泄露。如果并购交易涉及国有企业,存在公开竞价行为,或者涉及上市公司,负有向公众披露义务的,一定要充分预见这一信息披露后可能对员工安置预算带来的影响。

再次，对于员工安置需要一定的周期，交易双方应达成共识，在设置交割条件时应保持足够的灵活性，尤其是负责员工安置的一方（通常是卖方），要充分预计到员工安置的困难性。如果将员工安置目标的百分之百完成作为收取部分股权转让款的条件，很可能会导致该部分转让款的收款延期。

最后，交易方需对在并购交易实施过程中要留任哪些员工予以事先规划，如生产交接、财务、人事、客户沟通等方面所需人员。对于这一部分员工，其劳动关系如何处理，在员工安置计划公布后如何激励其坚持在岗工作等，都需要提前想好，这会对整个员工安置过程是否安全、稳健产生重大影响。

No. 40 董事、监事、高级管理人员

包括公司董事、监事[1]和高级管理人员在内的人员通常统称为“董监高”。根据《公司法》的规定,高级管理人员是指公司的经理、副经理、财务负责人,上市公司董事会秘书和公司章程规定的其他人员。董监高人员一旦与企业订立劳动合同后,享受劳动法相关法律法规赋予的权利、履行劳动法相关法律法规规定的义务,与一般员工无异。但是,董监高人员也具有相当显著的特殊性。该等特殊性一方面体现在董监高人员在《公司法》范畴下有其特殊的权利和义务,导致在处理其劳动关系问题上,不仅要考虑劳动法相关法律,还需要考虑《公司法》相关规定;另一方面体现在董监高人员职务的特殊性决定了其能够对企业的发展发挥更多的作用,有效的激励措施会产生更佳的效果,同时他们也掌握着比一般员工更多的公司信息和资源,需要更为周全的管理与规范。因此,董监高人员的用工管理值得企业给予特别关注。

董事、监事、高级管理人员关键词中涉及的二级关键词	
40.1	董监高人员在公司法下的义务
40.2	董监高人员在劳动合同法下的特殊性
40.3	公司高管的协商解除谈判要点
40.4	“金色降落伞”条款
40.5	“金手铐”(股权激励)

40.1 董监高人员在公司法下的义务

解析

公司属于法人拟制主体,相关法律行为须通过自然人的代理行为来完成,尤其是公司的董监高人员,董监高人员从公司利益出发,忠实且勤勉地履行其职责,是公司良好运营、实现最大利益的前提。我国《公司法》第180条第1款、第2款规定,董事、监事、高级管理人员对公司负有忠实义务,应当采取措施避免自身利益与公司利益冲突,不得利用职权牟取不正当利益。董事、监事、高级管理人员对公司负有勤勉义务,执行职务应当为公司的最大利益尽到管理者通常应有的合理注意。但董监高人员的个人利益与公司的利益可能并不一致甚至存在冲突,实践中部分董监高人员往往不能遵守其对公司所应尽的忠实和勤勉义务。当董监高人员违反上述法定义务时,除了承担相应的法律责任以外,与公司签订劳动合同的董监高人员如果在劳动合同中与公司有相关的约定,其亦应当承担违反劳动合同约定

法律依据

① 尽管董事、监事并不必然是公司的员工,法律法规也不强制要求企业与其订立劳动合同,但实践中董事、监事作为企业的员工全职为企业工作、与企业订立劳动合同的情形也颇为常见,因此本章节也将董事、监事作为企业员工的情形纳入讨论。

的后果。因此，对于公司 HR 来说，只有事先了解董监高人员在《公司法》下的义务，并结合具体岗位要求将这些义务细化到相关人员的劳动合同中，才能在因董监高人员违反忠实和勤勉义务而与公司发生劳动纠纷时让公司处于有利地位。

一、董监高人员的范围

对公司负有忠实义务和勤勉义务的主体是董监高人员，因此，首先要确定的就是董监高人员的范围。根据《公司法》第 67 条、第 68 条、第 75 条、第 76 条、第 130 条、第 265 条中的相关规定，表 40 - 1 中的人员均属于董监高人员。另外，根据《公司法》第 10 条的规定，我国公司的法定代表人是由代表公司执行公司事务的董事或经理担任，因此本书不再单独讨论。

表 40 - 1　董监高人员的范围

董事	代表公司执行公司事务的董事、董事长、副董事长以及其他董事会成员（包括职工董事）
监事	监事、监事会主席、副主席以及其他监事会成员（包括职工监事）
高级管理人员	公司的（总）经理、副（总）经理、财务负责人（总监），上市公司董事会秘书和公司章程规定的其他人员

二、董监高人员需要满足的任职资格

《公司法》第 178 条第 1 款通过反向列举的方式对董监高人员的任职资格进行了规定，有下列情形之一的，不得担任公司的董监高人员：

（1）无民事行为能力或者限制民事行为能力；

（2）因贪污、贿赂、侵占财产、挪用财产或者破坏社会主义市场经济秩序，被判处刑罚，或者因犯罪被剥夺政治权利，执行期满未逾 5 年，被宣告缓刑的，自缓刑考验期满之日起未逾 2 年；

（3）担任破产清算的公司、企业的董事或者厂长、经理，对该公司、企业的破产负有个人责任的，自该公司、企业破产清算完结之日起未逾 3 年；

（4）担任因违法被吊销营业执照、责令关闭的公司、企业的法定代表人，并负有个人责任的，自该公司、企业被吊销营业执照、责令关闭之日起未逾 3 年；

（5）个人因所负数额较大债务到期未清偿被人民法院列为失信被执行人。

除上述情形外，《公司法》还规定，董事、高级管理人员不得兼任监事。

根据《公司法》的规定，如果相关人选在公司选举、委派其为董事、监事或者聘任其为高级管理人员时即存在上述情形的，该选举、委派或者聘任无效；如果上述情形是在董监高人员任职期间内产生的，公司应当解除其职务。

另外，需要注意上市公司有其特别的任职限制规定。《上市公司章程指引》第 126 条规定，在上市公司控股股东、实际控制人单位担任除董事以外其他职务的人员，不得担任该上市公司的高级管理人员。

三、董监高人员的忠实义务

(一)董监高人员共有的忠实义务

一般而言,忠实义务是指董监高人员在履行职责的过程中,应以公司利益为根本出发点,不得为了自身或他人利益而损害公司利益。董监高人员对于忠实义务的违反,通常是通过一系列的行动来侵害公司的利益,能体现出比较明显的主观恶意。我国《公司法》通过施加消极义务的方式规定了董监高人员的忠实义务,主要表现为:

(1)董事、监事、高级管理人员对公司负有忠实义务,应当采取措施避免自身利益与公司利益冲突,不得利用职权牟取不正当利益(《公司法》第 180 条第 1 款);

(2)不得利用关联关系损害公司利益(《公司法》第 22 条第 1 款)。

(二)董事和高级管理人员的忠实义务

作为对公司日常经营活动与决策有重大影响的董事和高级管理人员,《公司法》第 181 条还规定其不得有下列行为:

(1)侵占公司财产、挪用公司资金;

(2)将公司资金以其个人名义或者以其他个人名义开立账户存储;

(3)利用职权贿赂或者收受其他非法收入;

(4)接受他人与公司交易的佣金归为己有;

(5)擅自披露公司秘密;

(6)违反对公司忠实义务的其他行为。

此外,《最高人民法院关于适用〈中华人民共和国公司法〉若干问题的规定(三)》(以下简称《公司法司法解释(三)》)第 14 条第 2 款还规定,如果董事、高级管理人员在股东抽逃公司注册资本的时候给予了协助,则其需要承担连带责任。

除了上述法律法规的规定外,公司也可以在其章程中进一步规定董监高人员应尽的忠实义务。但需要注意的是,董监高人员仅在其任职期间对公司负有忠实义务,如果公司希望相关人员在离职或不再担任相关职位后的一段时间内不从事与公司相竞争的业务或者继续保守公司的一些商业秘密,就需要事先与相关人员签订竞业禁止协议或者保密协议。

四、董监高人员的勤勉义务

一般而言,勤勉义务应指董监高人员在履行其职责的过程中应像正常谨慎之人处理其自身事务一样,以实现公司最大利益为目标处理公司事务。与忠实义务的判断标准相对客观所不同,判断董监高人员是否尽到了勤勉义务的标准更为主观,也更难把握。

除《公司法》以外,其他法律法规对于某些情形下董监高的勤勉义务也进行了规定。

(一)上市公司对董事与监事勤勉义务的要求

《上市公司章程指引》第 98 条规定,董事应当遵守法律、行政法规和本章程,对公司负有下列勤勉义务(其中第 4 ~6 项同样适用于高级管理人员):

(1)应谨慎、认真、勤勉地行使公司赋予的权利,以保证公司的商业行为符合国家法律、行政法规以及国家各项经济政策的要求,商业活动不超过营业执照规定的业务范围;

(2)应公平对待所有股东;

(3)及时了解公司业务经营管理状况;

(4)应当对公司定期报告签署书面确认意见,保证公司所披露的信息真实、准确、完整;

(5)应当如实向监事会提供有关情况和资料,不得妨碍监事会或者监事行使职权;

(6)法律、行政法规、部门规章及《上市公司章程指引》规定的其他勤勉义务。

另外,根据《上海证券交易所股票上市规则》(2023年8月修订)第4.3.5条和《深圳证券交易所股票上市规则》(2023年8月修订)第4.3.5条的规定,上市公司董事的忠实义务和勤勉义务还包括:

(1)公平对待所有股东;

(2)保护公司资产的安全、完整,不得利用职务之便为公司实际控制人、股东、员工、本人或者其他第三方的利益而损害公司利益;

(3)未经股东大会同意,不得为本人及其关系密切的家庭成员谋取属于公司的商业机会,不得自营、委托他人经营公司同类业务;

(4)保守商业秘密,不得泄露公司尚未披露的重大信息,不得利用内幕信息获取不当利益,离职后应当履行与公司约定的竞业禁止义务;

(5)保证有足够的时间和精力参与公司事务,原则上应当亲自出席董事会,因故不能亲自出席董事会的,应当审慎地选择受托人,授权事项和决策意向应当具体明确,不得全权委托;

(6)审慎判断公司董事会审议事项可能产生的风险和收益,对所议事项表达明确意见;在公司董事会投反对票或者弃权票的,应当明确披露投票意向的原因、依据、改进建议或者措施;

(7)认真阅读公司的各项经营、财务报告和媒体报道,及时了解并持续关注公司业务经营管理状况和公司已发生或者可能发生的重大事项及其影响,及时向董事会报告公司经营活动中存在的问题,不得以不直接从事经营管理或者不知悉、不熟悉为由推卸责任;

(8)关注公司是否存在被关联人或者潜在关联人占用资金等侵占公司利益的问题,如发现异常情况,及时向董事会报告并采取相应措施;

(9)认真阅读公司财务会计报告,关注财务会计报告是否存在重大编制错误或者遗漏,主要会计数据和财务指标是否发生大幅波动及波动原因的解释是否合理;对财务会计报告有疑问的,应当主动调查或者要求董事会补充提供所需的资料或者信息;

(10)积极推动公司规范运行,督促公司依法依规履行信息披露义务,及时纠正和报告公司的违规行为,支持公司履行社会责任;

(11)法律法规、本所相关规定和公司章程规定的其他忠实义务和勤勉义务。

(二)上市公司董监高人员的信息披露义务

针对上市公司董监高人员的信息披露义务,《证券法》第82条进行了如下规定:

(1)发行人的董事、高级管理人员应当对证券发行文件和定期报告签署书面确认意见。

(2)发行人的监事会应当对董事会编制的证券发行文件和定期报告进行审核并提出书面审核意见。监事应当签署书面确认意见。

(3)发行人的董事、监事和高级管理人员应当保证发行人及时、公平地披露信息,所披露的信息真实、准确、完整。

(4)董事、监事和高级管理人员无法保证证券发行文件和定期报告内容的真实性、准确性、完整性或者有异议的,应当在书面确认意见中发表意见并陈述理由,发行人应当披露。发行人不予披露的,董事、监事和高级管理人员可以直接申请披露。

《证券法》第 85 条进一步规定,信息披露义务人未按照规定披露信息,或者公告的证券发行文件、定期报告、临时报告及其他信息披露资料存在虚假记载、误导性陈述或者重大遗漏,致使投资者在证券交易中遭受损失的,信息披露义务人应当承担赔偿责任;发行人的控股股东、实际控制人、董事、监事、高级管理人员和其他直接责任人员以及保荐人、承销的证券公司及其直接责任人员,应当与发行人承担连带赔偿责任,但是能够证明自己没有过错的除外。在这里,董监高人员承担的是过错推定责任。

《上市公司信息披露管理办法》第 51 条第 1 款更是明确规定:"上市公司董事、监事、高级管理人员应当对公司信息披露的真实性、准确性、完整性、及时性、公平性负责,但有充分证据表明其已经履行勤勉尽责义务的除外。"由此可见,上市公司的董监高人员在进行信息披露的时候,如能证明自己已经尽到勤勉尽责义务,便能有效降低因不实信息披露而承担个人责任的风险。

(三)公司董事和高级管理人员应积极催收股东增资的注册资本

除了上文中提及的董事、高级管理人员协助股东抽逃公司注册资本所需承担的连带责任以外,《公司法司法解释(三)》第 13 条第 4 款还规定,当公司、其他股东或者公司债权人因相关股东在公司增资时未履行或者未全面履行出资义务而要求该股东全面履行出资义务或承担补充赔偿责任时,如果董事、高级管理人员存在违反《公司法》第 147 条第 1 款(2023 年《公司法》第 180 条第 1 款、第 2 款)项下忠实义务和勤勉义务的情形而使前述增资未能缴足的,公司、其他股东或者公司债权人也可要求相关的董事、高级管理人员承担相应的责任,董事、高级管理人员承担责任后,可以向被告股东追偿。因此,从履行勤勉义务的角度来看,董事、高级管理人员应当根据相关协议的安排,积极尽责地向股东追缴增资款,否则便有承担补充赔偿责任的风险。

需要注意的是,笔者理解,董事和高级管理人员在前述《公司法司法解释(三)》第 13 条下的催缴出资的义务仅针对公司增资阶段的注册资本,如果相关股东未能履行其在公司设立时认缴的出资义务,公司、其他股东或者公司债权人仅能要求该股东承担相应的法律责任,而不能仅以董事和高级管理人员未能履行催缴义务为由要求其承担补充责任,广东省高级人民法院在(2016)粤民破 70 号判决书中便持此观点。

(四)公司董监高人员依法制作或保存各类文件材料的义务

《公司法》第 57 条与第 110 条赋予了股东查阅公司章程、股东名册、公司债券存根、股东(大)会会议记录、董事会会议决议、监事会会议决议和财务会计报告等书面记录的权利。此外,有限责任公司的股东还可以请求查阅公司的会计账簿。董监高人员则应当根据自己的职责制作或保存上述各类书面记录。

《最高人民法院关于适用〈中华人民共和国公司法〉若干问题的规定(四)》第 12 条规定,公司董事、高级管理人员等未依法履行职责,导致公司未依法制作或者保存《公司法》第 33 条、第 97 条(2023 年《公司法》第 57 条、第 110 条)规定的公司文件材料,给股东造成损失,股东依法请求负有相应责任的公司董事、高级管理人员承担民事赔偿责任的,人民法院应当予以支持。

五、董监高人员违反忠实勤勉义务的后果

(一)赔偿损失

根据《公司法》第188条的规定,董事、监事、高级管理人员执行职务违反法律、行政法规或者公司章程的规定,给公司造成损失的,应当承担赔偿责任。

(二)连带赔偿责任

如前文所述,在董事和高级管理人员协助股东抽逃注册资本或上市公司存在虚假陈述且董监高未能尽到勤勉尽责义务的情况下,相关人员需要承担连带赔偿责任。

(三)公司行使归入权

除上述赔偿责任以外,《公司法》第186条规定,董事、监事、高级管理人员违反该法第181条至第184条规定所得的收入应当归公司所有。

(四)构成犯罪的情况下需承担刑事责任

《公司法》第264条规定,违反该法规定,构成犯罪的,依法追究刑事责任。

问题导引

Q1: 如果不属于《公司法》明确列出的高级管理人员职务,如何判断一名员工是否属于公司的高级管理人员?

A: 与董事和监事相比,《公司法》对于高级管理人员范围的规定更为开放。现实中,每个公司都有自己的特点和情况,其内部职位的设置也必然存在差别。《公司法》第265条第1项规定,高级管理人员,是指公司的经理、副经理、财务负责人,上市公司董事会秘书和公司章程规定的其他人员,该规定将如何划定高级管理人员范围的权利留给了公司章程。实践中,当产生争议时,法院一般都会结合公司章程的相关规定以及相关人员的任命流程、工作职权、薪资水平和劳动合同约定等因素进行综合判断。

北京案例与导引

[案例1]

2016年9月2日,L公司与穆某签订劳动合同,任销售总监一职。之后L公司股东又设立了Z公司,将L公司的全部业务和人员平移至Z公司;Z公司又在燕郊设立了Y公司(在内部称为燕郊校区或纳丹堡中心),工作人员的社保由Z公司交纳。上述公司的主营业务都是"L品牌"英语教育。2017年4月14日,L公司发布任命文件并全员发送,内容为:"现总部研究决定,正式升任穆老师为纳丹堡中心校长,全面负责校区的日常运营。并直接对校区的月度销售目标负责。"2017年8月23日,穆某与Z公司签订劳动合同书,岗位约定为校长。

2018年3月8日,穆某自Z公司离职,并填写L公司离职交接表,载明校区为燕郊,职务为校长。在穆某就职Z公司期间,H公司于2017年10月26日注册成立,经营教育咨询、销售办公用品和文化用品,股东之一为穆某,且穆某担任法定代表人和执行董事。Z公司认为穆某作为Z公司的高级管理人员在任职期间设立H公司,违反了《公司法》第148条的规定,故诉至法院要求穆某承担相应责任。穆某主张自己不属于公司法上明确规定的高级管理人员的范围,因此不应当承担相应责任。

[法院观点]

公司高级管理人员的核心特点是肩负公司经营管理职责,了解公司核心商业模式和商业秘密,故高级管理人员的认定不能局限于《公司法》的规定以及公司章程的记载,应当对其是否实际履行了高级管理人员的权力进行实质审查。Z公司的内部文件及与与穆某签订的劳动合同书载明穆某的职务为校长,其亦代表燕郊校区向大股东报送经营状况、顾问工资、员工绩效工资等事宜,周报中会详细记述燕郊校区的招生、教学、员工管理、员工入职离职、下周工作计划等事项,从事校区整体管理事项。综上,法院认为穆某全面负责燕郊校区管理工作,实际行使高级管理人员权力,应当认定其为Z公司的高级管理人员。

穆某上诉提出其不属于公司法明文规定的高级管理人员,对此法院认为,工商登记的本质系向社会公示公司内部管理结构和管理人员,不能作为认定人员任职情况唯一标准,根据查明的事实,法院据此认定其属于高级管理人员,并无不当。

(2020)京03民终8429号

Q2: 实践中如何判断董监高人员是否尽到了勤勉义务?

A: 虽然我国《公司法》除了前文提及的第180条第2款中的原则性规定外,没有列举违反勤勉义务的行为,但通常来讲,董监高人员是否履行了勤勉义务,主要从以下几个方面进行判断:首先,董监高人员是否履行了《公司法》、公司章程或劳动合同项下规定的各种义务和职责;其次,董监高人员是否以实现公司的最大利益为目的诚信善意地履行其职责;最后,董监高人员在履行职责的过程中是否尽到了一般性的注意义务。

上海案例与导引

[案例2]

A公司法定代表人罗某因患病需住院治疗,于2005年7月23日,以总经理的身份主持召开总经理例会,会议议题为“宣布在总经理住院期间由李某负责全面工作”。同年7月25日,罗某以总经理的身份出具任命书一份,授权由李某负责公司的全面日常工作。2007年,A公司因为李某与案外人通过口头协议订立合同的失误而无法向案外人收取合同款项。A公司认为李某在全面负责公司工作期间,在与案外人的某项目上,未尽其勤勉义务,导致A公司受损110万元,于是向法院提起诉讼,要求李某赔偿上述损失。

[法院观点]

上海市第一中级人民法院与原审法院均认为:“判断董事等高级管理人员是否履行了勤勉义务,应该从以下三个方面加以辨别:(1)须以善意为之;(2)在处理公司事务时负有在类似的情形、处于类似地位的具有一般性谨慎的人在处理自己事务时的注意；(3)有理由相信是为了公司的最大利益的方式履行其职责。李某在全面负责A公司经营期间，作为该项目A公司一方的具体经办人，仅以口头协议的方式与相对方发生交易行为，在其离职时亦无法向A公司提供经交易对象确认的文件资料。按照经营的一般常识，采用口头协议交易的方式，一旦与交易对象产生纷争时，无法明确各自的权利义务关系。故对于不能即时完成交易的民事行为，交易双方一般均采取签订书面协议或由交易相对方对相关内容作出确认。因而李某应有理由相信采用口头协议方式的经营判断是与公司的最佳利益不相符合，然而，其无视该经营风险的存在，没有以善意(诚实)的方式，按照其合理地相信是符合公司最佳利益的方式履行职务；并且，以一种可以合理地期待一个普通谨慎的人，在同样的地位上，类似的状况下能够尽到的注意，履行一个高级职员的职责。因此，李某明显违反了勤勉义务。”

(2009)沪一中民三(商)终字第969号

40.2　董监高人员在劳动合同法下的特殊性

解析

法律依据

公司法与劳动法是调整不同领域社会关系的法律规范。公司法的调整对象主要是在公司设立、组织、运营或解散过程中所发生的社会关系。公司内部组织管理的规定体现的是企业内部的组织管理关系，规定的是公司及高级管理人员基于公司法的相应权利义务。劳动法调整的是劳动者与用人单位之间在实现劳动过程中发生的社会关系(通常所称的劳动关系)及与劳动关系密切联系的其他社会关系。劳动法是劳动者保护与劳动监管的统一，体现了公法与私法的混合性。劳动法中对于用人单位单方行使劳动合同解除权的限制性规定就体现了国家对劳动关系的积极干预。

与普通劳动者不同，董监高人员与公司之间可能存在劳动关系，也可能不存在劳动关系。对于签订劳动合同的高级管理人员而言，其受雇于公司，按公司董事会决议的要求开展生产经营，双方建立劳动关系的意思表示明确。但从目前的劳动立法现状看，我国尚未建立独立于劳动关系之外的委任制职业经理人制度，也无明确规定将高级管理人员排除在劳动法适用范围之外。因此，具有劳动者身份的高级管理人员，是介于雇主与雇员之间的特殊群体，其与公司的劳动关系具有与一般劳动者不同的特征，值得特别关注。

一、董监高人员与公司的关系厘定

(一)董事、监事与公司之间的关系

根据《公司法》的规定，除由职工代表担任的董事和监事以外，公司董事与监事是由公司股东(大)会选举和更换的。但是，上述行为属于公司法意义上股东行使其对公司的权力、建立或调整公司组织机构的行为，而并不是劳动合同法意义上公司与董事、监事之间建立劳动关系的行为。双方之间是否有劳动关系，还需要放到劳动法体系之下进行判断，尤其是在双方之间没有签订书面劳动合同的情况下，实践中会有一定混淆。关于双方未签署劳动合同的情况下认定事实劳动关系的标准,详见本书"事实劳动关系"关键词项下的"事实劳动关系"一词的内容。

很多时候,公司的董事和监事是由公司股东自己或者其委托的代表担任的。这部分董事、监事除行使董事和监事的职权外,往往不由公司管理,也不为公司提供日常劳动并获取劳动报酬,此时不构成劳动关系。

(二)高级管理人员与公司之间的关系

根据《公司法》的规定,董事会有权决定聘任或解聘公司的经理、副经理、财务负责人,经理有权决定聘任或解聘应由董事会决定聘任以外的负责管理人员。与上述董事、监事类似,这种聘任或解聘行为也是公司法意义上的职权任免,不等同于《劳动合同法》项下劳动关系的建立和解除。

根据《实施〈劳动法〉中有关劳动合同问题的解答》(劳部发〔1995〕202 号),实行公司制的企业厂长、经理和有关经营管理人员,应根据《公司法》中有关经理和经营管理人员的规定与董事会签订劳动合同。这一规定目前依然有效,当然,《劳动合同法》出台后,签约主体应已明确为公司,而非公司的董事会。

二、董监高人员免职与解雇的竞合关系处理

(一)公司应注意区分对待董监高人员的免职与解雇

如果董监高人员与公司之间存在劳动关系,那么他们与公司之间既存在公司法意义上的委任关系,又同时存在劳动合同法上意义上的劳动关系。尽管公司股东会或者董事会根据《公司法》的规定有权单方面免除董监高人员的职务,但是《劳动合同法》却没有规定用人单位有权无理由单方面解除其劳动合同。《公司法》和《劳动合同法》这两部法律在这一问题上的差异,需要企业在实践中谨慎适用。

根据《劳动合同法》的规定,用人单位如果想要单方面解除与劳动者之间的劳动合同,只能依据《劳动合同法》第 21 条(试用期内解除)(具体详见本书"试用期"关键词项下的内容)、第 39 条(用人单位单方解除劳动合同)(具体详见本书"劳动合同解除"关键词项下的"过失性解除"一词的内容)、第 40 条(无过失性解除)(具体详见本书"劳动合同解除"关键词项下的"无过失性解除"一词的内容)和第 41 条(经济性裁员)中的规定(具体详见本书"裁员"关键词项下的"裁员的许可条件"一词的内容)实施解除。实践中,一些公司在免除董监高人员职位的同时,会不假思索地一并单方解除其劳动合同,但需要明确,如果法院在审理过程中认为公司解除董监高人员的劳动合同在劳动法体系下的理由不够充分,法院仍会判决公司构成违法解除劳动合同。

(二)董监高人员被免职后的调岗调薪问题

如果公司免除董监高人员职位时不存在可以单方面解除其劳动合同的情形,且双方亦未就解除劳动合同协商一致,那么就涉及相关人员的岗位调整问题。根据《劳动合同法》第 35 条的规定,用人单位需与劳动者协商一致,方可变更劳动合同约定的内容。考虑到公司高级管理人员职位的特殊性,在公司免除董监高人员相应的职位之后,如果要求公司必须按照原职位与董监高人员履行劳动合同,显然会与《公司法》所赋予的企业经营自主权相悖。在一些地方的司法实践中,法院通常会支持用人单位根据经营需要对员工的工作岗位进行合理的调整,例如,广东的法院一般支持单位在工资待遇基本不变的前提下,对员工进行合理调岗(具体详见本书"劳动合同变更”关键词项下的“调整工作岗位、降薪”一词的内容),对于因董监高人员被公司免职而造成的合理调岗亦是如此。例如,在(2017)粤0106民初1898号案中,广州市天河区人民法院就支持公司将总经理调岗为创始人及业务顾问,此案中调岗后工资以及其他一切待遇不变。此外,有一些法院还会支持当单位合理调整员工岗位时,员工工资也应根据“同工同酬原则”进行相应调整,尤其是双方的劳动合同有相关约定的情况下。例如,在(2017)浙01民终1483号案中,公司与方某的劳动合同中明确约定:“公司可以根据其经营及管理的需要,或者乙方(方某)个人及工作状况,合理调整乙方的工作岗位、职位、部门或工作地点;公司可以根据其薪酬制度或管理,结合员工的工作能力、经验、工作态度、工作业绩、工作年数、职位等个人情况,适当调整员工的工资等劳动报酬。”杭州市中级人民法院认为,在当事人方某的职位从常务副总调整为营销部市场总监以及行政督导的情况下,根据双方之间劳动合同的约定以及同工同酬的原则,其薪酬待遇也应相应调整(从税前月工资44,000元调整为月薪20,000元)。

但公司如何解释并证明其调岗的合理性,在实践中是一个难点。如果劳动合同中并没有约定公司的调岗调薪权利,且公司未经相关人员的同意就将其安排至不合理的工作岗位并调低工资,可能会被视为违法变更劳动合同。例如,在(2016)苏01民终2280号案中,公司未经协商一致,将被董事会免除总经理职务的吴某调岗为普通职员,每月工资从17,000元调整为5000元,吴某因拒绝调岗而未按照通知要求到岗报到,公司以旷工为由解除了吴某的劳动合同关系。南京市中级人民法院经审理认为,公司这一调岗行为损害了吴某的合法权益,公司以拒绝调岗及旷工为由解除双方劳动关系没有事实依据,其解除行为系违法解除行为。因此,公司在调整岗位时,为谨慎起见,应当尽量为相关人员合理安排工作内容类似的岗位,而在调整相关人员的薪资时,更要慎之又慎。

为了在遵守《劳动合同法》的前提下最大限度地保障公司的经营自主权,企业在可行的程度内可以与董监高人员在劳动合同中进行更灵活的约定,比如,与这部分人员约定公司在合理范围内的岗位调整权,以及将其基本工资、岗位津贴和奖金分开进行约定。

问题导引

Q3: 如果董事和监事同时在公司担任其他职务,是否可以认为建立了劳动关系?

A: 如果董事和监事同时在公司担任其他职务(如董事兼任公司高级管理人员职务或者监事兼任其他职务),也并不代表其一定与公司建立了劳动关系,依然需要关注其履行该职务时是否符合劳动关系的特征。

山东案例与导引

[案例3]

张某曾在2012年至2015年受外方委派担任合资企业A公司的董事,但在2015年6月,张某被A公司免去了董事职务。张某认为,其在A公司担任董事期间还担任了采购经理一职,与A公司存在劳动关系。A公司认为,张某只是外方委派的董事,从未实际在A公司处上过班,也没有任何的职位及工作岗位。张某认为A公司的做法属于单方面违法解除劳动合同,遂提起劳动仲裁,仲裁委作出裁决对张某的请求不予支持。张某不服裁决,遂诉至法院。

[法院观点]

山东省莱芜市钢城区人民法院认为,董事作为董事会成员,董事和公司之间应存在代表关系,对内行使公司经营决策权力,对外代表公司从事经营活动,开展公司业务。公司董事与劳动者的职责权利义务有明显的不同。另外,认定劳动者与用人单位之间是否形成劳动关系时,应审核双方之间是否具备形成劳动关系的实质要件,即双方之间是否存在管理与被管理、监督与被监督、指挥与被指挥的隶属关系,劳动关系双方当事人存在以指挥和服从为主要特征的从属性管理关系,劳动者向用人单位提供劳动时,需要将其人身自由在一定限度内交给用人单位,其工作接受用人单位的监督,用人单位应当按期向劳动者给付报酬。原告虽然主张其在被告处担任采购经理职务,但其提供的证据不足以证实其受被告安排从事劳动、接受被告管理及由被告发放工资,在公司从事了非董事职务的工作,且缺乏双方基于劳动法律法规应当享有的权利和履行义务进行明确约定的书面劳动合同,而被告又不认可原告关于与其存在劳动关系的主张,因此,原告所主张的其与被告存在劳动关系,证据不足,无法认定双方之间存在劳动关系。

(2016)鲁1203民初916号

[案例4]

2008年8月12日,由股东A集团公司推荐,魏某出任B能源公司监事会监事,除履行法定的监事职责外,魏某接受B能源公司管理,履行其他职责。在魏某任职期间,其工资由B能源公司支付。魏某于2015年5月离职后,提起劳动仲裁,申请解除与B能源公司之间的劳动关系,补发薪酬,支付经济补偿金,之后双方又将该争议诉至法院。

[法院观点]

山东省济宁市中级人民法院认为,除履行法定的监事职责外,魏某接受B能源公司管理,并且薪酬亦由B能源公司向魏某发放。双方当事人之间符合劳动关系的法律特征,一审据此认定双方当事人之间存在劳动关系,并无不当。B能源公司以双方未签订书面劳动合同、魏某系受A集团公司派遣等理由进行抗辩,法院不予采信。

(2017)鲁08民终2812号

Q4: 公司高管是否一定要与公司建立劳动关系?

A: 通常而言,与董事、监事相比,公司高级管理人员的职责与公司日常业务活动的联系更加密切,其与企业之间的关系也更容易符合劳动关系的特征。但是,有些高级管理人员的职位也会由公司股东或其委派的代表出任。这部分人往往是代表公司股东以管理者的身份行使其权力,不受公司的日常管理,也不从公司获取劳动报酬。实践中,法院很可能认定这部分高级管理人员与公司间不存在劳动关系。

贵州案例与导引

[案例5]

2011年,沈某作为A公司的股东之一,被全体股东选举为公司执行董事并兼任公司经理。2015年,沈某以A公司拖欠工资社保为由提起劳动仲裁,仲裁委经审查后裁决不予受理。沈某不服仲裁裁决,诉至法院。

[法院观点]

贵州省贵阳市中级人民法院认为,沈某提交的公司章程、股东会决议等证据证明沈某是A公司的股东,经股东会选举为执行董事兼法定代表人和公司经理,对外代表公司从事经营活动,对内代表全体股东和公司管理公司事务,是A公司的实际经营管理者,但不能证明A公司制定的各项劳动规章制度适用于沈某,沈某受A公司的劳动管理,从事被A公司安排的有报酬的劳动。根据《关于确立劳动关系有关事项的通知》,沈某在该案中提交的证据不能证明A公司与沈某是管理与被管理的劳动关系。最后,法院以此为由驳回了沈某的上诉请求。

(2016)黔01民终3958号

Q5: 与公司存在劳动关系的董监高人员,如果没有签订书面劳动合同,是否可以主张二倍工资?

A:《劳动合同法》第82条规定了用人单位与劳动者未签书面劳动合同的,应当每月支付二倍工资的基本原则。因此,如果公司与高管之间建立了劳动关系而双方又没有签订书面劳动合同的话,理论上董监高人员是可以主张二倍工资差额的。但是,司法实践中,很多法院都会考虑董监高群体的特殊性(如掌握公司的公章、本身负责公司的管理),如果法院在审理过程中发现相关董监高人员(尤其是总经理和负责人事的高管)对双方未能签订书面劳动合同负有责任,就可能不会支持二倍工资差额这一主张。

湖北案例与导引

[案例6]

段某于2008年7月起开始进入A公司任董事并出任总经理职务,2016年5月A公司通知段某离职。但由于双方未就补偿方案、保密及竞业限制等达成一致,段某于2016年7月提起劳动仲裁,除违法解除劳动合同的相关赔偿以外,段某还要求A公司支付未签订劳动合同的双倍工资差额、未签订无固定期限劳动合同的双倍工资差额。之后双方不服裁决,诉至法院。

[法院观点]

湖北省孝感市中级人民法院认为,段某作为A公司的总经理,按照公司章程第7章第22条的规定,即"公司总经理全面负责公司的工作,副总经理协助总经理工作。总经理直接向董事会负责,执行董事会各项决议,包括公司的各项技术、财务、生产和管理问题。总经理对外代表公司”,应全面负责公司的工作,包括与职工订立劳动合同。按照公司章程第 10 章第 44 条“公司雇用中国职工应当遵守中华人民共和国劳动合同法及中国的其他法律、法规规定,并依法订立劳动合同,劳动合同中应订明劳动条件、劳动保护、劳动纪律、社会保险、福利待遇以及辞退、辞职、合同变更、终止和解除、违反劳动合同的责任等”。段某作为总经理知道或者应当知道不签订书面劳动合同的法律后果,在无证据证明其向公司董事会提出签订劳动合同遭到拒绝的情况下,段某对未订立书面劳动合同存在过错,故对其要求 A 公司支付未签订书面劳动合同和未签订无固定期限劳动合同的双倍工资差额的诉讼请求不予支持。

(2017)鄂 09 民终 1467 号

Q6: 如果上市公司被证监会处罚,且某高管被证监会确认为相关违法行为的直接责任人员,是否可以构成解除劳动合同的合法事由?

A: 并不必然如此。即使上市公司因题述原因解除了高管的职务,法院还是会综合考虑劳动法相关因素作出判决,如该名高管是否是相关违法行为的最主要责任人,公司是否可以安排调岗。

上海案例与导引

[案例 7]

王某于 2004 年至 2012 年担任 A 上市公司的副总经理,并于 2012 年起被聘任为总经理。2013 年,A 公司因未能披露其在 2008 年至 2012 年与其关联公司的关联交易以及资金拆借问题而被中国证监会责令改正。2014 年 5 月,A 公司认为王某在此次事件中负有不可推卸的责任,审议并通过关于解除王某总经理职务及提请股东大会解除王某董事职务的议案,随后以王某严重违反公司规章制度、严重失职给公司造成重大损害为由解除了与王某的劳动关系。此后,中国证监会又于 2014 年 12 月向 A 公司下发了《行政处罚事先告知书》,认定时任董事长葛某某是相关违法行为直接负责的主管人员,王某等 17 人是其他直接责任人员。王某对此处理结果均不予认可,申请劳动仲裁,要求恢复劳动关系并补发工资。仲裁委作出的裁决基本支持了王某的仲裁请求。A 公司不服裁决,起诉至法院。

[法院观点]

关于 A 公司与王某解除劳动合同是否合法这一问题,上海市第二中级人民法院认为,A 公司董事会作出聘任其为总经理以及以后撤销其总经理职务的决议均是对其岗位作出的变更,并不必然导致劳动关系的解除。A 公司认为基于董事会撤销王某总经理职务的决议即可与其解除劳动合同依据不足。解除劳动合同是从根本上消灭劳动关系,用人单位作出此项决定,应当慎重。根据相关司法解释的规定,用人单位作出解除劳动合同决定的,用人单位应对违纪事实、适用法律及处理程序合法承担举证责任,而根据《A 公司年报信息披露重大差错责任追究制度》，对于责任追究根据情节轻重分为多种形式。王某对公司发生的信息披露违法行为存在责任，但其毕竟不是最主要的责任人，故A公司主张王某的失职行为已达到足以解除劳动合同的程度依据尚不足，且A公司对《行政处罚决定书》涉及的其他责任人亦未依据上述制度进行处罚，其仅对王某一人进行处理，且作出解除劳动合同决定，有失公允。

关于王某与A公司劳动合同是否有恢复的可能性这一问题，上海市第二中级人民法院认为，首先，从查明事实看，王某系由A公司的普通员工逐步成长为公司副总经理、总经理的，A公司称其与王某建立劳动关系的基础是王某担任总经理与事实不符。其次，对于具体岗位，A主张王某总经理的岗位已无法恢复，故合同无法继续履行，但王某已明确表示对董事会撤销其总经理职务没有异议，愿意在公司从事其他工作，故对于岗位的变更王某并无意见，A公司再主张无总经理岗位可继续履行，理由难以成立。再次，王某入职A公司时系普通员工，在该公司工作了十五六年，其对该公司的业务是熟悉的，其原工作能力亦得到过肯定，而A公司系具有一定规模的上市公司，雇佣员工千余人，其现称无任何岗位可以安排王某，无法让人信服。最后，王某原虽为公司高管，但连续工龄已满10年，不予恢复劳动关系实质上亦剥夺了王某作为老职工可以要求履行无固定期限劳动合同的权利，有失公平。综上，A公司可根据王某工作能力、知识水平及公司的经营需要，另行安排合适岗位以确保劳动合同得以履行完毕。

(2015)沪二中民三(民)终字第747号

Q7： 在法院认可公司构成违法解除劳动合同的情形下，公司是否必须恢复高管的劳动关系？

A： 答案是否定的。在上述案例7中，法院支持王某与该上市公司恢复劳动关系是基于大量前提作出的，比如该上市公司有大量的工作岗位而王某又是在公司从一名普通员工成长为高管的，且其愿意再次从事其他工作岗位。很多情况下，考虑到董监高人员担任职位的特殊性和唯一性，当公司任命新的人选担任相应职务后，法院往往会认定其恢复原职务的基础已不复存在，从而判决公司承担违法解除劳动合同的赔偿金，而对董监高人员要求恢复劳动关系的请求不予支持。

上海案例与导引

[案例8]

沈某自2014年5月起担任A公司的总经理。2015年1月，沈某因公司印章执照等问题与A公司产生矛盾。2015年2月初沈某收到A公司寄送的退工日期为2015年1月20日的劳动手册。沈某随即申请劳动仲裁，要求与A公司恢复劳动关系。

[法院观点]

上海市第二中级人民法院认为，虽然A公司属于违法解除双方之间劳动合同，但是沈某作为A公司总经理，身份具有特殊性，现双方产生矛盾、冲突，丧失了相互信赖的基础，且A公司已提供证据证明聘用了新的总经理，双方若恢复劳动关系，并不妥当。故而沈某坚持要求恢复劳动关系及要求 A 公司支付劳动关系恢复后的工资,法院不予支持,因此法院判决 A 公司应向沈某支付违法解除劳动合同的赔偿金。

(2015)沪二中民三(民)终字第 1416 号

40.3 公司高管的协商解除谈判要点

解析

因为高管人员承担着公司管理的职责,公司与高管人员的劳动合同的解除与普通员工相比,掌握着公司的很多信息和资源,其离职交接手续办理不当的话,会严重影响到公司的日常经营。同时,高管的职位常常高于企业的 HR,工作经验丰富,人际交往能力很强,对于企业 HR 来说,与公司高管协商解除谈判不是一件容易的事。做好高管协商解除的工作,需要从公司法和劳动法两个层面综合考虑,甚至还要考量公司高管可能的心理因素和情感,方能达到双赢的目的。

实务小贴士

一、制订高管协商解除补偿方案的建议流程

高管补偿方案的制订,有两个最基本的门槛,即离职补偿金给还是不给,封顶还是不封顶。对于存在合规问题的高管(如存在接受供应商贿赂等违规行为),公司在作出解除决定之后,可能会根据违纪严重程度、证据的充分程度、高管的配合程度、对公司造成的损害程度以及公司法律风险偏好的程度,决定是否要给予离职补偿。如果选择给,因为一般高管的薪水偏高,超过《劳动合同法》规定的补偿金计算标准的上限,公司可以选择严格按照法定标准封顶计算,也可以选择按照高管的实际工资收入进行计算,两者之间可能存在巨大的差异,这一决定如何作出可能取决于公司惯例、所在行业的普遍做法和双方的协商情况等。

在确定上述两个基本门槛后,如何确定高管离职补偿金的具体金额,是非常个案化的判断,很难用统一的法律标准去量化,不妨转换思路从流程的角度进行探索。

《说服的必要艺术》①一文提及:"说服对方是个过程,而不是一次性事件。通常,说服对方的过程包括倾听、初步测试立场、在收集团队意见的基础上设计新的立场、再次测试、接受一定的妥协并再次尝试。"

同理,补偿方案的设计和形成并不必然是一次性完成的,可能需要征求多方意见,通过多个步骤来完成。在此假设公司需要与一位涉嫌存在利益冲突行为的高管进行谈判,因为对利益冲突的"零容忍"原则,公司已决定解除其职位及劳动关系,但因为未找到确凿的证据,为降低后续诉讼风险,希望能以协商解除的方式进行。此时该如何设计该名高管的离职补偿金?

① Jay A. Conger:《说服的必要艺术》,载《哈佛商业评论》1998 年 5 月/6 月卷。

1. 倾听员工意见、收集信息。

对于公司调查到的利益冲突的事实与信息，员工是否认可？是否有需要补充或者解释的内容？这通常可以由合规调查部门通过与员工面谈的方式进行。对于员工提供的新信息，公司可以进行核实并作出进一步的调查，并确认是否需要改变之前的立场和判断。

2. 收集团队意见。

一般制订补偿方案需要征求意见的团队成员包括总部联系人、HR、法务/外部律师及工会。总部联系人一般会决定公司可以接受的预算范围。HR需要提供计算离职补偿金相关的信息和数据，如该高管过去一年的平均工资、工作年限，是否存在未休年休假、未支付的加班工资等，是否按比例支付十三薪，以及是否存在"三期"女员工、工伤、医疗期或者同时担任工会、党委领导等特殊情形。法务/外部律师主要负责判断法律风险，尤其是如果协商不成，公司单方解除劳动合同，高管提起劳动仲裁和诉讼，公司败诉风险有多大；如果败诉，公司需要承担的经济成本是多少，以及是否可以避免恢复劳动关系等。败诉风险的评估就谈判学的角度而言，是对公司协商解除谈判不成的BATNA的评估。BATNA，即Best Alternative to a Negotiated Agreement，意为假如目前的谈判交易不成，一方可以采取的"最佳替代方案"。BATNA的优劣直接决定了谈判一方的强势程度，因此这一步骤必不可少。最后，在一对一协商解除前提下，法律并不要求取得工会对高管离职补偿方案的同意。但是，如果工会对高管的实际情况比较了解，也可以考虑倾听工会意见，但需要注意信息的保密问题。

3. 立场测试与锚定。

无论与高管的协商解除谈判是一次还是多次面谈，一次面谈是半小时还是一整天，基本都会经过如下步骤：(1)了解员工的心理预期，员工的预期通常会基于其所了解的信息作出（例如，员工对相关法律规定的理解，对自己BATNA的判断，对同行业其他企业操作惯例的了解，对公司文化的判断等）；(2)向员工告知公司的立场（解除其高管职务及劳动关系）以及作出立场的原因（对利益冲突行为的零容忍态度）；(3)向员工解释离职补偿方案的构成及其合法合理性；(4)回答员工可能的问题；(5)通过多种手段进行锚定（Anchor）。锚定，是指在谈判过程中采取一些措施降低对方原来设定的预期，使谈判结果更靠近我方的预期。锚定的方法包括但不限于纠正员工原先了解的信息中不准确或不完整的部分，引入更客观公正的基准，向员工传达公司在必要时将采取单方解除行为的意愿等。

4. "黄金之桥"。

在双方谈判过程过度焦灼、僵持不下的情况下，即使当前的谈判结果已经落入双方的谈判成交区间（Zone of Possible Agreement，ZOPA），但基于某些因素，双方可能也未必能马上成交。为解决这一问题，在适当的时机，谈判一方可以主动作出一定的妥协，让对方觉得取得了"胜利的果实"，并顺着这一"黄金之桥"走下来结束整个谈判过程。笔者一直强调，法不外乎人情，即使是涉嫌重大利益冲突而导致的协商解除，在谈判过程中考虑人情的部分，比如员工的家庭背景因素（如是不是家庭唯一经济来源）、未来的职场发展因素等，也是十分合理的。虽然补偿金额本身是双方谈判的关注焦点，但一场谈判中，双方的利益一般不仅限于金钱本身，所以，最后一步的妥协可以是金钱上的增加，也可以是满足员工关心的非金钱利益（如就公司在收到未来雇主的背景调查时如何给予答复进行协商）。另外，在谈判僵持不下的时候，变更主谈人，如从公司内部人员转变为外部律师，也可以有效地解决僵局。

二、高管的自我认知对协商解除谈判的影响

对于高管的协商解除，还需要特别注意一个心理学的重要概念，即自我认知（self－identity）。牛津词典对自我认知的定义是,一个人对自我的潜能和品质的认知,尤其是在社交环境下的认知。较之普通员工,高管因为长期以来成就感较强、社会地位较高,为维护自己在社交环境下为自己设定的自我认知,可能会愿意付出更多的代价。所以,我们可以看到,有些高管即使公司给出了相当合理甚至丰厚的离职补偿金,仍予以拒绝,甚至不计时间与金钱成本与公司在法庭或其他场合"死磕到底",也许就是因为公司在某些方面的评判触痛了其自我认知。因此,公司在协商解除的过程中,一定要对于高管的自我认知保持充分敏感。最简单的一个例子是,如果协商解除的对象是公司的董事长、总经理,除了公司的 HR 之外,总部一般还会派一名集团高管,如亚太区法务或者业务主管与其进行协商谈判,至少让公司高管觉得在谈判对手的设定上受到了充分尊重。

三、高管解除在中国法下的实务操作要点

公司高管(尤其是法定代表人)掌握着公司日常经营的管理权。在公司启动解除谈判流程之前,必须做好充分的前期准备,确保高管离职的同时完成必要的交接工作,否则可能造成后续公司日常经营的混乱。例如,笔者曾经碰到一个外资客户,自行通知解除了公司的法定代表人,但该法定代表人接到通知后,拿走了公司的公章和所有证照原件,去向不明。在没有法定代表人签字、没有公章的情况下,与政府部门沟通补办公司的证照是非常困难的,这导致这家公司的日常经营活动在很长时间内陷入了困境。

根据实务经验,建议公司在解除谈判前做好以下几个方面的准备工作:

1. 确保高管交还由其保管的公司公章、财务章等各类印章;

2. 确保高管交还营业执照、批准证书等各类公司证照原件;

3. 确保高管担任的一些管理职位(如董事、首席执行官、首席财务官)将根据公司法、公司内部章程的规定完成免除手续;

4. 准备好因高管离职需签署的所有政府申报、银行方面所需的手续性文件,如变更工商登记的法定代表人、董事、监事、总经理所需签署的文件,变更银行授权签字人所需授权文件等,供谈判达成后立即或尽快签署;

5. 确保高管交还公司电脑、手机、门卡、汽车、银行账户 U 盘等公司财物及其相关密码,并应制作相关的物品交接清单。

实践中,为确保高管切实履行上述义务,公司可以将离职补偿金的支付与其履约义务相挂钩。

高管可能掌握着公司大量的商业秘密(包括但不限于公司的经营战略计划、分销渠道、客户名单、产品价格等),在与其签署的协商解除协议中,应明确其承担的保密义务,竞业限制义务和不诋毁、不招揽义务的范围及其违约责任。

另外,一般高管解除涉及的离职补偿金金额都较高,员工承担的税务较重,如何进行税务筹划是大部分高管员工比较关心的话题,如果公司能够在合法合理范围内帮助员工降低税负,也可以有效地促进和解。

综上,公司与高管协商解除劳动合同是一个非常考验谈判者多项综合素质能力的实务。对公司而言,无论是所涉离职补偿金的金额,还是对日常公司经营的影响都事关重大,建议公司在法律专业人士的支持下进行谨慎而周密的事先准备。

40.4 "金色降落伞"条款

解析

法律依据

"金色降落伞"条款，一般是指董监高人员与公司签订的一个协议条款，公司同意其在离职时拿到丰厚的离职补偿，且通常规定仅在公司被收购兼并或者发生其他公司控制权变更事件时触发。

虽然最早在1961年美国环球航空公司就适用了"金色降落伞"条款，但该条款开始大量被使用则始于20世纪80年代美国的恶意并购浪潮。因为一旦出现针对公司的恶意并购，公司高管会担心并购完成后，新股东会解除其岗位或将其调到次要的岗位，于是可能会百般阻挠交易的进行，哪怕这一交易本身对股东而言是非常有益的，这就导致了公司高管自身利益与股东利益的错位。为促使高管能从客观的角度看待并购交易，始终与股东利益保持一致，公司同意在发生控制权变更事件时，给予高管丰厚的报酬，消除了高管对自身岗位不保的后顾之忧；同时，公司股东也将恶意并购一旦成功后需要支付超高额的高管离职补偿金作为阻遏恶意并购的手段之一。

在恶意并购浪潮中，美国最大的250家公司中约有1/3公司采纳了"金色降落伞"条款，允许高管在公司控制权变更的时候取得现金支付或者其他各种福利。逐渐地，"金色降落伞"条款变成了公司保留高管的一种保险机制，尤其是在并购频发的行业。但是，对这一条款的适用，各家公司的操作并不完全相同，就适用对象而言，有的只适用于少数最高管理层成员，而有的则广泛适用于几百名员工。从包括的福利来看，也非常多样化，既有一次性付款，也有股票、期权、医疗保险、税务补偿、律师费补偿、保持养老金计划资格，或退休金计划的提前加速到期等，甚至还有包括退休后的飞行福利。

但是，上述被设定得五花八门且过于丰厚的回报，让股东们开始怀疑，"金色降落伞"条款的实质是对公司高管狙击恶意收购失败的不正当奖励。这些反对者认为，高管本身在法律上即负有对股东的忠诚义务，对于履行其本该履行的职责，不应再给予额外的激励；而且，被解雇的风险对于每个岗位而言都是固有风险，对于本就报酬颇丰的高管，没理由再给予更多福利；另外，即使"金色降落伞"条款给予高管的报酬再丰厚，相对于巨额的并购交易金额而言，也仅占非常小的比例，根本不能达到阻遏并购交易的目的，反而可能会沦为高管谋私利的一个机制。

20世纪80年代后期，"金色降落伞"条款之争蔓延到了法庭，许多知名公司给予高管的"金色降落伞"条款被质疑并诉至法院。但是，不论争议如何激烈，时至今日，在美国，上市公司高管已经把"金色降落伞"条款视为其报酬的一个常规且重要的组成部分。

"金色降落伞"条款在国内也已经有不少适用的先例，例如，中国宝安集团股份有限公司2016年6月29日股东大会通过的章程第10条第2款规定："当公司被并购接管，在公司董事、监事、总裁和其他高级管理人员任期未届满前如确需终止或解除职务，必须得到本人的认可，且公司须一次性支付其相当于其年薪及福利待遇总和十倍以上的经济补偿，上述董事、监事、总裁和其他高级管理人员已与公司签订劳动合同的，在被解除劳动合同时，公司还应按照《中华人民共和国劳动合同法》另外支付经济补偿金或赔偿金。”

实务小贴士

一、“金色降落伞”条款的授予对象

从中国目前的实践来看,“金色降落伞”条款主要授予对象是董事、监事、高级管理人员。根据《公司法》第265条第1项的规定,法定的高级管理人员包括“公司的经理、副经理、财务负责人,上市公司董事会秘书”,但公司也可以通过公司章程来加入“其他人员”。

然而,类似机制其实也可以放宽适用至公司其他人员,如面向公司中层、骨干的“银色降落伞”,面向普通员工的“锡降落伞”,允许员工在因公司被并购而失去岗位时取得一定数量的补偿,但金额肯定大幅低于“金色降落伞”条款。

二、“金色降落伞”条款的授予形式

从目前中国的实践来看,“金色降落伞”条款的补偿授予形式比较单一,限于一次性的现金补偿。在国外的实践中,补偿授予形式是可以非常多样化的,还可以包括股权、股票期权、退休金等。授予离职高管少量的股权或者期权有助于促使高管在离职后不作出损害公司利益的行为。另外,灵活的补偿组合,相对一次性现金补偿,可能也会有税务优化的效果。

三、“金色降落伞”条款的授予金额

对于上市公司而言,因为“金色降落伞”条款存在高管利用关联关系进行利益输送,损害公司、股东利益的风险,金额的合理性将是上市公司监管机构监察的重点。从中国目前上市公司的实践案例来看,很多公司将“金色降落伞”条款的补偿金额设定为高管年度薪酬的10倍。但如果不论公司和高管本身的实际情况,一律规定10倍,难以说明其合理性。比如,如果两家公司税后净利润规模不同,高管本身年薪不同,工作年限不同,以及是否在法定的劳动关系解除的补偿金/赔偿金之外另行支付,该10倍的实际效果可能是天差地别。因此,上市公司如选择设置“金色降落伞”条款,应充分考虑各类因素,测算后得出适当的金额,从而可以向监管机构进行充分的合理性解释。

四、“金色降落伞”条款在劳动合同中的规定

因为“金色降落伞”条款规定了公司向高管的报酬支付义务,需要在劳动合同中予以体现。目前在美国法律环境下普遍适用“双触发”机制:第一,要发生控制权变更事件;第二,高管的劳动合同要在该等事件发生后一定时期内被解除。这两个条件同时满足才会启动“金色降落伞”条款。如果控制权变更事件后的规定时间内(如一年)未发生劳动合同解除的,则该条款自动失效。

对于何为“控制权变更事件”,在劳动合同中应予以详细定义。这一定义一般都比较复杂,应对将来可能发生的各种情况进行充分预测,且每家公司可以根据自身情况进行自定义。例如,控制权变更可以包括持有控制权的股东发生变更,也可以包括现有董事会席位发生半数以上变更等。建议公司和高管在进行这一条款的协商时,充分咨询专业律师的意见。

上述控制权变更事件发生后的劳动合同的解除,可能由公司方启动,也可能由高管方启动。一般而言,公司的“无过错解除”(高管本身不存在违法违规或其他使公司有权解除的行为)会触发“金色降落伞”条款。但是,有时公司方为避免触发补偿义务,也可能采取其他一些措施,同样会损害高管方的利益。因此,代表高管方的律师可能希望在合同中规定,如果高管方基于“合理理由”提出解除劳动合

同的，也可以触发“金色降落伞”条款下的补偿。

但是，对于哪些情况会构成“合理理由”，是实践中争议较多的地方。假设劳动合同规定收购后如发生大规模裁员，视为公司构成无过错解除，公司需要支付“金色降落伞”补偿；收购后如果公司没有进行大规模裁员，但对员工进行大幅度降薪或者强制远距离调岗，员工也可以主动要求解除劳动关系并取得“金色降落伞”项下的补偿金。虽有此规定，但可以想见，在新的收购方接管公司后，面对巨额的“金色降落伞”补偿金额，其会有较强的动力对条款中模糊的地方提出挑战和质疑，如公司安排的调岗不应视为远距离调岗，或者公司安排的降薪不足以视为大幅度降薪，以尽可能避免触发支付义务。因此，在签订这一条款时，需充分探讨合理性，咨询专业意见，以减少事后争议，避免讼争成本。

对于高管，如果是基于“合理理由”主动离职，建议公司在合同中要求高管履行一定的程序，例如，高管首先需合理判定符合合同定义的事件已发生，并在一定时期内及时通知公司该事件的发生，给予公司合理的纠正期间。如果公司未能在合理期间内纠正违约事件的，高管需在此后一定期间内完成正式离职，方可取得“金色降落伞”条款项下的报酬。

除了触发条件以外，双方还需在合同中约定现金补偿的金额如何计算，股票期权（如有）是否加速到期，公司提供的福利（如健康保险）是否立即终止，税负分摊，以及争议处理机制等内容。

五、如何处理与劳动关系解除的补偿金/赔偿金的关系

首先，“金色降落伞”条款项下的报酬和《劳动合同法》规定的因解除劳动合同而需要支付的法定补偿金或赔偿金是两个概念，原则上不互相冲突，也不必然互相取代。两者区别在于，《劳动合同法》项下的补偿金和/或赔偿金是法定义务，其支付有法定的条件，如果满足该等法定条件，必须支付；而“金色降落伞”条款是合同义务，其支付的条件取决于合同的约定。因此，两者的触发条件很可能不相同。

其次，法定的补偿义务有下限，需根据员工的工作年限来确定，有一年需补偿一个月的工资。但是“金色降落伞”条款补偿不一定要按照员工的工作年限来确定。

最后，法定的补偿或赔偿义务可以依法封顶（如果高管的工资高于本地区上年度职工月平均工资3倍的，对于2008年1月1日之后的工作年限，可以当地职工月平均工资3倍的数额为基数，计算高管的法定经济补偿），“金色降落伞”条款补偿一般不存在该等封顶。当然，法定封顶是指如果员工向法院诉请，法院会按照这个标准予以判决，但在实践中并不禁止公司主动按照高管的实际工资水平进行补偿。

由上述分析可知，法定补偿金/赔偿金与“金色降落伞”条款补偿孰高孰低，是因人而异的。据此，是在法定补偿的基础上累加“金色降落伞”条款补偿，还是按照两者孰高的原则来择一支付，公司可以根据高管的实际情况来确定。当然，这还取决于公司是否能向监管机构充分说明选择的合理性。

40.5 “金手铐”（股权激励）

解析

“金手铐”与“金色降落伞”“金阶梯”并称“三金”，是现代企业管理中运用较广的员工激励手段。“金手铐”在20世纪六七十年代起源于美国，指的是公司向高层管理人员等关键员工发放股票，这些股票由公司或者其他信托机构掌管，员工在公司工作若干年后，有权取得全部股份，如果提前离职，将有较大损失。通过设置股票

法律依据

持有、转让、交易的条件,这种机制对吸引和留住人才起到了相当的作用。“金手铐”机制在此后的几十年中不断发展完善,被世界各国的企业作为一种有效吸引和激励员工的手段而引入。

在我国,“金手铐”机制通常称为“股权激励”机制,是指在满足一定条件下向员工授予部分股东权益,从而在一定程度上将股东与公司管理团队及骨干员工的利益进行绑定,以保障公司长期、持续发展的机制。实际操作上有现股激励、期权、虚拟股份等多种模式,可单独使用,也可以组合运用。

股权激励既可以用于上市公司,也可以用于非上市公司。但是,股权激励在这两种类型的实体中的应用存在明显的区别:第一,上市公司股权激励一般采用限制性股票、股票期权等模式。非上市公司股权激励可以是股权形式,也可以是非股权形式,如虚拟股票、增值权。第二,由于受到《上市公司股权激励管理办法》等相关法律法规的约束,上市公司的激励对象范围受到严格限制,而非上市公司股权激励对象的范围不受法律法规的限制。第三,非上市公司股权激励程序不受相关规定的限制,手续相对简单,操作较为灵活,而上市公司则相反,其需要遵循相关法定程序。第四,上市公司股权激励标的的来源主要为公开发行的股票;对非上市公司而言,由于无法在公开市场发行股票,所以激励标的的来源主要为增资扩股、期权池预留、股东出让、股份回购等。

实务小贴士

由于股权激励制度关乎公司的人才流动、薪酬体系以及人事管理,公司的人力资源负责人也需要对此有一定了解,以下将对常见股权激励模式略做介绍。

一、现股激励

现股激励也称实股激励,通常是指公司直接以其股权作为激励标的,通过赠与、出售或者定向增资的方式,使激励对象享有公司股权的一种激励模式。

在这种激励模式下,作为激励标的的实股股权来源可以通过转让原有股东的股权(可以由控股股东单独转让,也可以由其他股东转让)和向激励对象增资扩股两种方式。

根据激励对象持有公司股权的方式不同,现股激励模式可以进一步分为以下三类:

(1)赠与股权,即股东或者公司在满足一定条件下无偿授予激励对象一定份额的股权。

(2)实股出售,即股东或者公司在满足一定条件下按股权评估的价格,或者优惠打折的价格,以协议方式将公司股权出售给激励对象。

(3)定向增资,即公司以激励对象为定向增资扩股的对象,由激励对象参与公司的增资扩股行为,激励对象获得公司的股权。

相较于期权和虚拟股等其他股权激励模式,现股激励模式最为直接和彻底,股份直接给到员工,激励力度最强,有利于调动员工的积极性和主观能动性。

现股激励模式的缺点在于:(1)影响公司股本结构,经过工商登记变更以后,原有股东对公司的控制权明显被稀释;(2)很容易造成激励对象为追求短期利润而牺牲公司的长远利益的现象,尤其是在赠与股份的方式下,激励对象对其股权的重视和珍惜程度可能有所减弱;(3)授予后激励对象即享有股东权利,如果没有设计好退出机制,一旦激励对象离职或者出现其他问题,就较难收回。

运用现股激励的模式进行时,应当注意:

(1)该激励方式适合股东人数较少的初创型企业,在处于发展期和成熟期的大型企业中应用相对较少。

(2)为防止公司实际控制人的股权稀释,参与持股计划的人数不宜过多,建议通过设立有限合伙等持股平台的方式令员工间接持股。

(3)为防止激励对象获取短期效应的行为,建议约定禁售期,约定激励对象在一定时期内必须持有该部分股权,不得出售。

(4)为避免公司与激励对象因离职或其他原因产生纠纷,应在股权激励计划中设计合理的退出机制(如将股权转让给其他在职员工),以及各种法律纠纷的处理机制。

二、期权

期权通常是指公司授予激励对象在未来一段时间内按照约定的价格和其他条件受让公司一定数额股权的激励方式。在行权期内,激励对象可以以约定的条款和条件受让公司的股权,也可以放弃该权利。

这种方式的优点是,可以将激励对象的收益与公司的长期利益捆绑在一起,实现激励对象与公司股东利益的一致性。另外,在行权限制期内,有可能支出较少的工资成本,并可以减少公司人力资源流失,是以较低成本吸引和留用人才的有效方式。

但是,授予激励对象股权期权对于股东和公司来说仍然存在一定风险,例如,如果激励对象持有较多股权,但与公司经营理念相悖,则容易影响公司决策与未来发展。

实践中,公司可以通过与激励对象约定行权条件来降低此风险。行权条件可以包括任职时间条件和业绩条件。例如,可以与员工约定必须在公司任职满一定年限方可行权,并且约定每个行权期行权的最高比例。另外,在确定期权价格的基础上,结合公司发展预期目标,将激励对象能否受让股权与公司的主要业绩目标完成情况和个人绩效考核指标挂钩,达到约定的业绩条件,激励对象方可行权。

三、账面价值增值权

账面价值增值权,通常是指在规定的有效期内,根据激励对象持有增值权份额和所对应的净资产的增加值,作为由公司支付的行权收入。具体又可分为购买型和虚拟型两种。购买型是指在期初激励对象按每股净资产值购买一定数量的股份,在期末再按每股净资产期末值回售给公司,在实践中较少运用。虚拟型是指激励对象在期初不需支出资金,公司授予激励对象一定数量的名义股份,在期末根据公司每股净资产的增量和名义股份的数量来计算激励对象的收益。由于这种方式不影响公司的总股本与股权结构,管理简单,容易施行,相较于购买型,在实践中运用较多。

由于每股净资产是否增加、增加的幅度如何均存在不确定性,在这种激励模式下,激励效果一般不太显著。

四、虚拟股票

虚拟股票又叫作虚拟股票期权、模拟持股,通常是指公司授予激励对象一种"虚拟"的股票,激励对象可以根据持有的虚拟股票享受固定的"分红权"和"股价升值收益"。这种虚拟的股票与普通股权的区别在于,虚拟股票不在市场监督管理机构或股票登记机构登记,激励对象仅享有部分股权的财产性权益,而不享有股权的身份权益,没有表决权。虚拟股票不能转让和出售,一般公司制定虚拟股票激励制度时,会明确规定激励对象离开公司时虚拟股票失效。

虚拟股票和期权有一些类似的特性和操作方法,通常情况下,激励对象与公司都需要签订协议,约定给予股份(票)的数量、兑现时间表、兑现条件等。两者的区别在于:第一,虚拟股票并不具有实质性的股票认购权,公司并不赋予激励对象在未来某一时间以约定价格购买公司股票所有权的承诺,虚拟股票"分红""股票升值收益"通常亦被认为是奖金;第二,由于激励对象不在市场监督管理机构或股票登记机构登记,不享有表决权,因此这种模式不会对公司的股权架构产生影响,也不会对原有的表决机制产生影响,有利于维持原股东对公司的控制权。

五、业绩股票

业绩股票,是指公司在年初确定一个科学合理的业绩目标,如果激励对象到年末时达到预定的目标,则公司授予其一定数量的股票或提取一定的奖励基金购买公司股票。业绩股票模式下,股权转移由激励对象是否达到了事先规定的业绩指标来决定。

业绩股票只对公司的业绩目标进行考核,不要求股价的上涨,并且业绩股票对现金的成本压力较大,因此比较适合业绩稳定、需要进一步提升业绩、现金流量充足的企业。

六、限制性股票

限制性股票,是指事先授予激励对象一定数量的公司股票,但对股票的来源、出售条件作出限制,激励对象只有在工作年限或业绩目标符合股权激励计划规定的条件后,才可出售限制性股票并从中获益。我国《上市公司股权激励管理办法》规定了"限制性股票"这种股权激励模式,实践中这也是上市公司常用的激励方式。

限制性股票激励模式具体又分为折扣购股型和业绩奖励型。折扣购股型,是指采用定向增发的形式,根据公司期初确定的业绩目标,以低于二级市场上的价格授予激励对象一定数量的本公司股票,激励对象需支付现金购股。业绩奖励型,是指当激励对象满足规定的激励条件时,上市公司从净利润或净利润超额部分中按比例提取激励基金,设立激励基金专门账户,从二级市场购买股票,并将该股票按分配办法授予激励对象。该种激励模式下,公司支付现金需从税后利润中列出。

限制性股票激励模式与业绩股票的不同在于,在限制性股票的协议签订后,激励对象即取得股票,能否售出取决于是否满足考核标准,而业绩股票则是在激励对象达到特定限制性条件(如某一既定的业绩目标)后才可取得。并且,我国对限制性股票的授予价格有具体的法律规定,根据《上市公司股权激励管理办法》第 23 条的规定,上市公司在授予激励对象限制性股票时,应当确定授予价格或授予价格的确定方法。授予价格不得低于股票票面金额,且原则上不得低于下列价格较高者:(1)股权激励计划草案公布前 1 个交易日的公司股票交易均价的 50%;(2)股权激励计划草案公布前 20 个交易日、60 个交易日或者 120 个交易日的公司股票交易均价之一的 50%。对于业绩股票的对价,我国法律没有类似限制。

经过几十年的发展,我国的股权激励制度不断走向成熟、激励模式不断创新。公司的人力资源负责人可根据企业类型和人员薪酬结构等灵活选择激励模式,最大限度地为公司留住人才、创造效益。

问题导引

Q8: 员工与公司协商一致解除劳动合同,协商解除协议中约定公司支付的相关补偿已经包含股票及相关权益的,该等约定是否有效?

A: 对于该问题,法律法规并没有明确规定。根据《最高人民法院关于审理劳动争议案件适用法律问题的解释(一)》第 35 条的规定,如用人单位与劳动者就解除劳动合同达成的有关工资报酬、加班费、经济补偿金、赔偿金等协议不违反法律和行政法规的强制性规定,且不存在欺诈、胁迫或者乘人之危情形的，应认定有效。一般来讲，如果公司股票属于公司授予员工的奖金激励，在高于劳动法规定的员工保护最低标准的前提下，可以由员工通过与公司的协议进行自由处分。

北京案例与导引

[案例9]

2011年3月31日，陈某与A公司签订劳动合同，约定A公司按财年（每年7月至次年的6月）向陈某支付奖金。2012年9月，A公司确认陈某的财年奖金为3,877,482元，A公司支付了陈某75%的奖金，另25%的奖金转化为36,336股A公司成长股2012财年延期计划的股票。2012年10月22日，陈某签署"A公司成长股2012财年激励股权申请表"，确认其已读过2012年8月17日生效的成长股条款并同意接受条款的约束，陈某认可并同意在条款中规定的某些情况下，如果激励股的相关限制期尚未届满，部分或全部分配给其的激励股可能被没收。根据A公司员工持股计划2012年8月17日生效的股份条款，"员工所持有的股份限制期为36个月，所有已经分配给合格参与员工未曾被收回且在雇佣关系终止时尚在限制期限内的股份，均应收回"。

2013年5月9日，陈某与A公司签署离职协议，约定：陈某与A公司的劳动关系协商解除，A公司向陈某支付款项，该款项的支付是就其对该公司拥有或可能拥有的所有及任何以下项目的全面及最终的清偿：工资、加班费、奖金、津贴、短期激励计划等以及其他经济补偿或权益；陈某同意在相关法律允许的最大限度内永远免除该公司及其现任及前任的雇员、管理人员、董事、继承人和受让人遭受基于其与该公司的雇佣关系或该等雇佣关系的终止而产生的所有权利主张；陈某承诺永远不提起、参加或协助任何诉讼、仲裁或其他法律行动以主张其已通过协议被免除的任何权利主张。

陈某已领取离职协议约定的补偿。2013年11月29日，陈某申请劳动仲裁，要求A公司支付股票款形式的财年奖金等，仲裁委员会决定不予受理，陈某不服，诉至法院。

[法院观点]

法院认为，陈某与A公司签订的离职协议，系双方的真实意思表示，不违反法律和法规的强制性规定，合法有效，双方均应遵守。陈某在离职协议中承认款项的支付是全面及最终的清偿，同意免除A公司基于雇佣关系而产生的所有权利主张，承诺永远不提起或参加或协助任何诉讼、仲裁等。基于上述确认，A公司已履行完毕《离职协议》中确定的向陈某支付离职经济补偿金的义务，对此，陈某予以认可。鉴于2013年5月9日的《离职协议》中明确约定陈某承认款项的支付是就其对A公司拥有或可能拥有的所有及任何以下项目的全面及最终的清偿，故陈某在领取离职经济补偿金之后再要求A公司支付股票款，有违诚实信用原则。另外，A公司提交的A公司员工持股计划明确规定：员工所持有的股份在雇佣关系终止时尚在限制期限内的股份，均应收回。由于陈某在股份限制期限内业已离职，其现要求A公司支付股票对应款没有法律依据。

（2014）三中民终字第10896号

Q9： 员工已获取的股票激励收入是否应当列入离职时经济补偿金的计算基数？

A： 对于该问题，法律法规并没有明确规定。有观点认为，虽然《工资支付暂行规定》第 5 条规定："工资应当以法定货币支付。不得以实物及有价证券替代货币支付。"用人单位在授予劳动者限制性股票时并非以法定货币形式支付，但由于劳动者在获得限制性股票时支付的对价低于股票市场价格，在股票解禁时，必然会为劳动者带来差价的收益，这部分收益是可以以货币形式体现的，故应计入经济补偿金的计算基数。

广东案例与导引

［案例 10］

杨某于 2009 年 9 月 7 日入职 O 公司，最后一期劳动合同期限为 2018 年 9 月 8 日至 2021 年 9 月 7 日。

2017 年 6 月 14 日，O 公司与杨某签订《限制性股票授予协议书》，约定：本次 O 公司授予杨某的限制性股票数量为 4675 股，授予价格为每股 55.18 元，认股款金额合计人民币 257,966.5 元；杨某所获授的限制性股票的解锁安排及考核条件应严格按照《激励计划》及《考核管理办法》的相关规定；O 公司具有《激励计划》的解释和执行权，并按《激励计划》规定对杨某进行绩效考核。

杨某于 2017 年 6 月 28 日取得案涉限制性股票，2019 年的绩效考核达到解除限售条件后于 2019 年 8 月解禁获得的限制性股票激励收入 116,900 元。

之后双方产生争议，2020 年 5 月 15 日杨某通知公司被迫解除劳动合同，并于 2020 年 5 月 21 日申请仲裁，仲裁请求之一要求 O 公司支付违法解除劳动合同赔偿金。该案经仲裁、一审，双方对股权激励所获收入是否计入平均工资仍存在争议。

一审法院认定由于股权激励外在表现形式并非货币，不属于劳动者的货币性收入，不应作为劳动者应得工资计算，因此不应纳入劳动者在劳动合同解除前 12 个月的平均工资的计算基数。对此，杨某存在异议，诉至二审。

［法院观点］

1. 案涉激励股权收益是否应计入杨某离职前 12 个月平均工资。

限制性股票收益从性质上属于用人单位激励劳动者继续积极工作而向劳动者支付附条件的具有经济性福利的劳动报酬。虽然《工资支付暂行规定》第 5 条规定："工资应当以法定货币支付。不得以实物及有价证券替代货币支付。"用人单位在授予劳动者限制性股票时并非以法定货币形式支付，但由于劳动者在获得限制性股票时支付的对价低于股票市场价格，在股票解禁时，必然会为劳动者带来差价的收益，这部分收益是可以以货币形式体现的，故应计入经济补偿金的计算基数。该案中，杨某获得的限制性股票虽不具有货币的外在表现形式，但在其符合条件出售时获得收入可以表现为货币形式，且事实上杨某也因此限制性股票收入 116,900 元，故案涉限制性股票收益应纳入经济补偿金的计算基数。

2. 案涉激励股权收益应全部还是部分计入杨某离职前12个月平均工资。

股权激励属于用人单位的一项长期性激励措施，其对应的期间为劳动者获得激励股权之日至其权益实现之日。《劳动合同法》第47条第3款规定："本条所称月工资是指劳动者在劳动合同解除或者终止前十二个月的平均工资。"故而在将激励股权收益计入劳动者离职前12个月平均工资时，应根据案件实际情况，对劳动者取得的激励股权收益对应的时间段进行区分，对于劳动者离职前12个月范围外的激励股权收益予以剔除。

该案中，杨某于2020年5月离职，故其离职前12个月工资的统计范围应为2019年5月至2020年4月。杨某于2017年6月28日取得案涉限制性股票，2019年7月29日股票解禁获得相应收入116,900元，故涉案限制性股票收入的116,900元对应的应为杨某购入限制性股票至股票解禁期间，即2017年6月28日至2019年7月29日（合计25个月）。故而计算前12个月工资时应当按月份分摊限制性股票收入，按照116,900元÷25个月×3个月计算。

（2021）粤01民终13145号、13146号

Chapter 8 第八篇 HR与职工隐私

No. 41 劳动者隐私权

解析

根据《民法典》第1032条的规定，隐私权是指自然人享有的私人生活安宁和不愿为他人知晓的私密空间、私密活动、私密信息依法受到保护的一种人格权。《民法典》第1034条第2款进一步明确，个人信息中的私密信息，适用有关隐私权的规定。综合《民法典》对隐私权的规定，可以认为受隐私权保护的隐私范围主要包括以下5个方面。

法律依据

(1)私人安宁，即自然人的私人生活的安宁，包括日常生活的安宁(如不被打扰、跟踪、监视、骚扰等)以及通信安宁(如不被短信、电话等骚扰)。

(2)私人空间，包括物理上的空间以及虚拟空间，前者包括住宅、行李等，后者则包含电子邮箱、微信等。

(3)私人信息，包括私生活秘密与通讯秘密，前者包括健康、财产、个人经历、行踪轨迹等信息，后者包括以电子邮件、电话、微信等方式形成的通信过程或内容。

(4)私人活动，指的是一切个人的、与公共利益无关的活动(如日常生活、社交生活等)。

(5)私人自主，即私生活的自主决定，力图对于职业、国籍、生育等的各种选择。

需要注意的是，由于隐私权属于支配权，凡是未经隐私权人同意，擅自妨害其私生活安宁、侵入其私人空间、窃取刺探其私密信息、干涉私人生活的自主决定、公开其私密信息和私密活动，且不存在任何违法阻却性事由的，即成立侵害隐私权。

劳动者作为自然人，自然也享有隐私权，但由于劳动关系是由劳动者一方提供劳动，用人单位一方给付报酬的，同时具有经济与人身从属的权利义务关系，劳动者的隐私权在一定范围内需要让步于用人单位的管理权。尤其是在高科技时代下，用人单位在对劳动者的用工管理中充斥着各种智能软件、监控设备，无形中可能与劳动者的隐私权产生了冲突，因此，无论是在《个人信息保护法》实施前还是实施后，用人单位在对劳动者进行用工管理的过程中常常会遇到劳动者以侵犯隐私权为由拒绝接受用人单位的管理，由此引发劳动争议。用人单位用工管理权的界限在哪里、如何在用工管理过程中做到保护劳动者的隐私等问题一直都是劳资双方热议的焦点。

问题导引

Q1: 用人单位在工作场所安装摄像头是否侵犯了劳动者的隐私权?

A: 工作场所对于劳动者而言是公共空间与私人空间的结合体，但由于劳动关系的特殊从属性，劳动者在工作场所享有的隐私权需要受到用人单位管理权的限制，为尊重用人单位的自主用工权、维护用人单位的正常经营、管理秩序，用人单位有权对其劳动者在工作场所的行为实施监控。因此,在保护劳动者隐私权的同时,用人单位应当精准把握劳动者隐私权与用人单位用工管理权的界限,在遵循合法合理原则的基础上,平衡劳资关系。

广东案例与导引

[案例 1]

张某系 L 公司员工,在职期间 L 公司在办公区域安装了多个高清摄像头,其中一个摄像头位于张某的头顶。张某认为该摄像头的位置易于拍摄到其隐私,容易走光,于是用两把伞遮挡该摄像头,同时,张某认为 L 公司安装在其他方位的摄像头仍可清晰拍摄到其工位,因此其打伞的行为亦未影响到 L 公司管理目的的实现。

L 公司则认为张某的行为系为了逃避公司日常管理而故意用两把雨伞将工位全部遮挡,导致公司无法掌握其上班是在工作还是在玩手机,或是在从事其他与工作无关的事情,且对 L 公司的其他员工造成了严重的负面影响,影响了正常的办公环境,违背作为一个劳动者应遵守的最基本劳动纪律和行为准则,遂于 2019 年 7 月 17 日以严重违纪为由解除了与张某的劳动关系。

[法院观点]

法院认为,L 公司安装监控摄像头的目的是保证工作场所人、财、物的安全,且安装的区域是多人工作的公共场所,非劳动者的私人生活区域,且安装的位置也通常在墙角上方,L 公司安装监控摄像头属于公司正常行使用人单位监管权,其行为具有一定的合理性,并无不妥之处。

(2020)粤民申 8843 号

湖北案例与导引

[案例 2]

2019 年 4 月 9 日,H 公司安排熊某至长沙市出差,工作及住宿地均在 H 公司长沙办事处。长沙办事处设在居民小区,为一室一厅及厨卫仓库。其中客厅安装摄像头(正对大门),可显示的范围中近处即为可作工余住宿休息之用的客厅、沙发及电视机,最远范围可达大门,公司要求该监控 24 小时打开,而熊某在 8 小时工作时间以外仍需在此范围内住宿活动。熊某表示无法接受。

[法院观点]

法院认为,长沙办事处设在居民小区,为一室一厅及厨卫仓库,摄像头安装在客厅,即该办事处的工作区域和休息区域存在混同。H 公司在客厅安装摄像头,可对工作区域进行监督。此外,长沙办事处内装满货物,来往人员较多,H 公司安装摄像头正对大门,可避免货物缺损的情况发生,亦存在必要性。故不宜认定 H 公司安装摄像头的行为侵犯了熊某的隐私权。

(2020)鄂 01 民终 3509 号

No.42 劳动者肖像权

解析

肖像权作为一种具体人格权，规定于《民法典》第四编的第四章，根据《民法典》第1018条的规定，自然人享有肖像权，有权依法制作、使用、公开或者许可他人使用自己的肖像。肖像则是通过影像、雕塑、绘画等方式在一定载体上所反映的特定自然人可以被识别的外部形象。任何组织或个人在未经肖像权人允许的情况下擅自实施制作、公开、使用、丑化、污损其肖像的行为的，若不存在《民法典》第1020条规定的免责事由，即成立侵害肖像权。

法律依据

《民法典》生效后，对比之前的《民法通则》的相关规定，可以发现其对肖像权的保护出现了较大的变化，具体包括以下几点：

（1）《民法典》改变了肖像权的使用条件，使肖像权的侵权认定不再以"以营利为目的"作为构成要件。任何组织或个人只要未经肖像权人的同意，就可能构成侵害自然人的肖像权。

（2）《民法典》第1019条第2款明确了当肖像权人的权利与肖像作品权利人的权利发生冲突时，应当优先保护肖像权人的权利。

（3）《民法典》第1023条第2款规定，对自然人声音的保护，参照适用肖像权保护的有关规定，因此，自然人的声音与肖像权受到同等保护，自然人可以因其声音受到侵害而单独主张侵权方承担相应的责任。

在日常用工管理的过程中，不少用人单位不可避免地会用到劳动者的肖像，如在公司官网上使用劳动者的宣传照片、视频，《民法典》的实施，使用人单位无论是否以营利为目的使用劳动者的肖像，均需依法征得劳动者的同意，并与劳动者签订许可使用合同，同时明确使用期限等，必要时可以在公司规章制度中明确规定，避免用人单位因用工管理不慎而造成不必要的损失。

辨析

隐私权和肖像权都属于人格权编中的具体人格权，且两者的权利主体均为自然人。两者的主要区别如下：

（1）客体不同。隐私权的客体是自然人不为人知的隐私，具有私密性和私人性；肖像权的客体则是自然人的肖像，是自然人可被识别的外部形象的视觉再现，为众人所知；

（2）侵权方式不同。侵犯隐私权主要以刺探、公开等方法，使他人知晓个人隐私；侵犯肖像权主要通过擅自使用、不正当使用以丑化、毁损、玷污权利人肖像或获得利益。

需要注意的是，《个人信息保护法》中涉及个人信息的保护，更偏向于强调保护权利人的隐私权，而非肖像权。

No. 43　个人信息保护法

2021 年 1 月 1 日正式施行的《民法典》中,隐私权和个人信息保护的相关内容在人格权编中独占一个章节,继《民法典》之后,《个人信息保护法》于 2021 年 11 月 1 日起正式施行,为保护个人信息权益、规范个人信息处理活动、促进个人信息合理利用提供了法律依据。此后,我国公民个人信息保护可以说进入了一个全新时代。

《个人信息保护法》厘清了个人信息、敏感个人信息、个人信息处理者、自动化决策、去标识化、匿名化的基本概念,从适用范围、个人信息处理的基本原则、个人信息及敏感个人信息处理规则、个人信息跨境传输规则、个人信息保护领域各参与主体的职责与权力以及法律责任等方面对个人信息保护进行了全面规定,建立起个人信息保护领域的基本制度体系。

用人单位在招聘、管理劳动者的过程中必然会涉及处理劳动者个人信息的各种场景,因此,《个人信息保护法》的出台给用人单位的人力资源管理带来了不小的挑战。如何合规处理劳动者的个人信息成为用人单位关注的焦点。本章将围绕以下关键词对《个人信息保护法》进行解析说明,并从用人单位人力资源管理的角度给予用人单位一定的建议。

个人信息保护法关键词中涉及的二级关键词	
43.1	个人信息的分类
43.2	敏感个人信息的单独同意
43.3	个人信息的跨境
43.4	个人信息的保护

43.1　个人信息的分类

解析

根据《民法典》第 1034 条及《个人信息保护法》第 4 条的规定,个人信息是指以电子或者其他方式记录的与已识别或者可识别的自然人有关的各种信息,包括自然人的姓名、出生日期、身份证件号码、生物识别信息、住址、电话号码、电子邮箱、健康信息、行踪信息等,不包括匿名化处理后的信息。《民法典》及《个人信息保护法》对个人信息的定义明确了处理个人信息应遵循的原则和条件,个人的权利以及个人信息处理者的安全保障义务。

法律依据

按照个人信息一旦泄露或者非法使用,对个人合法权益造成的危害程度,个人信息可分为一般个人信息和敏感个人信息两类:一般个人信息是指一旦泄露或者非法使用,对自然人个人信息权益造成轻微或一般影响,不易导致自然人的人格尊严、人身安全、财产安全受到侵害,如网络身份标识信息;敏感个人信息则是指一旦泄露或者非法使用,容易导致自然人的人格尊严受到侵害或者人身、财产安全受到危害的个人信息，包括生物识别、宗教信仰、特定身份、医疗健康、金融账户、行踪轨迹等信息，以及不满 14 周岁未成年人的个人信息。

《信息安全技术　个人信息安全规范》以及《网络安全标准实践指南——网络数据分类分级指引》（以下简称《网络安全标准实践指南》）中就敏感个人信息的判定方法和类型做了较为详细的介绍。以《网络安全标准实践指南》为例，对于敏感个人信息的判定，可通过分析个人信息遭到泄露或者非法利用对个人信息主体权益可能造成的影响，符合以下任一影响的，即可判定为敏感个人信息：

（1）个人信息遭到泄露或者非法使用，可能直接侵害个人信息主体的人格尊严。例如，特定身份、医疗健康、犯罪记录等信息属于一旦泄露即侵害人格尊严的敏感个人信息。

（2）个人信息遭到泄露或者非法使用，不会直接侵害个人信息主体的人格尊严，但可能由于社会偏见、歧视性待遇而间接侵害个人信息主体的人格尊严。例如，因个人种族、宗教信仰、性取向遭到歧视性待遇。

（3）个人信息遭到泄露或者非法使用，可能直接或间接危害个人信息主体的人身、财产安全。例如，泄露、非法使用家庭住址、家属关系等家庭相关信息，可能会为入室抢劫或绑架等犯罪所利用；个人信息主体的身份证复印件被他人用于手机号卡实名登记、银行账户开户办卡等。

关于敏感个人信息的类别与示例如表 43 - 1 所示。

表 43 - 1　敏感个人信息的类别与示例

类别	典型示例和说明
特定身份	身份证、军官证、护照、驾驶证、工作证、出入证、社保卡、居住证、港澳台通行证等
生物识别信息	个人基因、指纹、声纹、掌纹、眼纹、耳廓、虹膜、面部识别特征、步态等
金融账户	金融账户及金融账户相关信息，包括但不限于支付账号、银行卡磁道数据（或芯片等效信息）、证券账户、基金账户、保险账户、其他财富账户、公积金账户、公积金联名账号、账户开立时间、开户机构、账户余额以及基于上述信息产生的支付标记信息等
医疗健康	个人因生病医治等产生的相关记录，如病症、住院志、医嘱单、检验报告、手术及麻醉记录、护理记录、用药记录、药物食物过敏信息生育信息、以往病史、诊治情况、家族病史、现病史、传染病史等
行踪轨迹	基于实时地理位置形成的个人行踪和行程信息，如实时精准定位信息、GPS 车辆轨迹信息、出入境记录、住宿信息（定位到街道、小区甚至更精确位置的数据）等
未成年人个人信息	14 岁以下（含）未成年人的个人信息
身份鉴别信息	用于验证主体是否具有访问或使用权限的信息，包括但不限于登录密码、支付密码、账户查询密码、交易密码、银行卡有效期、银行卡片验证码（CVN 和 CVN2）、口令、动态口令、口令保护答案、短信验证码、密码提示问题答案、随机令牌等
其他敏感个人信息	种族、性取向、婚史、宗教信仰、未公开的违法犯罪记录等

辨析

就隐私权与个人信息（权）而言，两者的主要区别如下：

隐私权的客体是自然人不为人知的隐私，必须具有私密性和私人性，主要体现为“人格利益”。

个人信息（权）的客体则是个人信息，既可以具有私密性（如个人银行账户、行踪轨迹等隐私信息），也可以不具有私密性（如个人姓名、出生年月、手机号等信息），且主要体现为“人格利益”和“财产利益”的双重属性。一旦个人信息处理者存在侵权行为，可能会发生权利竞合，即同时损害了个人隐私权以及个人信息权，届时受害人可以选择其中一项主张救济。

43.2　敏感个人信息的单独同意

解析

《个人信息保护法》第 13 条规定，符合下列情形之一的，个人信息处理者方可处理个人信息：（1）取得个人的同意；（2）为订立、履行个人作为一方当事人的合同所必需，或者按照依法制定的劳动规章制度和依法签订的集体合同实施人力资源管理所必需；（3）为履行法定职责或者法定义务所必需；（4）为应对突发公共卫生事件，或者紧急情况下为保护自然人的生命健康和财产安全所必需；（5）为公共利益实施新闻报道、舆论监督等行为，在合理的范围内处理个人信息；（6）依照本法规定在合理的范围内处理个人自行公开或者其他已经合法公开的个人信息；（7）法律、行政法规规定的其他情形。依照本法其他有关规定，处理个人信息应当取得个人同意，但是有前款第 2 项至第 7 项规定情形的，不需取得个人同意。

法律依据

上述第 2 项规定直接许可了用人单位为实施人力资源管理所必需，无须取得劳动者的个人同意即可处理其个人信息。

除第 13 条的规定外，《个人信息保护法》第 29 条进一步明确了个人信息处理者在处理敏感个人信息时应当取得个人的单独同意。

问题导引

Q1： 用人单位在处理劳动者的敏感个人信息时，能否援引《个人信息保护法》第 13 条的规定无须获得劳动者的单独同意？

A： 目前针对这一问题有两种不同观点。观点一：尽管《个人信息保护法》第 13 条许可了用人单位为实施人力资源管理所必需，无须取得劳动者的个人同意即可处理其个人信息，但这只是个人信息处理规则的一般规定。《个人信息保护法》第 29 条规定了处理敏感个人信息应当取得个人的单独同意，这里的“单独同意”是高于“同意”的一种特殊保护方式，因此当收集个人敏感信息时，用人单位仍需获得劳动者的单独同意。观点二：“单独同意”是“同意”的一种，因此当用人单位处理劳动者的敏感个人信息时，也可以依据《个人信息保护法》第 13 条第 2 项得到豁免，无须劳动者的单独同意。

虽然目前我国司法实践中就该问题并未出台相关的解释，也尚无相关判例可供参考，但笔者更倾向于第二种观点。笔者主要考虑到我国《个人信息保护法》在前期起草的过程中参考了欧盟的《一般数据保护条例》，而《一般数据保护条例》以及欧盟的司法判例均认为只要用人单位处理的劳动者个人信息是属于日常雇佣管理所必须的，则无论劳动者的信息是一般个人信息，还是敏感个人信息，用人单位均有权依法处理而无须经过劳动者的同意。况且，在用人单位日常实施人力资源管理的过程中，不可避免地会处理大量劳动者的敏感个人信息，若在此过程中用人单位也要就每一位劳动者的敏感个人信息取得单独同意，则会给用人单位的日常管理造成负担。因此，笔者认为第二种观点更为合理。

但如前文所述，鉴于目前尚无相关司法解释和判例的直接参考，建议用人单位在处理劳动者的个人信息时，采取“依法豁免 + 单独同意”的双保险措施，将敏感个人信息区分出来，就劳动者的敏感个人信息处理获得概括性的单独同意。这样一来，即使日后的司法口径对用人单位不利，用人单位在前期的准备过程中已经做到了防患于未然，也无须担心在未来对劳动者的人力资源管理过程中受到制约。

43.3 个人信息的跨境

解析

根据《个人信息保护法》第 38 条、第 39 条的规定，个人信息处理者因业务等需要，确需向中华人民共和国境外提供个人信息的，应当满足“1 + 1”的前提条件。第一个“1”是指需要告知个人信息主体方对跨境提供其个人信息的行为并获得其单独同意。第二个“1”则是指 4 项条件之一，即只要满足以下 4 项条件之一即可，分别为：(1)通过国家网信部门组织的安全评估；(2)按照国家网信部门的规定经专业机构进行个人信息保护认证；(3)按照国家网信部门制定的标准合同与境外接收方订立合同，约定双方的权利和义务；(4)法律、行政法规或者国家网信部门规定的其他条件。中华人民共和国缔结或者参加的国际条约、协定对向中华人民共和国境外提供个人信息的条件等有规定的，可以按照其规定执行。就 4 项条件中的前 3 项，笔者做如下简要介绍。

法律依据

(1)安全评估

根据 2022 年 9 月 1 日起施行的《数据出境安全评估办法》，若数据处理者向境外提供重要数据，或关键信息基础设施运营者和处理 100 万人以上个人信息的数据处理者向境外提供个人信息，或自上年 1 月 1 日起累计向境外提供 10 万人个人信息或者 1 万人敏感个人信息的数据处理者向境外提供个人信息，应向国家网信部门申报数据出境安全评估。数据处理者在申报数据出境安全评估前还应当开展数据出境风险自评估。除情况复杂或需要补充、更正材料的，国家网信部门一般会自向数据处理者发出书面受理通知书之日起 45 个工作日内完成数据出境安全评估。

除在有效期内出现应当重新申报评估的情形外,通过数据出境安全评估的结果有效期为 2 年,自评估结果出具之日起计算。

(2)保护认证

根据 2022 年 12 月 16 日发布的《网络安全标准实践指南——个人信息跨境处理活动安全认证规范 V2.0》,个人信息处理者在进行个人信息跨境处理活动时可向认证机构申请认证。开展个人信息跨境处理活动的个人信息处理者应指定公司决策层成员担任个人信息保护负责人,并设立个人信息保护机构,同时,应当对拟向境外接收方提供个人信息的活动开展个人信息保护影响评估,并形成个人信息保护影响评估报告,评估报告至少保存 3 年。

(3)标准合同

根据 2023 年 6 月 1 日起正式实施的《个人信息出境标准合同办法》,对于同时符合下列 4 种情形的个人信息处理者,即非关键信息基础设施运营者、处理个人信息不满 100 万人的、自上年 1 月 1 日起累计向境外提供个人信息不满 10 万人的,以及自上年 1 月 1 日起累计向境外提供敏感个人信息不满 1 万人的,可以通过订立标准合同的方式向境外提供个人信息。个人信息处理者向境外提供个人信息前,应当开展个人信息保护影响评估,并在标准合同生效之日起 10 个工作日内向所在地省级网信部门进行事后备案。在标准合同有效期内出现新情形的,个人信息处理者应当重新开展个人信息保护影响评估,补充或者重新订立标准合同,并履行相应备案手续。《个人信息出境标准合同办法》以自主缔约与备案管理相结合、保护权益与防范风险相结合的方式,保障个人信息跨境安全、自由流动。

问题导引

Q2: 若用人单位跨境提供劳动者的个人信息,能否依据《个人信息保护法》第 13 条获得豁免,继而无须再取得劳动者的单独同意?

A: 用人单位是否能够依据《个人信息保护法》第 13 条获得豁免同意,仍应以"实施人力资源管理所必需"为前提。考虑到实操中很多用人单位处理劳动者的个人信息并不一定必须将其个人信息转移至境外,满足这一前提条件存在一定难度。例如,用人单位系跨国集团,其集团总部在境外,若集团总部要求境内的用人单位将所有劳动者的个人信息均传输至境外系统进行统一管理,则在此情形下,因用人单位并不是以实施人力资源管理所必需为前提条件,而是为了方便集团进行统一管理,因此笔者推断此类做法难以依据《个人信息保护法》第 13 条获得豁免同意,仍应告知劳动者并获得其单独同意。

退一步而言,如前文所述,即使用人单位是以"实施人力资源管理所必需"为前提条件的,鉴于目前尚无相关司法解释和判例的直接参考,对于需要对劳动者的个人信息进行跨境传输的,仍然建议用人单位采取"依法豁免 + 单独同意"的双保险措施。

43.4 个人信息的保护

解析

《个人信息保护法》的重点即在于针对个人信息的保护。具体到《个人信息保护法》的条款，笔者主要总结了4项个人信息保护的重点，包括：(1)合法、正当、必要、最小化原则；(2)个人信息保护影响评估；(3)个人信息主体的权利；(4)个人信息保护的处罚及举报机制。就以上4项内容，笔者做如下分析。

法律依据

(1)合法、正当、必要、最小化原则

根据《个人信息保护法》第5条、第6条的规定，个人信息处理者在处理个人信息时应当遵循合法、正当、必要和诚信原则，采取对个人信息权益影响最小的方式，仅限于实现处理目的的最小范围，不得过度收集个人信息。根据上述规定，用人单位即使依据《个人信息保护法》第13条就处理劳动者的个人信息获得了豁免同意，但在处理个人信息的过程中，仍然需要满足合法、正当、必要、最小化的要求，从而保护了劳动者对个人信息的过度提供。一旦用人单位超出这一界限，劳动者有权拒绝提供个人信息或撤回其同意授权。

例如，用人单位通过人脸识别对劳动者进行考勤，因考勤方式多样化，通过人脸识别进行考勤并不具有唯一性和必要性，因此若劳动者拒绝，用人单位无权采集劳动者的人脸识别特征；又如，用人单位在招聘环节要求候选人提供其婚孕信息，鉴于该个人信息与订立劳动合同之间并无关联，因此用人单位的该类行为属于过度采集个人信息，但劳动者入职后，用人单位则可以基于女职工享受“三期”待遇、用人单位向劳动者提供女职工福利等原因要求劳动者提供其婚孕信息。

(2)个人信息保护影响评估

根据《个人信息保护法》第55条、第56条的规定，若个人信息处理者需要处理敏感个人信息，或利用个人信息进行自动化决策，或委托处理个人信息、向其他个人信息处理者提供个人信息、公开个人信息，或向境外提供个人信息，或存在其他对个人权益有重大影响的个人信息处理活动情形，均应事前进行个人信息保护影响评估，并对处理情况进行记录。个人信息保护影响评估报告和处理情况记录应当至少保存3年。评估内容应当包括处理目的、处理方式是否合法、正当、必要，对个人权益的影响及风险程度，以及所采取的安全保护措施是否合法、有效并与风险程度相适应这3个方面。

在用人单位对劳动者进行日常人力资源管理时如何开展个人信息保护评估，可以参考2021年6月1日实施的《信息安全技术——个人信息安全影响评估指南》，该指南给出了个人信息安全影响评估的基本原理、实施流程，为用人单位更好地保护劳动者个人信息提供了进一步保障。同时，该指南也为主管监管部门、第三方测评机构等组织开展个人信息安全监督、检查、评估等工作提供了参考依据。

(3)个人信息主体的权利

《个人信息保护法》第44~50条规定了个人在个人信息处理活动中的具体权利，主要包括访问权、知情权、决定权、查阅权、复制权、转移权、更正权、补充权、撤回同意权、删除权、解释说明权等权利，使个人信息主体不再被动受到保护，而是掌握了个人信息保护的主动权，为个人信息的保护提供了多角度、多层次的保障。

（4）个人信息保护的处罚及举报机制

《个人信息保护法》第 65 条规定了任何组织、个人有权对违法个人信息处理活动向履行个人信息保护职责的部门进行投诉、举报，第 66 条更是规定了对于违反《个人信息保护法》规定处理个人信息，或者处理个人信息未履行《个人信息保护法》规定的个人信息保护义务且情节严重的，最高可能处 5000 万元或者上一年度营业额 5% 的罚款，大大提高了用人单位的违规成本，使得用人单位在日常管理过程中保证个人信息保护的合规性。

问题导引

Q3：《个人信息保护法》实施后，用人单位在此之前收集的劳动者考勤记录和行程记录是否需要删除？

A： 笔者认为，若用人单位收集的劳动者考勤记录是判定劳动者是否正常出勤、是否旷工的必要依据，则根据《个人信息保护法》第 13 条的豁免同意，用人单位完全有权保留劳动者的考勤记录。但需要注意的是，如上文所提及的考勤方式多样化，若用人单位是通过人脸识别对劳动者进行考勤，鉴于通过人脸识别进行考勤并不具有唯一性和必要性，因此用人单位应当就人脸识别的考勤方式获得劳动者的单独同意，若劳动者拒绝，用人单位无权采集劳动者的人脸识别特征。但若用人单位采用签到方式进行考勤，则劳动者应当予以配合而无须获得劳动者的单独同意。

对于劳动者的行程记录，笔者认为，应结合行程记录的形成原因作出区分处理。例如，劳动者以出差为由申请报销差旅费用的，则应当向用人单位提交行程记录作为申请报销的证明材料，证明该行程记录对应的差旅费用确因出差而产生，在此情形下，因用人单位收集劳动者的行程记录确实是基于人力资源管理所必需的目的，劳动者同样应当配合提供。

关于保存期限，《个人信息保护法》第 19 条规定，除法律、行政法规另有规定外，个人信息的保存期限应当为实现处理目的所必要的最短时间，但该条并无具体的时间规定。考虑到用人单位与劳动者之间的用工管理关系，笔者建议参考《劳动保障监察条例》关于 2 年监察时效的规定，将保存期限确定为劳动者在职期间以及离职后的 2 年较为合理。

Q4：《个人信息保护法》实施后，用人单位在进行内部调查时，应如何妥善处理劳动者的个人信息？

A： 用人单位在对劳动者进行内部调查时，不可避免地需要处理劳动者的个人信息，如在调查劳动者向客户收取好处费/提成的违纪行为时，用人单位要求劳动者配合提供与客户之间的微信/支付宝转账记录，劳动者以个人隐私为由拒绝提供的，用人单位是否就无法继续进行调查并处理劳动者了？笔者认为，用人单位要求劳动者提供的微信/支付宝转账记录与劳动者是否存在违纪行为是存在直接关联的，是基于人力资源管理所必须的目的对劳动者进行纪律管理，因此，劳动者以个人隐私为由拒绝提供的理由并不成立。但若用人单位要求劳动者提供的是与本次调查内容完全无关的其他微信/支付转账记录，则劳动者拒绝提供相关个人信息是完全合理的。同时，用人单位也应向劳动者作出承诺，针对内部调查中获取的个人信息均按照《个人信息保护法》的规定把握合理界限。

Q5： 用人单位在对离职劳动者进行竞业限制调查的过程中进行视频取证是否违反了《个人信息保护法》的规定或侵犯了劳动者的个人隐私？

A： 笔者认为，劳动者与用人单位在建立劳动关系的过程中签订有竞业限制协议的，说明双方就竞业限制事宜达成合意并同意遵守，只要用人单位按照协议约定向劳动者支付了竞业限制补偿金，劳动者就应当履行竞业限制义务。若劳动者在离职后可能存在或确实存在违约行为，即使劳动者并未授权用人单位在其离职后进行竞业限制调查，用人单位也有权依据《个人信息保护法》第13条的"为订立、履行个人作为一方当事人的合同所必需"开启竞业限制调查。

同时，考虑到竞业限制的举证本身就需要用人单位提交充足的证据证明劳动者存在违约行为，难度不小，而视频取证的方式能够很好地将劳动者违反竞业限制义务的行为固定下来，较为真实地还原当时的场景。若用人单位在对离职劳动者进行调查时不得使用视频拍摄的方式进行取证，则会使用人单位始终处于被动地位，很有可能因此无法证明劳动者违约的事实。故笔者认为用人单位在对离职劳动者进行竞业限制调查的过程中进行视频取证，并不违反《个人信息保护法》的规定。

关于是否侵犯劳动者的个人隐私，只要用人单位在取证过程中注意合法、合规取证，尽可能地做到拍摄内容与违反竞业限制的行为是相关联的，就不会涉及侵犯劳动者个人隐私的情况。若视频取证的节点恰好涉及了与竞业限制并无关联的劳动者个人隐私相关内容，则用人单位也应当在获取该类信息的第一时间予以删除，保证个人隐私的安全。

关于视频取证的法律效力，具体详见"保密和竞业限制"关键词项下的"竞业限制"的内容。

Q6： 在对劳动者的病假管理中，如何判断用人单位处理劳动者个人信息时满足了合法、正当、必要、最小化的要求？

A： 结合目前的司法实践，一般认为劳动者罹患疾病的细节应属其个人隐私，用人单位是否批准劳动者的病假并不需要用人单位向员工收集其罹患疾病的细节，因此，用人单位要求劳动者提供的病假材料应以必要为限，能够反映劳动者患病且前往医院就诊的事实即可，不应过分求全，以免侵犯个人隐私，侵害劳动者作为患者的权益。

除非用人单位对劳动者提供的病假证明材料存在疑问或异议（例如，劳动者在一定时间内多次请假，劳动者通过不同的医院或不同的病由反复请病假，或病假证明材料形式上存在瑕疵或病假证明材料之间存在冲突等），否则用人单位在病假管理中直接要求劳动者提供包括病历、检查记录、化验单等病假证明材料的，很可能被认定为过度采集劳动者个人信息，若劳动者拒绝提供，而用人单位由此认定劳动者严重违纪并予以解除劳动关系，很有可能被人民法院认定为违法解除。

北京案例与导引

[案例 1]

谢某系 D 公司员工,D 公司的《员工手册》第 7 条“休假政策”中亦明确规定,员工的所有假期,含病假必须履行申请和审批程序,未经系统申请并获批准的,视为旷工。有关审批的要求包括:(1)员工休请病假必须提交申请;(2)申请病假需提供相应的诊断和病假证明文件。病假证明文件包括有关疾病病历、诊断证明、病假条及其他 D 公司合理要求的文件。在职期间,谢某以“抑郁状态”为由向 D 公司申请病假。谢某向 D 公司提交了病休的诊断证明书,D 公司多次书面提示谢某,只有提供完整的证明材料,病假申请才可获批,否则构成旷工。但谢某一直未按 D 公司要求提供完整的病假证明材料,只是提交了证明其存在“抑郁状态”的证明。D 公司最终以谢某未对欠缺的病假证明予以补充提交,视为旷工为由解除了与谢某的劳动关系。

[法院观点]

法院认为,谢某提交的诊断证明书能够反映其存在抑郁状态且有建议休息的医嘱,即便谢某提交的就诊材料不如 D 公司要求的齐全,也不能推翻谢某因病需要休息的事实。

另外,谢某罹患疾病的细节应属个人隐私,D 公司要求提供的病历、心理证明材料、费用凭据等应以必要为限,能够反映谢某患病就诊事实即可,但不应过分求全,以免侵犯个人隐私,侵害患者权益。是否批准病假并不需要公司进一步向员工收集疾病细节,去判断员工属于“抑郁状态”还是“抑郁症”。故 D 公司认定谢某旷工并以此为由解除与谢某的劳动关系缺乏依据。

(2021)京 03 民终 106 号

[案例 2]

高某某入职 D 公司,公司《员工手册》规定,员工申请病假,需要提交相关病历证明。请假超过一天的需要提交医保指定医院开具的诊断建议书、病历本、药费清单等。

高某某于 2018 年 4 月经市精神卫生中心诊断为易性症,需要进行男转女性别重置及手术,故于 2018 年 6 月 27 日进入 C 医院住院手术。2018 年 7 月 19 日,高某某出院,出院记录中记载“出院医嘱:建议休息一个月”,同时,C 医院出具病情证明单,建议术后全休 2 个月。2018 年 7 月 25 日,高某某提交一张请假申请单,附件“出院证照片”,出院证中的“诊断”栏内容及“今后注意事项”栏第 2 点有人为遮挡。公司以“因根据病假条无法判定为因病休假,未提供内容明确的假条”为由未批准病假。2018 年 8 月 21 日,高某某再次提出病假申请单,附件“病情证明单:病情及诊断:易性症,目前已完成转性手术”。公司仍未批准病假,同时向高某某邮寄了提交请假证明原件通知书,要求其提供有效病假证明原件。后因高某某未向 D 公司提供有效病假证明原件,D 公司以此为由认定其连续旷工,严重违纪,解除了与其的劳动合同。

[法院观点]

法院认为,用人单位在审批劳动者请休病假时亦应考虑个体因素,不能一概而论。高某某所患疾病属于精神类疾病中的一类,同时,高某某的病情亦具有特殊性和私密性,故高某某在提交病假材料时对隐私部分进行处理，系出于自我保护的本能行为，不应严加苛责。D公司收到高某某的请假材料后，除查看病假材料本身也应在发现与常有异时积极行使用工管理权，向其直接领导了解情况，而非简单线上拒绝审批。况且高某某在D公司提出质疑后亦补交了未加任何遮挡的病情证明单，D公司在解除劳动合同前已经充分了解了高某某申请病假的原因，其作为用人单位的知情权已经得到实现。故D公司的解除行为违法。

(2019)京02民终11084号

实务小贴士

结合《个人信息保护法》的实施，建议用人单位不断完善针对劳动者的病假管理制度，谨慎运用该制度规定，仅应针对存在合理怀疑、特殊情况的劳动者的病假进行复查，若能够取得劳动者关于病假复查的单独同意则更佳。

虽然《个人信息保护法》出台至今已有两年多，但就用人单位在日常用工管理过程中如何合法、合规处理劳动者个人信息仍有诸多不明确之处，有待日后与《个人信息保护法》相关的配套法律法规、实施细则、政策解读等逐步出台。尽管如此，从长远的角度来看，个人信息的保护是用人单位无法躲避的一环，现下已经对用人单位产生了一定的影响，未来也必然会继续冲击、挑战着用人单位的用工管理。因此，用人单位应当尽早落实对于劳动者个人信息的保护措施，充分尊重劳动者在入职前、在职期间以及离职后的个人信息权益，确保提供有效的劳动者投诉、举报渠道。与此同时，用人单位还应当持续关注《个人信息保护法》相关的立法动向和司法口径，及时调整用人单位的用工管理策略，保证处理个人信息的合规。

第九篇

Chapter 9 HR与知识产权

No. 44　职务发明

职务发明是《专利法》上的制度。专利权，是指国家根据发明人或设计人的申请，根据法定程序在一定期限内授予发明人或设计人对发明创造的一种排他性权利。《专利法》上的发明创造是指发明、实用新型和外观设计。发明，是指对产品、方法或者其改进所提出的新的技术方案。实用新型，是指对产品的形状、构造或者其结合所提出的适于实用的新的技术方案。外观设计，是指对产品的整体或者局部的形状、图案或者其结合以及色彩与形状、图案的结合所作出的富有美感并适于工业应用的新设计。

职务发明关键词中涉及的二级关键词	
44.1	职务发明与非职务发明
44.2	职务发明的奖励和报酬

44.1　职务发明与非职务发明

解析

执行单位的任务或者主要是利用单位的物质技术条件所完成的发明创造为职务发明创造。职务发明创造申请专利的权利属于该单位；申请被批准后，该单位为专利权人。

法律依据

非职务发明创造，申请专利的权利属于发明人或者设计人；申请被批准后，该发明人或者设计人为专利权人。

专利制度通过授予发明人对某项技术在一定时间内的独占权，以鼓励社会对发明创造进行更多投入，可以说是在发明人短期利益和社会长期利益之间的平衡；职务发明（或职务发明创造）的制度则是在鼓励企业发明创造及促进个人发明创造之间的一种平衡。当单位聘用研发人员专为突破某个技术问题而作出某项发明，或劳动者利用单位的设施、技术作出的发明创造，基于公平性和鼓励企业更多地投入发明创造，法律规定这些发明创造属于职务发明，应由单位获得因此产生的收益。相反，对于劳动者并非履行单位本职工作，也并未主要利用单位的任何资源，而是由劳动者独立作出的发明，基于公平性和鼓励个人更多地进行发明创造，法律规定这些发明创造不属于职务发明，应由作出该发明创造的个人获得因此产生的收益。

就企业经营角度而言，职务发明既是劳动者重要的智力成果，也是企业重要的无形资产，完备的企业内部职务发明制度对于保护企业重要资产、促进企业竞争力是至关重要的。本关键词将结合法律规定和执业实践，对职务发明和非职务发明的适用范围、区分标准、约定事项进行分析和说明。

问题导引

Q1： 职务发明制度可能适用于哪些人员？

A： 根据《专利法》与《专利法实施细则》的规定，职务发明指的是执行本单位的任务或者主要是利用本单位的物质技术条件所完成的发明创造。其中所述单位包括临时工作单位。因此，职务发明制度适用于与单位有雇佣关系，包括临时雇佣关系的劳动者。具体包括以下两类：

1. 与单位有正式劳动关系的劳动者，包括现职劳动者和离职一段期限内的前劳动者。

离职的前劳动者可能已掌握本单位的阶段性研究成果，其离职后一段时间内作出的与其在本单位工作相关的发明创造可能是基于本单位的研究成果。因此，该等发明创造可能归属于本单位。

2. 基于借调、兼职、实习等建立临时劳动关系的人员。

虽然该等人员的劳动关系可能仍在其原单位，但是其可能会执行本单位任务或利用本单位物质技术条件，其所作的发明创造也可能属于职务发明，属于本单位。然而，实践中，该等人员难免会利用其原单位的物质技术条件，尤其是在原单位积累的知识和经验。因此，为避免与原单位就职务发明权属产生争议，建议在该等人员的临时劳动协议(如借调协议、兼职协议和实习协议)中，也与原单位和劳动者本人明确约定该等员工职务发明的归属。类推之，对于本单位临时外派的劳动者也应在外派协议中涵盖该等约定。

Q2： 哪些发明可能是职务发明？

A： 根据《专利法》和《专利法实施细则》的规定，职务发明包括以下两类：

1. 执行本单位的任务所完成的发明创造，包括：

(1)在本职工作中作出的发明创造；

(2)履行本单位交付的本职工作之外的任务所作出的发明创造；

(3)退休、调离原单位后或者劳动、人事关系终止后 1 年内作出的，与其在原单位承担的本职工作或者原单位分配的任务有关的发明创造。

如问题 1 中所述，离职后劳动者在一段时间内作出的与其在本单位工作相关的发明创造可能属于本单位的职务发明。《专利法实施细则》为平衡本单位、离职劳动者与离职劳动者的新单位的利益，设定了一个合理的时间限制，即离职劳动者在离职后 1 年内作出的与其在本单位承担的本职工作或者原单位分配的任务有关的发明创造为职务发明。实践中，有些企业会与劳动者约定延长这一时间，如约定劳动者在离职后的 2 年内作出的与原单位研发相关的发明创造仍属于原单位。

2. 主要利用本单位的物质技术条件完成的发明创造。

根据《专利法实施细则》和《最高人民法院关于印发全国法院知识产权审判工作会议关于审理技术合同纠纷案件若干问题的纪要的通知》等规定，主要利用本单位的物质条件指，劳动者在研发过程中，全部或大部分利用了本单位的资金、设备、零部件、原材料，或劳动者所研发的技术成果是在单位尚未公开的技术成果、阶段性技术成果或者关键技术的基础上完成的。简言之，如果本单位的资金、设备等物质条件或未公开的技术成果、关键技术等技术条件是劳动者作出发明创造的不可缺少且不可替代的前提条件，则劳动者依赖该等条件作出的发明创造为职务发明创造。

Q3： 作出职务发明的发明人或者设计人有什么权利？

A：《专利法》规定职务发明的发明人或者设计人有获得奖励和报酬的权利，详见下一节“职务发明的奖励和报酬”。此外，发明人或者设计人也有在专利文件中写明自己是发明人或者设计人的权利，即署名权。实践中，单位在申请专利时，应当在申请书中明确写明发明人或者设计人的姓名。发明人或者设计人明确放弃署名权的，应当以书面形式作出。

Q4： 可否通过合同约定改变职务或非职务发明的性质？

A：《专利法》规定，对于利用本单位的物质技术条件所完成的发明创造，单位与发明人或者设计人可以通过书面合同自行约定该等发明创造的归属。根据该规定，该等合同只适用于约定利用本单位物质技术条件所完成的发明创造，不适用于执行本单位的任务所完成的发明创造。

利用本单位物质技术条件完成的发明创造可以分为主要利用本单位物质技术条件所完成的发明创造和非主要利用本单位物质技术条件的发明创造。依据《专利法》的一般规定，前者属于职务发明，后者属于非职务发明。本单位和发明人或设计人可以通过合同作出如下约定：

（1）将原本为职务发明的主要利用本单位物质技术条件所完成的发明创造约定为非职务发明创造，归发明人或者设计人所有；

（2）将原本为非职务发明的非主要利用本单位物质技术条件所完成的发明创造约定为职务发明创造，归单位所有；

（3）将利用（无论是主要还是非主要）本单位物质技术条件完成的发明创造（职务发明或者非职务发明）约定为双方共有。

双方还可以约定其他权利义务，以平衡各方利益。例如，将职务发明约定为非职务发明时，单位可以要求发明人或者设计人支付利用单位物质技术条件的费用，单位无偿实施该发明创造，发明人或者设计人不得转让或者许可该发明创造给单位的竞争对手。

Q5： 发明权属纠纷如何应对？

A： 根据《专利法实施细则》和《最高人民法院关于审理专利纠纷案件适用法律问题的若干规定》的规定，若单位和发明人或者设计人对于所作出的发明创造的归属有争议，双方可以自行协商，请求对方所在地的专利管理部门进行调解，也可向对方所在地对专利案件有管辖权的人民法院提起诉讼。

实务小贴士

为免生纠纷，单位可在劳动合同中对劳动者所作出的发明创造的归属以及其他相应权利义务预先作出约定。对于将要离职的劳动者，单位可提前将其调离研发岗位，避免其接触最新技术，并在其离职时要求其返还所有相关技术文件，或利用竞业禁止条款避免其利用单位技术进行研发并申请专利。

44.2　职务发明的奖励和报酬

解析

职务发明的奖励，是指在职务发明的专利被授权后，单位作为专利权人应向作出该发明或设计的劳动者给予奖励，无论该发明或设计是否最终得以实施。职务发明的报酬，是指在职务发明的专利被单位自行实施、单位许可第三方实施或专利转让给第三方后，根据取得的收益，单位应对作出该发明或设计的劳动者给予的合理报酬。

法律依据

在职务发明中，劳动者获得奖励和报酬的权利通过法律的强制性规定予以保障，体现了国家鼓励发明创造的政策导向。对于涉及研发的单位，尤其是以研发为主的研究机构和创新性企业，职务发明的奖励和报酬可能成为可观的企业经营成本，因此尤其需要注意防范其中的风险。

问题导引

Q6： 约定标准和法定标准的适用原则？

A： 职务发明的奖励和报酬的标准分为约定标准和法定标准。约定标准指单位与发明人、设计人约定的奖励和报酬标准，或在规章制度中规定的奖励和报酬的标准。《专利法实施细则》和《促进科技成果转化法》中均规定，当单位与发明人、设计人未约定职务发明奖励和报酬的标准，也未在规章制度中规定不存在职务发明奖励和报酬的情况下，适用法定标准。

Q7： 职务发明的奖励和报酬的法定标准？

A： 职务发明被授予专利时，对于发明人、设计人能够获得的奖励和报酬的法定标准，《专利法实施细则》中规定如下：

（1）被授予专利权的单位可以与发明人、设计人约定或者在其依法制定的规章制度中规定《专利法》第 15 条规定的奖励、报酬的方式和数额。鼓励被授予专利权的单位实行产权激励，采取股权、期权、分红等方式，使发明人或者设计人合理分享创新收益。

（2）奖励的方式和数额未有约定也未在规章制度中规定的，根据专利类型的不同，职务发明奖励的法定标准为：一项发明专利不少于 4000 元，一项实用新型专利或外观设计专利不少于 1500 元。

（3）报酬的方式和数额未有约定也未在规章制度中规定的，应当依照《促进科技成果转化法》的规定，给予发明人或者设计人合理的报酬。

类似地，《促进科技成果转化法》规定，对完成、转化职务科技成果作出重大贡献的人员的奖励和报酬的法定标准为：单位自行实施或与他人合作实施的情况下，在实施转化成功投产后连续 3～5 年，不少于实施该项职务科技成果的营业利润的 5%；在单位许可他人实施、转让该项职务科技成果的情况下，不低于单位因此获得的净收入的 50%；在单位将该项职务科技成果作价投资的情况下，不低于单位因此获得的股份或出资比例的 50%。

Q8： 约定标准能否低于法定最低标准？

A： 全国层面的法律、法规、司法解释等均未对这一问题作明确规定。从目前的司法实践来看，通常均认可约定标准可以低于法定标准的原则。但是，如果约定标准过低，也存在被法院认为不合理而进行调整的风险。

上海市高级人民法院知识产权审判庭发布的《职务发明创造发明人或设计人奖励、报酬纠纷审理指引》第4条中也明确规定了约定标准既可以比法定标准高，也可以比法定标准低。该审理指引第6条中进一步规定了当约定标准极低，显属于不合理时，法院应依据案件的具体情况确定合理的奖酬。

其他各地对于职务发明奖励和报酬的规定，均未突破法律和部门规章的规定。

上海案例与导引

[案例1]

陈某某在×饮料公司的技术部门任包装经理。2005年5月，名称为"瓶"的外观设计专利授权，该专利的专利权人为×饮料公司，发明人为陈某某和另一劳动者。该外观设计专利在多款饮料的瓶子上实施利用，且销售规模较大。陈某某认为×饮料公司应当支付其职务发明报酬，遂于2018年5月诉至法院，要求：(1)判令被告按0.1%的营业利润补发原告涉案外观设计专利职务发明报酬人民币100万元；(2)判令被告承担该案诉讼费用。×饮料公司辩称：涉案专利对于产品的利润贡献率极小，不应按照营业利润的0.1%来计算职务发明报酬，且公司按照《×饮料公司有关发明奖励和报酬的规定》向原告支付了报酬，已经对职务发明给予了奖励。

[法院观点]

法院最终判决×饮料公司应当向陈某某支付职务发明报酬人民币15万元，法院认为，被告主张按照《×饮料公司有关发明奖励和报酬的规定》向原告支付了报酬，被告并未举证证明《×饮料公司有关发明奖励和报酬的规定》系依法制定，且该规定所涉职务发明报酬金额与专利实施效益并无关联，与《专利法实施细则》第77条规定的法定标准亦存在较大差距，不能认为其规定的报酬金额系合理的报酬。

(2018)沪73民初499号

广东案例与导引

[案例2]

2009年，王某入职×技术公司，后×技术公司被×工程公司吸收合并，2013年4月王某离职。王某在职期间，申请了37件职务发明专利，系发明人，但王某离职后专利才获得授权。2010年×技术公司在OA系统中公布了《专利管理奖惩条例》，规定了专利奖励报酬的金额，条例还规定:专利奖励与报酬每半年度集中发放一次,集中发放日之前已离职的,专利奖励与报酬不对该发明人发放。王某认为单位应当支付其专利研发奖金,遂诉至法院。×工程公司认为王某在专利授权时已经离职,且按照内部制度《专利管理奖惩条例》的规定,专利奖励报酬不再对王某发放。

[法院观点]

专利法律法规并不允许用人单位与发明人约定或者在规章制度中规定用人单位可以不履行奖励义务和责任。涉案《专利管理奖惩条例》第 9 条规定的实质内容并非用人单位在其规章制度中规定专利奖励报酬的方式和数额,而是排除、限制发明创造人获得奖励报酬的权利。故涉案《专利管理奖惩条例》第 9 条属于前述《劳动合同法》第 26 条所规定的"用人单位免除自己的法定责任、排除劳动者权利"的情形,依法应当认定无效。法院认定×工程公司应当向王某支付专利奖励。

(2017)粤民终 2977 – 3013 号

Q9: 采取约定标准的具体方式?

A: 单位可采取制定规章制度和与劳动者单独约定两种方式约定职务发明的奖励和报酬的标准。制定规章制度时,应当充分听取本单位科技人员的意见,并在本单位公开相关规定。

Q10: 职务发明和报酬的支付时间?

A: 对于职务发明的奖励,产生的时间是该发明或设计被授予专利权之后。根据《专利法实施细则》的规定,单位应在该专利公告之日起 3 个月内向发明人或设计人支付奖励。

对于职务发明的报酬,发明人或设计人可以获得职务发明报酬的时间,是该职务发明的专利由单位自行实施、许可第三人实施或转让给第三人之后,即在该职务发明的专利产生实际收益后。

实务小贴士

单位可在规章制度中规定或劳动合同中约定职务发明的奖励和报酬的具体标准,以避免在无约定的情况下直接适用法定标准。约定标准可以比法定标准低,但应当具有相应的合理性,如参考行业研发特性、专利申请目的、专利实施特性等因素确定奖励和报酬的标准。在制定规章制度时,应当充分听取本单位科技人员的意见,并在单位公开该规章制度。

No. 45 著作权

著作权又称版权，是民事主体依法对作品享有的专有权利，是知识产权中的一个重要权利类型。根据《著作权法》第10条的规定，著作权包括人身权和财产权。人身权包括发表权、署名权、修改权和保护作品完整权；财产权包括复制权、发行权、出租权、展览权、表演权、放映权、广播权、信息网络传播权、设置权、改编权、翻译权、汇编权以及应当由著作权人享有的其他权利。

著作权与HR相关的内容有法人作品、职务作品（包括特殊职务作品）。

著作权关键词中涉及的二级关键词	
45.1	法人作品、职务作品和特殊职务作品

45.1 法人作品、职务作品和特殊职务作品

解析

法人作品是一个统称，其指代作品的原始著作权人为法人或非法人组织的作品。根据《著作权法》第11条第3款的规定，由法人或者非法人组织主持，代表法人或者非法人组织意志创作，并由法人或者非法人组织承担责任的作品，法人或者非法人组织视为作者。此时，法人或者非法人组织为作品的原始权利人，享有完整的著作权，包括署名权。

法律依据

根据《著作权法》第18条的规定，职务作品是公民为完成法人或者非法人组织工作任务所创作的作品。职务作品的构成要件如下：(1)作者与法人或非法人组织之间存在工作关系。作者一般是法人或非法人组织的劳动者，与法人或非法人组织具有劳动关系，也可以是法人或非法人组织的临时工或借调人员。(2)作者创作作品是为了完成法人或者非法人组织的工作任务。这里的工作任务是指作者在该法人或该组织中应当履行的职责。比如，广告公司创意部的劳动者根据公司发布的工作任务绘制的广告创意文稿，属于职务作品。(3)作者基本上是以自己的意志创作，而非依照单位的意志创作。如果作者是在单位的主持下按照单位的意志创作作品，考虑到一般情况下由单位对这类作品承担责任，这类作品属于法人作品，而非职务作品。

对于职务作品，作者享有著作权，法人或非法人组织有权在其业务范围内优先使用。作品完成两年内，未经单位同意，作者不得许可第三人以与单位使用的相同方式使用该作品。作品完成两年内，经单位同意，作者许可第三人以与单位使用的相同方式使用该作品，所获报酬由作者与单位按约定的比例分配。作品完成的期限，以作者向单位交付作品之日起计算。

特殊职务作品是职务作品的一种，除了需要满足职务作品的构成要件，还需满足如下条件之一：(1)主要是利用法人或者非法人组织的物质技术条件创作，并由法人或者非法人组织承担责任的工程设计图、产品设计图、地图、示意图、计算机软件等职务作品；(2)报社、期刊社、通讯社、

广播电台、电视台的工作人员创作的职务作品;(3)法律、行政法规规定或者合同约定著作权由法人或者非法人组织享有的职务作品。其中,物质技术条件是指法人或非法人组织为作者完成创作专门提供的资金、设备或者资料。

对于特殊职务作品,作者仅享有署名权,著作权的其他权利由法人或非法人组织享有,法人或非法人组织可以给予作者奖励。

综上,作者和法人或非法人组织对不同类型作品的权利,如表 45 -1 所示。

表 45 -1　作者和法人/非法人组织对不同类型作品的权利

作品类型	作者的权利	法人或非法人组织的权利
法人作品	无	完整的著作权
职务作品	完整的著作权	在业务范围内优先使用权
特殊职务作品	署名权	署名权以外的其他著作权

问题导引

Q1: 计算机软件职务作品的著作权由单位还是劳动者享有?

A: 除《著作权法》,计算机软件职务作品有专门的规范。

根据《著作权法》第 18 条的规定,在《著作权法》体系下,计算机软件职务作品的权利归属有两种:(1)特殊职务作品,署名权归作者,除署名权以外的著作权其他权利归法人或非法人组织享有;(2)普通职务作品,著作权归作者,法人或非法人组织享有使用权。

根据《计算机软件保护条例》第 13 条的规定,自然人在法人或者非法人组织中任职期间所开发的软件有下列情形之一的,该软件著作权由该法人或者非法人组织享有,该法人或者非法人组织可以对开发软件的自然人进行奖励:(1)针对本职工作中明确指定的开发目标所开发的软件;(2)开发的软件是从事本职工作活动所预见的结果或者自然的结果;(3)主要使用了法人或者非法人组织的资金、专用设备、未公开的专门信息等物质技术条件所开发并由法人或者非法人组织承担责任的软件。有关计算机软件职务作品权属规定如表 45 -2 所示。

表 45 -2　计算机软件职务作品权属规定

<table>
<tr><th>计算机软件类型</th><th>《著作权法》</th><th>《计算机软件保护条例》</th></tr>
<tr><td>针对本职工作中明确指定的开发目标所开发的软件</td><td>著作权归作者,法人或非法人组织有权使用</td><td rowspan="3">著作权由法人或者非法人组织享有</td></tr>
<tr><td>开发的软件是从事本职工作活动所预见的结果或者自然的结果</td><td>著作权归作者,法人或非法人组织有权使用</td></tr>
<tr><td>主要使用了法人或者非法人组织的资金、专用设备、未公开的专门信息等物质技术条件所开发并由法人或者非法人组织承担责任的软件</td><td>署名权归作者,除署名权以外的著作权其他权利归法人或非法人组织享有</td></tr>
</table>

由表45－2可知,《著作权法》和《计算机软件保护条例》在计算机软件权利归属上的规定并非完全一致。在实务中,计算机软件的开发投入较大,一般情况下劳动者主要是利用单位的物质技术条件去开发,此外计算机软件一般也是由用人单位承担责任。因此,这两个法律文件的冲突主要集中在前述表格中的第三种情况。

法律的效力高于行政法规,《著作权法》与《计算机软件保护条例》冲突之处,应该以《著作权法》为准。不过,在司法实践中,法院一般并不明确指出这两者之间存在冲突之处。最高人民法院在(2008)民申字第105号案中还明确指出,这两个法规的规定并不矛盾。

司法实践中,存在部分法院依据《著作权法》的规定认定计算机软件的著作权归属,也有部分法院依据《计算机软件保护条例》的规定认定计算机软件的著作权归属。

北京案例与导引

[案例1]

2009年B公司提交了X软件的著作权登记申请,C公司为B公司的子公司。孙某在C公司担任工程部经理,并于2013年接受C公司指派参与了X软件的升级工作,2015年4月X软件的2.0版本上线。孙某于2015年3月作为股东之一创建了D公司,D公司于2015年7月提交了Z软件的著作权登记申请。C公司起诉孙某,要求确认Z软件是孙某完成C公司工作任务的成果,其著作权应属于C公司所有。

[法院观点]

X软件的2.0版本是职务作品,著作权应归属于C公司。由于X软件2.0和Z软件高度相似、孙某在C公司和D公司的身份、D公司申请著作权登记申请和D公司成立时间距离很短等因素,法院依照《计算机软件保护条例》第13条第1项的规定,认定C公司是Z软件的唯一著作权人。

(2016)京73民初303号

广东案例与导引

[案例2]

刘某于1989年起在A厂工作,并作为某技术攻关小组的一员。为完成A厂的工作任务,刘某与其他小组成员一起,于1999年创作出了某软件实现了上述技术。A厂自1999年开始使用该软件直至2006年6月,其间未向刘某支付过许可费。刘某要求A厂停止使用该软件,并赔偿损失。

[法院观点]

软件是小组为完成A厂的单位任务所创作出来的作品,应为职务作品。根据《著作权法》第16条的规定,著作权对职务作品分为两种情形:第一种是作者享有完整的著作权利,但法人有权在其业务范围内优先使用;第二种是作者仅享有署名权,著作权的其他权利由法人享有。无论是哪种情况,A 厂都可以无须经过刘某的许可而使用该软件,也无须支付报酬。

(2009)粤高法民三终字第 346 号

实务小贴士

在实务中,对于劳动者在任职期间创作的作品,因为在创作中体现了劳动者自己的意志,一般很难被认定为法人作品,更多的是被认定为职务作品或特殊职务作品。从保护用人单位对作品的权利角度出发,应尽可能使用人单位对作品获得更多的权利。基于此,建议用人单位按照《著作权法》第 18 条第 2 款的规定,与劳动者约定职务作品的著作权由用人单位享有。此时,劳动者仅享有署名权,除署名权外的著作权其他权利均由用人单位享有。

问题导引

Q2: 如何管理可以实现计算机软件类职务作品的著作权由单位享有?

A: 对于前述表格中第三种这一实务中经常出现的类型,不论依据《著作权法》还是《计算机软件保护条例》,除署名权以外的著作权其他权利都是归属于法人或非法人组织,唯一有区别的地方在于作者有没有署名权。对于前述表格中第一、第二种情况,虽然形式上《著作权法》和《计算机软件保护条例》对其权属的规定存在较大的差异,但是实务中,法人或非法人组织可以通过约定的方式(约定著作权归属于法人或非法人组织)缩小差距,最终实质上的差别也仅在于作者有没有署名权。

从用人单位角度出发,一方面要确保获得作品的著作权,另一方面也要确保劳动者创作作品的积极性。综合衡量来看,就计算机软件,建议用人单位与劳动者约定,著作权归属于用人单位,劳动者享有署名权。如果用人单位与劳动者的协议中明确表示,包含署名权在内的著作权都归属于用人单位,劳动者有可能依据《著作权法》向用人单位主张享有署名权,且很有可能会获得法院的支持。

实务小贴士

对于正式劳动者,用人单位在劳动合同中加入如下条款,或与其类似的条款,约定劳动者创作的作品的著作权归用人单位所有:“劳动者在公司任职期间创作的所有作品,其著作权归公司所有。”

对于其他合作人员,用人单位在与其签署的合同中加入如下条款,或与其类似的条款:“乙方(指代自然人)在履行本合同期间创作的所有作品,其著作权归甲方(指代用人单位)所有。”

问题导引

Q3: 除《著作权法》第 18 条第 2 款列举的 5 类特殊职务作品,是否还可以有其他类型的特殊职务作品?

A: 《著作权法》第18条第2款目前列出了5类特殊职务作品，即工程设计图、产品设计图、地图、示意图、计算机软件，且以“等”字收尾。“等”字本身有非穷尽列举的可能性。司法实践中，法院也倾向于认定“等”字非穷尽列举。

实务小贴士

对于不属于工程设计图、产品设计图、地图、示意图、计算机软件的作品，用人单位应尽量采用约定的方式，使其成为特殊职务作品。

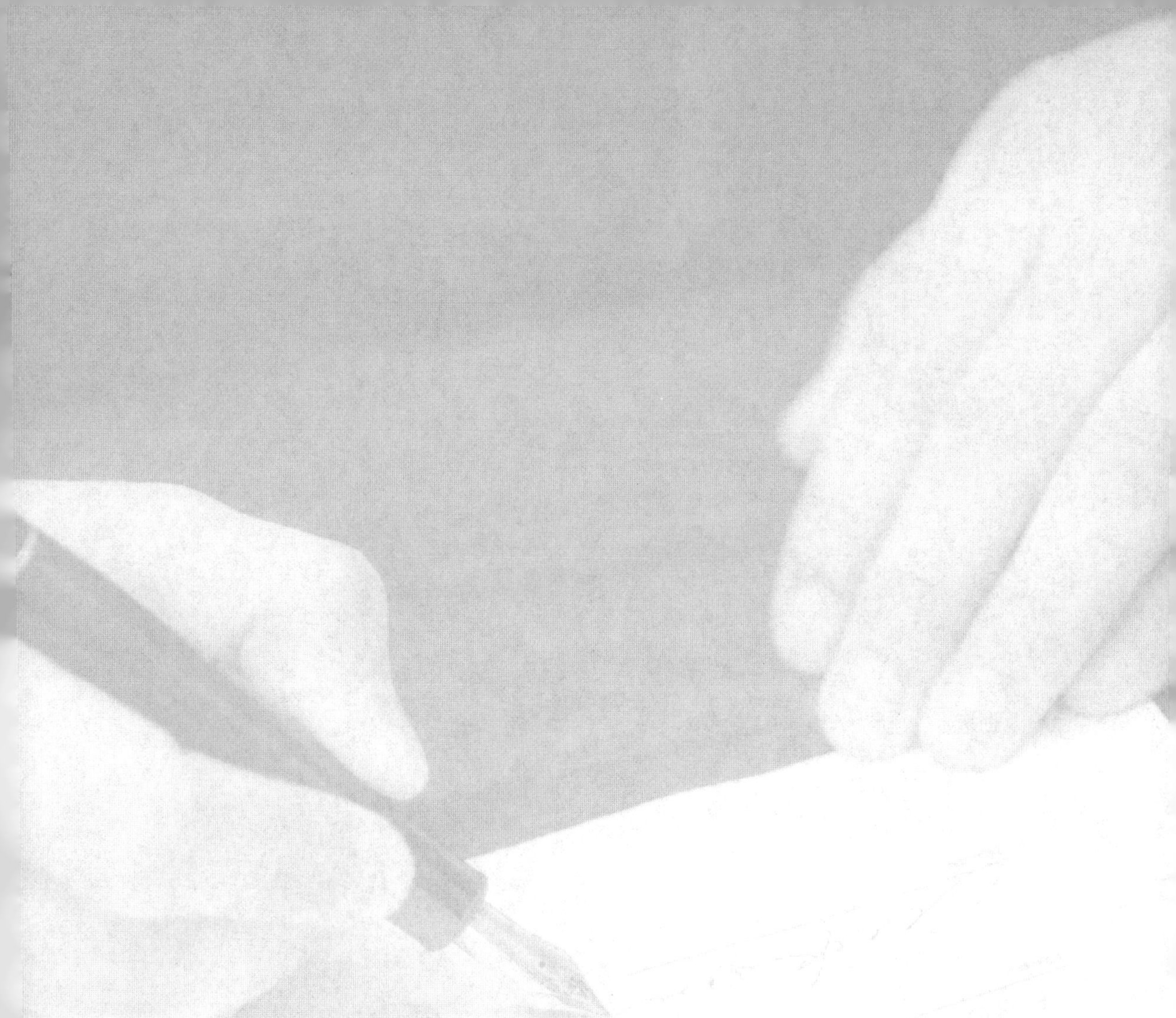

第十篇

Chapter 10

HR与税费

No. 46 五险一金

通常所称的“五险一金”包括职工基本养老保险、职工基本医疗保险、失业保险、工伤保险、生育保险以及住房公积金。根据现行法律的规定，五险一金的登记和缴纳（缴存）具有强制性。在用人单位未依法为劳动者缴纳职工社会保险费的情况下，劳动者可以解除劳动合同并要求用人单位支付经济补偿金。依法为劳动者办理和缴纳（缴存）五险一金是用人单位应尽的义务，在实际操作中，用人单位应当对“五险一金”的相关法律法规进行一定程度的了解和掌握，从而避免发生不必要的劳动争议。随着中国经济的发展以及境内外商投资企业、中国港澳台企业的增多，外籍人员及中国港澳台居民到中国内地（大陆）地区就业的数量也在不断增加，上述人士在中国就业期间如何参加和享受社会保险待遇正逐渐成为企业人事关注的一个重点。

除此以外，随着我国社会保险制度的不断完善，除职工社会保险（包括职工基本养老保险、职工基本医疗保险、工伤保险、失业保险、生育保险）外，我国还建立了居民社会保险（包括城乡居民养老保险、城乡居民基本医疗保险）和补充保险（包括企业年金、职业年金、补充医疗保险）等多支柱社会保险体系。

五险一金关键词中涉及的二级关键词	
46.1	社会保险费征管
46.2	养老保险
46.3	医疗保险
46.4	工伤保险
46.5	失业保险
46.6	生育保险
46.7	外籍人员及中国港澳台居民社会保险
46.8	住房公积金

46.1 社会保险费征管

解析

2020年10月31日前，根据《社会保险费征缴暂行条例》第6条中的规定，社会保险费的征收机构由省、自治区、直辖市人民政府规定，可以由税务机关征收，也可以由劳动保障行政部门按照国务院规定设立的社会保险经办机构（以下简称社会保险经办机构）征收。但随着2018年中共中央印发的《深化党和国家机构改革方案》的部署，自2020年11月1日起，全国各省份的社会保险费全面实现统一由税务机关征收。自2023年6月至2024年1月开始，北京、天津、上海、重庆等17个省份又陆续将社会保险费的申报工作由社保机构移交税务部门管理。更有甚者，广东省自2023年11月开始，率先在我国实施社

法律依据

会保险费税务全责征管模式(即社会保险费的登记、申报、核定、征收、稽查全面交由税务管理模式)。由此可见,我国的社会保险费将逐步过渡至税务全责征管模式。

2019 年 12 月 12 日国家税务总局成立社会保险司费(非税收入司)与税收大数据和风险管理局,随即各省份陆续实现个人所得税、社会保险费、住房公积金甚至残疾人就业保障金的数据共享和互认,例如《上海市人民政府办公厅关于印发〈上海市税费征收保障办法〉的通知》第 18 条规定,财政、规划资源、水务、人防、残联等部门和税务机关应做好非税收入征缴业务衔接,加强系统互联互通和信息共享,持续优化业务流程,不断提高征缴效率。由此可见我国已全面实现了"税费联网"机制。

与此同时,2018 年 11 月 22 日国家发展改革委、人民银行、人力资源社会保障部等发布了《关于对社会保险领域严重失信企业及其有关人员实施联合惩戒的合作备忘录》,加快推进社会信用体系建设,健全跨部门失信联合惩戒机制,打击社会保险领域违法失信行为。

除此以外,人社部陆续发布《社会保险基金行政监督办法》《社会保险基金监督举报工作管理办法》《人力资源社会保障部、财政部关于印发〈社会保险基金监督举报奖励暂行办法〉的通知》等规定,严厉打击以"社保挂靠""社保代理"等手段虚构社会保险参保条件、违规补缴,骗取社会保险待遇的行为。

问题导引

Q1: 哪些用工形式用人单位无须缴纳社会保险?

A: 目前按实践操作,以下情形用人单位无须缴纳社会保险。

(1)使用退休人员。退休人员不具备建立劳动关系的主体资格,且已依法享受基本养老保险待遇,用人单位不需要再为其缴纳社会保险。

(2)使用实习学生。实习是指中专(中等专业学校、职业中专)、职高(职业高等中学、专业技术学校、职业学校)、技校(技工学校)的学生学习知识和实践教学的过程,或者在校生利用业余时间勤工助学的行为等。理论上实习目的不是获取报酬。实践中,一般认为实习学生不具备劳动关系主体资格,因此实习学生与用人单位之间不属于劳动关系,企业不需要再为其缴纳社会保险。

(3)接受劳务服务。劳务关系双方是平等的民事主体,劳务人员对接受劳务方不具备人格隶属和依附性,双方的权利义务充分体现意思自治原则,主要根据双方签订的合同确定,有较大的自由协商余地,且劳务人员自担经营风险,因此双方之间不属于劳动关系,用人单位不需要再为其缴纳社会保险。

(4)使用业务外包单位人员。业务外包人员同承包项目或业务的单位建立劳动关系,与发包业务单位不建立劳动关系,发包单位应当按与承包单位所签订业务外包合同的约定,向承包单位支付相应的承包费用。因此发包单位不用为外包人员缴纳社会保险,但承包单位或与其员工之间建立全日制劳动关系的,应当依法缴纳社会保险。

(5)使用劳务派遣人员。劳务派遣人员与劳务派遣单位建立劳动关系,劳务派遣单位是劳务派遣人员的用人单位,劳务派遣人员与实际工作的用工单位不建立劳动关系。当然,实践中基于劳务派遣单位实际上只是扮演着名义雇主的角色,并将用人成本通过协议的方式转嫁给用工单位,故劳务派遣人员的社保成本实际上还是由用工单位承担。

Q2: 如何确定社会保险费缴费基数?

A: 企业职工基本养老保险、企业职工基本医疗保险、工伤保险、失业保险、生育保险用人单位缴费部分按上年度本单位职工工资总额确定缴费基数;劳动者部分按上年度劳动者本人工资收入确定缴费基数。如此,意味着原则上不列入工资总额的项目也不计入社会保险费的缴费基数(但各省份人社部门的缴费基数口径上会略有差异)。职工工资总额统计口径具体详见本书"工资"关键词项下的"工资总额"一词的内容。

Q3: 劳动者签署放弃缴纳社会保险声明或协议是否有效?

A: 实践中经常有用人单位与劳动者书面约定"不缴纳社会保险",或者要求劳动者在"确认不缴纳社会保险"的申明上签字确认。除书面约定外,有的单位在具体操作上还会给予劳动者一定的待遇补偿,如在劳动者工资中增加一定的补贴。有些劳动者出于减少个人缴费或者增加实际取得工资的原因,也乐于与公司达成类似的约定。

此类协议或承诺的效力实践认定分歧很大。一方面,它往往是双方真实意思的表示,不少地方司法实践中裁判部门考虑到当地的社会保险实际缴纳情况,会有条件地认可此类协议或约定的效力。另一方面,社会保险缴纳过程中伴随着国家利益,并非劳动者及用人单位双方可以决定,从长远趋势看,司法裁判部门会更倾向于以"违反法律规定"为由否定此类协议或承诺的效力。

北京案例与导引

[案例1]

2016年2月19日乙某入职科贸公司处,担任仓库管理员。科贸公司主张乙某在其单位工作期间自愿申请放弃单位为其缴纳社会保险,并要求单位不在个人工资中扣除社保费用,但乙某却违背诚实信用原则,要求单位为其补缴社会保险,在办理补缴社保过程中,产生了滞纳金,故乙某应赔偿其单位2016年3月~2021年8月的单位社保补缴费及补缴社保过程中产生的滞纳金。

[法院观点]

法院认为,科贸公司虽主张是乙某本人自愿放弃公司为其缴纳社会致使公司受到损失,但是员工签署的自愿放弃社保承诺书本身没有法律效力,为员工缴纳社会保险是用人单位的法定义务,由此产生的风险亦应由用人单位承担,故科贸公司主张由乙某赔偿滞纳金因缺乏法律依据不能成立。

(2022)京03民终6604号

上海案例与导引

［案例 2］

甲某与 A 公司签订 2017 年 10 月 1 日～2018 年 10 月 1 日的书面劳动合同和放弃社保申请及承诺书。A 公司向其支付 2017 年 10 月～2018 年 11 月社保补贴共计 18,015.28 元。2018 年 12 月，甲某向劳动监察部门投诉要求 A 公司为其补缴社保，A 公司已为甲某补缴 2017 年 6～9 月的公司承担部分社会保险费，之后的社保费用出于甲某与 A 公司对于标准有异议及 A 公司要求甲某返还补贴等原因尚未补缴。一审庭审中，A 公司同意为甲某补缴相应的社保，但要求甲某将相应钱款返还，甲某表示不愿返还。

［法院观点］

法院认为，该案的争议焦点是甲某是否应返还 A 公司向其支付的社保补贴。甲某于 2017 年 10 月 1 日签订的放弃社保申请及承诺书因违反了社会保险费的强制性规定，应属无效。根据相关法律规定，民事法律行为无效、被撤销或者确定不发生效力后，行为人因该行为取得的财产，应当予以返还。

（2020）沪 01 民终 6364 号

Q4： 用人单位若少缴或漏缴了社会保险费，如何补缴？

A： 除用人单位未为劳动者办理社会保险登记外，实践中，另一种常见的情况是劳动者认为用人单位漏缴或少缴了社会保险费，进而起诉至人民法院要求用人单位为其补缴社会保险费用。目前的通行观点是，缴纳社会保险费是用人单位的义务，征缴社会保险费是劳动行政部门的职责，并非劳动关系双方之间的争议。因此，在用人单位为劳动者办理了社会保险登记但拒不缴纳或少缴纳社会保险费的情况下，应由人力资源社会保障行政部门（如劳动监察或社保机构）依行政权力追缴。目前各地司法实践也基本符合前述观点，法院一般不受理因漏缴或少缴社会保险费用产生的纠纷。劳动者可向用人单位主管人力资源社会保障行政部门投诉、举报，由行政部门运用行政权力责令用人单位缴纳，根据《社会保险法》第 86 条的规定，用人单位未按时足额缴纳社会保险费的，由社会保险费征收机构责令限期缴纳或者补足，并自欠缴之日起，按日加收万分之五的滞纳金；逾期仍不缴纳的，由有关行政部门处欠缴数额 1 倍以上 3 倍以下的罚款。

Q5： “社保代理”存在哪些法律风险？

A： 社保代理可能存在以下法律风险。

行政处罚风险。根据《社会保险基金行政监督办法》第 32 条和《社会保险法》第 88 条的规定，用人单位、个人通过虚构个人信息、劳动关系，使用伪造、变造或者盗用他人可用于证明身份的证件，提供虚假证明材料等手段虚构社会保险参保条件、违规补缴，骗取社会保险待遇的，由社会保险行政部门责令退回骗取的社会保险金，处骗取金额 2 倍以上 5 倍以下的罚款。

刑事责任风险。《社会保险法》第 94 条明确规定，违反本法规定，构成犯罪的，依法追究刑事责任。由于之前“社保代理”和“社保挂靠”长期处于灰色地带，被默认为合法操作。近年来，各省份陆续出台文件严打“社保代理”和“社保挂靠”，如《广东省社会保险基金监督条例》第38条第1款更明确规定，社会保险行政部门在办理案件时发现单位和个人涉嫌社会保险欺诈犯罪的，应当依法向同级公安机关移送案件。公安机关接到移送案件后，应当及时审查决定是否立案。与此同时，国家医疗保障局多次以典型案例形式公布因“社保代理”和“社保挂靠”而引发的刑事案例。

推定解除风险。根据《社会保险法》第4条的规定，中华人民共和国境内的用人单位和个人依法缴纳社会保险费。由此可见，社会保险费应由建立劳动关系主体的用人单位扣缴，而“社保代理”违反了上述规定。因此，劳动者以《劳动合同法》第38条第3项、第46条第1项规定提出解除劳动合同，并要求经济补偿，存在得到劳动人事仲裁委员会和人民法院支持的可能性。例如，《广州市劳动人事争议仲裁委员会、广州市中级人民法院民事审判庭关于劳动争议案件座谈会的意见综述(2015)》第12条对此观点也予以了明确。

社保待遇风险。根据《工伤保险条例》第18条的规定，提出工伤认定申请应提供包括与用人单位存在劳动关系的证明等材料。实操中用人单位若提出工伤认定申请，则因其无法证明其为劳动者缴纳过社会保险，劳动者无法从社保机构领取工伤待遇。社保代理机构往往无法提供劳动关系证明，如伪造劳动关系证明且领取相关工伤保险待遇可能会涉及前文所述的刑事风险。因此最终所有的工伤保险待遇，包括本应由工伤保险基金支付的待遇，全部由用人单位支付。

北京案例与导引

［案例3］

2010年10月10日丙某入职B公司，从2018年12月开始B公司委托深圳市C公司为丙某缴纳社会保险。2019年9月29日丙某以B公司未缴纳社会保险为由提出解除劳动关系并要求B公司支付经济补偿金。

［法院观点］

法院认为，用人单位应当依法为劳动者缴纳社会保险。该案中丙某社会保险缴纳情况与实际劳动关系情况不符，B公司委托第三人为丙某缴纳社会保险不符合相关法律的规定，亦无证据证明丙某认可B公司的这种社保操作，所以该案B公司存在未依法为丙某缴纳社会保险费的情况，造成丙某相关社保权益受损，考虑该案的实际情况，丙某以此为由提出解除劳动合同并要求B公司支付解除劳动关系经济补偿金，法院予以支持。

(2021)京03民终219号

广东案例与导引

［案例4］

丁某与J船舶公司于2014年10月1日签订劳动合同，合同约定J船舶公司必须按照有关规定为丁某购买工伤保险。2015年3月12日，J船舶公司与广州某人力资源公司签订一份期限为 2015 年 9 月 30 日 ~2018 年 12 月 31 日的《社保事务代理服务协议书》,双方约定广州某人力资源公司按 J 船舶公司的要求为其员工代办广州市工伤保险。2015 年 11 月 7 日,丁某在进行电焊作业时被钢管击伤腰腹部,致创伤性脾破裂、肋骨骨折。广州某人力资源公司于 2015 年 12 月 2 日以用人单位的名义向社保局申请工伤认定,社保局于同年 12 月 29 日作出工伤认定书,认定丁某属于工伤。2016 年 6 月 14 日,广州市劳动能力鉴定委员会作出劳动能力鉴定结论,认定丁某劳动功能障碍程度为七级,该结论用人单位一栏载明为广州某人力资源公司。2018 年年末丁某提出辞职,随后丁某要求 J 船舶公司连带广州某人力资源公司支付一次性伤残补助金 156,000 元、一次性工伤医疗补助金 72,000 元、一次性伤残就业补助金 30 万元。

[法院观点]

法院认为,J 船舶公司作为用人单位,在丁某发生工伤事故前未为其缴纳工伤保险,按上述规定应承担原告的工伤保险待遇。虽然工伤认定书和劳动能力鉴定结论上显示的用人单位为广州某人力资源公司,但广州某人力资源公司仅是依照社保代理协议的约定为 J 船舶公司的员工代买工伤保险,且丁某系与 J 船舶公司签订劳动合同,后者支付工资、对其实施管理,故丁某与广州某人力资源公司之间不存在劳动关系或劳务派遣关系。法院最终认定 J 船舶公司应向丁某支付一次性工伤医疗补助金及一次性伤残就业补助金。

(2019)粤 0112 民初 7306 号

典型案例与导引

[案例 5]

2020 年 2 月,北京市朝阳区医疗保障局根据相关程序接收了朝阳区人力资源和社会保障局关于"北京某科技公司伪造、变造用工关系骗取生育津贴行为"的案卷。经朝阳区医保局研判并与多部门协商后,于 2020 年 4 月在朝阳区常营派出所报案。经朝阳区司法机关调查核实,2017 年 3 月 ~2019 年 10 月,北京某科技公司采取虚构劳动关系的方式,为 36 名无事实劳动关系的未就业女性以公司职工的名义缴纳职工生育保险,骗取生育津贴 987,955.55 元。案发后,成蹊公司已将骗取的生育津贴全部退还。依据《刑法》,2021 年 7 月 14 日,北京市朝阳区人民法院以诈骗罪判处涉案 8 名被告人有期徒刑 9 个月至 3 年 6 个月不等,并处 10,000 元至 40,000 元不等罚金。

国家医疗保障局曝光台 2022 年第三期曝光违规骗取生育保险基金典型案件

46.2 养老保险

解析

法律依据

养老保险，全称基本养老保险，是根据国家相关法律法规，为解决参保人达到法定退休年龄后或因年老丧失劳动能力退出劳动岗位后而建立的一种保障其基本生活的社会保险制度。其中基本养老保险又分为：企业职工基本养老保险、机关事业单位工作人员基本养老保险、新型农村社会养老保险、城镇居民社会养老保险。根据2014年国务院《关于建立统一的城乡居民基本养老保险制度的意见》的规定，全国大部分省份已将新型农村社会养老保险、城镇居民社会养老保险整合为城乡居民基本养老保险。

除基本养老保险外，我国还建立了补充养老保险制度（包括企业年金和职业年金）。2018年在上海市、福建省和苏州工业园区先行试点个人税收递延型商业养老保险。2022年国务院办公厅发布《关于推动个人养老金发展的意见》，推出个人养老金制度，随即个人税收递延型商业养老保险正式退出历史舞台。至此我国形成了由基本养老保险、补充养老保险、个人养老金组成的多支柱养老保险体系。

1. 企业职工基本养老保险缴费基数

企业职工基本养老保险由用人单位和劳动者共同承担，根据《社会保险法》第12条的规定，用人单位应当按照国家规定的本单位职工工资总额的比例缴纳基本养老保险费，记入基本养老保险统筹基金；职工应当按照国家规定的本人工资的比例缴纳基本养老保险费，记入个人账户。其中职工工资总额统计口径具体详见本书“工资”关键词项下的“工资总额”一词的内容。

根据国务院办公厅《关于印发降低社会保险费率综合方案的通知》第3条的规定，自2019年5月1日起，按本省上年度全口径城镇单位就业人员平均工资（城镇非私营单位就业人员平均工资和城镇私营单位就业人员平均加权值）的60%和300%作为缴费基数的上下限。从而实现了养老保险缴费基数省级统筹，为实现养老保险全国统筹作出了铺垫。

2. 企业职工基本养老保险缴费比例

根据国务院办公厅《关于印发降低社会保险费率综合方案的通知》第1条的规定，自2019年5月1日起，全国统一为：用人单位缴费比例为16%、劳动者缴费比例为8%。对于单位缴费比例低于16%的省份应作出具体调整或过渡方案，并报人力资源社会保障部、财政部备案。截至2022年，除广东省外（广州市15%、深圳市户籍15%、非深圳户籍14%），其他省份已全部完成统一工作。

3. 企业年金

企业年金也称企业补充养老保险金（事业单位称为职业年金），是指用人单位及其劳动者在依法参加企业职工基本养老保险的基础上，自主建立的补充养老保险制度。根据《企业年金办法》的规定，企业年金所需费用由用人单位和劳动者个人共同缴纳，单位和劳动者缴费合计不超过本企业职工工资总额的12%（其中企业缴费每年不超过本用人单位职工工资总额的8%），具体所需费用，由企业和职工一方协商确定。用人单位缴费应当按照企业年金方案确定的比例和办法计入职工企业年金个人账户,劳动者个人缴费计入本人企业年金个人账户。同时,企业年金可以委托符合国家规定条件的机构进行投资管理,劳动者个人账户中个人缴费及其投资收益自始归属于职工个人。

4. 个人养老金

个人养老金,是指政府政策支持、个人自愿参加、市场化运营、实现养老保险补充功能的制度。根据《国务院办公厅关于推动个人养老金发展的意见》《人力资源社会保障部、财政部、国家税务总局、银保监会、证监会关于印发〈个人养老金实施办法〉的通知》的规定,个人养老金实行个人账户制,参加人可按月、分次或者按年度缴费,每年缴费上限为 12,000 元,所缴费用可自主选择金额购买符合规定的储蓄存款、理财产品、商业养老保险、公募基金等金融产品进行投资,其收益计入个人养老金账户,待符合条件时可按月、分次或者一次性领取个人养老金。

问题导引

Q6: 异地灵活就业人员是否可以缴纳当地的企业职工基本养老保险?

A: 《社会保险法》并未明确灵活就业人员是否可以缴纳本地企业职工基本养老保险。因此,各省份的政策存在较大差异。目前主要有以下模式。

(1)仅限本地户籍灵活就业人员缴纳企业职工基本养老保险。例如,《北京市人力资源和社会保障局关于印发〈北京市人力资源和社会保障局支持多渠道灵活就业实施办法〉的通知》第 2 条和《北京市人力资源和社会保障局、北京市财政局、国家税务总局、北京市税务局、北京市医疗保障局关于降低本市社会保险费率的通知》第 3 条第 3 款规定,北京市户籍灵活就业人员可以缴纳企业职工基本养老保险。

(2)非本地户籍灵活就业人员可缴纳企业职工基本养老保险。例如,《广东省人力资源和社会保障厅、广东省财政厅、国家税务总局广东省税务局关于印发〈广东省灵活就业人员参加企业职工基本养老保险办法〉的通知》第 3 条第 1 款第 2 项规定,外省户籍新业态从业人员可凭本人有效身份证件和广东省就业登记证明在省内就业地缴纳企业职工基本养老保险。《上海市人力资源和社会保障局、上海市医疗保障局、国家税务总局上海市税务局关于灵活就业人员参加本市职工基本养老、职工基本医疗保险有关问题的通知》第 1 条规定,从 2023 年 5 月 1 日起,符合年龄条件的异地户籍灵活就业人员也可以缴纳企业职工基本养老保险。

Q7: 用人单位是否有义务为非全日制用工劳动者缴纳职工基本养老保险?

A: 根据《劳动和社会保障部关于非全日制用工若干问题的意见》第 10 条的规定,从事非全日制工作的劳动者应当参加基本养老保险,原则上参照个体工商户的参保办法执行。从前述规定来看,用人单位并无法定义务为非全日制员工缴纳企业职工基本养老保险。根据《社会保险法》第 12 条的规定,法定劳动年龄内的无雇工的个体工商户、未在用人单位参加企业职工基本养老保险的非全日制从业人员以及其他灵活就业人员参加企业职工基本养老保险的,应当按照国家规定的缴费基数和比例缴纳企业职工基本养老保险,并分别记入基本养老保险统筹基金和个人账户。同时根据《国务院办公厅关于印发降低社会保险费率综合方案的通知》第3条的规定，上述人员可以在本省全口径城镇单位就业人员平均工资的60%～300%之间选择适当的缴费基数。

Q8： 已参加城乡居民基本养老保险的劳动者，用人单位是否还有义务为其缴纳企业职工基本养老保险？

A： 基本养老保险按其参保范围可分为企业职工基本养老保险、机关事业单位工作人员基本养老保险、城乡居民基本养老保险。城乡居民基本养老保险，参保范围为年满16周岁（不含在校学生），非国家机关和事业单位工作人员及不属于职工基本养老保险制度覆盖范围的城乡居民。

城乡居民基本养老保险是由劳动年龄段的无业人员以自愿缴费、集体补助、政府补贴的方式进行缴费，而职工基本养老保险是由用人单位和劳动者共同强制缴费，且两者退休后退休待遇也有着较大的差异。

当然，实务中我国养老保险基金统筹上的障碍以及社会保险机构缴费系统的技术性障碍，可能导致用人单位无法为在同一地区已经参保城乡居民基本养老保险的劳动者再办理职工基本养老保险登记。所以实务中，用人单位应要求已经参加城乡居民基本养老保险的劳动者，在入职后的下一年度社保登记时，停缴城乡居民基本养老保险，以便用人单位能够为其缴纳企业职工基本养老保险。

Q9： 用人单位未为劳动者办理养老保险登记，最后导致劳动者无法享受养老保险待遇而遭受损失，用人单位承担何责？

A： 根据《最高人民法院关于审理劳动争议案件适用法律问题的解释（一）》（法释〔2020〕26号）第1条第5项规定，劳动者以用人单位未为其办理社会保险手续，且社会保险经办机构不能补办导致其无法享受社会保险待遇为由，要求用人单位赔偿损失发生的纠纷，属于劳动争议，当事人不服劳动争议仲裁机构作出的裁决，依法提起诉讼的，人民法院应予受理。

从该规定中不难发现，人民法院受理的前提是要同时符合以下两个硬性要求：

（1）用人单位未为劳动者办理社会保险手续；

（2）社会保险经办机构不能补办导致劳动者无法享受社会保险待遇。

因用人单位欠缴、拒缴或因缴费年限、缴费基数等发生的争议，系征收与缴纳之间的纠纷，不属于人民法院受理范围，应属于行政管理的范围，由社保管理部门或劳动监察部门解决和处理。

上海案例与导引

［案例6］

甲某为因公致残四级人员，一直属于单位必养人员。A公司给其缴纳四金，直到2008年在其不知情的情况下，擅自停缴了其10年的养老金，直到2018年8月退休后甲某才得知此事，甲某与A公司多次交涉无果，A公司以2008年已经把其交给社保局为由，认为不需要再为其缴纳养老金。因此，甲某每月少800元养老金，故甲某起诉要求A公司一次性补偿288,000元。

[法院观点]

法院认为,根据《最高人民法院关于审理劳动争议案件适用法律若干问题的解释(三)》第1条的规定,劳动者以用人单位未为其办理社会保险手续,且社会保险经办机构不能补办导致其无法享受社会保险待遇为由,要求用人单位赔偿损失而发生争议的,人民法院应予受理。然而,用人单位欠缴、拒缴或因缴费年限、缴费基数等发生的争议,系征收与缴纳之间的纠纷,属于行政管理的范围,应由社保管理部门解决和处理,故原审法院以该案不属于人民法院受理范围为由,裁定驳回起诉。

(2020)沪01民终3112号

广东案例与导引

[案例7]

乙某2003年9月入职B公司,2018年12月5日达到了50岁的退休年龄。乙某从入职直至退休期间B公司从未缴纳养老保险。乙某咨询社保局后得知,由于用人单位没有参加基本养老保险定期足额缴纳养老保险金,其无法享受按月领取养老保险金待遇。2019年2月经乙某向社保局投诉后,B公司于2019年5月31日为仅为乙某补缴2017年6月~2018年12月养老保险。随后,乙某要求B公司赔偿养老保险损失486,000元。

[法院观点]

法院认为,《最高人民法院关于审理劳动争议案件适用法律若干问题的解释(三)》第1条规定:劳动者以用人单位未为其办理社会保险手续,且社会保险经办机构不能补办导致其无法享受社会保险待遇为由,要求用人单位赔偿损失而发生争议的,人民法院应予受理。从上述规定可知,劳动者请求用人单位赔偿养老保险待遇损失的,应同时符合以下条件:(1)用人单位未为劳动者参加基本养老保险;(2)社会保险经办机构明确答复不能补办;(3)劳动者达到法定退休年龄。该案中,B公司已为乙某办理了社会保险基本账户,并为其补缴了2017年6月~2018年12月的养老保险,也不存在社会保险经办机构明确答复不能补办的情形,因此,乙某主张B公司赔偿养老保险损失不符合法律规定的条件,人民法院不应当受理。

(2020)粤03民终4464号

Q10:劳动者离职时可以要求用人单位返还其个人缴纳的企业年金费吗?

A:企业年金方案一般由用人单位制定,缴费基数、缴费比例、企业职工承担比例等实际都属于企业可自主确定的范围。有的用人单位实行单位缴纳100%的企业年金费,劳动者个人无须缴纳;有的用人单位则实行用人单位和劳动者各按比例承担费用。在劳动者也缴纳企业年金费的情况下,常出现的一个争议焦点就是劳动者离职时能否要求用人单位返还其已经缴纳的企业年金费。

劳动者在离职时,一般情况下,劳动者个人缴纳部分归个人所有,用人单位缴纳部分的归属根据既定企业年金方案进行处理。根据《企业年金办法》的相关规定,劳动者在达到国家规定的退休年龄时,可以从本人企业年金个人账户中一次或定期领取企业年金。未达到国家规定的退休年龄的劳动者,不得从个人账户中提前提取资金。特殊情况的劳动者,如出境定居人员,可根据本人要求一次性支付给本人。劳动者变动工作单位时,企业年金个人账户资金可以随同转移;劳动者升学、参军、失业期间或新就业单位没有实行企业年金制度的,其企业年金个人账户可由原管理机构继续管理。此外,根据企业年金的运营管理原理来看,企业年金费交纳后并非由用人单位保管,而是交由专业保险管理机构来管理,并且通常情况下处于投资运作状态。综上,尽管个人账户的缴费属于劳动者,但基于企业年金的制度特点,劳动者可以选择终止参加企业年金或保留,在保留的情况下也可能无法要求立即从个人账户支取现金。但用人单位应注意,在劳动者离职时与劳动者确认清楚其企业年金个人账户中的金额并协助劳动者办好企业年金的转移工作,以免发生额外的纠纷。

46.3 医疗保险

解析

医疗保险,全称基本医疗保险,是根据国家相关法律法规,为参保人员因疾病或非因工意外伤害提供一定医疗费用的社会保险制度。其中基本医疗保险又分为:企业职工基本医疗保险、新型农村合作医疗保险、城镇居民基本医疗保险。根据2016年国务院《关于整合城乡居民基本医疗保险制度的意见》的规定,全国大部分省份已将新型农村合作医疗保险和城镇居民基本医疗保险整合为城乡居民基本医疗保险。

法律依据

除基本医疗保险外,我国还建立了职工大病(大额)医疗保险、企业补充医疗保险、城乡居民大病保险、重特大疾病医疗保险等类型的补充医疗保险。

职工大病(大额)医疗保险是在职工基本医疗保险基础上,当参保人员医疗费用超过基本医疗保险统筹基金最高支付限额时,由大病(大额)保险按一定比例支付其医疗费用的医疗保险制度。目前国家层面对职工大病(大额)医疗保险未做统一部署,但北京、宁波、大连、南昌、杭州、南宁、太原、长沙、武汉等城市均出台了相关的实施办法,要求参加职工基本医疗保险的用人单位和劳动者参加大病(大额)医疗保险。

企业补充医疗保险是根据《财政部、劳动和社会保障部关于企业补充医疗保险有关问题的通知》,按规定参加各项社会保险并按时足额缴纳社会保险费的企业,可自主决定是否建立补充医疗保险。用人单位可在按规定参加当地基本医疗保险基础上,建立补充医疗保险,用于对城镇职工基本医疗保险制度支付以外由劳动者个人负担的医药费用进行的适当补助。企业补充医疗保险费一般为职工工资总额的4%。北京、天津、重庆、南京、广州等地均出台相关的实施办法。

城乡居民大病保险是在城乡居民基本医疗保障的基础上,对大病患者发生的高额医疗费用给予进一步保障的一项制度性安排,可进一步放大保障效用,是基本医疗保障制度的拓展和延伸,也是对基本医疗保障的补充。城乡居民大病保险的适用对象为城镇居民医保、新农合的参保人,保险资金一般从城镇居民医保基金、新农合基金中划出一定比例或额度作为大病保险资金,也即意味着大病保险无须居民个人再额外缴纳。根据《国务院办公厅关于全面实施城乡居民大病保险的意见》所设定的目标,2015 年年底前,大病保险覆盖所有城镇居民基本医疗保险、新型农村合作医疗参保人群,大病患者看病就医负担有效减轻;到 2017 年,建立起比较完善的大病保险制度。目前,绝大多数省、市已推出城乡居民大病保险制度。

重特大疾病医疗保险是根据《国务院办公厅关于健全重特大疾病医疗保险和救助制度的意见》,对低保对象、特困人员、低保边缘家庭成员和纳入监测范围的农村易返贫致贫人口,按规定给予救助,对高额医疗费用支出导致家庭基本生活出现严重困难的大病患者,根据实际给予一定救助的保险制度。该保险制度目前还在试点中。

1. 企业职工基本医疗保险缴费基数

根据《社会保险法》第 23 条的规定,企业职工基本医疗保险由用人单位和劳动者共同承担。虽然《社会保险法》并未对企业职工基本医疗保险缴费基数作出具体规定,但根据各地企业职工基本医疗保险办法或规定,通常用人单位应当按上年度(自然年度)本单位职工工资总额作为缴纳基数,并记入基本医疗保险统筹基金;劳动者应当按本人上年度月平均工资作为缴费基数,记入个人账户。其中职工工资总额统计口径具体请详见本书“工资”关键词项下的“工资总额”一词的具体内容。同时,企业职工基本医疗保险按上年度社会平均工资的 60% 和 300% 作为缴费基数的上下限。但由于很多省份企业职工基本医疗保险还未实现省级统筹,各地上下限基数使用上年度平均工资的类型出现较大差异。

(1)例如,北京、上海、浙江、福建等大部分省份已经完成省级统筹,同企业职工基本养老保险一样,使用全省上年度全口径就业人员平均工资作为上下限基数。

(2)例如,广东省根据《广东省医疗保障局、广东省财政厅、国家税务总局广东省税务局关于印发广东省基本医疗保险关系省内转移接续暂行办法的通知》规定,自 2022 年 7 月开始,使用地级市的上年度全口径就业人员月平均工资作为上下限基数。

2. 企业职工基本医疗保险缴费比例

《社会保险法》并未对职工基本医疗保险缴费比例作出具体规定,但根据各地城镇职工基本医疗保险办法或规定,通常职工基本医疗保险比例为用人单位部分 8% 左右(部分省份的单位部分高于 8%),劳动者个人部分为 2%。

同时,根据《国务院办公厅关于建立健全职工基本医疗保险门诊共济保障机制的指导意见》的规定,职工个人缴纳的 2% 部分(企业职工基本医疗保险费)全部记入个人账户,单位缴纳部分全部记入统筹基金。

问题导引

Q11: 用人单位是否有义务为非全日制用工劳动者缴纳企业职工基本医疗保险?

A: 根据《劳动和社会保障部关于非全日制用工若干问题的意见》第 11 条的规定,从事非全日制工作的劳动者可以参加职工基本医疗保险。从前述规定来看,用人单位并无法定义务为非全日制员工缴纳职工基本医疗保险。同时根据《社会保险法》第23条的规定，法定劳动年龄内的无雇工的个体工商户、未在用人单位参加企业职工基本养老保险的非全日制从业人员以及其他灵活就业人员参加企业职工基本医疗保险的，应当按照国家规定的缴费基数和比例缴纳企业职工基本医疗保险，并分别记入基本医疗保险统筹基金和个人账户。

Q12： 用人单位为劳动者缴纳了企业职工基本医疗保险费，是否可以就此主张不再支付员工病假工资？

A： 企业职工基本医疗保险的作用在于保障劳动者基本的医疗需求，劳动者患病或非因工负伤之时，可从基本医疗保险金中获得治疗费用的报销，如治疗费用、药品费用等，但不能基于此申请病假工资或其他适用于医疗期的待遇。针对劳动者患病或非因工负伤医疗期的相关待遇问题，应参照《企业职工患病或非因工负伤医疗期规定》等相关法律规定。劳动者因患病或非因工负伤，需要停止工作接受医疗时，根据本人实际参加工作年限和在本单位工作年限可获得3个月到24个月的医疗期，在此规定的医疗期内，由于劳动者实际可能暂停其在用人单位的工作，用人单位因此可以按劳动者正常工资的一定比例向劳动者支付病假工资或给予劳动者其他医疗期间的补助。可见，企业职工基本医疗保险金解决的是劳动者患病期间的治疗问题，相关费用由医疗保险金承担；病假工资解决的是劳动者在患病期间劳动者的报酬待遇问题，相关费用仍由用人单位承担，二者并非一个支付体系，不能混为一谈。病假工资详见本书“工资”关键词项下的“假期工资”一词的具体内容。

46.4 工伤保险

解析

工伤保险，又称职业伤害保险，是指劳动者在生产经营活动中遭受意外伤害或职业病，并由此造成暂时或永久丧失劳动能力、死亡时，给予劳动者法定的医疗救治及经济补偿（包括医疗、康复所需费用、保障基本生活的费用）的一种社会保障制度。

法律依据

1. 工伤保险缴费基数

根据《社会保险法》第33条的规定，工伤保险由用人单位承担，劳动者无须承担。

虽然《社会保险法》第35条规定，用人单位应当按照本单位职工工资总额，根据社会保险经办机构确定的费率缴纳工伤保险费。但各省份的工伤保险缴费基数政策还是存在较大差异，目前主要有以下几种模式。其中职工工资总额统计口径具体详见本书“工资”关键词项下的“工资总额”一词的内容。

（1）例如，北京、上海、浙江、福建等大部分省份，同企业职工基本养老保险一样，使用全省上年度全口径就业人员平均工资的60%和300%作为上下限基数。

（2）例如，广州、深圳、厦门等地，根据《社会保险法》第35条的规定，按照本单位职工工资总额作为上下限基数，此类规定即没有上限。

2. 工伤保险缴费比例

与其他社会保险险种固定费率相比,工伤保险采用了行业差别费率,即根据用人单位的行业工伤风险程度、工伤保险费使用、工伤发生率、职业病危害程度等因素核定缴费比例。根据《人力资源社会保障部、财政部关于调整工伤保险费率政策的通知》的规定,依据不同行业的工伤风险程度实行在行业内进行分档,并按每个档次规定不同的缴费比例的做法称为行业基准费率;根据用人单位在一定时期内的工伤保险费支缴率、工伤发生率等因素,定期浮动和调整用人单位缴纳工伤保险费的比例的做法称为浮动费率(见表46－1)。

表46－1　工伤保险行业分类一览及对应费率

行业类别	行业名称	费率	
		适用费率	费率浮动
一	软件和信息技术服务业,货币金融服务,资本市场服务,保险业,其他金融业,科技推广和应用服务业,社会工作,广播、电视、电影和影视录音制作业,中国共产党机关,国家机构,人民政协、民主党派,社会保障,群众团体、社会团体和其他成员组织,基层群众自治组织,国际组织	0.2%	一类行业分为三个档次,即在基准费率的基础上,可向上浮动至120%、150%
二	批发业,零售业,仓储业,邮政业,住宿业,餐饮业,电信、广播电视和卫星传输服务,互联网和相关服务,房地产业,租赁业,商务服务业,研究和试验发展、专业技术服务业,居民服务业,其他服务业,教育、卫生、新闻和出版业,文化艺术业	0.4%	二类至八类行业分为5个档次,即在基准费率的基础上,可分别向上浮动至120%、150%或向下浮动至80%、50%
三	农副食品加工业,食品制造业,酒、饮料和精制茶制造业,烟草制品业,纺织业,木材加工和木、竹、藤、棕、草制品业,文教、工美、体育和娱乐用品制造业,计算机、通信和其他电子设备制造业,仪器仪表制造业,其他制造业,水的生产和供应业,机动车、电子产品和日用产品修理业,水利管理业,生态保护和环境治理业,公共设施管理业,娱乐业	0.7%	二类至八类行业分为5个档次,即在基准费率的基础上,可分别向上浮动至120%、150%或向下浮动至80%、50%
四	农业,畜牧业,农、林、牧、渔服务业,纺织服装、服饰业,皮革、毛皮、羽毛及其制品和制鞋业,印刷和记录媒介复制业,医药制造业,化学纤维制造业,橡胶和塑料制品业,金属制品业,通用设备制造业,专用设备制造业,汽车制造业,铁路、船舶、航空航天和其他运输设备制造业,电气机械和器材制造业,废弃资源综合利用业,金属制品、机械和设备修理业,电力、热力生产和供应业,燃气生产和供应业,铁路运输业,航空运输业,管道运输业,体育业	0.9%	二类至八类行业分为5个档次,即在基准费率的基础上,可分别向上浮动至120%、150%或向下浮动至80%、50%

续表

行业类别	行业名称	费率	
		适用费率	费率浮动
五	林业，开采辅助活动，家具制造业，造纸和纸制品业，建筑安装业，建筑装饰和其他建筑业，道路运输业，水上运输业，装卸搬运和运输代理业	1.1%	
六	渔业，化学原料和化学制品制造业，非金属矿物制品业，黑色金属冶炼和压延加工业，有色金属冶炼和压延加工业，房屋建筑业，土木工程建筑业	1.3%	
七	石油和天然气开采业，其他采矿业，石油加工、炼焦和核燃料加工业	1.6%	
八	煤炭开采和洗选业，黑色金属矿采选业，有色金属矿采选业，非金属矿采选业	1.1%	

问题导引

Q13： 工伤保险有哪些待遇？

A： 工伤保险待遇主要内容包括停工留薪期待遇、工伤医疗待遇、工伤伤残待遇、工伤医疗康复待遇、工伤死亡待遇。

（1）停工留薪期待遇包括停工留薪期间的工资、停工留薪期间的生活护理费、住院伙食补助费、到统筹地区以外就医的食宿费和交通费。

（2）工伤医疗待遇包括符合国家和各地政府工伤保险诊疗项目目录、工伤保险药品目录、工伤保险住院服务标准的治（医）疗费。

（3）工伤伤残待遇包括一次性伤残补助金、一到六级伤残的伤残津贴、生活护理费、五至十级伤残的一次性工伤医疗补助金和一次性伤残就业补助金。

（4）工伤医疗康复待遇包括符合国家和各地政府工伤保险诊疗项目目录、工伤保险药品目录、工伤保险住院服务标准的康复治疗费，按国家规定标准，由劳动能力鉴定委员会确认的辅助器具费。

（5）工伤死亡待遇包括一次性工亡补偿金、丧葬补助金、供养亲属抚恤金。

Q14： 超过法定退休年龄人员和实习生是否可以缴纳工伤保险？

A： 根据《社会保险法》第 33 条的规定，职工应当参加工伤保险，由用人单位缴纳工伤保险费，职工不缴纳工伤保险费。所以原则上超过法定退休年龄人员和实习生并不能缴纳工伤保险。但为进一步完善社会保障体系和扩大工伤保险覆盖面，目前天津、广东、浙江、江苏、四川等省份相继出台相关文件，允许符合条件的超过法定退休年龄人员和实习生缴纳工伤保险。例如，《广东省人力资源和社会保障厅、广东省财政厅、国家税务总局广东省税务局关于印发〈关于单位从业的超过法定退休年龄劳动者等特定人员参加工伤保险的办法(试行)〉的通知》规定,在从业单位工作的超过法定退休年龄人员(包括已享受和未享受机关事业单位或者城镇职工基本养老保险待遇人员)、实习学生(包括签订三方实习协议或自行联系实习单位的实习学生、从业单位使用的勤工助学学生)、单位见习人员等未与从业单位建立劳动关系的劳动者,按照属地管理和自愿参保原则,从业单位可在生产经营所在地为其从业人员办理单项参加工伤保险手续,并按本办法规定缴纳工伤保险费,其缴费所需资金由各相关参保单位负责。

Q15: 用人单位是否有义务为非全日制用工劳动者缴纳工伤保险?

A: 现行《社会保险法》并未涉及非全日制从业人员工伤保险缴纳的相关问题,但根据《劳动和社会保障部关于非全日制用工若干问题的意见》第 12 条的规定,用人单位应当按照国家有关规定为建立劳动关系的非全日制劳动者缴纳工伤保险费。从事非全日制工作的劳动者发生工伤,依法享受工伤保险待遇;被鉴定为伤残 5～10 级的,经劳动者与用人单位协商一致,可以一次性结算伤残待遇及有关费用。

Q16: 多个非全日制用工是否可以同时缴纳多个工伤保险?

A: 根据《实施〈中华人民共和国社会保险法〉若干规定》第 9 条的规定,职工(包括非全日制从业人员)在两个或者两个以上用人单位同时就业的,各用人单位应当分别为职工缴纳工伤保险费。职工发生工伤,由职工受到伤害时工作的单位依法承担工伤保险责任。但在当前实务中,非全日制从业人员在两个或者两个以上用人单位同时就业时,其实只能由其中一个用人单位缴纳工伤保险,其他用人单位技术上无法缴纳工伤保险。因此,笔者建议用人单位在使用已缴纳工伤保险的非全日制就业人员时,应做好风险评估和相应的补救措施(如购买雇主责任险)。

Q17: 新业态从业人员是否可以缴纳工伤保险?

A: 所谓新业态从业人员是指包括依托电子商务、网络约车、网络送餐、快递物流等新业态平台实现就业,但未与新业态平台相关企业建立劳动关系的从业人员。

由于《社会保险法》等法律的滞后性,以及各地实务中灵活就业人员无法缴纳工伤保险的常态,新业态从业人员更无法缴纳工伤保险。但随着新业态从业人员职业伤害问题备受社会关注,目前部分省份允许或者说在尝试建立新业态从业人员缴纳工伤保险的制度。例如,《广东省人力资源和社会保障厅、广东省财政厅、国家税务总局广东省税务局关于印发〈关于单位从业的超过法定退休年龄劳动者等特定人员参加工伤保险的办法(试行)〉的通知》规定,新业态从业人员通过互联网平台注册并接单,提供网约车、外卖或者快递等劳务的,其所在平台企业可参照本办法自愿为未建立劳动关系的新业态从业人员单项参加工伤保险、缴纳工伤保险费,其参保人员参照本办法的规定享受工伤保险待遇。国家出台实施新业态从业人员职业伤害保障政策的,从其规定。《上海市人力资源和社会保障局、上海市邮政管理局关于做好本市基层快递网点优先参加工伤保险工作的通知》《北京市人力资源和社会保障局、北京市邮政管理局、国家税务总局北京市税务局关于做好本市基层快递网点优先参加工伤保险工作的通知》规定,对用工灵活、流动性大的基层快递网点,从事快递收寄、分拣、运输、投递、查询等服务的快递从业人员,可优先办理参加工伤保险。

Q18： 用人单位未替劳动者办理工伤保险的情况下员工遭受工伤，用人单位承担何种责任？

A： 尽管工伤保险制度的建立已有数年，但实践中仍有许多企业未按法律规定为劳动者办理工伤保险并缴纳工伤保险费用，这就导致员工在实际工作中如果真的发生事故受伤，却无法享受相应的工伤保险待遇，如报销医疗费用、申请伤残补助、伤亡补助等。根据《社会保险法》第41条、《工伤保险条例》第62条的相关规定，用人单位应当参加工伤保险而未参加的，由社会保险行政部门责令限期参加，补缴应当缴纳的工伤保险费，并自欠缴之日起，按日加收万分之五的滞纳金；逾期仍不缴纳的，处欠缴数额1倍以上3倍以下的罚款。用人单位未按照法律规定参加工伤保险并为其职工缴纳工伤保险费，如果其职工发生工伤，由该用人单位按照法定的工伤保险待遇项目和标准支付费用。由此可见，用人单位未替员工办理工伤保险的情况下，员工遭受工伤的，用人单位不仅要承担补缴的责任和罚款，还需按工伤保险待遇标准为工伤职工支付费用。

46.5 失业保险

解析

失业保险，是指对因失业而暂时中断生活来源的劳动者提供物质帮助进而保障失业人员失业期间的基本生活和就医，促进其再就业的社会保障制度。

法律依据

1. 失业保险缴费基数

根据《社会保险法》第44条的规定，失业保险由用人单位和劳动者共同承担。虽然《社会保险法》并未对失业保险缴费基数作出具体规定，但根据各地失业保险办法或规定，通常失业保险缴费基数用人单位应当按上年度（自然年度）本单位职工工资总额作为缴纳基数；劳动者应当按本人上年度月平均工资作为缴费基数。其中职工工资总额统计口径具体详见本书“工资”关键词项下的“工资总额”一词的内容。

同时，失业保险按上年度社会平均工资的60%和300%作为缴费基数的上下限。但由于很多省份失业保险还未实现省级统筹，各地上下限基数使用上年度平均工资的类型出现较大差异。

（1）例如，北京、上海、浙江、福建等大部分省份已经完成省级统筹，同企业职工基本养老保险一样，使用全省上年度全口径就业人员平均工资作为上下限基数；

（2）例如深圳，失业保险上下限皆为深圳最低工资标准；

（3）例如广州，失业保险上限使用广州非私营单位在岗职工平均工资，下限使用广州最低工资标准。

2. 失业保险缴费比例

根据《人力资源社会保障部、财政部关于阶段性降低失业保险费率有关问题的通知》和《人力资源社会保障部、财政部关于继续阶段性降低社会保险费率的通知》及《人力资源社会保障部、财政部、国家税务总局关于阶段性降低失业保险、工伤保险费率有关问题的通知》的规定，截至2024年年底前，用人单位与劳动者缴纳的总计比例为1%（该政策是否会继续延期，待后续文件进一步明确),因此各省份失业保险用人单位和劳动者分摊比例也存在较大差异。

(1)例如,北京、上海、浙江、江苏、福建等大部分省份,按用人单位和劳动者各 0.5% 的比例均摊;

(2)例如,山东、山西、河北等部分省份,按用人单位 0.7%、劳动者 0.3% 比例分摊;

(3)例如,广东省采用浮动费率,即按一定时期内不减员或者少减员的用人单位,适当下浮单位缴费费率的政策,用人单位分为 0.32%、0.48%、0.8% 3 档,劳动者 0.2%。

3. 失业保险金领取

根据《社会保险法》第 45 条的规定,失业人员符合下列条件的,从失业保险基金中领取失业保险金:

(1)失业前用人单位和本人已经缴纳失业保险费满 1 年的;

(2)非因本人意愿中断就业的;

(3)已经进行失业登记,并有求职要求的。

根据《社会保险法》第 46 条的规定,失业人员失业前用人单位和本人累计缴费满 1 年不足 5 年的,领取失业保险金的期限最长为 12 个月;累计缴费满 5 年不足 10 年的,领取失业保险金的期限最长为 18 个月;累计缴费 10 年以上的,领取失业保险金的期限最长为 24 个月。重新就业后,再次失业的,缴费时间重新计算,领取失业保险金的期限与前次失业应当领取而尚未领取的失业保险金的期限合并计算,最长不超过 24 个月。领取失业保险金期限统计如表 46-2 所示。

表 46-2 领取失业保险金期限统计

缴费期限	领取失业保险金的最长期限
满 1 年不足 5 年	12 个月
满 5 年不足 10 年	18 个月
10 年以上	最长为 24 个月

根据《社会保险法》第 47 条的规定,失业保险金的标准,由省、自治区、直辖市人民政府确定,不得低于城市居民最低生活保障标准。

问题导引

Q19: 灵活就业人员是否可以缴纳失业保险?

A: 《社会保险法》以及绝大部分省份实务中,灵活就业人员无法缴纳失业保险。但有部分省份较为特殊。

(1)只允许本地户籍灵活就业人员缴纳失业保险。例如,《北京市人力资源和社会保障局关于印发〈北京市人力资源和社会保障局支持多渠道灵活就业实施办法〉的通知》第 6 条规定,自 2021 年 1 月起,个人委托存档并参加社会保险的本市灵活就业人员,可按照 1% 的费率缴纳失业保险费,缴费基数可以在企业职工养老保险缴费下限和上限之间适当选择。

(2)允许异地和本地户籍特定灵活就业人员缴纳失业保险。例如,《广东省人力资源和社会保障厅、广东省财政厅、国家税务总局广东省税务局关于印发〈广东省灵活就业人员参加失业保险办法(试行)〉的通知》规定,法定劳动年龄内在我省从业的下列人员:依托电子商务、网络约车、网络送餐、快递物流等新业态平台实现就业,但未与平台或机构等相关企业建立劳动关系的人员,以及无雇工的个体工商户等从业人员,遵循自愿的原则参加失业保险。

Q20:劳动者逾期办理失业登记,还能够要求领取失业保险金吗?

A: 实践中,由于许多劳动者并不是特别熟悉失业保险的操作,有的劳动者甚至不知道自己有领取失业保险金等失业保险待遇的资格,或者即使知道也并不清楚该如何申领到该笔费用,常常出现劳动者逾期未办理失业登记,而丧失领取失业保险金资格的情况。根据《失业保险金申领发放办法》第6条的规定,失业人员应在终止或者解除劳动合同之日起60日内到受理其单位失业保险业务的经办机构申领失业保险金,失业保险金自失业人员办理失业登记之日起按月计发(注意不是从失业之日起计发)。实务中确实存在失业劳动者未按期进行失业登记导致丧失领取失业保险金的情况,劳动者应注意此要求,如遇失业应在规定期限内及时办理相关手续。此外,用人单位也应注意及时为失业人员出具终止或解除劳动关系的证明并告知失业人员其享受失业保险待遇的权利。

Q21:用人单位未为劳动者办理失业保险,该劳动者因严重违纪被开除时,用人单位能否主张免予赔偿?

A: 根据《社会保险法》第44条和第86条的规定,劳动者应当参加失业保险,由用人单位和劳动者按照国家规定共同缴纳失业保险费。用人单位未按时足额缴纳社会保险费(包括失业保险费)的,由社会保险费征收机构责令限期缴纳或者补足,并自欠缴之日起,按日加收万分之五的滞纳金;逾期仍不缴纳的,由有关行政部门处欠缴数额1倍以上3倍以下的罚款。由前述规定可见,用人单位如果未及时为劳动者办理失业保险并缴纳失业保险费,可能面临行政处罚。如果因此导致劳动者失业时无法享受失业保险待遇,劳动者可能还会向用人单位主张赔偿,该主张在司法程序中也很有可能得到法院的支持。

那么如果劳动者是因严重违纪而被用人单位开除,用人单位是否可以主张免予赔偿呢?笔者认为,可以从劳动者申领失业保险金的条件来分析这一问题。《失业保险条例》第14条明文规定,失业人员具备以下3个条件可以申领失业保险金:按规定参加失业保险且缴费已满1年;非因本人意愿中断就业;已办理失业登记并有求职要求。此外,《失业保险金申领发放办法》第4条亦明文规定:所谓非因本人意愿中断就业包括被用人单位解除劳动合同、被用人单位开除、除名和辞退等情况。这就意味着,根据上述规定,如果劳动者正常参加失业保险,即使因严重违反用人单位纪律而被开除,仍符合申请失业保险金的条件。因此,如果劳动者出于用人单位原因无法享受失业保险待遇,即使其是因自身违纪行为被用人单位开除,也不能剥夺其向用人单位主张失业保险金损失的权利。

46.6 生育保险

解析

法律依据

生育保险,是指参保人在符合计划生育规定的生育或流产期间因暂时中断劳动,而给予一定生活和医疗保障的社会保险制度。同时,根据《国务院办公厅关于全面推进生育保险和职工基本医疗保险合并实施的意见》(国办发〔2019〕10 号)规定,全国各省份均已完成生育保险和企业职工基本医疗保险合并工作。合并工作是基于国务院“统一管理、降低成本”的决策,并不代表生育保险被取消,同时其待遇也未发生任何变化。

1. 生育保险缴费基数

根据《社会保险法》第 53 条的规定,生育保险由用人单位承担,劳动者无须承担。《社会保险法》并未对生育保险缴费基数作出具体规定,但根据各地生育保险办法或规定,通常生育保险基数用人单位应当按上年度(自然年度)本单位职工工资总额作为缴纳基数,并记入生育保险统筹基金;劳动者应当按本人上年度月平均工资作为缴费基数,记入个人账户。其中职工工资总额统计口径具体详见本书“工资”关键词项下的“工资总额”一词的内容。

同时,生育保险按上年度社会平均工资的 60% 和 300% 作为缴费基数的上下限。但由于很多省份生育保险还未实现省级统筹,各地上下限基数使用上年度平均工资的类型出现较大差异。

(1)例如,北京、上海、浙江、福建等大部分省份已经完成省级统筹,同企业职工基本养老保险一样,使用全省上年度全口径就业人员平均工资作为上下限基数。

(2)例如,广东省根据《广东省医疗保障局、广东省财政厅、国家税务总局广东省税务局关于印发广东省基本医疗保险关系省内转移接续暂行办法的通知》规定,自 2022 年 7 月开始,使用地级市的上年度全口径就业人员平均工资作为上下限基数。

2. 生育保险医疗保险缴费比例

《社会保险法》并未对生育保险缴费比例作出具体规定,但根据各地生育保险办法或规定,通常生育保险缴费比例,单位按 0.5% 或 0.8% 缴纳(部分地区高于 1%)。

问题导引

Q22: 生育保险有哪些待遇?

A: 用人单位需要依法为劳动者缴纳生育保险,女职工符合计生规定生育或终止妊娠的,可以按生育保险规定享受以下待遇。

(1)生育津贴。生育津贴是指女职工在符合国家和各省份计生规定的生育或终止妊娠期间,所享受的工资性补偿。根据《女职工劳动保护特别规定》第 8 条第 1 款的规定,女职工产假期间的生育津贴,对已经参加生育保险的,通常按照用人单位上年度职工月平均工资的标准由生育保险基金支付;对未参加生育保险的,按照女职工产假前工资的标准由用人单位支付。另外,根据《妇女权益保障法》第 48 条和《女职工劳动保护特别规定》第 5 条的规定,用人单位不得因女职工怀孕、产假、流产、哺乳等情形,降低其工资。因此,实践中普遍认为,女职工产前工资高于单位上年度职工月平均工资的,其差额由用人单位补足。

(2)生育医疗费。生育医疗费是指女职工因符合国家和各省份计生规定生育或终止妊娠,而发生的检查费、接生费、手术费等费用。根据《女职工劳动保护特别规定》第 8 条第 2 款的规定,女职工生育或者流产的医疗费用,按照生育保险规定的项目和标准,对已经参加生育保险的,由生育保险基金支付;对未参加生育保险的,由用人单位支付。除此以外,部分省份还将计划生育的医疗费用列入生育医疗费中,由生育基金支付。

(3)一次性营养补助。部分省份在生育津贴和生育医疗费待遇的基础上,增加了一次性营养补助待遇,例如,《云南省人民政府办公厅关于印发云南省职工生育保险办法的通知》第 17 条规定,职工生育给予 1000 元生育营养补助。多胞胎的,每多 1 胎增加 1000 元。

Q23: 灵活就业人员是否可以缴纳生育保险?

A: 《社会保险法》以及绝大部分省份实务中,灵活就业人员无法缴纳生育保险。但 2022 年 7 月国家卫生健康委等多个部委发布的《关于进一步完善和落实积极生育支持措施的指导意见》第 9 条规定,有条件的地方可探索参加职工基本医疗保险的灵活就业人员同步参加生育保险。未就业妇女通过参加城乡居民基本医疗保险享受生育医疗待遇。为领取失业保险金人员缴纳职工基本医疗保险费(含生育保险费)。对此,浙江省和天津市在全国范围内率先允许灵活就业人员同步参加生育保险。根据《浙江省医疗保障局、浙江省财政厅关于助力“浙有善育”促进优生优育工作的通知》,允许以在职职工身份参加浙江省职工基本医疗保险的无雇工的个体工商户、非全日制从业人员以及其他灵活就业人员同步参加生育保险。根据天津市人民政府办公厅《关于印发〈天津市职工生育保险规定〉的通知》第 7 条和《天津市医疗保障局、天津市财政局、天津市人力资源和社会保障局、天津市卫生健康委员会、国家税务总局天津市税务局关于印发〈天津市职工生育保险规定实施细则〉的通知》(津医保规〔2022〕4 号)的规定,用人单位依法为其职工申请办理职工生育保险参保登记。参加职工生育保险的无雇工的个体工商户、未在用人单位参加职工基本医疗保险的非全日制从业人员以及其他灵活就业人员自行申请办理参加职工生育保险登记。

Q24: 男性劳动者是否可以享受生育保险待遇?

A: 无论是男性还是女性劳动者,生育保险都由用人单位强制缴纳。然而,除部分省份男性劳动者实施计划生育手术时可以享受生育保险待遇外,通常是无法享受生育保险待遇的。但根据《社会保险法》第 54 条的规定,用人单位已经缴纳生育保险费的,男性劳动者未就业配偶可以享受生育保险待遇中的生育医疗费用(生育津贴无法享受)。据不完全统计目前全国有近半数的省份对于男性劳动者享受生育保险待遇有更明细的规则或者实际操作,举例说明如下。

(1)享受全额生育医疗费。例如,《云南省人民政府办公厅关于印发云南省职工生育保险办法的通知》第 22 条规定,参加职工生育保险的男职工配偶未就业的,配偶计划内生育的,按本办法规定的医疗费补助标准支付给男职工,在职工生育保险基金中列支。

(2)享受 50% 生育医疗费。例如,《山东省企业职工生育保险规定》第 14 条规定,参加生育保险男职工的未就业配偶,符合计划生育政策规定生育,未享受生育医疗费待遇的,按照女职工生育医疗费标准的 50% 享受生育医疗费待遇。

(3)参照城镇居民基本医疗生育医疗待遇。例如,《广东省职工生育保险规定》第 18 条规定,职工未就业配偶享受的生育医疗费用待遇,参照职工所在地级以上市城乡居民基本医疗保险生育医疗待遇标准执行。未就业配偶已参加职工基本医疗保险或者城乡居民基本医疗保险并享受相关待遇的,不再享受生育医疗费用待遇。

Q25: 女职工刚入职就怀孕,能否享有生育保险待遇?

A: 女职工刚入职就发现怀孕,不久即申请休产假及要求享受生育保险待遇的事情在实务中常常发生。对于此类情况,用人单位时常觉得难以接受,认为刚入职女职工尚未为单位带来任何效益就怀孕或休产假,不仅要为怀孕女职工做特别的工作安排,导致工作人手的减少,还意味着用人单位可能需要为该女职工提供一些特殊的劳动条件,这些对用人单位而言都被视为额外成本。尽管用人单位不愿意看到此种情况,但依据法律的规定,只要女职工符合享受生育保险待遇的前提,无论其在该用人单位入职多久,都有权享受生育保险待遇并获得生育津贴、生育医疗费等。并且,用人单位不能通过劳动合同约定排除其为女职工缴纳生育保险费的义务以及为怀孕女职工提供特殊劳动保护的义务。

Q26: 女职工怀孕期间离职,还能否享受生育津贴和生育待遇?

A: 人力资源管理实践中较常遇见的一种情形是,女职工在离职后发现怀孕且根据推算应是在在职期间怀孕。此类女职工如果不继续就业,也就意味着其生产当月极有可能处于失业状态。那么对于此类曾经参加过生育保险(并且极有可能是参加过多年生育保险)但生产时处于失业状态的女职工而言,能够申领生育津贴享受生育保险待遇吗?从国家层面的规定来看,《社会保险法》仅笼统规定女职工生育享受产假或享受计划生育手术休假时可按规定享受生育津贴,而对于上述失业状态的女性劳动者则无明确规定。实践中,各地规定不同,总体归纳如下。

(1)享受失业保险待遇期间,由生育保险基金支付生育保险待遇。例如,《江苏省职工生育保险规定》第 21 条规定,参加生育保险的女职工失业后,在领取失业保险金期间,生育的医疗费用、一次性营养补助由生育保险基金按照规定支付。

(2)由生育保险基金按最低标准支付生育津贴。例如,《上海市城镇生育保险办法》第 15 条规定,失业妇女的月生育生活津贴,按市人力资源社会保障局规定的最低标准计发。生产或者流产的从业妇女已经享受的生育生活津贴不足其应享受的工资性收入的,不足部分的发放,按照国家和本市有关规定执行。

(3)享受失业保险待遇期间,由失业保险基金追加失业保险待遇。例如,《广东省失业保险条例》第 21 条规定,女性失业人员在领取失业保险金期间生育的,可以向失业保险金领取地社会保险经办机构申请一次性加发失业保险金,标准为生育当月本人失业保险金的 3 倍。

(4)失业期间不能享受生育待遇。例如,《北京市企业职工生育保险规定》及《北京市关于生育保险待遇支付业务所需材料变更的通知》规定,生育医疗费补贴必须在参保的状态下才可申领，而生育津贴必须由用人单位为员工申领，也即意味着曾经在北京就业，但生产当月处于失业状态的妇女是无法申领生育生活津贴的。但是，根据《北京市人力资源和社会保障局关于本市职工基本医疗保险有关问题的通知》，参加职工基本医疗保险的灵活就业人员、失业人员，发生的符合北京市计划生育规定的分娩当次的医疗费用纳入职工基本医疗保险基金支付范围，执行职工基本医疗保险相关规定。其分娩当次的医疗费用，参照生育保险规定，采取按限额、定额和项目付费的方式支付。

46.7 外籍人员及中国港澳台居民社会保险

解析

1. 中国港澳台居民缴纳内地（大陆）地区社会保险

法律依据

针对中国港澳台地区人员在内地（大陆）地区就业，根据《人力资源社会保障部关于香港澳门台湾居民在内地（大陆）地区就业有关事项的通知》第1条的规定，在内地（大陆）求职、就业的中国港澳台人员，可使用港澳台居民居住证、港澳居民来往内地通行证、台湾居民来往大陆通行证等有效身份证件办理人力资源社会保障各项业务，以工商营业执照、劳动合同（聘用合同）、工资支付凭证或社会保险缴费记录等作为其在内地（大陆）地区就业的证明材料，即不需要办理就业证，仅凭港澳台居民居住证、港澳居民来往内地通行证、台湾居民来往大陆通行证等有效身份证件即可参与缴纳社会保险。从法律规定层面可以看到，针对外国人和中国港澳台人员在中国境内就业参加社会保险的问题，从参保险种、缴费方式等来看，与中国内地（大陆）地区居民参加社会保险相同。同时根据《香港澳门台湾居民在内地（大陆）参加社会保险暂行办法》的规定，在中国内地（大陆）地区依法注册或者登记的企业、事业单位、社会组织、有雇工的个体经济组织等用人单位（以下统称用人单位）依法聘用、招用的中国港澳台居民，应当依法参加职工基本养老保险、职工基本医疗保险、工伤保险、失业保险和生育保险，由用人单位和劳动者按照规定缴纳社会保险费。由此可见，中国港澳台地区居民应当强制缴纳职工社会保险。

中国港澳台地区居民除可以参加职工社会保险外，根据《香港澳门台湾居民在内地（大陆）地区参加社会保险暂行办法》的规定，中国港澳台地区居民在中国内地（大陆）地区依法从事个体工商经营和灵活就业且办理港澳台居民居住证的港澳台居民，可以参加注册地或居住地职工基本养老保险和职工基本医疗保险。在中国内地（大陆）地区居住且办理港澳台居民居住证的未就业中国港澳台居民，可以在居住地按照规定参加城乡居民基本养老保险和城乡居民基本医疗保险。

2. 外籍人员缴纳我国职工社会保险

针对外籍人员在中国就业，在《社会保险法》颁布之初，仅笼统性规定外国人在中国境内就业的，参照《社会保险法》的规定参加社会保险。为匹配此规定，人力资源和社会保障部于2011年颁布《在中国境内就业的外国人参加社会保险暂行办法》，明确规定用人单位招用外国人的应自就业证件办理之日起30日为其办理社会保险登记，依法参加职工基本养老保险、职工基本医疗保险、工伤保险、失业保险和生育保险，用人单位和外籍劳动者本人按规定缴纳社会保险费。

因此,对持有外国人就业证、外国专家证、外国常驻记者证等就业证件和取得在中国永久居留资格的外国人应当强制其缴纳职工社会保险。

同时,根据《人力资源和社会保障部关于做好在我国境内就业的外国人参加社会保险工作有关问题的通知》的规定,具有与我国签订社会保险缴费双边或多边协议(或协定,以下简称协议)国家国籍的就业人员,在其依法获得在我国境内就业证件 3 个月内提供协议国出具参保证明的,应按协议规定免除其规定险种在规定期限内的缴费义务。对于依法获得在我国境内就业证件 3 个月后不能提供协议国出具的参保证明的,应按规定征收社会保险费并收取相应的滞纳金。对于协议之外的险种以及协议规定险种超过规定期限的,应要求其按规定缴纳社会保险费。目前我国已与日本、韩国、加拿大、德国、瑞士、丹麦、芬兰、荷兰、西班牙、卢森堡、塞尔维亚等国签订了双边社保协定。例如,德国公民在我国境内就业的,提供在德参加法定养老保险费和就业促进费的参保证明,可以免缴我国的职工基本养老保险、失业保险,相反我国公民在德国境内就业的,提供在我国参加职工基本养老保险、失业保险参保证明,可以免缴德国的法定养老保险费和就业促进费。

问题导引

Q27: 用人单位未为外籍劳动者缴纳社会保险,外籍劳动者提出解除是否可以要求经济补偿?

A: 根据《劳动合同法》第 38 条第 1 款第 3 项的规定,以用人单位未依法缴纳社保为由提出解除劳动合同时,劳动者可以要求经济补偿。同时根据《外国人在中国就业管理规定》第 22 条的规定,在中国就业的外国人的工作时间、休息、休假劳动安全卫生以及社会保险按国家有关规定执行。由此可见外籍劳动者以用人单位未缴纳社会保险提出解除时,理论上是可以要求用人单位支付其经济补偿,但在各地是否实务中却有加大差异。

(1)上海司法实践中对于认定是否支持经济补偿金应当首先审查双方当事人合同约定,而非直接适用《劳动合同法》。

(2)北京、广州等地的司法实践中支持外籍劳动者适用《劳动合同法》第 38 条第 1 款第 3 项规定,支持经济补偿。

北京案例与导引

[案例 8]

M 先生系苏丹公民,其于 2019 年 11 月 8 日与 X 公司建立劳动关系。X 公司未为 M 先生缴纳社会保险。M 先生正常工作至 2020 年 3 月 31 日。2021 年 4 月 23 日,M 先生向劳动争议仲裁委员会申请仲裁,要求 X 公司支付解除劳动关系经济补偿金。

[法院观点]

法院认为,因 X 公司存在拖欠工资及未依法为劳动者缴纳社会保险的客观情况,故根据 M 先生的月工资标准判决 X 公司支付的工资差额及解除劳动关系经济补偿金,符合法律规定。

(2021)京 02 民终 15300 号

上海案例与导引

［案例9］

2010年9月2日，外籍人员甲某入职L公司上海分公司，双方签订过数份劳动合同，最后一份劳动合同期限为2015年9月2日～2020年9月30日。2019年6月27日，甲某向L公司上海分公司发送关于劳动合同解除的通知电子邮件，内载："本人自2010年9月2日受雇于公司，但从本人入职到现在，公司无视国家法律法规的规定要求，从来没有为本人依法办理和缴纳过社会保险。现根据《中华人民共和国劳动合同法》第38条的规定，本人通知公司，本人与公司之间的劳动合同于2019年6月28日解除。请公司及时安排好工作交接。"2019年7月3日，甲某向劳动人事争议仲裁委员会申请仲裁，要求L公司上海分公司支付解除劳动合同经济补偿金。L公司认为：甲某是外国人，有关权利义务由劳动合同约定，但合同并未约定用人单位未缴纳社会保险需支付解除的补偿金。

［法院观点］

法院认为，《外国人在中国就业管理规定》第26条规定，是指司法机关按照有关法律规定的程序处理争议。甲某理解为其当然享有《劳动法》等规定的实体权利，理解有误。在中国就业的外国人可以享有的待遇，需有法律法规的明确规定。甲某认为没有规定不享有的待遇，其都可以享有，理解有误。甲某以其在中国可以缴纳社会保险费而认为享有解除劳动合同的经济补偿金，没有依据。

（2020）沪01民终12033号

广东案例与导引

［案例10］

T先生与广州某学院签订了若干份标准就业条款及一份调岗调薪协议，总期间自2007年6月25日起至2018年6月30日止。最后一份标准就业条款约定，T先生需按总收入缴纳社会保险需由个人承担的部分。2018年2月24日，T先生以学院未依法为其缴纳社会保险费为由，发出解除劳动关系通知书，表示其最后工作至2018年2月28日，要求支付经济补偿。

［法院观点］

法院认为，依照《劳动合同法》第38条第1款第3项和第46条第1项规定，学院未依法为T先生缴纳社保，T先生以此为由提出解除劳动合同的，学院应支付经济补偿。但由于对未购买社保而需支付经济补偿金是在《劳动合同法》实施之后才规定，该法自2008年1月1日起施行，故对T先生在2008年之前的年限不应纳入经济补偿金的计算年限。该案中学院应向T先生支付经济补偿金的年限为2008年1月1日～2018年2月28日。

（2019）粤01民终17310号

46.8 住房公积金

解析

法律依据

住房公积金,简称公积金,是根据国家相关法律法规,由用人单位和劳动者共同缴存,用于劳动者长期住房的储金。其主要特征体现为保障性、互助性和强制性。

除住房公积金外,部分省份还建立了补充住房公积金,是针对法定住房公积金的一种补充,但其不具备强制性特征。例如,根据《上海市住房公积金管理若干规定》和《上海市住房公积金缴存管理办法》的规定,缴存住房公积金的用人单位可以按照自愿原则参加补充住房公积金制度。劳动者本人和用人单位补充住房公积金缴存比例为各 1% ~5%(取整数值),具体比例由各单位根据实际情况确定。

1. 住房公积金缴存基数

住房公积金缴存由用人单位和劳动者共同承担,根据《住房公积金管理条例》第 16 条、第 17 条的规定,用人单位和劳动者的缴费基数分别按劳动者本人上一年度月平均工资确定。新参加工作的劳动者从参加工作的第二个月开始缴存住房公积金,以劳动者本人当月工资作为缴存基数;单位新调入的劳动者从调入单位发放工资之日起缴存住房公积金,以劳动者本人当月工资作为缴存基数。

同时根据《住房公积金管理条例》第 18 条的规定,职工和单位住房公积金的缴存比例均不得低于职工上一年度月平均工资的 5%;有条件的城市,可以适当提高缴存比例。具体缴存比例由住房公积金管理委员会拟订,经本级人民政府审核后,报省、自治区、直辖市人民政府批准。因此全国各城市的住房公积金缴存上下限政策存在较大差异,目前主要有以下类型:

(1)缴存上限按上年度当地全口径就业人员月平均工资的 300%、缴存下限按当地最低工资标准执行,如北京、上海等地;

(2)缴存上限按当地上年度非私营单位在岗职工月平均工资的 300%、缴存下限按当地最低工资标准执行,如广州、深圳、重庆等地;

(3)缴存上限按当地上年度非私营单位就业人员月平均工资的 300%、缴存下限按当地最低工资标准执行,如厦门、青岛等地;

(4)缴存上限和下限分别按当地上年度非私营单位就业人员月平均工资的 300% 和 60% 执行,如石家庄等地。

2. 住房公积金缴存比例

根据各地住房公积金相关规定,目前绝大部分地区的住房公积金缴存比例为劳动者本人和用人单位各 5% ~12%,具体由用人单位决定(取整数值,且用人单位和劳动者比例相同)。其中上海比较特殊,其缴存比例为 5% ~7%,由用用人单位决定。

除此以外,根据《住房公积金管理条例》第 20 条第 2 款的规定,对缴存住房公积金确有困难的用人单位,经本单位职工代表大会或者工会讨论通过,并经住房公积金管理中心审核,报住房公积金管理委员会批准后,可以降低缴存比例或者缓缴;待单位经济效益好转后,再提高缴存比例或者补缴缓缴。

3. 住房公积金的提取

根据《住房公积金管理条例》第24条第1款的规定，职工有下列情形之一的，可以提取职工住房公积金账户内的存储余额：

(1)购买、建造、翻建、大修自住住房的；

(2)离休、退休的；

(3)完全丧失劳动能力，并与单位终止劳动关系的；

(4)出境定居的；

(5)偿还购房贷款本息的；

(6)房租超出家庭工资收入的规定比例的。

问题导引

Q28： 灵活就业人员(包括非全日制)是否可以缴存住房公积金?

A： 虽然《住房公积金管理条例》未对灵活就业人员是否可以缴存住房公积金的问题进行明确，但随着灵活就业人员的增加，以及住房保障政策的推进，目前有部分城市已经完善或正在推动灵活就业人员(包括非全日制用工的劳动者)参加住房公积金的政策。例如，虽然北京目前灵活就业人员还无法参加住房公积金，但《北京住房公积金管理中心2022年法治政府建设情况报告》中提及，持续推动公积金制度改革，制定《灵活就业人员参加住房公积金制度试点方案》《北京市灵活就业人员参加住房公积金制度试点管理办法》。《上海市住房公积金缴存管理办法》第5条规定，个体工商户及其雇用人员、非全日制从业人员以及其他灵活就业人员，可以由个人缴存住房公积金。除上海以外，目前广州、深圳、成都等主要城市都陆续出台相关政策，允许灵活就业人员(包括非全日制就业人员)自愿参加住房公积金。

Q29： 用人单位是否需要为非城镇户籍劳动者缴存住房公积金?

A： 根据《建设部、财政部、中国人民银行关于住房公积金管理若干具体问题的指导意见》第1条的规定，有条件的地方，城镇单位聘用进城务工人员，单位和职工可缴存住房公积金。由此可见，法律法规对非城镇户籍人员缴存住房公积金未作强制规定。目前对非城镇户籍劳动者是否强制缴存住房公积金存在较大差异，主要有以下几类规定。

(1)不强制缴存。例如，北京、上海，根据《建设部、财政部、中国人民银行关于住房公积金管理若干具体问题的指导意见》第1条的规定，不强制要求用人单位为非城镇户籍劳动者缴存。

(2)强制缴存。例如，广州，根据《广州住房公积金管理中心关于印发广州市住房公积金缴存管理办法的通知》第4条规定，用人单位应当为其在职劳动者(含中国港澳台居民居住证持有人)缴存住房公积金，该规定中的在职劳动者并不区分户籍类型。因此，在实务中广州强制要求用人单位为在广州实际工作的非城镇户籍劳动者缴存住房公积金。

Q30：用人单位是否需要为外籍人员缴存住房公积金？

A：《住房公积金管理条例》未对外籍人员强制缴存住房公积金作出具体规定，也并未规定相应的罚则。根据《外国人在中国永久居留享有相关待遇的办法》第 10 条的规定，可按照《住房公积金管理条例》等规定，在工作地缴存和使用住房公积金，离开该地区时，可按规定办理住房公积金的提取或转移手续。就此可以理解，住房公积金无须强制缴存，为可选项目。目前部分城市也对此作出了具体的规定，如《上海市住房公积金缴存管理办法》第 6 条规定，与本市用人单位建立劳动(聘用)关系，持外国人永久居留身份证、外国人工作许可证、定居国外人员在沪就业核准证等证件的外籍、获得境外永久(长期)居留权在沪工作人员，在本人与单位协商一致的基础上，所在单位和个人可以按规定缴存住房公积金和补充住房公积金。

Q31：用人单位是否需要为中国港澳台居民缴存住房公积金？

A： 根据《住房和城乡建设部、财政部、中国人民银行、国务院港澳事务办公室、国务院台湾事务办公室关于在内地(大陆)就业的港澳台同胞享有住房公积金待遇有关问题的意见》的规定，在中国内地(大陆)地区就业的中国港澳台同胞，均可按照《住房公积金管理条例》和相关政策的规定缴存住房公积金。缴存基数、缴存比例、办理流程等实行与内地(大陆)地区缴存职工一致的政策规定。由此可见，相对于中国港澳台居民强制缴纳职工社会保险而言，该文件未对缴存住房公积金作出强制性规定，但各城市实务中对中国港澳台居民缴存住房公积金的政策还存在较大差异，目前主流有以下类型。

(1)协商模式。例如，《上海市住房公积金缴存管理办法》第 6 条规定，与本市用人单位建立劳动(聘用)关系，持港澳台居民居住证的中国香港、澳门、台湾在沪工作人员，在本人与单位协商一致的基础上，所在单位和个人可以按规定缴存住房公积金和补充住房公积金。

(2)强制模式。例如，《广州住房公积金管理中心关于印发广州市住房公积金缴存管理办法的通知》第 4 条规定，本市行政区域内的国家机关、事业单位、国有企业、城镇集体企业、外商投资企业、城镇私营企业及其他城镇企业、民办非企业单位、社会团体(以下统称“单位”)应当为其在职职工(含中国港澳台居民居住证持有人)缴存住房公积金。

(3)半强制模式。根据北京市人民政府官网回复：根据《关于规范港澳台居民及外国公民住房公积金账户设立问题的通知》规定，中国港澳台职工向单位明确提出要求缴存住房公积金的，单位应自职工提出之日起为其开户缴存；如单位仍拒绝缴存，职工可向单位开户所在管理部投诉，管理中心将依法处理。

Q32：用人单位能否在劳动合同中约定不缴或少缴住房公积金？

A： 用人单位为劳动者缴纳住房公积金是用人单位的法定义务，具有强制性，且用人单位应当按时、足额缴存住房公积金，不得逾期缴存或者少缴。劳动合同中未约定住房公积金缴纳问题或约定不缴纳住房公积金无法作为免除用人单位缴纳住房公积金法定义务之理由。根据《住房公积金管理条例》第 38 条的规定，违反本条例的规定，单位逾期不缴或者少缴住房公积金的，由住房公积金管理中心责令限期缴存；逾期仍不缴存的，可以申请人民法院强制执行。

同时,现行法律规定,对缴存住房公积金确有困难的用人单位,经本单位职工代表大会或者工会讨论通过,并经住房公积金管理中心审核,报住房公积金管理委员会批准后,可以降低缴存比例或者缓缴,待单位经济效益好转后,再提高缴存比例或者补缴。据此,法律允许特定情况下用人单位少缴或缓缴住房公积金,但必须符合特定的条件并履行必要的审批程序,而非仅经用人单位在劳动合同中约定即可少缴或缓缴。

Q33: 用人单位与劳动者因住房公积金发生争议,是否属于劳动争议?

A: 住房公积金纠纷是用人单位用工实践中时常发生争议的一个领域。实践中,许多劳动者会因与用人单位的住房公积金缴纳或待遇享受的争议而提起劳动仲裁或诉至法院。尽管目前国家层面对住房公积金纠纷是否属于劳动争议尚未出台明确规定,但是从多地出台的司法文件及当地司法实践来看,多数认为住房公积金纠纷不属于劳动争议。实践中,劳动仲裁部门、法院面对劳动者提起的住房公积金相关诉请也基本不作劳动争议处理。

No. 47 个人所得税

2018 年 8 月 31 日第十三届全国人民代表大会常务委员会第五次会议审议通过了《个人所得税法》第七次修正案。此次个人所得税改革通过提高基本减除费用标准、增加专项附加扣除、优化调整税率结构、扩大低档税率的级距等方式,减轻了纳税人的税收负担,个人所得税税负水平更趋合理,实现了从分类税制向综合与分类相结合的个人所得税制的重大转变,个人所得税制改革迈出了关键一步。

个人所得税关键词中涉及的二级关键词	
47.1	居民个人与非居民个人
47.2	个人所得税税目与税率
47.3	个人所得税优惠与减免
47.4	个人所得税减除与扣除
47.5	居民个人综合所得计算
47.6	居民个人股权激励的个人所得税处理
47.7	个人所得税征管

47.1 居民个人与非居民个人

解析

根据《个人所得税法》第 1 条的规定,居民个人是指在中国境内有住所,或者无住所而一个纳税年度内在中国境内居住累计满 183 天的个人;非居民个人是指在中国境内无住所又不居住,或者无住所而一个纳税年度内在中国境内居住累计不满 183 天的个人。

法律依据

从上述规定中不难发现,在中国境内"住所"和"居住天数"是判断居民与非居民个人两个重点要素。对此,《个人所得税法实施条例》第 2 条和《财政部、税务总局关于在中国境内无住所的个人居住时间判定标准的公告》第 2 条分别对"住所"和"居住天数"作出了进一步解释。

在中国境内有住所是指因户籍、家庭、经济利益关系而在中国境内习惯性居住。

在中国境内居住天数是指按照个人在中国境内累计停留的天数计算。

由于居民与非居民个人的纳税义务和税负不同,为更直观和清晰理解上述概念,可见表 47－1。

表 47－1 居民与非居民个人的区别

类型	在中国境内住所 因户籍、家庭、经济利益关系而在中国境内习惯性居住	在中国境内居住天数 中国境内停留的当天不足 24 小时不计入居住天数
居民个人	有	不考虑天数
	无	累计满 183 天
非居民个人	无且不居住	不考虑天数
	无	累计不满 183 天

关于居民个人与非居民个人的身份判定，具体详见本书“外籍及中国港澳台人士在华薪税管理”关键词项下的“居民个人与非居民个人”的内容。

47.2 个人所得税税目与税率

解析

税目，是指课税对象（征税的目的物）的具体项目。根据《个人所得税法》第 2 条、《个人所得税法实施条例》第 6 条的规定，个人所得税有以下几类税目，同时对居民个人在一个纳税年度内取得的工资、薪金所得、劳务报酬所得、稿酬所得、特许权使用费所得合并为综合所得后计算个人所得税纳税额（综合征收），对个人（包括非居民个人）取得其他所得仍分项计算个人所得税应纳税额（分项征收）。对个人取得的所得，难以界定应纳税所得项目的，由国务院税务主管部门确定。

法律依据

（1）工资、薪金所得，是指个人因任职或者受雇取得的工资、薪金、奖金、年终加薪、劳动分红、津贴、补贴以及与任职或者受雇有关的其他所得。

（2）劳务报酬所得，是指个人从事劳务取得的所得，包括从事设计、装潢、安装、制图、化验、测试、医疗、法律、会计、咨询、讲学、翻译、审稿、书画、雕刻、影视、录音、录像、演出、表演、广告、展览、技术服务、介绍服务、经纪服务、代办服务以及其他劳务取得的所得。

（3）稿酬所得，是指个人因其作品以图书、报刊等形式出版、发表而取得的所得。

（4）特许权使用费所得，是指个人提供专利权、商标权、著作权、非专利技术以及其他特许权的使用权取得的所得；提供著作权的使用权取得的所得，不包括稿酬所得。

（5）经营所得，是指：①个体工商户从事生产、经营活动取得的所得，个人独资企业投资人、合伙企业的个人合伙人来源于境内注册的个人独资企业、合伙企业生产、经营的所得；②个人依法从事办学、医疗、咨询以及其他有偿服务活动取得的所得；③个人对企业、事业单位承包经营、承租经营以及转包、转租取得的所得；④个人从事其他生产、经营活动取得的所得。

（6）利息、股息、红利所得，是指个人拥有债权、股权等而取得的利息、股息、红利所得。

（7）财产租赁所得，是指个人出租不动产、机器设备、车船以及其他财产取得的所得。

(8)财产转让所得,是指个人转让有价证券、股权、合伙企业中的财产份额、不动产、机器设备、车船以及其他财产取得的所得。

(9)偶然所得,是指个人得奖、中奖、中彩以及其他偶然性质的所得。

税率是指纳税人的应纳税额与课税对象(征税的目的物)之间的比例。目前我国税率分为三大类:比例税率、累进税率(累进税率又分为:超额累进税率、超率累进税率)和定额税率。

根据《个人所得税法》第3条、《国家税务总局关于全面实施新个人所得税法若干征管衔接问题的公告》、《国家税务总局关于发布〈个人所得税扣缴申报管理办法(试行)〉的公告》,居民个人的工资、薪金所得、劳务报酬所得、稿酬所得、特许权使用费所得合并为综合所得,并对居民个人的工资、薪金所得、劳务报酬所得、稿酬所得、特许权使用费所得(以下简称分项劳动所得)采用预扣预缴方式(其中居民个人的工资、薪金为累计预扣预缴法)预扣税款,在次年3~6月由居民个人办理年度综合所得汇算清缴时按综合所得税率(综合所得税率可见表47-2)计算出该纳税年度内的综合所得应税额,同时对分项劳动所得的预扣税款进行多退少补。因此对居民个人而言,分项劳动所得预扣预缴时的税率称为预扣率(居民个人分项劳动所得预扣率可见表47-3),而非税率,对此读者需要加以区分。对非居民个人的分项劳动所得分项计算应税额,且每项所得适用同一税率(非居民个人分项劳动所得税率可见表47-4),并由扣缴义务人按月或次代扣代缴。

除分项劳动所得外,经营所得、利息、股息、红利所得、财产租赁所得、财产转让所得、偶然所得,对居民与非居民个人采取同样的税率由扣缴义务人代扣代缴(具体税率可见表47-5)。

表47-2 居民个人综合所得税率

税目	税率类型	全年应纳税所得额	税率	速算扣除数
居民个人综合所得	超额累进税率	<36,000元的	3%	0元
		≥36,000元至<144,000元的部分	10%	2520元
		≥144,000元至<300,000元的部分	20%	16,920元
		≥300,000元至<420,000元的部分	25%	31,920元
		≥420,000元至<660,000元的部分	30%	52,920元
		≥660,000元至<960,000元的部分	35%	85,920元
		≥960,000元的部分	45%	181,920元

表47-3 居民个人工资、薪金所得、劳务报酬所得、稿酬所得、特许权使用费所得预扣率

税目	预扣率类型	累计预扣预缴应纳税所得额	预扣率	速算扣除数
居民个人工资、薪金所得	超额累进预扣率	<36,000元的	3%	0元
		≥36,000元至<144,000元的部分	10%	2520元
		≥144,000元至<300,000元的部分	20%	16,920元
		≥300,000元至<420,000元的部分	25%	31,920元

续表

税目	预扣率类型	累计预扣预缴应纳税所得额	预扣率	速算扣除数
		≥420,000 元至<660,000 元的部分	30%	52,920 元
		≥660,000 元至<960,000 元的部分	35%	85,920 元
		≥960,000 元的部分	45%	181,920 元
居民个人劳务报酬所得	超额累进预扣率	<20,000 元的	20%	0 元
		≥20,000 元至<50,000 元的部分	30%	2000 元
		≥50,000 元的部分	40%	7000 元
居民个人稿酬所得、特许权使用费所得	比例预扣率	20%		

表 47－4　非居民个人工资、薪金所得、劳务报酬所得、稿酬所得、特许权使用费所得税率

税目	税率类型	按月换算应纳税所得额	税率	速算扣除数
非居民个人工资、薪金所得，劳务报酬所得，稿酬所得，特许权使用费所得（分项征收）	超额累进税率	<3000 元的	3%	0 元
		≥3000 元至<12,000 元的部分	10%	210 元
		≥12,000 元至<25,000 元的部分	20%	1410 元
		≥25,000 元至<35,000 元的部分	25%	2660 元
		≥35,000 元至<55,000 元的部分	30%	4410 元
		≥55,000 元至<80,000 元的部分	35%	7160 元
		≥80,000 元的部分	45%	15,160 元

表 47－5　经营所得、利息、股息、红利所得、财产租赁所得、财产转让所得、偶然所得税率

税目	税率类型	全年应纳税所得额	税率	速算扣除数
经营所得	超额累进税率	<30,000 元的	5%	0 元
		≥30,000 元至<90,000 元的部分	10%	1500 元
		≥90,000 元至<300,000 元的部分	20%	10,500 元
		≥300,000 元至<500,000 元的部分	30%	40,500 元
		≥500,000 元的部分	35%	65,500 元
利息、股息、红利所得	比例税率	20%		
财产租赁所得	比例税率	20%		
财产转让所得	比例税率	20%		
偶然所得	比例税率	20%		

问题导引

Q1： 竞业限制补偿属于哪个税目？

A： 根据《财政部、国家税务总局关于企业向个人支付不竞争款项征收个人所得税问题的批复》，资产购买方企业与资产出售方企业自然人股东之间在资产购买交易中，通过签订保密和不竞争协议等方式，向资产出售方企业自然人股东所支付的款项，按“偶然所得”缴纳个人所得税。然而该条文中的不竞争款项是向出售方的股东支付，而非劳动法体系中的竞业限制补偿概念，因此导致各地存在较大的差异，目前主要有以下几种观点。

(1)按“偶然所得”纳税。国家税务总局 2015 年在回复厦门税务干部的批复中认为：如果是出于竞争限制性质的补偿，那么应参照《财政部、国家税务总局关于企业向个人支付不竞争款项征收个人所得税问题的批复》规定，按照偶然所得计征税款，如果是因为提前解除劳动合同，因非正常失业，为弥补再次就业前的生活支出而予以的补偿，则按照解除劳动合同补偿金的相关规定处理。扣缴单位和纳税人可以按照上述原则，分清补偿金的性质和用途。据此回复，该观点认为竞业限制补偿应按“偶然所得”纳税。例如，《广州市地方税务局关于印发〈个人所得税若干征税业务指引(2009 年)〉的通知》第 8 条对此观点进行了明确。

(2)按“工资、薪金所得”纳税。该观点认为，无论企业发放时劳动者是否还在职，所支付的竞业限制补偿都是基于劳动者任职、受雇而取得的所得。因此，该观点认为竞业限制补偿应按“工资、薪金所得”纳税，且有较多地区按该观点执行。例如，北京市和上海市，虽未明确发布相关文件，但经笔者拨打 12366 税务热线对此观点予以确认。

(3)按“解除劳动关系一次性补偿收入”纳税。根据《财政部、国家税务总局关于个人所得税法修改后有关优惠政策衔接问题的通知》第 5 条，个人与用人单位解除劳动关系取得一次性补偿收入包括用人单位发放的经济补偿金、生活补助费和其他补助费，因此该观点认为竞业限制补偿属于该条文中所述的其他补助费，应当并入解除劳动关系一次性补偿收入，且补偿收入在当地上年职工平均工资 3 倍数额以内的部分，免征个人所得税；超过 3 倍数额的部分，不并入当年综合所得，单独适用综合所得税率表。例如，《深圳市地方税务局关于企业向个人支付竞业限制补偿费征免个人所得税问题的批复》对此观点进行了明确。

Q2： 年会礼品或奖品属于哪个税目？

A： 根据《财政部、税务总局关于个人取得有关收入适用个人所得税应税所得项目的公告》第 3 条，单位在年会、座谈会、庆典以及其他活动中向本单位以外的个人赠送礼品(包括网络红包)，个人取得的礼品收入，按照“偶然所得”项目计算缴纳个人所得税，但企业赠送的具有价格折扣或折让性质的消费券、代金券、抵用券、优惠券等礼品除外。

该条文并未明确向本单位的个人赠送礼品或奖品按何种所得纳税，根据《个人所得税法实施条例》第 6 条第 1 项，本单位的个人取得年会礼品或奖品是属于与任职或者受雇有关的实物所得，因此应按“工资、薪金所得”缴纳个人所得税。

Q3： 全日制学历教育的学生实习工资属于哪个税目？

A： 根据《国家税务总局关于完善调整部分纳税人个人所得税预扣预缴方法的公告》第2条，正在接受全日制学历教育的学生因实习取得劳务报酬所得的，扣缴义务人预扣预缴个人所得税时，可按照《国家税务总局关于发布〈个人所得税扣缴申报管理办法（试行）〉的公告》规定的累计预扣法计算并预扣预缴税款。

长期以来，全日制学历教育的学生实习工资属于“工资、薪金所得”还是“劳务报酬所得”的问题一直存在较大争议。虽然该条文的主要目的是明确全日制学历教育的学生实习工资的扣缴方式，但间接也表明了对全日制学历教育的学生实习工资应按“劳务报酬所得”缴纳个人所得税。

Q4： 再任职退休人员（退休返聘）工资属于哪个税目？

A： 根据《国家税务总局关于个人兼职和退休人员再任职取得收入如何计算征收个人所得税问题的批复》、《国家税务总局关于离退休人员再任职界定问题的批复》、《国家税务总局关于个人所得税有关问题的公告》第2条的规定，对同时符合下列界定条件的再任职退休人员，其再任职取得的收入，在减除《个人所得税法》规定的费用扣除标准后，按“工资、薪金所得”缴纳个人所得税。

（1）受雇人员与用人单位签订1年以上（含1年）劳动合同（协议），存在长期或连续的雇佣与被雇佣关系；

（2）受雇人员出于事假、病假、休假等原因不能正常出勤时，仍享受固定或基本工资收入；

（3）受雇人员与单位其他正式职工享受同等福利、培训及其他待遇；

（4）受雇人员的职务晋升、职称评定等工作由用人单位负责组织。

反之，不符合上述界定条件的再任职退休人员的收入，属于个人兼职取得的收入，应按“劳务报酬所得”缴纳个人所得税。

47.3 个人所得税优惠与减免

解析

税收优惠政策，是指税法对特定的纳税义务人给予鼓励、照顾或对特定的应税行为免予征收或少征的政策。

法律依据

根据《个人所得税法》第4条、《个人所得税法实施条例》第9条、第10条、第11条、第12条，以下所得，免征个人所得税：

（1）省级人民政府、国务院部委和中国人民解放军军以上单位，以及外国组织、国际组织颁发的科学、教育、技术、文化、卫生、体育、环境保护等方面的奖金；

（2）由财政部发行国债和个人持有经国务院批准发行的金融债券利息；

（3）按照国务院规定发给的政府特殊津贴、院士津贴，以及国务院规定免于缴纳个人所得税的其他补贴、津贴；

（4）福利费（福利费是指根据国家有关规定，从企业、事业单位、国家机关、社会组织提留的福利费或者工会经费中支付给个人的生活补助费）、抚恤金、救济金（救济金是指各级人民政府民政部门支付给个人的生活困难补助费）；

（5）保险赔款；

（6）军人的转业费、复员费、退役金；

（7）按照国家统一规定发给干部、职工的安家费、退职费、基本养老金或者退休费、离休费、离休生活补助费；

（8）依照《外交特权与豁免条例》和《领事特权与豁免条例》规定应予免税的各国驻华使馆、领事馆的外交代表、领事官员和其他人员的所得；

（9）中国政府参加的国际公约、签订的协议中规定免税的所得；

（10）国务院规定的其他免税所得。

根据《个人所得税法》第 5 条，以下所得，减征个人所得税。但具体幅度和期限，由省、自治区、直辖市人民政府规定，并报同级人民代表大会常务委员会备案：

（1）残疾、孤老人员和烈属的所得；

（2）因自然灾害遭受重大损失的。

除《个人所得税法》和《个人所得税法实施条例》中明确的税收减免外，国家税务总局通常还会以公告、通知等形式发布规范性文件，对企业在用工管理中所涉及的诸如全年一次性奖金、解除劳动关系一次性补偿、取得工伤和生育保险待遇等问题给予税收减免的优惠政策。

问题导引

Q5： 哪些福利费可以免征个人所得税？

A： 根据《个人所得税法》第 4 条、《个人所得税法实施条例》第 11 条和《国家税务总局关于生活补助费范围确定问题的通知》第 1 条，出于某些特定事件或原因而给纳税人或其家庭的正常生活造成一定困难，从企业、事业单位、国家机关、社会组织提留的福利费或者工会经费中支付给个人的生活补助费可以免征个人所得税。

同时根据《国家税务总局关于生活补助费范围确定问题的通知》第 2 条第 2 项，从福利费和工会经费中支付给本单位职工的人人有份的补贴、补助不属于免征的福利费范围。

对此，2012 年 4 月 11 日国家税务总局所得税司巡视员在国家税务总局网站就所得税相关政策回答中表明：除具备“集体享受的、不可分割的、非现金方式”三大原则的福利免征个人所得税外，其他的福利费支出都应当按工资、薪金所得纳税。

需要注意的是，部分用人单位以实报实销的方式定额发放补贴，这类补贴同样需要缴纳个人所得税（此处需要与员工因正常商业活动，比如出差产生的差旅费进行区分，员工就正常商业活动所发生的差旅费、餐费等进行实报实销的部分不是我们所说的定额补贴，无须缴纳个人所得税）。

Q6： 取得工伤保险待遇是否免征个人所得税？

A： 《财政部、国家税务总局关于工伤职工取得的工伤保险待遇有关个人所得税政策的通知》

规定，对工伤职工及其近亲属按照《工伤保险条例》规定取得的一次性伤残补助金、伤残津贴、一次性工伤医疗补助金、一次性伤残就业补助金、工伤医疗待遇、住院伙食补助费、外地就医交通食宿费用、工伤康复费用、辅助器具费用、生活护理费等，以及职工因工死亡，其近亲属取得的丧葬补助金、供养亲属抚恤金和一次性工亡补助金等，免征个人所得税。但值得注意的是，工伤停工留薪期间的工资不属于上述待遇中的内容，因此不可免征个人所得税。

Q7： 取得生育津贴和生育医疗费是否免征个人所得税？

A： 根据《财政部、国家税务总局关于生育津贴和生育医疗费有关个人所得税政策的通知》的规定，生育妇女按照县级以上人民政府根据国家有关规定制定的生育保险办法，取得的生育津贴、生育医疗费或其他属于生育保险性质的津贴、补贴，免征个人所得税。

Q8： 通讯补贴是否需要缴纳个人所得税？

A： 根据国家税务总局《关于个人所得税有关政策问题的通知》第 2 条的规定，个人因通讯制度改革而取得的通讯补贴收入，扣除一定标准的公务费用后，按照“工资、薪金所得”项目计征个人所得税。公务费用的扣除标准，由省税务局根据纳税人通讯费用的实际发生情况调查测算，报经省级人民政府批准后确定，并报国家税务总局备案。

从上述文件可见，虽然国税总局规定通讯补贴收入可以减征个人所得税，但具体标准由各省制定标准，因此导致各省份的减征标准存在较大差异，目前各省份的规定主要分为以下几类。

(1)按公务费方式扣除。此类方式无须以发票入账，可以直接限额扣除。例如，《国家税务总局山西省税务局关于个人通讯补贴收入征收个人所得税问题的公告》规定，个人因通讯制度改革而取得的通讯补贴收入，每月不超过 500 元的部分，可以作为公务费用扣除；超过部分并入当月工资，按照“工资、薪金所得”项目计征个人所得税。

(2)按报销方式扣除。此类方式需以发票入账，并限额报销。例如，《广州市地方税务局关于个人通讯补贴收入征收个人所得税问题的通知》规定，其单位高层管理人员(包括总经理、副总经理、总会计师以及在本单位受薪的董事会成员)在每人每月 500 元的标准额度内，其他人员在每人每月 300 元的标准额度内，凭发票在单位报销通讯费用的部分，准予在计征个人所得税前扣除。超过上述规定标准为职工报销的通讯费用以及发给职工的现金通讯补贴，应并入个人当月“工资、薪金”所得项目计征个人所得税。

(3)全额征收。例如，《北京市地方税务局关于对公司员工报销手机费征收个人所得税规定》规定，除单位为个人通讯工具(因公需要)负担通讯费采取金额实报实销或限额实报实销部分的，可不并入当月工资、薪金征收个人所得税外，采取发放补贴形式的，应并入当月工资、薪金计征个人所得税。

Q9： 新《个人所得税法》下年终奖的计税方式？

A： 根据《国家税务总局关于调整个人取得全年一次性奖金等计算征收个人所得税方法问题的通知》第 1 条、第 3 条、第 5 条，《财政部、国家税务总局关于个人所得税法修改后有关优惠政策衔接问题的通知》第 1 条，《财政部、税务总局关于延续实施全年一次性奖金等个人所得税优惠政策的公告》第 1 条以及《关于延续实施全年一次性奖金个人所得税政策的公告》第 3 条的规定，2027 年 12 月 31 日前，居民个人取得全年一次性奖金(包括年终加薪、实行年薪制和绩效工资办法的单位根据考核情况兑现的年薪和绩效工资)的，纳税义务人可选择过渡期方式或并入当年综合所得方式扣缴个人所得税，而非居民个人不得享受该税收优惠政策(见表 47－6)。

并入当年综合所得方式的计算公式：从 2019 年 1 月 1 日起适用(无过渡期)，应纳税所得额并入当年综合所得。因此使用本方法计算应纳税额时，直接将全年一次性奖金收入并入当年综合所得，并直接适用综合所得税率与速算扣除数(见表 47－7)。

不并入当年综合所得方式的计算公式：应纳税额 = 全年一次性奖金收入 × 适用税率 - 速算扣除数。值得注意的是，此处的适用税率和速算扣除数应当按照全年一次性奖金收入除以 12 个月得到的数额，对照查找月度综合所得税率表来确定适用税率和速算扣除数(见表 47－8)。

表 47－6　全年一次性奖金扣缴过渡

全年一次性奖金扣缴方式	过渡期期间	税率与速算扣除数
并入当年综合所得方式	2019 年 1 月 1 日开始	详见综合所得税率表
过渡期方式	2019 年 1 月 1 日～2027 年 12 月 31 日	详见月度综合所得税率表

Q10： 新个人所得税法下离职补偿的计税方式？

A： 根据《财政部、国家税务总局关于个人与用人单位解除劳动关系取得的一次性补偿收入征免个人所得税问题的通知》第 2 条、《财政部、国家税务总局关于个人所得税法修改后有关优惠政策衔接问题的通知》第 5 条的规定，劳动者与用人单位解除劳动关系取得一次性补偿收入(包括用人单位发放的经济补偿金、生活补助费和其他补助)，在当地上年职工平均工资 3 倍数额以内的部分，免征个人所得税；超过 3 倍数额的部分，不并入当年综合所得，单独适用综合所得税率表，计算纳税(见表 47－7)。

表 47－7　综合所得税率

级数	累计预扣预缴应纳税所得额	预扣率	速算扣除数
1	≤36,000 元	3%	0 元
2	36,000 元至 144,000 元	10%	2520 元
3	144,000 元至 300,000 元	20%	16,920 元
4	300,000 元至 420,000 元	25%	31,920 元
5	420,000 元至 660,000 元	30%	52,920 元
6	660,000 元至 960,000 元	35%	85,920 元
7	>960,000 元	45%	181,920 元

表 47-8 月度综合所得税率

级数	全月应纳税所得额	税率	速算扣除数
1	≤3000 元	3%	0 元
2	3000 元至 12,000 元	10%	210 元
3	12,000 元至 25,000 元	20%	1410 元
4	25,000 元至 35,000 元	25%	2660 元
5	35,000 元至 55,000 元	30%	4410 元
6	55,000 元至 80,000 元	35%	7160 元
7	>80,000 元	45%	15,160 元

Q11： 因劳动关系终止所取得的经济补偿，是否适用离职补偿税收优惠政策？

A： 根据《国家税务总局对大连市地方税务局就终止劳动合同经济补偿金缴纳个人所得税请示的答复》，经济补偿金，仅指个人因解除劳动合同而取得的经济补偿金，不适用劳动合同终止的情形。因此，因劳动关系终止所支付的经济补偿，无论是在当地上年职工平均工资3倍数额以内还是超出的部分，都需征收个人所得税。

北京案例与导引

［案例1］

H公司于2018年4月28日与甲某终止劳动关系，随后支付其74,256元经济补偿，同时H公司作为扣缴义务人申报扣缴甲某该笔收入的个人所得税19,259.6元。次日税务机关办理了该笔税款入库手续。甲某认为所取得的经济补偿在当地上年职工平均工资3倍数额以内的部分，应免征个人所得税，随即向税务机关提出行政复议，后提起行政诉讼。

［法院观点］

法院认为，个人因与用人单位解除劳动关系而取得的一次性补偿收入（包括用人单位发放的经济补偿金、生活补助费和其他补助费用），其收入在当地上年职工平均工资3倍数额以内的部分，免征个人所得税。该案中，甲某取得经济补偿金为因终止劳动合同所取得经济补偿金收入，不符合前述法律文件中规定的免征税收入范围。综上，税务主管机关基于上述事实，按照《个人所得税法》（2011年版）的规定对上诉人征收个人所得税并无不当，甲某请求撤销该行为的主张，缺乏事实及法律依据，法院不予支持。

（2019）京03行终689号

Q12： 企业年金是否免征个人所得税？

A： 根据《企业年金办法》《财政部、人力资源社会保障部、国家税务总局关于企业年金、职业年金个人所得税有关问题的通知》，企业年金采取EET模式（E代表免税，T代表征税），即缴付环节限额免征个人所得税、投资收益环节免征个人所得税、递延至领取环节缴纳个人所得税。

(1)缴付环节。企业年金分为单位和个人部分。其中单位缴付部分,按照企业年金方案确定的比例和办法计入职工企业年金个人账户的,暂时不征收个人所得税;个人缴付部分,不超过个人缴付限额的部分暂免个人所得税(免征最高限额为:个人工作地所在设区城市上一年度职工月平均工资 300% ×4%),超出限额的部分按“工资、薪金所得”并入综合所得缴纳个人所得税。

(2)投资收益环节。企业年金基金投资运营收益分配计入个人账户的,暂免个人所得税。

(3)领取环节。根据《财政部、国家税务总局关于个人所得税法修改后有关优惠政策衔接问题的通知》第 4 条,个人领取的企业年金不并入综合所得,全额单独计算应纳税款。其中按月领取的,适用月度税率表计算纳税;按季领取的,平均分摊计入各月,按每月领取额适用月度税率表计算纳税;按年领取的,适用综合所得税率表计算纳税。

Q13: 个人养老金是否免征个人所得税?

A: 根据《国务院办公厅关于推动个人养老金发展的意见》《财政部、税务总局关于个人养老金有关个人所得税政策的公告》,个人养老金同样采取 EET 模式(E 代表免税,T 代表征税),即缴费环节限额免征个人所得税、投资收益环节免征个人所得税、递延至领取环节按优惠税率缴纳个人所得税。

(1)缴费环节。个人向个人养老金资金账户的缴费,按照 12,000 元/年的限额标准,在“综合所得”或“经营所得”中据实扣除。

(2)投资收益环节。计入个人养老金资金账户的,暂免个人所得税。

(3)领取环节。个人领取的个人养老金,不并入综合所得,单独按照 3% 的税率计算缴纳个人所得税,其缴纳的税款计入“工资、薪金所得”项目。

47.4 个人所得税减除与扣除

解析

法律依据

个人所得税的减除与扣除主要包括五类:基本减除费用、减除费用、专项扣除、专项附加扣除、依法确定的其他扣除。

基本减除费用,是指基于纳税义务人(包括居民和非居民个人)基本生活支出需要而设置的一项生计扣除。基本减除费用的扣除标准为定额扣除,因此也称为“免征额”(未超出免征额无须征税,超过免征额的只需征收超出部分,因此应区别于“起征点”)。居民与非居民个人取得“工资、薪金所得”时,分别按 5000 元/月的标准累计减除和按月减除;居民个人汇算清缴计算“综合所得“时,按 60,000 元/月的标准减除。同时,根据《个人所得税法实施条例》第 15 条,取得经营所得的个人,没有综合所得的,计算其每一纳税年度的应纳税所得额时,应当按 60,000 元/月的标准减除基本减除费用。

减除费用，是指纳税义务人（包括居民和非居民个人）取得“劳务报酬所得”“稿酬所得”“特许权使用费”收入减除的成本费用，该三类所得每次收入不超过4000元的，减除800元；每次收入4000元以上的，减除收入的20%用于计算收入额部分。其中，稿酬所得的收入额减除按70%计算。

专项扣除，是指居民个人（包括外籍居民个人）缴纳社会保险费和住房公积金的个人部分。由于社会保险费个人部分只需缴纳基本养老保险、基本医疗保险、失业保险（工伤与生育保险个人无须承担），也称为“三险一金”。同时，根据《国家税务总局关于全面实施新个人所得税法若干征管衔接问题的公告》第2条和《国家税务总局关于发布〈个人所得税扣缴申报管理办法（试行）〉的公告》第9条，非居民个人不得扣除专项扣除。同时，根据《个人所得税法实施条例》第15条，取得经营所得的个人，没有综合所得的，计算其每一纳税年度的应纳税所得额时，应当减除专项扣除。

专项附加扣除，是指在基本减除费用的基础之上，为进一步缓解居民个人生计方面支出的压力，采取的以国家和个人共同分担税负扣除方式。初期专项附加扣除项目包括子女教育、继续教育、住房贷款利息、住房租赁、大病医疗、赡养老人六项减除费用项目。而后根据《国务院关于设立3岁以下婴幼儿照护个人所得税专项附加扣除的通知》《国家税务总局关于修订发布〈个人所得税专项附加扣除操作办法（试行）〉的公告》，在前六项减除费用项目的基础之上，增加3岁以下婴幼儿照护减除项目。根据《国务院关于提高个人所得税有关专项附加扣除标准的通知》和《国家税务总局关于贯彻执行提高个人所得税有关专项附加扣除标准政策的公告》规定，自2023年1月1日起，对3岁以下婴幼儿照护、子女教育、赡养老人三项专项附加扣除标准进行了提高。

同时，根据《国家税务总局关于全面实施新个人所得税法若干征管衔接问题的公告》第2条和《国家税务总局关于发布〈个人所得税扣缴申报管理办法（试行）〉的公告》第9条，非居民个人不得扣除专项附加扣除。同时，根据《个人所得税法实施条例》第15条，取得经营所得的个人，没有综合所得的，计算其每一纳税年度的应纳税所得额时应当减除专项附加扣除。由于每项的扣除标准、扣除期限、扣除方式具有较大差异，为更为直观的加以区分，读者可参见《专项附加扣除速查表单（2023年版）》进行详细了解。

专项附加扣除速查表单（2023年版）

依法确定的其他扣除，是指除上述基本减除费用、专项扣除、专项附加扣除之外，由个人缴付或购买符合国家规定的补充养老保险（包括企业年金、职业年金）、个人养老金、商业健康保险支出以及由国务院决定以扣除方式减少纳税的其他优惠政策规定。

问题导引

Q14： 商业健康保险是否免征个人所得税？或者是否可以作为扣除项目？

A： 根据《财政部、税务总局、保监会关于将商业健康保险个人所得税试点政策推广到全国范围实施的通知》，个人购买符合规定的商业健康保险产品的支出，允许在当年（月）计算应纳税所得额时予以税前扣除，扣除限额为2400元/年（200元/月）。用人单位统一为劳动者购买符合规定的商业健康保险产品的支出,应分别计入劳动者个人工资薪金,视同个人购买,按上述限额予以扣除。

Q15: 补充住房公积金个人部分是否免征个人所得税?或者是否可以作为扣除项目?

A: 根据《财政部、国家税务总局关于基本养老保险费、基本医疗保险费、失业保险费、住房公积金有关个人所得税政策的通知》第 2 条,个人缴费部分,不超过个人缴费限额的部分免征个人所得税(免征最高限额为:个人工作地所在设区城市上一年度职工月平均工资的 3 倍 ×12%),超出限额部分按“工资、薪金所得”并入综合所得缴纳个人所得税。

值得注意的是,由于部分地区住房公积金缴存比例低于(含)12%,如缴存补充住房公积金后缴存比例之和低于 12%,且低于个人工作地所在设区城市上一年度职工月平均工资的 300%,个人缴存部分免征个人所得税。反之补充住房公积金与住房公积金缴存之和高于 12%,超出 12% 缴存比率部分需要按“工资、薪金所得”并入综合所得缴纳个人所得税。例如,上海市住房公积金缴存比例为 5% ~7%、补充住房公积金缴存比例为 1% ~5%,如此意味着两者即使全部按最高缴存比例缴存,缴存基数也不会不高于上海市全口径月平均工资 300% ×12%,所以上海的补充住房公积金个人缴存部分实质上是免征个人所得税。

47.5　居民个人综合所得计算

解析

根据《国家税务总局关于全面实施新个人所得税法若干征管衔接问题的公告》、《国家税务总局关于发布〈个人所得税扣缴申报管理办法(试行)〉的公告》,依据不同的纳税义务人类型和税目,个人所得税的应税额计算采取不同的扣缴方式(见表 47 -9)。对居民个人的工资、薪金所得、劳务报酬所得、稿酬所得、特许权使用费所得(以下简称分项劳动所得)采用预扣预缴方式(其中居民个人的工资、薪金为累计预扣预缴法)并按不同税目的预扣率计算预扣税款,在次年 3 ~6 月由居民个人办理年度综合所得汇算清缴时按综合所得税率计算出该纳税年度内的综合所得应税额,同时对 4 项所得的预扣税款进行多退少补。因此会涉及非居民个人的 4 项所得预扣税款计算和 4 项所得汇算清缴时的综合所得应税额计算。

法律依据

为此,本关键词将分别对居民个人工资、薪金所得应累计预扣预缴税额、居民个人劳务报酬所得应预扣预缴税额、居民个人稿酬所得应预扣预缴税额、居民个人特许权使用费所得应预扣预缴税额以及居民个人综合所得汇算清缴应税额的计算进行详细讲解。

表 47－9 个人所得税扣缴方式

纳税义务人类型	课税对象(税目)	扣缴方式	扣缴周期
居民个人	工资、薪金所得	累计预扣预缴	按月
	一次性劳务报酬所得	预扣预缴	按次
	连续性劳务报酬所得	预扣预缴	按月
	一次性稿酬所得	预扣预缴	按次
	连续性稿酬所得	预扣预缴	按月
	一次性特许权使用费所得	预扣预缴	按次
	连续性特许权使用费所得	预扣预缴	按月
非居民个人	工资、薪金所得	代扣代缴	按月
	一次性劳务报酬所得	代扣代缴	按次
	连续性劳务报酬所得	代扣代缴	按月
	一次性稿酬所得	代扣代缴	按次
	连续性稿酬所得	代扣代缴	按月
	一次性特许权使用费所得	代扣代缴	按次
	连续性特许权使用费所得	代扣代缴	按月
不区分纳税人类型	利息、股息、红利所得	代扣代缴	按次
	财产租赁所得	代扣代缴	按次
	财产转让所得	代扣代缴	按次
	偶然所得	代扣代缴	按次

1. 居民个人“工资、薪金所得”应累计预扣预缴税额计算

居民个人“工资、薪金所得”采用了累计预扣预缴方式进行计算。所谓累计预扣预缴，是指在一个纳税年度内，以纳税义务人在本单位截至当前月份累计预扣预缴应纳税所得额×居民个人“工资、薪金所得”预扣率(具体预扣率可见本关键词中的“个人所得税税目与税率”一词中的表 47－3)－速算扣除数，得出累计应预扣预缴税额，再减去累计减免税额和前期累计已预扣预缴税额，最终得出本期应预扣预缴税额的计算方式。

其中当前月份累计预扣预缴应纳税所得额为：累计收入－累计免税收入－累计减除费用－累计专项扣除－累计专项附加扣除－累计依法确定的其他扣除。

为更直观理解上述计算逻辑，读者可以通过计算例题 1 进一步理解。

计算例题 1

假设：居民个人甲某与 A 公司建立劳动关系，每月税前工资为 20,000 元、专项扣除为 3500 元(以上海社保为例，社保三险个人比例总计 10.5%、住房公积金个人比例 7%)、专项附加扣除为 3000 元(甲某为独生子女，赡养 70 岁母亲)，无其他扣除和减免。

从表 47－10 中不难发现，虽然从 4 月开始累计预扣预缴应纳税所得额的增加，导致预扣率

上调,但本纳税年度应累计已预扣预缴税额总计为 7680 元。在忽略专项附加扣除的情况下,较《个人所得税法》改革前的“工资、薪金所得”代扣代缴方式所缴应税额一致(个税改革前的计算为 8500 元应税所得额 ×10% 税率 -210 元速算扣除数 ×12 个月 =7680 元应税额)。

表 47-10　居民个人累计预扣预缴税额计算示例

单位:元

月份	累计收入	累计减除费用	累计专项扣除	累计专项附加扣除	累计预扣预缴应纳税所得额	预扣率	速算扣除数	累计应预扣预缴税额	累计已预扣预缴税额	本期应预扣预缴税额
1 月	20,000	-5000	-3500	-3000	8500	×3%	-0	255	-0	255
2 月	40,000	-10,000	-7000	-6000	17,000	×3%	-0	510	-255	255
3 月	60,000	-15,000	-10,500	-9000	25,500	×3%	-0	765	-510	255
4 月	80,000	-20,000	-14,000	-12,000	34,000	×3%	-0	1020	-765	255
5 月	100,000	-25,000	-17,500	-15,000	42,500	×10%	-2520	1730	-1020	710
6 月	120,000	-30,000	-21,000	-18,000	51,000	×10%	-2520	2580	-1730	850
7 月	140,000	-35,000	-24,500	-21,000	59,500	×10%	-2520	3430	-2580	850
8 月	160,000	-40,000	-28,000	-24,000	68,000	×10%	-2520	4280	-3430	850
9 月	180,000	-45,000	-31,500	-27,000	76,500	×10%	-2520	5130	-4280	850
10 月	200,000	-50,000	-35,000	-30,000	85,000	×10%	-2520	5980	-5130	850
11 月	220,000	-55,000	-38,500	-33,000	93,500	×10%	-2520	6830	-5980	850
12 月	240,000	-60,000	-42,000	-36,000	102,000	×10%	-2520	7680	-6830	850
本纳税年度累计已预扣预缴税额										7680

2. 居民个人“劳务报酬所得”应预扣预缴税额计算

居民个人“劳务报酬所得”采用了按次或按月的预扣预缴方式进行计算。“劳务报酬所得”应预扣预缴税额 = 预扣预缴应纳税所得额(预扣预缴应纳税所得额为:收入 - 减除费用,即收入额)×“劳务报酬所得”预扣率(具体预扣率可见本关键词中的“个人所得税税目与税率”一词中的表 47-3)- 速算扣除数。

减除费用:“劳务报酬所得”每次收入不超过 4000 元的,减除费用按 800 元计算;每次收入 4000 元以上(含)的,减除费用按收入的 20% 计算。

为更直观理解上述计算逻辑,读者可以通过计算例题 2 进一步理解。

计算例题 2

假设:居民个人甲某分别为 B 公司和 C 公司提供一次性劳务服务,B 公司和 C 公司分别向甲某支付 2000 元和 30,000 元劳务报酬。

(1)由于 B 公司支付的劳务报酬不满 4000 元,因此减除费用为 800 元。

得出预扣预缴应纳税所得额(收入额)为 2000 元收入 - 800 元减除费用 = 1200 元,再乘以 20% 预扣率,得出应预扣预缴税额为 240 元。

（2）由于C公司支付的劳务报酬超过4000元，因此减除费用按收入的20%计算。

得出预扣预缴应纳税所得额（收入额）为30，000元收入－（30，000×20%）减除费用＝24，000元，再乘以30%预扣率后减去2000元速算扣除数，得出应预扣预缴税额为5200元。

3. 居民个人“稿酬所得”应预扣预缴税额计算

居民个人“稿酬所得”同样采用了按次或按月的预扣预缴方式进行计算。由于“稿酬所得”需要长期的智力投入，在计算“稿酬所得”的收入额时会再减按70%（按70%计算）。“稿酬所得”应预扣预缴税额＝预扣预缴应纳税所得额×20%的固定比例预扣率。

预扣预缴应纳税所得额＝收入额（收入额为：收入－减除费用）×70%计算

减除费用：“稿酬所得”每次收入不超过4000元的，减除费用按800元计算；每次收入4000元以上（含）的，减除费用按收入的20%计算。

为更直观理解上述计算逻辑，读者可以通过计算例题3进一步理解。

计算例题3

假设：居民个人甲某分别为D出版社和E出版社投稿，D出版社和E出版社分别一次性向甲某支付2000元和5000元稿酬。

（1）由于D出版社一次性支付的稿酬不满4000元，因此减除费用为800元。

第一步：2000元收入－800元减除费用＝1200元收入额

第二步：1200元收入额×70%减按＝840元预扣预缴应纳税所得额

第三步：840元预扣预缴应纳税所得额×20%固定比例预扣率＝168元，即得出预扣预缴税额为168元。

（2）由于E出版社一次性支付的稿酬超过4000元，因此减除费用按收入的20%计算。

第一步：5000元收入－（5000×20%）减除费用＝4000元收入额

第二步：4000元收入额×70%减按＝2800元预扣预缴应纳税所得额

第三步：2800元预扣预缴应纳税所得额×20%固定比例预扣率＝560元，即得出预扣预缴税额为560元。

4. 居民个人“特许权使用费所得”应预扣预缴税额计算

居民个人“特许权使用费所得”采用了按次或按月的预扣预缴方式进行计算。“特许权使用费所得”应预扣预缴税额＝预扣预缴应纳税所得额（预扣预缴应纳税所得额为：收入－减除费用，即收入额）×20%的固定比例预扣率。

减除费用：“特许权使用费所得”每次收入不超过4000元的，减除费用按800元计算；每次收入4000元以上（含）的，减除费用按收入的20%计算。

为更直观理解上述计算逻辑，读者可以通过计算例题4进一步理解。

计算例题4

假设：居民个人甲某分别为F公司和G公司提供专利使用权，F公司和G公司分别向甲某支付2000元和30，000元特许权使用费。

（1）由于F公司支付的劳务报酬不满4000元，因此减除费用为800元。

得出预扣预缴应纳税所得额（收入额）为2000元收入－800元减除费用＝1200元，再乘以

20% 预扣率,得出应预扣预缴税额为 240 元。

(2)由于 G 公司支付的劳务报酬超过 4000 元,因此减除费用按收入的 20% 计算。

得出预扣预缴应纳税所得额(收入额)为 30,000 元收入 -(30,000 × 20%)减除费用 = 24,000 元,再乘以 20% 预扣率,得出应预扣预缴税额为 4800 元。

5. 居民个人"综合所得"汇算清缴应税额计算

根据《个人所得税法》《个人所得税法实施条例》,部分居民个人纳税义务人在每年 3 ~ 6 月,需要通过个人所得税综合所得年度汇算清缴,将上一纳税年度的"工资、薪金所得""劳务报酬所得""稿酬所得""特许权使用费所得"4 项所得的全年收入额进行汇总,再减去全年的减除费用、专项扣除、专项附加扣除等扣除项,得出"综合所得"应纳税所得额并按照综合所得年度税率表(具体税率可见本关键词中的"个人所得税税目与税率"一词中的表 47 - 2),计算全年应税额,最后再减上一纳税年度内已缴纳的应预扣预缴税额,向税务机关办理年度纳税申报并结清应退或应补税款。因此汇算清缴时会涉及居民个人"综合所得"汇算清缴应税额的计算。

为更直观理解上述计算逻辑,本小节将结合计算例题 1 至计算例题 4 中各项所得已缴纳的应预扣预缴税额,对居民个人甲某"综合所得"汇算清缴应税额进行计算。

计算例题 5

第一步:将计算例题 1 至计算例题 4 中全年 4 项所得收入额进行汇总。此步骤值得注意的是,汇总的为收入额金额,并非收入。收入通俗称为"毛收入",也就是俗称的税前收入;收入额是税法中的专用名词,收入额为收入减去法定减除费用后的金额。收入额汇总计算详见表 47 - 11。

表 47 - 11　收入额汇总计算示例

扣缴义务人	所得类型	全年每项收入	全年每项收入额
A 公司	工资、薪金	240,000 元	240,000 元
B 公司	劳务报酬	2000 元	2000 × (1 - 20%) = 1600 元
C 公司	劳务报酬	30,000 元	30,000 × (1 - 20%) = 24,000 元
D 出版社	稿酬	2000 元	2000 × (1 - 20%) × 70% = 1120 元
E 出版社	稿酬	5000 元	5000 × (1 - 20%) × 70% = 2800 元
F 公司	特许权使用费	2000 元	2000 × (1 - 20%) = 1600 元
G 公司	特许权使用费	30,000 元	30,000 × (1 - 20%) = 24,000 元
全年 4 项所得收入额总计			2,954,120 元

第二步:295,120 元(全年 4 项所得收入额总计) - 60,000 元(全年累计减除费用) - 42,000 元(全年累计专项扣除) - 36,000 元(全年累计专项附加扣除) = 157,120 元(全年综合所得应纳税额)

第三步:157,120 元(全年综合所得应纳税额) × 20%(综合所得税率) - 16,920 元(速算扣除数) = 14,504 元(全年综合所得应税额)

第四步:对全年4项所得已预扣预缴税额汇总(见表47-12)。

表47-12 已预扣预缴税额汇总计算示例

扣缴义务人	所得类型	全年每项已预扣预缴税额
A公司	工资、薪金	7680元
B公司	劳务报酬	240元
C公司	劳务报酬	5200元
D出版社	稿酬	168元
E出版社	稿酬	560元
F公司	特许权使用费	240元
G公司	特许权使用费	4800元
全年4项所得已预扣预缴税额总计		18,888元

第五步:18,888元(全年4项所得已预扣预缴税额总计)-14,504元(全年综合所得应税额)=4384元(退税金额)

47.6 居民个人股权激励的个人所得税处理

解析

税法中的股权激励包括股票期权、股权期权、股票增值权、限制性股票、股权奖励。同时,按权益融资类型分为上市股份有限责任公司、非上市股份有限责任公司(含全国中小企业股份转让系统挂牌公司,即新三板挂牌股份有限责任公司)、有限责任公司股权融资。从而在不同的股权激励方式和权益融资环境下,会导致纳税义务人在行权、分红、转让的每个阶段产生不同的纳税义务和税负。由于篇幅有限,本关键词仅对企业常用的居民个人境内股票期权和股权期权的个税处理问题进行阐述。

法律依据

1. 居民个人取得境内股票期权的个人所得税处理

股票期权,是指上市股份有限责任公司(以下简称上市公司)、非上市股份有限责任公司(以下简称非上市公司)、非上市公司中新三板挂牌股份有限责任公司(以下简称新三板公司)按照规定的程序授予本公司及其控股企业员工的一项权利,该权利允许被授权员工在未来时间内以某一特定价格购买本公司一定数量的股票。股票期权通常分为授权、行权、分红、转让四个阶段。

授权(也称为授予或施权)时,根据《财政部、国家税务总局关于个人股票期权所得征收个人所得税问题的通知》《财政部、国家税务总局关于完善股权激励和技术入股有关所得税政策的通知》第1条第1项规定,依据股票期权计划约定购买股票的价格,该价格一般为股票期权授权当日的市场价格或市场价的折扣价格,也可以是按照事先设定的计算方法约定的价格。此时被激励对象并未有权购买股票期权,因此除上市公司公开交易的股票期权外,其他的股票期权(包括上市公司不公开交易的股票期权、非上市公司股票期权、新三板公司股票期权)无须缴纳个人所得税。上市公司公开交易的股票期权,根据《国家税务总局关于个人股票期权所得缴纳个人所得税有关问题的补充通知》第 6 条的规定,属于被激励对象已实际取得有确定价值的财产,应按授权日股票期权的市场价格,按“工资薪金所得”缴纳个人所得税,同时根据《财政部、国家税务总局关于个人所得税法修改后有关优惠政策衔接问题的通知》第 2 条,《财政部、税务总局关于延续实施全年一次性奖金等个人所得税优惠政策的公告》第 1 条,《财政部、税务总局关于延续实施有关个人所得税优惠政策的公告》第 1 条和《财政部、国家税务总局关于延续实施上市公司股权激励有关个人所得税政策的公告》第 3 条的规定,至 2027 年 12 月 31 日前,授权时的所得可不并入当年综合所得,全额单独适用综合所得税率表,计算纳税。计算公式为:应纳税额 = 股权激励收入 × 综合所得税率表适用税率 − 速算扣除数。股票期权授权时个税征收方式详见表 47 − 13。

表 47 − 13　股票期权授权时个税征收方式

权益融资及公司类型	交易方式	个税征收方式
上市公司	公开交易	按“工资、薪金所得” (可不并入年度综合所得)
上市公司	不公开交易	不征税
非上市公司	—	不征税
新三板公司	—	不征税

行权时(当待被激励对象完成股票期权计划所约定条件时,行使按授权时所约定价格购买股票期的权利),根据《财政部、国家税务总局关于个人股票期权所得征收个人所得税问题的通知》,除因上市公司公开交易的股票期权在授权时已按“工资、薪金所得”纳税,所以无须在行权时纳税外,其他的股票期权皆因被激励对象在企业的表现和业绩情况而取得的与任职、受雇有关的所得,应按“工资、薪金所得”缴纳个人所得税。其中上市公司被激励对象行权时,其从企业取得股票的实际授权价低于该股票行权当日的收盘价的,按(行权当日每股的收盘价 − 约定取得该股票期权所需支付的每股授权价) × 股票数量计算应纳税所得额,(例如,甲某授权时约定每股股票期权为 4 元,且可购买 10,000 股,待行权时,假设当日收盘价为每股 8 元,此时甲某相当于用了 4 元购买了价值为 8 元的股票,即每股赚取了 4 元差价,10,000 股总计赚取了 40,000 元,此时 40,000 元为应纳税所得额)。同时根据《财政部、国家税务总局关于个人所得税法修改后有关优惠政策衔接问题的通知》第 2 条、《财政部、税务总局关于延续实施全年一次性奖金等个人所得税优惠政策的公告》第 1 条、《财政部、税务总局关于延续实施有关个人所得税优惠政策的公告》和《财政部、国家税务总局关于延续实施上市公司股权激励有关个人所得税政策的公告》第 3 条的规定,至 2027 年 12 月 31 日前,行权时的所得可不并入当年综合所得,全额单独适用综合所得税率表。非上市公司与新三板公司的股票期权行权时,根据《财政部、国家税务总局关于完善股权激励和技术入股有关所得税政策的通知》规定,符合规定条件的(介于篇幅有限,具体条件可查阅财税〔2016〕101 号第 1 条第 2 项及附件中的具体规定),经向主管税务机关备案,可实行递延纳税政策,即被激励对象在取得股票期权时可暂不纳税,递延至转让该股票期权时纳税;不符

合规定条件的，按“工资、薪金所得”计征个人所得税。股票期权行权时个税征收方式详见表47-14。

表47-14 股票期权行权时个税征收方式

权益融资及公司类型	交易方式	个税征收方式
上市公司	公开交易	已在授权时征税
	不公开交易	按“工资、薪金所得”（可不并入年度综合所得）
非上市公司	—	符合条件的经税务备案可递延至转让该股权时按“财产转让所得”
	—	不符合条件的按“工资、薪金所得”
新三板公司	—	符合条件经税务备案可递延至转让该股权时按“财产转让所得”
	—	不符合条件的按“工资、薪金所得”

分红时，由于上市公司和新三板公司的股票可在“二级市场”（证券流通市场）流通，同时基于国家鼓励长期投资，抑制短期炒作的政策，根据《财政部、国家税务总局、证监会关于上市公司股息红利差别化个人所得税政策有关问题的通知》第1条和《财政部、税务总局、证监会关于继续实施全国中小企业股份转让系统挂牌公司股息红利差别化个人所得税政策的公告》第1条的规定，对上市公司和新三板公司的股票施行股息红利差别化纳税政策，即持股期限超过1年的，股息红利所得暂免征收个人所得税；持股期限在1个月以上至1年（含）的，股息红利所得按50%计入应纳税所得额后，按“股息、利息、红利所得”20%的税率计征个人所得税；持股期限在1个月以内（含）的，股息红利所得全额计入应纳税所得额后，按“股息、利息、红利所得”20%的税率计征个人所得税。而非上市公司不能在“二级市场”（证券流通市场）流通，因此对非上市公司的股票不施行股息红利差别化纳税政策，股息红利所得全额计入应纳税所得额后，按“股息、利息、红利所得”20%的税率计征个人所得税。股票分红时个税征收方式详见表47-15。

表47-15 股票分红时个税征收方式

权益融资及公司类型	股票类型	个税征收方式
上市公司 新三板公司	>1年	暂免征收个人所得税
	>1个月≤1年	股息红利所得按50%计入应纳税所得额按“股息、利息、红利所得”税率（20%）计征个人所得税
	≤1个月	股息红利所得按100%计入应纳税所得额按“股息、利息、红利所得”税率（20%）计征个人所得税
非上市公司	—	股息红利所得按100%计入应纳税所得额按“股息、利息、红利所得”税率（20%）计征个人所得税

转让时,由于上市公司和新三板公司的股票可在“二级市场”流通,对行权后转让的上市公司的股票和转让新三板公司的非原始股(在新三板公司挂牌后取得的股票)暂免征收个人所得税。但根据《财政部、国家税务总局关于个人股票期权所得征收个人所得税问题的通知》第 2 条、《国家税务总局关于个人股票期权所得缴纳个人所得税有关问题的补充通知》第 6 条第 2 项的规定,行权前转让不公开交易股票的,以股票期权的转让净收入,按“工资、薪金所得”缴纳个人所得税;行权前转让公开交易股票的,按“财产转让所得”缴纳个人所得税。同时,根据《财政部、国家税务总局、中国证券监督管理委员会关于个人转让全国中小企业股份转让系统挂牌公司股票有关个人所得税政策的通知》第 2 条的规定,对转让新三板公司的原始股(在新三板公司挂牌前取得的股票),按“财产转让所得”缴纳个人所得税。而非上市公司的股票,由于不能在“二级市场”(证券流通市场)流通,按“财产转让所得”缴纳个人所得税。股票转让时个税征收方式详见表 47 – 16。

表 47 – 16　股票转让时个税征收方式

权益融资及公司类型	股票类型	个税征收方式
上市公司	不公开交易	行权前转让:按“工资、薪金所得”缴税行权后转让:暂免征收个人所得税
	公开交易	行权前转让:按“财产转让所得”缴税行权后转让:暂免征收个人所得税
新三板公司	非原始股	暂免征收个人所得税
	原始股	按“财产转让所得”缴税
非上市公司	—	按“财产转让所得”缴税

2. 居民个人取得境内股权期权的个人所得税处理

股权期权通常在未经股份制改制的非股份制有限责任公司(以下简称有限责任公司)中使用。由于有限责任公司的全部资本不能以金额相等的股份划分,更不能对外公开发行,只能以股权(而非股票)形式对员工进行激励。股权期权也分为授权、行权、分红、转让四个阶段。

授权或行权时,根据《财政部、国家税务总局关于完善股权激励和技术入股有关所得税政策的通知》第 1 条,非上市公司授予本公司员工的股权期权,符合规定条件的,经向主管税务机关备案,同样可实行递延纳税政策,即员工在取得股权激励时可暂不纳税,递延至转让该股权时纳税。不符合规定条件的,按“工资、薪金所得”计征个人所得税。

分红时,股息红利所得全额计入应纳税所得额后,按“股息、利息、红利所得”20% 的税率计征个人所得税。

股权转让时,按照股权转让收入减除股权取得成本以及合理税费后的差额,按“财产转让所得”20% 税率计征个人所得税。

47.7 个人所得税征管

解析

根据《个人所得税法》第9条的规定，个人所得税以所得人为纳税人，以支付所得的单位或者个人为扣缴义务人。由此可见，个人所得税的扣缴义务并非纳税人负有，而由支付所得方负担该扣缴义务。但如有以下情形的，根据《个人所得税法》第10条和《国家税务总局关于个人所得税自行纳税申报有关问题的公告》的规定，个人所得税由纳税人自行办理纳税申报：

法律依据

(1)取得应税所得没有扣缴义务人；

(2)取得应税所得，扣缴义务人未扣缴税款的纳税申报；

(3)取得境外所得；

(4)因移居境外注销中国户籍；

(5)取得综合所得需要办理汇算清缴；

(6)取得经营所得；

(7)非居民个人在中国境内从两处以上取得工资、薪金所得。

扣缴义务人应当按照国家规定办理全员全额扣缴申报，并向纳税人提供其个人所得和已扣缴税款等信息，即扣缴义务人在代扣税款的次月15日内，向主管税务机关报送其支付所得的所有个人的有关信息、支付所得数额、扣除事项和数额、扣缴税款的具体数额和总额以及其他相关涉税信息资料。同时根据《个人所得税法》第14条，扣缴义务人每月或者每次预扣、代扣的税款，应当在次月15日内缴入国库，并向税务机关报送扣缴个人所得税申报表。

问题导引

Q16： 扣缴义务人少缴漏缴个人所得税的风险？

A： 根据《税收征收管理法》第69条和第32条的规定，扣缴义务人应扣未扣、应收而不收税款的，由税务机关向纳税人追缴税款，对扣缴义务人处应扣未扣、应收未收税款50%以上3倍以下的罚款。同时，从滞纳税款之日起，按日加收滞纳税款万分之五的滞纳金(滞纳税款×0.05%×滞纳天数)。若无特别约定或规定，这些法律责任原则上都是针对扣缴义务人的，所以作为扣缴义务人的用人单位还需要引起关注。

No. 48 外籍及中国港澳台人士在华薪税管理

外籍及中国港澳台人士的薪酬与个税的管理是个人所得税领域内最为复杂的内容之一。其复杂不仅体现在政策文件的晦涩难懂,更由于纳税人身份状态的判定与可能的变化,同时还受三大规则体系的共同影响:境内法律法规,境外法律法规(注:个人所得税领域里的境外指的是关境,所以中国港澳台属于境外,中国港澳台人士属于境外人士),双边税收协定/安排(我国与其他国家签订的为双边税收协定,与中国港澳地区签订的为双边税收安排)。

本关键词笔者尝试用通俗易懂的语言,由浅入深为读者解构外籍及中国港澳台人士在华的薪税管理,力求让大家综合理解的同时,在实操中有可供参考的依据。

外籍及中国港澳台人士在华薪税管理关键词中涉及的二级关键词	
48.1	居民个人与非居民个人
48.2	收入来源地判定
48.3	工资薪金收入额与应纳税额计算
48.4	双边税收协定适用
48.5	常设机构认定
48.6	外籍个人八补贴政策

48.1 居民个人与非居民个人

境外人士的个税管理,第一件重要的事就是要判定纳税人的身份到底是居民还是非居民。前面的章节已经介绍了判断居民和非居民的 183 天的时间标准,这里不再重复(具体详见本书“个人所得税”关键词项下的“居民个人与非居民个人”一词的内容)。需要强调的是,居民判定更为重要的是住所标准。此处的“住所”非我们常规意义上理解的住所,而是从一个国际税收中“Domicile”的概念翻译而来。《个人所得税法实施条例》第 2 条规定,《个人所得税法》所称在中国境内有住所,是指因户籍、家庭、经济利益关系而在中国境内习惯性居住。

注:很多地方 Domicile 翻译为“居籍”,在跨境税收中,用居籍比住所更好理解,也不容易与日常的住所的概念混淆。为了与国内政策法规的说法保持一致,本章仍采用住所的概念。

《国税总局新个税 30 问》特别指出:“户籍、家庭、经济利益关系”是判定有住所的原因条件,“习惯性居住”是判定有住所的结果条件。实践中,一般是根据纳税人“户籍、家庭、经济利益关系”等具体情况,综合判定是否属于“习惯性居住”这一状态。

“习惯性居住”,相当于定居的概念,指的是个人在较长时间内,相对稳定地在一地居住。出于学习、工作、探亲、旅游等原因虽然在境内居住,但这些原因消除后仍然准备回境外居住的,不属于在境内习惯性居住。从这一点可以看出,“有住所”并不等于“有住处”或者“有房产”。

举个例子:美国人 David 由美国总公司派来中国工作了 3 年,在中国和美国都买了房子,妻子和孩子都在美国。

David 的户籍、家庭都在美国，而仅出于工作原因在国内工作，如果工作原因不存在的话，他应该是要回美国的，所以 David 的习惯性居住地应是美国，从而不构成在境内有住所。

现实中，我们常常做简单化的理解，一名没有在中国内地（大陆）地区办理长期居住证的外籍或中国港澳台人士，初步会被视为无住所，以便进行更深入的问题讨论。（注：此处仅做简单化的理解，不能作为严谨的纳税人身份的判断）

由上述分析可知，判断境外人士的居民身份，只有住所与居住天数两个标准，如图 48－1 所示。

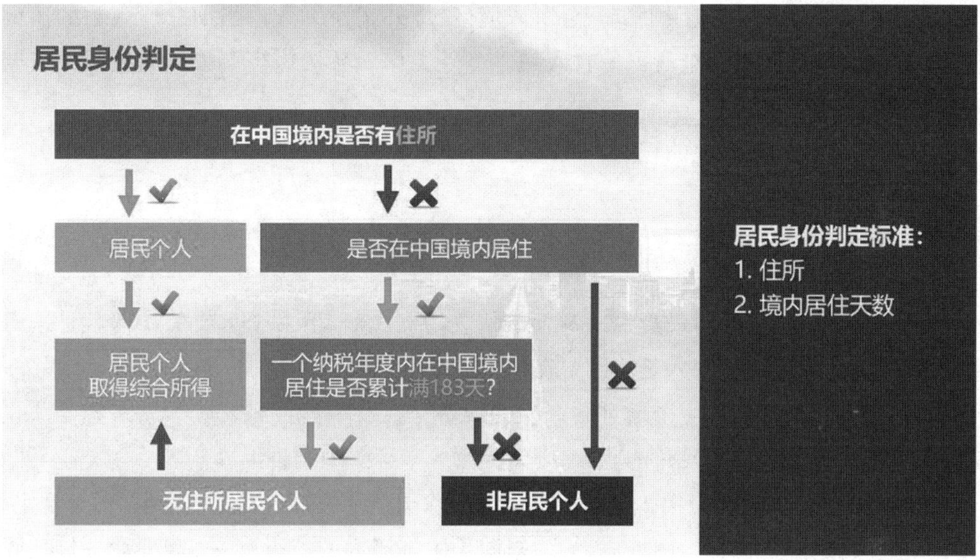

图 48－1　居民/非居民个人身份判定

在境外人士的个税管理中，境内天数的计算是其中一项必要的工作，天数有三种类型，分别有不同的用处和计算方式。

1. 居住天数。用来判断是否为境内的税收居民，如前文所述，183 天的累计居住，指的就是居住天数。《财政部、税务总局关于在中国境内无住所的个人居住时间判定标准的公告》（财政部、税务总局公告 2019 年第 34 号，以下简称 34 号公告）第 2 条规定：无住所个人一个纳税年度内在中国境内累计居住天数，按照个人在中国境内累计停留的天数计算。在中国境内停留的当天满 24 小时的，计入中国境内居住天数，在中国境内停留的当天不足 24 小时的，不计入中国境内居住天数。

2. 停留天数。出自双边税收协定或税收安排，用来判断是否有境内纳税义务。举例说明，以下为中国与新加坡双边税收协定中对于停留天数的解释。

非独立个人劳务：在任何 12 个月中在中国停留连续或累计超过 183 天（不含）。在计算天数时，该人员中途离境包括在签证有效期内离境又入境，应准予扣除离境的天数。计算实际停留天数应包括在中国境内的所有天数，包括抵、离日当日等不足一天的任何天数及周末、节假日，以及从事该项受雇活动之前、期间及以后在中国渡过的假期等。①

3. 工作天数。出自《财政部、税务总局关于非居民个人和无住所居民个人有关个人所得税政策的公告》(财政部、税务总局公告2019年第35号,以下简称35号公告),用来计算境内工资薪金收入额,其中第1条规定:个人取得归属于中国境内(以下称境内)工作期间的工资薪金所得为来源于境内的工资薪金所得。境内工作期间按照个人在境内工作天数计算,包括其在境内的实际工作日以及境内工作期间在境内、境外享受的公休假、个人休假、接受培训的天数。在境内、境外单位同时担任职务或者仅在境外单位任职的个人,在境内停留的当天不足24小时的,按照半天计算境内工作天数。无住所个人在境内、境外单位同时担任职务或者仅在境外单位任职,且当期同时在境内、境外工作的,按照工资薪金所属境内、境外工作天数占当期公历天数的比例计算确定来源于境内、境外工资薪金所得的收入额。境外工作天数按照当期公历天数减去当期境内工作天数计算。

本小节提到了收入来源地的概念,下文将作解释。

48.2 收入来源地判定

当我们清楚了纳税人的居民身份以及天数相关的概念后,下一个重要的步骤就是进入收入来源地的判定从而确定该笔收入是否需要在境内缴纳个人所得税。

在收入来源地的判定上,一个通常会产生的误解是:在哪里付的钱,收入就来源于哪里。例如,纳税人收到中国香港公司支付的收入,则认为收入来源于中国香港。

《个人所得税法实施条例》第3条第1项规定:"除国务院财政、税务主管部门另有规定外,下列所得,不论支付地点是否在中国境内,均为来源于中国境内的所得:(一)因任职、受雇、履约等在中国境内提供劳务取得的所得。"

由此得出:关于工资薪金、劳务报酬等劳务或劳动所得的收入来源地判定,不是看支付地,而是看劳务实际发生地,即上文提到的任职、受雇、履约地。简单来说,就是人在哪里工作。

案例(一)

李先生为中国香港居民,在深圳某公司工作,每周一早上来深圳上班,周五晚上回香港,每月取得工资薪金收入5万元人民币。按照上面的解释,李先生的工作地点在深圳,则其每月的工资薪金收入为境内所得,无论这5万元的支付地是在深圳还是中国香港。如果深圳公司每月支付李先生3万元,剩下的收入(假设为2.3万元港元)通过中国香港的关联公司支付,这种做法实际并没有改变收入的来源地。

为什么说做收入来源地的判定很重要?因为判定为境内还是境外所得直接关系是否需要在境内缴纳个税。为了便于读者理解,我们简单用一个表格来展示,关于境内外收入来源缴纳个人所得税总结详见表48－1。

---

① 参见《国家税务总局关于印发〈中华人民共和国政府和新加坡共和国政府关于对所得避免双重征税和防止偷漏税的协定〉及议定书条文解释的通知》。

表 48－1　境内外收入来源缴纳个人所得税总结

				纳税人类型	境内收入		境外收入		纳税周期
		连续居住	单次离境记录		境内付	境外付	境内付	境外付	
有住所	—			居民纳税人	纳税	纳税	纳税	纳税	按年
无住所	一个纳税年度内居住满 183 天	≥6 年	<30 天		纳税	纳税	纳税	纳税	
			≥30 天		纳税	纳税	纳税	不纳税	
		<6 年		非居民纳税人	纳税	纳税	纳税	不纳税	
	一个纳税年度内居住未满 183 天	居住≥90 天			纳税	纳税	不纳税	不纳税	按月
		居住<90 天			纳税	不纳税	不纳税	不纳税	

表格虽然容易理解，但并不是很严谨，所以仅供参考。表格中虽然结果都是不纳税，但不征税和免税在税法里是两个不同的概念，尤其是在境内无住所，居住累计满 183 天的年度连续不满 6 年的，需要向主管税务机关备案，方可就其来源于中国境外且由境外单位或者个人支付的所得，免予缴纳个人所得税（免税）。

48.3　工资薪金收入额与应纳税额计算

本关键词介绍外籍及中国港澳台人士境内工资薪金收入额及应纳税额的计算。

首先本小节内容基于如下一个重要的假设，有住所的状态会导致与境内居民同样的全球纳税义务，本文以下提到的所有外籍及中国港澳台人士，除非特别说明，均为无住所的状态。

读者还需要清楚的是：如果外籍及中国港澳台纳税人一直是无住所的状态，那么影响其纳税状态最重要的变量就是其居住时间的长短（见表 48－1），而随着日子一天天推移，在一个公历年里，纳税人的境内居住时间是不断变化的，或者说是不断增加的（非长期离境的状态下），其纳税状态和身份也将随之不断变化。

公式的适用

关于境内工资薪金收入额的计算，我们需要套用 35 号公告中的公式来进行计算：

公式一（非居民个人境内居住时间累计不超过 90 天）：

$$\text{当月工资薪金收入额} = \text{当月境内外工资薪金总额} \times \frac{\text{当月境内支付工资薪金数额}}{\text{当月境内外工资薪金总额}} \times \frac{\text{当月工资薪金所属工作期间境内工作天数}}{\text{当月工资薪金所属工作期间公历天数}}$$

公式二（非居民个人境内居住时间累计超过 90 天不满 183 天）：

$$\text{当月工资薪金收入额} = \text{当月境内外工资薪金总额} \times \frac{\text{当月工资薪金所属工作期间境内工作天数}}{\text{当月工资薪金所属工作期间公历天数}}$$

公式三（无住所居民个人在境内居住累计满 183 天的年度连续不满 6 年）：

$$\text{当月工资薪金收入额} = \text{当月境内外工资薪金总额} \times \left[1 - \frac{\text{当月境外支付工资薪金数额}}{\text{当月境内外工资薪金总额}} \times \frac{\text{当月工资薪金所属工作期间境内工作天数}}{\text{当月工资薪金所属工作期间公历天数}}\right]$$

正如上文提到的,适用哪一个公式主要基于无住所纳税人在境内的居住时间,而随着公历天数的增加,纳税人在一年当中不同时间所适用的公式很有可能是不一样的,是一个动态的概念,这就增加了无住所个人境内工资薪金收入计算的复杂度。以下将通过案例为大家逐一讲解。

案例(二)公式一案例

陈先生为中国香港居民,由中国香港总公司外派至深圳做中层管理工作,每周一至周五当日来回深圳上班。陈先生的薪水全部由中国香港总公司支付。

首先,我们来看看陈先生的相关天数:

(1)居住天数 =52 ×0 =0 天(非居民)

(依据:34 号公告规定,无住所个人一个纳税年度内在中国境内累计居住天数,按照个人在中国境内累计停留的天数计算。在中国境内停留的当天满 24 小时的,计入中国境内居住天数,在中国境内停留的当天不足 24 小时的,不计入中国境内居住天数)

(2)停留天数 =52 ×5 =260 天(按双边税收安排 >183 天)

(3)工作天数 =52 ×2.5 =130 天(按照前面的定义,工作天数有可能出现 0.5 天的情形)

其次,根据 35 号公告中的公式对陈先生的情形,计算个税:

$$\text{当月工资薪金收入额} = \text{当月境内外工资薪金总额} \times \frac{\text{当月境外支付工资薪金数额}}{\text{当月境内外工资薪金总额}} \times \frac{\text{当月工资薪金所属工作期间境内工作天数}}{\text{当月工资薪金所属工作期间公历天数}}$$

当我们准备把境内外支付的薪金数额填进去的时候,我们发现,陈先生所有薪水都在中国香港支付,境内支付的薪金为零,那么计算的结果是零,陈先生不用在境内交税。

总结案例(二)体现的薪税要点:

(1)像案例中陈先生这样,境外派遣至境内上班,如果有频繁每日来回的操作,则在境内的居住天数肯定 <90 天。

(2)当境内居住天数 <90 天,如果薪水由境外支付,仅就归属于境内工作期间并由境内雇主支付或者负担的工资薪金为零,则境内免税。

(3)境内居住天数 <90 天,陈先生税收身份是无住所的非居民。

(4)此时计算停留天数(按境内法即可免税,不用再参照税收安排了)和工作天数均无必要。

(5)结论:外籍及中国港澳台纳税人同时在境内外任职,享受境内免税要满足以下 3 个基本条件:

a. 境内居住天数 <90 天;

b. 薪水非境内雇主支付或负担;

c. 不构成非常设机构。

案例(三)公式二案例

李先生为中国香港居民,由中国香港总公司外派至深圳做中层管理工作,每周一早上来深圳上班,周五晚上回香港,每月取得工资薪金收入 5 万元人民币。

李先生的相关天数计算：

(1)居住天数 $=52\times3=156$ 天(非居民)

(2)停留天数 $=52\times5=260$ 天(按双边税收安排 >183 天)

(3)工作天数 $=52\times4=208$ 天

具体计算方式，继续参见35号公告：

$$\text{当月工资薪金收入额}=\frac{\text{当月境内外}}{\text{工资薪金总额}}\times\frac{\text{当月工资薪金所属工作期间境内工作天数}}{\text{当月工资薪金所属工作期间公历天数}}$$

总结案例(三)体现的薪税要点：

(1)境内居住天数大于90天小于183天，李先生税收身份是无住所的非居民。

(2)在讲解收入来源地概念时，我们已经分析过了，境内收入不是境内支付的概念，公式二中，我们也无须理会薪资是哪里支付的。所以，境内收入是通过境内的工作天数而不是境内支付金额的多少来进行划分的。

(3)李先生应该通过当月工作天数及境内外工资总额计算出境内的当月工资薪金收入额，然后按非居民税率表计算境内当月应缴纳的个税。

案例(四)公式三案例

基于案例(三)稍作修改，由于居住天数的增加，李先生由非居民转成居民的情形：李先生为中国香港居民，由中国香港总公司外派至深圳做中层管理工作，每周日晚上来深圳上班，周五晚上回香港，工资薪金由香港公司及深圳公司共同支付。

李先生的相关天数计算：

(1)居住天数 $=52\times4=208$ 天(居民)

(2)停留天数 $=52\times6=312$ 天(按双边税收安排 >183 天)

(3)工作天数 $=52\times5=260$ 天

具体计算方式，继续参见35号公告：

$$\frac{\text{当月工资}}{\text{薪金收入额}}=\frac{\text{当月境内外}}{\text{工资薪金总额}}\times\left[1-\frac{\begin{array}{c}\text{当月境外支付}\\\text{工资薪金数额}\end{array}}{\begin{array}{c}\text{当月境内外}\\\text{工资薪金总额}\end{array}}\times\frac{\begin{array}{c}\text{当月工资薪金所属}\\\text{工作期间境内工作天数}\end{array}}{\begin{array}{c}\text{当月工资薪金所属}\\\text{工作期间公历天数}\end{array}}\right]$$

总结案例(四)体现的薪税要点：

(1)境内居住天数大于183天，李先生税收身份是无住所的境内税收居民。

(2)公式三体现出的意义是，除归属于境外工作期间且由境外单位或者个人支付的工资薪金所得部分外，其余的均为境内所得，均应计算缴纳个人所得税。

(3)每月的境内工资薪金收入额，均应由深圳公司作为扣缴义务人通过累计预扣法进行预扣预缴税款。

(4)除了每月的预扣预缴外，居民个人有可能还需要进行汇算清缴，汇算清缴的方式与境内税收居民相同。具体详见本书“个人所得税”关键词项下的“居民个人与非居民个人”一词的内容。

申报的选择

境内用人单位聘请了外籍或中国港澳台人士作为其劳动者，其工资薪金，用人单位到底是应该按居民还是非居民为其申报扣缴个税？

这是实操中最为常见的一个问题，因为如果不考虑住所标准，仅考虑时间的话，从公历年的1月1日开始，没有一个境外人士在境内居住超过183天。那是不是说，所有人都要按非居民申报？用人单位可以一开始就为其按居民进行累计预扣预缴的申报吗？

实际操作中，这两个选择都可以。

选择一，不确定未来一年该境外人士的境内居住时间，所以先按非居民申报，以每月收入额减除费用5000元后的余额为应纳税所得额，适用个人所得税税率计算应纳税额，由单位代扣代缴个税（见表48－2）。

表48－2　个人所得税税率

（非居民个人工资、薪金所得，劳务报酬所得，稿酬所得，特许权使用费所得适用）

级数	应纳税所得额	税率（%）	速算扣除数（元）
1	不超过3000元	3	0
2	超过3000元至12,000元的部分	10	210
3	超过12,000元至25,000元的部分	20	1410
4	超过25,000元至35,000元的部分	25	2660
5	超过35,000元至55,000元的部分	30	4410
6	超过55,000元至80,000元的部分	35	7160
7	超过80,000元的部分	45	15,160

需要注意的是，《国家税务总局关于发布〈个人所得税扣缴申报管理办法（试行）〉的公告》（国家税务总局公告2018年第61号）规定：非居民个人在一个纳税年度内税款扣缴方法保持不变，达到居民个人条件时，应当告知扣缴义务人基础信息变化情况，年度终了后按照居民个人有关规定办理汇算清缴。也就是说，一旦按非居民申报，一年内都是非居民身份；即便达到居民条件，年内也不可调整，必须次年通过汇算清缴进行调整。

选择二，如果用人单位预测此名外籍人士年内在境内的居住时间肯定超过183天，也可以直接按居民身份替其申报。同样道理，一年内，居民身份也无法变更。

如果有特殊情况出现，居民身份的外籍及中国港澳台人士突然要离境（非临时情形），他应该向税务机关报告，重新计算应纳税额。

奖金与股权激励

上文提到，无住所居民个人可以享受全年一次性奖金优惠政策，而非居民只能享受数月奖金优惠政策。

财政部税政司、税务总局所得税司、税务总局国际税务司发布的《关于非居民个人和无住所居民个人有关个人所得税政策问题的解答》（以下简称35号公告解答），对35号公告进行了详细的解释，其中关于数月奖金、股权激励的解释如下：

“数月奖金是指无住所个人一次取得归属于数月的奖金(包括全年奖金)、年终加薪、分红等工资薪金所得,不包括每月固定发放的奖金及一次性发放的数月工资。股权激励包括股票期权、股权期权、限制性股票、股票增值权、股权奖励以及其他因认购股票等有价证券而从雇主取得的折扣或补贴。”

在《个人所得税法》中,数月奖金和股权激励所得均为来源于任职受雇而取得的收入,所以统一定性为工资薪金所得。具体规定如下。

无住所个人取得数月奖金、股权激励,均应按照工资薪金所得来源地判定规则划分境内和境外所得。35号公告针对数月奖金和股权激励的特殊情形,在工资薪金所得来源地判定规则基础上,进一步细化规定:

一是无住所个人在境内履职或者执行职务时,收到的数月奖金或者股权激励所得,如果是归属于境外工作期间的所得,仍为来源于境外的工资薪金所得。

二是无住所个人停止在境内履约或执行职务离境后,收到归属于其在境内工作期间的数月奖金或股权激励所得,仍为来源于境内的所得。

三是无住所个人一个月内从境内、境外单位取得多笔数月奖金或者股权激励所得,且数月奖金或者股权激励分别归属于不同期间的,应当按照每笔数月奖金或者股权激励的归属期间,分别计算每笔数月奖金或者股权激励的收入额后,然后再加总计算当月境内数月奖金或股权激励收入额。

需要说明的是,高管人员取得的数月奖金、股权激励,按照高管人员工资薪金所得的规则,划分境内、境外所得。

以下借用35号公告解答中的案例来说明一下情况。

案例(五)

2020年1月,来自中国香港的王先生同时取得2019年第四季度(公历天数92天)奖金和全年奖金。假设王先生取得季度奖金20万元,对应境内工作天数为46天;取得全年奖金50万元,对应境内工作天数为73天。两笔奖金分别由境内用人单位、境外用人单位各支付一半(不考虑税收协定因素),则分析如下:

(1)居住天数<90天(非居民)

(2)工作天数=73天

居住天数<90天,但有境内支付,应按公式一计算境内收入额:

$$\text{当月工资薪金收入额}=\text{当月境内外工资薪金总额}\times\frac{\text{当月境外支付工资薪金数额}}{\text{当月境内外工资薪金总额}}\times\frac{\text{当月工资薪金所属工作期间境内工作天数}}{\text{当月工资薪金所属工作期间公历天数}}$$

那么:

季度奖金对应的收入额=20万×1/2×46/92=5万元

全年奖金对应的收入额=50万×1/2×73/365=5万元

境内收入额总计=5万+5万=10万元

得出了境内的奖金收入额后,我们便可开始计算应纳税额。

股权激励的收入额计算与数月奖金相同，但计算应纳税额，我们则需要先根据境外人士的居住天数判定其为居民个人还是非居民个人，两者股权激励应纳税额计算方法不同。

（1）判定为居民个人的

按照《财政部、国家税务总局关于个人所得税法修改后有关优惠政策衔接问题的通知》（财税〔2018〕164 号）等后续有关规定，居民个人取得的符合政策条件的股权激励，在 2027 年 12 月 31 日前，不并入当年综合所得，全额单独适用综合所得税税率表。

关于居民个人取得股权激励的计税，具体详见本书“个人所得税”关键词项下的“居民个人股权激励的个人所得税处理”一词的内容。

（2）判定为非居民个人的

如果境外人士为非居民个人，根据 35 号公告的规定，非居民个人一个月内取得股权激励所得，在单独按照相关规定计算出当月收入额后，不与当月其他工资、薪金合并，按 6 个月分摊计税，不减除费用，适用月度税率表计算应纳税额。

计算公式如下（公式四）：当月数月奖金应纳税额 =［（数月奖金收入额 ÷6）× 适用税率 - 速算扣除数］×6

所以按照公式四，李先生取得奖金的应纳税额 =［（10 万 ÷6）×20% -1410］×6 = 11,540 元

总结案例（五）体现的薪税要点：

（1）数月奖金、股权激励跟工资薪金一样，都需要先通过公式一、公式二、公式三来计算归属于境内的收入额；

（2）如果是全年奖金、年终奖等数月奖金，适用公式四来计算应纳税额；

（3）数月奖金的计税办法在一个公历年度内，对每一个非居民个人，只允许适用一次。

外籍及中国港澳台高管

本小节将探讨外籍及中国港澳台人士为高管的情形下的纳税问题。首先，35 号公告对高管的定义如下：对于担任境内居民企业的董事、监事及高层管理职务的个人（以下统称高管人员），无论是否在境内履行职务，取得由境内居民企业支付或者负担的董事费、监事费、工资薪金或者其他类似报酬（以下统称高管人员报酬，包含数月奖金和股权激励），属于来源于境内的所得。本公告所称高层管理职务包括企业正、副（总）经理、各职能总师、总监及其他类似公司管理层的职务。

案例（六）

我们以李先生作为中国香港公司派驻境内的高管展开分析：

李先生为中国香港居民，由中国香港公司派驻深圳工作，任职高管，每周一早上来深圳上班，周五晚上回香港。李先生的薪水全部由中国香港总公司支付。

李先生的相关天数：

（1）居住天数 = 52 × 3 = 156 天（非居民，无全球纳税义务）

（2）停留天数 = 52 × 5 = 260 天（按双边税收安排 >183 天，应该缴纳境内的个人所得税）

（3）工作天数 = 52 × 4 = 208 天

如果不选择适用税收协定待遇，我们应该参考 35 号公告第 2 条关于无住所个人工资薪金所得收入额计算（公式三）：

$$\text{当月工资薪金收入额} = \text{当月境内外工资薪金总额} \times \left[1 - \frac{\text{当月境外支付工资薪金数额}}{\text{当月境内外工资薪金总额}} \times \frac{\text{当月工资薪金所属工作期间境内工作天数}}{\text{当月工资薪金所属工作期间公历天数}}\right]$$

但如果要选择适用双边税收协定或安排的话，我们应参照 35 号公告第 4 条关于无住所个人适用税收协定，即对方税收居民个人为高管人员，该个人取得的高管人员报酬按照税收协定董事费条款规定可以在境内征收个人所得税的，应按照有关工资薪金所得或者劳务报酬所得规定缴纳个人所得税。

也就是说，该案例中的李先生作为中国香港高管，我们应该审查《内地和香港特别行政区关于对所得避免双重征税和防止偷漏税的安排》是否将高管纳入董事费条款。《内地和香港特别行政区关于对所得避免双重征税和防止偷漏税的安排》并无特别纳入董事费条款，所以根据 35 号公告第 2 条第 1 项、第 2 项的规定，同普通无住所个人取得工资薪金处理，该案例适用于公式二。

$$\text{当月工资薪金收入额} = \text{当月境内外工资薪金总额} \times \frac{\text{当月工资薪金所属工作期间境内工作天数}}{\text{当月工资薪金所属工作期间公历天数}}$$

总结案例（六）体现的薪税要点：

（1）如果适用 35 号公告中的第 2 条第 3 项的高管条款，当高管人员在境内居住时间累计不超过 90 天的时候，并不是按非高管人员的公式一计算，而是直接用境内支付的薪金作为收入额计算在境内缴纳的个税。当然，如果境内支付的薪水为零，结果仍然是境内免税的。

（2）如果适用高管条款，在境内支付部分或全额薪水的情形下（总收入不变），公式三比公式二在境内交的税要多，也就是作为高管交的税要更多。

（3）薪水全额由境外支付，公式二和公式三计算结果一样，高管与非高管结果一样。

（4）根据《内地和香港特别行政区关于对所得避免双重征税和防止偷漏税的安排》，中国香港人不适用 35 号公告中的第 2 条第 3 项的高管条款。其他国家或区域的适用情况，要参照各自的双边税收协定或安排。

（5）表 48－3 将 35 号公告中高管的情形做了一个简单的总结，方便大家理解。

表 48－3　无住所居民/非居民高管工资薪金计算

居民类型	一个纳税年度内在中国境内累计居住时间	工资薪金收入额	计算方式
非居民高管	不超过 90 天	无境内工资薪金收入	免税
	不超过 90 天	由境内雇主支付或负担的工资薪金收入	
	超过 90 天不满 183 天	全部工资薪金收入，除归属于境外工作期间且不是由境内雇主支付或负担的工资薪金收入部分外	公式三

续表

居民类型	一个纳税年度内在中国境内累计居住时间	工资薪金收入额	计算方式
居民高管	满 183 天,但境内居住累计满 183 天的年度连续不满 6 年	全部工资薪金收入,除归属于境外工作期间且不是由境内雇主支付或负担的工资薪金收入部分外	公式三

48.4 双边税收协定适用

对于外籍与中国港澳台人士,如果能够作为缔约对方的税收居民适用双边税收协定(安排),将有可能享受协定待遇。具体内容需要根据不同的国家或地区与我国订立的协定或安排确定。

48.5 常设机构认定

前文多处提到常设机构,此处我们做一个简单的介绍。

国家税务总局国际税务司《税收协定条款解读之三》第 5 条　常设机构

常设机构是税收协定中另一个非常重要的概念,它主要用于确定缔约国一方对缔约国另一方企业利润的征税权。例如,根据《国家税务总局关于印发〈中华人民共和国政府和新加坡共和国政府关于对所得避免双重征税和防止偷漏税的协定〉及议定书条文解释的通知》第 7 条的规定,"中国不得对新加坡企业的利润征税,除非该企业通过其设在中国的常设机构进行营业"。也就是说,只有新加坡企业通过其设在中国的常设机构发生了经营活动,中国才有权对其营业利润征税。其背后的逻辑是常设机构所归属的企业因为深入参与了来源国的经济活动,因此来源国拥有对其征税的权利。

简单来说,一旦被认定为常设机构,一国将对境外企业的收入拥有征税权,此为跨境税务管理中重大的税务风险。所以,境外企业外派人员前往中国大陆(内地)地区,应尽力避免构成常设机构。常设机构的类型有很多种,与境外人士前往中国大陆(内地)地区工作关系最紧密的是服务型常设机构。

经济合作与发展组织的协定范本中服务型常设机构是指,企业通过雇员或雇佣的其他人员在缔约国另一方提供的劳务活动,这种劳务活动在双边税收协定中的任意一个 12 个月内(或一个年度内)超过 183 天或 6 个月就会构成在缔约国另一方的常设机构。这种劳务通常包括了咨询管理、设计服务等类型的劳务。

案例(七)

以下为税务机关披露的一起知名的常设机构认定的案件。

某中外合资企业 A 公司设计、研制、制造和销售乘用车(包括轿车)及其零部件,并提供相应的售后服务。B 国母公司从境外派遣员工提供技术指导和售后服务等工作。B 公司对此服务收取一定费用。围绕外方派遣人员在我国提供服务是否构成常设机构，以及我国如何征税和征税时间等问题，税务机关与企业进行多次约谈。

A企业因项目需求，2009年11月~2014年12月，B国母公司派遣多个项目的雇员到该企业提供劳务，负责技术指导、售后服务等工作，形成多个常设机构。但常设机构中的雇员未按规定缴纳个人所得税。

税务机关处理意见：税务机关成立外籍个人所得税专项调查小组对A企业展开核查，发现存在构成常设机构未缴纳个人所得税情况，税务机关立即对A企业展开约谈。在约谈中税务机关与企业分歧在于常设机构的认定。企业认为，B国母公司派遣的员工在华时间不足183天，不构成常设机构，且员工的收入为境外发放，不需要在境内缴纳个人所得税。

税务机关认为，根据中国和B国税收协定第5条，常设机构包括"缔约国一方企业通过雇员或其他人员，在缔约国另一方为同一个项目或相关联的项目提供劳务，包括咨询劳务，仅以在任何12个月中连续或累计超6个月为限"。另外，依据《国家税务总局关于印发〈中华人民共和国政府和新加坡共和国政府关于对所得避免双重征税和防止偷漏税的协定〉及议定书条文解释的通知》（国税发〔2010〕75号），"同一企业从事的有商业相关性或连贯性的若干个项目应视为'同一项目或相关联的项目'"，并且"劳务活动在任何十二个月中连续或累计超过183天的规定"，具体计算时，"应按所有雇员为同一个项目提供劳务活动不同时期在中国境内连续或累计停留的时间来掌握"。该案在A企业提供劳务服务的外籍员工为同一项目提供服务，且累计停留时间超过183天，应判定为常设机构。判定非居民企业在华设有常设机构时，不论其雇用的外籍员工在我国境内工作时间长短，也不论该员工的工资薪金在何处支付，都应认为其在华常设机构工作，其间的所得是由常设机构负担的，我国有权就其在华期间取得的所得征税。

企业最终认同B国母公司外派员工在华构成常设机构共计19个，共补缴税款1771.03万元，滞纳金549.85万元，共计2320.88万元。

总结案例（七）体现的薪税要点：

1. 境外企业派员前往中国大陆（内地）地区进行服务往往只从商业角度进行考虑，而税务机关则会评判被派遣人员是否会构成境外服务方在中国境内的常设机构。

2. 从案例中我们可以看到，境外派遣人员前往中国大陆（内地）地区"劳务活动在任何十二个月中连续或累计超过183天的规定"，是按所有服务同一项目或相关联项目的雇员累计计算的，"应按所有雇员为同一个项目提供劳务活动不同时期在中国境内连续或累计停留的时间来掌握"。

3. 在境内一旦构成了劳务型常设机构，即使境外派遣的人员事实上没有满183天，即使他们的工资直接在境外发放并没有在常设机构的账目上体现，也不妨碍这些个人在境内法律上负有个人所得税的纳税义务。

4. 外籍与中国港澳台人士前往中国大陆（内地）地区应尽量与本地企业建立劳动/劳务关系，避免构成境外企业在中国大陆（内地）地区的常设机构。如果一定要采用境外企业外派前往中国大陆（内地）地区的安排，应严格控制总的前往中国大陆（内地）地区人员服务同一项目或相关联的项目的天数，防范税务风险。

48.6 外籍个人八补贴政策

八补贴政策指的是：外籍个人取得的住房补贴、伙食补贴、搬迁费、洗衣费、境内外出差补贴、探亲费、语言训练费、子女教育费，共 8 项，免征个人所得税。

政策的出处是《财政部、国家税务总局关于个人所得税若干政策问题的通知》（财税字〔1994〕020 号），政策的关键点有两个：(1)外籍及中国港澳台个人；(2)非现金形式或实报实销形式的补贴。

政策一直平稳执行，直到 2019 年个税改革，我们有了全新的专项附加扣除的概念。为了不突出超国民待遇，《财政部、国家税务总局关于个人所得税法修改后有关优惠政策衔接问题的通知》（财税〔2018〕164 号）作出了相关规定：

七、关于外籍个人有关津补贴的政策

（一）2019 年 1 月 1 日至 2021 年 12 月 31 日，外籍个人符合居民个人条件的，可以选择享受个人所得税专项附加扣除，也可以选择按照《财政部、国家税务总局关于个人所得税若干政策问题的通知》（财税〔1994〕20 号）、《国家税务总局关于外籍个人取得有关补贴征免个人所得税执行问题的通知》（国税发〔1997〕54 号）和《财政部、国家税务总局关于外籍个人取得港澳地区住房等补贴征免个人所得税的通知》（财税〔2004〕29 号）规定，享受住房补贴、语言训练费、子女教育费等津补贴免税优惠政策，但不得同时享受。外籍个人一经选择，在一个纳税年度内不得变更。

（二）自 2022 年 1 月 1 日起，外籍个人不再享受住房补贴、语言训练费、子女教育费津补贴免税优惠政策，应按规定享受专项附加扣除。

2021 年年底，财政部、税务总局通过《关于延续实施外籍个人津补贴等有关个人所得税优惠政策的公告》将外籍人士“八补贴”政策延续至 2023 年 12 月 31 日。

要点提醒：

首先，八补贴政策只要是外籍人士就可以享受，并不分居民/非居民。但专项附加扣除政策，“外籍个人符合居民个人条件的”才能享受，非居民不可以。两者享受人群有差异。

其次，当前八补贴政策和专项附加扣除政策这两个体系是互斥的，不能同时享受。要么选择享受外籍个人八补贴免税政策，要么选择个人所得税专项附加扣除，不可以两边同时享受，也不可以这边享受一半，那边享受另一半。

对于外籍人士的 8 项开支，只要是场景实际发生，符合规定，票据真实，就可以实报实销。也就是说，严格按照规定享受政策，八补贴不存在所谓的上限标准，高低都是合理的。

最新进展：

《财政部、税务总局关于延续实施外籍个人有关津补贴个人所得税政策的公告》（财政部、税务总局公告 2023 年第 29 号）已将八补贴政策延续至 2027 年 12 月 31 日。

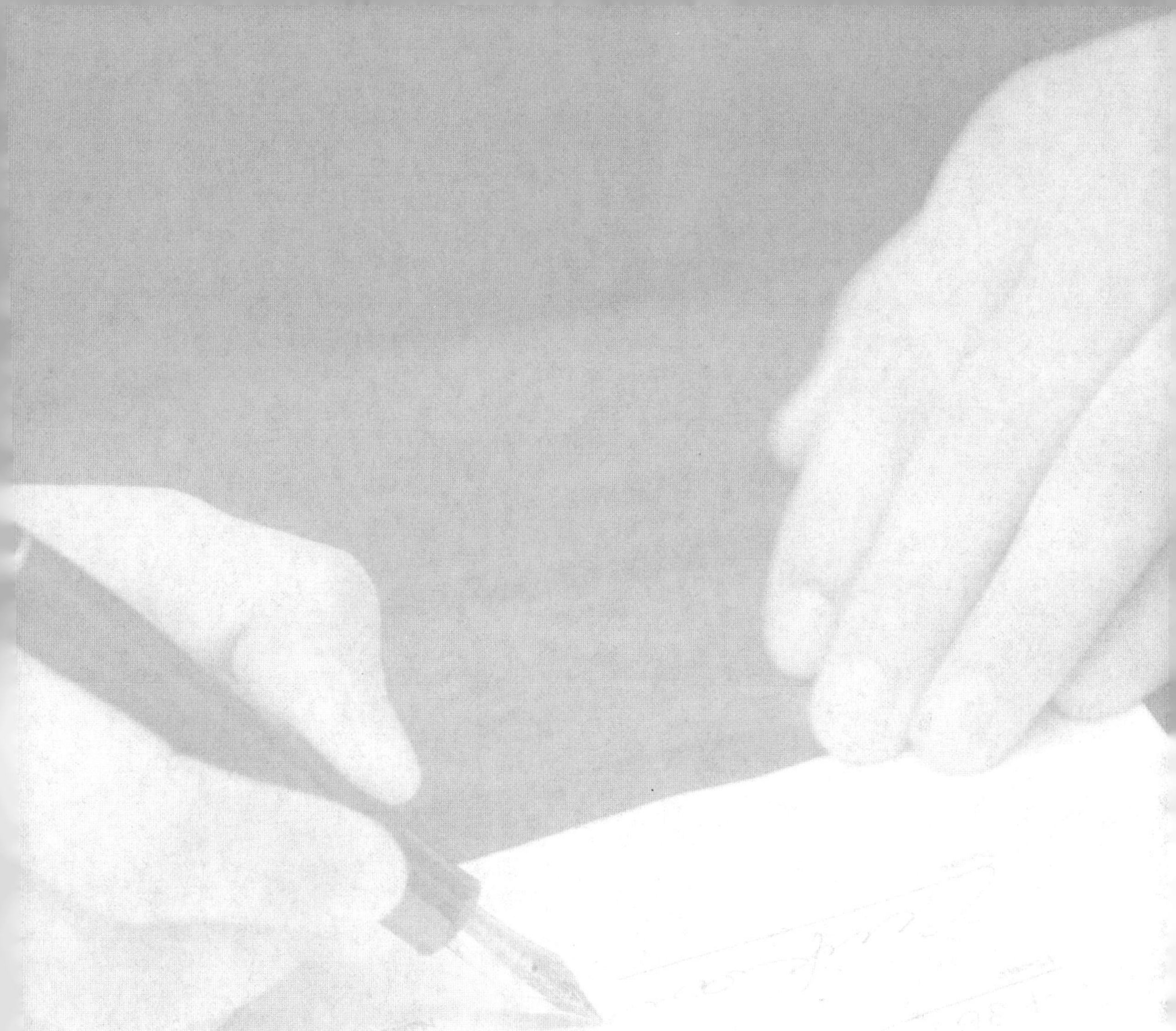

第十一篇

Chapter 11 HR与刑法

No. 49 职务侵占罪

解析

法律依据

职务侵占，是指公司、企业或者其他单位的人员，利用职务上的便利，将本单位财物非法占为己有的行为。职务侵占数额较大时，构成刑法上的职务侵占罪。2020年公布的《刑法修正案（十一）》第29条对职务侵占罪进行修订，将原来两档法定刑改为三档法定刑，量刑标准在原来的“数额较大”“数额巨大”基础上，增加了“数额特别巨大”一档，并增设了罚金刑。2022年5月15日，最高人民检察院、公安部《关于印发〈最高人民检察院、公安部关于公安机关管辖的刑事案件立案追诉标准的规定（二）〉的通知》明确了公司、企业或者其他单位的人员，利用职务上的便利，将本单位财物非法占为己有，数额在3万元以上的，应予立案追诉。对数额不构成刑事犯罪的职务侵占行为，因《治安管理处罚法》并没有将职务侵占行为界定为违反治安管理的行为，故对达不到职务侵占罪追诉标准的职务侵占行为，不能予以治安管理处罚。

3万元以下的职务侵占行为虽然不构成刑事犯罪和违反治安管理的行为，但用人单位仍然可以依照内部规章制度对此类劳动者进行处理。对于被侵占的单位财物，单位有权要求返还。因职务侵占造成损失的，单位有权要求相关劳动者承担赔偿责任。因此，企业对于劳动者的职务侵占行为能否作出有效认定，具有现实意义。依据《刑法》第271条第1款的规定，职务侵占行为必须符合以下四个条件。

1. 行为主体应当是公司、企业或者其他单位的非国家工作人员

在我国现行的法律规定中，并没有直接要求此处的“人员”必须为和公司、企业签订书面劳动合同的“人员”，“人员”一般包括正式职工、合同工和临时工三种。现实中，未与企业签订书面劳动合同，但在单位实际工作的人员，如劳务派遣人员、实习生、外包人员、退休返聘人员、与企业构成事实劳动关系的人员，均能够成为职务侵占行为的主体。

同时，应注意区分国家工作人员与非国家工作人员的区别。依据《刑法》第93条的规定，除国家机关工作人员外，具有国家工作人员身份的人员是：（1）国有公司、企业、事业单位、人民团体中从事公务的人员；（2）被上述国有单位委派到非国有公司、企业、事业单位、社会团体中从事公务的人员；（3）其他依照法律从事公务的人员。具有国家工作人员身份的主体，利用职务上的便利，将本单位财务非法占为己有的行为，依法构成贪污罪。

如果国家工作人员与非国家工作人员勾结，分别利用各自的职务便利，共同非法侵占本单位财物，则应认定为共同犯罪，根据主犯的身份性质定罪处罚。

2. 行为人必须利用了职务上的便利

“利用职务上的便利”是指利用职务上所具有的主管、管理、经营或经手本单位财物的便利条件。行为人不具有职务上的便利条件，或未利用职务上的便利条件侵占公司财物的，根据事实

情形通常认定为盗窃或侵占行为,而不认定为职务侵占行为。例如,手机装配工厂流水线上的劳动者,从工厂车间取走一部成品手机。在这个案例中,行为人与非法占有财物之间并不存在职责上管理与支配的权限,其仅仅是利用了在日常工作中形成的"熟悉单位环境""出入工厂车间自由"的便利条件实施了侵占企业财物的行为。因此,不符合职务侵占的构成条件,该行为应认定为盗窃行为,而非职务侵占行为。

3. 行为人必须侵占了本单位财物

"本单位财物"不仅包括单位具有所有权的财物,还包括本单位依据法律规定或合同约定而临时运输、占有、管理的他人的财物。

4. 行为人在主观方面是故意,应当具有非法占有的目的

行为人在主观方面应当具有非法占有本单位财物的故意,过失不能成立职务侵占行为。

问题导引

Q1: 劳动者利用职务之便"飞单"获利,用人单位向公安机关控告劳动者职务侵占后,公安机关以"无犯罪事实"为由决定不予立案的情况下,用人单位能否解除与劳动者的劳动合同,并要求劳动者返还所获的利益?

A: 根据《刑事诉讼法》第 112 条以及《公安机关办理刑事案件程序规定》第 178 条的规定,公安机关接到控告后,经审查认为没有犯罪事实,或者犯罪事实显著轻微不需要追究刑事责任,或者具有其他依法不追究刑事责任情形的,决定不予立案。所谓"没有犯罪事实"即公安机关经过侦查认为危害社会的行为不存在。其中包含危害社会的行为没有发生、危害社会的行为没有达到犯罪程度即没有触犯刑律、犯罪事实没有一定的证据予以证明 3 种情形。由此可见,公安机关以"无犯罪事实"为由作出不予立案的决定并不等同于直接否定了用人单位控告事实的存在。实践中,用人单位依然有可能依据用人单位的规章制度,解除与劳动者的劳动合同,并要求返还所获的利益。

上海案例与导引

[案例 1]

劳动者 A 于 2013 年 8 月 19 日入职 B 公司,从事销售工作。2018 年 5 月 A 以个人名义与 C 公司接洽业务,并以 D 公司的名义与 C 公司签订合同,合同价款 54,000 元,后 A 自 B 公司仓库内将价值 49,000 元的货物发给 C 公司,C 公司于 2018 年 7 月收到货物并向 D 公司支付货款,B 公司始终未收到相应货款。2018 年 8 月 21 日,B 公司向 A 出具解除劳动合同通知函。2019 年 1 月 4 日,B 公司向公安局报案称 A 职务侵占,2019 年 1 月 28 日虹口分局以"犯罪事实显著轻微,不需要追究刑事责任",决定不予立案。A 遂向法院起诉要求恢复劳动关系,并支付工资差额,B 公司起诉要求 A 赔偿经济损失。

[法院观点]

B公司以侵占公司财产为由解除A的劳动合同,具体指称的是私下接单、倒卖产品,对此作为作出解除决定的用人单位,B公司负有证明上述理由成立之责。关于私下接单,虽然A对B公司列举的《合约书》落款自己签名提出异议,但与D公司及C公司沟通洽谈、商定货款、负责发货的均系A所为,并且未以B公司之名签订合同,却自B公司处出货,整个过程未见向B公司汇报、请示、知会,A上述行为不符劳动者应尽的接受管理义务,过于随意亦无合理理由可作解释,B公司认定"私下"不为过。B公司因A有违职业操守及劳动者基本准则行为,认定A侵占公司财产,以此为由辞退A,于法不悖。A借出售B公司产品收到的货款,理应返还。

(2020)沪02民终1767号

No. 50　贿赂、海关、税务、知识产权犯罪

企业可能面临的刑事风险还包括劳动者与企业的共同犯罪和违法行为，本关键词将对贿赂、海关、税务和知识产权（商业秘密）犯罪进行简要介绍。

贿赂、海关、税务、知识产权犯罪关键词中涉及的二级关键词	
50.1	贿赂犯罪
50.2	海关犯罪
50.3	涉税犯罪
50.4	知识产权犯罪（商业秘密）

50.1　贿赂犯罪

解析

商业贿赂，是指在商业活动中违反公平竞争原则，采用给予、收受财物或者其他利益等手段，以提供或获取交易机会或者其他经济利益的行为。商业贿赂犯罪涉及《刑法》规定的 8 种罪名，其入罪标准具体如表 50 - 1 所示。

法律依据

表 50 - 1　商业贿赂犯罪入罪标准

商业贿赂犯罪	受贿人/行贿人	行贿对象	追诉标准
非国家工作人员受贿罪	非国家工作人员	—	3 万元以上的
对非国家工作人员行贿罪	个人	非国家工作人员	3 万元以上的
	单位		20 万元以上的
受贿罪	国家工作人员	—	（1）3 万元以上的； （2）在 1 万元以上不满 3 万元，且有以下情形之一的： ①曾因贪污、受贿、挪用公款受过党纪、行政处分的； ②曾因故意犯罪受过刑事追究的； ③赃款赃物用于非法活动的； ④拒不交待赃款赃物去向或者拒不配合追缴工作，致使无法追缴的； ⑤造成恶劣影响或者其他严重后果的； ⑥多次索贿的； ⑦为他人谋取不正当利益，致使公共财产、国家和人民利益遭受损失的； ⑧为他人谋取职务提拔、调整的

续表

商业贿赂犯罪	受贿人/行贿人	行贿对象	追诉标准
单位受贿罪	单位	—	(1)数额在 10 万元以上的； (2)不满 10 万元，但具有下列情形之一的： ①故意刁难、要挟有关单位、个人，造成恶劣影响的； ②强行索取财物的； ③致使国家或者社会利益遭受重大损失的
行贿罪	个人	国家工作人员	(1)3 万元以上的； (2)在 1 万元以上不满 3 万元，且有对非国家工作人员行贿罪； (3)在 1 万元以上不满 3 万元或有对非国家工作人员行贿罪
对单位行贿罪	个人	国家机关、国有公司、企业、事业单位、人民团体	(1)10 万元以上的； (2)不满 10 万元，且具有下列情形之一的： ①为谋取非法利益而行贿的； ②向 3 个以上单位行贿的； ③向党政机关、司法机关、行政执法机关行贿的； ④致使国家或者社会利益遭受重大损失的
	单位		(1)20 万元以上的； (2)在 10 万元以上不满 20 万元，且具有上栏所述情形之一的
介绍贿赂罪	个人	国家工作人员	(1)数额在 2 万元以上的； (2)数额不满上述标准，但具有下列情形之一的： ①为使行贿人获取非法利益而介绍贿赂的； ②3 次以上或者为 3 人以上介绍贿赂的； ③向党政领导、司法工作人员、行政执法人员介绍贿赂的； ④致使国家或者社会利益遭受重大损失的
	单位		(1)数额在 20 万元以上的； (2)数额不满上述标准，但具有上栏所述情形之一的
单位行贿罪	单位	国家工作人员	(1)数额在 20 万元以上的； (2)为谋取不正当利益而行贿，数额在 10 万元以上不满 20 万元，且有对单位行贿罪[个人](2)中所述情形之一的

贿赂犯罪中的“财物”，包括货币、物品和财产性利益。财产性利益包括可以折算为货币的物质利益如房屋装修、债务免除，以及需要支付货币的其他利益如会员服务、旅游。后者的犯罪数额，以实际支付或者应当支付的数额计算。如收受银行卡，不论收受方是否实际取出或者消费，卡内的存款数额一般应全额认定为受贿数额。使用银行卡透支的，如果由给予银行卡的一方承担还款责任，透支数额也应当认定为受贿数额。

辨析

• 贿赂与馈赠

贿赂与馈赠的界限,主要应当结合以下因素全面分析、综合判断:①发生财物往来的背景,如双方是否存在亲友关系及历史上交往的情形和程度;②往来财物的价值;③财物往来的缘由、时机和方式,提供财物方对接受方有无职务上的请托;④接受方是否利用职务上的便利为提供方谋取利益。

• 商业贿赂与折扣、佣金

折扣、佣金的特点:一是“公开、明示”;二是给予和收受双方均“如实入账”。商业贿赂的特点是“账外暗中”,即不按财务制度如实入账。

合法的折扣、佣金等都是被法律所允许的,在从事合法的商业行为时,需注意:①依法开展营销活动时,需严格按照财务制度如实入账;②慎重选择合作伙伴,对潜在的合作伙伴进行必要的尽职调查,并督促合作伙伴如实入账,必要时可与其签署反商业贿赂协议。

问题导引

Q1: 商业贿赂犯罪会受到怎样的处罚?

A: 近年来,中国政府加大了对商业贿赂案件的查处力度,尤其医药领域是商业贿赂的多发地带,2019 年新修订的《药品管理法》顺应国家针对医药行业反腐的高压态势,此法第 88 条以禁止性的规定,对医药行业商业贿赂作如下规定:“禁止药品上市许可持有人、药品生产企业、药品经营企业和医疗机构在药品购销中给予、收受回扣或者其他不正当利益。禁止药品上市许可持有人、药品生产企业、药品经营企业或者代理人以任何名义给予使用其药品的医疗机构的负责人、药品采购人员、医师、药师等有关人员财物或者其他不正当利益。禁止医疗机构的负责人、药品采购人员、医师、药师等有关人员以任何名义收受药品上市许可持有人、药品生产企业、药品经营企业或者代理人给予的财物或者其他不正当利益。”此法明确建立药品上市许可持有人(MAH)制度、明确规定了从事药品经营企业活动应当配备“药师”,将上市许可持有人、药师纳入医药行业商业贿赂规制范围,作为医药行业商业贿赂的新增主体。

2021 年 4 月 25 日,国家卫生健康委员会、工业和信息化部、公安部、财政部、商务部、国家税务总局、国家市场监督管理总局、国家医疗保障局、国家中医药管理局九部委联合发布《关于印发 2021 年纠正医药购销领域和医疗服务中不正之风工作要点的通知》;2021 年,国家卫生健康委和国家中医药管理局发布了《全国医疗机构及其工作人员廉洁从业行动计划(2021—2024 年)》;2021 年,国家卫生健康委、国家医保局等三部门发布了《医疗机构工作人员廉洁从业九项准则》;2022 年 1 月 15 日,中央纪委国家监委(“中纪委”)宣传部与中央广播电视总台联合摄制的反腐专题片《零容忍》;等等。从上述发布的关于医药行业反商业贿赂相关文件上看,原来主要由市场监督管理局对医药行业进行行政处罚,现在转变为国家多行政监管部门采用联合执法方式,提出专项治理要点,打击医药行业的商业贿赂现象,并对其进行行政处罚。

上海案例与导引

[案例 1]

被告人郭某某自 2015 年 3 月起,在 A 公司担任投资经理。2016 年 4 月,A 公司拟筹集人民币 3.15 亿元,通过 B 企业向 C 企业基金项目投资。在该项业务开展过程中,被告人郭某某利用其职务便利,受基金项目最终受益方 D 公司的请托,承诺帮助实施加快基金募集速度等事项,并以此从 D 公司蒋某某(另案处理)处收取 125 万元的贿赂款,其中 10 万元用于向刘某某、顾某某(均已判刑)支付转账费用。2019 年 5 月 14 日,被告人郭某某被公安人员抓获归案。

[法院观点]

被告人郭某某身为企业工作人员,利用职务上的便利,非法收受他人财物,为他人谋取利益,数额巨大,其行为已构成非国家工作人员受贿罪,依法应予惩处。郭某某如实供述自己的罪行,依法可以从轻处罚;郭某某已退出全部违法所得,可以酌情从轻处罚。根据从旧兼从轻原则,对上诉人郭某某适用《刑法修正案(十一)》关于非国家工作人员受贿罪的规定处罚,判处有期徒刑 3 年,缓刑 3 年。

(2021)沪 02 刑终 340 号

实务小贴士

为防范贿赂犯罪的风险,企业 HR 可以从以下几个方面完善人事制度等公司内部制度。

(1)公司在就业规则等规章中就受贿和行贿的禁止进行明确的规定,尤其是明确对违法人员的处罚。

(2)更好地平衡包括工资制度、奖金制度、晋升制度在内的人事制度。

(3)定期对劳动者进行培训,使廉洁的企业文化充分浸透。

(4)制定公司的保密制度并严格进行管理。

50.2　海关犯罪

解析

违反海关法规,逃避海关监管,非法运输、携带或者邮寄应当缴纳税款的货物、物品进出境,以及未经海关许可并且未补缴税款,擅自将保税货物、特定减免税货物在境内销售牟利,数额较大、情节严重的,构成走私普通货物、物品罪。此外,取得许可,但超过许可数量进出口国家限制进出口的货物、物品,构成犯罪的,以走私普通货物、物品罪定罪处罚。但是,租用、借用或者使用购买的他人许可证,进出口国家限制进出口的货物、物品,构成犯罪的,以走私国家禁止进出口的货物、物品罪等罪名定罪处罚。

法律依据

走私普通货物、物品,个人偷逃税款在 10 万元以上,单位偷逃税额 20 万元以上,就会被认定为“偷逃应缴税额较大”，从而被追究刑事责任。“应缴税额”包括进出口货物、物品应当缴纳的进出口关税和进口环节海关代征税的税额。应缴税额以走私行为实施时的税则、税率、汇率和完税价格计算；多次走私的，以每次走私行为实施时的税则、税率、汇率和完税价格逐票计算；走私行为实施时间不能确定的，以案发时的税则、税率、汇率和完税价格计算。

问题导引

Q2： 企业中哪些人员易成为海关犯罪的追责对象？

A： 除了法定代表人、总经理、总裁等公司主管人员可能受到刑罚以外，财务、会计、关务、跟单员等职员也可能被认定为“其他直接责任人员”而遭受刑罚。

上海案例与导引

［案例2］

2019年2～5月，被告单位A公司为牟取非法利益，经公司法定代表人、被告人刘某某及被告人赵某某决定购买走私白糖。其间，被告人赵某某通过本人使用的“玉洁”微信号向走私团伙中的成员柏某某（另案处理）购买走私白糖用于转售，并通过其本人及刘某某、刘某甲的银行账户向走私团伙指定的账户支付货款，被告人刘某某前往码头负责监督卸货。经计核，A公司及被告人赵某某、刘某某直接向鲍某某团伙非法收购走私白糖，偷逃应缴税额共计人民币65,211,834.84元。

［法院观点］

A公司为牟取非法利益，违反海关法规，逃避海关监管，经被告人赵某某、刘某某决定，在明知涉案白糖系走私进口的情况下，仍直接向走私人非法收购，偷逃应缴税额达6521万余元，情节特别严重，其行为均已触犯《刑法》第25条第1款、第30条、第31条、第153条第1款第3项、第3款、第155条第1项，均应以走私普通货物罪追究其刑事责任。在共同犯罪中，被告人赵某某起主要作用，根据《刑法》第26条第1款、第4款的规定，系主犯，应当按照其所参与的或者组织、指挥的全部犯罪处罚；被告人刘某某起次要作用，根据《刑法》第27条的规定，系从犯，应当减轻处罚。

（2020）沪03刑初181号

广东案例与导引

［案例3］

被告单位A公司经营范围为批发、零售预包装食品、酒类等进出口，C公司主要业务是在我国澳门负责A公司在境外订购葡萄酒的收发货，被告单位B公司经营范围为批发、零售预包装食品、酒类等进出口。被告人孙某系A公司、B公司、C公司股东，负责上述三家公司的实际运营;被告人罗某系上述三家公司财务人员,负责报关跟单、财务等公司日常事务;被告人张某系C公司股东兼采购,负责公司具体经营事务;被告人李某1系C公司职员,被告人傅某某系水客头目,被告人李某2系司机,被告人李某某系B公司劳动者,负责公司日常运营成本核算等工作。2012—2017年,A公司通过雇请水客、低报价格等方式走私葡萄酒入境,偷逃税额45,933,297.25元,孙某某、罗某、张某经手部分偷逃税款45,933,297.25元,傅某某、李某1经手部分偷逃税款18,124,723.56元,李某2经手部分偷逃税款14,347,941.48元。2013年4月至2017年年初,孙某某同D公司(另案处理)负责人黄某(另案处理)共谋,以D公司等名义代理A公司以低报价格的方式向海关申报进口葡萄酒,具体由罗某跟进,共偷逃税款2,486,028.7元。2017年4月起,孙某某同黄某共谋以D公司等名义代理B公司以低报价格的方式向海关申报进口葡萄酒,具体由罗某跟进,共偷逃税款300,492.9元。2013年7月,孙某某以E公司(另作处理)的名义委托黄某代理以低报价格的方式向海关申报进口洋酒,具体由罗某跟进,共偷逃税款407,430.47元。

[法院观点]

被告单位A公司、B公司违反海关监管规定,以雇请水客、低报价格等方式走私进口葡萄酒等货物,偷逃应缴税款,其行为均已构成走私普通货物罪,其中A公司情节特别严重,依法应予惩处。被告人孙某、罗某系A公司、B公司单位犯罪直接负责的主管人员,其行为均已构成走私普通货物罪,依法应予惩处。被告人张某、李某1按指示从事帮助A公司完成走私犯罪的活动,系单位犯罪的其他直接责任人员,其行为均已构成走私普通货物罪,依法应予惩处。被告人傅某某、李某2分别参与接收、夹带过关、交付、运送走私货物等具体行为,偷逃应缴税额特别巨大,其行为均已构成走私普通货物罪,依法应予惩处。被告人李某某系B公司单位犯罪其他直接责任人员,其行为已构成走私普通货物罪,依法应予惩处。在共同犯罪中,孙某、罗某起主要作用,系主犯;张某、傅某某、李某1、李某2、李某某均系从犯,依法可以减轻处罚。

(2020)粤刑终332号

实务小贴士

在司法实践中,认定走私犯罪要求行为人具有走私的故意。以下情形易被认定为具有走私故意:

(1)提供虚假的合同、发票、证明等商业单证委托他人办理通关手续的;

(2)以明显低于货物正常进出口的应缴税额委托他人代理进出口业务的;

(3)曾因同一种走私行为受过刑事处罚或者行政处罚的。

50.3 涉税犯罪

解析

《刑法》第 201 条对“逃税罪”作出了规定，即纳税人采取欺骗、隐瞒手段进行虚假纳税申报或者不申报，逃避缴纳税款数额较大并且占应纳税额 10% 以上的，处 3 年以下有期徒刑或者拘役，并处罚金；数额巨大并且占应纳税额 30% 以上的，处 3 年以上 7 年以下有期徒刑，并处罚金。

法律依据

由于在现实经济生活中逃税的情况十分复杂，同样的逃税数额在不同时期对社会的危害程度也不同，《刑法》对“逃避缴纳税款数额较大并且占应纳税额 10% 以上”以及“数额巨大并且占应纳税额 30% 以上”的具体数额标准不作规定，由司法机关根据实际制定司法解释并适时调整更为合适。近年来，随着经济社会的发展，我国经济犯罪呈现出新情况新特点，为了应对复杂多变的犯罪形势，最高人民检察院、公安部于 2022 年 5 月 15 日联合发文，明确逃避缴纳税款数额在 10 万元以上的应予以立案追诉。

另外，《刑法》对于逃税的手段也未做具体列举，只概括性地表述为“采取欺骗、隐瞒手段进行虚假纳税申报或者不申报”，但根据《最高人民法院关于审理偷税抗税刑事案件具体应用法律若干问题的解释》，常见的偷逃税款的行为有以下几种：

（1）伪造、变造、隐匿、擅自销毁账簿、记账凭证；

（2）在账簿上多列支出或者不列、少列收入；

（3）经税务机关通知申报而拒不申报纳税；

（4）进行虚假纳税申报；

（5）缴纳税款后，以假报出口或者其他欺骗手段，骗取所缴纳的税款。

问题导引

Q3： 已达到逃税罪的数额、比例标准，在什么情况下不予追究刑事责任？

A： 根据《刑法》第 201 条第 4 款的规定，对逃避缴纳税款达到规定的数额、比例，已经构成犯罪的初犯，满足以下三个条件可不予追究刑事责任：

（1）在税务机关依法下达追缴通知后，补缴应纳税款；

（2）缴纳滞纳金；

（3）已受到税务机关行政处罚。

“已受到税务机关行政处罚”，不单是指逃税人已经收到了税务机关的行政处罚（主要是行政罚款）决定书，是否已积极缴纳了罚款是判断逃税人有无悔改之意的重要判断标准。

Q4： 已达到逃税罪的数额、比例标准，在什么情况下不免除刑事责任？

A： 《刑法》第 201 条第 4 款对达到逃税罪的数额、比例标准不免除刑事责任的情形也作了规定：5 年内曾因逃避缴纳税款受到过刑事处罚或者被税务机关给予 2 次以上行政处罚的除外，体现了对有逃税行为屡教不改的人从严处理的立法思想。

另外，需注意，因逃避缴纳税款被税务机关给予两次以上行政处罚的人又逃税的，还必须符合《刑法》第 201 条第 1 款规定的数额、比例标准，才能追究刑事责任。

Q5： 公安机关对逃税罪的立案标准是如何规定的？

A：《最高人民检察院、公安部关于印发〈最高人民检察院、公安部关于公安机关管辖的刑事案件立案追诉标准的规定（二）〉的通知》第 52 条明确规定，逃避缴纳税款，涉嫌下列情形之一的，应予立案追诉：

（1）纳税人采取欺骗、隐瞒手段进行虚假纳税申报或者不申报，逃避缴纳税款，数额在 10 万元以上并且占各税种应纳税总额 10% 以上，经税务机关依法下达追缴通知后，不补缴应纳税款、不缴纳滞纳金或者不接受行政处罚的；

（2）纳税人 5 年内因逃避缴纳税款受过刑事处罚或者被税务机关给予 2 次以上行政处罚，又逃避缴纳税款，数额在 10 万元以上并且占各税种应纳税总额 10% 以上的；

（3）扣缴义务人采取欺骗、隐瞒手段，不缴或者少缴已扣、已收税款，数额在 10 万元以上的。

纳税人在公安机关立案后再补缴应纳税款、缴纳滞纳金或者接受行政处罚的，不影响刑事责任的追究。

50.4 知识产权犯罪（商业秘密）

解析

商业秘密，是指不为公众所知悉，能为权利人带来经济利益，具有实用性并经权利人采取保密措施的技术信息和经营信息，包括设计、程序、产品配方、制作工艺、制作方法、管理诀窍、客户名单、货源情报、产销策略、招投标中的标底及标书内容等信息。

法律依据

2020 年 9 月 14 日起施行的《最高人民法院、最高人民检察院关于办理侵犯知识产权刑事案件具体应用法律若干问题的解释（三）》进一步完善了侵犯商业秘密罪的立案追诉标准：将入罪数额从“五十万元以上”调整到“三十万元以上”并明确将侵犯商业秘密违法所得数额、侵犯商业秘密导致权利人破产、倒闭等情形纳入重大损失的认定范围。

侵犯商业秘密的行为包含以下 3 种：

（1）以盗窃、贿赂、欺诈、胁迫、电子侵入或者其他不正当手段获取权利人的商业秘密的；

（2）披露、使用或者允许他人使用以前项手段获取的权利人的商业秘密的；

（3）违反保密义务或者违反权利人有关保守商业秘密的要求，披露、使用或者允许他人使用其所掌握的商业秘密的。

行为人实施以上 3 种行为，且情节严重的，构成侵犯商业秘密罪。为境外的机构、组织、人员窃取、刺探、收买、非法提供商业秘密的，明知或者应知上述行为，获取、使用或者披露他人的商业秘密的，以侵犯商业秘密论。同时《刑法修正案（十一）》在《刑法》第 219 条后增加一条，作为第

219 条之一:"为境外的机构、组织、人员窃取、刺探、收买、非法提供商业秘密的,处五年以下有期徒刑,并处或者单处罚金;情节严重的,处五年以上有期徒刑,并处罚金。"

问题导引

Q6: 当事人之间自行约定作为机密处理的信息是否属于商业秘密?

A: 当事人之间自行约定作为机密处理的信息只有在符合法律规定的商业秘密构成要件的情况下,才能认定为商业秘密。如果该约定不明确,即无法认定该约定指向的信息的具体内容,且没有证据证明该信息属于区别于公知信息的特殊信息,那么这种"商业机密"约定不属于刑法规定的商业秘密。

北京案例与导引

[案例 4]

被告人郭某于 2010 年年底入职被害单位 A 公司,担任公司技术人员,同公司签订了保密协议,工作职责包括绘制用于模具生产的图纸,并负责保管、经手模具研发相关图纸。被告人郭某绘制、保管的相关图纸可以体现出模具的秘点技术信息。2012 年年初,被告人郭某就职于被告单位 B 公司,担任公司技术人员。2013 年,被告人郭某提议将上述模具技术申请为专利,并提供专利申请所需材料。后 B 公司于 2013 年 4 月 26 日提出"一种用于模制纵向轨枕的模具"专利申请,上述专利于 2013 年 10 月 9 日公开(公告)。该项专利内容与 A 公司设计的模具中的核心秘点技术信息具有同一性。2017 年 8 月 13 日,被告人郭某在北京西站被民警抓获归案。经查,A 公司为设计能实现秘点技术信息的模具投入研发成本共计人民币 80 余万元。

[法院观点]

根据《刑法》第 219 条的规定,商业秘密是指不为公众所知悉,能为权利人带来经济利益,具有实用性并经权利人采取保密措施的技术信息和经营信息。对于涉案模具技术能为权利人带来经济利益,具有实用性并经权利人采取保密措施各方均无异议,该案争议的焦点在于涉案模具技术是否为公众所知悉。郭某作为 A 公司原劳动者并与公司签订有保密协议,郭某及 B 公司主要领导知道齐某等 A 公司原劳动者是涉案模具技术的主要研发人,在将涉案模具技术申请专利时,不征求齐某等主要研发人的意见,体现出 B 公司、郭某对技术研发人的劳动成果的不尊重,对他人知识产权权益保护的漠视,但这种不尊重研发人意见的主观故意与构成侵犯商业秘密罪中的未经商业秘密权利人许可的主观故意不同,未达到犯罪所需的主观故意程度。综上,法院认为认定 B 公司、郭某具有侵犯商业秘密罪的主观故意的证据不足,B 公司、郭某均不构成侵犯商业秘密罪。

(2019)京 02 刑终 425 号

Q7： 离职劳动者违反与原单位的保密约定，伙同他人利用原单位专利技术以外的技术信息，生产与原单位相同的产品，是否构成侵犯商业秘密罪？

A： 违反与原单位的保密约定，伙同他人利用原单位专利技术以外不为公众知悉的工艺技术信息，生产与原单位相同的产品，并给原单位造成重大经济损失的，应根据《刑法》第219条第1款第3项和第2款的规定，按侵犯商业秘密罪论处。

明知他人违反与原单位的保密约定，仍伙同其利用掌握原单位专利技术以外不为公众知悉的工艺技术信息，生产与其原单位相同的产品，并给其原单位造成重大经济损失的，应根据《刑法》第219条第1款第3项和第2款的规定，按侵犯商业秘密罪论处。

北京案例与导引

[案例5]

2008年2月~2017年4月，被告人苏某某先后与A公司、B公司签订劳动合同，工作内容均为销售A公司的产品。2016年7月25日，苏某某成立C公司，为该公司的实际控制人。2000—2012年，张某（另案处理）在A公司从事实验、生产工作，在工作中知悉了A公司一种稠化剂配方。该配方系A公司自主研发，为防止配方泄露，A公司制定了《保密管理规定》，与劳动者签订保密协议，并在实验、生产过程中对原料采用代码制管理。2016年3月，苏某某联系张某合作生产稠化剂产品，并支付张某5万元，张某将A公司的稠化剂配方告知苏某某。2017年起，C公司使用上述配方生产并销售稠化剂产品，获利290余万元。经鉴定，A公司主张的稠化剂相关技术信息于2019年3月8日之前不为公众所知悉；张某给苏某某的配方、C公司相关产品配方与A公司所主张的稠化剂相关技术信息具有同一性。

2019年7月8日，被告人苏某某被查获。

[法院观点]

A公司出具的报案材料、研发记录等书证与证人唐某、张某等的证言相互印证，证明A公司制定《保密管理规定》，与相关劳动者签订保密协议，对稠化剂配方中原料均采用代码制管理，即原料入厂时就去掉原名称换上特定代码，在实验室和生产车间均使用代码代替原料名称。原材料变成产品后无法分析出原成分。稠化剂产品为A公司带来巨大的经济利益。上诉人苏某某在A公司工作多年，熟知公司销售的产品和流程，其明知张某是A公司工作多年的技术人员，掌握A公司的技术配方，就是让其用A公司的配方做实验并生产产品。后苏某某向张某支付5万元，让张某提供稠化剂配方及技术支持。张某在苏某某提供的实验室根据自己的回忆，还原出A公司的配方，而非由张某自主研发。张某留下的配方经鉴定与A公司的基础配方具有同一性。在案证据亦证实上诉人苏某某经营C公司后，以低于A公司的价格向以前在A公司工作期间所掌握的客户销售稠化剂，抢占市场资源，故苏某某具有侵犯A公司商业秘密的主观故意，并实施了利用不正当手段获取A公司商业秘密的行为。C公司及其实际控制人苏某某以不正当手段获取A公司的商业秘密后予以使用，造成特别严重后果，上述行为已构成侵犯商业秘密罪，依法均应予惩处。

（2020）京03刑终560号

实务小贴士

司法实践中,法院对侵犯商业秘密罪的认定路径基本如下:

(1)是否符合商业秘密的构成要件(包括权利人是否对商业秘密的内容有明确界定并在客观上有适当的载体予以体现);

(2)侵权人的信息是否与权利人的商业秘密相同或实质性相似;

(3)侵权人是否采取了不正当手段或违反约定;

(4)侵权人的行为是否给权利人造成了重大损失。

No. 51　劳动者犯罪的应对

本关键词主要从用人单位日常管理角度出发，针对劳动者可能涉及犯罪前提下的实务应对操作的分享。

劳动者犯罪的应对关键词中涉及的二级关键词	
51.1	举报
51.2	内部调查
51.3	刑事程序
51.4	涉嫌犯罪前提下的劳动合同履行

51.1　举报

解析

通常来说，“举报”是指个人或单位向相关的国家机关进行有关涉嫌违法行为或犯罪行为的举报。以本关键词为例，如涉嫌犯罪，一般是向公安机关或检察机关进行举报。在劳动关系层面下，既存在劳动者对用人单位可能存在的违法行为或犯罪嫌疑向有关部门进行举报，也存在用人单位针对劳动者涉嫌犯罪向相关部门进行举报。相关的法律法规中对举报的规定也是如此。

法律依据

另外，实务上还存在一种“举报”模式，正被很多用人单位所采用，即在用人单位范围内建立内部举报机制，接受来自劳动者、业务往来方或关联方的针对用人单位内可能发生的涉及违法或犯罪嫌疑的举报。此类举报较多关注的是内容有“商业贿赂”“职场性骚扰”以及其他可能损害用人单位合法权益和良好形象的违法或犯罪行为。在一些大型跨国公司内部，举报机制的设立也成为内部合规体系中不可缺少的环节。在笔者的工作经历中，不乏有用人单位通过内部举报最终经调查核实后构成可解雇情形的案例，也存在由举报所引发的涉嫌犯罪行为的案例。可以说，用人单位内部的举报机制是防止腐败、预防违法或犯罪风险的有力途径之一。

实务小贴士

1. 用人单位可构建举报机制，例如，设置专门的举报投诉邮箱，该邮箱只有获得权限的人员或部门可查看，同时可设置独立的机构对举报内容进行接收和处理。

2. 在用人单位的规章制度中规定举报制度，可包含接受举报的范围、途径、对举报内容或材料的基本要求等。

3. 对于举报内容应注意保密。

51.2 内部调查

解析

一般来说,能建立内部调查机制、有专门或独立的内部调查机构并配备人员的用人单位并不算多,主要集中在一些大型跨国公司或特殊行业公司。大部分用人单位甚至完全没有内部调查制度,等到确有必要进行调查的时候,往往都是交给人事部门、法务部门操作。本关键词主要是结合笔者的实际操作经验,就用人单位对劳动者可能涉及或涉嫌犯罪进行内部调查的手段、程序进行说明。

问题导引

Q1: 如何启动内部调查?

A: 实际操作中多数会由两个起因启动调查:一是上一个关键词中提及的"举报";二是在一些惯常的内审或审计中发现问题。用人单位接到了所谓的"举报",到启动较为正式的内部调查程序之间,建议还是要进行一些基本的确认,防止随意启动内部调查浪费不必要的资源。

首先,要判断一下举报的内容,是否有一定的可信度,是否是实名举报。其次,如果举报内容有来源(如有电子邮件、有电话等联系方式),建议进行回复,回复内容可以要求举报方明确身份、就举报内容提供更为具体和明确的依据,同时为了取得一定的信任,可以提供一个专门的联络窗口,也可以要求在一个安全可靠的地方进行面谈以便进一步确认举报内容的可靠程度。至于因内审或审计发现的问题,往往可以顺藤摸瓜进行深挖调查,此处不再赘述。

Q2: 内部调查人员如何选定?

A: 调查人员一般会分为内部人员和外部人员:内部人员可包括合规部门、法务部门、人事部门、财务部门工作人员,可能涉及调查对象和调查内容的部门一般不会参与;外部人员通常有律师、会计师、第三方的技术人员。通常由一个在用人单位内有一定职权的管理人员领导,或可以直接向用人单位的决策层报告。

Q3: 内部调查可以采用哪些手段和方法?

A: 虽然叫内部调查,但实际上用人单位作为一般民事主体,没有特别的权限。基于用工管理权和经营自主权,可以采用的手段有以下几种。

(1)对用人单位合法掌握的各种文件资料和数据进行筛查。

(2)与相关的劳动者、关联方、业务往来人员进行面谈。

(3)对面谈内容进行记录,在取得同意的前提下请在场的人员签字确认。

(4)对面谈或一些调查内容进行录音录像记录。但录音录像记录应谨慎处理,不得侵犯对方的合法权利,如不得涉及侵犯他方的隐私权、名誉权、肖像权等人身权和商业秘密权利,并且不宜肆意散播。

(5)对容易被修改、删除的数据进行及时复制,例如,将当事劳动者的工作电脑进行硬盘复制，对手机短信或通信软件的沟通记录进行复制，且可请公证机构进行公证取证。

（6）为了取得信任，可以与必要的关联人签订保密协议。

（7）请第三方机构（如律师、调查机构）在合法范围内进行调查（如工商登记信息、户籍信息）。

（8）如确有必要，也可对调查对象劳动者发出停工待岗通知，要求对象劳动者停止工作、离开岗位。但需注意的是，待岗时间不宜过长，待岗期间不宜扣发正常的工资报酬。

Q4： 对于内部调查的结果，用人单位要如何利用和处置？

A： 对于经调查确有犯罪嫌疑（如已经构成刑事案件立案标准的）可能的，向公安机关或检察机关报案并将调查结果提交公安机关或检察机关。对于明显不涉及犯罪嫌疑，但构成违反用人单位规章制度或其他构成《劳动合同法》第39条规定的，可考虑作出解雇处分或进行劝退、协商解除等操作。

51.3 刑事程序

解析

这里的刑事程序在狭义层面可理解为刑事诉讼程序，刑事案件分为公诉案件和自诉案件，公诉案件需经过立案、侦查、提起公诉、审判和执行（如有）程序，而自诉案件是由被害人直接向法院提起自诉，经法院立案、审判和执行（如有）。有关刑事公诉案件流程和刑事自诉案件流程详见图51－1和图51－2。

法律依据

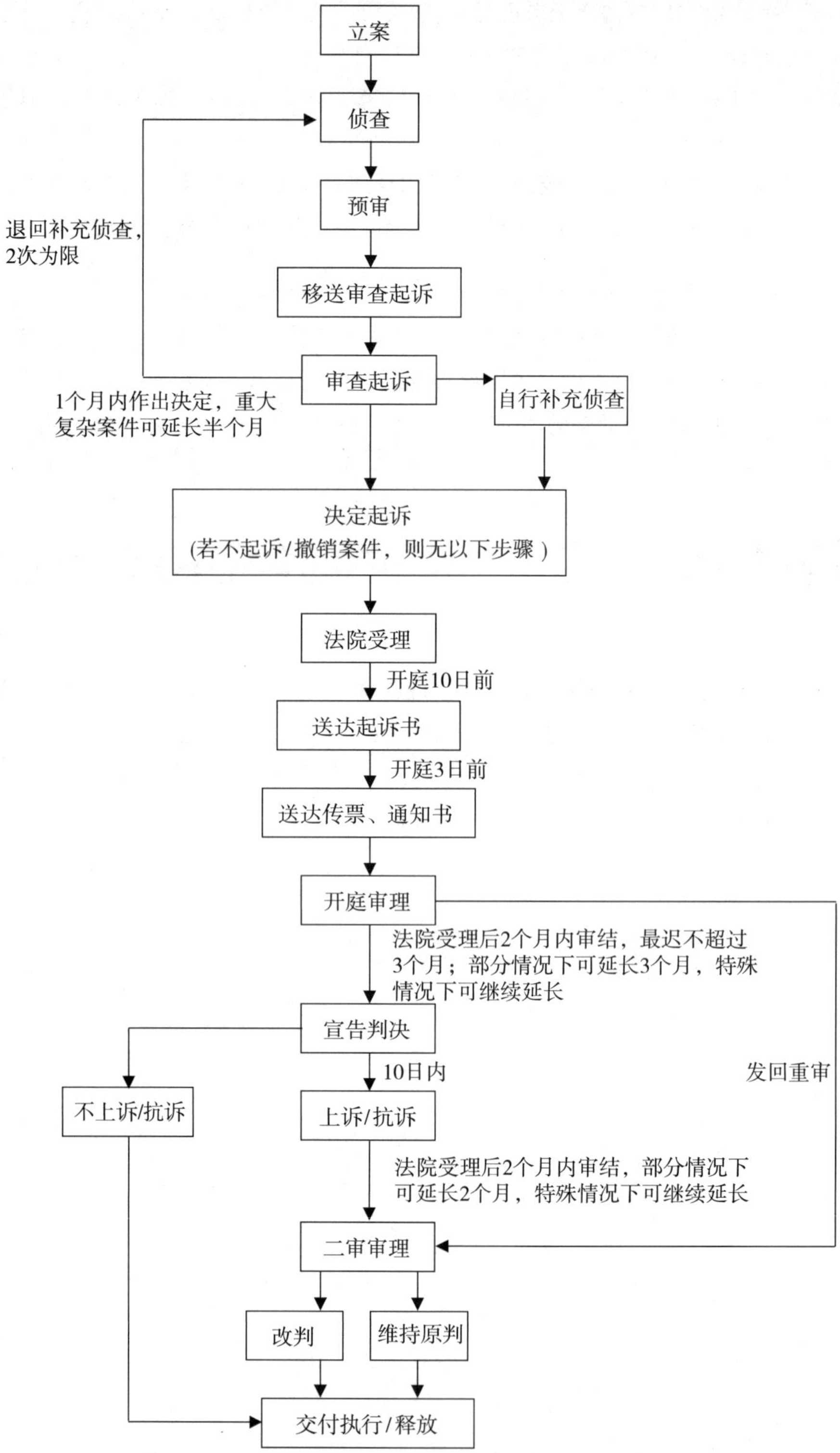

图 51－1　刑事公诉案件流程

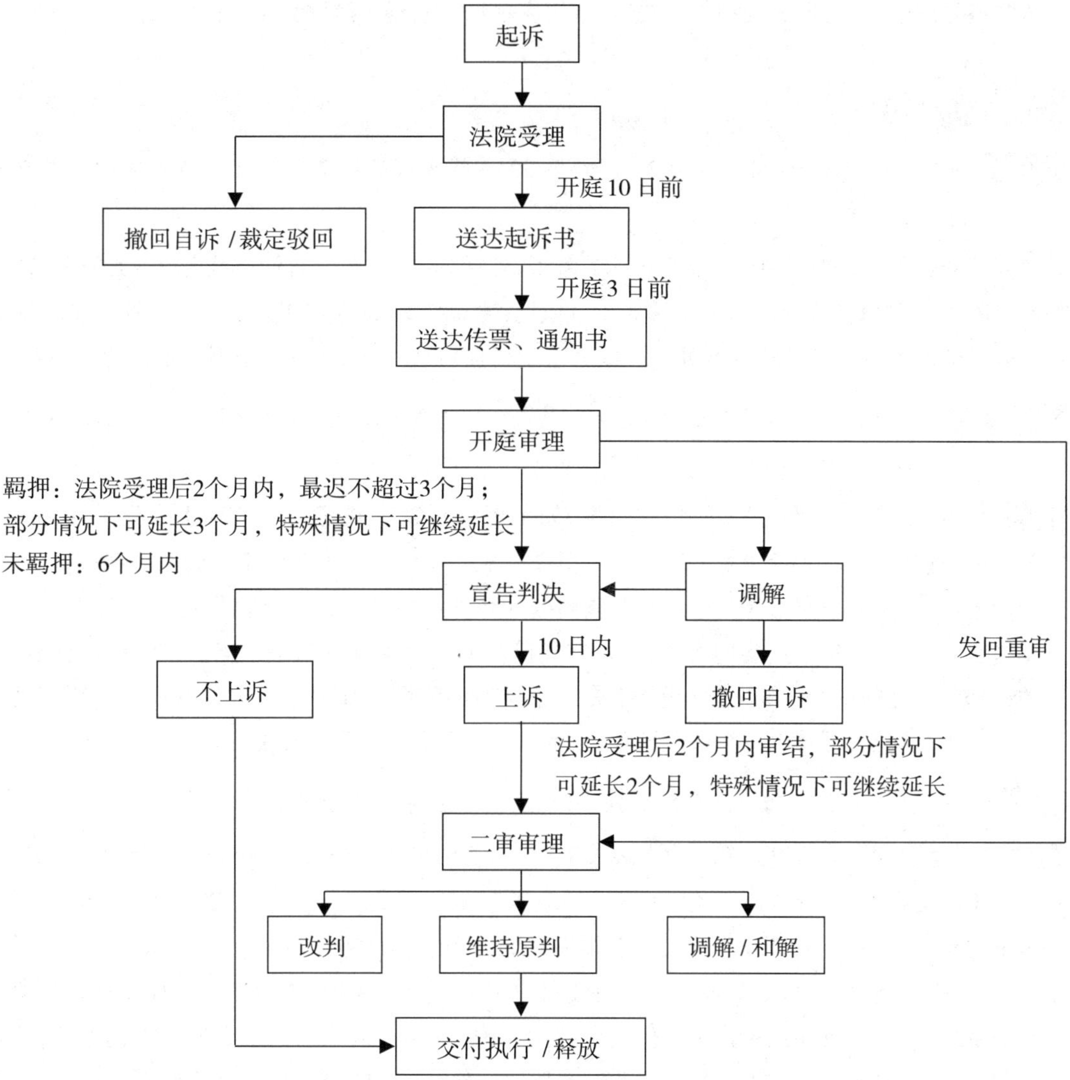

图51－2 刑事自诉案件流程

51.4 涉嫌犯罪前提下的劳动合同履行

解析

劳动者因涉嫌刑事犯罪，并被依法限制人身自由的（拘留、逮捕），用人单位有权直接解雇劳动者吗？答案是用人单位并没有因此而解除劳动合同的权利，即使劳动者最终被法院判处刑罚的可能性较大，在实务上也不建议急于进行这样的操作。所谓“涉嫌”，还不是一个确定的状态。只有符合《劳动合同法》第39条的规定，劳动者

法律依据

被依法追究刑事责任,也就是判处刑罚之后,用人单位才获得了解除劳动合同的法定权利。

问题导引

Q5: 用人单位能不能依据《劳动合同法》第 39 条第 6 项的规定解除被拘留或逮捕的劳动者的劳动合同?

A: 针对《劳动合同法》第 39 条第 6 项的解读,请详见本书“劳动合同解除”关键词项下的“过失性解除”一词的具体内容。显然,用人单位依据《劳动合同法》第 39 条第 6 项的规定有权解除劳动合同的对象只限于被法院判处刑罚或被法院依据《刑法》第 37 条免予刑事处罚的劳动者。

Q6: 用人单位能不能在法院的判决生效之前,以“严重违反规章制度”或“旷工”为由解除劳动合同或将劳动者退回劳务派遣公司?

A: 从“严重违反规章制度”的角度出发,如果规章制度中规定劳动者有违法犯罪行为属于“严重违反规章制度”,那么基于“疑罪从无”原则,在法院判决生效之前或未被追究刑事责任的,从理论上说,无法完全作出是否违反规章制度的判断。另外,如果将“劳动者被拘留、逮捕即视为严重违反规章制度”纳入制度内容中,该内容又存在欠缺合理性的风险。当然,严重违反规章制度的证据和追究刑事责任的证据,毕竟不是一个层面的问题。如果用人单位有证据证明劳动者严重违反规章制度,同时也符合法定的程序,解除劳动合同也是存在可能的。

Q7: 如果用人单位有权单方解除劳动合同,应在什么时候进行解除?

A: 《劳动合同法》第 39 条第 6 项规定,以人民法院的判决生效时为解除情形实现时。如果一审程序中的被告人、自诉人以及法定代理人未在判决书规定的上诉期限内依法提起上诉,公诉机关也未在抗诉期限内依法提起抗诉,一审判决在上诉和抗诉期限届满时生效。如上诉或抗诉被依法提起,一审判决不生效,此时解除劳动合同的法定情形未实现,需根据二审程序作出判决或裁定的结果,二审判决和裁定作出时生效。举例来说,如判处刑罚的劳动者依法提起上诉,那么一审判决作出时,用人单位尚无权解除劳动合同;如该案二审判决维持原判或改判较轻刑罚,二审判决作出时,用人单位有权解除劳动合同。

Q8: 在法院作出判决之前的羁押期间劳动者的劳动合同如何处理?

A: 具体请详见本书“劳动合同中止”关键词。用人单位有权中止履行劳动合同的相关义务,停止向劳动者支付劳动报酬,停止缴纳社会保险及公积金,并且中止期间可不计入工作年限。

实务小贴士

用人单位得知劳动者因涉嫌犯罪被采取限制人身自由的措施后,操作流程如下:

1. 立即中止履行劳动合同,停发工资、暂停社保和公积金缴纳。

2. 向劳动者发出通知。内容建议包括:(1)从被羁押开始中止履行合同义务;(2)如被解除羁押,应当在规定时间内与公司取得联系;(3)如被解除羁押后未及时联系公司,视为旷工,公司有权按照劳动者手册作出处理。

3. 用人单位的各项通知、决定，应进行必要的送达，向劳动者留存的有效住所进行送达，向劳动者的近亲属进行送达，或者向劳动者（犯罪嫌疑人）的代理律师进行送达，并保留发送记录。

4. 与公安、检察院、法院保持积极沟通，积极配合工作，了解案情。对庭审依法进行旁听或参与庭审。

附录一　问题导引及案例案号整理

第一篇　劳动关系的建立

No.1　劳动合同

Q1:两次签订固定期限劳动合同后,用人单位不同意续签劳动合同的情况下,劳动者是否可以强制要求签订无固定期限劳动合同?用人单位是否可以终止原固定期限劳动合同?

(2021)京 02 民终 4631 号

(2020)沪民申 2002 号

Q2:符合订立无固定期限劳动合同的条件,但订立了固定期限劳动合同的,该固定期限劳动合同到期是否可以终止?

Q3:用人单位有哪些行为会被认定为规避签订无固定期限劳动合同?有何后果?

(2022)京 02 民终 3386 号

No.2　事实劳动关系

Q1:认定事实劳动关系的标准有哪些?

(2022)京 03 民终 14346 号

(2022)沪 02 民终 7386 号

Q2:未订立书面劳动合同,但双方签署的其他有效书面文件的内容已经具备了劳动合同的各项要件,是否认为存在劳动合同?

《最高人民法院公报》2013 年第 12 期

(2022)沪 0104 民初 21330 号

Q3:二倍工资差额的标准和基数如何界定?

Q4:非用人单位原因导致无法订立书面劳动合同时,用人单位是否仍需支付二倍工资?

(2020)沪 0114 民初 11189 号

Q5:追索二倍工资的仲裁时效应适用一般仲裁时效还是劳动报酬追索特殊仲裁时效?仲裁时效应从何时起算?

(2022)沪 02 民终 522 号

No. 3　就业

Q1:招聘广告或聘用简章中的限制条件是否均构成就业歧视?

Q2:用人单位存在就业歧视时可能有何种后果?

(2020)浙01民终736号

Q3:用人单位招用劳动者时能否要求劳动者参加体检?

(2019)川0132民初2338号

Q4:用人单位招用劳动者时,双方有哪些告知义务?

(2021)京01民终2230号

(2022)沪02民终261号

Q5:用人单位是否能够与外籍人士约定解除/终止劳动合同的条件?

(2019)沪民再6号

(2018)粤民再267号

Q6:用人单位与外籍劳动者在用于办理就业手续的备案劳动合同之外另行签订劳动合同的效力如何认定?

Q7:外籍劳动者就业证到期未续办,用人单位终止劳动关系的,是否属于违法解除/终止?

(2018)京02民终1661号

(2022)沪01民终1965号

Q8:中国台港澳员工未办理就业证,应如何认定劳动关系?

(2021)京03民终13107号

No. 4　劳务关系及特殊劳动关系

Q1:用人单位在明知求职者系在校学生的情况下,仍与之订立劳动合同并向其发放劳动报酬的,该劳动合同是否有效?

(2021)京0101民初21367号

(2021)沪01民终767号

Q2:内部承包关系是劳动关系还是劳务关系?

(2017)京02民终1216号

Q3:用人单位与其招用的已达退休年龄但未享受养老保险待遇或领取退休金的人员发生用工争议的,双方之间是劳动关系还是劳务关系?

(2018)苏08民终1085号

No. 5　劳务派遣

Q1:用工单位违反"三性"用工有何法律后果?

(2021)鲁民申1789号

(2016)渝0107民初20645号

Q2:司法实践中如何理解同工同酬?

(2022)新民申 1390 号

Q3:劳务派遣单位未按劳务派遣协议约定为被派遣劳动者缴纳社保,用工单位是否有权要求劳务派遣单位返还社保费用?

(2012)沪一中民四(商)终字第 722 号

Q4:被派遣劳动者被用工单位退回劳务派遣单位后,劳务派遣单位可以与被派遣劳动者解除劳动合同吗?

Q5:被派遣劳动者被用工单位退回并被劳务派遣单位解除劳动合同的,若解除行为违法,劳动者主张与用人单位恢复劳动关系时可否要求恢复与用工单位的派遣用工关系?

No. 6 劳务外包

Q1:如何认定名为劳务外包实为劳务派遣("假外包,真派遣")?

(2020)粤 03 民终 25714 号

Q2:承包单位对服务人员的直接管理如何体现?

Q3:发包单位对服务人员的间接管理如何体现?

Q4:发包单位和承包单位之间的服务费按什么标准确定?

Q5:承包单位的资质如何审查?

No. 7 灵活用工

Q1:非全日制用工形式下,劳动者在休息日或者法定节假日工作,用人单位是否需要支付加班工资?

重庆市高级人民法院 2017 年公布的典型案例

Q2:劳动者如果因为工作原因导致工作时间超过法定的上限标准,是否会被认定为全日制用工?

北京市发布 2022 年度劳动人事争议仲裁典型案例

(2021)沪 02 民终 1042 号

Q3:依托互联网产生的平台用工的本质是劳动关系还是劳务关系? 如何区分?

人力资源和社会保障部、最高人民法院联合发布新就业形态劳动争议典型案例 1(人社部函〔2023〕36 号)

(2022)京 01 民终 8187 号

Q4:外卖行业、快递行业用工是劳动关系还是劳务关系? 如何区分?

人力资源和社会保障部、最高人民法院联合发布新就业形态劳动争议典型案例 2(人社部函〔2023〕36 号)

人力资源和社会保障部、最高人民法院联合发布新就业形态劳动争议典型案例 3(人社部函〔2023〕36 号)

(2016)沪 01 民终 1149 号

（2021）渝 04 民终 1554 号

Q5：网络主播与平台之间是否构成劳动关系？

人力资源和社会保障部、最高人民法院联合发布新就业形态劳动争议典型案例 5（人社部函〔2023〕36 号）

（2018）沪 0115 民初 7192 号

（2022）粤 16 民终 1845 号

Q6：“不完全符合确立劳动关系情形”劳动者可以获得哪些劳动保障待遇？

Q7：“共享用工”模式与劳务派遣有什么区别？

Q8：“共享用工”具有哪些优势？

Q9：如何保护共享用工劳动者的合法权益？

Q10：共享用工期间，劳动者发生工伤怎么办？

第二篇　劳动关系的履行

No. 8　工资

Q1：最低工资是否包含加班工资？

Q2：如何理解劳动者“提供了正常劳动”？

Q3：最低工资是否包含社会保险和住房公积金的个人缴费部分？

Q4：用人单位异地用工时，若用人单位注册地与劳动合同履行地存在不同，最低工资标准应当如何处理？

Q5：若用人单位违反最低工资相关规定，将承担怎样的法律责任？

Q6：实行标准工时制、综合计算工时制、不定时工作制以及计件工时制的用人单位分别应当如何支付加班工资？

Q7：加班工资计算基数应当如何确定？

Q8：加班工资计算基数是否可以由用人单位和劳动者共同约定？

Q9：用人单位与劳动者约定用人单位已付工资中已经包括加班工资的，该约定是否有效？

（2021）粤 03 民终 23689 号

2020 年人力资源和社会保障部、最高人民法院联合发布超时加班劳动人事争议典型案例 4

Q10：加班工资争议中，如何分配举证责任？

2020 年人力资源和社会保障部、最高人民法院联合发布超时加班劳动人事争议典型案例 6

Q11：劳动者在产假或生育奖励假期间提前返岗，用人单位除支付生育津贴和生育奖励假工资外，是否还需要再支付一笔工资？

（2021）粤 01 民终 64 号

Q12：非全日制劳动者从事高温作业，是否发放高温津贴？

Q13：劳动合同中约定的“基本工资”中已经包含高温津贴，或者用人单位提供岗位津贴、但未指明该岗位津贴包含高温津贴,在这种情况下,用人单位还需要额外支付高温津贴吗?

(2021)粤 03 民终 14356 号

8.11 及时足额支付工资

(2020)粤民申 5786 号

Q14:用人单位在何种情况下可以减少工资发放?

Q15:用人单位在何种情况下可以延期支付工资?

Q16:用人单位依法解散或破产时,应当如何向劳动者支付工资?

Q17:用人单位与劳动者未采用书面形式调整劳动报酬是否无效?

Q18:用人单位在何种情况下可以单方调整劳动者工资?用人单位单方调整劳动者工资时应当如何操作?

Q19:用人单位能否通过集体协商的方式降低劳动者薪酬?

Q20:如果用人单位未及时、足额支付劳动报酬,劳动者有何种方式进行救济?

Q21:如果用人单位克扣、拖欠劳动者工资,劳动部门将如何处罚用人单位?

No.9 奖金

Q1:对于绩效奖金的发放,应当由谁承担绩效成果的举证责任?

(2020)京 03 民终 7397 号

Q2:用人单位与劳动者约定了绩效奖金,但是没有明确考核标准,或无法证明考核制度或标准的,仲裁委员会、法院如何处理?

(2021)京 01 民终 2319 号

Q3:应当如何准确看待年终奖金的性质?是否用人单位规定了年终奖金制度就必须向劳动者发放年终奖金?

(2020)沪 02 民终 5529 号

(2019)浙 02 民终 3899 号

Q4:用人单位以往年度年终奖金的发放情况是否会对当年度年终奖金的发放造成影响?

(2022)京 01 民终 10356 号

(2022)京 02 民终 2156 号

(2019)苏 06 民终 4151 号

(2019)苏 0591 民初 10008 号、10017 号

Q5:劳动者离职时(辞职、被单方解除、劳动合同届满未续签等),未到年终奖规定发放时点,可否(按比例)获得离职当年的年终奖金?用人单位可否规定离职劳动者不享受年终奖?劳动者是否做满一个考核周期对问题的结论有无影响?

(2023)京 02 民终 252 号

(2019)沪 01 民终 1486 号

(2022)沪 01 民终 7996 号

(2020)粤03民终28317号

Q6:应当如何准确看待十三薪的性质?用人单位是否必须支付十三薪?

(2022)京03民终5426号

(2020)粤03民终28317号

Q7:劳动者离职时,用人单位是否应当向劳动者支付离职当年的十三薪?用人单位的原因导致劳动者在十三薪发放之前离职的用人单位是否应当向劳动者支付十三薪?

(2022)京01民终10262号

(2021)鲁02民终15043号

Q8:用人单位应当如何计算十三薪?

(2021)京02民终13516号

Q9:劳动者要求用人单位支付提成,应由谁来承担举证责任?

(2022)京02民终14655号

(2023)京01民终223号

Q10:用人单位是否可以在统计提成计算基数时扣除劳动者尚未收回的货款?

(2020)鲁07民终2570号

No.10　福利待遇

No.11　工作时间

Q1:用人单位对哪些劳动者可以实行综合计算工时制?

Q2:劳动者休年假的时间是否应计算为综合工时制度下的工时?

Q3:用人单位对哪些劳动者可以实行不定时工作制?

Q4:用人单位实行不定时工作制是否必须经过劳动行政部门审批?

(2022)沪02民终838号

(2020)苏04民终2806号

Q5:用人单位应当如何计发实行不定时工作制的劳动者工资(特别是法定节假日)?其休息休假应当如何确定?

Q6:用人单位可否以旷工为由对实行不定时工作制的劳动者做出违纪处分?

(2020)京02民终11419号

(2021)粤01民终18580号、18581号

No.12　试用期

Q1:用人单位和劳动者能否约定延长试用期?

(2020)粤03民终28085号

Q2:用人单位能否中止履行试用期?

(2021)沪 02 民终 3031 号

(2020)苏 05 民终 10991 号

Q3:员工离职后又入职同一用人单位,能否再次约定试用期?

(2019)京 03 民终 5508 号

Q4:劳动者在试用期解除劳动合同的,用人单位可否要求赔偿培训费用?

Q5:如何理解《劳动合同法》中规定的试用期"录用条件"?

Q6:用人单位如何在试用期内依据员工不符合录用条件解除劳动合同?

(2022)京 03 民终 7547 号

(2022)沪 01 民终 7280 号

Q7:约定的试用期超过法定试用期标准的,用人单位如何进行补偿?

(2022)沪 01 民终 6792 号

No. 13 加班

Q1:工作日和计薪天数两个概念是否等同?若不等同,两者的区别是什么?

Q2:针对属于部分公民的休假日,若休假日当天用人单位未放假,是否需要事后补假或支付加班工资?

Q3:劳动者自愿加班时,用人单位是否还有向劳动者支付加班工资的义务?

Q4:劳动者拒绝用人单位安排的加班工作的,用人单位可否按违纪处理?用人单位可否在规章制度中规定不服从加班安排即构成违纪行为?

(2021)粤 0118 民初 313 号

Q5:劳动者在法定休假日加班,用人单位可否安排补休而不支付加班工资?

(2021)京 0112 民初 33384 号

Q6:若加班时数超过法律规定上限,劳动者是否有权要求用人单位加倍支付加班费或者要求用人单位赔偿?

Q7:用人单位安排劳动者超时加班会面临怎样的行政处罚?

Q8:劳动者在非工作日参加培训是否属于加班?

(2021)京 02 民终 5359 号

Q9:劳动者的加班事实应当由谁举证?如何举证?

(2021)沪 01 民终 14693 号

Q10:远程办公情形下,用人单位应如何管理劳动者的加班?

(2020)沪 01 民终 12597 号

No. 14 休假

Q1:用人单位的规章制度是否可以规定年休假过期作废?

Q2:如何理解带薪年休假的休假资格条件中的"连续工作满 12 个月以上"?

（2022）京 03 民终 307 号

（2020）沪 01 民终 11577 号

Q3：补充（福利）年休假的使用、补偿及作废等规则不明确时，应当如何确定其使用及补偿？

（2022）京 02 民终 14090 号

（2018）沪 01 民终 1203 号

Q4：再婚、复婚是否可以享受婚假？

Q5：婚假遇法定节假日和休息日时是否顺延？

Q6：用人单位有权规定员工限期休完婚假吗？

Q7：入职前办理结婚登记的是否可以在入职后享受婚假？

Q8：婚假未休的，用人单位是否应当予以补偿？

（2021）京 0108 民初 19696 号

（2020）沪 02 民终 846 号

Q9：哪些亲属死亡时劳动者可以享受丧假？

Q10：劳动者的养父母、继父母死亡是否需要给予丧假？

Q11：用人单位是否有权不批准劳动者的事假申请？劳动者未按规定出勤是否构成旷工？

最高人民法院第三批人民法院大力弘扬社会主义核心价值观典型民事案例之案例十

（2020）京 03 民终 8351 号

Q12：产假遇法定节假日和休息日时是否顺延？

Q13：女职工违反计划生育规定，如未婚生育的，是否享受产假待遇？

Q14：陪产假遇法定节假日和休息日时是否顺延？

Q15：育儿假遇法定节假日和休息日时是否顺延？

Q16：育儿假的期限如何计算和确定？

Q17：多个子女育儿假是否可以叠加使用？

Q18：子女护理假是否只有独生子女可以享受？

No. 15　病假和医疗期

Q1：医疗期满后，劳动者因病继续休假，休假期间用人单位是否需要继续支付病假工资或疾病救济费？

（2021）沪 02 民终 10277 号

（2022）湘 01 民终 4315 号

Q2：用人单位能否要求劳动者在指定医院看病？

（2021）沪 02 民终 4997 号

Q3：用人单位能否要求对劳动者的病情进行复查？

（2021）京 03 民终 15395 号

（2022）沪 01 民终 2418 号

Q4:用人单位能否要求劳动者提交病假单之外的就诊材料?

Q5:劳动者病假期间从事兼职、外出旅游等与病假休养无关的活动,用人单位是否可以解除劳动合同?

(2017)京民再 65 号

(2019)沪 02 民终 6491 号

Q6:病假申请程序有瑕疵,能否认定旷工?

(2021)京 03 民终 106 号

(2021)粤 01 民终 19699 号

(2019)辽 02 民终 6419 号

Q7:如何准确计算医疗期?

Q8:医疗期满后用人单位能否拒绝劳动者再休病假?

Q9:试用期内能否享受医疗期待遇?

Q10:患特殊疾病(如癌症、精神病、瘫痪)的劳动者能否直接享受至少 24 个月的医疗期?

(2020)沪 01 民终 7539 号

(2018)粤民申 1994 号

(2020)苏 01 民终 6592 号

Q11:医疗期届满解除,是否需要支付医疗补助费?是否需要考虑劳动能力鉴定结果?

(2021)京 02 民终 5360 号

(2019)粤 01 民终 20795 号

Q12:员工医疗期满且劳动合同终止,是否需要支付医疗补助费?

(2022)京 01 民终 9305 号

(2022)粤 01 民终 16936 号、16937 号

No. 16 保密和竞业限制

Q1:劳动者泄露工资薪酬是否属于侵犯用人单位商业秘密的行为?

(2020)京 73 民终 356 号

(2017)沪 02 民终 11485 号

(2020)沪 01 民终 8357 号

Q2:用人单位与劳动者约定保密义务的,是否需要向劳动者支付保密费?

Q3:用人单位与劳动者签订保密协议时,如果没有同时签订竞业限制相关条款,能否就违反保密协议内容与劳动者约定违约金?

Q4:用人单位与劳动者约定违反脱密期义务需承担违约金的,约定是否有效?

(2021)京 02 民终 3847 号

Q5:若用人单位未如期向劳动者支付竞业限制经济补偿,劳动者是否仍需承担竞业限制义务?

(2019)京 01 民终 2016 号

Q6:用人单位与劳动者约定的竞业限制经济补偿金是否可以低于劳动合同解除或者终止前12个月平均工资的30%?

Q7:约定的违约金金额是否可以主张调高或调低?

Q8:用人单位与劳动者约定在职期间向劳动者支付竞业限制经济补偿金,而在劳动者离职后的竞业限制期限内则不再支付,此类约定是否有效?

(2021)沪01民终10801号

Q9:劳动者离职后违反竞业限制义务,对于违约期间用人单位已经支付的竞业限制补偿金是否承担返还义务?

Q10:用人单位能否以经营范围重叠为由认定劳动者入职新用人单位违反竞业限制?

最高人民法院指导案例190号

Q11:竞业限制案件中,用人单位为举证劳动者违反竞业限制义务的偷拍视频是否属于合法证据?

(2020)皖02民终1095号

第三篇 用工管理与民主管理

No.17 规章制度

Q1:如劳动者的行为已经造成了恶劣的影响或者后果(如被处以治安拘留处罚的行为等),但用人单位的规章制度中未将该行为明确列为违纪或可解除范畴,是否可以处罚劳动者?

(2020)苏02民终1844号

Q2:规章制度中的"民主程序"是否可以通过网上征求意见的方式进行?

(2018)苏民再119号

Q3:若未满足上述民主程序要件,该如何认定规章制度的效力?

(2021)京03民终4080号

(2021)苏06民终5157号

No.18 绩效

Q1:如何与《劳动合同法》相结合来进行试用期后的绩效考核?

Q2:用人单位采用绩效改进计划管理劳动者的业绩、评价劳动者的胜任能力需要注意哪些问题?

Q3:绩效改进计划如何与培训或调岗相结合?

(2021)京01民终11052号

No.19 培训

Q1:岗前培训期间,用人单位和劳动者是否建立劳动关系?

(2018)京 03 民终 3249 号

(2021)鲁 1326 民初 8712 号

Q2:用人单位以劳动者不能胜任工作为由解除劳动合同,是否必须经过培训或者调整工作岗位的前置程序?

Q3:如何认定用人单位提供的培训是否属于专业技术培训?

(2019)京 03 民终 2846 号

Q4:培训费包括哪些费用?用人单位在培训期内向劳动者支付的工资是否属于培训费用?

人社部函〔2020〕62 号

Q5:服务期与劳动合同期限有何区别?两者不一致时如何处理?

Q6:用人单位向劳动者提供特殊待遇(如解决户口、提供住房等)能否约定服务期和违约金?

(2021)京 03 民终 14432 号

(2021)沪 01 民终 2227 号

Q7:劳动合同解除与违反服务期违约金如何适用?

No. 20　工会

Q1:企业是否有义务设立工会?

20.3　工会主席

南京法院 2021 年度劳动人事争议十大典型案例

Q2:退休返聘人员是否可以担任企业工会主席?

Q3:未设立工会的企业是否需要交纳工会经费?

Q4:一定要通过税务机关代收工会经费吗?

Q5:建立工会的企业,缴纳工会经费时,外籍员工是否也是缴纳对象?

Q6:未征求工会意见,用人单位单方解除劳动合同的行为是否有效?

Q7:没有建立工会组织的用人单位解除劳动合同时,是否需要提前通知工会?

(2020)渝 01 民终 4111 号

(2022)浙 02 民终 2193 号

No. 21　民主管理

Q1:职工代表大会应该在何时成立?

No. 22　集体协商

Q1:在用人单位与工会签订集体合同后,是否可以不与劳动者签订书面劳动合同而将集体合同直接适用于劳动者?

(2016)川民再 531 号

Q2:面对违反集体合同的行为,权益受害方有哪些维权渠道?

第四篇　劳动保护

No. 23　工伤

Q1：工作时间和工作场所是否可以合理延伸？

(2021)沪行再1号

Q2：劳动者在参加用人单位组织的业余活动中受伤是否属于工伤？

(2019)沪03行终67号

(2020)粤行申1161号

Q3：退休人员是否可以适用《工伤保险条例》进行工伤认定？

Q4：司法鉴定结论能否作为法院确定工伤伤残等级的依据？

Q5：员工拒不进行劳动能力鉴定的应当如何处理？

(2022)京02民终7929号

Q6：停工留薪期如何认定？停工留薪期的工资如何支付？

Q7：用人单位侵权导致工伤时，如何处理工伤保险责任与用人单位侵权责任的竞合？

(2019)京民再163号

(2021)沪01民终14363号

(2022)沪01民终5424号

(2020)粤民再205号

Q8：第三人侵权导致工伤时，如何处理工伤保险责任与第三人侵权责任的竞合？

《最高人民法院公报》2021年第6期，(2019)苏05民终10330号

Q9：用人单位依据《劳动合同法》第39条解除劳动合同时，劳动者是否有权获得一次性工伤医疗补助金和一次性伤残就业补助金？

《最高人民法院公报》2015年第11期，(2014)沪一中民三(民)终字第546号

Q10：劳动者自身的过错是否影响工伤保险待遇？

(2022)沪01民终4323号

Q11：对于距法定退休年龄不足5年的工伤劳动者，劳动合同解除或终止时应享受的一次性工伤医疗补助金和一次性伤残就业补助金应如何计算？

Q12：用人单位未替劳动者办理工伤保险的情况下，与工伤劳动者签订"私了协议"，效力如何？

No. 24　职业病

Q1：用人单位未组织从事接触职业病危害因素的劳动者进行上岗前、在岗期间和离岗时的职业健康检查，会面临何种风险？

(2020)京01民终7671号

(2021)京01民终7595号

(2022)桂 01 民终 1229 号

Q2:未经离岗职业健康检查能否依据《劳动合同法》第 39 条与员工解除劳动合同?

(2020)沪民申 927 号

Q3:职业禁忌劳动者不同意调岗,用人单位如何处理?

(2020)沪 01 民终 5559 号

(2021)粤 19 民终 11469 号

No. 25 女职工保护

Q1:用人单位可以以什么理由解除与"三期"女职工的劳动合同?

Q2:孕期女职工拒绝签订书面劳动合同的,用人单位可以通知其终止劳动关系吗?

Q3:女职工在劳动合同解除后发现解除前已经怀孕的,可否要求恢复劳动关系继续履行劳动合同?

(2019)沪 01 民终 11509 号

(2020)沪 01 民终 13411 号

(2019)粤 0103 民初 2868 号

Q4:劳务派遣关系中,接受派遣的单位(用工单位)是否可以将孕期女职工退回派遣单位?

(2010)沪二中民三(民)终字第 1613 号

(2019)苏 0106 民初 13915 号

Q5:女职工违反计划生育规定怀孕的,是否排除孕期女职工劳动保护的适用?

Q6:女职工违反计划生育规定怀孕的,用人单位是否可以单方解除其劳动关系?

(2020)粤民申 10818 号

Q7:视为出勤的产前检查所涵盖的范围?

Q8:女职工提前结束产假的,用人单位应当如何处理女职工的待遇?

(2021)粤 01 民终 64 号

Q9:产假遇法定节假日是否顺延?

Q10:哺乳期未享受法律规定的哺乳时间的,用人单位是否应当予以补偿?

(2018)粤 01 民终 1581 号

Q11:如何定义性骚扰行为?

(2021)粤 01 民终 19625 号

No. 26 劳动安全卫生

第五篇 劳动关系的变更、解除与终止

No. 27 劳动合同变更

Q1:未采用书面形式但实际履行的口头变更是否一定无效?

(2021)沪 01 民终 1348 号

广东省高级人民法院 2023 年 4 月 27 日发布劳动争议典型案例 9

(2017)京 01 民终 3389 号

Q2:劳动合同变更是否必须由用人单位和劳动者协商一致?

Q3:劳动合同变更的书面形式有哪些?

Q4:用人单位是否有权单方增加劳动者工作量?

最高人民法院、人力资源和社会保障部联合发布第二批劳动人事争议典型案例 5

Q5:用人单位在合同中约定根据需要随时调岗有效吗?

Q6:如何理解《工伤保险条例》中的"安排适当工作"以及《职业病防治法》中的"妥善安置"?

Q7:用人单位在哪些情形下可以单方调整工作岗位?

最高人民法院、人力资源和社会保障部联合发布第一批劳动人事争议典型案例 14

Q8:用人单位在哪些情形下可以单方调薪?

Q9:用人单位可否单方调整劳动者的工作地点?

(2022)沪 02 民终 3379 号

Q10:用人单位可以在劳动合同中限定的区域范围内自由调动员工工作地点吗?

(2022)粤 07 民终 1886 号

(2022)苏 07 民终 1186 号

Q11:用人单位和劳动者是否可以协商变更延长劳动合同期限?

No. 28 劳动合同中止

Q1:劳动合同中止与"停薪留职""协议保留社会保险关系"的差别是什么?

Q2:劳动合同中止期间用人单位是否须向劳动者支付工资?

Q3:劳动合同中止期间用人单位是否须为劳动者缴纳社会保险费?

Q4:劳动合同中止期间是否应计算入劳动者在用人单位的工作年限?

No. 29 劳动合同解除

Q1:协商一致解除劳动合同时约定的补偿标准低于法定标准的,该约定的效力如何?

Q2:用人单位与劳动者约定劳动者辞职的提前通知期大于 30 天的,是否有效?

Q3:员工提出辞职后,是否可以在通知期内撤回?

(2020)苏 05 民终 6560 号

Q4:《劳动合同法》第 38 条第 1 款第 1 项规定的"未按照劳动合同约定提供劳动保护或者劳动条件的"如何理解?用人单位不合理的单方调整工作岗位是否能认定为"未按照劳动合同约定提供劳动条件"?

(2021)沪 01 民终 15439 号

(2022)京 02 民终 10440 号

（2021）粤 01 民终 2168 号

（2021）苏 05 民终 4292 号

Q5：用人单位未“及时”“足额”支付劳动报酬是否必然导致推定解除的适用？

Q6：用人单位未为劳动者缴纳或未足额缴纳社会保险的，劳动者是否可以使用推定解除的方式解除劳动合同？

Q7：非因用人单位单方原因导致用人单位未为劳动者缴纳或未足额缴纳社会保险的，或者劳动者与用人单位达成一致不缴纳社会保险的，劳动者是否可以使用推定解除的方式解除劳动合同？

Q8：劳动者以用人单位存在《劳动合同法》第 38 条第 1 款情形为由主张被迫解除劳动合同是否应在离职时明确提出？

（2020）京 02 民终 8581 号

Q9：员工的不当行为性质恶劣，但公司的规章制度并未事先规定，公司是否可以解除劳动合同？

（2020）苏 08 民终 2920 号

Q10：劳动者以符合公序良俗的理由请假被拒后仍休假，用人单位是否可以按违纪解除劳动合同？

《最高人民法院公报》2023 年第 4 期上海某物业有限公司诉王某劳动合同纠纷案

Q11：用人单位对劳动者违反规章制度的行为进行了处理后，又以同一行为严重违反规章制度为由解除劳动合同是否可行？

Q12：如何判断劳动者“被依法追究刑事责任”？

Q13：员工医疗期满后不能从事原工作，也不能从事由用人单位另行安排的工作的用人单位依法解除劳动合同是否需要进行劳动能力鉴定？

（2020）京 02 民终 822 号

Q14：医疗期满劳动者继续请病假，用人单位是否可以不经调岗而是直接以员工医疗期满后不能从事原工作，也不能从事由用人单位另行安排的工作为由解除劳动合同？

（2018）沪民申 1403 号

（2018）京 02 民终 6458 号

Q15：如何认定“劳动者不能胜任工作”？

Q16：用人单位是否可以末位淘汰方式认定不能胜任？

最高人民法院指导案例 18 号

Q17：什么情况可以被认定为是客观情况发生重大变化？内部组织架构调整能否被认定为客观情况发生重大变化？

（2021）沪 01 民终 15455 号

（2022）沪 0106 民初 4526 号

Q18：客观情况发生重大变化是否一定会导致劳动合同无法履行？

（2021）粤 01 民终 29393 号

Q19：如何理解以“客观情况发生重大变化”为由解除劳动合同所需的“经用人单位与劳动者协

商,未能就变更劳动合同内容达成协议的"程序?

(2019)沪 01 民终 5670 号

Q20:解除劳动合同后,用人单位是否可以超出解除劳动合同通知中载明的依据及事由主张符合解除劳动合同条件?

最高人民法院指导案例 180 号

Q21:用人单位单方解除劳动合同未事先通知工会的,有何后果?

(2019)浙 02 民终 403 号

(2018)粤民申 13244 号

(2021)粤 01 民终 7432 号

No. 30　劳动合同终止

Q1:单位决定合同期满终止不再续订是否应当提前通知员工?

Q2:因工负伤并被确认丧失/部分丧失劳动能力的员工的劳动合同终止,如何处理?

Q3:因特殊情形期限顺延的劳动合同是否需要续签书面合同?

Q4:因特殊情形期限顺延导致劳动者连续工作年限超过 10 年的,是否需要签订无固定期限劳动合同?

Q5:劳动合同到期未续签,用人单位是否可以随时终止?

(2022)京民申 1192 号

(2021)沪 02 民终 7082 号

Q6:用人单位决定提前解散的,劳动合同终止时间如何确定?

(2021)京 02 民终 13694 号

(2020)沪 02 民终 1814 号

No. 31　退休

Q1:由谁决定女职工所在岗位到底是否属于管理技术岗位/非管理技术岗位?

(2022)京民申 6823 号

(2020)沪 02 民终 5528 号

(2019)沪 01 民终 13089 号

Q2:管理性/技术性岗位的女职工在哪些情形下可在到达 50 周岁时退休/终止劳动合同?

(2022)沪 01 民终 6238 号

Q3:劳动者达到退休年龄但未能享受基本养老保险的,与用人单位之间是否还存在劳动关系?劳动合同能否终止?

(2022)沪 02 民终 252 号

(2019)沪 02 民终 7260 号

(2021)苏 04 民终 1936 号

(2019)苏民再 491 号

Q4:劳动者达到退休年龄但未享受养老保险待遇,用人单位终止劳动合同是否应支付补偿金?

Q5:单位与柔性延迟申领养老金人员签订的工作协议履行期间,单位单方解除工作协议的,是否需要支付经济补偿金或赔偿金?

Q6:退休返聘人员在工作期间发生工伤的,是否应适用《工伤保险条例》?是否按工伤赔偿标准进行赔偿?

No. 32 裁员

Q1:如何理解《劳动合同法》第 41 条第 1 款第 2 项“生产经营发生严重困难”?

Q2:如何理解《劳动合同法》第 41 条第 1 款第 4 项“客观经济情况发生重大变化”?

Q3:“裁员方案”是否需要劳动行政部门的批准?

Q4:经济性裁员中,“优先留用”的人员如何界定?是否禁止裁减?由谁承担被裁减人员是否符合“优先留用”条件的举证责任?

(2019)京 03 民终 12376 号

(2019)粤 01 民终 13502 号

Q5:“裁员方案”向劳动行政部门报告后,经济性裁员是否就一定合法?

(2021)沪 02 民终 11580 号

No. 33 经济补偿金

Q1:用人单位与已达到退休年龄但未办理退休手续人员终止劳动关系后,是否应当支付相应的经济补偿金?

(2019)京 03 民终 824 号

(2022)沪 02 民终 252 号

(2018)粤 13 民终 4933 号

Q2:劳动者与用人单位均无法证明劳动者离职原因的,是否支付经济补偿金?

(2021)粤 03 民终 32809 号

Q3:如何认定“劳动者非因本人原因从原用人单位被安排到新用人单位工作”?

(2022)沪 01 民终 8111 号

Q4:奖金是否应当计入经济补偿金的计算基数?

Q5:加班工资是否计入经济补偿的计算基数?

Q6:停工停产期间工资、生活费以及病假工资等非正常工作期间工资是否计入经济补偿的计算基数?

(2022)沪 01 民终 3528 号

(2018)沪 02 民终 1836 号

Q7:协商一致解除时约定的补偿标准低于法定标准的,该约定的效力如何?

(2019)京03民终16320号

Q8:用人单位因解散、关闭或被撤销而终止劳动合同的,是否支付2008年之前的经济补偿?

Q9:劳动者工作年限跨越2008年1月1日前后,经济补偿金该如何计算?

No. 34　违约金

Q1:用人单位和劳动者在约定服务期条款时需注意哪些问题?

(2022)沪01民终1950号

(2018)渝0105民初8838号

Q2:劳动者违反服务期约定,用人单位能否要求劳动者支付违约金,同时返还培训费?

(2020)京03民终1826号

(2016)苏1324民初1784号

Q3:劳动者因为用人单位拖欠工资被迫在服务期内辞职的是否需要支付违约金?

Q4:用人单位因劳动者在服务期内严重违反规章制度解除劳动合同的是否可以要求劳动者支付违约金?

Q5:如果劳动者在试用期内提出辞职,用人单位可否向其主张返还培训费和支付违约金?

Q6:用人单位实际为劳动者提供了专业技术培训,但却未约定服务期,如果劳动者提前解除劳动合同,可否要求承担违约金?

Q7:用人单位向劳动者提供特殊待遇,能否约定违约金?

(2022)京民申5499号

(2017)京02行终1543号

(2019)沪0115民初35927号

Q8:实习协议是否可以约定违约金?

Q9:新用人单位是否应对竞业限制违约金承担连带责任?

Q10:劳动者违反竞业限制约定支付违约金后,是否仍需继续履行竞业限制义务?

Q11:如果劳动者主张竞业限制违约金数额约定过高,法院是否会予以调整?

(2021)沪01民终15934号

第六篇　劳动争端

No. 35　时效

Q1:“劳动争议发生日”与“当事人知道或应当知道其权利被侵害之日”,究竟应该适用哪一个?

Q2:劳动者请求确认劳动关系是否适用仲裁申请时效?

(2020)粤03民终26794号

(2021)粤民申12617号

Q3:劳动者请求加班工资仲裁申请时效何时起算?

(2021)苏01民终2656号

Q4:劳动者请求未休年休假工资的仲裁申请时效何时起算?

(2021)粤20民终238号

Q5:劳动者请求用人单位承担工伤待遇的仲裁申请时效何时起算?

(2022)京01民终7917号

(2019)苏民申133号

Q6:劳动者请求生育津贴差额的仲裁申请时效何时起算?

(2020)粤01民终16789号、16790号

(2020)粤民申6435号、6436号

Q7:劳动者请求补足最低工资的仲裁申请时效何时起算?

(2020)鲁民再297号

Q8:竞业限制纠纷中的仲裁申请时效何时起算?

(2022)粤01民终3745号、3746号

(2022)京03民终14703号

(2019)沪01民终13076号

Q9:劳动人事争议仲裁委员会和法院是否会主动审查仲裁申请时效?

Q10:如在仲裁阶段未提出仲裁时效抗辩,是否可在诉讼阶段再提抗辩?

Q11:仲裁申请时效的中止和中断情形有哪些?

Q12:仲裁申请时效和诉讼时效的区别有哪些?

Q13:社保追缴有2年时效的限制吗?

(2021)京02行终1103号

(2020)粤行申53号

Q14:解除劳动合同日当日是否就开始起算劳动仲裁时效?

(2018)沪02民终9799号

(2020)苏02民终861号

No.36　赔偿金和损失赔偿责任

Q1:《最低工资规定》与《劳动合同法》第85条的规定之间有何区别呢?二者在法律适用上又有何关系?

Q2:劳动者依据《劳动合同法》第85条要求用人单位加付赔偿金,需履行怎样的前置程序?

Q3:法院和劳动监察部门在决定工资赔偿金具体比例时主要会考虑哪些因素?

Q4:对于违法解除劳动合同的,在计算双倍赔偿金的时候,如果工资基数超过上年度社会平均工资3倍,赔偿年限是否12年封顶?

Q5:如果劳动合同跨越2008年1月1日的,违法解除/终止劳动合同赔偿金的基数是否需要分段计算?

Q6:奖金是否应当计入未签订书面劳动合同的双倍工资赔偿基数?

Q7:如何认定劳动者需要承担赔偿责任?

(2022)京01民终6528号

No. 37 劳动监察(劳动保障监察)

Q1:劳动保障监察制度中涉及的各方主体有哪些?

Q2:劳动保障监察的职权范围是什么?

Q3:监察程序如何启动?

Q4:劳动保障监察机构的权限有地区限制吗?

Q5:劳动保障监察机构如何进行调查、检查?

Q6:劳动保障监察人员的调查、检查行为有无准则或限制?

Q7:用人单位接受行政监察有什么申辩机会?

Q8:用人单位对处理或处罚结果应如何对待?有无救济权利?

No. 38 劳动争议

Q1:用人单位能够以劳动者未履行和解协议为由,拒绝履行自身的合同义务吗?

Q2:和解协议中约定"劳动者放弃提起仲裁和诉讼的权利",这种约定是否有效?

Q3:所有的用人单位必须设立调解委员会吗?

Q4:股票期权、限制性股票回购损失纠纷是否属于劳动争议范围?

(2022)京民申3321号

(2021)沪01民终10714号

(2021)粤01民终9011号

(2022)粤01民终8068号

Q5:劳动争议仲裁程序如何启动?

Q6:被申请人收到仲裁委员会送达的仲裁申请书后,应该如何应对?

Q7:劳动仲裁案件中,用人单位的举证责任有哪些?

Q8:用人单位应当履行的仲裁结果有哪些?

Q9:劳动争议的管辖如何划定?

(2022)京02民辖终607号

(2021)粤01民辖终497号

Q10:提起诉讼后,原裁决书的效力如何认定?

Q11:当事人在提起诉讼后,能否增加新的诉讼请求?

(2019)京民申4708号

(2022)沪02民终5778号

Q12:在诉讼阶段,如果原被告达成和解,原劳动仲裁的裁决书效力如何认定?

Q13:用人单位如何应对支付令?

Q14:劳动者申请人民法院执行生效的仲裁裁决书、仲裁调解书,用人单位是否有救济途径?

Q15:具有强制执行力的生效仲裁裁决书、调解书或判决书所裁定的支付金额,用人单位是否有权直接进行税金的代扣代缴?

(2019)沪 0112 执 2737 号

Q16:如果最终被认定恢复劳动关系的,企业应支付员工仲裁诉讼期间的工资吗?如何支付?

(2021)京 03 民终 7713 号

(2021)沪 01 民终 2012 号

(2021)辽 14 民再 35 号

(2021)辽 02 民终 3954 号

第七篇　HR 与公司法

No. 39　并购与重组

Q1:"国有参股企业"是否需要履行《企业民主管理规定》第 14 条规定的义务?

Q2:随着并购交易导致企业情况发生变化,原工会组织和工会主席、副主席等工会领导如何变化?

Q3:对个别业务部门进行出售、调整等导致业务部门停止运转,这种情形是否构成"非因劳动者原因造成停工停产",从而可参照《工资支付暂行规定》中规定的标准支付工资?

(2014)三中民终字第 14704 号

Q4:收购经营不善导致停工停产或已经有员工待岗的企业需要注意哪些问题?

(2017)鄂 01 民终 1935 号

No. 40　董事、监事、高级管理人员

Q1:如果不属于《公司法》明确列出的高级管理人员职务,如何判断一名员工是否属于公司的高级管理人员?

(2020)京 03 民终 8429 号

Q2:实践中如何判断董监高人员是否尽到了勤勉义务?

(2009)沪一中民三(商)终字第 969 号

Q3:如果董事和监事同时在公司担任其他职务,是否可以认为建立了劳动关系?

(2016)鲁 1203 民初 916 号

(2017)鲁 08 民终 2812 号

Q4:公司高管是否一定要与公司建立劳动关系?

(2016)黔 01 民终 3958 号

Q5:与公司存在劳动关系的董监高人员,如果没有签订书面劳动合同,是否可以主张二倍工资?

(2017)鄂09民终1467号

Q6:如果上市公司被证监会处罚,且某高管被证监会确认为相关违法行为的直接责任人员,是否可以构成解除劳动合同的合法事由?

(2015)沪二中民三(民)终字第747号

Q7:在法院认可公司构成违法解除劳动合同的情形下,公司是否必须恢复高管的劳动关系?

(2015)沪二中民三(民)终字第1416号

Q8:员工与公司协商一致解除劳动合同,协商解除协议中约定公司支付的相关补偿已经包含股票及相关权益的,该等约定是否有效?

(2014)三中民终字第10896号

Q9:员工已获取的股票激励收入是否应当列入离职时经济补偿金的计算基数?

(2021)粤01民终13145号、13146号

第八篇　HR与职工隐私

No. 41　劳动者隐私权

Q1:用人单位在工作场所安装摄像头是否侵犯了劳动者的隐私权?

(2020)粤民申8843号

(2020)鄂01民终3509号

No. 42　劳动者肖像权

No. 43　个人信息保护法

Q1:用人单位在处理劳动者的敏感个人信息时,能否援引《个人信息保护法》第13条的规定无须获得劳动者的单独同意?

Q2:若用人单位跨境提供劳动者的个人信息,能否依据《个人信息保护法》第13条获得豁免,继而无须再取得劳动者的单独同意?

Q3:《个人信息保护法》实施后,用人单位在此之前收集的劳动者考勤记录和行程记录是否需要删除?

Q4:《个人信息保护法》实施后,用人单位在进行内部调查时,应如何妥善处理劳动者的个人信息?

Q5:用人单位在对离职劳动者进行竞业限制调查的过程中进行视频取证是否违反了《个人信息保护法》的规定或侵犯了劳动者的个人隐私?

Q6:在对劳动者的病假管理中,如何判断用人单位处理劳动者个人信息时满足了合法、正当、必要、最小化的要求?

(2021)京03民终106号

(2019)京02民终11084号

第九篇　HR 与知识产权

No. 44　职务发明

Q1:职务发明制度可能适用于哪些人员?

Q2:哪些发明可能是职务发明?

Q3:作出职务发明的发明人或者设计人有什么权利?

Q4:可否通过合同约定改变职务或非职务发明的性质?

Q5:发明权属纠纷如何应对?

Q6:约定标准和法定标准的适用原则?

Q7:职务发明的奖励和报酬的法定标准?

Q8:约定标准能否低于法定最低标准?

(2018)沪 73 民初 499 号

(2017)粤民终 2977 - 3013 号

Q9:采取约定标准的具体方式?

Q10:职务发明和报酬的支付时间?

No. 45　著作权

Q1:计算机软件职务作品的著作权由单位还是劳动者享有?

(2016)京 73 民初 303 号

(2009)粤高法民三终字第 346 号

Q2:如何管理可以实现计算机软件类职务作品的著作权由单位享有?

Q3:除《著作权法》第 18 条第 2 款列举的 5 类特殊职务作品,是否还可以有其他类型的特殊职务作品?

第十篇　HR 与税费

No. 46　五险一金

Q1:哪些用工形式用人单位无须缴纳社会保险?

Q2:如何确定社会保险费缴费基数?

Q3:劳动者签署放弃缴纳社会保险声明或协议是否有效?

(2022)京 03 民终 6604 号

(2020)沪 01 民终 6364 号

Q4:用人单位若少缴或漏缴了社会保险费,如何补缴?

Q5:“社保代理”存在哪些法律风险?

(2021)京03民终219号

(2019)粤0112民初7306号

国家医疗保障局曝光台2022年第三期曝光违规骗取生育保险基金典型案件

Q6:异地灵活就业人员是否可以缴纳当地的企业职工基本养老保险?

Q7:用人单位是否有义务为非全日制用工劳动者缴纳职工基本养老保险?

Q8:已参加城乡居民基本养老保险的劳动者,用人单位是否还有义务为其缴纳企业职工基本养老保险?

Q9:用人单位未为劳动者办理养老保险登记,最后导致劳动者无法享受养老保险待遇而遭受损失,用人单位承担何责?

(2020)沪01民终3112号

(2020)粤03民终4464号

Q10:劳动者离职时可以要求用人单位返还其个人缴纳的企业年金费吗?

Q11:用人单位是否有义务为非全日制用工劳动者缴纳企业职工基本医疗保险?

Q12:用人单位为劳动者缴纳了企业职工基本医疗保险费,是否可以就此主张不再支付员工病假工资?

Q13:工伤保险有哪些待遇?

Q14:超过法定退休年龄人员和实习生是否可以缴纳工伤保险?

Q15:用人单位是否有义务为非全日制用工劳动者缴纳工伤保险?

Q16:多个非全日制用工是否可以同时缴纳多个工伤保险?

Q17:新业态从业人员是否可以缴纳工伤保险?

Q18:用人单位未替劳动者办理工伤保险的情况下员工遭受工伤,用人单位承担何种责任?

Q19:灵活就业人员是否可以缴纳失业保险?

Q20:劳动者逾期办理失业登记,还能够要求领取失业保险金吗?

Q21:用人单位未为劳动者办理失业保险,该劳动者因严重违纪被开除时,用人单位能否主张免予赔偿?

Q22:生育保险有哪些待遇?

Q23:灵活就业人员是否可以缴纳生育保险?

Q24:男性劳动者是否可以享受生育保险待遇?

Q25:女职工刚入职就怀孕,能否享有生育保险待遇?

Q26:女职工怀孕期间离职,还能否享受生育津贴和生育待遇?

Q27:用人单位未为外籍劳动者缴纳社会保险,外籍劳动者提出解除是否可以要求经济补偿?

(2021)京02民终15300号

(2020)沪01民终12033号

(2019)粤01民终17310号

Q28:灵活就业人员(包括非全日制)是否可以缴存住房公积金?

Q29:用人单位是否需要为非城镇户籍劳动者缴存住房公积金?
Q30:用人单位是否需要为外籍人员缴存住房公积金?
Q31:用人单位是否需要为中国港澳台居民缴存住房公积金?
Q32:用人单位能否在劳动合同中约定不缴或少缴住房公积金?
Q33:用人单位与劳动者因住房公积金发生争议,是否属于劳动争议?

No. 47 个人所得税

Q1:竞业限制补偿属于哪个税目?
Q2:年会礼品或奖品属于哪个税目?
Q3:全日制学历教育的学生实习工资属于哪个税目?
Q4:再任职退休人员(退休返聘)工资属于哪个税目?
Q5:哪些福利费可以免征个人所得税?
Q6:取得工伤保险待遇是否免征个人所得税?
Q7:取得生育津贴和生育医疗费是否免征个人所得税?
Q8:通讯补贴是否需要缴纳个人所得税?
Q9:新《个人所得税法》下年终奖的计税方式?
Q10:新个人所得税法下离职补偿的计税方式?
Q11:因劳动关系终止所取得的经济补偿,是否适用离职补偿税收优惠政策?
(2019)京 03 行终 689 号
Q12:企业年金是否免征个人所得税?
Q13:个人养老金是否免征个人所得税?
Q14:商业健康保险是否免征个人所得税?或者是否可以作为扣除项目?
Q15:补充住房公积金个人部分是否免征个人所得税?或者是否可以作为扣除项目?
Q16:扣缴义务人少缴漏缴个人所得税的风险?

No. 48 外籍及中国港澳台人士在华薪税管理

第十一篇 HR 与刑法

No. 49 职务侵占罪

Q1:劳动者利用职务之便“飞单”获利,用人单位向公安机关控告劳动者职务侵占后,公安机关以“无犯罪事实”为由决定不予立案的情况下,用人单位能否解除与劳动者的劳动合同,并要求劳动者返还所获的利益?
(2020)沪 02 民终 1767 号

No. 50　贿赂、海关、税务、知识产权犯罪

Q1：商业贿赂犯罪会受到怎样的处罚？

(2021)沪02刑终340号

Q2：企业中哪些人员易成为海关犯罪的追责对象？

(2020)沪03刑初181号

(2020)粤刑终332号

Q3：已达到逃税罪的数额、比例标准，在什么情况下不予追究刑事责任？

Q4：已达到逃税罪的数额、比例标准，在什么情况下不免除刑事责任？

Q5：公安机关对逃税罪的立案标准是如何规定的？

Q6：当事人之间自行约定作为机密处理的信息是否属于商业秘密？

(2019)京02刑终425号

Q7：离职劳动者违反与原单位的保密约定，伙同他人利用原单位专利技术以外的技术信息，生产与原单位相同的产品，是否构成侵犯商业秘密罪？

(2020)京03刑终560号

No. 51　劳动者犯罪的应对

Q1：如何启动内部调查？

Q2：内部调查人员如何选定？

Q3：内部调查可以采用哪些手段和方法？

Q4：对于内部调查的结果，用人单位要如何利用和处置？

Q5：用人单位能不能依据《劳动合同法》第39条第6项的规定解除被拘留或逮捕的劳动者的劳动合同？

Q6：用人单位能不能在法院的判决生效之前，以“严重违反规章制度”或“旷工”为由解除劳动合同或将劳动者退回劳务派遣公司？

Q7：如果用人单位有权单方解除劳动合同，应在什么时候进行解除？

Q8：在法院作出判决之前的羁押期间劳动者的劳动合同如何处理？

附录二　速查表单索引

序号	章节	关键词	速查表单
1	8.3	最低工资	全国最低工资标准速查表单
2	8.10	津贴、补贴	全国高温津贴标准速查表单
3	14.2	婚假	全国婚假速查表单
4	14.3	丧假	全国丧假速查表单
5	14.7	产假	全国产假速查表单
6	14.8	陪产假	全国陪产假速查表单
7	14.10	生理假	全国生理假速查表单
8	14.11	育儿假	全国育儿假速查表单
9	14.12	子女护理假	全国子女护理假速查表单
10	14.13	计划生育手术假	全国计划生育手术假速查表单
11	15.1	病假	全国主要经济省份病假工资速查表单
12	25.2	女职工保健	全国女职工卫生费标准速查表单
13	25.2	女职工保健	全国女职工妇科筛查速查表单
14	47.4	个人所得税减除与扣除	专项附加扣除速查表单

后 记

《HR 全流程法律顾问:最新企业人力资源速查速用全书》第四版的出版距离 2018 年第三版的问世已 5 年有余,距离最初第一版的问世更是接近 10 年。此次策划编撰第四版正是整合这 5 年间企业人力资源法律最新风向的一个莫大的机会。

第四版从策划到编撰,基本上全部由保华所的律师团队完成,集中总结了在此 5 年间最为重要的劳动法及相关法律话题。但与此同时,我们也不能忘记本书的内容依然沿袭了前三版所确定的基本框架,如果没有本书第一版至第三版所确定并逐步发展至今的编纂思路与内容框架,本书第四版也就无从谈起。

本书的第一版诞生于 2014 年,由陈铁凡律师与我本人担任主编,最初的设想与框架也是基于陈律师的笔记,我们讨论后确定了以类似于"知识库"的形式进行内容的汇编。在那个自媒体还未全面兴起,法律资讯还相对匮乏的年代,我们以一本自成知识体系,法规分析紧密结合案例讲解的数据获得了市场的青睐。在出版社的约稿之下,更新后的第二版也很快出版。

本书的第三版则代表了我们在编写思路与技术革新方面的全面突破。2018 年正值互联网经济如火如荼的年代,各种线上产品不断迭代。在主编陈铁凡律师、王维众律师及他们各自团队成员的帮助与建议之下,第三版确定了全新的线上线下联动的数据库结构模式,并在此基础上扩充了第二版的内容。第三版一经问世,便大受好评,其线上线下相互联动的形式随后更是被植入了所有 HRLC 的线下产品中。2019 年,我们又发布了第三版的精简版——《HR 全流程法律顾问:300 个人力资源核心问题速查手册》,由纪桦律师、严静安律师与我本人一同担任主编,该书作为第三版的简装版,还同时增加了线上表单与"提问"功能,也代表着我们在书籍线上线下联动的基础上设计思路与技术的又一次进步。

今天借着第四版出版之时,我不但要感谢我们第四版的主编团队及编委会所有成员的辛勤付出,我们主编团队还由衷地感谢《HR 全流程法律顾问:最新企业人力资源速查速用全书》第一版至第三版的发展道路上作出突出贡献的各位律师主编及编委会成员,在此特附上各个时期编委会成员清单,以示鸣谢。

董润青

2024 年 1 月 19 日于上海

附:

《HR 全流程法律顾问(第一版)》编委会名单

主编:陈轶凡(世泽所)　董润青(保华所)
监制:董保华(保华所)
编委:
世泽律师事务所(排名不分先后):
刘蓉容　童　琦　纪悦颖　孙　斌　徐开元　朱园园　朱誉鸣　纪　桦　许文实　露　丹　殷利华　黄翼洺
保华律师事务所(排名不分先后):
丁在锋　陆佳亮　郭旭瑾　李　白

《HR 全流程法律顾问(第二版)》编委会名单

主编:陈轶凡(世泽所)　董润青(保华所)
监制:董保华(保华所)
编委:
世泽律师事务所(排名不分先后):
严静安　徐玮澴　纪悦颖　黄翼洺　卢　伟　殷利华　朱誉鸣　纪　桦　徐开元　诸韬韬　许文实
保华律师事务所(排名不分先后):
丁在锋　陆佳亮　郭旭瑾　李　白　陆元媛

《HR 全流程法律顾问(增补第三版)》编委会名单

主编:董润青(保华所)　陈轶凡(世泽所)
监制:董保华(保华所)
副主编:纪　桦(世泽所)　杨　杰(保华所)　严静安(中伦所)
其他编委会成员(排名不分先后):
保华所:丁在锋　陆佳亮　郭旭瑾　许文燕　祝伊成　董　寅　于海红　李尔菲　奚沁赟　蒋素梅
世泽所:葛伊婷　林丽凉　卢　伟　殷利华　徐开元　顾茜菲　诸韬韬　许文实　邓维海　陈俊豪　尹梦佳　饶春红　袁　星
中伦所:黄翼洺　徐玮澴　殷超群　杨通梅　倪云轩　严若匀
顾问委员会:姬　军(世泽所)　王维众(中伦所)
后期制作:谭　蔚

《HR全流程法律顾问:300个人力资源核心问题速查手册》编委会名单

监制:董保华(保华所)

主编:董润青(保华所)　纪　桦(世泽所)　严静安(中伦上海)

副主编:杨　杰(保华所)　徐开元(世泽所)　徐玮澴(中伦上海)　韩　涛(劳谦所)

刘　竹(中伦南京)　臧传宝(汇业广州)

税法特别专家作者:高如枫(中伦上海)

其他编委会成员(排名不分先后):

保华所:丁在锋　陆佳亮　郭旭瑾　祝伊成　董　寅　于海红　李尔菲　奚沁赟　蒋素梅　林　歌

世泽所:许文实　卢　伟　殷利华　顾茜菲　林丽凉　葛伊婷　陈俊豪　尹梦佳　袁　星　诸韬韬

中伦上海:杨通梅　倪云轩　罗　倩

劳谦所:伊希文　邵福利

中伦南京:徐　双　王铭凤

汇业广州:黄晓玲

上海律社专家:谭　蔚　卢　妍

上海辰帆专家:戴　瓴

联合出品人:董润青(保华所)　陈轶凡(世泽所)　王维众(中伦上海)